U0936383

珍藏本·增订本
纪念版

汉译世界学术名著丛书

迷途指津

〔埃及〕摩西·迈蒙尼德 著

傅有德 郭鹏 张志平 译

商務印書館
SINCE 1897
The Commercial Press

Moses Maimonides

THE GUIDE OF THE PERPLEXED

本书主要依据美国芝加哥大学出版社 S. Pines 的英译本，

并参考 M. Friedländer 的英译本译出

汉译世界学术名著丛书
（120 年纪念版·珍藏本）
增订本出版说明

2017 年 10 月，为纪念商务印书馆创立 120 周年，本馆推出“汉译世界学术名著丛书”（120 年纪念版·珍藏本），计七百种。近五六年来，仰赖学界同人倾力支持，订正旧译，增补新译，拓展新著，积累日多。为满足读者需要，本馆在七百种的基础上，继续推出“汉译世界学术名著丛书”（120 年纪念版·珍藏本·增订本）三百种。至此，“汉译世界学术名著丛书”累计出版已达千种。

今后，本馆将继续推进丛书的翻译出版工作，在积累单本名著的基础上陆续分辑刊行，汇印出版。为促进中外文明互鉴、推动我国学术发展，使“汉译世界学术名著丛书”这项对我国学术文化有基本建设意义的重大工程发挥更大作用，诚望海内外学术界、翻译界继续给予支持，帮助我们把这套丛书出得更好。

商务印书馆编辑部

2024 年 2 月

汉译世界学术名著丛书
（120年纪念版·珍藏本）
出 版 说 明

2017年2月11日，商务印书馆迎来120岁的生日。120年前，商务印书馆前贤怀揣文化救国的理想，抱持“昌明教育，开启民智”的使命，立足本土，放眼寰宇，以出版为津梁，沟通中西，为中国、为世界提供最富智慧的思想文化成果。无论世事白云苍狗，潮流左右激荡，甚至战火硝烟弥漫，始终践行学术报国之志，无改初心。

迻译世界各国学术名著，即其一端。早在20世纪初年便出版《原富》《天演论》等影响至今的代表性著作，1950年代后更致力于外国哲学和社会科学经典的译介，及至1980年代，辑为“汉译世界学术名著丛书”，汇涓为流，蔚为大观。丛书自1981年开始出版，历时三十余年，迄今已推出七百种，是我国现代出版史上规模最大、最为重要的学术翻译工程。

丛书所选之书，立场观点不囿于一派，学科领域不限于一门，皆为文明开启以来，各时代、各国家、各民族的思想与文化精粹，代表着人类已经到达过的精神境界。丛书系统译介世界学术经典，引领时代思想，为本土原创学术的发展提供丰富的文化滋养，为推动中国现代学术和现代化进程做出了突出的贡献。

为纪念商务印书馆成立120周年，我们整体推出“汉译世界学术名著丛书”120年纪念版的珍藏本，寄望既利于文化积累，又便于研读查考，同时向长期支持丛书出版的译者、编者和读者致以敬意。

两甲子后的今天，商务印书馆又站在了一个新的历史时间节点上。我们不仅要铭记先辈的身影和足迹，更须让我们的步伐充满新的时代精神。这是商务人代代相传的事业，更是与国家和民族的命运始终紧密相连的事业。我们责无旁贷，必须做好我们这代人的传承与创造，让我们的努力和成果不仅凝聚成民族文化的记忆，还能成为后来人可以接续的事业。唯此，才能不负前贤，无愧来者。

商务印书馆编辑部

2017年10月

译 者 序

犹太人中流传着这样一个说法:“从摩西到摩西，无人像摩西。”这里的第一个摩西，是指公元前1200多年的犹太民族领袖、犹太教的创始人摩西。第二个摩西则指摩西·迈蒙尼德这位中世纪著名的犹太学者。这句话表面上说两个摩西之间无人可与他们媲美，从而肯定了两个摩西的伟大。其实，它真正赞扬的是迈蒙尼德，因为第一个摩西在犹太人心目中素来享有“至圣先师”的崇高地位，把迈蒙尼德与之相提并论，简直就是对迈蒙尼德的极度夸赞。同时，这句话还意味着，从古代摩西以来的两千多年中，只有迈蒙尼德是千年不遇的旷世奇才，其他犹太人，包括先知、贤人、学者，都无法与之比肩。也许这句话对迈蒙尼德有过誉之嫌，但是，它至少可以告诉我们迈蒙尼德在犹太人心目中的地位是何等重要。

迈蒙尼德是中世纪著名的犹太律法学家，他的《密西那托拉》(又译《重述律法书》)对犹太教法典作了前所未有的分类，并对律法提出的原因逐条作了解释。他又是伟大的哲学家，这里译出的《迷途指津》乃是这方面的代表作。迈蒙尼德的影响是巨大的，多方面的。其影响所及，不限于宗教，而是包括哲学、神学和社会事务；不止于他那个时代，而是远及近现代，乃至当今；不仅对于犹太人、犹太文化，而且及于非犹太人，主要是基督教哲学和神学；不仅在欧洲、非洲，而且在美洲、亚洲以及其他国家和地区。毫无疑问，研究和介绍这样一位犹太文化大师是很有意义的。

一

迈蒙尼德（Maimonides），真名摩西·本·迈蒙（Moses ben Maimon），又称拉姆巴姆（Rambam，是 Rabbi Moshe ben Maimon 的缩写），于 1135 年 3 月 30 日出生在西班牙科尔多瓦的一个犹太法官家庭。此时的西班牙正处在穆斯林的统治之下，而科尔多瓦则是伊斯兰文化和犹太学术的中心。1148 年，穆斯林的阿尔摩哈德（Almohades）王朝占据了统治地位，对非穆斯林实行残酷迫害的政策：要么皈依伊斯兰教，要么被处死。从此，迈蒙尼德一家为躲避宗教迫害开始了颠沛流离的生活。他们先在西班牙境内流浪（约 1148~1158），后蛰居于北非的菲斯城（Fez，约 1159~1165），再经摩洛哥至巴勒斯坦，在古城阿卡（Acre）和耶路撒冷作短暂停留和朝圣后，最终于 1165 年定居于埃及的开罗。此时的开罗是阿拉伯世界的经济、文化重镇，其中也有一个人数众多的犹太社区。在那里，迈蒙尼德作为一名宫廷医生和受人尊敬的犹太社区领袖度过了他的余生，直至 1204 年去世。

迈蒙尼德天资卓绝、聪慧过人。青少年时代，他主要在父亲的教导下精读了《圣经》和犹太教法典《塔木德》，并广泛涉猎了当时的哲学、天文、数学、逻辑等世俗学科，从而为未来的卓

越成就奠定了坚实的基础。据说，早在青年时代，迈蒙尼德就曾应朋友之邀撰写过关于逻辑学和犹太历法的著作，表现出他在逻辑、哲学、数学和天文学上的深厚功力。

迈蒙尼德主要著作包括《评密西那》(*Perush ha-Mishnah*，1158)，《论戒律》(*Sefer ha-Mitzvot*)，《密西那托拉》(*Mishneh Torah*，1185)，以及《迷途指津》(*Moreh Nevukhim*，1190)。

《评密西那》属于迈蒙尼德的早期著作。它主要包括以下三部分内容：第一，《种子》篇导论，主要阐述了“哈拉哈”(《犹太教典籍》中的律法部分)和口传律法的本性，以及犹太教中拉比传统的权威性问题。第二，伦理八章，介绍和评论《密西那》中的《先贤》篇，集中阐述了迈蒙尼德的伦理思想。第三，《法庭篇》导论，表明了他对于“阿嘎达”(犹太教典籍中的故事性叙述)的态度，即视“阿嘎达”为比喻性寓言，从而力求发现其内在的含义。这部著作已经包含了后来《密西那托拉》和《迷途指津》中的许多重要思想。

值得特别一提的是，迈蒙尼德在《评密西那》中第一次论述了犹太教的基本原理，并把它们归纳如下：(一)上帝的存在；(二)上帝的单一性；(三)上帝的无形体性；(四)上帝的永恒性；(五)只有上帝可受敬拜；(六)相信先知的预言；(七)摩西是最伟大的先知；(八)律法，不论成文的或口传的，乃是上帝对摩西的启示；(九)律法，不论成文的或口传的，都恒久不变，不可增减；(十)上帝无所不知；(十一)上帝奖赏遵守律令者，惩罚违反律令者；(十二)相信救世主的降临；(十三)相信死者会复活。这就是著名的犹太教十三信条。类似的信条也在《重述律法书》以及

《迷途指津》中得到了阐述。尽管这些信条从未得到所有犹太人的赞许和实施，但它们的影响却是巨大的。从此，人们开始认真对待教义问题，并展开了广泛的争论。正是在迈蒙尼德的十三信条的基础上，后来的克来斯卡（Crescas）和阿尔伯（Albo）才分别提出了五条和三条犹太教基本原理。

真正使迈蒙尼德声名鹊起的著作是他的《密西那托拉》，它为之博得了伟大的律法学家的称号。按照迈蒙尼德的阐述，犹太教的律法分为成文法和口传法。二者都是上帝在西奈山启示给摩西的。摩西将上帝的律令书写记录下来，因而有了《摩西五经》，这就是成文法。上帝授予摩西但没有被记录在案的那些律令典章由摩西口传给七十长者以及艾利泽（Eleazar）、皮那斯（Phineas）和约书亚（Joshua），然后再由他们代代相传。这就是所谓口传法。口传法的内容，除了直接来自上帝的启示外，还包括历代犹太法庭为解决实际问题而从律法中推演出来的原则、条例、规章等。后来（约200年），著名犹太先贤犹大收集了所有的口传法，作《密西那》，使之免于失传遗忘。后世的贤哲、学园的高昂（*Gaon*，校长），以及法官等对《密西那》不断诠释评注，探幽解密，至约哈南拉比成书《塔木德》（即巴勒斯坦《塔木德》，百年后阿什拉比又作巴比伦《塔木德》），这就是人们常说的犹太教法典。其中涉及的原理、习俗、律令、典章皆被各地犹太人首肯遵行，并视之为口传法的组成部分。随着犹太人散居的日益普遍，各地犹太人常常致信学园的高昂们，求教解决难题的律法答案。高昂们据《塔木德》所作的解答被看作口传律法的权威解释，成为人们日常生活的指南。到迈蒙尼德时代，“情势更为严峻，人人感觉世道维艰。智者的智慧已尽，缜密者的理解也已隐逸”。高昂们的答案变得很少有人领会，加之《塔木德》卷帙浩繁，评注驳杂，众说纷纭，绝非一般智力的人能够轻易学习，并运用于日常实践生活的。“故此，敝人摩西，萨法底犹太人迈蒙之子，仰仗上帝之助，发奋自强，用心研读所有此类著作，从中吸取一切律法成果，不论是肯定的抑或否定的，清晰的抑或隐晦的，还是别的律法规则，并以通俗的语言和简洁的文风使之汇集成书，这样，全部口传律法就可为大众系统地知晓，再也无须费神地去引征那些难题、答案和众口不一的歧见。”（见 *A Maimonides Reader*，ed. by Isadore Twersky，Behrman House，pp. 39~40。）

迈蒙尼德明确表示:《密西那托拉》“这部著作可以用作全部口传律法的便览，它包括从我们的先师摩西时代起，到《塔木德》成书止的所有律令、习俗和法规，正如《塔木德》以来的高昂们在其作品中向我们阐述的那样。我把它定名为《重述律法书》，因为凡先读过成文法，然后再来读此书的人，都会从中知晓整个口传律法，无须参考它们之间的任何其他书籍”（同上书，p.40）。犹太教的律令共有613条。其中肯定性律令248条，相当于人体骨头加上肢体的数目；否定性律令365条，和太阳历一年的天数相等。再就是《塔木德》(即《密西那》和《革玛拉》)中出现的大量原则、典章及其具体的运用，所有这些都在迈蒙尼德的这部著作中包容无遗。真可谓是一部纵贯古今、包罗万象、蔚为大观的律法全书。难怪犹太人有“从摩西到摩西，无人像摩西”的赞语。

《密西那托拉》的篇章结构体现了作者对犹太律法的类型的认识。该书是按照犹太律法的类型安排篇章的，篇以下的章、节

也遵循同样的原则。传统的《密西那》包含六篇或六卷，它们是种子、节期、妇女、损害、圣物和洁净。与之对比即可发现，迈蒙尼德吸收并改造了《密西那》的分类。他在沿用这些篇目的同时又做了较大的发展。照他的理解，犹太律法分为十四类，因此，他的《重述律法书》也有十四篇。它们是：论知识（*Mada*）、论敬拜（*Ahavah*）、论节期（*Zemanim*）、论妇女（*Nashim*）、论圣洁（*Kedushah*）、论誓言（*Hafla'ah*）、论种子（*Zera'im*）、论圣事（*Avodah*）、论牲祭（*Korbanot*）、论洁净（*Toharah*）、论获得（*Kinyan*）、论损害（*Nezikin*）、论律法（*Mishpatin*）、论审判官（*Shofetim*）。正是在这十四篇及其各个章节中，所有的犹太律法都得到了系统的阐述。

《密西那托拉》是用密西那希伯来语写成的。在迈蒙尼德以前，希伯来语分为圣经希伯来语、密西那希伯来语，以及塔木德阿拉姆语。在迈蒙尼德看来，圣经希伯来语由于时代和语汇的贫乏已经不够用了；阿拉姆语过分繁难，不易被广大读者所接受。因此，他采用了密西那希伯来语，并努力使之精确、简洁、优美。他取得了成功。

还应该看到，《密西那托拉》不仅是律法著作，它也体现了迈蒙尼德的哲学和伦理学观念。在该书的第一篇《论知识》中，迈蒙尼德概述了犹太教中的形而上学和伦理原理。

1190年，迈蒙尼德完成了他的另一部里程碑式的论著《迷途指津》，从而把他的学术生涯推到了顶峰。如果说《密西那托拉》是为普通大众所作，那么，《迷途指津》则是专为知识精英而撰写的，即为那些对犹太教信仰矢志不移，且学习过逻辑、天文、数学和哲学知识，但仍然陷于《律法书》中的困惑和难点而不能自拔的人而写的。迈蒙尼德指出:《律法书》中存在不少多义词、派生词和歧义词,在理解它们的含义时,人们易陷入迷乱和困惑,不知该遵循理智,还是背弃理智;此外,《先知书》中有一些“未被明白确定”的比喻,它们的内在含义与其表面字义大不相同,因此,“即使是有真才实学的人,当他思考这些比喻并根据其外在意思来理解并解释它们的时候,他也会陷于莫大的困惑”(参见本书第一篇绪论)。迈蒙尼德开宗明义地指出,他写此书的目的就是要解释这些疑难字词和比喻的真正含义,帮助那些陷入困惑的人“迷途知返,从困惑中解脱出来”(同上)。由此可见,《迷途指津》乃是一部诠释《圣经》的著作。

迈蒙尼德认为,《圣经》中最为令人困惑难解的是《创世记》开端讲的“创世论”和《以西结书》(第1、10节)中的“神车论”。它们是《律法书》中的秘密。犹太先贤曾告诫后人:“不宜在两个人面前教授创世论”(参见第一篇绪论);“神车之论不宜授之于任何人,如果有人聪慧异常,能够自我领悟,此时可以破例只将章节的标题传授给他”(同上)。迈蒙尼德在《迷途指津》中讲授了这些秘密,因此可以说有违祖训。但是,他的聪明之处在于,他声称此书是为他的一个叫作约瑟夫的学生写的(见本书第一篇,给约瑟夫拉比的信),而且有关神车论的章节标题不是集中论列,而是散见于书中各处的。在这个意义上说,他又是遵循祖训的。但他归根结底是违背祖训的,因为《迷途指津》既已成书,其影响的范围就绝不限于个别人,而是广大读者了。

《迷途指津》由三篇构成,共有178章。该书所涉的论题极为广泛,而且有些论题不是集中阐述的。幸运的是,著名学者利

奥·施特劳斯（Leo Strauss）为我们列出了该书涉及的主要论题及其所在的篇章（“Hew to begin to study The Guide of the Perplexed”，in Moses Maimonides: *The Guide of the Perplexed*，trans by shlomo Pines，University of Chicago Press，1963），为我们学习和研究这部巨著提供了不小的方便。兹译出如下：

A. 观点（第一篇第1章～第三篇第24章）

一、论上帝和天使（第一篇第1章～第三篇第7章）

（一）用于上帝的圣经语词（第一篇，第1~70章）

1. 表示上帝有形体的语词（第一篇，第1~49章）

（1）《托拉》中表示上帝有形的最重要的两段话（第一篇，第1~7章）

（2）表示场所、场所的变化以及人体活动器官的词语（第一篇，第8~28章）

（3）说神气愤和享用（或吃食物）的词语要么指称偶像崇拜，要么是说人的知识（第一篇，第29~36章）

（4）表示动物的部分和行为的词语（第一篇，第37~49章）

2. 暗示上帝多样性的词语（第一篇，第50~70章）

（5）如果上帝绝对是一，而且无与伦比，那么，在非比喻语言中这些术语是什么意思？（第一篇，第50~60章）

（6）上帝的名与上帝的话（第一篇，第61~67章）

（7）从神的知识、因果性和统治而得出的神的表面上的多样性（第一篇，第68~70章）

（二）关于上帝的存在、单一性和无形体的论证（第一篇第71章～第二篇第31章）

1．引言（第一篇，第71~73篇）

2．驳凯拉姆派的论证（第一篇，第74~76章）

3．哲学上的论证（第二篇，第1章）

4．迈蒙尼德的论证（第二篇，第2章）

5．论天使（第二篇，第3~12章）

6．论世界的创造，即维护从虚无中创世的信仰，反驳哲学家的观点（第二篇，第13~24章）

7．创世与《律法书》（第二篇，第25~31章）

（三）论预言（第二篇，第32~48章）

1．先知的先决条件：自然禀赋和后天训练（第二篇，第32~34章）

2．摩西预言和其他先知预言之间的差别（第二篇，第35章）

3．预言的本质（第二篇，第36~38章）

4．（摩西的）律法预言和《律法书》（第二篇，第39~40章）

5．对摩西以外的先知预言的律法性研究（第二篇，第41~44章）

6．预言的等级（第二篇，第45章）

7．如何理解神的行为和作品以及由先知所述的神命令的行为和作品（第二篇，第46~48章）

（四）神车论（第三篇，第1~7章）

二、关于形体存在物，尤其是人的生成与毁灭（第三篇，第8~23章）

（五）论神佑（第三篇，第8~24章）

1．问题：质料是万恶之源，而质料是绝对善的上帝创造的（第三篇，第8~14章）

2．不可能之物的本性或全能的含义（第三篇，第15章）

3．驳全知的哲学证明（第三篇，第16章）

4．论神佑（第三篇，第17~18章）

5．犹太人论全知以及迈蒙尼德的有关论述（第三篇，第19~21章）

6．作为神佑的权威体现的《约伯记》（第三篇，第22~23章）

7.《律法书》论全知（第三篇，第24章）

B．行为（第三篇，第25~54章）

（六）上帝命令的行为和亲做的行为（第三篇，第25~50章）

1．上帝的一般行为尤其是其立法的合理性（第三篇，第25~26章）

2.《律法书》戒律中显然符合理性的部分（第三篇，第27~28章）

3.《律法书》戒律中表面上不符合理性的部分的理由（第三篇，第29~33章）

4.《律法书》戒律之合理性的难免的局限（第三篇，第34章）

5．戒律的分类以及每一类的用途（第三篇，第 35 章）

6．对所有或几乎所有戒律的说明（第三篇，第 36~49 章）

7.《律法书》的叙事部分（第三篇，第 50 章）

（七）人的完善和神佑（第三篇，第 51~54 章）

1．对上帝本身的真知识是神佑的先决条件（第三篇，第 51~52 章）

2．对人自身的真知识是认识神佑之作用的先决条件（第三篇，第 53~54 章）

《迷途指津》原本缺少一个详细的目录，施特劳斯的上述工作可以说是一个弥补。从他在这里列举的论题来看，《迷途指津》不仅是一部解释《圣经》的著作，而且是一部包含丰富内容的宗教哲学论著。迈蒙尼德在诠释《圣经》的同时，阐述了他在理性和信仰、哲学和宗教问题上的态度和立场，阐述了他对上帝及其属性、上帝和宇宙、上帝与人的关系、先知和预言的本质、神的全知全能和人的意志自由、神佑观、理智的范围和界限、人生的目的和态度等重要问题上的见解，以及他对亚里士多德哲学和穆斯林神学家的看法。可以说，《迷途指津》是犹太历史上前无古人的哲学巨著。

二

12 世纪由穆斯林统治的西班牙是东西方学术的交会点和中心。迈蒙尼德在那里接触了著名阿拉伯思想家阿尔法拉比和阿维森那等人的著作，从他们那里学习了古希腊哲学，对亚里士多德主义有了系统、深入的研究。这样，在他那里就有了两个在来源和内容上完全不同的思想体系。一个是他自幼熟知的犹太教传统，即信仰的体系；另一个是以亚里士多德哲学为主的希腊传统，即一个标榜理智至上的理性主义体系。如何对待这两个体系不仅是一个信仰和理性、宗教和科学之争的理论问题，而且是一个关系到“没有祖国”的散居犹太人如何看待异国文化，如何对待异国民族并在异国他乡生存的现实问题。一方面，迈蒙尼德是一个虔诚的犹太教徒，对自己深受其熏陶和赖以成长的信仰矢志不移，他编写《重述律法书》、制定十三条犹太教信条就是明证。另一方面，希腊哲学的逻辑和科学性以及他本人在真理面前诚实无欺的态度，又使得他无法对之坐视不理。因此，他的基本态度不是非此即彼的简单选取，而是亦此亦彼的兼收并蓄，即既要理性的哲学和科学，又要以信仰和启示为基础的犹太教。然而，这条“两者都要”的方针贯彻起来却不是件轻而易举的事。结果，在《迷途指津》中，这两个方面就表现为时而协调一致，时而相互矛盾和抵牾，时而并行不悖、互不干涉，时而又共容互补、相得益彰；而这又恰好构成了迈蒙尼德思想体系的基本特征。

（一）用哲学的概念诠释《圣经》中的语词，是迈蒙尼德的圣经解释学的主要手法之一。《迷途指津》第一篇中有七十章用以阐释和上帝相关的词语，有的是纯粹文字的、语言学之内的解释，有的则属于哲学的解释。这样解释的结果是把犹太教的信仰理性化、哲学化了。

《圣经》说：“我们要照着我们的形象，按着我们的样子造人”

(《创世记》,第1章,第26节)。其中的“形象”(image)是迈蒙尼德解释的第一个词语。他从形象引申到亚里士多德哲学中的“形式”,又把形式解释为理智能力。他说:在“这句《圣经》名言中,‘形象’指的是特定的形式,即理智的把握能力,而不是形态和外表的意思”(第一篇,第1章)。这也就是说,上帝是按照他的理智造人的,“由于把神的理解力与人的相联系,所以人才被说成‘具有上帝的形象,像他的样子’”(同上)。同样,“看见”“看”“望”在被用于上帝时,“都是指理智的把握,绝不是指眼睛的看到”(第一篇,第4章)。经过这样的解释,迈蒙尼德就消除了“形象”和“看”之类的词所暗含的上帝有形论因素。

上帝是否具有属性是迈蒙尼德哲学研究的重要方面。根据亚里士多德的逻辑学,用肯定的属性去确定一个事物的本质,须从以下五个方面入手:第一,用定义去描述这个事物。第二,用部分定义去刻画一个对象。这两种方法可以全部或部分地揭示事物的本质,但不可运用于上帝。第三,用某些非本质的东西来描述对象,它所揭示的只是某种性质,而不是本质,而所有的性质或偶性都不能归之于上帝。第四,用与其他事物的关系来刻画某物。由于上帝和他的造物在种类上决然不同,不存在任何关联,所以,这种方法也无益于表明上帝的本质。第五,用其行为或活动来刻画事物。上帝创造世界,引起世界事物的变化,主宰万物是他的行为。上帝的一切行为都源自他的本性,而不是在本质以外所附加的东西(参见第一篇,第52章)。所以,尽管上帝的行为不是上帝的本质自身,但它们却可以间接揭示上帝的本质,而且这是揭示上帝的本质的唯一方式。总之,我们不知道上帝的肯定属性,因而亦无法知道上帝的本质，我们只能知道上帝的行为。

对于上帝，我们所能够具有的是关于他的否定性属性，即他不是什么。例如，上帝是绝对的存在，即他不是非存在；上帝是一，即他那里没有复多；诸如此类。就是说，对于上帝的本质属性，我们无法获得肯定的知识，不知道他究竟是什么。我们只能通过排除在我们认识范围内是肯定的东西而对他有所认识，即通过认识上帝不是什么来确定他是什么（参见第一篇，第57~60章）。有如我们远远望见一件东西，尚无法知道它是什么，只能说出它不是植物，不是矿物，等等；通过这种方式来缩小范围，逐渐接近知道它究竟是什么。凡是我们认识范围内的东西都是有限的、现象界的，可以为感性或理智把握的，而上帝恰好不是所有这些东西。这一切都是上帝行为的结果或造物，而上帝和他的造物是截然不同的。因此，我们只能接近但是永远无法确实把握上帝的本质。

在日常生活中，我们把一些类似于人的情感赋予上帝，如说上帝“怜悯”“慈爱”“愤怒”“施暴”，等等，并认为这些都是上帝的属性。其实，它们不是上帝自身的属性，而只能说是其行为的属性。换言之，这些和人的情感相似的属性是人在发现上帝的行为与人有益或有害时赋予他的。例如，人由胚胎逐渐成人，并有抵御死亡和毁灭的功能，于是，“上帝就被说成是怜恤的”（第一篇，第54章）；世上有地震、洪水等灾害，“上帝由于这些行为被说成是‘忌邪的’‘施暴的’‘愤怒的’，并且‘怀怒’”（同上）。其实，上帝并不具备任何类似于人的情感的属性。

显而易见，迈蒙尼德在这里主要是用亚里士多德的哲学思想来诠释《圣经》语词，揭示上帝的性质，其矛头所向是“上帝有形论”和“神人同形同性论”。这样做的结果是一石二鸟：信仰的理性化和理性的工具化。一方面，上帝由于“《托拉》用人的语言说话”而被赋予的有形有象、有情有义的面纱被理性的分析无情地撩开，关于上帝的感性的、表面肤浅的描述被深层的论证所取代。《圣经》中所说的上帝的“形象”变成了理智，上帝“看到”转化为理智的把握，神的慈爱、愤怒之类的情感变成了人赋予神的行为的属性。透过拟人化的词语我们所见到的是一个无形无象，无情无义的上帝；他存在于超验的彼岸，其本质是不可知的。这样一来，关于上帝的信仰被高度理性化了。应该指出，使信仰理性化是迈蒙尼德《迷途指津》的应有之意。他写道：信仰“不仅仅是一个口号，而是心灵的真正感悟，是对［信仰］对象所持的坚定不移的信念”（第一篇，第50章）。如果仅仅在口头上谈论真理或貌似真理的理论，而不真正理解它们，就不能真正信仰它们。因为“只有理解了才能信仰；信念在于确信我们所认识的事物有独立于心灵的［真实］存在，并且其存在与我们所认识到的是完全一致的。”（同上）在他看来，信仰而无理解是盲目的，因此，必须对传统的信仰作一番理性的考察，使之成为不违反理性的信仰。另一方面，这种对《圣经》中的上帝的哲学诠释也使得理性成了论证信仰的工具。如前所述，迈蒙尼德对上帝的理性主义解释不是为了铲除人们对上帝的信仰，而是为了给信仰奠定合理的基础，使信仰在人们的心目中更加牢不可破。理性不是决定信仰可取与否的法官，而是成了为信仰辩护的律师。在他这里，希腊哲学中崇尚理智的唯智主义精髓悄然消失了。

毫无疑问，迈蒙尼德的本意是企图调和理性和信仰，既要使信仰的东西符合理性，又要使理性为信仰服务。应该说，迈蒙尼德的这一目的在一定程度上达到了。但是，明眼人一看便知，信仰和理性并没有被天衣无缝地调和起来。这是因为，在传统犹太教中，上帝具有和人相似的形象、情感和意志，因而人与神可以沟通、感应。经过迈蒙尼德哲学论证和理性阐释的上帝已经丧失了传统犹太教中的人格性，已经很难作为普通人所信仰的对象了。难怪后世学者对迈蒙尼德两面夹攻：正统派批评他把信仰理性化，放弃了正统的人格神概念；理性主义者又责备他为信仰张目，没有把理性放到应有的位置上。

（二）迈蒙尼德并没有把他的“理智的信仰”的原则贯彻到底。为了防止犹太教大厦的倾覆，有的无法用理性证明而且明显与哲学相左甚至矛盾的犹太教信条也被当作毋庸置疑的真理接受下来了。他对于上帝创世说的肯定就是典型的例证。按犹太教《圣经》的说法，世界是上帝从虚无中创造出来的，换言之，整个世界是上帝自由意志的创造物。与此不同，亚里士多德哲学则主张世界永恒论，认为世界及其万物是按照必然性从第一因派生出来的。在这里，永恒论和创世论有两点本质性的区别。首先，创世论主张世界是从无到有，即相信上帝从绝对的非存在创造出存在；反之，永恒论却意味着对绝对非存在的否定，相信世界是从有而来。按照亚里士多德，运动和时间是永恒的，而运动和时间乃是物体的偶性；这就意味着原始物质的存在。至于“第一因”，无非是说上帝赋予事物以形式（形式因），引起它的存在（动力因），作为它的目的（目的因）（参见第一篇，第69章），而不是说上帝能够无中生有。其次，创世论认为世界之被创造，完全取决于上帝的自由意志；永恒论则强调世界的产生是出于因果必然性，即必然产生，必然如此产生，没有自由选择的余地。迈蒙尼德认为，对于无法证明的相互矛盾的命题，正确的做法是摈弃可疑性较大的，保留可疑性较小的。在他看来，永恒论和创世论都是人的理性所无法证明的，但是，二者相比，前者包含着明显的缺陷，比后者更易招致怀疑，因此，应该被抛弃，而后者则应该被保留（参见第二篇，第16章）。这样，上帝从虚无中创世的犹太教条就被冠冕堂皇地作为真理接受下来了。

亚里士多德是令迈蒙尼德景仰的哲学泰斗，而且后者认为前者关于月球以下事物的认识是绝对正确的。但是，迈蒙尼德坚决反对他的世界永恒论，究其原因，最根本的是因为永恒论否认了上帝的自由意志，否认了奇迹的存在，因而对“创世”和其他的传统信仰构成了严重的威胁。正如迈蒙尼德自己所说：“亚里士多德所主张的永恒论，即认为世界乃出于必然性，事物的本性不变，事物的进程无论如何也不可改变，这种理论倒是有害于《律法书》的原理，否认奇迹的存在，把从《律法书》而来的希望和恐惧化为乌有。”（第二篇，第25章）由此可见，在理性和信仰发生冲突，理性的论证对证明信条无能为力，双方胜负难分的情况下，迈蒙尼德就毫不犹豫地站到了信仰一边（参见第二篇，第16章）。

（三）《迷途指津》中存在不少前后不一、相互对立或矛盾之处。例如，一方面，迈蒙尼德剥夺了上帝与人同形同性的特征和肯定的属性，从而实际上剥夺了人与神相互感应的可能性，另一方面，他又认可《律法书》的教诲，认可在祈祷中呼唤上帝的

“伟大，威力无比和可怖”；一方面认为先知必须借助于想象力在梦境或异象中作出预言，另一方面又声称摩西无须想象力以及梦境和异象，他是在清醒时直接用理智接受上帝的启示的；一方面认为上帝和人（以及所有被造物）之间绝无相关和相似之处，另一方面又主张人应该模仿上帝以使自己变得圣洁；一方面宣称上帝的存在和单一性是被证明了的真理，另一方面又说关于上帝存在之类的结论是人类理智无法达到的；一方面承认上帝可以预知并决定过去或未来的一切事件，同时又肯定人是自由的；一方面强调人的理性无力认识神的本质，另一方面又把通过认识神而达到人与神的合一确定为人生的最高目标；如此等等，不一而足。这些矛盾的存在要么是迈蒙尼德没有意识到的，那就成了《迷途指津》中的明显缺陷；要么是他有意设置的，那就成了难解的谜。照迈蒙尼德自己的说法，《迷途指津》是一部审慎的著作，其中的观点是经过深思熟虑，行文是经过字斟句酌的。这意味着，上述矛盾或不一贯之处不是来自他的疏忽大意，而是精心安排。如果真是这样，其用意又是什么？可见，要真正读懂《迷途指津》绝不是一件轻而易举的事，要解开其中的谜团，如迈蒙尼德所期望的那样从困惑中解脱出来，还需要花费很大的气力。

（四）由于《迷途指津》本身的暧昧难解，向来的学者对迈蒙尼德的评价也是众说纷纭，甚至截然相反。对于一部分人而言，迈蒙尼德是异端分子，或者至少是异端邪说的传播者；对另一些人而言，他是犹太教正统派的典范。《迷途指津》出版后不久就被欧洲和一些东方国家斥之为异端邪说，被列为禁书；迈蒙尼德去世三十年后，这部著作在法国被付之一炬。持这种态度的不仅是许多普通的犹太教徒，就连一些著名的学者也对他大加讨伐。迈蒙尼德稍后的著名的纳曼尼德（Nahmanides）拉比就公开指责说，《迷途指津》中的观点“是与《圣经》中的教义截然相反的，因此，应该禁止人们听从和相信它们”（Marvin Fox，*Interpreting Maimonides: Studies in Methodology, Metaphysics, and Moral Philosophy,* The University of Chicago Press, 1990, pp. 8~9）。近来的学者阿哈德·哈阿姆（Ahad Ha-am），施特劳斯，皮那斯（Shlomo Pines）以及沃夫森（Harry Austryn Wolfson）、贝克（Yaakov Becker）等也都不同程度地认为迈蒙尼德背离了传统。与此不同，卡敏卡（Kaminka）却说，尽管迈蒙尼德把哲学吸收到传统中来，但这些从未在其思想和学说中占据主导地位，因此他应该属于正统派。在理性和信仰，哲学和犹太教的关系问题上，沃夫森指出：迈蒙尼德不是利用希腊逻辑和思想范畴以解释犹太教，而是利用犹太教以说明亚里士多德主义哲学的优越。阿哈德·哈阿姆、胡司克（Issac Husik）等学者也持类似的看法。著名的新康德主义者科恩（Hermann Cohen）以及哈拉普（Moshe Harlap）等人的观点却与此不同，认为“迈蒙尼德的全部哲学就在于不断地克服亚里士多德的基本观点，他们在形而上学和伦理学的重要问题上都大相径庭”。美国的犹太学者福克斯（Marvin Fox）则另有洞见。他说：多年来，对迈蒙尼德采取的是一种极端主义的做法，即认为他要么是虔诚的正统派，要么是异端分子，要么是亚里士多德主义者，要么是非亚里士多德主义者；对于上帝，他要么肯定我们能够完全认识上帝，要么否认我们认识上帝的可能性。实际上，“迈蒙尼德在遇到或多或少的矛盾处境时规避了‘非此即彼’（either/or）的做法，而采取了

‘亦此亦彼’（both/and）的方法……对他而言，根本不存在以哲学和科学为一方，以犹太教和《托拉》为另一方的选择……这根本不是（理性和信仰之间的人为的）综合；而是用尽可能合理的因素解释双方的办法作出亦此亦彼的断定，使必要的双方在平衡的抵牾（balanced tension）中保留下来”（同上书，pp. 22~23）。应该看到，福克斯的见解颇有新意，对于理解《迷途指津》有一定的启发。但是，如何结合原著弄懂弄通迈蒙尼德的“亦此亦彼”仍然是一件很费心血和周折的事情。

三

《迷途指津》是于1190年用阿拉伯语写就的。1204年，提本（Samuel ibn Tibbon）在征得迈蒙尼德同意后将其首次译成希伯来文，以后又有卡里茨（Judah Charitzi）的希伯来译本，其中提本的译本流行颇广。后来，该书的拉丁文本，意大利文本，法文本，德文本，英文本相继问世。就英语世界而言，1963年以前流行的是弗雷德兰德（M. Friedländer）的译本。该译本首版于1881年，1904年出修订本，后又多次重印。在七十多年的岁月里，这个译本为传播迈蒙尼德的哲学思想发挥了重大作用，直到现在仍然广为流传。1963年，芝加哥大学出版社出版了皮那斯的译本，并附有著名迈蒙尼德专家施特劳斯的题为《学习〈迷途指津〉入门》的长篇论文。这个译本比弗雷德兰德的译本更忠实于原文，更能体现原著的风格，尤其是在专业术语的翻译方面有明显的优越性，同时还补充了大量的注释。这是目前学术界公认的最权威的英文译本。

本书是主要根据皮那斯的译本并参考弗雷德兰德的译本译出的。两个译本各有千秋，弗氏的译本比较简洁流畅，易读易懂；而皮氏译本的注解更精细，有不少注释牵涉到阿拉伯、*Tanḥuma*或阿拉姆语原文，有的属于纯粹的语言学问题，有的是关于《密西那》《米德拉什》和其他犹太经典著作的。在翻译过程中，我们根据皮氏译本增译了不少弗氏译本所无的注释，其中主要是有关《圣经》以外的犹太经典的原文出处，以及对于理解原著有益的解释性注释。其次，在术语翻译上，我们把弗氏译本中不同于皮氏译本的术语尽量统一到后者上来，以最大限度地保证译文的准确性。例如，弗氏译本中的metaphysics在皮氏译本中为divine science，我们统一译为“神学”或“神的学问”。再如，弗氏译本中把人定义为“说话的动物”，我们则根据皮氏译本译为“理性的动物”，等等。再次，有的语句或短语，我们在采用弗氏译法的同时，在脚注中注明了皮氏译本中的不同，供读者阅读时取舍。此外，有些章节是直接根据皮那斯的译本译出的。

我们在翻译此书时着重注意了以下几个方面。

第一，在术语的处理上，我们的原则是力求准确。例如unity这个词，我们起初译为“统一性”，后来改为“一体性”“唯一性”，最后确定为“单一性”。迈蒙尼德是用这个词来描述上帝的特性，其基本含义包含两点。一是说只有一个上帝，绝对没有与之并列的别神；二是说就上帝自身而言他是绝对单纯的，不像其他事物那样是由形式和质料或者诸种元素复合而成的。随着对原文的逐步深入的理解，我们认识到，“统一性”体现不出上述含义，“一体性”容易使人误解，即认为上帝是有形体的存在，而这是迈蒙尼德极力反驳的；“唯一性”只表明唯有一个上帝，不能表现其单纯性；只有“单一性”能够体现唯一和单纯两层意思，因而是比较准确的译法。还有，divine providence一词，我们经过反复推敲，确定译为“神佑”，只是在个别情况下，仍译作“神意”。此外，我们也适当照顾到了目前流行的译法。例如，vision这个词是迈蒙尼德用来阐述先知作出预言的方式的。按迈蒙尼德的说法，先知是在梦境和vision中接受神的启示，进而作出预言的。可见，vision译为“幻象”或“幻觉”最妥。然而，现行的汉译本《圣经》都译为“异象”。显然，这个译法没有把vision包含的虚幻性质表现出来。但是，考虑到《圣经》的译法由来已久，已为宗教界和知识界所接受，故而我们仍译为“异象”。

第二，文中涉及大量引文，其中以《圣经》原文最多。对于这些引文，我们主要采用了中国基督教协会和中国基督教三自爱国运动委员会印的“神”版或“上帝”版《圣经》的译文，有的译文作了必要的变通处理，对于多数原文注明的出处和汉译《圣经》有出入的，我们在脚注中标出，以方便读者查阅。

第三，原文中提到的某些人名、地名和著作，有的无标准汉译可依，有的或许有汉译，但我们一时难以查到。对于这种情况，我们的一般做法是，先译成汉语，然后在括号中保留了原文。极个别的难以译成汉语的著作，我们直接采用了原文。

第四，鉴于我国的犹太文化研究尚处在起步阶段，多数读者缺乏必要的基础知识的现状，我们除根据皮氏译本增加了一些弗氏译本中没有的脚注外，还增加了必要的译者注，对某些重要的人物、著作作了简要的解释。

本书的分工大致如下：译者序，傅有德撰写；第一篇，郭鹏、傅有德译；第二篇，郭鹏、傅有德译；第三篇，张志平译。全书译毕后，傅有德和郭鹏反复阅读了译文和清样，统一了术语、书名、人名的译法，补充了个别遗漏；绝大部分译文的计算机输入是由郭鹏完成的。王元军、孙增霖、黄启祥帮助校对了清样。

我们深切感到，翻译《迷途指津》这样的犹太哲学与神学巨著是一项十分艰难的工作。由于我们在学养和能力方面的欠缺，加之时间的仓促，这部译作中必然存在许多错误和不尽如人意的地方。我们恳切希望读者不吝批评指正，以便来日再作修订。

译者

1997 年 7 月

目　录

第一篇

第二篇

第三篇

第一篇

我的知识引路，铺就坦途。
看，那在《托拉》旷野中迷失方向的人，
都来踏上这归路，
不洁与愚昧者将不得通行，
这就是“神圣之路”。[1]

① 参见《以赛亚书》，第35章，第8节。（本书注释中未标明注释者的，均为英译者皮氏所作。——中译者）

以耶和华，世界之上帝的名义[①]

给约瑟夫拉比的信

我亲爱的学生约瑟夫拉比[②]：

当我得知你决意从一个遥远的国度就学于我的时候，我很欣赏你强烈的求知欲以及你在诗文中所表现出来的对思辨问题的渴求，这是指当我收到你从亚历山大里亚寄来的书信和韵文，而尚未知晓你的理解力的时候。当时我想，大概你是求知欲有余而理解力不足。后来，你在我的指导下，先学习作为天文学必要入门的数学，接着又研读天文学，这时我对你更为喜爱，因为我发现你有非凡的头脑和很强的理解力。看到你喜欢数学，我就让你学得再深入些，我知道你会适可而止。当我领你攻读逻辑学著作时，我就把希望寄托在你身上了，因为我想你很适合从我这里获得先

① 《创世记》，第 21 章，第 33 节。这句希伯来祷词的正确含义是“永恒之上帝”。然而，它在通行的希伯来语中意指“世界之上帝”，这似乎正是迈蒙尼德的本意。

② 如迈蒙尼德在此信中所言，《迷途指津》是为约瑟夫和像他那样的人写的。因此之故，这里特别强调了犹大之子约瑟夫（Joseph）的理智才能。

知的秘密，进而从中思考那些学养很高的人应该思考的东西。这时我开始让你看到一些思想火花，并给你一定的暗示，我看出你希望从我这里获得更多的知识，要求我讲清一些神学问题，告诉你伊斯兰神学家们（*Mutakallimun*）的有关思想，他们的方法是不是建立在逻辑论证基础之上的，如不是，那是什么方法。我也发现，你还从别人那里学到过一些这门学问的知识。当难题出现时，你感到困惑不解，这时，你那高尚的灵魂敦促你“找到可接受的话语”①。然而，我不止一次地劝你放弃这种追求，要求你有条不紊地从事研究。我这样做的目的是想让你依据恰当的方法在心中建立起真理，而不是靠侥幸去达到确定性，在你跟我学习《圣经》或早期的拉比文献而遇到奇怪、疑难之处时，我总是欣然为你解释。后来，上帝要我们分离，你去往他方，这时，我们曾有的那些讨论却唤醒了一个沉睡已久的想法。你的离去促使我撰写这部著作，这是为你和像你一样的人而写的，不管这样的人多么稀少。我把此书分成多章，各章在完成之后都将逐一寄去。

谨祝

健康！

① 《传道书》，第 12 篇，第 10 节。

第一篇绪论

让我知道那当行的路，
因我在用心将您仰慕。[①]
人们啊，我向你们呼唤，
我的话都是对着众人而发。[②]
要侧耳，倾听这智慧的言语，
用你们的心将我的知识感悟。[③]

本书的首要目的是解释出现在《圣经》先知书中的一些语词的含义。在这类语词中，有的是多义词，因此一些无知的人就仅把某一种或几种意义赋予它们。另一些是派生词，这些人就只选用那作为衍生其他意思之根源的本义。还有一些模棱两可的词，它们有时就被看作是单义的，而有时则被视为多义的。本书不打算让那些没有知识的人或初学思辨的人去理解全书，也无意去教导那些只从事过《律法书》的研究——我指的是对《律法书》的墨守教条的研究——而对别的学问毫无所知的人。本书以及所有此

① 《诗篇》，第143章，第8节。
② 《箴言》，第8章，第4节。
③ 《箴言》，第22章，第17节。

类书的目的是提供一种真正意义上的《律法书》学。换言之，其目的在于给信教者以指点，对这样的人而言，《律法书》的正确性已根植于他的灵魂之中，并在信仰中表现为现实。这样的人在宗教信仰及道德品格上都是完美无缺的，他研究过哲学家们的学问，明白这些学问的意义。由于人类理智已把他吸引住，领他进驻到理智的领域，所以，当他按自己的想法去理解，或按别人的说法去理解《律法书》时，他总是被那些字面含义，以及上面提到的那些多义词、派生词、歧义词的含义搞得苦恼不堪。因此，他陷入了困惑和迷乱状态，不知道他是应该遵循理智，放弃他原来知道的那些词语的意义，还是应该坚持他对这些词语的理解，不让自己受理智的困扰，从而背弃理智，离开理智。选择前者的结果是，他以为自己已放弃了《律法书》的基础，选择后者则会让他感到给自己带来了损失，给宗教造成了伤害。于是那些给他造成恐惧和困惑的虚妄的信念仍然原封未动，他也无法免于遭受心中的痛苦和莫大的困惑。

本书还有第二个目的，这就是解释那些含糊不清的比喻，它们出现在先知书中，但未被明白确定为比喻。因此之故，无知之徒和粗心大意的人会认为它们只拥有一个外在的意义，而无内在的含义。即使是有真才实学的人，当他思考这些比喻并根据其外在意思来理解并解释它们的时候，他也会陷于莫大的困惑。但是，如果我们向他解释清楚这些比喻，或者使其注意到它们，他就能迷途知返，从困惑中解脱出来。我称此书为《迷途指津》，原因正在于此。

我无意说，只要读懂了此书，心中的难题就一扫而光了。然而我的确认为，它会解决大部分难题和最关键的难题。一个理智的人不宜对我提出这样的要求或希望，即当我们介入一个主题时，就会把它揭示得一清二楚；或者说，在解释某个意义时，我们就会一览无余地穷尽这个比喻所包含的意思。一个理智的人，即使面对面地与别人对话，也不能提这样的要求。一个作者怎么能达到这个要求呢？因为每个无知的人都认为他已具备必要的知识，作者就是他的靶子，他将一支支无知之箭射向作者。在法律汇编[①]中，我们的作品曾经对有关这一主题的一些一般前提作了说明，而且提醒读者注意许多有关的问题。我们在那里提到过相当于自然科学的“创世论”，相当于神的学问的“神车论”。[②]我们还曾解释过下面这句拉比名言：“神车之论不宜授之于任何人，如果有人聪慧异常，能够自我领悟，此时可以破例只将章节的标题传授给他。”[③]所以，你也不能要求从我这里得到“章节的标题”以外的东西。在本书中，就连这些标题也不是连贯有序地照摆在那里，而是散见于各处，和我们将要阐明的其他问题混在一起。我这样做的目的在于，让真相时显时隐，不去违背神的目的。神的目的是不能违背的，它对于普通人掩盖真相，因此要了解真相，特别要求对神的敬畏。如上帝所言，“耶和华的秘密与敬畏他的人同在”（《诗篇》，第25章，第14节）。关于自然的一些问题也是

① 指迈蒙尼德编纂的《密西那托拉》（*Mishneh Torah* 又译《第二律法书》），Ⅱ 12和Ⅳ 10。——中译者

② 原文为 *Ma'sech bereshith*，直译为《创世论》；原文为 *ma'aseh merkabah*，直译为《论神车》。

③ 见巴比伦《塔木德》:《喜庆祭》（Ḥagigah），11b，13a。

如此，在教授其中的某些原则时不可能按照事情的本来面目将其阐释无余。先贤有言："不宜在两个人面前教授创世论。"[①]如果某人在书本中阐述了所有那些问题，那他实际上就是在向成千上万的人教授。因此之故，这些问题在先知书中才以比喻的形式出现。我们的先贤效法先知书，也用谜语、比喻来谈论此类问题，因为这些问题与神的学问密切相关，也属于神学的秘密。

不要认为这些伟大的秘密都已为我们彻底知晓。事实并非如此。但是真理也时而闪现，使我们误认为明如白昼，过后，问题和自然习性又以各种形式把真理隐藏起来，这时我们又处于模糊的黑夜，几乎与原来的状态一般。我们就像一个身处漆黑之夜，又不时地看到空中的闪电的人。我们中有一人[②]，由于闪电一次又一次向他闪烁，使他实际上处在连续的光亮中，这样夜晚对于他就呈现为白日。先知中的佼佼者就是这一等级的人。他听到了这样的话："只有你才能站在我的身旁"（《申命记》，第5章，第31节），还说："他的脸面放射出光芒"（《出埃及记》，第34章，第29节），等等。对有的先知，闪电在整个夜晚只出现一次，他就属于下面描述的这一级先知："他们就作出预言，不过仅此一次而已。"（《民数记》，第11章，第25节）还有一些人，他们先看到过几次长短不一的闪电，而后又回到漫漫长夜，再无闪光照亮他的夜空了。不过，夜晚也会被某个发光体之类的东西照亮，比如石头或别的什么，就是在黑夜产生光亮的东西，即使这样微弱的亮光也

① 巴比伦《塔木德》:《喜庆祭》，11b。

② 原文为"一些人"。

不总是闪现给我们，而是时闪时灭，就像“变幻莫测喷火的剑”（《创世记》，第3章，第24节）。至于那些只在黑夜中摸索，从未见过光明的人，《圣经》是这样讲的：“他们仍不知道，也不明白；在黑暗中走来走去。”（《诗篇》，第82章，第5节）尽管真理表现出了力量，但对他们却是完全隐藏着的。正如这话所言：“现在，人们不得见苍穹的光亮。”（《约伯记》，第37章，第21节）他们是普通的民众。本书没有必要谈论他们。

须知，一个达到某种完善程度的人，当他试图依据自己的完善性向别人讲授他所理解的这些秘密的时候，他并不能像人们所熟知的其他科学的传授那样，去透彻、连贯地讲解，甚至连他所理解的那部分秘密都无法讲清。反之，在教授别人时，他会重陷自己学习时所经历的过程。我是说，同一主题会出现，闪光，继而又隐去。似乎这就是这一问题的本性，只是程度不同罢了。正是由于这一缘故，所有那些拥有神和上主的知识的先贤和认识到真理的人，在给别人讲解这一主题时，总是只使用比喻和谜语。更有甚者，他们使用了几重比喻，这些比喻在种属上不尽相同。在多数情况下，被解释的主题若不是放在比喻的开始，就是放在中间或结尾。也有自始至终都找不到一个恰当的比喻来表达相当主题的时候。有时，尽管主题还是那个被用来教给受教育者的主题，但却被分解为许多彼此差别甚远的比喻。更令人困惑的是，同一个比喻适用于几个主题，开始时适用于此一主题，结尾时又换了另一个。有时整个比喻指的就是同一特定学科中的两个相近问题。也有不想借助于比喻和谜语去教人的，但其解释却极为模糊和简要，这其实是用模糊和简要替代了比喻和谜语。那些有学

问的人和众先贤被神的意志引导至此，就有如被他们的天性所引导一样。难道你不明知下面这个事实吗？上帝用他的律法教范我们的行为，希望我们变得完善，社会状态得到改观。这只有在我们依据自己能力，采纳了理智的信仰（intellectual beliefs）之后才会实现，这首要的理智的信仰就是依据我们的能力去把握上帝。然而，除非通过神学，这一切都不会实现；同时，神学又只有在研究了自然科学之后才有可能去研习。之所以如此，乃由于自然科学与神学搭界，对它的研究在时间上先于对神学的研究，对于这一点，每一个对这些问题进行思考的人都很清楚。因此，上帝让他的书以《创世记》开篇；而我们已经明白，此篇是自然科学。由于这一问题极为重大，由于我们的能力不足以领会这一最重大主题的实在状况，上帝才用比喻和谜语以及非常模糊的语词来教导我们这些深刻的问题。这些问题是神的智慧认为有必要告诉我们的。如先贤所说："《创世记》的力量是不可能让凡人[①]知道的，因此之故，《圣经》才以模糊的形式教导你们：起初，上帝创造了……"[②]这样，先贤们就让你注意到这样一个事实：上面提到的问题是"模糊不清的"。所罗门也曾说过："万事之理，离我甚远，而且最深，谁能测透呢？"（《传道书》，第7章，第24节）这一切都是用双关语来表达的，这样一来，普通人便能根据自己的领悟能力和微弱的表象力去理解它们，而有学问的完善的人的理解则全然不同。

① 直译是"血肉"。

② 参考《也门米德拉什：学堂》（Midrash Shnei，Ketubim，Batei Midrashoth），IV。

我们曾在《评密西那》中许下诺言：我们将阐明《论预言》及《论和谐》中的疑难问题——在后者中我们曾许诺阐明《米德拉什》(*Midrashim*)[①] 中的所有难解的段落，那些段落的外表含义显然与真理背道而驰，也与常识不符。它们都是比喻。早在多年以前，我们就开始撰作这两本书而且完成了许多，可直到现在，我们对于这些问题的阐述都不令人满意。我们知道，假如我们坚持用比喻并且继续隐藏那些该隐藏的东西，那就背离我们的首要目的。我们所做的不过是以此代彼，在本质上没有什么不同。假如我们去说明那应该被说明的，那就会不适合普通群众的口味。我们是为了向一般民众去解释《米德拉什》的意义，以及预言的外表含义。我们也注意到，如果让一个学识浅薄的拉比思考这些《米德拉什》，他会感到毫无困难，因为他是一个轻率的笨蛋，没有任何有关存在本性的知识，因而发现不了那些难以接受的不可能性。然而，如果一个很有学问和修养的人去思考这些问题，他就势必陷入以下两难之中：或者他接受这些话的表面意义，这样，就会看不起作者，认为作者不学无术，这样做丝毫不危及信仰的基础；或者他赋予这些话以内在的意义，借此使自己摆脱困境，并且不论他是否明白这些内在含义，他都会高度评价其作者。至于预言的意义，对不同等级的预言的阐述，以及对先知书中出现的比喻的解释，本书将采用另外的方法予以表述。基于这样的考虑，我将不再按原来的方法继续写那两本书。我仅局限于简要介绍信仰的基础和一般的真理，同时也间或用一些有助于明白阐述

① 迈蒙尼德在这里和以后用的是 *drashoth*。

的暗示，就像我们在《密西那托拉》这部大型犹太律法汇编中所做的那样。

如前所述，我在本书中所说的话针对的是一个哲学化了的人[①]，拥有真正科学[②]的知识，同时又坚持《律法书》中的信念，并对其意义困惑不解的人，他的困惑是由《圣经》中所使用的不确定的词语和比喻造成的。本书中有些章节并不涉及多义词。这样的一章是另一章的铺垫。它要么只暗示多义词语的一意，而其他的意义我不想在那个地方明确表示；要么只表明诸比喻中的一个；要么暗示某个故事实际上是个比喻。这样的一章可能论及一些疑难的问题。对于这些问题，人们有时会认为它与真理相悖，这或者是因为语词的多义性，或者由于人们把一个比喻误认为是它所表征的东西，或者正好相反。

谈及比喻，我要作一个介绍性的说明。须知，要理解先知的全部言论，要认识其真理性，关键是理解比喻，即理解比喻的含义，以及其中的语词的意义。上帝说过："我借先知用比喻说话"（《何西阿书》，第 12 章，第 10 节），还说："出谜语，设比喻。"（《以西结书》，第 17 章，第 2 节）由于先知们频繁使用比喻，此位先知[③]说："他们在谈到我时问：难道他不是一个制造比喻的人吗？"（《以西结书》，第 21 章，第 49 节）所罗门是这样开始他的作品的：

---

① 或者说哲学家。

② 这里是根据伊本·提本（Ibn Tibbon）的希伯来译文翻译的，它在文字上对阿拉伯原文作了修正。阿拉伯原文的意思是真正具有科学的知识，不过文字颇为别扭。

③ 指以西结。——中译者

"要使人明白箴言和比喻，懂得智慧人的言词和谜语。"(《箴言》，第1章，第6节)《米德拉什》中有这样的话："所罗门降世以前，《律法书》中的话被比作什么呢？比作一口井，水在很深的井下无人可以饮用。聪明的人怎么办呢？他把一根根绳子连接起来，打水上来喝。所罗门讲了一个比喻又一个比喻，一句话接着另一句话，直到他明白《律法书》中的话为止。"[①]这是他们说的原话。我想任何具备健全能力的人都不会认为这里提到的"《律法书》中的话"是指有关建造帐篷、准备树枝（参见《利未记》第23章，第40节）以及四种受托人的法规（《出埃及记》，第10~14节），因为它们指的是那些要求通过比喻才能被理解的话。毫无疑问，这段原话无疑是指对晦涩艰深的问题的理解。对此，我们的先贤说道："如果一个人在房里掉了一个细拉[②]或一颗珍珠，他可以点上一支价值一个以撒[③]的蜡烛去找到它。因此，比喻虽不重要，但借助于它们你就可以明白《律法书》中的话。"[④]这也是他们的原话。可以这么看，先贤明确肯定的是，如果说《律法书》中的话的深层含义是一颗珍珠，那么比喻的表面意思则无价值。这里，为比喻的表面意思掩盖起来的主题被比作一颗珍珠，它失落在一所黑暗且装有家具的房子里了。现在的情景是，珍珠仍在，但人却看不到它，因而就不知道它在何处。如刚才所言，除非此人点上一盏灯——相应于理解比喻含义的活动，否则那珍珠就仿佛不是他

① 参见关于《雅歌》的《米德拉什》，第1章，第1节。

② 一个银币。

③ 硬币名称。1细拉等于96以撒。

④ 参见关于《雅歌》的《米德拉什》，第1章，第1节。

的东西，他亦不可能从中得益。先贤有言："一句中肯适宜的话，就如装在银器（*maskiyyoth*）里的金苹果。"（《箴言》，第25章，第11节）。这位先贤解释说，希伯来文的 *maskiyyoth*（器皿）指的是用银丝做的网状物，其上布满小孔，多为银匠打造。这个器皿之所以被这么称谓，是因为它可一眼望穿，而在《圣经》的阿拉姆语（Aramic）译本中，希伯来词 *va-yashqeph*（意为"他瞥见"）被翻译成 *va-istekhe*①。据此先贤说：这句双意之言就像一个带孔银器扣着一个金苹果。真是一句妙语，它本身就是一个发人深思的比喻。他说，双意之言（具有表面意思和内在含义的话）其表面意思美如银器，而其内在含义则比银器更美；前者之于后者，恰如银金之别。比喻的外在意义也包含一些东西，它向人暗示了其中的深层含义，此情此景就像金苹果扣在布满小孔的银器之下一样。远看或粗略一看，它会被看作一个银苹果，然而，当一个眼光锐利的观察者细心查看时，底下的东西就明现出来，发现这苹果原来是金的。先知的比喻也大致如此。其表层意思透着机智，可被用于许多方面，如用之于人类社会的福利。②《箴言》和类似的格言的表层意思就表现出这种作用。另一方面，其内在含义包含着深奥的智慧，它有益于认识真理本身。

须知，先知的比喻有两类。某些比喻一词一义；另一些则是整个比喻表示一个特定的含义。这后一种比喻由许多词句组成，并非其中的每个词句都参与构成那特定的含义。它们只不过是用以组成比喻，使它更加首尾一贯，或更有效地把那特定的含义掩

① 这是一个与 *maskiyyoth* 同根的词。见《创世记》，第26章，第8节。

② 直译为人类社会环境的福利。

盖起来。于是这种比喻就依其外在含义所需而信马由缰。这一点务须明白。

下面这段原文是第一种先知比喻的范例："瞧！一个梯子立在地上……"[1]此文中"梯子"表示第一个主题；"立在地上"表示第二个主题；"梯子的头顶着天"指第三个主题；"有神的使者"表现第四个主题；"上去"指第五个主题；"下来"指第六个主题；"耶和华站在梯子以上"表示第七个主题。这样，此比喻中的每个词语都表达一个附加的主题，而每个主题都存在于整个比喻所表现出来的复合主题当中。

下面这段话是第二种先知比喻的例证："我曾在我房屋的窗户内，从我的窗棂之间往外观看。见愚蒙人内，少年人中，分明有一个无知的少年人，从街上经过，走过淫妇的巷口，直往通她家的路去。在黄昏，或晚上，或半夜，或黑暗之中。看那，有一个妇人来迎接他，是妓女的打扮，有诡诈的心思。这妇人喧嚷，不守约束……[2]有时在街市上，有时在宽阔处，……[3]拉住那少年人，……[4]'平安祭在我这里，……[5]因此，我出来迎接你，……[6]我已经[7]……我又……[8]熏了我的榻。你来，我们可以饱享爱

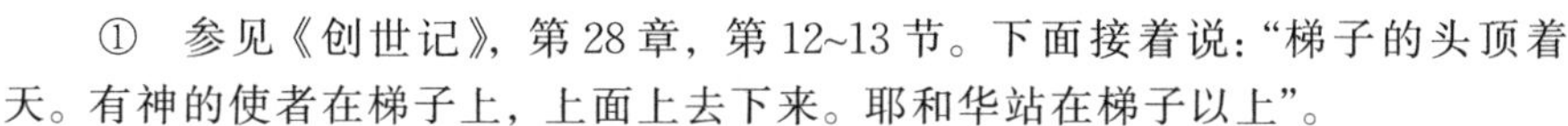

① 参见《创世记》，第28章，第12~13节。下面接着说："梯子的头顶着天。有神的使者在梯子上，上面上去下来。耶和华站在梯子以上"。

② 省略了"在家里停不住脚"。

③ 省略了"或在各巷口蹲伏"。

④ 省略了"与他亲嘴，厚颜无耻地对他说"。

⑤ 省略了"今日才还了我所许的愿"。

⑥ 省略了"恳切求见你的面，恰巧遇见了你"。

⑦ 省略了"用绣花毯子和埃及线织的花纹巾布铺了我的床"。

⑧ 省略了"用没药、沉香、桂皮"。

情，……[①] 因为我丈夫不在家，……[②] 他手拿银囊……[③]' 淫妇用许多巧言诱他随从，用谄媚的嘴逼他同行。”（《箴言》，第7章，第6~21节）这一段话的实际结果是告诫人们节制欲望，不要追求肉体的快乐，因而，他（指所罗门）把肉体——一切肉体快乐的根源——与一个“已婚妓女”联系在一起。事实上，书的整篇[④]都是以这个讽喻为基础的。我们将在本书中的许多章节中解释所罗门的智慧：把肉体与一个“已婚妓女”相联系。我们还将阐明他是如何用一篇女人颂歌结束此篇的，这个女人不是妓女，而是一个悉心照顾家庭事务和丈夫[⑤]的女人。正如我们将在本书中表明的那样，妨碍男人趋向最终完善的一切障碍，影响他的每一缺陷，每一不恭行为，都从他的肉体而来。这就是我们可以从这个讽喻的整体中领悟到的前提。我是说，人不应听从其兽性，即他的质料，因为人的质料与别的生物[⑥]无异。我已对你说明了这一点，揭开了这一比喻的秘密，所以你不要再指望（发现与本比喻的每一主题都相应的别的含义）。[⑦] 你不应追问下面这话的意思：“平安祭在我这里”，“今日才还了我所许的愿”以及“用绣花毯子和埃及线织的花纹巾布铺了我的床”，还有“我的丈夫不在家”这句普普

---

① 省略了“直到早晨，我们可以彼此亲爱欢乐”。

② 省略了“出门行远路”。

③ 省略了“必到月望才回家”。

④ 指《箴言》。——中译者

⑤ 直译为“她丈夫的国家”。

⑥ 原指别的动物。

⑦ 括号中的这句话见伊本·提本的希伯来文译本，印刷的阿拉伯原文无此句。几乎没有理由怀疑伊本·提本更为正确。

通通的话还有其他什么含义。对于这一章的其他一些细节也是如此。因为这一切都包容在此比喻的外在意义的连贯发展中，这里描述的是一个典型的通奸者的情况。另外，这里说的话以及其他这样的细节也都是通奸者们的典型的话语。务须明白此点，因为对于我想解释的问题而言，这是一条非常重要的原则。

因此，当你从本书的某章中发现我已讲明了一个比喻的意义，并使你注意到它所表示的一般含义，你不要再深究比喻中的所有细节，也不要希望去发现与之相关的意义。因为这样做会使你陷入这样的两难：要么错过比喻的真实含义；要么会自命有责任去解释那些不容解释的事情，因为它们本不是为了解释而被写到书中的。这种自命的责任感会造成莫大的错觉，当今许多派别都带有这种错觉，因为每一派别都企图去发掘词语中的某些含义，而这些含义却是其作者心目中从未有过的，完全由这个派别想象出来的。就大多数比喻而言，你需要了解的是整个比喻所要表述的一般含义。对于某些问题，即使我们不再进一步解释，你也能从我的论述中得知某一讲述原是一个比喻，它究竟说的是什么了。我已表明它是一个比喻，就如同有人除去了眼睛和视觉对象之间的隔膜一样。

本书导读

如果你想包容无余地掌握本书的整体内容，那就必须把各章连贯起来。在阅读某一章时，你不仅要弄懂那一章的整个主题，而且要掌握论述过程中的每一字句，即使那个字句与那一章的主题思想无关。我之所以这样说，乃因为本书的讲述不是随随便便，而是极为严谨精确的，它最大限度地阐明了每一模糊之处。除了出于某种考虑而做的特殊安排外，本书的一切论述都紧扣各章的主题。因此，你不必空费心神去想这里在讲什么，你如那样做，就既伤害我的感情，又对你无益。你要把该学到的东西都学到手，而且连续不断地研读此书。只有这样，本书才能向你讲明《律法书》中的大多数隐晦不明之处，这些地方即使对很聪明的人也都是难点。我以上帝的名义要求本书的读者不要擅增任何解释，哪怕是一字一句，而且除了那些已由《律法书》的先贤们讲解、评论过的东西以外，请不要再对别的多加解释。更不要对别人讲解仅仅从我这部书中所学到的而先贤们迄今从未探讨过的东西；也不要急于反驳我，因为你对我的理解或许与我的本意恰好相反。你如那样做，就成了“以怨报德”（参考《诗篇》，第38章，第20节），反过来伤害了我，因为我原是希望你受益的。书中所讲一切内容都应认真研读。倘若此书能略飨读者，哪怕只除去了许多不明之点中的一点[①]，也应感谢上帝，满足于他的收获了。反之，假如他感到本书所言一切皆对他无益，那他就权当无有此书罢了。如果从他的思维方式看此书颇为有害，那他就应去解释它，即使牵强附会也无妨。那也算给了我“一个垂青的评价”[②]。正如我们要求普通人去这样做一样，那有学问的人和《律法书》的先贤们就更应如此了，因为他们的所作所为就是要我们达到他们所理解

① 直译为“尽管只有几处困难复杂的地方”。

② 参考《密西那》：《先贤篇》（Aboth），Ⅰ 6。

的真理。我想，一般来讲，每个初学者都会从本书的一些章节中获益，尽管他对书中思辨之处缺乏认识。而一个忠实于《律法书》而又困惑不解的完善的人，如我说过的那样，本书的各章各节都对他有益。对于这些章节，他会感到多么欣喜呀！听到书中的话语是多么令他高兴呀！但是，对于那些被满脑子的虚假观念和错误方法搅混头脑，因而不分真假学问的人，对于那些自以为擅长思辨，实则对于真正的科学[①]一无所知的人，本书的许多章节都不可接受。他们很难容忍这些章节，一者因为他们不得其要领，二者因为他们被手中所有的假币所引诱，以至信假为真了。这些假的财产将给他们带来祸殃。上帝晓得，我无时不在担心我在书中所写出的内容，因为它们是隐秘的。在这散居时代的宗教社团[②]所写的著作中，在我们现时可以接触到的著作中，尚无一部论及这些内容。我现在又怎能冒天下之大不韪去讨论它们呢？然而，我有两个可凭依赖的前提。其一是（先贤们）在类似情况所说的这句话："为耶和华效力，适逢其时……"[③]另一是这句名言："让你的一切行为都是为了上天吧！"[④]正是仰仗这两个前提条件，我才写下了本书某些章节的内容。

总之，我是这样一个人：在受责任心驱使且有路可走的时候，选择了某种技巧以教人那业已证明了的真理，这技巧只让一个才

① 这个短语的阿拉伯文是"知识"和"科学"两个词。

② 指犹太社团。

③ 下面接着说："因为他们违反了您的律法。"见《诗篇》，第119章，第126节，参考巴比伦《塔木德》：《祝福式》（Berakhoth），第63章。

④ 《密西那》：《先贤篇》，Ⅱ 17。（中国社会科学出版社1996年中译本的《阿伯特：犹太智慧书》中无此节。——中译者）

智卓然的人满意，而为千万群氓所不乐；我还是这样一个人：宁愿教此一人，对芸芸众生的指责并不在意。我要把这个确有品德而又陷入泥潭的人解救出来：我将为他指点迷津，直到他变得完善，直到他的心灵平静安然。

导　　语

著作或文献汇编中存在的前后不一致或相互矛盾的表述都源于以下七个原因之一。

第一个原因。作者收集了众家之言，但省略了出处，没有点明这些意见出自何人之口。矛盾或相反的说法可见于这样的文献汇编之中，因为这两种表述当中，其一是一个人的意见，其二则是另一个人的意见。

第二个原因。在书的某一部分中，作者采纳了某种观点，而后又不主张此种观点。前后两种观点都在书中保留下来了。

第三个原因。并非所有段落都只从表面意义上去理解。有的只具有表面字义，而别的一些则属比喻，因此有深层的内容。换言之，两个明显矛盾的表述可以都是比喻，如只从表义理解，二者就会相左，或者互相矛盾。

第四个原因。有一前提条件，出于某种考虑，没有在行文中明确表述；或者说，两个主题可能完全不同，但因其中之一没有在行文中表述清楚，就被当成是相互矛盾的，其实二者并不矛盾。

第五个原因。可归于教授及解惑的需要。有一些问题隐晦不明，令人很难想象。但又不能不提，不能不用它作为前提去解释那些容易设想的问题。按理后者应该在前者之前讲清楚，因为人们总是习惯于从较易者开始。因此老师将不得不放宽要求，用其想到的手段或粗略的想法，尽力让别人了解前一个问题。他将不用准确的术语去表述这一问题的真义，而是局限在听者的想象力可以接受的程度，后者只需去理解那些他自己眼下被要求去理解的东西。在此后的适当场合，那个隐晦的问题将用精确的术语来表述，其真正含义将得到说明。

第六个原因。矛盾被掩盖着，只有放在许多前提之后才会明显表现出来。用以显示矛盾所需的前提数目越大，此矛盾隐藏得也就越深。这样，作者也可能会误认为原来的两个前提并不矛盾。但是如果分开考虑两个前提，即先分别在两个前提前面加上一个真前提，从中得出必然的结论；再对每一个结论也如法炮制，把一个真前提加上，又得出必然的结论；经过多次三段论推理，结果就会发现，最后的两个结论是矛盾的或相互对立的。这是一类连长于著书的学者们也常常注意不到的问题。但是，如果两个原始的前提显然是矛盾的，作者在撰写另一部分[①]时论述了第二个前提，而把第一个前提忘却了，这就是一个很大的弱点，他本人也就当然被归到那个言论不足为训的行列中去了。

第七个原因。谈论模棱两可的问题，必然要掩盖一些部分，揭示另外的部分。在解释某些格言时，这种必然性有时要求讲座的过程要以某一个前提为基础；而在另外的地方，它又要求把论述建立在与第一个前提相反的前提上。遇到这些情形，普通人是

① 直译为“地方”。

决不会意识到矛盾存在的，而作者也施尽巧技将它掩藏起来。

《密西那》和《祝福式》中存在的矛盾是由于第一种原因造成的。你会发现，他们[①]经常发问："难道这段文字的开头不与其结尾相对立吗？"在这种情况下，答案是："开头是一个拉比的见解，结尾则是另一拉比的意见。"你还会看到，他们说："犹大·哈纳西拉比在这问题上同意某一拉比的看法，因此引用了它而没提那个拉比的名字，而在另一问题上，他与另一个拉比意见一致，因而也是只引观点而未提人名。"他们还常问："谁是这段匿名文字的作者呢？某某拉比。谁是那段《密西那》的作者？某某拉比。"此等例子举不胜举。《塔木德》中的矛盾与歧见乃由于第一、二两种原因，你会发现他们常常说："在这一问题上他同意这个拉比，而在另一问题上与另一拉比一致。"他们也说："他同意他的这一点而不同意另一点。"还说："（这两个表述产生于）两个讲经学者，对于某拉比的意见二者观点不一。"所有这些矛盾都是由第一种原因造成的。由第二种原因造成的矛盾指的是这样的话："拉比放弃了这一观点，拉比放弃了那一观点。"在这些情况下，就有人追问究竟这两句话中哪一个是后一点。类似的说法是："在阿什（Ashi）拉比修订的第一版《塔木德》中，他这样说；在第二版中则另有说法。"先知书中的某些段落，从表面意义上看似乎矛盾，或者彼此相左，这是由第三、四两种原因造成的。正是出于这一考虑，我才写了这篇导读。你已经知道，（先贤们）是多么经常地说："此一节说的是这一点，另一节说的是那一点"。他们坦白地

---

① 指塔木德时期的拉比或先贤。——中译者

承认存在着明显的矛盾，因此解释说，这个主题的表述缺少一个前提，或那两段文字有不同的主题。这样他们便问："所罗门，你的话与你父亲的相矛盾，这难道还不够吗？你自己的话也自相矛盾……"[①] 此种情况在先贤的语录中司空见惯，然而，他们所指的大多数先知的表述则事关圣戒或行为法规。因此我们想把注意力引到那些在意见或信仰上有矛盾的段落上去。本书中某些章节专论这部分内容，它也属于"《律法书》的秘密"。能否在先知书中发现由第七种原因引起的矛盾仍有待深入钻研和考察。对此不宜轻下断言。至于哲学家的论著中出现的分歧，或者说那些知道真理的人的不同意见，则源于第五种原因。还有，除我们提到的人外，其他作者或评论家的多数著述中的矛盾，均来自第六种原因。在《米德拉什》和《哈嘎达》（*Haggadah*）中可以发现不少由这一原因产生的矛盾。正因如此，先贤们才说："勿切追问《哈嘎达》中的矛盾。"在那里还可发现由第七种原因造成的矛盾。本书中存在的分歧是第五、七两种原因的产物。明白这一点，掌握并牢记其真正的意思，就不致被本书的某些章节所迷惑了。

说完导言，我就要开始解释术语了。这些术语的真正意义是根据上下文而暗含在各段文字中的，因此必须被暗示出来。本书将提供一把钥匙，人可用它打开那些紧锁的门，进入那崭新的天地，那时，其灵魂就会平静安然，其双眸就会神采飞扬，其身体在经过艰辛的劳作之后，也会得到充分休息。

---

① 巴比伦《塔木德》:《安息日》，30a。

敞开你的城门，
让那守信的义民得以进入。①

第1章

形象（ṣelem）与相像（demuth）。人们认为，在希伯来文中"形象"指的是一个东西的形状和外表。这一想法把他们引向不折不扣的上帝有形论，其根据是上帝的话："我们要照着我们的形象，按着我们的样子造人"（《创世记》，第1章，第26节）。他们以为上帝具有人的形体，我是说人的形状和外表。这种地道的上帝有形论是他们所接受的必然后果。据此，他们信仰它，而且相信，假如放弃这一信念，那就等于认为《圣经》在撒谎。他们还认为，除非让上帝有一个手脸俱全的身体，即在形状和外貌上和他们一样，否则他们就是把上帝化为子虚乌有了。不过，他们还认为，上帝是比他们更高大、更显赫，构成上帝的质料亦不是血肉。在他们看来，上帝与其他东西的分别也不过如此罢了。为驳斥这种上帝有形论，确立上帝的真正单一性——不否证这种上帝

① 《以赛亚书》，第26章，第2节。

有形论就谈不上实在的上帝单一性——本书将提出充分的论证[①]。不过，这里只能作些提示，因为本章的目的在于阐明“形象”（image）和“相像”（likeness）的意义。

在希伯来文中，用以表示形状（form）的恰当的词是为大众所习熟的，这就是*to'ar*，它指一个东西的形态和外表。[②]《圣经》这样说：“身形（*to'ar*）俊美，容貌漂亮。”（《创世记》，第39章，第6节）“他是什么样子（*to'aro*）？”（《撒母耳记上》，第28章，第14节）“有王子的样子（*to'ar*）。”（《士师记》，第8章，第18节）这个词也适用于人造的形状。例如：“他用线画出一个形状（*yeta'arehu*），他用圆规画了一个模样（*yeta'arehu*）。”（《以赛亚书》，第44章，第13节）但是，这个词[③]却从未用之于神，我们亦绝不想这样做。此外形象（image）一词，可用于自然的形式（form），我是指这样的概念，一个事物可借助于它而构成一个实体，成为它实在的样子。在这里如果说后者是一个具体的东西，那么，这个概念就成了这个东西的真正实在性。在人身上，这样的概念是产生其认识能力的基质。正是由于这一理智的认识能力，《圣经》才这样谈到人：“神就照着自己的形象造人。”（《创世记》，第1章，第27节）还是基于这一理由，又说：“你藐视他们的形象。”（《诗篇》，第73章，第20节）这里“藐视”的对象是灵魂，即具体的形式，而不是物体的形态和外表。我亦确信，偶像之所

① 参见本书第二篇，第1章。——中译者

② 与希伯来文*to'ar*相应的英语词是form，这里通常译为“形状”“形式”，遇到口语，则译为“样子”。——中译者

③ 阿拉伯原文是复数。然而无论怎么看，这句话指的是一个词，即*to'ar*。

以也被叫作“形象”乃在于这样的事实：人们崇拜偶像，追求的不是它们的形态和外貌，而是被误认为存在于其中的概念。对于下面这句经文，“你们痔疮的形象”（《撒母耳记上》，第 6 章，第 5 节），我断言情况也是这样。“痔疮”代表的是驱除由痔疮造成的危害这个意念，而不是痔疮的形态。假如“你们痔疮的形象”中的“形象”指的是形态和外表，那么，“形象”就会成为一个歧义词，一方面指一个特定的形式，另一方面又指一个人造的形状，还指一个在形态和外表上与这两者相似的自然物体的形象。在“我们要照着我们的形象造人”（《创世记》，第 1 章，第 26 节）这句《圣经》名言中，“形象”指的是特定的形式，即理智的把握能力，而不是形态和外表的意思。至此我们已经表明了“形象”（image）和“形状”（form）之间的区别，表明了“形象”的意义。

“相像”（likeness，希伯来文 *demuth*）是从动词 *damoh*（相像）派生来的名词，它也表示概念上的相像。经文中“我就像旷野中的鹈鹕”（《诗篇》，第 102 章，第 7 节）一句，意思不是说作者像鹈鹕一样长着翅膀和羽毛，而是说他的悲伤之状犹如那鸟儿。与此相同，“神园中的树都不和它相像”（《以西结书》，第 31 章，第 8 节）这句话，其中的“相像”指的是美的概念。相似的情况还有：“他们的毒液就像蛇的毒液”（《诗篇》，第 58 章，第 4 节），“他的样子就像一头狮子，迫不及待地想把人撕成碎片。”（《诗篇》，第 17 章，第 12 节）这两句中的“就像”也是指概念上的相像，而不是指形态和外表。以同样的方式，《圣经》说：“像那宝座，像一个宝座。”（《以西结书》，第 1 章，第 26 节）这里“像”表征崇高与庄严，不是像可怜的人所认为的，它像宝座的方形、结实、腿有一定长度之类。这样的说明还适用于这一表述："四活物的所像（the likeness）"（《以西结书》，第 1 章，第 13 节）。人身上拥有一种品性，它非常特别，在月球以下存在的任何别的东西中都不具备，这就是人的理智能力。它的活动无须感官，无须身体的任何部分，也用不着四肢。由于神的理解力也无须任何工具，所以人们往往把人的理智能力与神的理解力相联系。尽管前者与后者只是初看起来貌似，而实际上并不相似。正是由于这种情况，即由于把神的理解力与人的相联系，所以人才被说成"具有上帝的形象，像他的样子"（《创世记》，第 1 章，第 26~27 节）。这绝不是说上帝具有身体和形态。

第2章

数年前，一个学者向我提过一个奇怪的挑战性难题，现在我们有必要来考察这个难题并指出它的无效性。然而，在提出这个难题并证明它站不住脚以前，我将先作下面这些表述。每一希伯来人都知道，*Elohim* 是一个多义词，表示神、天使以及城市的统治者。皈依者昂克劳[①] 对此有过明确解释，而且他的解释是正确的。在经文"你将像 *Elohim* 一样知道善恶"（《创世记》，第3章，第5节）这句话中，包含着前面提到的最后那种意思，因为昂克劳曾译成"你将像统治者一样"。

在指出 *Elohim* 这个词的多义性以后，我们现在开始阐述那个难题。那位学者说：经文的意思是很明确的，人本来应该像动物一样缺少理智，缺少思维，没有这分辨善恶的能力，然而，当他不服从时，其不服从反倒必然使他获得了人所特有的完善性，即他被赋予了我们现有的区别善恶的能力。这种能力在我们现有的品性中是最为尊贵的，正是凭借于它，我们才成为实在。这里令

① Onqelos，昂克劳是公元1世纪皈依犹太教的巴勒斯坦人。据巴比伦《塔木德》记载，最著名的《摩西五经》的阿拉姆语译本就是出自他的手笔。现代学者对此存疑。——中译者

人奇怪的一点是，人的不服从所给予的惩罚不是别的，而是给他以原来不曾拥有的完善性，即理智。这就像某人讲过的一个故事一样：人们中间有个人不服从，犯了弥天大罪，结果，他被改变原形[①]，变成了天上的一颗星。这就是那个难题的基本意思，尽管我们在这里没有原文照搬。

现在我们来作答。我们说：噢，你原来是在用一些你想当然的概念来进行理论思辨呀，你自以为像浏览一部史书和诗集那样翻翻《圣经》这部万世指南就可以弄懂它的意思。不要沉湎于欢歌酒色，集中精力，认真地去思考吧！因为事情并不像你在走马观花之后简单想到的那样，事实上，不反复考虑下面这些话[②]，事情是不清楚的：理智是由上帝创造并流溢到人身上的，是人的最高的完善性。亚当在不遵从上帝以前就被赋予了这 能力，正因如此，《圣经》才说，他是按上帝的形象被创造出来的，并与上帝相像。还因为这一点，上帝才对他发话，对他发布戒律，《圣经》中才有“耶和华神吩咐他”之类的话（《创世记》，第2章，第16节）。戒律不是对动物和缺少理智的存在物发布的。人通过理智而区别真理与假象，亚当也是用它的完善能力区分真假的。好与坏[③]只属于那些尽人皆知的普通事情[④]，而不属于通过理智所认识

① 原阿拉伯词常指某种轮回转世。

② 这个词也许指的是《圣经》中的一个故事，不过此处的译文或许更为妥当。

③ 这里用的是“好”与“坏”，而不是“善”与“恶”，因为阿拉伯原文没有用 *al-khayr wa'l-sharr*（前面用过），而是用的 *al-ḥasan* 和 *al-qabīḥ*。

④ “尽人皆知的话和事”这个短语相应的是阿拉伯语 *al-mashhūrāt*，而它又是希腊语 *endoxa* 的译文。

的东西。因此不应该说，天是球形的就好，地是平坦的就坏，所以不宜用好坏来规定它们。但可以说这样的断言是真还是假。同样，人们可以用我们的语言，借助于*emeth*和*sheqer*两词来表达真与假的观念，借助于*tov*和*ra'*来表示好与坏。人是依靠理智来分辨真与假的，一切有理智的存在都是如此。人的理智认知能力是与生俱来的禀赋，因此才有这样的说法："你把他放在略低于天使（*Elohim*）的地位"（《诗篇》，第8章，第5节）。因此说，当一个人处在如此完善的状态时，他根本没有去从事思考那些尽人皆知的普通东西的功能，他也不去思考它们。这样一来，那些众所习熟的事情，乃至像裸露生殖器这样的明显是坏的事情，对他来说亦不坏，他根本没有想到它是坏的。然而，当他不服从上帝，屈从于想象的欲望和肉体感官的快乐时——因此《圣经》才说："那棵树的果子好作食物，也悦人的眼目"（《创世记》，第3章，第6节）——他才受到了惩罚，被剥夺了那原有的理智能力。因此说，他是用他的理智来拒不服从强加给他的戒律的，而当他被赋予了理解普通事情的功能之后，他才习惯于去判断事情的好坏。接着，他明白他的损失多么巨大，他被剥夺的是什么，他已进入了一个什么样的状态。所以《圣经》说："你们便如神（*Elohim*）一样知道善恶"（同上章，第5节），而不是说去认识真假，理解真假，对于有必然性的东西，只有真假问题而无善恶可言。考察下面这段经文："他们二人就睁开眼睛，才知道自己是赤裸着身体"（同上章，第7节）。这不是说，他的眼睛上原来有层膜，现在被清除了，而是说，他进入了另一种状态，在这一状态下，他可以把在原先状态下从未看到的事情想成是坏的。进一步说，“睁开眼睛”[①]仅仅是指昭示了精神视野，而决不能解释成他获得了崭新的视觉。类似的经文有：“上帝让她睁开双眼”（《创世记》，第21章，第19节）；“盲人将睁开眼睛”（《以赛亚书》，第35章，第5节）；“耳朵开通却不听见”（同上书，第42章，第20节）；“他们有眼睛却看不见”（《以西结书》，第12章，第2节）。这里有一句有关亚当的文字：“他变了脸，你把他打发走了。”（《约伯记》，第14章，第20节）对此，我们的解释是：当人心里的意向[②]改变后，他就被赶走了。*panim*[③]是从动词*panoh*（转向）衍生出来的；因为人常常把脸转向他希望作为目标的东西。因此，这句话是说，在亚当改变了他心目中的方向，而把原来戒律不容许希冀的东西当作他的目的时，他就被赶出了伊甸园。这就是对于他不服从的惩罚。这是有罪必罚，罪罚相应。他原曾有权食美味，享受安逸和宁静，然而，如我们上面所言，当他贪心不足，顺从享乐的欲望的时候，这一切都被剥夺了，他不得不吃那些以前根本不被用来作食品的最粗劣的东西，而且只有通过辛勤的劳动才得其食。正如《圣经》所说：“地必给你长出荆棘和蒺藜，……你必汗流满面……”（《创世记》，第3章，第18~19节）《圣经》还解释说：“神便打发他出伊甸园，让他去耕种土地。”（同上章，第23节）上帝把他的食物和多数条件降到了兽类的水平。因而《圣经》说：“你将吃地上的草。”（同上

① 经文中用的是打开（open）。

② 这个阿拉伯词和“脸”是同一个词根。

③ 希伯来文“脸”或“容貌”。

章，第18节）还解释说："亚当[1]，不再居于尊贵，就像那些不能说话的动物一样。"（《诗篇》，第49章，第12节）

赞美意志之主吧！他的目的和智慧是深不可测的。

① 或者"人"。

第 3 章

有人认为，在希伯来语中，*temunah* 和 *tabnith* 两词意义相同。实则不然。*Tabnith* 来源于动词 *banoh*（建造），表示一个东西的建构和方面，我指的是它的形状，譬如说它是正方形、圆形、三角形，或其他形状。例如："幕帐的形状和其中所有器皿的形状"（《出埃及记》，第 25 章，第 9 节）；又如："根据在山上向你显示的形状"（同上章，第 40 节）；"任何鸟的形状"（《申命记》，第 4 章，第 17 节）；"手的形状"（《以西结书》，第 8 章，第 3 节）；"门廊的形状"（《历代志上》，第 28 章，第 11 节）。在所有这些引文中，这个词都指形状。基于这一理由，希伯来语不用这个词[①]来表示任何与神相关的属性。

至于 *temunah* 一词，多被用来指三种不同的意思。它被用来指存在于心外而能被感官认识的对象的形体（form），我这里指那个东西的形状和外表。例如："你们就雕刻偶像，刻成什么形象，……"（《申命记》，第 4 章，第 25 节）；"你们看不到任何形象"（同上章，第 15 节）。它又被用来指影像，即当一个原型客体

① 字面意义是"这些词"。

不再显现于感官时[①]在某个人的想象中保存下来的那个客体的形象。有例为证:“在夜间异象得来的思想中……”(《约伯记》,第4章,第13节)这句话的结尾是:“那灵停住,我却不能辨其形状;有影像在我眼前。”这里是说在我睡觉时有一个想象中的影像[②]出现在眼前。这个词语还表示被理智把握到的真观念。正是这个词的这第三层意思才被用于上帝。经文说:“他必见我的形象。”(《民数记》,第12章,第8节)这句话的意思是:他将把握到上帝的真理。

① 直译为“从感官里消失以后”。

② 直译为“他意指一个影像”。

第 4 章

须知，“看见”（*ra'oh*）、“看”（*habbit*）和“望”（*ḥazoh*）三词都指眼睛的看视，又都用来比喻理智的把握。对于动词“看见”，众人大都很熟悉。例如：“他看见田间有一口井”（《创世记》，第29章，第2节），这里指眼睛的看视。但是另一个地方说：“是的，我的心已看见许多智慧和知识”（《传道书》，第1章，第16节），这里就指理智的把握了。每当把“看见”运用于上帝时，这个词都是用的它的寓意。如《圣经》所说：“我看见耶和华”（《列王纪上》，第22章，第19节）；“耶和华使自己让他看见”（《创世记》，第18章，第1节）；“上帝看见它是好的”（同上书，第1章，第10节）；“我恳求你，让我看见你的荣光”（《出埃及记》，第33章，第18节）；“他们看见以色列的神”（同上书，第24章，第10节）。所有这些都是指理智的把握，绝不是指眼睛的看到，因为眼睛只能把握一个物体，这个物体被放在某个位置，而且带有物体的偶性，例如物体的颜色、形状之类。此外，上帝是不用肉体器官进行感知的，这一点将在以后阐明。

同样，“看”这个词可被用于眼睛转向一个对象的活动。例如：“不可回头看”（《创世记》，第19章，第17节）；“罗得的妻子在后边回头一看”（同上章，第26节）；“人若看地”（《以赛亚书》，第

5章，第30节）。这个词也用来比喻人心转向对事物的凝思，并且直到把握为止。如《圣经》言道：“他[①]未见雅各中有罪孽。”（《民数记》，第23章，第21节）因为不义并不能被眼睛看见。类似的经文还有：“他们望着摩西。”（《出埃及记》，第33章，第8节）对此先贤们曾说过[②]这句话也有比喻的意思，它告诉我们，以色列人观察着摩西的言行，并仔细对之考察。在下面这段文字中，“看”这个词也有这样的意思：“我向天观看”（《创世记》，第15章，第5节）；这是“先知的观看”。每当“看”一词与上帝相联时，其意思都是比喻性的。例如：“怕看神”（《出埃及记》，第3章，第6节）；“他必望见我的形象”（《民数记》，第12章，第8节）；“不看奸恶”（《哈巴谷书》，第1章，第13节）。

“望”[③]一词也用以指眼睛看到什么。如：“让我们亲眼望着锡安。”（《弥迦书》，第4章，第11节）它也被比喻地用到人心的理解。例如：“他所望到的是关于犹大和耶路撒冷的”（《以赛亚书》，第1章，第1节）；“耶和华在异象中有话对亚伯兰说”（《创世记》，第15章，第1节）。当说“他们望到了神”（《出埃及记》，第24章，第11节）时也是这个意思。

① 迈蒙尼德显然与他人持相反的意见，认为上帝不是这句话的主语。

② 参考 Tanḥuma，Ki Tissa；《大出埃及记》，LI；巴比伦《塔木德》之《定婚》，33b 以及《法庭篇》，110a。

③ “望”（to vision），其名词形式 vision 通常译为“异象”。——中译者

第 5 章

在哲学泰斗[1]开始考察一些深奥的问题并企图证明它们的时候，他提出了下面的托词。[2]他的读者不要由于他研究这些课题就认为他轻率浮躁，未加深思就急于对自己毫无所知的问题发表议论。反之，读者应该肯定他的愿望和热情，鼓励他在力所能及的范围内获取真正的信仰。同样，我们也说，那些尚未让其灵魂经历科学中各种知识的熏陶，尚未真正改进他的品性，尚未根除他的由想象力产生的欲望和渴求的人，不要因急于求成而直接涉足于这一伟大、严肃的课题。然而，如果他已经掌握了真正的知识和确定的前提，已经通晓逻辑推理的规则和各种防止思维错误的方法，他就应该去从事这一课题的研究了。在从事研究时，他不该一开始就绝对肯定那些附会他原有看法的观点，不要强迫他的思想去理解神。相反，他应该诚惶诚恐，缓慢耐心，循序渐进。经文“摩西蒙上脸，因为他怕看神”（《出埃及记》，第 3 章，第 6

① 指亚里士多德。——中译者

② 参考亚里士多德《论天》第 2 卷，第 12 章，第 29 节，b24 以下。下面是这一段的部分译文：“……可以这样说，如果有人在那些让人产生莫大困惑的难题上取得了小小的成功而且因此而自鸣得意，那似乎是合乎情理的，这样做乃是适度而不是鲁莽的证明。”

节）说的正是这个意思。这层意思是从其表面的字义引申出来的，不要因此而认为至尊至上、尽善尽美的上帝是可以靠双眼把握的。那表面字义指摩西掩起面孔，因为他害怕去看那闪现的光。摩西为此而受到褒奖，上帝让神恩大量泽及于他，进一步说："他必见我的形象。"（《民数记》，第 12 章，第 8 节）先贤曾言：这是对摩西起初掩面不去仰望上帝的奖赏。[①]

与此不同，"以色列子孙的尊者们"（《出埃及记》，第 24 章，第 11 节）则过分急躁，他们把握到了神，但所得很不完善。对他们也有经文评说："他们看见了以色列的神，在他的脚下有……"（同上章，第 10 节）这里并没有只说"他们看见了以色列的神"，因为这些话旨在对他们看的行为提出批评，而不是去描述他们看到神的状态。他们之所以受责备，乃是因为其所把握到的形式带有某种程度的物质性，而这又是他们在未获得完善性之前就急于求成的必然结果。他们当时就该死，由于摩西为他们求情，他们的死期被恩准延缓。根据可靠的记载，他们被烧死在塔贝拉[②]。其中的那达（Nadab）和阿贝户（Abihu），则被焚于会众的帐幕里面。[③]这种事情在他们身上尚且发生，对于我们这些连他们都比不上的人，以及那些尚不如我们的人，就更是不能不去努力增进我们对于一些基本问题的认识，获得那些可以把错误的污点从我们的理智中净化掉的前提了。此后，人们才可以前进一步，仰望神的仪容。因而《圣经》说："又叫亲近我的祭司们自洁，以免我突

① 巴比伦《塔木德》:《祝福式》，7a；Tanḥuma（Verona ed.），23b。

② Taberah，地名。——中译者

③ Tanḥuma，Beha‘alotkha 以及《大利未记》，XX。

然出来击杀他们。”（《出埃及记》，第 19 章，第 22 节）因此，所罗门也已向那些希望达到最高层次的知识的人发出了劝告，他用比喻的语言告诫说：“你到神的殿要谨慎脚步。”（《传道书》，第 4 章，第 17 节[①]）

现在让我们回过头来完成我们已经开始的解释。因为“以色列子孙的尊者们”在理智上的巨大障碍[②]，他们的活动也受到了妨碍；由于他们滥用了理智，才向往物质的东西。因此，《圣经》说：“他们观看（visioned）神，他们又吃又喝。”（《出埃及记》，第 24 章，第 11 节）至于这一段的剩下的话，即“他脚下仿佛有平铺的蓝宝石……”（《出埃及记》，第 24 章，第 10 节）将在本书的某些[③]章节中加以阐述。

我们的全部目的是表明每当“看见”“望”“看”这些词在这种意义上使用时，其意思是理智的把握，而不是眼睛的看视[④]；同时，上帝也不是可以用眼看得到的那种存在。然而，如果一个能力不足的人不想去上升到我们希望他达到的层次，如果他认为所有《圣经》中比喻性的有关本体的语词都是指感官的知觉，即对于被造之光（the created lights）——它们或者是天使，或者是别的什么——的知觉，那也没有什么坏处。

① 中译本为第 5 章，第 1 节。——中译者

② 直译为“其理智遇上绊脚石的那些以色列子孙的尊者们”。

③ 或某一。

④ 直译为“这里看见、望、看都是指理智的把握”。

第6章

男（*'ish*）和女（*'ishah*）是这样两个词：它们原先是男人和女人的意思。后来，它们被借喻来泛指其他生物种的公母。例如："凡洁净的畜类，你要带七公七母。"（《创世记》，第7章，第2节）以此为根据，"女"字也被用来比喻任何适合于、有待于和其他对象相连接的东西。如下文所言："这五幅幔要成双，一姊配一妹。"（《出埃及记》，第26章，第3节）由此你须明白，"兄"（*aḥ*）"妹"（*aḥoth*）也正像"男""女"一样可以用作比喻的意义。

第 7 章

“生儿育女”(*yalod*),这个词的意思是众所周知的,这就是“生育”。例如:“她们都为他生儿育女。”(《申命记》,第 21 章,第 15 节)后来,此词又被借用来表示自然事物的产生。如“诸山未曾生出”(《诗篇》,第 90 章,第 2 节)。它还被借用来指大地产生出植物,这也是生殖的类比。例如:“使其生长发芽。”(《以赛亚书》,第 55 章,第 10 节)它还被用来指在时间中发生的事,好像它们是被生的东西一样。《圣经》说:“因为一日要生何事,你尚且不能知道。”(《箴言》,第 27 章,第 1 节)还有,它也用来表示在思想、意见、学说中发生的事情。例如:“所生的是虚假。”(《诗篇》,第 7 章,第 15 节[①])由此衍生出这样的意思:“他们喜悦外邦人的孩子。”(《以赛亚书》,第 2 章,第 6 节[②])这就是说,他们对外邦人的意见感到满意。正如约拿单·本·乌茨尔(Jonathan ben Uziel)所解释的:“他们是在根据非犹太人的律法行路。”任何在某些方面教导别人,向他人传授知识的人,就他提供知识而言,可以说那个被教的人是他生出来的。正是在这个意义上,先知的

① 中译本第 14 节。——中译者

② 其中“孩子”是从词根“生孩子”派生而来的。

弟子也被称为“先知的儿子”。这一点在我们讲“儿子”的意思时还要重申。这样的比喻也用之于亚当：“亚当活到一百三十岁，生了一个儿子，形象和自己相似”（《创世记》，第5章，第3节）。前面已经讲过“亚当的形象”和“跟他相像”是什么意思了。在塞特（Seth）未被赋予真正的人的形式之前，亚当是没有生儿子的。这里的人的形式就是“亚当的形象和他的样子”的意思，指的是“上帝的形象和他的样子”。至于塞特，在亚当教导他，使他获得了理智之后，在他达到了人的完善性以后，《圣经》才这样说：“亚当照他的样子，生了一个和他相像的儿子。”不论是谁，只要他不具有这种形式（其意思前面已经讲过），他就不是一个人，而是一个徒有人的形状和外表的动物。然而，这种徒有人名的存在，却有能力制造产生出其他动物所不能制造产生的各种危害和罪恶，因为他们把思想和感受能力运用到制造和产生危害与罪恶的诡计上去了，而这样的能力原本是为了达到他尚未获得的完善性的。因此说，他不过是一个像人、模仿人的东西而已。塞特以前的亚当的孩子就是这种人。因此，《米德拉什》的作者写道：“在整整一百三十年间，即在亚当受谴责的年代里，他生的是精灵（Spirits），即恶魔。”[①]然而当上帝再次赐福给他时，他就生了一个像他一样的儿子，我是说“照他的形象，和他相像”。因此《圣经》说“亚当活到一百三十岁，照他的形象，生了一个和他相像的儿子”。

① 巴比伦《塔木德》：《安息日》（*Erubin*），18b；参考《大创世记》，XX和XXIV。

第 8 章

地点（*maqom*）。这个词的本义既可指某个具体地点，又可泛指某个地方，后来才被引申为某人的地位和处境，即有关他在某方面的完善程度，因此人们说："某人在某方面拥有某个位置。"说希伯来语的人常常使用这个意思，例如："占有祖先的地位；他用智慧和虔敬获得了祖先的地位"；或者，"意见的分歧仍然在那个地方"，即在那个位置上。正是在这种比喻的意义上，《圣经》才说："从他的位置上赞美耶和华的荣光。"（《以西结书》，第 3 章，第 12 节）"从他的位置上"指根据上帝在存在上的地位和他的伟大。同样，在提到上帝的"地位"时，唯一的意思就是他存在的地位，这是任何别的存在不可与之比拟的。这一点下面还要阐述。

至于那些将要在本书中解释的多义词，我们的目的不仅仅在于通过一个解释把你的注意力转到某一章所表述的意义上来，而且更在于我们开了一个方便之门，由此可以把你的注意力引到符合我们目的的意义上来，而不是到符合那些操这种或那种语言的其他民族的人的目的上去。至于你，我想应该去钻研先知书和那些真有学问的人写的著作，反思其中使用的所有术语，从那些多义词的各种含义中选取一种符合特定段落的意思。我们所说的这些话是理解本书和别的著作的关键。我们这里业已解释过的地点这个词的意义，如“从他的地位赞美耶和华的荣光”就是这样的一例。你应明白，在“看哪！在我旁边有地方”(《出埃及记》，第33章，第21节）这句话中也正是这个意思。在这一节，这个词表示理论思辨和理智思维的等级，而不是眼睛的位置，这一点是从它暗指的地点，即摩西离群索居，在其达到完善的那个山上的某地引申出来的。

第 9 章

宝座（*kisse*）。原初，这个词语在希伯来语中指宝座（throne）。由于只有那些官高权重的人，例如国王才坐这种座位，它也就成了华贵位高的象征，并被认为只有那具有莫大尊严的人才配享用它。在这个意义上，“圣殿”（Sanctuary）也被称为“宝座”，因为它也代表了上帝的尊贵，他借以显现自身，并把自己的光和荣耀注入其中。故此《圣经》说：“您荣耀的宝座，从太初就安置在高处。”（《耶利米书》，第 17 章，第 12 节）由于同样有这层意思，天亦被称为“宝座”，因为对于那些知天、思天的人来说，天表现了上帝的伟大：是他造就了天，并让它运动，是他浩荡洪恩，把神流降下，借此管理着下界。因此，《圣经》说：“耶和华言道：天是我的宝座，……”（《以赛亚书》，第 66 章，第 1 节）在这里，耶和华的意思是：天表征我的存在、尊贵、力量，有如宝座代表那些被认为配享用它的人的伟大一样。任何追求真理的人都应该相信这一学说，而不应认为神靠身体而支撑其存在。我们将向你表明，神是没有身体的。然而，他是否需要有超乎身体的空间或住所作为其存身之地呢？对于这个问题，正如我们已经指出的那样，所有由上帝划分界定，目的是让人领受上帝的光照和荣耀的地方，如“圣殿”或“天”，都可以称为宝座。“宝座”一词在希伯来文

中意义颇广，如在下文中：“我的手摸到了上帝的宝座”（《出埃及记》，第 17 章，第 16 节），这里是指上帝的伟大和庄严，不应把它想象为一个上帝本质以外的东西，或者是一个上帝的造物，似乎上帝的存在还需要或不需要什么宝座。如果那样认为，那就无疑是异端邪说了。《圣经》明确表示：“耶和华啊，您永恒坐定，您的宝座存到万代。”（《耶利米哀歌》，第 5 章，第 19 节）这表明，宝座是某种与上帝密不可分的东西。因此，在这段和类似的其他文字中，“宝座”指的是上帝的至高尊严和伟大，并不是说有一个东西存在于上帝本质之外。这一点在本书别的章节中还要阐述。

第 10 章

在谈到多义词时，我们曾说过，本书无意列举出某个术语的各种意义，因为这不是一本语言学著作，对于这样的词，我们只列举出为我们的目的所需要的意思。在这类词中，“下降”（*yarod*）与“上升”（*'aloh*）就是其中的两个。

yarod 和 *'aloh* 两词在希伯来语中分别指“下降”和“上升”。[①] 一个物体由一处向较低的地方运动，就叫作“下降”；它从一个地方向高出原先位置的地方运动，就被称为“上升”。因此，这两个词也比喻地用来指庄严和伟大的增加或减少。故而，当一个人的职位降级时，也被说成是“下降”；反之，当他在尊严上提升时，他也被称为“上升了”，就此，上帝言道：“在你们中间寄居的陌生人，必渐渐上升，比你们高而又高；而你们必渐渐下降，……”（《申命记》，第 28 章，第 43 节）《圣经》还说：“你们的神耶和华将使你们上升到天下万民之上”（同上章，第 1 节）；还有“耶和华使所罗门上升，赋予他尊严”（《历代志上》，第 29 章，第 25 节）。先贤常说：“关于神圣之物，它可使人上升，而不会使人下降。”[②] 同

① 似乎同义的英语词（descending，ascending）比相应的希伯来和阿拉伯词更可取。

② 参考《密西那》:《赋税篇》，VI 4。

样，“下降”一词也用来指思想上的较低状态。当一个人把心思用到一个卑贱对象上时，他就被说成“下降了”；而当他思想一个崇高、庄严的对象时，他又被认为是“上升了”。我们这些亚当的后裔，和那包罗万象的天体相比，不论在位置还是在等级上，都是最低的，与此相反，上帝在其存在的真实性、尊严和伟大诸方面都是位高至极，只是此高位并不是在空间中。当上帝希望而且事实上让我们某些人获得从他那里衍生出来的知识，当他使启示先知的神流开启先知的灵感，或使它莅临某处时，都可说成是“下降”。反之，当某一个人的这种先知状态被取消或神恩离开他时，就可以说它“上升”了。每当“下降”与“上升”两词用于造物主时，都取前面说的这个意思。另外一种相似的情况是说灾祸按上帝的先定意志降临人间或某个地区。对此，先知书在描述灾难之前便开宗明义地表明，上帝是先考察了人们的行为，然后才把惩罚降至他们的。讲这一观点也同样是使用了“下降”一词，原因在于若不是由于神的意志，人简直是太无足轻重了，他们的行为根本不值得上帝考察和惩罚。关于这一点，先知书明文写道：“人算什么，你竟顾念他？世人算什么，你竟眷顾他？”（《诗篇》，第8章，第5节[①]）这句话指的正是这个意思。正因如此才把上帝打算对人类施以惩罚说成是“下降”。《圣经》说：“来吧！我们下去，到那里变乱他们的语言”（《创世记》，第11章，第7节）；“耶和华降临来看”（同上章，第5节）；“我现在要下去察看”（《创世记》，第18章，第21节）。所有这些段落，都是围绕上帝降罚于下界的

① 中译本为第4节。——中译者

人们这个思想。这个词的第一种意思，即先知的启示和使人崇高，也是颇为常见的。例如："我要在那里降临与你说话"（《民数记》，第 11 章，第 17 节）；"耶和华降临在西奈山顶上"（《出埃及记》，第 19 章，第 11 节）；"耶和华要在众百姓眼前降临"（《出埃及记》，第 19 章，第 11 节）；"神就离开雅各，上升去了"（《创世记》，第 35 章，第 13 节）；"神就离开亚伯拉罕上升去了"（同上书，第 17 章，第 22 节）。然而，当《圣经》说"摩西上升到神那里"（《出埃及记》，第 19 章，第 3 节）时用的是"上升"这个词的第三种意义[①]。它是从摩西"上升到山顶"，在那里被造之光降临这一事实中引申而来的。但是，这句话不是说上帝有一个地方可以供人上去或下来。他的崇高是无知的人无法想象得到的。

① 即思想指向崇高的对象。

第 11 章

坐（*yeshibah*）。希伯来语所赋予这个词的第一个意思就是坐的状态。例如：“这时，祭司以利（Eli）坐在座位上”（《撒母耳记上》，第 1 章，第 9 节）。但是由于一个坐着的人的状态最为安稳，所以此意又比喻所有稳定、平稳和不变的状态。所以《圣经》在许诺耶路撒冷永久、安定、占有最高的地位时说：“她将崛起并安坐其位。”（《撒迦利亚书》，第 14 章，第 10 节）还有，“他又使不育的妇女安居其室”（《诗篇》，第 113 章，第 9 节），这里是说上帝使她坚实稳定[①]。这后一种意思也用于上帝：“耶和华啊，您永恒坐定”（《耶利米哀歌》，第 5 章，第 19 节）；“啊！安居天上的主阿”（《诗篇》，第 123 章，第 1 节）；“安居天上的上帝”（《诗篇》，第 2 章，第 4 节）。这就是说，稳定的太一不会产生任何形式的变化：其本质不变（他只有不变的本质，没有样态），他和他以外的任何事物的关系也不变，因为如以下阐明的那样，根本不存在他可以使之改变的关系。这样，他的丝毫不变的存在就达到了完满。如他所说：“我是永恒不变的主”（《玛拉基书》，第 3 章，第 6 节），意指他不经历任何变化。正是在这个意义上，“坐”在上面援引的经

① 意为使她生儿育女。——中译者

文中适用于他。在许多段落中，这个词用以描述天体，因为它不变化，没有多样性。这里是说，存在于其中的个体不变；与此相对照的是，地球上的个体则经受产生和毁坏。同样，即便我们在不确定的意义上认为他和有生灭变化的各物种之间有一种关系，“坐”仍然适用于他，因为这些物种是永久性的，有完好的秩序且被赋予了稳定的存在，就如天上的个体存在一样。《圣经》说：“上帝稳坐在地球大圈之上”（《以赛亚书》，第 40 章，第 22 节），意指永久不变的太一在地球大圈之上——他永恒不变地处于地球大圈之上，处于地球上生成的所有东西之上。《圣经》又说：“上帝坐在洪水之上”（《诗篇》，第 29 章，第 10 节），意思是说，当大地的状态改变毁坏时，上帝与事物的关系不变；不论事物是否经历变化和毁坏，这种关系始终如一地稳定持久。这是因为其关系只存在于上帝和经受变化的各物种之间，而与具体的个体无关。深思这里提及的用于上帝的这个“坐”字，你就会发现它是在这个意义上使用的。

第12章

起立（*qimah*）是一个多义词。一个意思是站起，与坐下正好相反。“他没有站起，也没有靠近他”（《以斯帖记》，第5章，第9节）这个词也指某件事情的稳定和有效性。例如：“耶和华使他的诺言立起”[①]（《撒母耳记上》，第1章，第23节）；“以弗仑的田地立起”[②]（《创世记》，第23章，第17节）；“城内的房子将立起”[③]（《利未记》，第25章，第30节）；“以色列王国将在你的手中立起”（《撒母耳记上》，第24章，第20节）。所有这些用于上帝的“起来”都是这同一个意思。再如，“耶和华说：我现在要起来。”（《诗篇》，第12章，第5节；《以赛亚书》，第33章，第10节）这里他真正想说的是：现在我要推行我的法令，履行我的诺言，发挥我的威力。还有，“你必起来怜恤锡安”（《诗篇》，第102章，第13节）。这就是说：你将履行你曾对她许过的诺言。一个决心要做某事的人往往以站起来表示他欲去做，因此，凡是决心做某事都被说成是站起来。如《圣经》所言：“我儿子亦鼓动奴仆们站起来反对我。”（《撒母耳记上》，第22章，第8节）这个词在这种意义上

① 也就是说，上帝将履行其诺言。——中译者

② 意思是说被确定。——中译者

③ 意思是归买主所有。——中译者

用来比喻上帝正在对一个应受毁灭性惩罚的民族实施他的律令。于是《圣经》说："我将起来反对耶罗波安王朝"（《阿摩司书》，第 7 章，第 9 节）；"他将起来反对那作恶的人"（《以赛亚书》，第 31 章，第 2 节）。这里他所说的"我要起来"同样是这个意思。同样，"你必起来怜恤锡安"（《诗篇》，第 102 章，第 13 节），意指你将起来反对她的敌人。《圣经》中有不少符合这个意思的原文，尚未发现这些句子实际指上帝起立或坐下。因此先贤说："天界里不存在坐与站"[①]；"站"（standing）有时和"立起"（rising）同义。

① 巴比伦《塔木德》:《喜庆祭》，15a。

第 13 章

站（'*amidah*）也是一个歧义词。有时它的意思是起立和站立。例如："当他站在法老面前时"（《创世记》，第 41 章，第 46 节）；"虽有摩西和撒母耳站着"（《耶利米书》，第 15 章，第 1 节）；"他在他们旁边站着"（《创世记》，第 18 章，第 8 节）。有时它的意思是忍住和停止。例如："因为他们静静地站着而不回话"（《约伯记》，第 32 章，第 16 节）；"她停止生育了"（《创世记》，第 29 章，第 35 节）。它另外还有稳定持久的意思。例如："它们会持续许多日子"（《耶利米书》，第 32 章，第 14 节）；"那么你们将能够平静"（《出埃及记》，第 18 章，第 23 节，即经久的意思）；"他的原味尚存"（《耶利米书》，第 48 章，第 11 节），这就是说它是稳定，持久，不变的；"他的公义直到永远"（《诗篇》，第 111 章，第 3 节），就是说，它是永久不断的。每当"站"运用于上帝时，都是最后这层意思。《圣经》说："那日，他的脚必踏在橄榄山上"（《撒迦利亚书》，第 14 章，第 4 节）就是说他的作用，即由他所引起的后果，将持续下去。在讨论"脚"这个词的歧义时，这一点将更加清楚。这层意思也出现在上帝对摩西说的这句话中："至于你，站到我这边来"（《申命记》，第 5 章，第 27 节）；还有，"我站在耶和华和你们中间"（同上章，第 5 节）。

第 14 章

“亚当”（*Adam*）[①] 一词的歧义性。它是第一个人的名字，是一个派生词；按照《圣经》原文的说法，它是从 *adamah*[②] 派生来的。这个词亦指人类。例如：“我的灵将不寄寓人[③]中”，“谁知道亚当子孙之灵呢？”（《传道书》，第 3 章，第 22 节），“人并不强于兽。”（同上章，第 19 节）这个词还指群众，即区别于精英的群体。例如：“不论（普通）人的子孙还是杰出者的子孙。”（《诗篇》，第 49 章，第 3 节[④]）这第三层意思也见于下面这句话：“上帝的儿子看到人的女儿”[⑤]；“你们仍然像世人一样地死亡”（《诗篇》，第 82 章，第 7 节）。

① 在希伯来语中，这个词也指“人”。

② 即土地。

③ 希伯来语 “*Adam*”；《创世记》，第 6 章，第 3 节。

④ 中、英文《圣经》均为第 2 节。——中译者

⑤ 希伯来语 *adam*。在这句话中，“人的女儿”表示“属于众人的”；而“上帝的儿子”指的是杰出的个人。见《创世记》，第 6 章，第 4 节。

第15章

直立（*naṣob* 或 *yasob*）。尽管这两个词根有别，但它们在不同形式中的意义却一般无二。这个词也有歧义。有时它的意思是起来而且直立。例如："他的姐姐就远远地站着"（《出埃及记》，第2章，第4节）；"世上的君王一齐起来"（《诗篇》，第2章，第2节）；"他们都出来站着"（《民数记》，第16章，第27节）。这个词别有另一含义：稳定永久。例如："你的话安立在天，直到永远"（《诗篇》，第119章，第89节），意思是说它稳定持久。凡这个词用于创造主时，都是这个意思。例如："耶和华站在其上"（《创世记》，第28章，第13节），就是说，他稳定而持久地站在上面——我是说站在梯子上，梯子的一端在天上，另一端在地上。每一个爬梯子的人都这样爬上，所以他必然会把握在他上面的上帝，因为上帝是稳定永久地站在梯子上的。显而易见，我这里就上帝所说的也都符合我提过的比喻。"上帝的天使"[①]就是先知。对此，《圣经》毫不含糊地说："上帝派下天使"（《民数记》，第20章，第16节）；"耶和华的天使从吉甲上到波金"（《士师记》，第2章，第1节）。"上"与"下"安排得颇有意义：先"上"后"下"；因为只

① 被正在爬梯子的雅各所见。

有向上攀而且攀上了几级梯子，先知才有可能在领受了上帝的某种意旨，即治国教民之道以后下来。正如我们已经阐明的那样[①]，在那个意义上也可称之为下来。现在让我们回到原来的目的。“站立其上”表示上帝的稳定持久和恒常，而不是上帝身体的直立状态。这个词在下面这句话里具有相同的意思：“你将站立在磐石上”（《出埃及记》，第 33 章，第 21 节）。至此，我想我已清楚地表明，“直立”（*naṣob*）和“站起”（*'amod*）在意义上是相同的。因为《圣经》还说，“我就站在何烈的磐石那里等你们”（同上书，第 17 章，第 6 节）。

① 参考第 10 章：“当一个人把心思用到一个卑贱对象上时，他就被说成‘下降了’。”

第 16 章

磐石（*ẓur*）一词亦是有歧义的。首先它指的是山石。《圣经》言：“你要击打山石（*ẓur*）。”（《出埃及记》，第 17 章，第 6 节）其次，它又指坚硬的石头，如燧石。例如，“火石（*ẓurim*）刀”（《约书亚记》，第 5 章，第 2 节）。它还用来指开采加工后的石头。《圣经》说：“你们要追想被凿而出的石头。”（《以赛亚书》，第 51 章，第 1 节）从这后一种意义上演化出另一比喻性的含义，即万物之“根源”。正因如此，《圣经》在“你们要追想被凿而出的石头”这句话后接着说，“要追想你们的祖宗亚伯拉罕”（《以赛亚书》，第 51 章，第 2 节）。从这句话我们自然会推出，“你们的祖宗亚伯拉罕”是用来解释“被凿而出的石头”的。这位先知的意思是说：跟着亚伯拉罕走，信仰他的教诲，照他的生活规则行事。因为内含在石料中的性质也存在于那些由之成形的，从中斧凿而出的东西。

正是在后一种意义上，上帝被称为“磐石”，他是除自身以外的万物的根源和原因。《圣经》言道：“他是磐石，他的作品完美无瑕”（《申命记》，第 32 章，第 4 节）；“你无视生你的磐石”（同上章，第 18 节）；“他们的磐石卖了他们”（同上书，第 2 章，第 30 节）；“没有别的磐石像我们的神”（《撒母耳记上》，第 2 章，第 2

节）；“永久的磐石”（《以赛亚书》，第 26 章，第 4 节）。还有，“你要站在磐石上”（《出埃及记》，第 33 章，第 21 节），即是说，要坚定不移且执着地相信上帝是万物的根源，因为这将引导你趋向对上帝的认识。（在第 8 章中）我们已经表明，“看哪，在我旁边有地方”包含着同样的观念。

第 17 章

不要以为只有神的学问不可教于平民百姓和愚钝未开的人，自然科学的精要部分亦是如此。鉴于此，我已反复援引先贤的这段话："不宜在两个人面前教授创世论"（参见绪论）。这条原则并非为我们的先贤所独有。古代其他国家的哲学家和学者们也一样若明若暗地谈到第一原则，用比喻的语言讨论过这个主题。例如柏拉图及其先驱就曾以质料为母，形式为公。这样你就会明白，现存一切生灭之物的原理有三条：质料、形式和特殊形式的缺乏性。这后一条原理一直是内在于质料中的，否则质料就不可能接受一个新的形式了。正是从这样的观点看，特殊形式的缺乏才可算作是一条原理。这样，一个质料一旦获得某种形式，即获得那种原先缺乏的形式，它就被另一种形式的缺乏性所取而代之，以此类推，以至无穷。这一点在阐述自然哲学时已作过说明。假如那些哲学家不是用明晰的话语去说明这些形而上学的问题，而仍然习惯于用比喻的方法来阐述它们，那么，要我们这些由衷地热心于宗教的人去对普通群众讲解这样的问题是何等困难啊！因为这样的问题超出了群众的理解能力，他们的领会很可能与原意南辕北辙。应当注意这一点。

第 18 章

下面这三个词即“挨近”（*qarob*）、“接触”（*nago'a*）、“靠近”（*nagosh*），有时分别指“接触”（contact），“空间上的接近”（nearness in space）；有时则是说人的认识之接近于对象，犹如说认识像物体间的相互接触。至于“挨近”（*qarab*）一词的用法，其首要的意思是指靠近某一地点。例如“摩西挨近营前”（《出埃及记》，第 32 章，第 19 节）；“法老挨近”（同上书，第 14 章，第 10 节）。“接触”（*nago'a*）的第一层意思是表示两物体间的接触（contact）。如《圣经》所言：“她把（儿子阴茎的）阳皮丢在他的脚前”（同上书，第 4 章，第 25 节）；“他把炭触到我的嘴上”（《以赛亚书》，第 6 章，第 7 节）。“靠近”（*nagos*）的第一层意思是靠近或走向另一个人，例如：“犹大靠近他。”（《创世记》，第 44 章，第 18 节）

这三个词的第二层意思是“凭借知识而靠近”或“靠理解而触及”，与空间无关。“接触”（*nago'a*）的这第二层意思见于下段经文：“因为她受的审判通于上天。”（《耶利米书》，第 51 章，第 9 节）“接近”（*qarob*）的第二层意思有下段经文为证：“对你过于繁难的案件就交给我吧”（《申命记》，第 1 章，第 17 节），意思是说，你要把案情告诉我。“挨近”的动词被用来表示传达某事的消息。“靠近”的动词则是被当作比喻而适用于这一短语中：“亚伯拉罕靠近说”(《创世记》,第18章,第23节),这件事发生在一位先知的幻象和睡眠状态中,这一点将在下面阐述(见本书第一篇,第60章和第二篇,第36章)。又如:“因为这百姓把嘴靠近我,用唇亲近我。”(《以赛亚书》,第29章,第13节)

在先知书中,当一个词用来指“靠近”或“接触”并且表述上帝与任何被造物之间的关系时,其意思就是上面刚提到的那种,即精神上的接触。本书还将表明(见第二篇,第4章),至高的上帝是无形体的,因此,他并不能挨近和靠近某个东西,也没有任何东西可以靠近和触及他。原因在于,倘若一个存在没有形体,那它便不会占据空间,靠近、接触、距离、会合、分离、触及或接近等任何观念都不适用于这样的存在。

《圣经》里说:“凡祷告耶和华的,耶和华便与之亲近”;“他们乐意接近上帝”(《以赛亚书》,第58章,第2节);“亲近神是于我有益”(《诗篇》,第73章,第28节)。这几段经文的含义是不应有疑问的,它们都是指一种精神上的亲密和接近,即达到某种认识,而不是空间上的靠近。类似的段落还有:“哪一大国的人有神与他们相近”(《申命记》,第4章,第7节);“你近前去听耶和华的话”(同上书,第5章,第27节);“唯独摩西可以靠近耶和华,别人都不可靠近”(《出埃及记》,第24章,第2节)。

然而如果你把“摩西靠近”理解为他靠近山上的某个地方,那里神光闪烁,或者借用《圣经》的话说:“那里是主灵光所在之处”,那也未尝不可,只要你牢牢把握定原则:说一个人站在地球的中央,和说他(如果可能的话)站在第九层天球的最高点上是没有差别的。在两种情况下,他与上帝的距离是相等的。能靠近上帝的人就是那些获得其知识的人，而那些对他一无所知的人就离他而去了。这里所谓靠近或离开上帝是有无数不同的层次和等级的。在后面的章节中[①]将进一步表明究竟是怎样造成这些理解上帝的不同等级的。

“摸山，山就冒烟。”(《诗篇》，第 144 章，第 5 节）在这句话中，“摸”（touch）这个动词是用作比喻的，意思是“让你的话触及山峦”。还有在“你触摸他本人”(《约伯记》，第 2 章，第 5 节）这句话中也是如此，就是说“把痛苦带给他”。无论这个词的时态如何，我们都须以类似的方法根据语境来解释它在每个地方的意思。这是因为，它有时指两件物体的接触，而在另外的情况下则表示对一个事物的认识和理解，换言之，一个人要去理解一个前所未闻的事物，就好比他去接近一个原先离他较远的东西。

① 第二篇，第 36 章。——中译者

第19章

充满（*malle*）作为一个多义词适用于表示一个物体进入另一个物体之中并充塞其间。例如："她把瓶子装满了水"（《创世记》，第24章，第16节），"要将一满俄梅珥吗哪[①]留到世世代代"[②]，诸如此类。此外，它还指一段时间的终了。有例为证："她生孩子的日子到了"（同上书，第25章，第24节）；"四十天期满了"（同上书，第50章，第3节）。此外，它还指最高的完满程度的实现。例如："你满得了耶和华的福"（《申命记》，第33章，第23节）；"耶和华使他们的心充满智慧"（《出埃及记》，第35章，第35节）；"户兰充满聪明、智慧和技能"（《列王纪上》，第7章，第14节）。正是在这个意义上《圣经》还说："耶和华的荣光充满了整个大地"（《以赛亚书》，第6章，第3节），意思是说大地上的一切都证明上帝的完美性，都可导致对他的认识。又说："耶和华的荣光充满了幕帐。"（《出埃及记》，第40章，第34节）事实上，每当这个词运用于上帝时，都是这个意思，绝不是说上帝有副占据空间的身体。

---

① 吗哪为《圣经》中记载的以色列人在旷野四十年中所食用的神赐食物。——中译者

② 《出埃及记》，第16章，第32~33节。迈蒙尼德的引述并不完全符合《圣经》原文。

不过，假如你愿意把这句话中“上帝的荣光”理解为出于某种目的而被创造的光（light），而且这种光总是被称为荣光（glory），因而说是这种光“充满了幕帐”，那也未尝不可。

第 20 章

高（*ram*）是个多义词，意思是空间中被提高以及尊严、伟大、荣誉和权力的升高。“把方舟从地上漂起”（《创世记》，第 7 章，第 17 节）这句话就包含着第一层意思。第二层意思体现在下面的话中：“我高举那从民中所拣选的”（《诗篇》，第 89 章，第 20 节[①]）；“我既从尘埃中提拔你”（《列王纪上》，第 16 章，第 2 节）；“我从民中将你高举”（同上书，第 14 章，第 7 节）。每当这个词被运用于上帝时，都取第二层意思。《诗篇》写道：“神啊！愿你崇高过于诸天！”（第 57 章，第 6 节）这个词的词根 *naso'*（举起）则兼指空间中的提高和品级以及尊严上的升高。前一种含义见于“他们就把粮食驮在驴上”（《创世记》，第 42 章，第 26 节）。从《圣经》中还可找到许多例句来表明这个词带有“搬运”和由此到彼的“运动”的意思。这都意味着空间上的提高。后一种含义见于“他的国必升腾（振兴）”（《民数记》，第 24 章，第 7 节）；以及“他常保抱他们，怀憾他们”（《以赛亚书》，第 63 章，第 9 节）；“你们为什么自高”（《民数记》，第 16 章，第 3 节）。每当这个词的动词形式用于上帝时，都是后一层意思。例如：“审判世界的主啊，求你

① 中译本为第 19 节。——中译者

挺身而立”(《诗篇》,第 94 章,第 2 节);“那至高者如此说”(《以赛亚书》,第 57 章,第 15 节)。这几段话都指品位、性质、力量上的高级,而非空间上的升高。对于我使用“品位、性质和力量的高级”这样的字眼,你可能大为惊讶。你或许会说:“你怎么能够断定这几个不同的字眼表达同一个意思呢?”后面我将阐明,那些拥有上帝的真知识的人是不会认为他具有许多属性的。他们认为,说上帝有权力、伟大、有力量、完满、善良等,意思是同一的,都是指他的本质,而不是任何附属于他的本质的东西。我将专章阐述上帝的名字和属性。这里的目的只是表明上面援引的段落中“高和提高”是品位上的,而不是空间上的。

第 21 章

希伯来文“通过”（*'abar*）。它的第一层含义指一个物体在空间中的运动，主要用来描述生命体沿直线的运动。例如：“他从他们前面过去”（《创世记》，第 33 章，第 3 节）；“从百姓面前走过去”（《出埃及记》，第 17 章，第 5 节）。类似的例子尚可举出许多。这个词的第二层意义用于表示声音在空气中的传动。且看下面两个例证：“他们就在全营中传告说”（同上书，第 36 章，第 6 节）；“我听见耶和华的百姓中风言四起”（《撒母耳记上》，第 2 章，第 24 节）。

这个词又被用作比喻来描述神光（light）和神的荣光（*Shechinah*）在先知异象中的显现。例如：“不料，有冒烟的炉，并燃烧着的火把，从那些肉块中经过。”（《创世记》，第 15 章，第 17 节）这件事发生在一位先知的异象中，因为这段话开始曾说“亚伯兰沉沉地睡了，……”。这个动词的第二层意思见于这段经文：“我将穿过埃及全境”（《出埃及记》，第 12 章，第 12 节），以及所有类似的短语中。这个动词还用来表达某个人太过分，在行为上越过了通常的界限。这样的例句有“我像一个喝酒超过了酒量的人”（《耶利米书》，第 23 章，第 9 节）。它也被用来隐晦地指越过一个东西而指向另一个目标或对象上去。例如：“约拿单射出一箭，让它越过童子。”(《撒母耳记上》，第20章，第36节)我以为，在“耶和华从他的面前走过”(《出埃及记》，第34章，第6节)这句话中说的正是这个意思。希伯来文“脸面”的第三人称的所有格后缀指的是上帝的脸面。[①]我们的先贤也同样把“他的面”解释为“上帝的脸面”。[②]尽管这一理解见于阿嘎达(Agadic)解释[③]之中，但仍有某些地方支持我们的观点，即代词“他的”在这句话中是用来代替“上帝的”，因而在我看来，整个段落可以解释为：摩西力求达到一种知觉，即被称为对神的脸的知觉，这个词也出现在“却不得见我的面”这一短语中，但是上帝只让他获得一种较低等级的知觉，即“看到他的背部”。这句话是这样说的：“你可以得见我的背。”(同上书，第33章，第23节)关于这一点，我在《密西那托拉》一书中已讲过了。因此，上面那段话说的意思是，上帝避开了摩西，没让他看到脸，而是给了他另一惠泽，让他知道了属于上帝的活动。我将阐明，上帝的这些活动就被看作是形形色色的属性。所谓上帝避开摩西，意思是说对上帝的这种认识是不可企及的，即就其本性而言是摩西所无法达到的。人可以凭借其推理功能而在理智的范围内获得知识，因而达到一定的完满性，然而如果他贸然去追求一种更高程度的知识(如我将在本书的某一章中所论述的那样)，那他就会要么减弱要么完全丧失其理性能力；只有一种例外，那就是他得到了天助，诚如《圣经》所言：“用我的手遮掩你，等我过去。”(同上章，第22节)阿拉姆语

① 而不是指摩西的脸面。
② 参见巴比伦《塔木德》:《新年篇》，17b。
③ 本书不涉及。——中译者

译本[①]在翻译类似的几段经文时采用的是同样的方法，因为在翻译凡是涉及或有可能导致上帝的形体性的句子时，他们都假定其中省略了某些从属于上帝的东西（*no-men regens*），认为某个词实际上所表述的是这些从属于上帝的东西，而这些东西本身在句子中被忽略了。例如，“耶和华站在梯子以上”（《创世记》，第28章，第13节），这句话被解释为“耶和华的灵光展现在梯子上”。还有，“愿耶和华在你我中间鉴察”（同上书，第31章，第49节），这句被说成是“耶和华用话语鉴察”。这样的解释在昂克劳的译文中比比皆是。同样，他对于经文“耶和华从他面前经过”（《出埃及记》，第34章，第6节）的解释是：“耶和华让其容光从他面前经过，宣告说”。据此，经过的东西无疑是某个物体；代词“他的”指摩西的；其中短语 *al panav* 与 *le-fanav* 相同，意即“从他面前”。又如：“先走的人都从他面前过去了”（《创世记》，第32章，第23节）。这倒不失为一个恰如其分的令人满意的解释。我还可以找出更多的例证来赞同昂克劳的解释。例如：“我的荣光经过的时候”（《出埃及记》，第33章，第22节），这句话明确表示的是，经过的东西是属于上帝的，而不是上帝本身。在“等我过去”以及“耶和华从他面前走过”这两句中也都是指神的荣光。如果按照昂克劳的方法，必须假定省略了某些从属于上帝的东西，并根据上下文的要求在具体地方指出省略的词是上帝的“灵光”、上帝的“话语”和“神的荣光”，等等。我们亦在这里把话语说成是“声音”，这样，那句话就成为“耶和华发出声音从他面前经过，宣告说”。

① 指昂克劳译本。

上文已表明“通过”一词也适用于声音，如“就在全营中传告说”（《出埃及记》，第 36 章，第 6 节）。由此可知，所宣告的就是这个声音。把宣告和声音连用是没有人提出异议的。《圣经》中讲到上帝命令摩西时，此类短语用得甚多：“他听到一个声音对他说”（《民数记》，第 7 章，第 89 节）；同样，我们也可以说一个“说出的声音”，“一个宣告的声音”。我们甚至赞同把动词“说”和“喊”用于“声音”。例如：“一个声音说：‘你喊叫吧！’又有一个说：‘我喊叫什么呢？’”（《以赛亚书》，第 40 章，第 6 节）根据这一看法，我们讨论的这句话的意思是，“上帝的声音从他面前传过而且呼喊着：耶和华，耶和华，至能、至善、至慈！”耶和华一词重复使用，因为他是被呼喊者，相似的情形还有“摩西！摩西！亚伯拉罕！亚伯拉罕！”这也确是对原文的一种颇为恰当的说明。

这个论题是十分艰深繁难的，因此可以拥有不同的解释。对此，我想你是不会感到奇怪的。这些解释对于我们这里从事的论证的说服力并无妨害。对于这些解释可采取两种态度：你可以把这样的含义完全看作是一个先知的异象，整个事情都是一个精神活动，将摩西所追求的，避开他的以及他所获得的东西都视为依靠理智而不是感官而知觉到的东西。这一点上面已谈到了。另外你也可相信，人们对物体有一种视觉，而由视觉所产生的认识也是有助于理智的理解的。后者正是昂克劳的观点。他只是认为，在这个例子中，视觉也是先知的异象，例如《圣经》在谈及亚伯拉罕的历史时说：“有冒烟的炉，并燃烧着的火把，从那些肉块中经过。”（《创世记》，第 15 章，第 17 节）你还可认为，有一个声音的知觉，即一个声音从他面前经过，而此声音无疑是物质性的东西。你可选择任何一种意见，因为我们的唯一目的是教你不要以为“耶和华通过”与（摩西带领以色列长老们）“从百姓面前走过去”（《出埃及记》，第 17 章，第 5 节）两个短语是同类的，因为上帝是无形体的，不能说他运动，因而动词“经过”的第一层意义是不适用于上帝的。

第 22 章

在希伯来语中，动词 *bo'* 的意思是“来”（to come），指生命体到达某处，或接近于某人。例如：“你兄弟怀狡计而来”（《创世记》，第 27 章，第 35 节）。其次，它又指一个生命体“进入”某个地方，例如“约瑟来到家里”（同上书，第 43 章，第 26 节）；“日后，你们进入耶和华按着所应许赐给你们的那地”（《出埃及记》，第 12 章，第 25 节）。这个词还在比喻的意义上用来指某个事件即某种非物质的东西的发生。例如：“到你话应验（发生）的时候，我们就会尊崇你”（《士师记》，第 13 章，第 17 节）；“救你脱离所要临到你的事”（《以赛亚书》，第 47 章，第 13 节）。这个词甚至也用来指某种否定性的东西。如“灾祸就到了”（《约伯记》，第 30 章，第 26 节）；“黑暗便来了”（同上章，第 26 节）。既然这个词可用在非形体对象上，那就当然可用来描写上帝，即指上帝的话语的实现以及他的荣光（the *Shechinah*）的表现。这种隐喻的含义见于下列经文：“我要在密云中临到你那里”（《出埃及记》，第 19 章，第 9 节）；“因为耶和华，以色列的神已由其中进入”（《以西结书》，第 44 章，第 2 节），这些和其他类似的经文，都是指“神的荣光”。但是“耶和华，我的神必降临”（《撒迦利亚书》，第 14 章，第 5 节）这句话则是指上帝的口谕要传下来，就是说，他通过先

知而许下的诺言将要兑现。因此,《圣经》又说:“一切先贤都与你同来”,这就是说,“我的上帝耶和华的话将被履行,这些话是由所有的先贤说出的,是对以色列人宣讲的”。

第 23 章

"出来"（*al-yeṣi'ah*）是"进去"的反义词。这个词用来描述一个生命体或非生命体从原来静止的地方运动到另一个地方。例如："当他们走出城来"（《创世记》，第 44 章，第 4 节）；"若点起火来"（《出埃及记》，第 22 章，第 5 节[①]）。它也用来比喻某种非物质东西的出现。例如："这话一出王口"（《以斯帖记》，第 7 章，第 8 节）；"王后这事必传到众妇人的耳中"（同上书，第 1 章，第 17 节），就是说：这件事将传播开来。还有，"因为律法必出于锡安"（《以赛亚书》，第 2 章，第 3 节）；"日头已经升出地球"（《创世记》，第 19 章，第 23 节），即指太阳光为人们所见。在用于上帝时，出来都是这种比喻意义。例如："瞧！耶和华从他的居所出来"（《以赛亚书》，第 26 章，第 21 节），就是说，一直秘而不宣的上帝的话被说出来了，而且将彰显出来，即某物将从无到有，因为任何从上帝流溢出的新事物都是他的话的缘故。例如："诸天借耶和华的命而造，万象借他口中的气而成。"（《诗篇》，第 33 章，第 6 节）这是由国王的行为而引申出的一个比喻，因为他是传发旨意而实施其意志的。然而，上帝不论做任何事情都无须凭借任何语言，这一

① 中译本《圣经》为第 6 节。——中译者

点将在下文[①]中进一步论述。动词“出来”被用于表述上帝的某种作品的显现，关于这一点，在解释“耶和华从他的居所出来”这一句时我们已经有所阐述。与此相似，“回来”（*shibah*）一词也用来比喻由于上帝的意志而导致的某一行动的中断。例如：“我要离开并回到原处”（《何西阿书》，第5章，第15节），就是说，原先与我们在一起的神离我们而去，其结果是我们失去了神的护佑。所以一位先知预言了灾祸：“我将掩面不顾他们，他们将被吞没。”（《申命记》，第31章，第17节）因为人一旦失去了神佑，他就暴露在各种危险面前，变成恶劣环境的牺牲品。他的幸运与不幸都取决于运气。这是何等残酷的威胁呀！这种思想就包括在“我要离开并回到原处”这句话中。

① 见本书第一篇，第65章。

第 24 章

“行走”（*al-halikhah*）也是一个用以描述生物体由此地到彼地的运动的词。例如:“雅各仍旧行路。”(《创世记》，第 32 章，第 2 节[①])这样的例句甚多。“行走”还用来描写比生命体更精细的事物的运动。例如:“水渐渐退去”（同上书，第 8 章，第 5 节）;“有火闪到地上”(《出埃及记》，第 9 章，第 23 节）。此外，它还表示某种非物质事物的传播与展示。例如:“其中的声音好像蛇行一样”(《耶利米书》，第 46 章，第 22 节）;“神的声音在园中行走”(《创世记》，第 3 章，第 8 节）。这里“行走”是用来描述“声音”的。“行走”这个词在被用到上帝时，其意思是比喻性的；换言之，当它用于非物质的东西时，或者表示非物质事物的出现，或者神佑的丧失。对于非生命的存在物而言，失去神佑就等于事物的消失；对于生命体而言则是说它离去或“走开”了。神助的丧失在《圣经》中称之为“上帝遮其面孔”。例如《申命记》第 31 章第 18 节说:“我必定掩面不顾他们。”基于同样的理由，它也被说成从一个事物“走开”或“离去”。例如:“我要离开并回到原处。”(《何西阿书》，第 5 章，第 15 节）然而在“耶和华就向他们二人发怒而去”

① 中译本《圣经》为该章第 1 节。——中译者

(《民数记》, 第12章, 第9节)这句中, 两重含义兼而有之, 它既指神助的丧失(即耶和华离去), 又指某种东西的暴露或表现, 即上帝所发的怒火, 而上帝发火的结果是让米利暗(Miriam)“长了大麻风, 有雪那样白”(同上章, 第10节)。“行走”又可用在有关内在生活的行为上, 这种行为无须身体的运动, 如下文所述:“你要遵行他的道”(《申命记》, 第28章, 第9节);“你要跟从耶和华你的上帝而行”(同上书, 第13章, 第4节);“来吧!我们在耶和华的光明中行走”(《以赛亚书》, 第2章, 第5节)。

第 25 章

希伯来文 *shakhon* 的意思是“居住”。例如：“亚伯兰正住在亚摩利人幔利（Mamre）的橡树那里”（《创世记》，第 14 章，第 13 节）；“这事发生在以色列住在那地的时候”（同上书，第 35 章，第 22 节）。这是这个词的最常见的意义。不过，“住在某个地方”指的是不间断地留住在那里，这个地方可以指一般性的，也可以指具体的某个地方。因此，每当我们说一个生命体长期住在某处时，我们的意思是，尽管他可以在这个地方之内活动，但他是住在那个地方的。这个词也被当作比喻用来描写无生命的东西，即描写任何寄居在某个东西上的物体，尽管这个寄居于其上的东西不是一块地方，这个物体本身亦不是一个生命体。例如：“愿密云停在其上。”（《约伯记》，第 3 章，第 5 节）无疑，这里的云不是什么有生命的东西，其所代表的时日（day）也不是物质性的东西，而只是时间的一部分。这个词语也在上面说的这种意义上表述上帝，即指神的荣耀（His Indwelling）或神佑（His providence）的持续不断，当它们停留在某个地方，它们就会永久不变地在那里；或者当它们保佑某个东西，它们就会永远引导它。例如：“耶和华的荣耀停于西奈山”（《出埃及记》，第 24 章，第 16 节）；“我要住在以色列人中间”（同上书，第 29 章，第 45 节）；“以及住在灌木中的

上主的喜悦”(《申命记》，第33章，第16节)。当这个词用于上帝时，我们必须依据上下文来理解，看它是指他的荣耀——我指他所造的光（His Created Light）——存在于某个地方，还是指他保护某个事物的神佑的继续存留。

第 26 章

你一定知晓《塔木德》中那句和解释我们的主题相关的名言:“《托拉》用人的语言说话。”[1] 这就是说，那些可以为大家轻易理解和明白的说法是可用于描述创造主的。所以，说上帝具有形体的属性不过是为了描述他的存在，因为对于普通的群众来说，除非和某种形体联系，否则是很难想象存在的，对他们来说，没有形体，或者没有与形体相关联的东西是无法存在的。我们所谓完善的状态也同样属于上帝，譬如说他十全十美，他那里不存在任何缺陷。在大众眼里，任何有缺陷和不足的东西都不适于表述上帝，因此，没人说上帝吃饭、喝水、睡觉、生病，以及施持暴力之类。然而，人们却可以把只和我们相关的完善状态赋予上帝，尽管我们所谓的完善状态，当把它与上帝联系起来时，就成为最大的缺陷了。然而，如果人们以为这些人的完善性是上帝所没有的，那在他们看来，这就是上帝的不完善了。

你知道，位置移动是生命体的一个显著特征，是其通往完美的过程所必不可少的。他们需要吃、喝和排泄，同样也要求运动;运动使他们接近对他们有益的事物，与自然达到和谐一致，并且

① 巴比伦《塔木德》:《姑嫂篇》，71b 以及《中间门》，31b。

躲避有害的与自己的本性相反的东西。事实上，无论我们赋予上帝吃喝或运动与否，都是无关紧要的。根据人的存在方式，即根据大众的观点，吃喝对上帝来说是一种不完美的事情；运动则不然，尽管它也是某种缺乏所产生的结果。还有，现已证明，每一运动的东西都是物质性的，可以分割的。下面我们还将表明，上帝是非物质性的，对他不存在位置移动，也无所谓静止；因为静止只适用于运动的东西。然而，凡可表示生命体的各种运动形式的说法，都可以用上面描述的那样的方式来表述上帝，就仿佛他是有生命的东西。尽管运动只是一个生命体所具有的偶性，但毋庸置疑的是，如果没有形体性，诸如“下降、上升、行走、放置、站立、围绕、坐下、居住、离去、进入、通过”之类的说法就成为不可思议的了。

若不是因为群众对一些观念已习以为常，详述这个问题就是多余的了。一些人正急于达到某种完善、急于清除那些从青年时潜移默化地接受的一些观念，为他们考虑，我们该结束这个话题了。

第27章

改宗者昂克劳精通希伯来文和叙利亚语，他曾把反驳上帝形体性的信念视为己任。《摩西五经》中凡用来描写上帝的说法，或可能导致形体性的地方，他都结合上下文作了解释。在他看来所有对运动形式的表述都是指已被创造出来的某种光的出现或展示，这种光即神的荣光（*Shekhinah*）或神佑（providence）。因此，他把“耶和华要降临”（《出埃及记》，第19章，第11节）解释为“上帝将显现自己”；把“耶和华降临了”（同上章，第20节）说成是“上帝已显现自己”，而不说“耶和华降临了”。还有，按他的解释，“我现在要下去察看”（《创世记》，第18章，第21节）的意思是“我将显现自己而且察看”。这是他对“降临”（*yarad*）这个词在运用于上帝时的含义的解释。他对全书中所有这样的用法都是如此解释的，只有一处例外，即“我要和你一起降临到埃及（I will descend with thee into Egypt）。”（同上书，第46章，第4节）他的译文是“我要和你同下埃及去（I will go down with thee to Egypt）。”[①]这个绝妙的片段证明了昂克劳卓越的才华和他解释的精确性。它也向我们揭示了一条有关预言的重要原理。这段话是这

---

① 这里昂克劳是按字面意思翻译希伯来原句的。

样开始的:“夜间，神在异象中对以色列说:‘雅各！雅各！’……神说:‘我是神，……我要和你同下埃及去。”(《创世记》，第46章，第2~4节)鉴于这些话是在“夜间的异象”中说的，昂克劳便毅然决然地按字面的意思把它说成是在夜间的异象中对雅各所说的话，给这件事以忠实于原文的解释。这段话讲的是上帝对雅各说些什么，而不是实际上发生了什么，与下面的经文不同:“耶和华降临在西奈山顶上。”(《出埃及记》，第19章，第20节)这里告诉我们物理世界中实际发生的一件事。因此，“降临”这个词被昂克劳解释为“上帝显现自身”，与“运动”无任何联系可言。因为一个人想象中发生的事情，即他被告知的话，是不会发生变动的。这种解释真是精妙绝伦。至此你大概已经看出，说某事发生在梦境、夜间的异象中与说发生在某种异象或显现中是绝对不同的；后者的例子如“耶和华的话临到我，并且说”以及“耶和华对我说”。

在我看来，昂克劳也可能把“上帝”(*Elohim*)一词理解为“天使”，而且正是因为这个缘故，他才不假思索地把“我要和你一起降临到埃及”按字面意思进行翻译。其实，昂克劳把“我是上帝，就是你父亲的上帝”(《创世记》，第46章，第3节)这句经文中的“上帝”理解成天使是不足为怪的，因为这句话也为一个天使说过。雅各述说:“上帝的使者在那梦中呼叫我说:‘雅各！’我说:‘我在这里。’”(同上书，第31章，第11节)这位天使对雅各的话是这样结尾的:“我是伯特利(Bethel)的神，你在那里用油烧过柱子，向我许过愿。”(同上章，第13节)尽管雅各无疑是向上帝而不是向天使许过愿。先知们习惯于用上帝的名义说出对他们说的话，让人觉得是上帝亲自对他们讲的。所有这样的段落，如果加上属于上帝的某些东西（*nomen regens*）的字样，并且把它们等同于“我是你父亲的上帝的天使”“我是在伯特利向你显现的上帝的天使”，诸如此类，就都可以得到解释了。关于不同等级的预言、天使的本性，我将根据本书的需要在下面作更详细的阐述。

第 28 章

“脚”（*regel*）是一个多义词。首先，它指一个生命体的脚。例如“以脚还脚”（《出埃及记》，第 21 章，第 24 节）。其次，它又指尾随一个物体的东西。如“你和所有步你脚步的百姓”（《出埃及记》，第 11 章，第 8 节）——即跟从你的人。这个词还有一层意义，这就是“原因”，例如：“耶和华随我的脚步赐福与你”（《创世记》，第 30 章，第 30 节），即因为我的缘故赐福；因为一物的存在若由于另一物的缘故，那么，此另一物就是其最终的原因。与这层意义相关的经文不胜枚举，如《创世记》第 33 章第 14 节所言：“我要量着在前面行走的群畜和孩子们的脚步。”因此，当《圣经》说“那日他的脚必站在耶路撒冷前面朝东的橄榄山上”（《撒迦利亚书》，第 14 章，第 4 节）时，依据上面的分析，它指的是：“由于他的原由而在那日产生的事物将在橄榄山上，就是说，人们将看到的奇迹（上帝是这奇迹的原因或创造者）将永远留存在那里。”乌茨尔（Uziel）的儿子约拿单又对这一解释作了说明：“在那天，他将凭借其力量出现在橄榄山上。”与此相似，他还用“他的力量”来解释身体上每一能抓握、运动的部分，因为所有使用这个短语的地方都是指神的意志所产生的活动。

对于这段话，“在他的脚下，仿佛有一块蓝宝石在活动”，昂克劳在其译文中把“他的脚”当作一个比喻，并代之以上帝的“宝座”，这样，上面那个短语就被译成“在上帝荣耀的宝座下”。了解了这一点，你就会惊奇地发现昂克劳是如何完全彻底地避免了上帝的形体性观念的。他不曾说“在他的宝座下”，因为“他的宝座”意味着上帝与其宝座的直接关系，进而必然蕴含着上帝被一个物质的东西所支托的意义，这就导致了上帝的形体性。因此，他用宝座指上帝的荣光，即为了一定的目的而创造出来的光线。与此相似，“我已向上帝的宝座起誓”（《出埃及记》，第 17 章，第 16 节），被昂克劳译为“誓言已由上帝发出，他的荣光在其荣光的宝座上”。这里荣光的宝座也体现了这一原理。

这里已经远离了本章的主题，染指于别章的主题了。现在我们再回到主题。你已知道昂克劳对上面援引的段落的解释。他对于自己在解释中排除了上帝的形体性颇感自得，但他并没有从正面告诉我们以色列的子孙[①]感到了什么，也没有表明这个比喻的本意。对于这些问题，在所有类似的例子里，昂克劳都讳莫如深，只是蓄意清除带有上帝形体性表述，因为上帝的非形体性是一个确证的真理，是我们信仰中不可或缺的要素。倘若他断然表述了这个方面的全部内容，那就更好了。对于一个比喻的解释是容易让人疑惑的，它或许是这个意思，或许又指别的东西。比喻包含一个深刻的、藏而不露的寓意，对它的理解不是宗教信仰的根本，同时对它的理解也是普通大众很难做到的。因此，昂克劳才没有深入到这个问题的内部。

① 指摩西、亚伦和长者们，见《出埃及记》，第 24 章，第 9 节。

然而，我们对本书的任务是矢志不渝的，因而不能不陈述自己的见解。我们认为，《圣经》中的“在他的脚下”指的是：上帝是原因，因为上帝……这些都在前面提到了。他们[1]可以把握从上帝流溢而来的第一质料的实在本性，上帝是此质料的唯一原因。在“仿佛有一块蓝宝石的白色在活动”一句中，如果颜色是重要之点，那么理解为“一块蓝宝石的白色”也就可以了。但是另外的成分“仿佛在活动”却是必要的，因为质料在本质上永远是消极被动的，只是由于某种偶性才活动起来，对此你是清楚的。与此不同，形式本身则永远是活动的，只是由于某种偶性才被动下来；这就是亚里士多德的《物理学》所讲的道理。这表明，“好像在活动”说的是第一质料。“蓝宝石的白色”说的是它晶莹透明，而不是说它有白的颜色；因为蓝宝石的“白”不是指白颜色，而是指它的透明性。凡透明的东西本身都是无色的。正如《物理学》所说，如果它有颜色无法使别的颜色通过，它也不可能再吸取别的颜色。唯有当一个物体毫无颜色时，它才能够接受各种颜色。这里所谓蓝宝石的白色，就好像是第一质料，它本身没有任何形式，而又可以接受所有的形式。因此说，以色列子孙的尊者们所感到的是第一质料，它与上帝的关系也明确讲过，这种质料是上帝所有造物的源泉；后来的造物才是由上帝创造而又可生可灭的。这一点将在后面作更充分的阐述。

即使采纳昂克劳的解释，即“在上帝荣光的宝座下”，也不妨碍接受我们的上述见解，因为事实上第一质料也是在诸天之下

---

① 指摩西、亚伦和长者们。

的，而如前面所言，诸天则被称为“上帝的宝座”。我之所以阐述这一异乎寻常的解释，是因为我偶然读到了以利泽·海克诺拉比的名言。他的话将在本书另一章[①]中讨论。每一个有思想的人的首要目标应是否认上帝的形体性，认为所有上述段落中提到的知觉，都是精神性的，而不是肉体性的。对此，你当认真领会，反复思考。

① 参见第二篇，第 26 章。

第 29 章

多义词“悲痛”（*eẓeb*）的第一层意思是疼痛。例如：“你生产儿女必多受苦楚。”（《创世记》，第 3 章，第 16 节）这个词的第二层含义是气愤。例如：“他父亲从未让他生气”（《列王纪上》，第 1 章，第 6 节）；“为了大卫，他气愤不已”（《撒母耳记上》，第 20 章，第 34 节）。还有，这个词也指挑衅。例句如下：“他们竟悖逆，寻衅神灵”（《以赛亚书》，第 63 章，第 10 节）；“他们在旷野里向他挑衅”（《诗篇》，第 78 章，第 40 节）“如果我有任何不轨行为”（同上书，第 139 章，第 24 节）；“他们终日背叛我的话”（同上书，第 56 章，第 6 节[①]）。

《创世记》第 6 章第 6 节中的这个词的含义既可以是第二层，也可以是第三层。如果是前一种情况，希伯来文 *va-yit'ẓẓeb el libbo* 就是“耶和华因他们的恶行而在他的心中气愤不已”。下面我要解释“在他的心中”（unto his heart）这个短语在这里和在挪亚的故事（《创世记》，第 8 章，第 21 节）中的意思。在谈及人时，我们就用“他对自己说”或“他在心里说”这样的表达式，这里涉及的是一个不同他人交流的主体。同样，“耶和华在心里说”这个短语是用

① 中译本为第 5 节。——中译者

来表述上帝的活动，即他发布律令，但在按上帝的意志而发生一个事件时它没有被告诉任何一位先知。此类借喻是可容许的，因为“《托拉》用人的语言说话”。这是显而易见的。因为《托拉》中并未明确说有消息送到遭受洪水的罪恶一代，也没提及强加给他们什么禁令，以及用毁灭威胁他们；只是说，上帝正是在心里对他们愤怒不已。同类的情况是，当上帝发布洪水不再发生的命令时，他亦没有让哪位先知去传给他们，因此才使用了“在他的心中”这样的短语。根据第三种意思，“上帝在他的心中气愤不已”可以解释为“人反叛上帝那和人相关的意志”，因为 *leb*（心）也表示“意志”，这一点我们将在论述 *leb* 的多义性时再次讲到。[1]

① 参见第一篇，第 39 章。

第30章

吃(*akal*)。它在希伯来语中的首要意义是指生物体摄取食物。这一点无须赘述。后来希伯来语赋予吃的活动双重含义。一是食物的丧失,即其形态之毁坏,这是在先的过程;二是由于摄取食物而造成的生物的成长,体力和存在的维持,以及保持动物体内所有的力量。根据第一层含义,"吃"这个动词的借喻含义可用来指"消耗"与"毁坏"。因此,它包括各种剥夺一事物的形式的活动。例如:"仇敌之地要吞食(吃)你们"(《利未记》,第26章,第38节);"吞食(吃)居民之地"(《民数记》,第13章,第32节);"你们必被刀剑吞灭(吃)"(《以赛亚书》,第1章,第20节);"刀剑将毁灭(吃)……"(《撒母耳记下》,第2章,第26节);"火在他们中间焚烧,连那些在营最边缘的人都被烧死(吃)了"(《民数记》,第11章,第1节);"神是毁灭(吃)之火"(《申命记》,第4章,第24节)。这就是说,他消灭那些反叛他的人,犹如烈火烧毁它所碰到的一切。这样的例证是很多的。

关于吃这种活动的第二层意思,动词"吃"被比喻地用作"获得智慧""学习",简言之,指一切理智上的获得。这些东西使人的形式(理智)保持最完善的状态,正如食物之保持人身处在最佳状态一样。例如:"都来买了吃"(《以赛亚书》,第55章,第1

节）；“要留意听我的话，就能吃那美物”（同上章，第2节）；“食蜜过多是不好的”（《箴言》，第25章，第27节）；“我儿，你要吃蜜，因为是好的，吃蜂房下滴的蜜，便觉甘甜。你心得了智慧，也必觉如此。”（同上书，第24章，第13~14节）

动词“吃”被用来比喻“获取智慧”的用法在《塔木德》中亦随处可见。譬如：“来！到拉巴（Raba）家吃点肥肉”[①]；还有“《箴言》中所有‘吃’‘喝’的用法是指智慧”；在另外一些篇章中，“指的是《托拉》”，智慧也时常被称作“水”，例如，“你们一切干渴的都当就近水来”（《以赛亚书》，第55章，第1节）。

这些说法的比喻意义司空见惯，几乎被人们当作这个词的原初意义了。因此人们用“饿”“渴”来表示“缺乏智慧和理智”。例如：“我必命饥荒降在地上，人饥饿非因无饼，干渴非因无水，乃因听不见耶和华的话”（《阿摩司书》，第8章，第11节）；“我渴想神，就是永生的神”（《诗篇》，第42章，第3节[②]）。这样的例子有许多。“你们必从救恩的泉源欢然取水”（《以赛亚书》，第12章，第3节），约拿单·本·乌茨尔把这句话概括为“你们将幸福地从选出的义人中获得教诲”。显而易见，他是将“水”解释成即将传播开来的智慧，用“井”暗指犹太“会众的眼睛”（《民数记》，第15章，第24节），意思是“首要者”或“智慧”。他用“从选出义人中”这一短语表达他所谓义乃是真正的拯救的信念。现在你已懂得他是如何赋予这段话中的每一个词某种表示智慧和学习的意义了。对此应当熟思。

① 巴比伦《塔木德》：《最后的门》，22a。

② 中译本为第2节。——中译者

第31章

须知，对人类心灵而言，有些感知对象是在其本性和能力范围之内的，而另有一些对象，虽然现实地存在着，但却是人心无法把握到的。对于后者，感知之门是紧闭着的。不仅如此，还有一些事物，心灵只能理解其部分，而对其余则茫然无知。人可以认识某些事物，但不能因此得出他必能认识一切的结论。也可以这样说，人们可以认知事物，但不是任何距离内的事物。身体的其他能力也同样受到限制。譬如，一个人能搬两块百斤重的东西并不意味着他能搬十块同样重的东西。如何想象同一种类的个体会在感觉和众所周知的其他体能上彼此超越呢？他们的能力是有限的，无法达到所有的距离和所有的程度。

这一切都适用于人的理智能力。哲学家们都知道，人与人之间的理智能力差别很大。一个人可以独立地发现某个事物，而另一个人则永远无法理解它，即使在长时间内利用各种表达和比喻去教导他，他的心灵也无法把握它。可以说他对它缺乏足够的理解力。这种差别又不是无限的。有一个界限是人的心灵无法逾越的。人们承认，在此界限之外的许多事物是人的理解力不可企及的，由于意识到对它们的认识是不可能的，也无克服困难的手段，所以亦无欲去认识它们。例如，我们无法知道天上星体的数目，不知其数为奇数还是偶数；我们不晓得动物、矿物、植物之类的数目。然而，另有一些亟欲认识的事物，而且各层次、各时代的思想家已为考察和研究它们付出了不懈、艰辛的努力。这些思想家各抒己见，对它们不断提出疑问，因为他们的心灵旨在理解这些事物，或者说，他们的心灵是被欲望所驱使的。每个思想家都相信自己发现了通向事物真理的道路，尽管人的理性根本无法用令人信服的证据证明它：一个可以被证据证明的前提是不会引起争论、遭到否认或拒绝的；只有无知的人才反驳它，而这种反驳即所谓“否定一个已确证的证明”。你会发现，有些人否认大地是球形的，否认星体运动轨迹的圆周形式，诸如此类。本书不讨论这些人。这种混乱主要见于形而上学，在物理学中不多，在精确科学中根本不存在。亚历山大·艾弗隆狄修斯（Alexander Aphrodisius）曾说：妨碍人们发现精确真理的根源有三种：首先是骄傲与虚荣；其次是研究对象的奥秘、深蕴与难懂；最后是无知以及缺少应有的理解能力。现在，除了亚历山大列举的这三种根源以外，还有一个他因为当时不多见而没有提及的第四种根源，这就是习惯和训练。我们天性喜爱习以为常的东西，为它所吸引。这一点可在乡民中见到。尽管他们几乎没有领略过洗澡的益处，素无娱乐，生活贫困，但仍不喜爱城镇生活，无欲追求城镇生活的欢乐；他们宁要习以为常的劣货，也不要陌生的好东西。住宫殿、穿绸缎、常洗浴、用膏油、施香水，这类事物都不会令他们满意。

同样的情形是，一个人也钟情于他从青年时就习惯了的意见。他喜爱这些意见，捍卫它们，驳斥与之相反的观点。这同样是一种妨碍人们发现真理的原因，它使得个人固执于习惯性的意见，例如，大众关于上帝的形体性观念，以及对许多神学问题的看法都属此类。对此我们还将加以解释。这是人们长期熟悉《圣经》的结果，对《圣经》中的段落，他们习惯地肃然起敬，信以为真，并接受那些暗含上帝有形或其他虚假意见的段落的字面意思。然而实际上，这样的话是被用作明喻或暗喻的，其理由下面还要讲到。不要以为我们关于理解力之不足及其有限范围的论述只是存在于《圣经》中的论断，其实，哲学家们也有同样的结论，且无须任何宗教或成见就对它有彻底的了悟。事实上，只有那些对已被完全证明了的事物无知的人才对此有疑问。这一章可以算作下一章的一个导论。

第 32 章

在研读此书时，你须注意到，心智的感受是有条件的，因为它与质料相关联：其条件与物理的感受力所需的条件相似。这等于说，假如你举目张望，你就可以看到视野中的一切事物。如果你让眼睛紧张过度，极力迫使它看到对于你的眼睛来说是太遥远的事物，或者让它看那些太细微的文字或图案，非让它得到一种正确的感知不可，其结果不只是减弱了你对那特殊事物的视力，而且原本可以看到的别的事物也看不到了。你的眼力会变得很弱，在你没有迫使它以前，在没有超越你的视力界限以前能够感受到的东西，现在都感受不到了。

一个投身于科学研究的人的思辨能力也会发生上述情形，假如一个人学习过度，沉湎于反思而不能自拔，那就会产生迷乱，甚至无法把握那些曾经属于他的理解能力范围之内的东西，因为在这方面，身体的力量也是如此。

心智的感受力也无法免于此类情况。如果你心有疑虑，不能劝使自己相信有一个无法确证的事物的证明，或者不率性拒绝或断然否认一个其反面从未得到证明的论断，或者不企图感知那些超出你的感受力之外的事物，那么，你就达到了人类完满的最高程度，就会像阿克巴（Akibha）拉比一样“平静而入（于此类神学问题的研究），平静而出”。如若不然，你企图超过自己智力的界限，不假思索地拒绝似乎不可能但从未证明为不可能的事物，或者拒绝事实上可能，但其可能性十分遥远的事物，那么你就会像艾利沙·阿尔（Elisha Aḥer）一样，不仅达不到完满，而且会变得极端愚笨。假如想象的观念萦绕你心，你就会趋向错误，养成卑鄙、堕落的习惯，因为你的思想陷入迷乱，心灵之光暗淡了，这就如同视力减弱的人看见许多不真实的形象，在这些人久视一些令人眼花或微小的物体时，尤其会发生这种情况。

《圣经》就此有言：“你得了蜜吗？只可吃够而已；恐怕你吃饱就呕吐出来。”（《箴言》，第25章，第16节）我们的先哲也把这句话用到了艾利沙·阿尔身上。

这真是一个绝妙的比喻！在把知识比作食物时[①]，《箴言》的作者提到最甜的食物，即蜂蜜，这是一种能刺激胃口，可以引起疾病的东西。作者借此充分描述了知识的本性。尽管它是伟大、美好、高尚、完美的，但如果不限制在界限以内，或者监督不当，也是有害的。这就如同蜂蜜，如果食用适量，它会营养人体，令人愉快；但若食用太多，就会大受其害了，所以那句话说“以免吃多了呕吐”，而不说“以免吃多了生厌”。这样的意思也表现在“吃蜜过多是不好的”（同上章，第27节）以及“不要过于自逞智慧，何必自取败亡呢”（《传道书》，第7章，第16节）这样的言词中。还有，“你到神的殿堂，要谨慎脚步”（同上书，第5章，第1节）。大卫的话也暗含这样的意思。他说：“我不逞强，也不会自不

① 参考本篇第30章。

量力。”（《诗篇》，第131章，第1节）我们的先贤也说：“不要探究让你过于为难的事物，不要追寻掩而未见的东西。研究你可研究的事物，不要耽溺于神秘之物。”[①]他们的意思是让你的心灵只去希冀那些在人的能力之内的东西，因为研究人的智力之外的事物是极其有害的，这一点已如上述。《塔木德》仍然讲这一问题。它开篇就说“那思虑四种事物的人……”[②]；结尾又说“那无视造物主的荣誉的人”。这也是给上面提到的人的警世良言，即一个人不要轻率地用虚假的概念从事思考；当他对某事心有疑虑时，无法发现研究对象的证明时，他不必急于放弃、拒绝或否认它，他须谦恭地停顿下来，思及造物主的荣誉，不急于表态，保持缄默。这一点已经解释过了。

先知和先贤们说这些话的目的不是要完全关闭探究的大门，不是像那些头脑简单、游手好闲的人们所想象的那样，要阻止人的心灵去理解那在可理解范围内的事物。头脑简单游手好闲的人习惯于以无知为智慧，以缺乏能力为尽善尽美，这就颠倒了光明与黑暗。我们的先知和先贤们的目的只是宣布，理性是有界限的，它须适可而止。请不要急于批评本章和别处关于心灵的言词，因为在这里，我只想就这一主题提出某些想法，无意阐述理智的本质，这是在另外篇章中专门讨论的课题。[③]

---

① 巴比伦《塔木德》:《喜庆祭》，13a。

② 巴比伦《塔木德》:《喜庆祭》，11b。整段文字如下：“凡思虑四种事物的人，（即凡思考）什么在上，什么在下，什么在前，什么在后的人，都不该降生于这个世界。”

③ 参见本篇第68章和第72章。

第 33 章

须知，从学习神的学问这门哲学分支入手是颇有害处的，同样首先阐述预言中的明喻，并对历史传说和先知论著中大量存在的暗喻做出解释也是有害无益的。相反，根据年轻人的理解力去开启和教导他们却很有必要。对那些看上去颇有才气，有能力掌握更高的研究方法的人，或者那些能够以证明和正确的逻辑论证为基础的人，应通过指导或自学使其循序渐进地趋向完善。然而，从神学入手的人不仅会在宗教问题上导致混乱，而且还将陷入彻底的无神论。我把这种人比作一个以面包、肉和酒为食的婴儿，这个婴儿必死无疑。他的死不是因为这样的食物天生不适于人体，而是因为婴儿体质虚弱，无力消化此类食物，无法从中摄取营养。真学问的原理也是如此。这些原理隐匿在难解的谜语之中，而且是由智者用最神秘的方法讲出的；这种方法是由他们创造出来的。谜语之难解，不是因为它们隐藏着某种邪恶的秘密，也不是因为它们与《律法书》的基本原理对立（就像无知之徒所认为的那样，只有他们自己达到了思辨的高度），而是因为一个人在学习之初无力理解它们。隐藏的谜语中只有微妙的暗示可作为那些有能力理解它们的人的指南，因此它们被称为“《托拉》的秘密”。对此我们将另行阐述。

这也是前面提到的“《托拉》用人的语言说话”这句话的原因，因为《托拉》的目的是提供教导青年、妇女和大众的指南，因为所有这些人都不能理解语词的真正含义，所以他们认定，传统足以负载一切既定的真理；至于理想，他们认为只有这样的话语才可以通向理想的存在，尽管他们无法把握这些话语的真实本质。一个人要么通过老师的指导，要么依靠自学，对于自己的研究有了一步步渐进的理解，这时他就达到完善，认识了《托拉》的秘密，从而成为忠实信仰真实原理的人物。这些人物的忠实信仰要么是因为详尽无遗的证明（只要证明是可能的）；要么是因为强有力的论证（如果允许论证的话）。他将对先前从明喻和暗喻中接受来的东西有一个真实的概念，通晓它们的含义。本书反复提及先贤的一条原则：“神车论不宜授之于任何人，如果有人聪慧异常，能够自我领悟，此时可以破例只将章节的标题传授给他。”[①]因此，我们须因材施教，即根据如下两个条件：首先，学生须聪慧，就是说，他能够顺利通过学习的准备阶段；其次，他才智超群，头脑清晰，思维敏捷，正如先贤所说的“有他自己的头脑”。

下面我将说明何以我们不应教大众以神学，不宜从教他们事物的真实本质入手，不宜向他们表明：一个事物必定如其所是，而不能是别的样子。这就是下一章的主题。

① 参见巴比伦《塔木德》:《喜庆祭》，11b 和 13a。

第 34 章

有五个理由可以说明为什么不宜从教授神学入手，而应首先限于指出什么是应该注意的，什么是可以为大众所明了的。

第一个理由。神学的主题是繁难、微妙、玄乎不清的。“离我甚远，而且最深，谁能测透它呢?”（《传道书》，第 7 章，第 24 节）约伯的下列言词也适用于此:“智慧从何处寻找? 哪个地方有聪明?”（《约伯记》，第 28 章，第 20 节）教导不宜从隐秘繁难的问题开始。《圣经》中的一个明喻把智慧比作清水，对于这个明喻，我们的先贤曾作过如下解释：会游泳的人可在深海培育珍珠，不会游泳者将被淹死；因此，只有那些曾经受到过恰当教导的人们才敢于冒这种危险。

第二个理由。起初，人的智力是不够的，因为他不是一开始就被赋予了完善性。开始时，他只有潜在的而非事实的完善性。因此说:“人之初，似野驴。”（《约伯记》，第 11 章，第 12 节）说一个人拥有某种潜在的能力，并不意味着它一定变为现实。此人或许由于某种障碍，或缺少能使潜能转化为现实的训练和实践。《圣经》明确说:“智者不多。”（同上书，第 32 章，第 9 节）我们先贤也说:“我发现，能达到更高级的完善的人是何等少啊!”[1]阻塞完善之路，让人脱离它的障碍很多。为了开发潜在的完善性，人应从哪里做好充分的准备，如何找到闲暇学会所有必需的知识呢?

第三个理由。预备性学习不是一朝一夕的事。人自然急于达到目标，因此往往会感到十分厌倦，不愿总为学习所困。一个人如确信无须预备性学习就能实现目的，那就会以为这种学习算不上什么准备，只感到它让人厌倦，纯系多余。假定你把一个哪怕是最朴直的人从睡梦中唤醒，问他是否希望知道什么是天体，它们的数目和形式;什么东西包含在天体内;什么是天使;整个世界是如何创造出来的;世界有何目的，它的各部分之间有什么关系;灵魂的本性怎样，它是如何进入身体的;灵魂是否具有独立的存在，如是，它是怎样独立于肉体而存在的，其手段和目的各是什么;以及诸如此类的问题。这个人无疑会点头称“是”，表现出追求这类知识的天然愿望，但是他所希望的是，仅靠倾听你的三言两语就满足这个愿望，获得上述知识。如果让他中断平素的追求达一周之久，直到学会这些知识，他就会拱手拒绝，满足于想象与错误的概念。他会拒不相信有什么东西需要准备性学习，值得去长期研究。

然而所有这些对象都是联系在一起的，因为世界上除了上帝及其作品外，并不存在别的什么东西。上帝的作品包括除上帝以外的一切存在物。我们只能通过上帝的作品来认识上帝。他的作品是他存在的证据，它们显示必须对他作出什么论断，也就是说，

① 巴比伦《塔木德》:《住棚节》，45a。

赋予他什么肯定或否定的属性。因此有必要从本质上考察一切事物，从每一类事物中推论出真实而确定的前提，借以发现神学问题的答案。此外，许多前提以数目的本性和几何图形的性质为基础，它们在考察上帝的否定性属性时是有用的。这些否定性使我们引出进一步的推论。如果你要把握世界与神佑（Providence）的实在关系，而不依据想象，那你就决不会怀疑研究天文学和物理学的必要性。还有许多思考的科目，它们尽管不为神学铺路，但却有助于训练思维能力，使其把握证明的本性，用其本质特征去验证真理。这些科目的学习消除了多数思想家心中的混乱，这些思想家常把偶性混为本质特性，因而生出错误的意见。还有，尽管这些科目并不构成神学研究的基础，但有助于对这些事物形成正确的概念，这无疑有益于研究与神学相关的许多问题。由此看来，凡希望达于完善的人，须首先学习逻辑，然后依据正确的顺序研习数学、物理学，最后是神学。我们见到，许多学习这些科目的人，在到达某一点后便感到厌倦，乃至半途而废；另有一些颇具天赋的人因英年早逝而不得继续学习，这也着实令那些正在用功于预备课程的人们惊怕不已。假如我们不是依靠世代传承而来的知识，不是通过一些明喻而知晓一个事物的要旨，而只是通过本质定义来形成一个完善的认识，仅仅承认我们可以通过证明来证明的东西——不通过上面所说的长期的预备性学习，这一目标是不可能实现的——这就会使所有人在没来得及认识到是否有上帝存在之前就死去了，更不会懂得某种性质能否肯定地用于上帝，某种缺陷能否否定地用在他身上。能逃脱这种命运的，充其量只是“一城取一人，从一族取两人”（《耶利米书》，第3章，第

14 节）。

至于这几个受到特别眷顾的人，即“蒙受上帝召唤的幸存者”（《约珥书》，第 3 章，第 5 节），只有在适当的预备性劳作之后才能获得他们为之奋斗的完善性。关于这种为获取真知而必需的预备和训练，所罗门王曾用下面的话作过明确阐述：“铁器钝了，若不将刃磨快，就必多费气力；但得智慧指教，必有益处。”（《传道书》，第 10 章，第 10 节）“听劝教受训诲，使你终久有智慧。”（《箴言》，第 19 章，第 20 节）

还有一条很强的理由说明何以应该研习通晓预备性科目，学习过程中，许多疑问会自动呈现出来，一些难题以及对某些论断的驳难会很快豁然明了，犹如毁坏一所建筑比建设它容易得多一样。然而，如果不借助于这些基础学科中的几个前提，要证明一个论断或消除疑难是不可能的。如果有人缺乏适当的准备就接触神学，那就如同一个人朝着某地行进而又落入沿途的陷阱之内，他无力逃脱上来，必死在那里，倘若此人没有行进，而是留住家中，反倒安然无事。

所罗门在《箴言》中详尽刻画了懒人的懒惰。他用这个来比喻求知的怠惰。他谈到一个渴望了解最终结论的人，但他却从不努力去弄懂最基本的知识，这些知识是得出最后结论的必由之路，他什么都不做，只是一味地渴望。“懒惰人为他的欲望所杀，因为他的双手不肯劳作。他整日对别人的财物垂涎三尺，正直的人则给予而从不分享。”（《箴言》，第 21 章，第 25~26 节）这就是说，要是懒人被欲望所杀，那是由于他不肯去追寻那可以满足他欲望的东西，他什么都不干，只是在那儿想，尽想不劳而获。要是他不心存那种欲望对他反倒好些。看看，这个比喻的结尾是如何映衬其开头的，它是用这句话来煞尾的："义人则给予而从不分享"，如果没有这个解释，"正直的人"与"懒人"就构不成正相反对的关系。这样所罗门就表明，只有那种能给予每件事物其应得之份的人才能被称为"正直的人"，也就是说，他能将求知所需的全部时间都用在学习上，从不用这部分时间来干其他的事。因此这段话也可以这样来解释："正直的人想尽一切办法去求知，决不放过任何机会。"《圣经》上说："不要将你的精力用在女人身上。"(《箴言》，第31章，第3节）大多数学者，也就是最有名望的博学之士，都被这种挫折所折磨：没有对基本的东西加以研究就急于想立即得到最终结论并迫不急待地谈论它们。一些学者受愚蠢或野心的驱使而忽视这些预备性学习，或是由于这些学习对他来说太难，或是由于他们本身过于懒惰，因此他们企图表明这些学习是有害的，毫无用处可言。然而，只要你想一想，其中的道理就一清二楚了。

第四个理由。人的先天条件各不相同。良好的道德品行是理智进步的基础，这一点已得到证明，只有心地纯洁、性情平静、意志坚定的人才能达到理智上的完善。比如说，一个心脏非常热且身体又强壮有力的人必然极易冲动，尽管他努力通过训练来抵抗这种性情也枉然；一个睾丸温热、潮湿、健壮且与其相连的器官都超常硕大的人必然会产生许多精液，这样的人即使他极力克制自己也很难保持贞洁。同样，你会发现，那些特别轻浮、鲁莽的人，其狂乱的行为、疯狂的举止都表明他们天资卑劣，其性情已败坏到无可救药的地步了。这些人永远不能达到完善，这样的人将心思用在这样［诸如神学］的问题简直是枉费心血。你知道，这门科学与医药学及几何学不同，并不是任何人都具有我们上面提到的这门科学所要求的各种条件。一个道德上不完善的人不可能循序渐进地研习这门科学，他必须达到正直与完善的至高点，"因为乖僻人为耶和华所憎恶，正直人为他所亲密"（《箴言》，第 3 章，第 32 节）。所以，将这门科学授予年轻人被认为是不明智的，况且他们也不可能理解它，因为他们沸腾的热血和燃烧的青春搅乱了他们的头脑；这种引发一切混乱的热度必须首先消退，他们必须业已变得有节制、平心静气，他们虚心谦卑、性情恭顺，只有这样，他们才能达到最高等级的完善，即研究那被冠之以"神车论"的神学。《圣经》上说："耶和华靠近伤心的人"（《诗篇》，第 34 章，第 18 节）；"我住在至高至圣的所在，也与心灵痛悔、谦卑的人同居；要使谦卑人的灵苏醒，也使痛悔人的心苏醒"（《以赛亚书》，第 57 章，第 15 节）。因此《塔木德》将（《密西那》中先贤们所说的）"各章的标题可传授给他"这条法则进一步限定为："各章的标题只能传授给一位大慈大悲的 *Ab-bet-din*（首席法官）"[①]，其意在表明他的智慧与谦恭、温和以及巨大的仁慈是结合在一起的。这里接着又说："《托拉》的秘密只可以传给一位谋士，他是手艺人中的智者[②]，是明白符咒的人[③]。"[④]这些事无疑要求学习它们

① 巴比伦《塔木德》:《喜庆祭》，13a。

② 弗氏译本为"博学之士"（scholars），与"手艺人中的智者"（wise of arts）同义。——中译者

③ 弗氏译本为"能言善辩的人"（good orator）。——中译者

④ 巴比伦《塔木德》:《喜庆祭》，13a。

的人具有天赋。你显然知道，有些人尽管是众人中最博识的，但却很难提出什么建议，相反，另一些人则在社会和政治事务上总是能给出适当的忠告和良好的建议，这样的人被称为“谋士”。然而，在这种人当中，有人可能根本弄不懂清楚明白的概念，哪怕那是些尽人皆知的最简单的概念。他对它们一窍不通、无计可施。我们用这样的话来描述他们：“愚昧人既然没有盛智慧的心，为何手拿价银买智慧呢？”（《箴言》，第17章，第16节）有些人则天生聪明、颖悟，能够用简洁而恰切的语言传达复杂的理念，这样的人被称为“一个明白符咒的人”。然而，在这种人当中，有的人却不把自己的精力用在对科学的追求上，他对科学一无所知。真正获得了各种科学知识的人被称为“手艺人中的智者”。希伯来词“手艺人中的智者”——*ḥakam ḥarashim*——在《塔木德》中被形容为“他开口时，其他人都鸦雀无声”[①]。想想看，拉比们的著作认为，只有这样的人才有资格讨论神学问题：他既要精通各种社会事物又要擅长思辨科学，他要具有与生俱来的敏感和悟性，又要拥有以闪光的语言向他人准确传达自己思想的天赋。如果有人满足了这些条件，就可以“将《托拉》的秘密传授给他”。在这里我们又读到下面这段话：“约哈南（Jochnan）拉比对以拉加（Elazar）拉比说：‘来吧，我要教授你神车的秘密！’以拉加拉比回答说：‘我还没有上年纪。’”[②]他的意思是说，我还没有上岁数，我仍能感到自己热血沸腾以及青春的鲁莽。从这里可以看出，除了以上所

① 这个双关语来自两个希伯来词*ḥershim*（聋的）与*ḥarashim*（手艺人中的）的相似性。

② 巴比伦《塔木德》:《喜庆祭》，14a。

说的那些长处之外，还必须上了一定的年纪才成。既然如此，那么又怎能在普通民众面前、当着妇女和孩子们的面乱讲这些神学问题呢？

第五个理由。人在从事思想活动时必须同时不断地满足身体自然的物质需求，尤其是还要照顾妻子和孩子的生活，如果他在基本的需求之外还有更多的要求——或出于习俗或出于恶习，这些都成为强有力的动机——那么情况就更是如此了。哪怕是我们所说的那种完美无缺的人，如果他过分忙于生活所必需的事物，更不用说那些不必要的事物，如果他在这些事上煞费苦心，那么他求知的欲望必然会减少甚至完全丧失，他会三天打鱼两天晒网，慵懒怠惰，心不在焉。他当然无法把握那些本来他完全有能力把握的东西，要么就是得到了一些真知与错误鱼龙混杂的极不完善的知识。

基于所有这些理由，这些神学问题只能由极少数特别的人来探讨，普通民众与此无缘。因此，正如我们不让婴儿吃粗糙的食物、不让他负重一样，我们要对初学者隐瞒这些知识，禁止他们涉足。

第35章

不要以为我们在前面的章节中就这一主题的重要性、隐含的本性、把握它的困难以及不适于大众理解所作的阐述同时也否定了上帝的物质性，否定了他受外部影响。事实并非如此。培养儿童和训导群众都须教导以下信仰：上帝是一，除他以外不应崇拜别神；人们须依传统的权威相信：上帝不是一个物体；在他和被他创造的事物之间绝无任何相似之处；他的存在和它们的存在根本不同；他的生命和任何别的生命不同；还有，他的智慧不同于那些被赋予知识的人的知识。人们须承认，在上帝和他的造物之间的差别不是程度的大小，而是关乎存在的种类。就是说，人人心里都须明白：我们的知识和力量与上帝的知识和力量之间的区别，不是说后者大而强，前者弱而小，或者说二者有别的相似之处，因为强者和弱者毕竟属于同类，可包含在一个定义之内。同样，关系也只存在于两个同类的事物中，这一点在自然科学中是显而易见的。每一属于上帝的东西都与我们的属性完全不同，因此，没有一个定义会把它们包容无遗。我还将阐明，“存在”一词只是在模糊的意义上用于上帝和别的东西。这些知识足以使儿童和群众在心中确信：有一个完美的存在，他既不是物体，也不是物体中的力，他是神，没有任何缺陷，因此，无论什么都影响不

到他。至于他的属性的含义，他对于被造物的创造，他统治世界的特征，他之于一切被造物的神佑究竟如何，他的意志，他的洞察力，他对万物的知识，以及预言及其等级，他的诸名（尽管有许多）都指称同一个东西，所有这些都是模糊不清的。实际上，它们才是《托拉》的神秘所在，是先知和先贤们时常提及的秘密。对于它们，如前所述，我们只能在标题中提到，不应授之于大众，只能对前面所说的个人谈论。

另外，否认上帝的形体性，否认他与被造物有相似之处以及他受外界影响，所有这些都要尽力使每一个人明了，应按传统的方式教给儿童、妇女、愚昧无知和生来有缺陷的人；这就如同教他们接受上帝是一，上帝永恒，唯有他应受膜拜的道理一样。除非上帝的形体性得以否定，否则就无单一性可言，因为物体不能是一，而是由质料和形式构成的，从界说上讲应该是二；物体还具有可分性，可以被分割，人们已经接受了这一学说，对之习以为常，并且是在它的教育下成长起来的。因此，在人们遇到先知书的原文而感到困惑时，就应告之以先知书的含义。他们应该知晓这些原文的释义，其注意力应转向各种用语的歧义和喻义上来（本书所阐述的就是这些术语的歧义）。这样一来，上帝的单一性的正确性和先知书的真理性就确立起来了。然而，假如有人不知晓这些原文的解释以及同一术语的不同意思，那就应该告诉他：这些解释是可以为智者所领会的。然而，他应该知道，上帝不是一个物体，不会受到外来的影响。因为影响是一种变化，上帝是不会发生任何变化的。上帝与任何别的事物都不相似，无论任何定义都无法把他和个别事物包容在一起。同样，先知的格言也是

真的，也有其释义。在与这种人交流时，这种知识就足够了。但不宜听任他们相信上帝的形体性，认为他拥有任何物质性的东西所具有的属性，相信上帝与别的神并存，或者信奉别神。

第 36 章

我将阐明，在谈及神的属性时，我是在什么意义上说上帝由于某物而愉快、气恼和暴怒，以及上帝对某一个人或高兴、或气愤、或暴跳如雷的，但这不是本章的主题。我在本章要阐述的是下列内容。

综观《托拉》的先知书，你就会发现，“表情”“暴怒”“气愤”和“嫉妒”在用于上帝时全都与偶像崇拜相关。你还会发现，“上帝的敌人”“对手”或“仇敌”也都是用以指偶像崇拜者的。《圣经》说：“你们敬拜别的神。耶和华的怒气向你们发作”（《申命记》，第 11 章，第 16~17 节）；“免得耶和华发大怒”（同上书，第 6 章，第 15 节）；“以你们自己的所作所为激怒他”（同上书，第 31 章，第 29 节）；“他们挑起了我对一个非神的忌恨，他们引起我对其虚荣的愤恨”（同上书，第 32 章，第 21 节）。“对于一个忌邪的上帝……”（同上书，第 6 章，第 15 节），“他们为什么以雕刻的偶像……惹我发怒呢？”（《耶利米书》，第 8 章，第 19 节）“因为他的儿女激怒了神”（《申命记》，第 32 章，第 19 节），“因为在我怒中有火烧起”（同上章，第 22 节），“向他的敌人施报，向他的仇敌怀怒”（《那鸿书》，第 1 章，第 2 节），“向仇恨他的人复仇”（《申命记》，第 7 章，第 10 节），“直到他把敌人驱逐出去”（《民数记》，

第32章，第21节），“耶和华你的上帝所恨恶的”（《申命记》，第16章，第22节），“他恨恶的一切可厌恶的事”（同上书，第12章，第31节），这类说法简直不胜枚举，然而，你如果找遍全书，就会发现它们的意思乃如上述。

先知书强调这一点乃因为它关系到一个与上帝有关联的虚假意见，即偶像崇拜，当萨义德（Zaid）坐着时有人认为他站着，这显然背离真相；更加违背真理的是说认为火在大气下面，水在大地底下，大地是个平面，诸如此类，更有甚者，有人认为太阳由火构成，或者天体构成了一个半球和其他类似的东西。还有比这第三种背离更荒谬者，即有人认为天使亦有饮食和类似的事情，荒谬至极的是，竟然有人认为除上帝之外的他物亦可受到敬拜。当无知与无信仰（infidelity）和一个伟大的事物相关联时，即某个人的品级一旦确立，他就会承担比品级较低的人更严重的后果。这里“无信仰”指的是相信一个和真实存在的事物有别的东西。“无知”即不知道能够知道的东西。因此，一个不知道圆柱的锥面大小的人，或者不知道太阳是球形的人远不如另一个不知道神存在与否或不知道世界上是否有神的人更无知。同样，一个不相信圆柱的锥面占圆柱表面积的一半，或太阳是个圆形的人，远比不上那个认为存在多神的人更无信仰。

行偶像崇拜的人之所以那样做并非真的认为除了偶像以外再无别的神。事实上，过去没有人设想，将来也不会有人认为他所敬奉的偶像形式——不论是金属铸成的，还是石做的或木制的——真的创造了天地并且统治着它们。它之所以受到敬拜乃是由于它是我们和上帝之间的一个中介物的形象。关于这一点《圣经》说得很清楚:“万国的王啊，谁不敬畏你?”(《耶利米书》，第10章，第7节)“在各处，人必奉我的名烧香”。(《玛拉基书》，第1章，第11节)这里指的是他们认作第一因的东西。对此，我们已在那部巨著中(《第二律法书》，第一篇：论偶像崇拜，第1章)明确阐述过了。我们的教友是不会有争议的。然而，尽管这些“不信”的人也信仰神的存在，但其偶像崇拜却使他们招致毁灭，因为他们触犯了上帝独有的特权，即受敬拜、受尊崇的特权。正如《圣经》所言:“你们应当侍奉上主，……”(《出埃及记》，第23章，第25节)这样要求的目的是让大众心中确立上帝存在的信仰。偶像崇拜者认为，这种受敬拜的特权属于除上帝以外的东西，这就使得上帝存在的信仰从大众心目中销声匿迹了。大众只知道崇拜的行为，而不懂得它的意义和他们所崇拜的存在的真正实在性。因此说，异教徒的偶像崇拜招致他们的毁灭。如经文所示:“你们不要留下一个活口。”(《申命记》，第2章，第15节)这条经文的目的是彻底消除虚伪的意见，以避免他人受其玷污。《圣经》说:“他们教导你们不要那样做……”(《申命记》，第20章，第18节)《圣经》称他们为“敌人”“仇敌”和“敌手”，说谁崇拜偶像，谁就惹上帝“忌恨”“气愤”“暴怒”。

那么，一个人究竟如何触犯上帝的本质，坚持信仰一个不合乎实际的上帝?这就是，他不相信上帝存在；而相信有两个神，相信上帝是一个物体，相信上帝受外界影响；他还赋予上帝这样那样的缺陷，这样的人无疑比偶像崇拜者更应受到责难，因为偶像崇拜者是把偶像当作中介物，或认为它们具有行善作恶的能力。因此说，当你相信上帝的物质性学说，或相信他拥有一种物

体的状态时，你就成为那种人，你就“惹起上帝的忌恨、气愤、烧起他的怒火”，而且成了上帝的“仇敌”“敌人”“敌手”，比偶像崇拜者有过之而无不及。然而，如果你认为，一个相信上帝的物质性的人情有可原，因为他在这种学说的熏陶下长大成人，或者因为他无知、缺少洞察力，那么你就和偶像崇拜者怀有相近的信仰；因为他只是由于无知和出身才崇拜偶像的，“他们继承了先辈的习惯”（巴比伦《塔木德》）。然而，如果你说经文的表面意思让人陷入怀疑，那你也须明白，偶像崇拜者也一样是由于虚假的想象和错误的意念而不得不崇拜偶像的。所以，一个无力探究真理、从事思考的人，是没有借口不承认那能够这样做的人的权威的。对于一个不能证明上帝的非物质性的人，我不认为他不信神。但是如果他相信上帝的物质性，那他就是一个不信神的人了。这一点尤其应考虑到昂克劳和约拿单·本·乌茨尔的诠释，他二人使其读者尽可能地避免了相信上帝的物质性。本章的内容就是这些。

第 37 章

希伯来词*panim*（脸）是一个多义词，其绝大多数的含义都源于它的比喻性用法。这个词主要用来指生物的面部。例如："所有人的脸都变得苍白"（《耶利米书》，第 30 章，第 6 节），"你们为什么面带怒容呢？"（《创世记》，第 40 章，第 7 节）这种用法很常见。

这个词也用以表示"愤怒"。例如："她的怒容（*paneba*）全消了。"（《撒母耳记上》，第 1 章，第 18 节）这个词常用来指上帝的气愤和暴怒。例如："耶和华变脸（*pene*），将他们驱散"（《耶利米哀歌》，第 4 章，第 16 节）；"耶和华向行恶的人变脸（*pene*）"（《诗篇》，第 34 章，第 16 节）；"我将静心息怒（*panai*）[①]，使你得安息"（《出埃及记》，第 33 章，第 14 节）；"我就要向这人和他的家人变脸（*panai*）"（《利未记》，第 20 章，第 5 节）。这样的例子还有很多。

这个词的另一个含义是"人的在场或存在"。比如："他死

---

① 根据《圣经》中这句话的前后文来看，*panai* 似乎指"在场或位置"，即迈蒙尼德下面所说的那个含义，看来英文译本《圣经》将这句话译为"My presence shall go with you"，即"我必亲自和你同去"是正确的，而不是按迈蒙尼德所说的指息怒。——中译者

在他众弟兄的前面（*pene*）”（《创世记》，第25章，第18节）[1]；“在众民面前（*pene*），我要得荣耀”（《利未记》，第10章，第3节）——意思是说他们都在那儿；“他必当面（*paneka*）诅咒你”（《约伯记》，第1章，第11节）——是说你在场或在那里。下面这句话：“耶和华与摩西面对面说话”（《出埃及记》，第33章，第11节）——是说二者都在场，没有任何中介。又比如：“你来，我们二人相见于战场”（《列王纪下》，第14章，第8节）；以及“耶和华……面对面与你们说话”（《申命记》，第5章，第4节）。而在另一段里是这样解释的：“你们只听见声音，却没看见形象，只有声音而已。”（同上书，第4章，第12节）在这里，只闻其声不见其人被称为是“面对面”。同样，“耶和华与摩西面对面说话”这句话也是指上帝发话，与《圣经》上所说的：“这时他听见他说话的声音”（《民数记》，第7章，第89节）正相吻合。现在你该明白了，没有经过天使这一中介而直接听到神的声音都被说成是“面对面”。《圣经》上所说的：“却不得见我的面（*panai*）”（《出埃及记》，第33章，第23节）也是这个含义，即我的真正存在变幻莫测，是不可能被把握的。

“*panim*”在希伯来语中也用作方位副词，表示“在……面前”或“在……手中”。这个词常在这个意义上用来指上帝，比如：“在耶和华面前”（《创世记》，第18章，第22节）。昂克劳正是在这个意义上理解《圣经》中“却不得见我的面（*panai*）”（《出埃及记》，第33章，第23节）这句话的。他把它译为：“将看不到我面

① 《圣经》英译本有这句话，汉译本没有，似乎是漏译了。——中译者

前的东西。”在这里，他暗示说还存在一种更高级的造物，其真正本质是人所无法把握的；这些东西就是独立理智（Separate Intellect）——它们与上帝的关系被描绘成永远在上帝面前或在他的手中，即永享神佑的眷顾。在他看来——我指昂克劳——那些所谓的能被完全把握的东西是这样一些事物，即那些具有质料和形式的东西，就其存在而言它们要低于独立理智。［昂克劳］这样来描述它们：“你将得见我背后的东西”（同上），即我避而不见的那些东西，我将其抛在身后。这个比喻意在表明，神对这些事物而言是遥不可及的。稍后（见第 54 章）我再解释我们的导师摩西所求问的是什么。

这个词还用作时间副词，表示“以前”。例如：“从前（*le-phanim*），在以色列”（《路得记》，第 4 章，第 7 节）；“太初（*le-phanim*）你立了地的根基”（《诗篇》，第 102 章，第 25 节）。

这个词还有一重含义就是“偏爱”和“尊敬”。比如：“不可偏护（*pene*）穷人”（《利未记》，第 19 章，第 15 节）；“和一个备受爱戴（*panim*）的人”（《以赛亚书》，第 3 章，第 3 节）；“他决不偏袒任何人”（《申命记》，第 10 章，第 17 节以后）。“*panim*”这个词还有保佑的意思：“愿耶和华向你仰脸，赐你平安”（《民数记》，第 6 章，第 26 节），即耶和华施佑于你。

第 38 章

希伯来词 *aḥor* 是多义词。它是个名词，意思是“后面”。例如：“帐幕的后头（*aḥare*）”（《出埃及记》，第 26 章，第 12 节）；“枪从背后（*aḥare*）透出”（《撒母耳记下》，第 2 章，第 23 节）。

这个词又用来表示时间，指“在……以后”。“在他以后，也没有兴起一个王像他”（《列王纪下》，第 23 章，第 25 节）；“这事以后（*aḥar*）”（《创世记》，第 15 章，第 1 节）。这种用法比较常见。

这个词还有跟随以及出于对某人行为方式的尊敬而效仿其行为的含义。例如：“你们要跟从（*aḥave*）耶和华，你们的神”（《申命记》，第 13 章，第 5 节[①]）；“子民必跟随（*aḥare*）耶和华”（《何西阿书》，第 11 章，第 10 节），即顺从他的意愿，仿效他的行为，学习他的美德；“他[②]遵从（*aḥare*）戒命”（同上书，第 5 章，第 11 节）。这个词在《出埃及记》第 33 章第 23 节中也是这个含义：“你将得见我的背（*aḥorai*）”，就是说你可以把握到那些跟随我、像我、源于我的意志的东西，即我所创造的一切事物，我将在本文中对此进行解释。[③]

---

① 英、汉文译本《圣经》均为第 4 节。——中译者

② 指以法莲。——中译者

③ 参见第一篇，第 54 章。

第 39 章

希伯来词 *leb*（心）是一个多义名词，指一切有心脏的生物赖以维持生命的器官。例如：“用它们刺透押沙龙的心。”（《撒母耳记下》，第 18 章，第 14 节）

心脏这个器官位于身体的中部，所以这个词被比喻地用以表示“某物的中部”。例如：“冲上半（*leb*）空”（《申命记》，第 4 章，第 11 节）；“火焰之中（*labbath*）”（《出埃及记》，第 3 章，第 2 节）。

它还表示“思想”。例如：“我的心岂不跟着你？”（《列王纪下》，第 5 章，第 26 节）也就是说，当发生某事时，我的心里想着你。同理，“不随从你们自己的心”（《民数记》，第 15 章，第 39 节）也必须这样来解释，即不按你们自己的想法随心所欲；“今日他们的心变了”（《申命记》，第 29 章，第 18 节），意思是他们改变了思想。

这个词还表示“意见”。例如：“以色列其余的人也都一心要立大卫作王”（《历代志上》，第 12 章，第 38 节），即大家一致同意；“愚昧人因无心而死”（《箴言》，第 10 章，第 21 节），即没有自己的见解；“在世的日子，我的心决不与它背逆[①]”（《约伯记》，第 27

① 这个希伯来词的一般含义还是按通常的译法译为“不责备”为好，比迈蒙尼德依据下文的解释所翻译的要恰当些。迈蒙尼德在其解释中用了阿拉伯词语 *inharafa*，这个词显然源于这里所指的希伯来同根词（*yeheraph*），其含义是“改变”“偏离”。

章，第6节），意思是：我的想法决不会背逆于它[①]，决不会放松怠慢。因为这句话的前边是这样说的："我持定我的义，必不放松"，然后接着说，"在世的日子，我的心决不与它背逆。"依我之见，*yeḥeraf*一词的解释可以参照以*neḥrefet*形式出现的同一个动词，在"婢女许配（*neḥrefet*）了丈夫"（《利未记》，第19章，第20节）中*neḥrefeth*一词的意思近似于阿拉伯词*munḥarifat*（改变），表示"改变奴隶身份而成为人妻"。

Leb（心）还表示"意愿"。例如："我必按我的心愿（*lebbi*）赐给你们牧者"（《耶利米书》，第3章，第15节）；"你像我一样诚心吗？"（《列王纪下》，第10章，第15节）也就是说，你的心意是否像我的一样忠实？这个词在这个意义上，被用来比喻上帝。比如："他必照我的心意想法而行"（《撒母耳记上》，第2章，第35节），即遵循我的意愿，"我的眼、我的心（即，我的保佑和我的意愿）也必常在那里"（《列王纪上》，第9章，第3节）。

这个词也用来表示"心智"。例如："头脑空空的人会变得有心计"（《约伯记》，第11章，第12节），即变得聪明；"智慧人的心居右"（《传道书》，第10章，第2节），即心思完全沉浸于那些完善的思想与高深的问题之中。这种用法颇为常见。当这个词被用来比喻上帝时正是这个意思，即指"心智"；但也有例外，有时也当"意愿"讲。所以，一定要根据上下文酌情而定。在以下类似的段落中，这个词也表示"心智"。"你要用心揣度"（《申命记》，第4章，第29节）；"谁也不用心思忖"（《以赛亚书》，第44章，第19

① 指约伯所说的"义"。——中译者

节)。所以,《圣经》上所说的“但耶和华仍没有使你心明”(《申命记》,第29章,第4节)的意思就是“把它显给你看,以使你明白”(同上书,第4章,第35节)。

“你要尽心爱耶和华你的神”(同上书,第6章,第5节)这句话我是这样解释的:“尽心”就是说“用你的心的全部力量”,即用身体中的所有力量,因为心是这一切力量的源泉;而整个这句话的含义是——正如我们在《评密西那》(Aboth *Eight Chapters*, V.)和《第二律法书》(yesode ha-Torah, Ⅱ$_2$; De‘oth, Ⅲ$_2$)中所讲的——让上帝的知识成为你全部行为的鹄的。

第 40 章

ruaḥ[①] 是一个多义词，表示“气”，即四大元素之一。例如：“神的气[②] 运行。”（《创世记》，第 1 章，第 2 节）

它还表示“风”。例如：“东风（*ruaḥ*）把蝗虫刮来了”（《出埃及记》，第 10 章，第 13 节）；“西风”（*ruaḥ*）（同上章，第 19 节）。这个词通常是这个意思。

它还有“气息”的意思。例如：“一口呼出即逝的气（*ruaḥ*）”（《诗篇》，第 78 章，第 39 节）；“凡有气息（*ruaḥ*）的”（《创世记》，第 7 章，第 15 节）。

它也指人死后不可毁灭的东西[③]。例如：“灵（*ruaḥ*）仍归于赐灵的神。”（《传道书》，第 12 章，第 7 节）

这个词的另一个含义是“借之进行预言的神圣的灵感”——后文我们在讨论预言时还要加以说明，在这部著作中探讨这个问题真是再合适不过了——例如：“我要把降于你身上的灵

---

① 希伯来词 *ruaḥ* 一般是“风”或“精神”的意思，在这里译为“气”（air），在迈蒙尼德看来，这才是这个词的原意。

② 英、汉译《圣经》均为“神的灵”。——中译者

③ 指灵魂，它被认为是人的非物质方面，在人死后并不毁灭。——中译者

（*ruaḥ*）分赐他们”（《民数记》，第 11 章，第 17 节）；“于是，当灵（*ruaḥ*）停在他们身上的时候”（同上章，第 25 节）；“耶和华的灵（*ruaḥ*）借着我说”（《撒母耳记下》，第 23 章，第 2 节）。这个词常在这个意义上使用。

“*ruaḥ*”一词同样也含有“意图”“意愿”的意思。比如：“愚妄人想什么（*ruaḥ*）说什么”（《箴言》，第 29 章，第 11 节），即他的目的和意图；“埃及必在其中殚精竭虑（*ruaḥ*），我必使之枉费心机”（《以赛亚书》，第 19 章，第 3 节），就是说，要扰乱其意图，打乱其计划；“有谁了解耶和华的心思（*ruaḥ*），或有谁悉知主的忠告——告诉我们？”（《以赛亚书》，第 40 章，第 13 节）即有谁能知道那按主的意愿安排的秩序，或者了解此世中主佑护的方式，并能将其告诉我们？在论述神律的诸章中，我们要对此加以说明。无论何时，只要“气”这个词用于上帝，它就是用的第五义。然而，正如上文所言，有时也在最后一种含义上使用，即“意愿”。所以，这个词的具体含义要根据上下文来定。

第 41 章

希伯来词 *nefesh*（生气）[1]是一个多义名词，表示所有活着的、有知觉的东西所共有的生命力。比如："凡有生气（*nefesh*）的"。（《创世记》，第 1 章，第 30 节）它也表示血，比如："不可将血（*nefesh*）与肉同吃。"（《申命记》，第 12 章，第 23 节）这个词的另一个含义是"理性"，即人所独具的特性，例如："那造就我们理智的永生的耶和华。"（《耶利米书》，第 38 章，第 16 节）它还表示人死后不灭的东西（*nefesh*，灵魂），例如："而您的灵魂（*nefesh*）将被牢牢固在活生生的躯体里。"（《撒母耳记上》，第 25 章，第 29 节）最后，这个词还表示"意愿"，例如："随意（*be-nafesho*）捆绑他的臣宰"（《诗篇》，第 105 章，第 22 节），即按他的意愿；"你不要顺着仇敌的心思（*be-nefesh*）对待他"（《诗篇》，第 41 章，第 3 节），是指按他们的意愿处置他。依我之见，这个词在下面这句话中也应作如是解："你们若有意（*nafshekem*）叫我埋葬死者"（《创世记》，第 23 章，第 8 节），意思是说如果你真的有那个打算；"虽有摩西和撒母耳站在我面前代求，我的心（*nafshi*）也不顾惜这百

① 原文作"soul"，译为灵魂，这里根据汉译习惯译为"生气"。——中译者

姓”(《耶利米书》，第 15 章，第 1 节)，就是说，我不喜欢他们，我不愿意保佑他们。正如前文我们在解释“他必照我的心意(*bi-leb-abi*)和我的意图(*be-nafshi*)而行”(《撒母耳记上》，第 2 章，第 35 节)这句话时所说的，当 *nefesh* 用于上帝时，它的意思是“意愿”。下面这句话也要从这个意义上来理解：“耶和华因以色列人受的苦难而忧心(*nafsho*)”(《士师记》，第 10 章，第 16 节)，意思是说，他回心转意，不再继续惩罚以色列。约拿单·本·乌茨尔的阿拉伯文《先知书》中没有这一节，因为他是按 *nafshi* 的第一义来理解的，他发现这样会把上帝说成是有知觉的，于是在其译文中把它们省去了。然而，若按最后一义来理解 *nefesh*，这句话就顺理成章了。因为在它的前一段已说明，神抛弃了以色列人，并将他们置于死亡的边缘；于是他们痛哭哀号祈求神的帮助，但一切都是枉然。然而，当他们彻底悔悟了，其痛苦加重了，在他们的仇敌凌驾于他们之上时，上帝宽恕了他们，打消了让他们继续受苦的念头。牢记这一点，因为它确实值得一记。介词 ba 在这一段中相当于介词 *min*(“从……中”或“……的”)；*ba'amal* 也就是 *me'amal*。对于介词 *ba* 的这种用法，语法学家们举过很多例子：“剩下的(*ba*)肉和剩下的(*ba*)饼”(《利未记》，第 8 章，第 32 节)；“若只剩不多的(*ba*)几年”(同上书，第 25 章，第 52 节)；“寄居的(*ba*)和本地的(*ba*)”(《出埃及记》，第 12 章，第 19 节)。

第 42 章

ḥai（活的）表示有知觉的生物（即“生长的”且“有知觉的”），例如“凡活着的动物”（《创世记》，第 9 章，第 3 节）。也指从重病中康复：“患病已经痊愈（*va-yeḥi*）”（《以赛亚书》，第 38 章，第 9 节）；“在营中直到他们痊愈了”（《约书亚记》，第 5 章，第 8 节）；“红瘀（*hai*）肉”（《利未记》，第 13 章，第 10 节）。

Mavet 表示“死”和“病入膏肓”，比如：“他[①]病入膏肓（*va-ya-mot*），身僵如石”（《撒母耳记上》，第 25 章，第 37 节），就是说他的病已无可救药。正因为如此，《圣经》中才这样谈到撒勒法那个寡妇的儿子：“他病得甚重，以致身无气息。”（《列王纪上》，第 17 章，第 17 节）这个例子说明，*va-yamoth* 表示他病情严重，生命垂危。拿巴听到那个消息后，也是这样。有些安达鲁西亚学者认为，他已停止呼吸，所以感觉不到他有任何气息了，就好像伤病的人昏厥过去或窒息了，看不出他是活着还是死了；在这种情况下，病人仍可以活一两天。

ḥai 这个词也用来指汲取智慧。例如：“它们将赋予你的灵魂

---

① 指拿巴（Nabal）。——中译者

以生机（*ḥayyim*）”[①]（《箴言》，第 3 章，第 22 节）；“因为寻得我[②]的，就寻得了生命”（同上书，第 8 章，第 35 节）；“因为得着它的，就得了生命（*ḥayyim*）”（同上书，第 4 章，第 22 节）。这样的例子不胜枚举。根据这个暗喻，美德被称作生命，邪恶被唤作死亡。因此，上帝说：“看哪！我今日将生与善，死与恶陈明在你面前”（《申命记》，第 30 章，第 15 节），这表明“生”与“善”相同，“死”与“恶”同一，他接下来解释了这些话。我同样来理解上帝所说的这句话：“你们可以存活”（同上书，第 5 章，第 33 节），因为我们一向把它解释为“你就可以享福”（指在来世）（同上书，第 22 章，第 7 节）。由于在我们的语言中，这种比喻的用法颇为常见，所以我们的先贤们说：“善良的人即使死了也被称作是活着，而邪恶的人即使活着也被称作是死了。”（巴比伦《塔木德》：《祝福式》，第 78 页）谨记勿忘。

① 全句为：“我儿，要谨守真智慧和谋略，不可使她离开你的眼目。这样，她必作你的生命，颈项的美饰。”（《箴言》，第 3 章，第 21、22 节）——中译者

② 指“智慧”。——中译者

第 43 章

希伯来词 *kanaf* 是一个多义词，它的绝大多数含义都是比喻性的。其原意是“飞禽的翅膀”，比如“任何翔于空中的有翼（*kanaf*）的鸟”（《申命记》，第 4 章，第 17 节）。

这个词又比喻地用来表示衣服的边或角，例如“你外衣的四角（*kanfoth*）上”（同上书，第 22 章，第 12 节）。

这个词也用来表示地球上人迹罕至的天涯海角。例如：“普照地的四极（*kanfoth*）”（《约伯记》，第 38 章，第 13 节）；“我们听见从地的尽头（*kenaf*）有人歌唱”（《以赛亚书》，第 24 章，第 16 节）。

伊本·加纳（Ibn Ganaḥ）[①] 在其《希伯来词根》一书中认为，“*kenaf*”还有“隐匿”的意思，因为它近似于阿拉伯词 *kanaftu alshaian*，“我把什么藏起来了”，所以他把《以赛亚书》第 30 章第 20 节解释为：“你的牧师却不再隐藏”。这个解释很确切，我认为 *kenaf* 在《申命记》第 23 章第 1 节中也是这个含义：“他不可掀看他父亲的隐处（*kenaf*）”；还有“求你拥蔽（*kenafeka*）你的婢女”（《路得记》，第 3 章，第 9 节）。我想，这个词正是在这个意义

① 11 世纪的语法学家与语汇学家。

上用于上帝和天使的（因为正如我将说明的，在我看来天使是没有形体的）。所以，《路得记》第 2 章第 12 节必须译为："在他的保护（*kenafav*）下，你会如愿以偿。"只要这个词用于天使，其意思就是掩藏。你一定注意到了以赛亚所说的这句话（《以赛亚书》，第 6 章，第 2 节）："用两个翅膀遮他的脸，用两个翅膀遮他的脚。"其含义是：他（天使）存在的原因被掩盖起来，隐藏起来；"他的脸"指的正是这种原因。以他（天使）为因的那些事物，即所说的"他的脚"（我在解释多义词 *regel* 时已说过），同样也是隐蔽不明的；因为诸理智的活动是不可见的，并且，除非经过长时间的钻研，其方式也是难为人知的，个中原因有二：其一在于他们本身的性质，其二在于我们自身；也就是说，我们所感知的是不充分的，同时，这些理念也是难以充分把握的。至于这句："他用两个翅膀飞翔"[①]，我将辟专章（见本篇第 49 章）解释为什么说天使是会飞的。

① 《以赛亚书》，第 6 章，第 2 节为："其上有撒拉弗侍立，各有六个翅膀：用两个翅膀遮脸，两个翅膀遮脚，两个翅膀飞翔。"——中译者

第 44 章

希伯来词（*'ayin*）是一个多义词，表示“泉”，比如“在水泉旁”（《创世记》，第 16 章，第 7 节）。其次表示“眼睛”，例如（*'ayin*）“以眼还眼”（《出埃及记》，第 21 章，第 24 节）。这个词的另一个含义是“佑护”[①]，如在谈到耶利米时：“你领他去，好好看待（*eneka*）他。”（《耶利米书》，第 39 章，第 12 节）当这个词用于上帝时，应在这个比喻的意义上来理解。比如：“我的佑护[②]我的喜悦也必常在那里”（《列王纪上》，第 9 章，第 3 节），正如我们所说过的（参见第一篇第 39 章），“神的眼（*'ene*），即佑护，常顾着它”（《申命记》，第 11 章，第 12 节）；“它们乃是耶和华的眼睛（*'ene*），遍察全地”（《撒迦利亚书》，第 4 章，第 10 节），即他的佑护遍覆地上的一切一切，在有关神佑的诸章中我们将进行解释。[③]然而，如果“眼睛”这个词与动词“看”（*raah* 或 *ḥazah*）连用，比如“你睁眼来看”（《列王纪下》，第 19 篇，第 16 节），这个短语则表示思想的感知，而并非感官的感受；你知道，所有感觉都是被动的，而上帝是主动的，从不被动，我在后面将进一步说明。

---

① 这里所用的“inayah”这个词也有“看待”的意思。

② 英、汉译本《圣经》都直译为“眼”（eyes）。——中译者

③ 参见第三篇。——中译者

第 45 章

Shama' 在多种意义上被使用。它既表示“听”，也表示“听从”。第一种含义的例子如：“也不可听到从你的口中传出”（《出埃及记》，第 23 章，第 13 节）；“法老宫中闻到这风声”（《创世记》，第 45 章，第 16 节）。这类例子不可胜数。

这个动词的另一个同样常用的意义是“听从”：“他们不肯听从（*shama'*）摩西”（《出埃及记》，第 6 章，第 9 节）；“他若听从（*yishme'ü*）并侍奉他”（《约伯记》，第 36 章，第 11 节）；“我们岂能听任（*nishma'*）你们”（《尼希米记》，第 13 章，第 27 节）；“凡不听从（*yishma'*）你的话的人”（《约书亚记》，第 1 章，第 18 节）。

这个动词也表示“知道”（“懂得”），例如：“你听不懂（*tishma'*）这一族人的口音，即语言。”（《申命记》，第 28 章，第 49 节）动词 *shama'* 用于上帝时，从经文的字面意思上看是第一义，实际上是表示感知，属于第三义。例如：“耶和华听见了”（《民数记》，第 11 章，第 1 节）；“因为他听允了你们的怨言”（《出埃及记》，第 16 章，第 7 节）。在所有这些段落中，都是表示精神感知。若按字面解释，这个动词在第二重含义上使用时就意味着上帝理睬或不理睬人的祈祷，满足或不满足他的愿望。例如：“我总要听他的哀声”（同上书，第 22 章，第 23 节）；“我就应允，因我是仁慈的”（同上章，第 27 节）；“求你侧耳倾听”（《列王纪下》，第 19 章，第 16 节）；“耶和华却不听你们的声音，也不向你们侧耳”（《申命记》，第 1 章，第 45 节）；“即便你们多多地祈祷，我也不听”（《以赛亚书》，第 1 章，第 15 节）；“因为我不听允你”（《耶利米书》，第 7 章，第 16 节）。*shama'* 在这种意义上使用的例子很多。

接下来要向你讲解这些暗喻和明喻，以止你干渴、释你迷惑。其全部含义都将得以彰明，不遗一丝困惑于其中。

第 46 章

在本书的某章我们曾说过，证实某物的存在与证明其真正本质是截然不同的两回事。我们可以通过指明某物的偶性、运动或者与其他物体的关系——哪怕是再间接的关系——使别人注意到某物的存在。比如，如果你想向一个不认识国王的臣民讲一讲国王什么样，你可以通过许多方式来描述并说明他的存在。你可以告诉他，那个高大、白净、灰白头发的人就是国王，这就是用他的偶性来描述他。你也可以说，国王就是那个人，一大群人在他周围前呼后拥，有的骑马，有的步行，兵士持剑护卫着他，他的头上旌旗飘扬，他的前面号角齐鸣；或者说他是生活在某个国家某个地方的宫殿之中的那个人；或者说是下令修筑那道墙，或下令建造那座桥的人；你也可以借助于其他与他相关的类似的行为或事情。你甚至可以用更间接的方式来表明他的存在。比如说有人问你，这个国家有国王吗？你会说，当然有。若是他问，你有何为证？你会告诉他，下列事实可以为证：你看，这儿有一个钱庄庄主，他又瘦又小，面前的金币堆积如山，在他前面站着一个穷人，又高又壮，正在恳求他的施舍，他没有施舍给他，而是呵斥他，叫他滚开。想想，若不是惮于国王，他会立刻杀了这个钱庄主人，或是把他打翻在地，能拿走多少就拿走多少钱。显然，

这是这个国家有统治者的一个证据，国家事务井井有条就足以证明国王的存在，因为人们敬畏国王，惧怕他所颁布的刑罚。

在这个例子中，丝毫没有提及国王的特点以及他作为一个国王所具有的本质特征。同样，《律法书》及所有先知书中向普通民众所传播的有关造物主的信息也是如此。必须向所有人教导上帝的存在，并且从任何意义上讲他都是最完美的存在，也就是说，他不是仅仅像地球和诸天那样存在着，而是存在着并具有生命、智慧、力量、活力以及一切我们相信其存在中所必包含的其他性质。我们将在下文表明这一点。于是，普通民众就借助于物体来比喻上帝的存在、借运动来比喻上帝是有生命的，因为普通人只把物体当作是完整的、真实的、毋庸置疑地存在着的。那些本身并非物体但却与物体相连的，由于其存在对物体的依赖性，即使被认为是存在着的，也被看作是一种低级的存在。至于本身即非物体又非物体中的力的东西，依照人的直觉是不存在的，也是全然不可想象的。普通人正是这样把运动等同于生命，认为那些不能自主地从此地运动到彼地的东西没有生命，事实上，运动并非是生命概念的组成部分，它只不过是与之相连的一种偶性。诸感官的感觉，特别是听觉和视觉，我们都相当熟悉；但是，对于除借助于言语——即通过唇、舌及其他语言器官发出的声音，其他的心灵与心灵之间相互交流的方式我们就一无所知了。因此，只要我们被教导说上帝具有关于某些事物的知识以及他向先知传递那些经由他们再传给我们的信息，上帝都被描绘成能听的和能看的，即感知并认识那些可闻及可见的事物。他被他们说成是能言的，即他告诉先知们那些消息，这就是所说的“预言”，我们在后

文将给予充分的解释。上帝被描绘成处于劳作之中，因为我们不知道，制造一个东西除了直接与之相接触之外还有什么其他的方式。他被说成具有灵魂——意思是他是有生命的，因为一切有生命的东西都被认为是具有灵魂的——尽管我们已表明，灵魂是一个多义词。再者，由于我们仅仅是凭借肉体感官来进行这些活动的，所以我们比喻地把上帝说成具有运动器官，比如双脚及脚掌；具有听觉、视觉及嗅觉器官，如耳朵、眼睛和鼻子；语言器官，如口、舌及声音；进行工作的器官，如手、指、掌及臂。总之，上帝被比喻地说成具有这些肉体器官——这样的上帝无疑是不完善的——是为了表示上帝在进行某些活动；把上帝比喻地说成进行这些活动，是为了表示他具有远远不同于这些活动本身的某些完善性。比如，我们说上帝有眼、耳、手、口、舌，是为了表示他能看、能听、能活动、会说话；但是将视觉与听觉归于他则仅仅意味着他能感知。因此你会发现在希伯来语中一种感官的感觉会被说成是另一种感官的，例如："看明耶和华的话"（《耶利米书》，第 2 章，第 31 节）与"听清耶和华的话"是同义，这段话的含义是"了解他所说的"；同样，"看我儿的气息"（《创世记》，第 27 章，第 27 节）与"闻我儿的气息"同义，是指对气味的感知。下面这句话也是这个用法："众百姓看见雷鸣"（《出埃及记》，第 20 章，第 15 节[①]），正如我们众所周知并且一致公认的那样，这一段所描述的依然是先知异象。行为和言语也常常比喻地用于上帝，以表示从他那里发出某种流，后文将加以说明（参见第 65、第 66 章）。

① 中、英文《圣经》皆为第 18 节。——中译者

在先知们的著述中，赋予上帝的肉体器官要么是运动器官，表示具有生命；要么是感觉器官，表示感知；要么是触摸器官，表示活动；要么是语言器官，表示先知们所获得的神的灵感，后文将对此进行说明。

所有这些表述都是为了在我们心中树立起这样的观念：有生命的、创造了万物并对其所造之物了如指掌的造物主存在。在后文谈到神的属性的不允许性（the inadmissibility of Divine attributes）时，我们将说明：所有这种种属性仅仅传达一个观念，即上帝存在。本章的主旨在于解释在何种意义上把这些肉体器官归于那至善的存在，也就是说，它们仅仅是作为这些器官通常所进行的那些活动的表征。正如我在前面解释拉比们的那句名言“托拉用人的语言说话”时所说的，由于我们想说明上帝在各个方面都是最完满的，所以就把这些对我们自身来说最完满的活动归诸上帝。将运动器官归于造物主的例子如下：“我的脚凳”（《以赛亚书》，第66章，第1节）；“我脚掌所踏之地”（《以西结书》，第43章，第7节）。将触摸器官归于上帝的例子有：“耶和华的手”（《出埃及记》，第9章，第3节）；“用神的指头”（同上书，第31章，第18节）；“你指头所造的”（《诗篇》，第8章，第4节[①]）；“你按手在我身上”（同上书，第139章，第5节）；“耶和华的膀臂”（《以赛亚书》，第53章，第1节）；“耶和华啊，你的右手”（《出埃及记》，第15章，第6节）。以下诸例，均是将语言器官归于上帝：“耶和华亲口说”（《以赛亚书》，第1章，第20节）；“他开口反驳你”（《约伯记》，第

① 中、英文《圣经》皆为第3节。——中译者

11 章，第 5 节）；“耶和华的声音强大有力”（《诗篇》，第 29 章，第 4 节）；“他的舌头像吞灭一切的火”（《以赛亚书》，第 30 章，第 27 节）。下面是将感觉器官归于上帝的例子：“他睁眼察看，闭眼考验世人”（《诗篇》，第 11 章，第 4 节）；“耶和华的眼睛遍察”（《撒迦利亚书》，第 4 章，第 10 节）；“求你向我侧耳倾听”（《列王纪下》，第 19 章，第 16 节）；“因为你已使我怒中起火[①]”（《耶利米书》，第 17 章，第 4 节）。人的内脏只有心脏比喻地用于上帝，因为“心”是一个多义词，它也表示“智力”；它还指动物的生命之源。比如《圣经》中有：“我的心肠为他忧虑”（同上书，第 31 章，第 20 节）；“你心肠的仁慈”（《以赛亚书》，第 63 章，第 15 节），“心肠”这个词是在“心”的意义上来使用的；因为“心肠”（bowels）这个词既有一般含义，又有特殊含义；它特指“肠子”，但更泛指任何一种内脏，因此也用来指“心脏”。下面这句话可以证明这种说法是正确的：“你的律法在我肚腹（bowels）里”（《诗篇》，第 40 章，第 8 节）的意思就是“你的律法在我心中”。正是出于这个原因，先知才在这篇诗文中用了“我的心肠忧虑”（以及“你心肠的仁慈”）这个短语，实际上，较之其他器官，动词 *hamah* 更经常地与“心”连用，例如：“我的心在我体内烦躁不安（*homeh*）。”（《耶利米书》，第 4 章，第 19 节）同理，肩膀从未被比喻地用于上帝，因为众所周知它只是一个搬运工具，并且与其所搬运的东西紧紧相接。也正因如此，营养器官从未被归之于上帝，显而易见，它们是不完善的。事实上，所有器官，不管外官与内脏，都同样

① 原文直译为“你已在我鼻孔中点燃了火”。——中译者

是灵魂借以进行活动的器官；有些器官，比如全部内脏，是用以维持个体在一定时间内存活的；另外一些器官，比如生殖器官，是用来维持种的延续的；另一些器官用以改进人的状况并使其行为趋于完善，如手、脚以及眼睛，所有这些器官都旨在使运动、活动及感知更趋完善。运动使动物得以趋利避害；感觉使其得以分清利与弊。另外，人还需进行各种手工劳作，以备其衣食住行；人的身体条件使他不得不从事这些劳动，也就是说，他必须备己所需。只要是必不可少的，有些动物也进行某些劳作。我认为没有人会怀疑这一论断的正确性：造物主无须任何东西来维持其存在或改善其状况。所以，上帝没有任何器官，或者换句话说，他是非形体的；其本质成就其行为，而不是由任何器官来完成的，由于各种作用力显然与这些器官相联系，所以，上帝也不具有这些力，即除了其存在以外，上帝没有任何导致其行为、其知识、其意志的原因，偶性不过是这些力的别名。在这一章里我不打算探讨这一问题。我们的先贤立下了一条原则，不允许按字面意义来理解先知们提到的那些归于上帝的物理偶性；这个原则显然表明，我们的先贤决不相信上帝是有形体的，并且在他们看来，任何人也不会对此产生误解或疑问。正是出于这个原因，他们才在《塔木德》和《米德拉什》中采用与先知们所说的话中极为相似的短语，而没有采用更委婉的说法；他们知道这些短语的比喻性是毋庸置疑的，相信它们没有被误解的危险；所有这些表述都必须被当作比喻来理解，是被用来向人心中传达上帝存在这一观念的。现在，人人都知道，把上帝说成是一个向其臣民发布命令、示以警告、处以赏罚的国王——他的仆人和侍从将他的命令公之于众以使人们遵从，并满足他的愿望——这不过是一种比喻。因此先贤们采纳并频频使用这一比喻，采用作为一个国王所必然要说的话，要作的允诺、拒绝以及其他惯常的行为。他们深信所有这些用法都不会导致任何疑惑。在先贤所说的这段话中包含了前文提到的这一基本原则，《大创世记》（Bereshith Rabba，XXVII）中[①]提到了这段话："何其能啊众先知，他们将造物比之于造物主。有言曰：'在宝座形象以上有仿佛人的形状'。"（《以西结书》，第 1 章，第 26 节）这样他们就清楚地表明，先知所感到的一切形象，即出现于预言异象中的形象，都是上帝创造的形象。这真是太对了，因为我们想象中的形象都是被创造出来的。"何其胆大啊！"这句话是多么意味无穷。他们借此表明，他们本身已发现这是非同寻常的；因为只要他们感到某一句话或某个行为难以解释或显然是该加以反驳的，他们就这样说；比如：有个拉比独自一人深更半夜拖着一只鞋去行了 *ḥaliṣa*[②]。另一位拉比则会惊呼："能如此与众不同，他是何其胆大啊！"后边引文中的克尔地[③]语（Chaldee）短语 *rab gubreh* 与前边引文中的希伯来语短语 *gadol koḥo* 的意思相同，即何其能（或何其胆大）。所以，在前面的引文中，其含义是：先知们在提到造物主上帝时所不得不使用的那种语言是多么

① 《大创世记》是《大米德拉什》（Midrash Rabbah）中的一篇。后者是一部解释《圣经》的论集，收录了早期著名拉比们对《摩西五经》和《圣经》其他篇章的评论和注释，包括《大创世记》《大出埃及记》《大民数记》等。《大创世记》是其中最早的一篇。——中译者

② 一种仪式，男人宣布放弃与其兄弟的遗孀结婚的义务，任她自由与他人结合。

③ 位于波斯湾西北。——中译者

精彩绝伦啊，在这种语言中运用了表示上帝造物之类的词。这一点值得深思。这样，我们的先贤就已用清楚明白的话表明他们决不相信上帝是有形的；哪怕是预言异象中出现的人或物的形状，它们都属于被造之物，用我们的先贤的话来说就是：先知们“将造物比之于造物主”。然而，在经过这一番讲解之后，如果依然有人居心叵测对他们吹毛求疵，寻找是非——尽管他对先贤们的方法既不了解也不理解——亦不能对永远令人追念的众先贤有丝毫损害。

第 47 章

我们已多次申明，先知书从未将在常人看来是有缺陷的或是在其想象中无法与全能的观念相结合的东西赋予上帝，哪怕这些词语也许与他们用来比喻地与上帝相联系的那些词语没有什么不同。实际上，所有归之于上帝的东西都是在某种程度上被认为是完善的，或者至少可以被想象［为是专属于他］的。

现在我们必须表明，何以根据这一原则，听觉、视觉和嗅觉可以归之于上帝，而味觉和触觉却不可以。实际上，这五种感觉同等地不适用于上帝。就感知而言，即便是对于那些除感觉之外没有其他认识来源的事物，感觉也是不完善的；因为它们是被动的，要从外界获得的印象，同身体的其他器官一样会受到侵扰、经受痛苦。说上帝看见，我们意在说明他能感知可见的东西；说“他听见”与说“他感知可闻的东西”同义；同样，我们可以在“他感知人借助味觉和触觉所感到的东西”这个意义上说“他尝”与“他摸”。因为就感知而言，所有感官都是一样的；只要我们否认上帝具有某一种感觉，我们就必须否认他具有其他所有种类的感觉，即五官所感受到的；只要我们将一种感觉即五官之一所专有的感觉赋予上帝，我们就必须将全部五种感觉都归于他。然而，我们在《圣经》中可以找到这样的说法：“上帝看见”（《创世记》，

第6章，第5节）；“上帝听见”（《民数记》，第11章，第1节）；“上帝闻到”（《创世记》，第8章，第21节）。但是我们却见不到这样的说法：“上帝尝出”“上帝摸到”。依我们之见，其中的原因在于这样一个深入人心的观念——上帝从不以物体与物体相接触的方式来接触某一物体，因为人甚至根本看不到他。这两种感觉，即味觉与触觉，只有与对象相接触时才能发生，相反，视觉、听觉与嗅觉却可以感知相距一定距离的物体。因此，许多人认为把这些感觉［比喻地用于上帝］是恰当的说法。再者，将这些感觉比喻地用于上帝的目的只是为了说明他感知我们的活动；而仅仅听觉与视觉就足够用来感知人的一言一行了。于是我们的先贤在给我们其他训诫的同时又给予了如下的劝诫和忠告：“要知道，高悬于你的是洞察的眼、敏锐的耳。”（《先贤篇》，第2章，第1节）

如果你探究其实质，你会发现各种感觉的情况都是一致的，用以反对上帝具有触觉与味觉的论据可以同样用来反对他具有视觉、听觉和嗅觉；因为它们无一例外地都是变化不定的物质性的感受和印象。仅有一点不同：前者——触觉与味觉——被直观地认为是不完善的，相反其他感觉则被认为是完善的。同理，相对于思考和推理而言，想象的缺陷更显而易见一些。因此，在谈到上帝时，从未用想象（*ra'ayon*）来比喻他，但却用思考（*maḥshabah*）和推理（*tebunah*）。例如：“耶和华所想的”[①]（《耶利米书》，第49章，第20节）；“用他的理智铺张苍穹”（同上书，第10章，第

① 迈蒙尼德所给出的这段引文与原文不甚相符。原文中没有引文中“耶和华”这个词。然而，这点出入并不影响这一句话的含义，也不致危及迈蒙尼德所持的观点。

12 节)。因此，内在的诸种思想与外在的各种感觉的情形是一样的，有些被比喻地用于上帝，有些则没有。这全都是因为“用人的语言说话”；人用他认为是完善的东西来描述上帝，而不用他认为是有缺陷的东西。事实上，正如我们将证明的那样，上帝除了其存在之外，根本没有其他任何真正的属性。

第 48 章

《摩西五经》中凡是将“听”这个词用于上帝的地方，改宗者昂克劳都没有直译，而是意译，只是讲有某些话语传到他那里，即他知道了这些话，如果指的是人的祈祷，他就意译为上帝应允了或没有应允他的祈求。所以他总是把“上帝听”译为“传到上帝跟前”，如果指的是祈祷和祷告，他就会译为“他应允了”。例如，把“我必倾听”（《出埃及记》，第 22 章，第 23 节）译为“我必会应允”。昂克劳在其《摩西五经》的译文中无一例外地坚持了这一原则。但是对于动词“看”，他的译法相当灵活，我根本摸不清他的原则或方法。有些地方他直译为“上帝看见”；另一些地方他又意译为“显现于上帝跟前”。昂克劳在其译文中使用了 *va-ḥaza adonai*（上帝看见）这个短语足以证明在克尔地语中 *ḥaza* 是个多义词，既表示心灵感知也表示视觉感受。恐怕这正是原因所在。我想正是由于这个原因，昂克劳才在有些地方避免直译，而是将这些希伯来词意译为“显现于上帝的跟前”。然而，当我仔细查阅昂克劳译文的各种抄本——我亲自找到的以及在学习过程中从别人那里听说的——我发现，当“看”这个词与不好的、有害的或暴行相连时都采用意译：“昭然现于上帝跟前”。在克尔地语中，*ḥaza* 这个词显然表示对客体当下的完全了解与彻底把握。所以，只要

昂克劳发现“看”这个动词是与宾语“坏的”相连，他就不进行直译，而是把它意译为“暴露于上帝跟前”。我发现《摩西五经》所有将观看归于上帝的地方，他都是直译的，只有以下我要向你指出的这些地方是例外：“我的苦难显于耶和华跟前”（《创世记》，第 29 章，第 32 节）；“凡拉班向你所作的，都显露于我的跟前”（同上书，第 31 章，第 12 节）。尽管这句话中的第一人称指的是天使[而不是上帝]，但是昂克劳仍没有把这一意味着对对象彻底了解的感知归于他，因为这个对象是“不公正的行为”。他把“上帝看见以色列的子孙”（《出埃及记》，第 2 章，第 25 节）译为“以色列子孙所受的奴役暴陈于耶和华跟前”；把“我百姓所受的困苦，我实在看见了”（同上书，第 3 章，第 7 节）译作“我百姓所受的奴役真切地显在我跟前”；把“我也看见了那份困苦”（同上章，第 9 节）译为“他们所受的奴役显于他跟前”；把“我看这百姓”（同上书，第 32 章，第 9 节）译为“这百姓现于我跟前”，因为这一节的含义是：我知道他们背叛我，正如“上帝看见以色列的子孙”（同上书，第 2 章，第 25 节）这一节的意思是他看见了他们的苦难一样。他将“耶和华看见……就厌恶他们”（《申命记》，第 32 章，第 19 节）译为“当这事显露于耶和华跟前”；将“耶和华见他百姓大势已去”（同上章，第 36 节）译为“百姓之大势已去现于耶和华跟前”——因为在这个例子中，感知的对象是以色列人所行的恶事，敌人的势力占了上风。在所有这些例子中，昂克劳都坚定不移地遵从这样一句格言：“你不可看邪僻。”（《哈巴谷书》，第 1 章，第 13 节）因此，当“看”这个动词指向苦难或反叛，他就把它译成显现于他跟前，等等。我对于这种解释的正确性深信不疑，

但是以下三段例外却使其准确性与可靠性减色不少，在这些地方我本希望——按照我的理论——动词“看”会被意译为“显现于他跟前”，但是却发现在其译文的几种抄本中都是直译为“看”。这三段如下：“耶和华见人在地上的罪恶很大”（《创世记》，第6章，第5节）；“神观看世界，见是败坏的”（同上章，第12节）；“耶和华见利亚失宠”（同上书，第29章，第31节）。我感觉这一段有误，这种错误是不知不觉杂入《圣经》译文的抄本之中的，由于我没有昂克劳这个译本的原始手稿，所以我们只能猜测，对于这种情况他应该有一个令人满意的解答。

在翻译《创世记》第22章第8节“神必自己预备羔羊”这句话时，他译为“羔羊现于上帝面前”，要么是他想暗示上帝不希望去寻它来，要么是他觉得在克尔地语中将神的感知与一个低等动物相联系是不妥当的。

无论如何，关于这一点，仍要仔细查阅他的译文的各种抄本，要是你再发现类似我上面引述的那些例外的段落，他究竟意欲如何我就不得而知了。

第 49 章

天使同样也是没有形体的。他们是非物质的理智，但他们仍是被造之物，是上帝创造了他们，后文我们将加以解释[①]。我们在《大创世记》（关于《创世记》第 3 章，第 24 节）中可以见到先贤们的这种说法："天使被称为'变幻莫测喷火的剑'"（《创世记》，第 3 章，第 24 节），这与"火焰为他的仆役"（《诗篇》，第 104 章，第 4 节）正相吻合："（变幻莫测）这一属性是附加的，因为天使的形状变化多端，此时是男的，彼时是女的；一会儿是精灵，一会儿是天使。"通过这句话他们已清楚地表明天使是非形体的；不具有独立于其［感知者的］心灵之外的固定形体，他们的形状只有在先知异象中才能被感知，并且有赖于先知想象力的运作，我们将在讨论预言的实质时进行解释。所谓"彼时是女的"，意思是说先知在预言异象中也会把天使感知为妇女的形象，他们指的是《撒迦利亚书》（第 5 章，第 9 节）中的异象："见有两个妇人出来，在她们翅膀中有风。"你是知道的，一个人除非经过相当的训练，否则要对非物质的、完全没有形体的东西形成一个观念是多么困难，对于那些分不清什么是理智对象与什么是想象对象以及主要

① 参见第二篇，第 2 章、第 6 章。

依靠想象力的人来说尤为困难。他们深信所有想象的东西都存在着，或者至少具有存在的可能；而那些不可想象的则不存在，也不可能存在。这一类人——大多数思想家都属于这一类——对任何问题都得不出真正的结论，对任何疑难都作不出可靠的解答。因此之故，先知书中包含了这样的一些表述，若按字面来理解，它们暗示天使是有形的，会动的，具有人的形象，接受上帝的指令，遵从他的意愿并按照他的吩咐来实现他的愿望。这只能会使人误以为天使存在，他们具有生命并且是完善的，正如我们在谈到上帝时所解释过的那样。如果对天使的比喻性表述仅限于此，那么他们的真正本质就会被认为是与上帝的本质毫无差别的，因为在谈到造物主时也使用了相似的表述，这些表述从字面看意味着上帝是有形的、有生命的、运动的并且具有人的形象。因此，为了向人的心中传达天使的存在低于上帝的存在这一观念，就用某些较低等的动物来刻画天使。借此表明，正如人比那些较低级的动物要完善得多一样，上帝的存在要比天使们的存在完善得多。尽管如此，除了翅膀以外，动物的任何器官都不能归于天使。无翅之难飞正如无腿之难行；只有与这两样器官相联系，这两种运动方式才可以想象。飞行运动被当作是代表天使有生命的一个符号，因为这是动物所具有的最完美最高贵的运动。这种运动在人们看来完美至极，他们渴望自己会飞，以便能迅速趋利避害，哪怕这些利害与己还相距甚远。因此人将这种运动归于天使。

除此之外还有一个原因。鸟在飞翔时在我们的视野中时隐时现，离我们时远时近；正如我们在后文将要说明的，这些正是我们必须与天使观念相联系的那些特征。然而这种想象中的完善——动物罕有的飞行运动特性——却从未归之于上帝。你千万不能误解这句话:“他驭着基路伯飞行”(《诗篇》,第 18 章,第 10 节),这是基路伯在飞,这个比喻只是用来表明那段中所指的事到来之迅速。例如:“看哪!耶和华乘驾快云,临到埃及”(《以赛亚书》,第 19 章,第 1 节),即所说的惩罚将很快降临到埃及。你也不要误解《以西结书》(第 1 章,第 10 节、第 7 节)中的这些说法:“牛的脸”“狮子的脸”“鹰的脸”“牛犊的蹄掌”;后面你会得知,所有这些都要作不同的解释,况且,先知也仅仅是在描写动物(*ḥayyot*)。这个问题将在后文加以说明(见第三篇,第 1 章),但也只能借助于必要的暗示,以使你得出正确的解释。

《圣经》中频频提及飞行运动,在我们的想象中没有翅膀是不能飞行的;因此,翅膀之于天使不过是表示其存在的一个符号,而并非他们的真正本质。你同样要记住,飞这个词也用来表示以极高的速度运动,所以只要一个东西运动得非常快也被说成是在飞。例如:“如鹰飞来”(《申命记》,第 28 章,第 49 节)。鹰不但飞并且比所有其他的鸟都要敏捷,因此被用于这个比喻。再者,翅膀是飞行的器官[原因];因此先知异象中天使们的翅膀的数目与导致某物运动的原因的多少相当,但这已超出了本章的论题所及(参见第二篇,第 4 章、第 5 章)。

第 50 章

在阅读我这篇著作时，且记，“信仰”在这里并不仅仅是一个口号，而是心灵的真正感悟，是对［信仰］对象所持的坚定不移的信念。如果你满足于仅仅在口头上谈论真理或貌似真理的理论，而不是真正把握它们，真正信仰它们，特别是当你并非意在追求真理时，那么，这对你来说是轻而易举的。事实上，你会发现许多自称有所信仰的庸人对他所信仰的东西一无所知。

然而，如果你渴望上升到更高的反思阶段，真正确信上帝的单一性，无论在何种意义上他都不是复多，都不可分，那么你定会知道上帝没有任何形式或任何意义上的本质属性。正如他不可能有形体一样，他同样不可能拥有任何本质属性。如果有人相信上帝是一，又认为他具有许多属性，其实他只是在口头上承认他是一，而在心里则认为他是多。这正像那个基督教的信条，认为上帝既是一又是三，这三又是一，即三位一体。那些认为上帝是一但又有许多属性，并且上帝连同他的属性又是一的人，尽管也否认上帝具有形体，并且承认他根本不会有质料，其实际情形正好与基督徒的相似；好像我们的目的只是在寻找阐述的方式，而不是我们所信仰的东西。只有理解了才能信仰；信仰在于确信我们所认识的事物有独立于心灵的［真实］存在，并且其存在与我们所认识到的是完全一致的。如果我们深信被认识到的事物绝不可能与我们所信仰的有异，也决找不到任何合理的反驳可以驳倒这个信念，或与之相悖，那么这个信仰就是真的。一旦你放弃欲望和习癖，跟随理性的指引，钻研我在后面有关反驳属性的几章中所要讲的内容，你就会对我所说的确信不疑，你就会成为真正相信上帝的单一性的人，你就不会是仅仅把它挂在嘴上而没有深入到心灵中去，就像《圣经》中所说的那些人，“他们的口是与你相近，心却与你远离”（《耶利米书》，第 12 章，第 2 节）。显然，人应该做一个拥有真理，并且真正理解它的人，即使对它只字不提也无妨。提到虔诚，《圣经》上是这样说的：“在床上的时候，要心里思想，并要肃静。”（《诗篇》，第 4 章，第 5 节[①]）

① 中译本为第 4 节。——中译者

第51章

有许多事物的存在是明确的、显然的，如天赋观念、感觉对象以及在明晰性上与此相似的东西。只要人是其所是，这些就无须证明。比如，运动的存在、人的自由意志的存在、生成与毁灭的变化以及感官所感知到的事物的各种自然性质，如火的热、水的凉等。错误观念的泛滥，或是出于人的错误运用，或是出于人的特殊目的，于是他们就否定感官所感知到的事物的存在，或赋予莫须有的事物以存在性，从而构造了与事物本质相违背的错误理论。哲学家因此被要求去证明那些具有自明性的东西的存在，去证伪那些仅仅存在于人的想象中的东西。所以，亚里士多德去证明运动的存在，因为有人曾否认它；他去证伪原子的真实性，因为有人曾肯定过它的存在。

对上帝具有本质属性的反驳，也属于这一类。属性在这里不是内在于它所描述的东西之内，而是附加在其本质之上的东西，纯粹是一种偶性，这是不证自明的。如果说，这个属性所指的正是这个事物的本质，那么，这要么仅仅是个同语反复，比如，你可以说“人是人”，要么就是对一个名称的解释，比如，“人是理性的动物”；因为“理性的动物”包含了人的真正本质，在人的定义中除生命和理性外，再没有第三个因素了；因此，当用生命和理性这两种属性来刻画一个人时，仅仅是为了解释“人”这个名称，就是说，那个被称为人的东西，具有生命和理性。现在该明白了，属性只能是以下两者居一，要么是指被陈述事物的本质——这时它仅仅是对一个名称的解释，在这种意义上我们可以说上帝有属性，而不是在下一种意义上——要么是某种不同于其所陈述的事物的东西，一些额外的、附加的因素；这时属性就是附属于本质的偶性。仅仅反对用“偶性”这个名词来指称上帝属性的人，并没有改变其实质；因为所有附加在事物本质之上的东西都不构成事物的本性，而只能构成它的偶性。进言之，肯定众多的属性的逻辑后果，即承认众多永恒事物的存在，因为除了相信上帝是一个没有任何组成成分或众多因素的单纯实体外，其他任何信念都不能称为是对上帝单一性的信仰；因此，不管你从哪个角度去看，不管你用什么标准去衡量，你都会发现，他是一；任何理由任何方式都不能使其一分为二；无论在客观上还是主观上，你都找不到任何复多，本文将证明这一点。

在这个问题上，一些耽于思辨的人甚至说上帝的属性既非他的本质也非与其本质无关。这就像某些理论所声称的，理念，即共相（*universalia*），既不是存在又不是非存在，诸如此类的说法还有：原子不在某一个确切的地方，但却占有一定的空间；人完全没有行动自由，但他却可以进行活动。这些话仅仅是饶舌而已；它们只是辞藻而并非思想，更谈不上实际的存在。但是，你和所有不自欺的人都看得出，这些理论完全依赖于夸夸其谈，有赖于激昂的演说以及慷慨陈词中所充斥的荒谬的比喻，有赖于从辩证法和诡辩本中所假借的诸多方法。一个如此这般用花言巧语来鼓吹并论证其理论的人，若是他能反观自省自己在这个问题上的主张，他所看到的只能是自己的混乱与愚蠢，因为他企图去证明不存在的事物存在，企图在两个相反的无中间状态的事物之间制造中间状态。换句话说就是：一个事物是否能既存在又不存在，两个事物是否能既同一又不同一呢？然而，正如我们所言，致使其如此的是维护其想象中虚妄概念的企图以及所有存在的物体都一直被当作是必然包含某些属性的实体的这一成见，因为我们还不曾发现过任何只包含单纯本质而不具有任何属性的东西。在这些想象的引导下，人们以为上帝也同样由许多不同的因素构成，即由他的本质和本质以外的属性构成。依照这个比附，有些人以为，上帝是有形体的，并且具有各种属性；另一些人反对这种理论，否定上帝的形体性，但是却保留了属性。所有这些错误都是因为他们只遂于《圣经》经文的字面含义，我有关这一问题在其他章节中还要作进一步的阐述。[①]

① 参见第一篇，第53章。

第 52 章

用肯定的属性去刻画事物，说某物如此这般的方式有以下五种：

第一，用定义去描述这个事物，比如，把人说成是活的、有理性的存在。这种描述，揭示了对象的真正本质，正如我们所说[①]，这仅仅是解释了一个名称而已。这种描述决不适用于上帝，这一点是毫无异议的；因为他的存在没有始因，没有任何可以借之来加以定义的东西；因此，上帝是不可定义的，这是为所有严谨的哲学家所接受的一条众所周知的原则。

第二，用部分定义去刻画一个对象，比如，说人是一个活的存在，或者说，人是有理性的存在。这种描述揭示了［两个观念间的］必然联系。当我们说人都是有理性的，实际上是说，所有具有人的特性的存在都具有理性。显然，这种描述同样不适用于上帝；要是我们说上帝本质的一部分，那么无疑认为上帝的本质是复合的。这种描述与前一种一样，对上帝来说是不适宜的。

第三，用某些非本质的东西来描述某个对象，它们并不构成其本质，也不是对其本质的补充。因此，这种描述相对于其描述

① 参见第一篇，第 51 章。

对象而言，所揭示的只是一种性质（quality）；然而，在最一般意义上来说，性质是一种偶性。上帝若能用这种方式来加以描述，他无疑就成为这些偶性的基质（substratum）。这本身就是抛弃上帝具有性质的这种说法的一个充足理由，因为这与上帝本质的真正概念相悖。当他们说"上帝不可能被限制"时，他们所指的只能是他不具有任何性质；然而，事物的每种肯定的本质属性，要么构成其本质，在这种情况下，它就与本质同一；要么就构成这个事物的性质。因此，很难想象，那些声称上帝具有属性的人，当他们在提到上帝时会不加比拟和限制。

你知道，性质有四种；我将就每种性质的属性举出实例，以便向你表明这类的属性为什么不适用于上帝。（1）可以用一个人的任何智力、道德品性或他内在的生存本性来刻画他，比如，我们可以说某人是木匠，某人是贞洁的，或某人病了。不管我们说一个木匠、一个圣哲还是一个医生都没有什么不同，所有这些都表示一定的生理倾向（physical disposition）；无论我们说"纯洁的"还是"仁慈的"都是如此。各种手艺、技能、人的各种习性，无疑都是生理倾向。稍涉逻辑学的人，对此都会一清二楚的。（2）用某物所具有或所缺乏的某种物理性质来刻画它，如软、硬。不管我们说"软或硬"，或是"强或弱"都没有什么不同；两者所说的都是物理状态。（3）用某人的弱点或情感来描述他，比如我们说某人热情、急躁、胆怯、仁慈，并不是说这些特性都一成不变。用某物的颜色、味道、热、冷、干、湿来刻画它，也属于这一类属性。（4）用这样的一些性质来刻画某物，比如，我们说某物长、短、曲、直等。

当你思考上面这些以及与此相似的性质时就会发现，它们都不能用来指称上帝，上帝并非是一个量，不能拥有任何从量引出的性质；上帝也不受外在的影响，因此也不具有那些由情感而来的性质。上帝不是一个具有物理状态的主体，因此也不具有强度等性质；他不是一个活的东西，他不具有心灵的各种倾向，也不具有心灵的任何特性，诸如温和、谦逊等，也不会处于生物所处的各种状态，如健康或生病。因此，没有任何从最广义的性质而来的属性能用来描述上帝。所以，这三类属性——描述某物的本质、其部分本质或它的某一种性质，显然都不能用来指称上帝，因为它们都意味着复合，正如我们所证明的那样，这对于造物主来说是根本不可能的。从这一点上讲，我们说，上帝是纯粹的一。

第四，用与其他事物的关系来刻画某物，比如，与时间、空间或与另一个个体的关系；比如我们说，萨义德是某某人的父亲，是某某人的伙伴，他住在某地，他生于某个时代。这种属性并不必然暗示出所描述事物本质的复多性或其本质的改变；因为同一个萨义德既是阿摩鲁（Amru）的伙伴，又是比尔（Becr）的父亲，还是哈利德（Khālid）的长官以及另一萨义德的朋友，他住在某一栋房子里，他出生在某某年。这种关系并非是事物的本质，也并非是与其本质密切相关的性质。乍看起来，它们似乎可以用来指上帝，但是经过全面与审慎的思虑之后，我们发现，这是不适宜的。很显然，上帝与时空无关。因为时间仅仅是与运动相关的一种偶性，并且正如我们在相关的著作中所解释的那样，后者包括过去和将来，并以数来表示；另一方面，运动是与物体相关联的，而上帝并非物体。因此，他与时间无关。同样他与空间也无关。

但是，我们探讨和思考的问题是：在上帝和他所创造的物体之间，是否存在某种可以用来描述他的真实的联系呢？显而易见，在上帝和他的创造物之间，并不存在一种相互的关系；因为两个相互关联的事物，其特点是，它们的相互关系是对等的。然而，上帝是作为绝对的存在，其他事物则只具有可能的存在，正如我们所表明的［在上帝与他的创造物之间］绝不可能有相互关系。它们之间存在某种关系这种说法貌似为真，实则是错误的。尽管在我们看来，智力和视力都同样存在着，但我们仍不能设想二者间具有某种关联；因此，我们怎能设想，在上帝以及与他没有任何共同之处的造物之间会有什么关联呢？即使按照我们的主观意愿，把存在这个词同时用于上帝和其他事物，那也只能是徒有其名。在上帝和他的创造物之间，决不存在任何关联。因为只有在属于同一种事物的两者间，我们才能发现某种关系；当二者虽属同类，但却属于不同种的事物时，它们之间也不存在任何关联。我们不能说，这个红比那个绿更深一些或浅一些，或它们两个一样深，尽管它们都属于同一个类——颜色；当这二者属于不同的类时，即使一个村夫童子也看得出它们之间显然不存在任何关联，哪怕这二者属于同一范畴。例如，在一百肘尺与胡椒的辣之间没有任何关联，一个是质，一个是量；智慧与甜，温和与苦，虽然在广义上讲都属于质这个范畴，但它们之间也没有任何关联。因此，只要想一想，上帝与他的创造物在其真实存在上的根本不同以及其间所存在的各种巨大差异，那么，怎能设想二者间会有什么关联呢？再者，如果二者间具有什么关联，那么，上帝就应该是这种关系偶性的主体；尽管这不能成为上帝的本质偶性，但在某种意义上说，它仍然是一种偶性。这样，即使你把仅仅具有字面意义上的肯定属性加在上帝身上，哪怕只是关系这一属性，你也是错误的；无论如何，在所有属性中，关系是在不十分严格意义上最可能适于指称上帝的属性，因为它既没有暗示永恒事物的复多性，也没有暗示出当那些与上帝相关的事物发生变化时上帝的本质发生了什么改变。

第五，用其行动来刻画事物。我这里所说的“其行为”并非指具有做一项工作的潜在能力，诸如“木匠”“画师”或“铁匠”——因为这些属于上面所说的性质那一类——我所指的是他们所做出的行动——比如，我们说萨义德做了这个门、建了那堵墙、缝了那件衣裳。这种属性与事物的本质相分离，因此，可以用来描述造物主，尤其是因为这些不同的行为并不意味着行动者的本质中必须包含导致这些不同行为的各种不同的因素，后文我们还要加以说明。[①] 相反，正如我们已表明的那样，上帝的一切行为都源自他的本质，而不是来自本质以外的附加的东西。

这一章我们所讲的是：从任何角度看，上帝都是一，他的本质不包含任何复多或附加因素；《圣经》中用于上帝的各种不同的属性，都是指他众多的行为，而并非因为他本质上存在着复多，我们在前文已说明[②]，这些属性中有一部分是用来描述我们所说的意义上的上帝的完善。关于排除一切复多但却做出不同行为的一个单纯实体的可能性，我们将在下一章中举例说明。

① 见第一篇，第 53 章。

② 见第一篇，第 26、46、47 章。

第 53 章

导致人们相信神具有属性的原因与导致人们相信上帝具有形体性存在的原因大体相似。后者还没有达到思辨信仰的高度，仅仅是从字面上理解《圣经》中的某些段落。关于属性也是如此；《先知书》和《摩西五书》都用属性来描述上帝，这些段落若仅仅从字面去理解，就会使人相信上帝具有属性；就好像他超越了形体，但却没有超越与形体相关的东西，即偶性——我指的是心理倾向（psychical disposition），所有这些都是［与形体相联］的性质。你会发现，那些将这些属性诉诸造物主的本质的人，尽管他们没有明确地讲，但他们总免不了把这种性质说成与他们日常在动物身上所见到的性质相似。我们用“《托拉》用人的语言说话”这个原则来解释这个问题，所有这些话的目的都在于把上帝描绘成至善至美的存在，而并非意在表明上帝具有像被创造的动物那样拥有这些性质。大多数的属性都是表述上帝的各种不同的行为，但是行为的不同并不意味着行为者本身的不同。就是说，一个手段可以引起很多结果，即使这个手段本身并不具有自由意志，如果它有自由意志的话，就更是如此，我要从我们的日常生活中找一个这样的例子。比如火，它能使某些东西熔化，又能使另一些东西变硬，可以使某些东西沸腾，也可以使某些东西燃烧，可以使某些东西发白，也可以使某些东西变黑。如果我们用变白、变黑、燃烧、沸腾、变硬、熔化来形容火，那么人们就无从知道火的本质，会以为它含有这六个因素，一是使某物变黑，二是使某物变白，三是使某物沸腾，四是使事物毁灭，五是使东西熔化，六是使东西变坚硬——每一种作用都有各自特殊的性质，彼此相对立。知道火的本质的人却明白，凭着一种性质，即热的作用就可以引出所有这些结果。事物的本质作用尚且如此，何况那些凭自由意志行动的动物呢，更何况那不可言说的上帝呢！因此，即使我们认识到上帝具有各种各样的关系——因为对我们来说，其智慧不同于能力，能力不同于意志——也不能因此而认为上帝真的包含不同的因素，即首先是他借以获得知识的因素，其次是他借以行使意志的因素，再是他借以施行能力的因素，这些实际上都是属性论者们所认为的［上帝所具有的］最重要的属性。他们中有些人讲得很明确，并把它们作为上帝本质的附加因素列举出来。而另一些人则讲得比较含混，尽管他们没有运用清楚明确的语言加以说明，但他们的意思却是很显然的。比如，一些人说："上帝因其本质而全能，因其本质而智慧，因其本质而有生命，因其本质而具有意志。"举例来说，人的理性，它只是一种能力，而不包含任何复多，是它使人懂得许多技艺和科学；这同一种能力使人能够播种、做木工活、缝纫、建筑、学习、获得几何知识、管理城邦。由不包含复多性的单纯的能力所引起的活动，真是多得不可胜数；它们的数目几乎是无限的，即源于人的理性的活动的数目几乎是无限的。因此，对于上帝来说，由一种单纯的不包含任何复多或附加因素的实体而引起各种不同的行为更是理所当然的。

《圣经》中所说的属性，或者用来指他的行为——这与他的本质无关，或者指绝对的完善性，而绝不是说上帝的本质是多种因素的复合。不使用“复合”这个词，并不等于他们在指一种实体具有多种属性时不用复合这个观念。

我现在要来说一说表明他们错误的另一个难点。认为上帝有属性的人，在上帝的各种行为中找不到他们论调的佐证；他们说，的确，一个本质可以产生不同的行为；但上帝的本质属性却不从属于他的行为，因为说造物主创造了他本身是不可思议的。他们随着经文中所说的，不断变换他们所谓的本质属性——我指的是它们的数目。我将列举那些他们一致赞同的属性。他们认为，他们的这种知识是源于理性而非得自先知的话，他们指的是以下四种属性：生命、能力、智慧和意志。他们深信这四者是极为卓越和非常完美的东西，造物主不可能不拥有它们，但它们却不从属于他的行为。这就是他们的大致观点。然而，你知道，智慧和生命，对于上帝来说是没有任何分别的；因为对于任何有自我意识的生物来说，生命和智慧都是同一的，这就是说，智慧即对自我本质的认识。另外，［对于上帝来说］这种认识的主体和客体无疑是同一的；因为按照我们的观点，上帝与人不同，人是由有意识的灵魂和无意识的肉体的结合而成，上帝并非是有意识与无意识的结合体。因此，如果我们用“智慧”一词来指自我意识这种能力，智慧与生命就是一个，是同一个东西。他们所说的智慧并不是这个含义，而是指上帝了解其创造物的能力。同样，毫无疑问，当指向上帝自身时，并不存在能力和意志，因为他对自己不可能行使任何能力和意志，这样的事在我们看来是不可思议的。他们

把这些属性看作是上帝同其造物间的各种关系，显然他有能力创造他所创造的事物，有意志使事物以他所创造的方式存在，他了解他所创造的一切，给他们智慧以了解他所创造的东西。显然，这些属性并不是指上帝的本质，它们仅仅表示上帝与其创造物间的关系。

因此，正如我们不相信在上帝的本质中包含某种附加因素——凭借这种因素，他首先创造了苍穹，其次又创造了［四］种元素，第三创造了理想的事物一样，我们这些真正相信上帝单一性的人，同样也反对这样一种看法，即认为上帝的本质中包含那种首先他因之具有能力，其次他因之而拥有意志，第三他因之而具有关于其造物的知识的某种附加因素。相反，他的本质是一，而且是单纯的，决不包含任何附加因素；这个本质创造了其所创造的宇宙，并对它了如指掌，但绝不是通过任何附加因素来实现的。不管这些不同的属性是指上帝的行为还是指上帝与其作品间的关系，这都没有什么不同。事实上，正如我们所示[①]，这些关系只存在于人的思想中。这是关于《先知书》中出现的属性我们所必须掌握的一点。我们在后面将要表明[②]，有些属性可以作为对上帝的完善的表达，这种完善是与我们所说的人类自身的完善相比较而言的。

① 见第一篇，第 52 章。

② 见第一篇，第 59 章。

第 54 章

最智慧的人，我们的导师摩西，曾求问过两件关于上帝的事，均得到了回答。一件是，他请求上帝让他知道上帝的真正本质；另一件（实际上是他先求问的一件）是，上帝应该让他知道他的属性。在回答这两项要求时，上帝保证让摩西知道他的全部属性，这些属性不是别的，只是他的行为。他还告诉摩西，他的真正本质是不可感知的，并且向摩西指出了一个人可以借之最大可能地认识上帝的方法。摩西所获得的关于上帝的知识，无论他的前人还是后人，都是得不到的。他用下面这样的话来恳请了解上帝的属性："求你将你的道指示我，使我可以认识你，好在你眼前蒙恩。"（《出埃及记》，第 33 章，第 13 节）看看，这些话中包含了多少绝妙的想法："将你的道指示我，使我可以认识你。"从这些话中可知，上帝是通过他的属性为人所认识的，因为摩西相信当上帝的道路向他显示之后，他就可以认识上帝。"使我在你眼前蒙恩"这句话表示认识上帝的人在上帝的眼前蒙恩。不仅是进行斋戒和祈祷的人为上帝所接纳和欢迎，每一个认识上帝的人都是如此。对上帝一无所知的人，只能使上帝恼怒和厌烦。是为上帝所爱还是为上帝所嫌，是靠近上帝还是远离上帝，都取决于人对上帝的有知或无知的程度。我们已离题太远了，还是让我们言归正传。

摩西恳请上帝答应让他了解上帝的属性，还请求宽恕他的子民；当后者得到了允诺，他又继续用这样的话祈求关于上帝本质的知识："求你显出你的荣耀给我看。"（同上章，第 18 节）对于他的第一个请求，"求你将你的道指示我"，他得到了下面这样肯定的答复："我要显我一切的恩慈，在你面前经过"（同上章，第 19 节）；关于第二个请求，他却被告知："你不能看见我的面"（同上章，第 20 节）。"我一切的恩慈"这句话表示上帝允诺向他显示全部的创造，即"神看着一切所造的都甚好"（《创世记》，第 1 章，第 31 节）中所说的全部创造物。当我说"向他显示全部的创造"时，我的意思是说，上帝答应让他理解万物的本质，它们彼此间的相互关系，以及上帝主宰它们的方式，既包括作为整体的宇宙，又包括其中的每个特殊的创造物。说到摩西时所指的正是这种知识："他是在我全家可靠的"（《民数记》，第 12 章，第 7 节），即是说，"他关于我的宇宙中所有创造物的知识都是正确的而且是可靠的"，因为错误的意见并不可靠。显然，对于上帝行为的知识，正是对他的属性的知识，通过它们才能认识上帝。上帝允诺让摩西所理解的是关于其行为的知识，其根据在于，他让摩西所了解的是这些行为的单纯属性，"有怜悯，有恩典的神，不轻易发怒，并有丰盛的慈爱……"（《出埃及记》，第 34 章，第 6 节）因此很显然，摩西所希望了解的道，与上帝教示他的，都是从上帝流出的行为。先贤们称其为 *middot*（品性），并谈到上帝的十三种 *middoth*（巴比伦《塔木德》:《新年》，17b）。他们也用这个词来指人，比如，"求知的人有四种不同的 *middoth*（特征）"；"行善的人有四种不同的 *middoth*（特征）"（《密西那》:《先贤篇》，V13，14）。

他们并不是说上帝真的具有 *middot*（品性），而是说他的所作所为类似于我们源于这些品性的行为，即处于这种心理倾向之中；并不是说上帝真的具有这些倾向。尽管摩西得见“他全部的荣耀”，即他全部的行为，也只提到十三种 *middot*，因为它们已包含了上帝创造和主宰人类的那些行为，认识这些行为是摩西祷告的主要目的。他祷告的结尾表明了这一点：“使我可以认识你，好在你眼前蒙恩。求你想到这民是你的民”（《出埃及记》，第 33 章，第 13 节），这就是说，如果我必以某种行为来统治人们，那就让我依照你自己统治他们的行为来做吧。这样我们已表明《圣经》中所用的“道”，与《密西那》中所用的“*middot*”是完全一样的，是指从上帝流出来的关于宇宙的行为。

当我们感知上帝的行为时，我们总是以我们之心来度上帝，认为这些行为同我们一样源于情感，也用由情感动词转化而来的形容词去描述上帝。比如，我们看到上帝怎样奇妙地为生命准备了胚胎；怎样赋予了胚胎本身及其出生后的各种功能，使它能够抵御死亡和毁灭，提防一切伤害，积极接受供自身发展所需要的一切。当我们做出类似的行为时，我们就会诉诸于某一种具体的情感和柔情，称之为怜恤或怜悯——这样，上帝就被说成是怜恤的，如：“父亲怎样怜恤他的儿女，耶和华也怎样怜恤敬畏他的人”（《诗篇》，第 103 章，第 13 节）；“我必怜恤他们，如同人怜恤、服侍自己的儿子”（《玛拉基书》，第 3 章，第 17 节）。这些例子并不表明上帝受怜恤这种情感的左右，只是说，这种发自上帝仅仅是为了使他虔敬的子民获益的行为，与父亲对于儿子的那种出于怜悯、怜恤之情的行为相似，它们绝不是激情或［上帝本身所产生的］某种变化的结果。当我们并非由于别人的请求而给予他某物时，我们是在做一件仁慈的事；如“看我们的情面，施恩给这些人”（《士师记》，第 21 章，第 22 节）。这样的话也被用来指上帝，如“神施恩所给的”（《创世记》，第 33 章，第 5 节）；“因为神恩待我”（同上章，第 11 节）。这种例子非常多。上帝创造并指引那些未曾要求他如此的万物，因此，他被称为是仁慈的。上帝对人的行为也包括劫难，它们突然临到某些人身上，使他们死亡，或波及整个家族甚至整个民族，死亡蔓延，毁灭一代又一代人，一切都不能幸免。因此才有洪水、地震、风暴，而一个民族千里迢迢去征服另一个民族，只是为了用剑去消灭他们并彻底铲除他们以及许多其他类似的罪恶。当我们中有什么人对别人起这种恶念时，他们都是出于巨大的愤怒，疯狂的嫉恨，或复仇的欲望。因此，上帝由于这些行为被说成是“忌邪的”“施暴的”“愤怒的”，并且“怀怒”（《那鸿书》，第 1 章，第 2 节）。这就是说，上帝的所作所为与我们出于一定的脾气性情，出于忌恨、报复的欲望、复仇或愤怒的行为相似。然而，这些行为所根据的只是受罚人的罪过，而绝不是感情用事的结果，因为上帝是完美无缺的！神的所有行为都是如此，尽管这些行为与我们出自情感和禀性的行为相像，但这决不是出于上帝本质之外的什么原因。一个国家的统治者，如果他是一个先知，他就应该符合这些特性。［惩罚］行为必须要由中庸的人来执行，而且要依据公义，而不是仅仅出于他的激情。激情是要不得的，必须对其严加管束，使它们置于人的理智控制之下。此一时，对此一些人，他必须是怜恤的、仁慈的，不仅仅是出于他的怜悯和同情，而且是根据他们的功绩；彼一

时，对彼一些人，他必须表现出愤怒、复仇和义愤，这是依据他们的罪行，而不是由于激情的驱策。他必须能判处一个人以火刑而不是出于对他的厌嫌与愤恨，必须是绝对出于对这个人的罪行的了解，并考虑到这种判决将带来的巨大的益处。无疑，在《托拉》中，你已经注意到是怎样判处灭绝那七族人的，“其中凡有气息的，一个不可存留”（《申命记》，第20章，第16节），紧接着这句话之后就说：“免得他们教导你们学习一切可憎恶的事，就是他们向自己神所行的，以致你们得罪耶和华你们的神。”（同上章，第18节）这就是说，他不能认为这个判决是某种残忍或报复的行为，这个行为正是人要排除一切可能使他误入歧途的东西、清除通往完善之路上的所有障碍，即认识上帝的意向所要求的。无论如何，一个国家的统治者所做的仁爱、宽容、怜悯和仁慈之举总要比所行的惩罚多得多。上帝的十三种品性，除了一个，即“必追讨他的罪，自父及子”（《出埃及记》，第34章，第7节）外，都具有慈爱的属性。因为上面这种属性的意思是“他将不毁灭净尽”，而不是“他将不清除罪恶”（同上），例如，《圣经》上说：“她（锡安）的城门必被毁灭净尽；她必荒凉地坐在地上。”（《以赛亚书》，第3章，第26节）当说上帝自父及子追讨他们的罪时，这指的仅仅是崇拜偶像罪，而不是别的罪。从“十诫”中所说的可以见出这一点：“我必追讨我的敌人，自父及子，直到三四代”（《出埃及记》，第20章，第5节），只有偶像崇拜者才被称为“敌人”，《圣经》说：“耶和华憎嫌所恨恶的一切事。”（《申命记》，第12章，第31节）尽管如此，把惩罚延续到第四代就足够了，因为第四代是一个人在其后代中所能见到的最晚的子孙；因此，当毁灭一个地方的偶像崇拜者时，崇拜偶像的老人、他的儿子、孙子、重孙，即这四代人，都要被杀死。通过强调这个属性，我们实际上得知上帝的诫命与他的行为无疑是和谐一致的，包括处死因其父之罪而获罪的年幼的偶像崇拜者。我们在《律法书》中到处可见这一诫命，例如，关于误入偶像崇拜之途的城邦，《圣经》说：“把城里所有的都杀尽。”（《申命记》，第 13 章，第 15 节）正如我们所言，这样做的目的在于清除一切可能导致极大危害的迹象。

我们已离开本章的主题太远了，但是我们已表明为什么《圣经》在上帝的所有行为中仅仅提到这［十三种］行为的原因，即因为这些行为是管理好一个国家所必需的；因为人的最主要目标应该是尽可能使他自己与上帝接近：这就意味着，使他的行为与上帝的行为接近，或是像先贤们在解释“你们要圣洁”（《利未记》，第 19 章，第 2 节）时所说的那样：“上帝是仁慈的，所以你亦当仁慈；上帝是怜恤的，所以你亦当怜恤。”

本章旨在表明，所有归于上帝名下的属性，都是其行为的属性，而不是指上帝具有任何属性。

第 55 章

本书已在多处表明，任何涉及形体或被动的东西都不能用来指称上帝，因为一切被动性都意味着变化；而施加这种影响的主体无疑不同于受其影响的客体；要是上帝果真能受什么影响，那么一定有另一个其他的东西作用于他，并使他发生变化。同样，各种各样的非现实都不能用来指称上帝；我们无法想象上帝会一时缺乏某种完善，一时又拥有它，因为如果这样，上帝就会［在某一时］仅仅是可能的完善。“可能”，永远意味着非现实，除非有另一个现实的事物促成这种转化，否则任何事物都不可能由可能变为现实。因此说，所有的完善都必真实地存在于上帝之中，其中任何一个都绝不可能仅仅是一种潜能。同样，还要否定上帝与任何存在物相似的说法。这一点已经成为共识，《先知书》中亦明确反对这种比拟。如“你们将谁比我？”（《以赛亚书》，第 40 章，第 25 节）“你们究竟将谁比神？”（同上章，第 18 节）“没有能比你的”（《耶利米书》，第 10 章，第 6 节）。这种例子很常见。总之，有必要引据证明，凡属以下四种事物的，都不能用来描述上帝：形体、情感或变化、非现实——比如，在此一时是可能而在彼一时是现实的东西——以及他与任何创造物的相似性。就这一方面而言，我们对上帝的认识得益于对自然科学的研究。因为对后者一无所知的人，就不可能明白情感中所含的缺陷，不明白可能与现实的差别，不明白非现实意味着所有的可能，不明白潜在的事物远远不及运动中的事物，因为后者正处于由可能变为现实的运动之中，而运动中的事物又远远不及那业已完成这种运动而成为现实的东西。纵使他知道这些事情，但仍是只知其然而不知其所以然，因此亦无法知道从这些一般原理中得出必然的具体推论；因此他无法证明上帝的存在，也不能证明为什么不能用上面所说的［四种］事物来指称上帝。

完成了这个说明，我要另辟一章，以指出那些相信上帝有本质属性的人的错误；然而，只有掌握逻辑学和自然科学知识的人，才能理解这些内容。

第56章

相似性建立在两个事物间的某种关系之上，如果两个事物间没有任何关系，那么，在它们之间就不可能有相似性。同样，两个没有相似性的事物，彼此间也就没有任何关联。比如，我们不说这种热类似于那种色彩，或者这种声音类似于那种甜味。这是不证自明的。因为在上帝与人或上帝与其他存在物之间不存在某种关系，因此，他们之间一定也不存在相似性。显然，同类事物中的两个——即它们本质属性相同，彼此的区别仅在于大小、强弱等——必然是类似的，即使它们某些方面互不相同。例如，从三维上讲，一粒介子与恒星的外观是相似的，尽管后者硕大无朋，前者无比微小，但二者都同样具有三维性；同样，就热来说，被太阳光所熔化的蜡中的热与火元素中的热是相似的；虽然后者炽热无比，前者热量有限，但二者所具有的热的性质是相同的。因此，那些相信上帝表现出本质属性（即存在、生命、能力、智慧和意志）的人应该知道，当把这些属性诉诸上帝时，与用在我们身上时的意义是不相同的，这种不同，不仅仅是量的差异或完善、稳固和持久程度的不同。不能像他们所确信的那样说，与我们相比，上帝只是存在得更稳固一些，他的生命更持久一些，他的能力更大一些，他的智慧更完善一些，他的意志比我们的更广泛一

些，因此二者可以同样定义。这无论如何是不允许的，因为，“更多一些”这种说法，是就两个事物间某种完全相同意义上的属性加以比较时才用的，因此，这种说法暗示了［上帝与他的造物间的］相似性。当他们把本质属性归于上帝时，这些所谓的本质属性，决不应与其他事物的属性有任何相似之处，而且二者也决不应包含在同一个定义之中。这仅仅是因为，上帝的本质不与其他任何事物的本质相似。然而，他们并没有遵从这一原则，他们认为，用同一个定义就可以囊括二者，尽管二者间毫无相似性可言。熟悉相似性含义的人无疑会明白，当把存在这个词用在上帝和其他事物身上时，二者只是发音相同而已。同样，智慧、能力、意志和生命这些词用在上帝和其他事物身上也完全是同音异义的用法，并不是认为二者间具有任何可比性。决不能以为，这些属性在这里是作为双关语来使用的；因为双关语适用于在某种性质上彼此有相似性的两个事物，这种性质对于二者来说都是偶性，而非本质的、根本的因素。然而，尽管在穆斯林神学家看来人的一切属性都是偶性，任何聪明人都不会认为上帝的属性是偶然的。因此，我实在弄不明白他们是如何［在上帝的属性与人的属性之间］发现相似性的；二者的定义如何能够同一,二者的含义何以能相同！一个关键的依据在于，不管以何种方式或在何种意义上，在所说的上帝属性与用于我们自身的属性之间都没有任何共同点；它们除了名称相同之外，其余则无一相似之处。因此，决不能因为属性的名称相同，就以为上帝在其本质上附有什么东西，就像附加于我们本质之上的属性一样。对于要了解其中意义的人来说，这一点至关重要。牢记这一点，并且完全理解它，以便为下面我所要向你解释的内容打好基础。

第57章

这一章是关于属性的，它比前面所讲的都更为深奥。大家都知道，存在是一切事物都具有的一个偶性，因此，存在是它们本质之外的一个附加的因素。对于一切其存在有赖于某种原因的事物来说，这是必然的；其存在就是其本质的附加的因素。但是，至于那不依任何原因而存在的存在——这样的存在只有上帝，因为正如我们所说，他的存在是绝对的——其存在与本质是完全同一的；上帝并非是一个把存在作为偶性、作为附加因素而纳入其中的实体。上帝的存在永远是绝对的，不会有任何新的因素出现也不具有任何偶性。因此，上帝存在着，但并非因为具有存在这种偶性。同样，他活着，并非因为具有生命这种偶性；他全知，并非因为具有知识这种偶性；他全能，并非因为具有全能这种偶性；他智慧，并非因为具有智慧这种偶性，所有这些属性都归源于一个单一的实体。上帝之中没有复多，我们将对此进行说明。还有必要进一步考虑的是，单一（unity）与复多（multiplicity）就其包含众多或单一因素而言，它们都是附加于客体之上的偶性。在《形而上学》这本书中，关于这一点已作了详尽的解释。同样，正如数目并非是被数之物的实体，单一也不是具有单一性的事物的实体，因为单一与复多都是从属于间断量（discrete quantity）这

个范畴的偶性，并附加到可接受它们的客体之上。

然而，对于那绝对存在的、不可能是复合的存在而言，单一这种偶性与复多这种偶性同样都是不允许的。这就是说，上帝的单一性并非是一个附加的因素，而是说，上帝是一，但并非因为具有单一这种偶性。探讨这个几乎超出我们理解力的问题，决不能以日常经验为基础来进行表述，因为这些经验不过是错误的渊薮。对于我们来说，无论以何种语言，想找到适合于这个问题的词语都是难上加难，我们只能用不恰当的语言来表述。当我们试图表明上帝不包含复多时，我们只能说“他是一”，尽管“一”与“多”都是用来区分量的词。这样，我们就使这个问题就更加清晰了，通过说明上帝是一，但不含有单一这个偶性，我们为思想指明了走向真理的正确方向。

当我们说上帝是初始（*Kadmon*）时也是如此，这是用来说明他并非是被创造的。“初始”这个词无疑是不准确的，因为这个词在其本意上只能适用于受时间制约的存在，而时间是与物体相关的运动的一种偶性。另外，“初始”是一个关系词，它相对于时间是一种属性，就好像“长”和“短”这些词相对于一条线一样。正如我们在指味道时不说“弯的”或“直的”，指声音时不说“咸的”或“淡的”，“初始”与“被创造的”这两种表述都同样不允许用来指称任何不适用时间属性的存在。对于那些使自己习惯于追求真知、依据理智对事物的理解来思考它们并且没有被所运用的不恰当的词所误导的人来说，这些问题不是不可知的。《圣经》中所出现的用来指称上帝的所有属性，像“初始”“终结”，它们与“耳”和“眼”一样，都是隐喻的说法。其目的在于表明上帝与任何变化或改变都无关；它们并不意味着上帝可以用时间来描述，或者是就时间而论上帝与其他存在物有什么可比性，所以上帝才被称为“初始”和“终结”的。总之，所有类似的表述都借自人们的日常用语。同样，我们用“一”指称上帝，来表示上帝不与任何东西相似，但我们并不是说，在上帝本质之外还要加上单一这种属性。

第58章

这一章比前一章还要深奥一些。要知道，对于上帝的否定性描述才是正确的描述。这种描述不会受冗长的、华而不实的言词所左右，并且也不会暗示上帝在一般或任何特殊方面有什么不足。然而，如果用肯定属性来描述上帝，则意味着上帝的缺陷正如我们已表明的，这对于上帝来说是不适宜的。首先，我要向你解释否定性描述如何能在某种意义上被当作属性，它们又何以与肯定属性相区别。然后，我将表明，除了用否定属性外，我们不能以任何方式来描述上帝。一种属性并非仅仅属于与之相关的某一种东西；在修饰一个事物的同时，它还可以被用来修饰其他事物，这时，它就不是这一个事物所特有的属性。比如，你远远地望见一个东西，你问这是什么，你被告知那是一个动物，你于是得知所看之物的一个属性，尽管这个属性并不仅仅属于这个所见之物，还不能把它与别的东西区别开来，但它已表明那东西不是植物也不是矿物。再比如一个房间里有一个人，你知道房子里有什么，但不知道具体是什么，你问房子里是什么，你被告知，那既不是植物也不是矿物。你于是知道了这个东西的特性，你已知道它是一个动物，尽管还不能确定是哪一种动物。否定属性与肯定属性的共同之处在于，它们都必然在某种程度上限定客体的范

围，这种限定就在于排除，即排除别的情况下不排除的东西。然而，否定属性仍在以下几点上有别于肯定属性。肯定属性虽然不专属于某物，但却给出了部分我们想要了解的东西，或者是本质的一部分，或者是属性的一部分；而另一方面，正如我们给出的例子所表明的，除了以间接的方式，否定属性不能告诉我们想要了解的事物的本质是什么。

通过这个简短的说明，我要说——正如已经表明的那样——上帝的存在是绝对的，它不包含任何复合，我们将对此进行说明。我们只能知道上帝存在着这个事实，但却无法知道他的本质。因此，认为上帝具有任何肯定属性的假设都是错误的，因为上帝没有本质之外的存在，所以，不能把一个说成是［另一个的］属性；更不能说上帝［在他的存在之外］拥有一个复合的本质，这个复合本质包含了两个构成要素，这两个要素可以用属性来表示；也不能说他具有偶性，这些偶性可以用属性来描述。因此很明显，上帝决不具有任何肯定属性。然而，否定属性却是我们必须用以指引我们的心灵、通向我们必须信仰的关于上帝的真理的东西。一方面，否定属性并不暗示任何复多，另一方面，它们向人传送了最大可能的关于上帝的知识。比如，早有证据表明，在可感或可知的事物之外，定有某些事物存在，当我们说到这事物存在时，我们是指它不可能不存在。当我们进一步认识到这种事物并非是那无生命的四大元素，因此我们说它是活的，以便表明它不是死的。当我们进一步认识到这种事物并不像诸天那样虽

然是活的[①]，但却是物质实体，因此我们就把它称为非实体的。当我们进一步认识到这种事物亦不同于理智（尽管理智存在是非实体的、活的）但仍具有某些起因，因此我们称这种事物为初始，以表明它的存在不依赖于任何原因。我们还注意到，这个事物的存在，也就是它的本质，不仅仅保障了自身的存在，而且保障了许多从它之中流出的事物的存在，这种流并不是像火放出热、太阳放出光的那种放射——而是源源不断地依据既定的原则赋予事物以稳定性和秩序——后面我们要对此加以说明——因此我们说，这种事物是有能力、有智慧、有意志的，即它不虚弱、不愚昧、不草率，而且也不放纵它的创造物。我们说它不虚弱，是指它的存在能产生许多其他事物的存在；说它不愚昧，是指“它感知”，即“它活着”——因为任何能感知的东西都是活的；说“它不草率，并且不放纵它的创造物”，是说所有这些创造物都具有某种秩序和安排，它们并非放任自流，它们并非是被盲目创造的，它们从那个事物中所获得的存在状态都是被有计划、有目的地赋予的。我们还得悉，没有任何东西与这个事物相似，这个事物就是上帝，因此，我们说，他是一，即除了一个上帝外，再没有更多的上帝。

现在你已明白，用来描述上帝的每一种属性，要么是表示其行为的属性，要么——当这种属性旨在传达神圣存在的本质而并非它的行为时——是其相反属性的否定。你知道，有时一种属性被否定地用来指称某物，即使这种属性在这种意义上根本不能用

① 依照中世纪的一般看法，天体是有灵魂的。——中译者

于这个事物，比如，我们说“这堵墙不会看”。除了以上这种用法，即使是这些否定属性，也决不能用来指称上帝。阅读本文的读者会明白，尽管心灵倾其所能，对于诸天，除了知道它们是我们能用面和体来测量甚至能通过考虑到诸天体间的相互比例和绝大多数运动来加以检验的旋转实体外，我们对它们的本质一无所知。尽管我们知道它们必定由质料和形式构成，但是这种质料与月球以下的事物的质料不同，我们只能用表达否定性质的词来描述诸天，而不能用表示肯定性质的词。因此我们说，诸天不轻、不重、不是被动的，因此不承受外在的压力，而且它们是无味、无臭的；或者运用一些类似的否定性描述。我们所能做的仅止于此，因为我们不了解它们的质料。那么，当我们企图去认识那无质料的、单纯中最单纯的、其存在是绝对的，而且没有任何起因、其完美的本质不能附加任何东西并且正如我们所表明的，其完善中没有一丝缺憾的存在时，其情形就更是如此。我们所知道的一切仅仅是他存在着这个事实，他是一种其任何创造物都无法与之比拟的存在，他与它们没有任何共同之处，他不包含复多，他从不会无力去创造别的事物，他与宇宙的关系就如同舵手与船——尽管这不是一种实在的关系，不是一个正确的比拟，但是，只能用它来向我们传达上帝统治万物这个观念——这就是说，他使它们持续存在，维持其应有的秩序，我们对这个问题还要作更全面的探讨。荣耀归于上帝！要思考上帝的本质，人类理解力和知识显然都无能为力；要检查上帝的行为何以必然产生于他的意志，人类的所知显然无异于无知；当我们企图用言词来赞美他时，我们所说的一切，又都显得那么苍白而徒劳。

第 59 章

有人可能要问这样的问题：既然人不可能获得关于上帝的真正本质的知识；又已证明，人对上帝所能了解的仅仅是上帝存在着这个事实；并且所有肯定属性都不能用来描述上帝，那么，我们如何分辨那些对上帝有所认识的人呢？我们的导师摩西与所罗门对上帝的认识与最低劣的学者们对上帝的认识绝不会没有任何不同，因为前者已不可能再增加毫分。实际上，神学家和哲学家们都普遍承认，就掌握有关上帝的知识来说，两个人之间可能会存在很大的差距。而事实也的确如此，已对上帝有所认识的人，彼此之间亦相去甚远。因为在描述中每增加一种属性，一个客体就会得到更详细的说明，从而使描述者更接近对这个客体的真正理解，所以，每增加一种否定属性，你就更进一步接近对上帝的认识，与那些不进行否定的人相比，你就更为接近这种认识，因为我已向你证明，当指称上帝时，这些性质必须是否定的。所以，有人花费多年心血去钻研某门学科，去认识其前提，直到他对这门学科的真理有所把握。作为这种研究的唯一结果，他充分认识到，某种性质在指称上帝时必须是否定的，并且，他能够证明这种性质不能直接用于上帝。肤浅的思想家对此则给不出证据，只能模棱两可地问：这样的性质是否存在于造物主之中呢？那些盲

目的人无疑将会把它归于上帝，尽管已清楚表明上帝并不具有这种性质。比如，我要证明上帝是非实体的，而另一个人怀疑且拿不准上帝究竟是实体的还是非实体的；还有一个人甚至肯定地说上帝就是实体，并且对此至死不疑。看看这三个人有多么大的差异呀！第一个无疑最接近全能的上帝，第二个要远一些，第三个离上帝更远了。如果还有第四个人确证上帝绝不可能有情感，而第一个反对实体性的人并没有确认这种不可能性，那么这第四个人无疑比第一个人更接近对上帝的认识，如此以至无穷，因此，那些能够通过证明来否定用许多我们原以为存在于上帝之中或从他那里流出来的事物去指称上帝的人，一定是比我们更完善的人，若是我们深信这些事物就是上帝的性质，那么他们就会更远远地超过我们。你现在应该明白，每当你确证一种用以指称上帝的否定事物，你就变得更加完善一些，而每增加一个由臆想而来的肯定说法，都会使你远离有关上帝的真知。这样看来，我们通过研究和钻研，就能够获得关于上帝的知识，这种研究和钻研的目的在于了解不能用来指称上帝的每个事物的不可能性，而不在于肯定某种作为上帝本质的附加因素而归于他的东西，也不是为了当我们发现对于我们而言的某种完善时，就把它归于上帝。因为，所有的完善都在某种程度上具有一些性质，但并不是所有性质都存在于每一种具有性质的事物之中。

你一定要牢记，一旦你肯定了上帝的什么，你就同时在两个方面远离了他。首先，你所肯定的东西仅仅对我们来说是一种完善；第二，上帝在其本质之外不具有任何附加的东西，正如我们所示，上帝的本质就包括了上帝所有的完善。大家都知道，除了通过否定，人无法获得有关上帝的知识，但是，这些否定并没有提供任何有关其所否定的事物的本质的知识，所有人——过去和现在的祖祖辈辈——都明言，上帝并不是人的智力所能认识的，除了上帝自己，没有人能明白他是什么，我们对于上帝的全部认识即在于我们仅仅知道我们无法真正地去理解他。哲学家们都说："上帝以他的荣耀超越了我们，上帝耀眼的光芒使我们无法看见他，就像眼睛无法抵御耀眼的阳光而看不见太阳一样。"关于这个问题，我们已讲得够多了，在此就无须重复了。关于这一观点，《诗篇》说得最好，"沉默就是对您的赞美"（第 65 章，第 1 节）。这个表述极为恰切，因为不管我们怎样颂扬和赞美上帝，我们所说的总包含一些不适合用于上帝的东西，包含了一些有损上帝的说法，因此，最好保持缄默，并且满足于理智的反思，正如那些博学多识的人所说的那样："在床上的时候，要心里思想，并要肃静。"（《诗篇》，第 4 章，第 4 节）你一定知道《塔木德》中的下面这一精彩段落——要是《塔木德》中所有的段落都如此该多好！尽管你对它并不陌生，我还是要逐字地加以引用，因为我要向你指出其中所蕴含的思想："某人在哈尼纳（Haninah）拉比面前诵祈祷文说：'上帝，你伟大，你勇敢，你威力无穷，你有力，你坚强，你强大无比。'拉比对他说，这就是你对你主的全部赞美吗？'上帝，你伟大，你勇敢，你威力无穷'，要不是摩西在《律法书》中这么说过，以及后来大议会中的人们发展并这样使用过，否则这三个描述词是不应该加在上帝身上的；而你却说了这么多！让我们用一个比喻来说明。从前有一个尘世的国王，他有一百万金币，他却被赞美说有一百万银币，这难道不是对他的贬低吗？"这就

是这位虔诚的拉比的看法。首先，看看这一大串肯定属性多么令他厌恶、气愤；再来看一看，他是如何表明如果我们遵从我们的理性就决不会作出这样的祷文，就更不会说出其中的任何一个了。但是，仍有必要用话语来向人们宣讲，以便使他们有所理解，依据先贤们所说的"《托拉》用人的语言说话"，用我们所具有的完善来向我们描述造物主，然而，我们决不能因此就用上述三种属性以外的属性来称呼上帝，并且，除非是读《律法书》时遇到这样的说法，否则我们决不能用它们来称呼上帝。后来，大议会的人们，他们都是先知，把这些说法引入祈祷文，但是我们决不能因此就［在我们的祈祷文中］用其他别的什么说法来称呼上帝。从这一段得出的主要结论是，我们之所以在祈祷文中运用这些话语有两个原因：第一，它们出现在《摩西五经》之中；第二，先知们把它们引入了祈祷文。若不是由于第一个原因，我们是决不会这样说的；若不是由于第二个原因，我们决不会把它们从《摩西五经》中抄录下来用以我们的祈祷；否则，我们怎能证明那些不计其数的属性的用法呢！从这里还可以得知，我们不应在祈祷文中提及和使用任何我们在《先知书》中发现的用于上帝的属性，因为他并不是仅仅说"若非摩西，我们的导师，这么说过，我们是绝不可能用它们的"，而是加入了另一种情况——"若非大议会的人们在祈祷文中把它们加以运用"，只因为这个原因我们才获准把它们用在我们的祈祷文中。这样，我们所做的就与那些无知的人们全然不同，他们滥施他们的赞美，在他们作的祈祷文以及意在取悦造物主的圣诗中口若悬河、废话连篇。在这些祷文和圣诗中，他们把那些加诸凡人身上都会有损于他的属性加诸上帝，因为他们对这些伟大而重要的原则一无所知，这些原则是平庸的智力所不可企及的。因此，他们把造物主挂在口头，随心所欲用他们想当然的说法来描述他、谈论他，他们用这种方式喋喋不休地赞美他，以为可以这样通过情感来打动他。如果他们在《先知书》的话语中发现一些符合他们目的的字句，他们就会更加肆无忌惮，以为他们完全可以擅用这些经文——要知道，这些经文在引用时至少是应该加以解释的，他们只取其字面的意义，从中得出新的说法，构造无数的推论，以此为基础作出许多长篇大论。在诗人、传道者和其他自以为能作诗的人的作品中，我们经常见到这种滥用。这些作者所写的东西，有一半纯粹是异端邪说，另一半则愚蠢荒谬至极，人人听了都要发笑，而他们竟以为这样的东西可以用来指称上帝，这种想法就更令人感到可悲。若不是我因这些作者的缺陷而怜悯他们，并且不想伤害他们，我就会引用一些这样的段落来表明他们的错误；况且，其作品的缺陷对明智的人来说都是显而易见的。你一定会这样想：如果说诋毁与诽谤是一种极大的罪，那么那些在指称上帝时口无遮拦并用远远低于上帝的属性来描述上帝的人的罪又有多大呢！我要声明，他们不仅仅是犯了一般的罪，而且他们无意之中犯了渎神与亵神之罪。听这种祈祷的众人和这样祈祷的无知之辈同时都犯了这种罪。而那些明知这些作品的错误，但仍诵读它们的人，在我看来，应归在下面所说的一类人中："以色列人行不正当的事，违背耶和华他们的神"（《列王纪下》，第 17 章，第 9 节）；并且"说错谬的话攻击耶和华"（《以赛亚书》，第 32 章，第 6 节）。如果你属于那敬重其造物主的名誉的人，就决不能听他们的胡言乱语，更不能人云

亦云，决不能作这样的祈祷文，要知道，向上帝掷以诽谤的人该是多么罪大恶极呀。完全没有必要在你的头脑中用肯定属性来夸赞上帝，或是超出了大议会的人们所引入祈祷和祝福中的限度，因为这已足以满足任何目的，甚至正如哈尼纳拉比所说的，它们已经绰绰有余。其他属性，诸如在先知书中出现的，当我们在读那些书遇到它们时可以诵读；但是我们必须牢记前文所说的，它们要么是指上帝的行为的属性，要么暗示着对相反属性的否定。这一点同样不能公之于众，因为这种反思只适合于少数一部分人，他们相信对上帝的赞美不在于说出不可言说的东西，而在于反思人该反思的东西。

现在我们来总结一下对哈尼纳拉比的慧言所作的解释。他并没有用这样的比喻："有一个国王有一百万金币，却被赞为有一百个"；因为这里所暗示出的上帝的完善，尽管相对于诉诸人的完善而言这种完善要更完善得多，但二者仍属同类；正如所证明的那样，这是不正确的。这个明喻的绝妙之处在于："他有金币，却被赞为有银币"；这就暗示出，这些属性尽管对我们来说是完善的，但对于上帝却并非如此；用这些属性来指称他则完全是缺陷，正如这句话所说的："这难道不是对他犯罪吗？"

我早已对你讲明，无论这些属性在你看来是多么完美，如果在与指称我们自身时相同的意义上来指称上帝，那么，它们只能暗示他的缺陷。关于这个问题，所罗门在下面这段话中早已给了我们足够的教诲："因为神在天上，你在地下，所以你的言语要寡少。"（《传道书》，第 5 章，第 2 节）

第 60 章

本章中，我要用一些比喻来使你进一步明白，在描述上帝时尽可能增加其否定属性的合理性以及运用任何肯定属性的不合理性。一个人可能确实知道有某种东西叫“船”，但他并不知道这个名字的具体所指，不知道它是指一个实体还是指一个偶性；第二个人知道船不是一个偶性；第三个人知道它不是矿物；第四个人知道它不是地上的植物；第五个人知道它不是其各个部分自然结合而成的整体；第六个人知道它不是像木板或门那样平的东西；第七个人知道它不是一个球；第八个人知道它不是直的；第九个人知道它不是圆形的，也不是等边的；第十个人知道它不是实心的。很显然，第十个人通过前面的否定属性已经达到了“船”的正确观念，仿佛他已有了与想象船是木质的、空心的、长的、由许多木板组成的人——即通过肯定属性知道船的人——完全一样的观念。我们的例子中所说的这些人，前一个总比后一个离船的正确观念远一些，所以第一个人除了名字外，他对船一无所知。同样的道理，通过否定属性你就可以越来越接近于上帝的知识和对他的理解。但是你务必小心谨慎，你所否定的东西，须否之有据，而不仅仅是言词上的否定，因为每一次当你通过证明而否定某种原以为存在于上帝之中的东西时，你无疑又向上帝的知识迈进了一步。

正是在这个意义上，一些人离上帝非常近，而另一些人却离他非常遥远——而并非像那些盲目的人所以为的那样，上帝住在某个地方，人可以真的走近他或离开他。好好理解这一点，记住并牢牢掌握它。使你接近上帝的道路已向你显明；如果你有这种渴望，那就踏上它吧。相反，把肯定属性用在上帝身上却是极其危险的。因为业已表明，我们所能想象的每一种完善——即便按照那些主张属性存在的人的意见——存在于上帝之中，它实际上也与我们所想象的相去甚远，正如我们所示，二者只是名称相同而已，它实际上是一种否定。比如，假令你说上帝有知识，他用这种不变的、不包含任何复多的知识来认识众多的可变的事物；虽然新的事物不断形成，但他的知识是不变的，他关于事物的知识在事物存在之先、在事物存在之时、在事物存在之后都是同一个知识，没有发生任何改变，因此你会明白，上帝的知识与我们的知识不同。同样，上帝的存在也有别于我们。既然没有获得本质属性的真正含义，你就必然诉诸否定，否则你就会被误导，认为上帝之中含有复多，认为他尽管只有一个本质，但却具有许多未为人知的属性。如果你企图把这些属性肯定地用在上帝身上，你就不能将它们与我们所知道的那些属性相比，因此它们不属于同类。如果你相信这些属性的真实性，就会说上帝是一个拥有许多述词的主词；尽管这个主词与一般的主词不同，这些述词也有别于一般述词。这种信念终会导致我们把其他一些事物与上帝联结起来，而不认为上帝是一。因为事物的每一个主词都可以被陈述，尽管实际上主词与述词都包含在同一个事物中，但是在定义中它们却由两个因素构成，主词中所包含的概念不同于述词中所包含的。本文将在一些章节中证明上帝不可能是复合的，并证明他在“单纯”一词最严格意义上的绝对单纯性。

我不仅要说肯定上帝属性的人，他或者是对于造物主的知识还不够充分，或者是将上帝与其他事物相关联，或者是把上帝想象为与他实际所是不同的东西，而且我还要说，他在无意中已失去了对上帝的信仰。要知道，对某一事物只有一知半解的人，他只能是只知其一而不知其二。比如，有人知道人有生命却不知人有理性。但是对于上帝来说，在其真正存在中并没有复多，想只了解其一而不了解其二是不可能的。同样，将一事物与另一事物相连的人，只对其中一个事物拥有真实而确切的概念，并把这个概念也用在另一个事物上面；因此那些相信上帝具有属性的人，并不把这些属性当作与上帝本质同一的东西，而是当作其本质的附加因素。再者，对某一事物认识不正确的人，在某种意义上讲，他毕竟对此事物有所认识；然而，说味道属于量这个范畴的人，在我看来，并不是对味道的认识不正确，而是对其实质的完全无知，因为他并不知道“味道”这个词到底指的是什么东西。这是个难懂的问题，要仔细加以理解。

根据这个解释你会明白，那些不明白在指称上帝时必须用事物的否定性的人（用这些事物来肯定地指称上帝已被另一些人用清楚的证明所否定），他对上帝的知识是不充分的，就更谈不上理解上帝了。显然，在谈到上帝时，一个人所能否定的东西的数目越小，他对上帝知道得就越少，这在本章开头已作过说明。然而肯定上帝具有某种属性的人，除了这一属性的名称外，他其实一无所知，因为他想象中适用于那个名称的东西并不存在，它仅仅是虚构和臆造，就仿佛他把那个名称加在一个不存在的事物上面，因为事实上并不存在这样一个主体。比如，有一个人听说过大象，知道它是个动物，他想知道它的模样和本性。有个不懂装懂或道听途说的人告诉他，大象有一条腿，两个翅膀，它生活在海底，身体是透明的；它的脸像人的脸一样宽，与人脸模样、形状都一样，像人一样讲话，有时在天空中飞，有时像鱼一样游。我不能说他不正确地描述了大象，或者说他对大象的知识不够充分，而要说，这样所描述的东西只能是一种臆造和虚构，实际上并不存在这种东西，它是用真实存在的事物的名称来称呼一种不存在的东西，就像鹰头狮身怪、半人半马怪以及诸如此类的想象中的组合，它们单一或复合的名字都是从真实的事物中借用来的。这里的情形亦与此相似，即上帝存在着，并且其存在的绝对性已被证明，而且我将在后面表明[①]，从上帝的绝对存在中必然会得出他的绝对单纯性。如果这样一个单纯、绝对存在的本质被说成是具有属性的——如前面所反驳过的，就是说它包含了别的因素——正如我们所证明的，这样的东西无论如何不可能存在。因此，我们说，如果那个被称作“上帝”的本质，是一个拥有众多属性的本质（这些属性可以用来描述他），那么我们就是把“上帝”这个名称加到了一个决不存在的东西上去了。因此，想一想肯定上帝的属性的后果吧！至于在《摩西五经》或先知书中所出现的上帝的属性，正如我们已讲明的，必须假定它们是罕见的用法，只是为了向我们传达一些造物主的完善，或是为了表达由上帝所发出的行为的性质。

① 参见第二篇，第1章。

第 61 章

《圣经》中所出现的上帝的名字都取自于他的行为，这是人所共知的。唯有一个名字例外，即 Tetragrammaton，它由 *yod*，*hé*，*vau* 和 *hé* 四个希伯来字母组成。这个名字只能用于上帝，因此被称为 *Shem ha-meforash*，“本名”（*The nomen proprium*）。[①] 它是神圣存在独有的与众不同的称谓，而他的其他名字则是通用名称，来源于其行为，如前所述，有些与我们的名称相同。即使是 *Adonay*，“主”这个名称也源于“主人”（lord）这个称谓；圣经上说，“那地的主对我们说严厉的话”（《创世记》，第 42 章，第 30 节）。*Adoni*——“我的主人”（my lord）—— 在 n 的后面是 i 与 *Adonay*——n 的后面是 a——的不同正如 *Sari*——“我王”（my prince）与 *Saraï*——撒莱，即亚伯拉罕之妻（同上书，第 16 章，第 1 节）的不同相似，后面的那种形式表示尊贵和与众不同。天使也被称作“*Adonay*”，如“*Adonay*（我主），求你不要离开”（同上书，第 18 章，第 3 节）。我已将我的说明限于 *Adonay* 这个词，它是 Tetragrammaton[②] 的代用词，因为它比

---

① 皮氏译本为“articulated name”。——中译者

② 皮氏译本为“Y.H.V.H.”，这四个字母都是辅音字母，因此是无法发声的，若读出声，在每个辅音字母后面必须加上相应的元音字母，即为 *yod*，*hé*，*vau*，*hé*，中文本《圣经》均译为“耶和华”，有人主张应译为“亚卫”，（转下页）

其他常用词，像 *dayyan*（法官），*shadday*（大能的），*ẓaddik*（公正的），*ḥannun*（仁善的），*raḥum*（怜悯的）以及 *Elohim*（首领）更经常地用于上帝。所有这些词无疑都可以在本义和引申意义上来加以使用。由 *yod*，*he*，*vau* 与 *hé* 四字母组成的这个名字的来源并不清楚，这个词没有其他含义。这个神圣的名字是不发音的，它无疑表示某些上帝所特有的东西，在其他事物身上则找不到。你知道，除了在圣殿内进行祭司祝福的时候由指定的祭司来读，以及在赎罪日由大祭司来读以外，否则它是不能被读出声的。有可能在希伯来语中（我们现在对其知之有限），Tetragrammaton 按其发音是表示“绝对存在”的意思。总之，这个名字的庄严性以及对说出它的巨大恐惧都与它表示上帝自身这一事实有关，其含义中不包括任何他的创造物的名字。所以先贤们说：“‘我的名’（《民数记》，第 6 章，第 27 节）意味着这个名只有我才有。”而上帝其余的所有名称，因为它们都是派生词，所以都表示属性，即并不表示一个单纯的本质，而是一个拥有属性的本质。正因如此，有人才以为它们暗示着上帝之中复多的存在，我是指属性的存在，即上帝除本质之外还有一些附加的因素。所有的派生词含义都是如此，尽管并没有明确标明，但它们都暗示了某些属性及其基质的存在。然而，正如已证明的，上帝不是具有属性的一种基质，我们知道那些用作上帝名字的派生词，要么指某些行为与他的关系，要么是为了让我们认识上帝的完善。

（接上页）详见 John .B. Gabd，Charles B. Weeler 著《圣经国的犹太行迹：圣经文学概论》一书的附录。本书中译名引自《圣经中的犹太行迹》，梁工等译，上海三联书店 1991 年版。——中译者

所以，若不是因为他所说的两个理由，哈尼纳拉比肯定会反对“伟大的，怜恤的和强大无比的”这样的说法，因为这种说法会使人们误认为这些属性是本质的，即它们是真正存在于上帝之中的完善性。常用的上帝的名称都来源于行为，它们会让人以为上帝具有与其名称所源出的行为同样多的［本质］属性。因此《圣经》中才作出以下的许诺，暗示人类在将来的某一时间会明白这个问题，将不再犯错误：“那日耶和华必为独一无二的，他的名也是独一无二的。”（《撒迦利亚书》，第14章，第9节）这个预言的含义是这样的，上帝是一，因此只能用一个表示上帝本质的名字来称呼，但这并不是说上帝这唯一的名字将是一个派生词［即“一”］以利泽拉比在《先贤篇》（第3章）中有下面一段话：“在宇宙被创造以前，只有全能者（the Almighty）和他的名字。”你看，作者在这里表述得多清楚啊，所有这些作为上帝的名字的称谓，都是在创世之后才有的，事实正是如此，因为它们都是指宇宙中出现的行为。但是，如果你把上帝的本质看成是分离的，并且当成是从所有行为中抽象而来的，你就不会用任何称谓来描述它，而是用一个适当的仅仅表示其本质的专有名词。上帝其他所有名字都是派生词，只有Tetragrammaton是一个真正的本名，并且决不能从任何别的意义上来理解它。务必当心，不要犯那些写护身符（*kameot*）的家伙们所犯的错误。你从他们那听到的，或从他们的荒谬的作品中所读到的，尤其是他们生拼硬造的那些名字，都是信口开河，他们把这些拼凑的东西称为*shemot*（名字），还以为它们的读法神圣而圣洁，因此可以借之来行奇迹。明智的人不应该理睬这些人，更不该相信他们的胡言乱语。除了这个只能写，

而不能按其字母来读的Tetragrammaton之外，没有什么能称之为*shem ha-meforash*。“你们要这样为以色列人祝福”（《民数记》，第6章，第23节）这句话在西弗利那里是这样来解释的：“‘这样’，［即］用神的语言；‘这样’［即］用*Shem ha-meforash*。”还有下面这段话：“在圣殿之中［上帝之名被按照它的拼写读出来］，但是在别处则用其代用名。”在《塔木德》里，有下面一段文字：[1]“‘这样’，即用*Shem ha-meforash*。——如果你说［当祭司们在祝福人民时必须说］*shem ha-meforash*；也许事实并不一定如此，他们或许用过其他的名字。由下面这些话我们可以找到答案：‘他们要奉我的名’（同上章，第27节），即我的名，是我独有的。”由此表明*Shem ha-meforash*（上帝的专有名称）就是Tetragrammaton，并且这个名字除了表示上帝的本质之外不表示任何东西，所以先贤们提到这个神圣的名字时说：“‘我的名’是指唯我所独有的名字。”

在下一章中，我要讲解是什么激起人们对*Shemot*（上帝之名）的威力的信仰；我将指出关键，向你展现其中的奥秘，你就会豁然开朗，除非你宁愿执迷不悟。

---

① 巴比伦《塔木德》：《奸妇嫌疑》，3~8a。

第 62 章

在祭祀祝福中上帝的名字被要求按 Tetragrammaton 读出来，即 *the shem ha-meforash* 的形式。所有人都清楚这个名字该如何读，知道每个辅音后面该加什么元音，知道哪些可以重复的字母应该重复。智者不断地传授这个名字的发音，但是他并不是向任何人都传授，而是每七天一次传授给杰出的门徒。然而，我必须加以说明，“智者七天一次向他们的孩子和信徒们传授 Tetragrammaton”，并不仅仅指它的发音而且还包括它的含义，因为 Tetragrammaton 并非派生而来，它是上帝的本名，其中包含着一些神的秘密。

先贤们还知道一个由十二个字母组成的上帝的名字，其神圣性次于 Tetragrammaton，我认为这不是一个单一的名词，而是由两个或三个词构成的，它们的字母总数是十二个，先贤们凡在读《圣经》的过程中遇到 Tetragrammaton 时都是用这些字来替代，正如我们现在用 *aleph*，*daleth* 等［即，*Adonay*，“我主”］来替代它一样。显然，这个由十二个字母组成的名字的含义，在这个意义上同样也比 *Adonay* 这个名字更为上帝所专有。这个名字不仅不对学者们保密，而且任何想学的人都可以被毫无保留地传授，而 Tetragrammaton 却不然；知道它的人，只能七天一次向某个儿子或某个信徒传授。然而，若是不义之人获悉了这个由十二个字母组成的名字，就会因此败坏了这些信念——这正如某些不完善的人一旦知道某个事物并不像他们原先所想的一样——圣贤们同样对这个名字保密，只向祭司中最配接受它的人传授，这样，当他们在圣殿向人们祝福时就可以读出来；所以，由于害怕人们的败坏，Tetragrammaton 就不再在圣殿中宣读。传说在士师西缅（Simeon）死了以后，他的祭司兄弟们就不再继续在祝福中用 Tetragrammaton 的发音，而代之以这个十二个字母的名字。还说，最初这十二个字母的名字向所有人传授，但是当不虔诚的人越来越多，它就只供给祭司中最配传授的人，在读它的时候，他们的声音淹没在他们祭司兄弟的圣歌中。塔丰（Tarphon）拉比说："一次我跟随我的祖父到了圣坛［就在那里宣读祝福］，我侧耳倾听一个［读那个名字］的祭司所发出的声音，发觉他的声音淹没在他祭司弟兄们的圣歌中。"

他们还知道一个有四十二个字母的名字。任何有理智的人都清楚，一个字由四十二个字母组成是不可能的。它只是由几个字构成的一个短语，这些字总共有四十二个字母。显然，这些字的含义也是表达一个关于上帝本质的正确观念。由这么多字母构成的一个短语被称为一个名字，是因为同其他专有名词一样，它们代表一个单一的对象，用了好几个字，是为了把这个名字所代表的意义解释得更清楚；因为用很多字来解释一个意义，无疑会更易被人理解。注意这一点，并且从现在开始留心有关上帝名字的构成以及每个名字的含义，而不是仅仅把这个名字局限于本身毫无意义的单个字母的发音上。*Shem ha-meforash* 既不指四十二字母名，也不指十二字母名，正如我们所说的，仅仅指用于上帝的专有名称 Tetragrammaton。那两个名字必定含有某些形而上的含义。从先贤们所制定的规则中，可以证明其中之一传达了深奥的知识："四十二字母名极为神圣，它只能授予谦逊、中庸、不易怒、有节制、温文尔雅并且善待下人的人。知晓它的人，对之小心备至，维护它的纯洁，他受上天垂爱、受下人爱戴，他的人民敬畏他，他的学识伴随着他，他既享有现世又拥有来世。"[①]《塔木德》中所说的就这些。这一段文字被人误解是多么可悲呀！很多人以为四十二字母名只能机械地拼读，他们没有想过这些字母可能有所含义；他们以为凭这种不求甚解的知识就可以达到这些崇高的目的，尽管早已声明，要掌握那个名字的含义的人，必须先培养上述那些美德，并完成那段话中所讲的所有重要准备。显然，所有这种准备都在于获得神的知识，并包括被称为"《律法书》的秘密"的那些思想，我们已对此作过说明（第 35 章）。在关于神学的著作中已经表明，这种知识，即对能动理智的感知，是永远不会被遗忘的，"他的学识伴随着他"这句话所说的正是这个意思。

当邪恶无知的人读到这些段落时，就利用它们来作为错误主张和言论的佐证，他们因此而对字母进行任意组合，生造一个 shem（名字），并且声称当以某种特殊方法去写或说出这个名字时，它就能发挥神奇的作用。这些出自邪恶而无知者之手的虚构，曾经被书写下来，并在善良、虔诚但却无知的人们中间传播，这些人缺乏分辨真理和谬误的能力，因此他们对这些所谓的 *shemot*

① 巴比伦《塔木德》:《圣物篇》，7~10a。

（名字）进行保密。在这些人死后，人们在他们的著作中发现了这些名字，于是就对它们信以为真，因为"愚蒙人是话都信"（《箴言》，第 14 章，第 15 节）。

我们已偏离了我们高尚的主题和深奥的探索，而致力去反驳一种荒谬的观念，其荒谬性是任何人稍加思索都可以看出的。然而，在论及神的名称、它们的意义以及为无知的人们所普遍接受的与之相关的种种意见时，我们不得不这么做。现在我们该言归正传了。除了 Tetragrammaton（*Shem ha-meforash*）之外，我们已表明，所有上帝的名称都是代用名，现在我们必须另辟一章，讨论关于 *Ehyeh asher Ehyeh*①（《出埃及记》，第 3 章，第 14 节）这个短语，因为它与目前探讨的这个难题，即神的属性的不可取性密切相关。

① 皮氏译本译为"I am that I am"（我是我所是）。中文本《圣经》中译为"我是自有永有的"。——中译者

第 63 章

在切入本章的主题之前，我们先来看看摩西的这段话："他们若问我说，他叫什么名字，我要对他们说什么呢？"（《出埃及记》，第 3 章，第 13 节）。摩西是怎么预见到该问这个问题，又是怎么知道人们会要求他作出回答的呢？摩西所说的这些话是对的："他们必不信我，也不听我的话，必说：'耶和华并没有向你显现！'"（同上书，第 4 章，第 1 节）；因为任何自称为先知的人，如果他没有为这一天职拿出证据，都会遭到这样的反诘。进而言之，如果这个问题像表面上看来的那样，仅仅是说出那个名字，那么就会出现下面的两难困境：以色列人要么早已知道这个名字，要么从未听说过这个名字；如果他们早已知道这个名字，他们无疑会晓得摩西的天职，因为他所知道的神的名字与他们所知道的完全相同。相反，如果他们从未听说过这个名字，而且只有关于这个名字的知识才能证明摩西的天职，那么他们怎么能判断这个名字是否真是上帝的名字呢？另外，在上帝让摩西知道那个名字之后，告诉他，"你去召聚以色列的长老，他们必听你的话"（同上书，第 3 章，第 16~18 节）。他回答说，"但是，他们必不信我，也不听我的话"，尽管上帝已经告诉他，"他们必听你的话"；于是上帝对他说，"你手里是什么？"摩西说，"是杖"（同上书，第 4 章，第 2

节）。要消除这个悖论，你必须了解以下内容。要知道在那个时代萨比教徒（Sabeans）的观念流传相当广泛；除了极少数人，其他所有人都是偶像崇拜者，就是说，他们相信灵魂，相信这些灵魂可以降临人间，因此他们做符咒。那个时代所有的权威人士，要么声称是凭借推理和证明使他推知有一个统治整个宇宙的事物存在，比如亚伯拉罕，要么声称是恒星、天使或类似事物的灵魂降临于他；但是没有一个人能够进行预言，说那是上帝曾对他所说的话或赋予他的一项天职，在摩西以前从没这样声明。你一定不会对上帝对长老们讲话，或上帝向他们显现的那些说法发生误解。因为你会发现，在这里并没有向他们显示任何预言或启示。亚伯拉罕、以撒或雅各，或其他所有先于他们的人，并没有对人们说过"上帝对我说，你们应该行此事，你们不该行彼事"，或者"上帝派我到你们中间来"。事实远非如此！因为上帝对他们所说的只是与他们有关的事，即授予他们与其完善性有关的东西，指导他们的行为，预言其后代子孙的情况；除此无他。他们用辩论和教育的方法来指导他们的民众，正如下面的这句话所说的（按照我们通常所接受的解释）："连他们在哈兰所得的人口"（《创世记》，第12章，第5节）。所以当上帝向我们的导师摩西显现、命令他向民众宣讲、告诉他们他是上帝的先知时，摩西回答说，人们可能首先要求他证明宇宙中上帝的存在，只有这样做了之后，他才能向他们宣布是上帝派他来的。因为除了极少数人外，所有人对上帝的存在都一无所知。他们最深刻的思想也没有超出天体之外，没有超出其形式和作用。他们无法将自己从感觉中解放出来，他们还没有达到理智的完善。于是，上帝教摩西怎样去教导他们，如何在他们中间树立起上帝存在的信念，上帝所说的就是*Ehyeh asher Ehyeh*，这是一个从动词*hayah*转变而来的名字，它的意思是“存在”（existing），因为*hayah*表示“是”（to be），而在希伯来语中在动词“是”与“存在”（exist）之间没有任何差别。这个短语的关键在于，表示“存在”（exist）的这同一个词是作为一种属性而重复使用的。*asher*这个词，即“那个”（that）就像阿拉伯语中的阳性和阴性关系代词*illadi*和*illati*，是一个不完全名词，必须有另一个名词来补充；它可以被看作是后面述词的主语。第一个被陈述的名词是*ehyeh*，用来陈述第一个名词的第二个名词还是*ehyeh*，完全相同的词，仿佛是在表示被陈述的对象与用来陈述其属性的东西在这里必然是同一的。因此，这是一个上帝存在的思想的表述，但并不是在这个词的通常意义上来说的；或者，换句话说，上帝是“那个是存在的存在”（the existing Being which is the existing Being），即这个存在的存在是绝对的。他要给出的证明就在于证明有一个绝对存在的存在，从来没有也将不会不存在。我要明确地证明这一点（第二篇的序言，第二十个前提以及第1章）。

上帝于是向摩西显示了证据，凭着它，上帝的存在将牢固地在其子民的智者们中间建立起来。因此，在解释这个名字以后紧接着说，“你去招聚以色列的长者”，上帝向摩西保证长者们会明白他向他所显示的并且会接受它，正如他所说的：“他们必听你的话。”于是摩西回答如下：通过这些明显证据的证明，他们将接受上帝存在的信条。摩西又问，但是我用什么方法才能表明是上帝派我来的呢？于是上帝给了他神迹。这样我们已表明“他的名字是什么”这个问题的含义，就是说“你认为是他派你而来的，那个存在（Being）是谁?”“他的名字是什么”（而不是他是谁）这句话被用作崇敬、赞美和敬爱，仿佛是说，没有人能无视你的本质和你的真实存在；然而，如果我被问及您的名字是什么，我的意思是说，这个名字表示什么意思、该怎么办呢?（摩西认为对上帝说有人对上帝的存在一无所知是不合适的，因此把以色列人说成是仅仅不知道上帝的名字，而不是不知道叫那个名字的他）——*Yah* 这个名字同样表示永恒存在的意思。然而，*Shadday* 源于 *day*（充足）;《圣经》上说:“因为他们的材料充足（*dayyam*）”（《出埃及记》，第 36 章，第 7 节）；字母 *shin Shadday* 开头部分在 *shekebar*（那已经）中与 *asher*（那）相同。因此，*Shadday* 这个名字表示“那个完满的”，这就是说，他不需要任何别的东西来促成他创造物的存在或延续：他的存在在这里已绰绰有余。同样，*ḥasin* 这个名字表示“力量”,《圣经》上说:“他坚固（*ḥason*）如橡树”(《阿摩斯书》，第 2 章，第 9 节)。“磐石”（*ẓur*）这个名字也是一样，用来指上帝完全是一个同音异义的用法，我对此已作过说明（见第 16 章）。显然，上帝所有这些名字都是派生词，或者是以同音异义的方式用于上帝。像 zur 和其他名字，唯一的例外就是 Tetragrammaton，the *Sbem ha-meforash*（上帝的专名)，它不是一个派生词；它并不表示上帝的任何属性，除了他的存在外，它不暗示任何别的东西。绝对存在含有永恒的意思，即存在的必然性。牢记我们在本章讨论中所得出的结论。

第 64 章

要知道，有时“上帝的名字”这个短语，除了仅仅指上帝的名字外，并没有别的含义。《圣经》上说：“不可妄称耶和华你神的名”（《出埃及记》，第 20 章，第 7 节）；“那亵渎耶和华名的”（《利未记》，第 24 章，第 16 节）。其他许多段落中都有这样的话。有时，它表示上帝的本质和实质，比如在这一句话中：“他们会对我说，他的名字是什么？”有时它代表“上帝的话”，这时，“上帝的名字”“上帝的话”和“上帝的诫命”都是同义语。如《圣经》上说：“他是奉我名”（《出埃及记》，第 23 章，第 21 节），就是说，他是奉我的话或我的诫命；即他是我的欲望和意志的工具。在解释“天使”（第二篇，第 6 章、第 34 章）一词的多重含义时，我将对此作深入的解释。同样，“上帝的荣耀”也是如此。这个短语有时表示“被造的光”，上帝把它置于某处来赐予那一处荣耀，比如，“耶和华的荣耀停于西奈山，云彩遮盖山”（《出埃及记》，第 24 章，第 16 节）；“并且耶和华的荣光充满了帐幕”（同上书，第 40 章，第 35 节）。有时这种说法是表示上帝的本质、实质的，如在摩西的话中：“求你显出你的荣耀给我看”（同上书，第 33 章，第 18 节），所得到的答复是：“因为人见我的面不能存活”（同上章，第 20 节）。它表明上帝的荣耀在这里就是他本身，所以［摩西

说]“你的荣耀”，而不是说“你自己”，以表示崇敬。我们在前面也正是这样解释这句话的：“他们会对我说，他的名字是什么？”[①]有时“荣耀”这个词表示人或其他事物对耶和华的赞美。因为对耶和华真正的赞美就在于认识他的伟大，所有那些认识他的伟大与完善的人们，都各自依据他们不同的认识程度来赞美他。因为存在这种差异，而人又是唯一能用言词来赞美上帝的，所以他可以说出他心中所获得的对上帝的认识，并把它们传达给别人。不具有认识能力的事物，如矿物，也可以被认为是对耶和华进行赞美，因为它们的自然本性就是其造物主的全能和睿智的明证，并使那审视它们的人不由得因此而赞美上帝，或者用言词，或者只是缄默——如果他不能开口讲话。在希伯来语中，这种灵活性就更大，“说”这个动词可以用在许多场合；因此没有理解力的事物可以被说成是“说”出赞美上帝的话，如：“我的骨头都要说，耶和华啊，谁能像你？”（《诗篇》，第35章，第10节）因为是通过对骨头的特性的审视使他发现了那个真理，是通过它们，真理才为人所知，因此，它们被说成是说出了对神的赞美；而且，因为这种[颂赞上帝的原因]本身就被称为“颂赞”，所以说“他的颂赞充满全地”（《以赛亚书》，第6章，第3节），“他的颂赞充满大地”（《哈巴谷书》，第3章，第3节）。（荣耀）也在颂赞的意义上使用，如《圣经》上有“当将荣耀（*kabod*）归给耶和华你的神”（《耶利米书》，第13章，第16节）；还有“凡在他殿中的，都称说他的荣耀（*kabod*）”（《诗篇》，第29章，第9节）等。记住“荣耀”这个词的多义性，根据上下文进行不同的解释，这样你就会免去巨大的困惑。

① 见第一篇，第63章。

第 65 章

我认为，在你有了长足的进步，真正理解了上帝存在但没有存在的属性，他是一但没有唯一的属性之后，没有必要再向你解释为什么不允许把言语的属性归于上帝，特别是因为，我们的民众普遍相信《律法书》（即解释上帝的文字）是神创的。归于上帝的言语，如摩西所听到的话，同上帝的其他杰作和创造物一样，是上帝以同样的方式创造出来并使其成为现实的。因为我们还要更详细地论述预言，所以，在这里我们仅仅表明，将言语归之于上帝与将我们的各种行为诉诸于上帝是一样的。当我们被告知上帝向先知们发话或对他们说话时，我们的头脑中就获得了一个观念，即存在一种神圣的知识，先知们能获得它；我们还知道，先知们传达给我们的东西来自于上帝，而非完全出于他们自己的思考和观念。前面我们已谈到这个问题，后面还要作进一步的说明。本章旨在表明，"说话"（speaking）与"说"（saying）这二者是同义字，它们表示:（1）"言语"（speech）。如"摩西与之说话"（*yedabber*）（《出埃及记》，第 19 章，第 19 节）；"法老说"（*va-yomer*）（同上书，第 5 章，第 6 节）。（2）"思想"（thought），只存在心里而没有用言词表达出来。例如，"我就心里说（*ve-amarti*）"（《传道书》，第 2 章，第 15 节）；"我心里说（*vedibbarti*）"（同上）；"你

心必想象（*yedabber*）”（《箴言》，第 23 章，第 33 节）；“我心向你说（*amar*）”（《诗篇》，第 27 章，第 8 节）；“以扫心里说”（*va-yomer*）（《创世记》，第 27 章，第 41 节）。这样的例子不胜枚举。（3）意愿（will）。例如，“他要（*va-yomer*）杀大卫”（《撒母耳记下》，第 21 章，第 16 节），就是说，他希望或企图杀了他；“难道你要（*omer*）杀我”（《出埃及记》，第 2 章，第 14 节）；“但全会众要（*va-yomeru*）拿石头打死他们”（《民数记》，第 14 章，第 10 节）。这样的例子也是不胜枚举。

当用于上帝时，这两个词只能有最后所说的两个含义，即他要（he wills）与他欲（he desires），或他认为（he thinks），而且不管神的思想是通过一个真实的声音为一个人所知，还是通过我后面所要讲述的数种预言之一（第二篇，第 38 章）来获得的都没有任何不同。我们决不能以为上帝用言词或声音来讲话，或者认为他有一个拥有思想的灵魂，甚至以为这些思想是其本质之外所附加的东西，而我们只能像把其他属性归于他一样把这些思想归于他。正如我所解释的，在意志和愿望意义上使用这两个词，是基于这两个词本身的多义性。另外，正如我们所指出的，它们显然源于我们的日常经验；因为，我们不能一望便知仅仅由一个意愿是如何制造出某种东西的；在我们看来，想制造某物的人一定会做某个动作，或是让别的什么人去做。因此，当他所愿望的事情发生时，我们就比喻地说是上帝的“命令”（command），于是，我们说他命令成就某事。这都源于我们把上帝的行为与我们自己的行为等量齐观，而且也在于 *amar* 这个词，我们已说过，它用在这里表示“他欲”（He desired）的意思。“他说”（He said）这句话出

现在对创世的叙述中，表示“他要”（He wished）或“他欲”（He desired）。其他著者早已讲过这一点，大家对此都很熟悉。“上帝说”（God said）这个短语在《创世记》第 1 章中必须看作是“他要”（He wills）的比喻意义，而不是其字面意思，其根据在于：一个命令只能授予一个存在着的并且有能力接受这个命令的东西。《圣经》上说：“诸天藉耶和华的命而造，万象藉他口中之气而成。”（《诗篇》，第 33 章，第 6 节）“他的口中”与“他口中的气”无疑都是比喻的说法，同样“他的言词”“他的话语”也都是比喻。因此，这一节诗的意思就是它们［诸天及其万象］借上帝的意志和愿望而得以存在。我们所有著名的权威都认识到了这一点，我无须再解释在希伯来语中 *amar*（说）与 *dibber*（讲）的意思是相同的，如这一段所示，“因为是听见了耶和华所吩咐（*dibber*）我们的一切话（*imre*）”（《约书亚记》，第 24 章，第 27 节）。

第66章

“这些版是神的作品”(《出埃及记》,第32章,第16节),就是说,它们是自然的产物,并非出于人工;因为所有自然的东西都叫作“耶和华的作品”,例如,“他们看见耶和华的作品”(《诗篇》,第107章,第24节);在对几种自然物,如植物、动物、风雨等等的描写之后,作者发出这样的赞叹:“耶和华啊,你的作品何其多!”上帝与其创造物之间的关系还不止于此,如在下面这句话中:“黎巴嫩的香柏树,是耶和华所栽种的”(同上章,第16节),香柏树是自然的产物,而非人工造物,它被说成是由耶和华栽种的。同样我们来解释下面这句话:“字是神写的”(《出埃及记》,第32章,第16节);把文字归源于上帝这种说法早已有定论:“是神用指头写的”(同上书,第31章,第18节),这句话的意思与“你指头所造的”(《诗篇》,第8章,第3节)相同,这里所指的是上帝所造的诸天;后者明确地说它们是借一句话而造的,《圣经》上说:“诸天藉耶和华的命而造。”(同上书,第33章,第6节)因此你从《圣经》中可以知道,事物的创造是通过“话”(word)和“言语”(speech)这些词来比喻地表述的。同一个事物,在一个段落中说是借一句话而造的,在另一段里又说是由“神的指头”造的。因此“是神用指头写的”这句话与“借神的命而写的”是

完全相同的；如果用的是后者，那么它与“是凭神的意愿而写的”是一样的。昂克劳对此的解释非常奇怪，对“是神用指头写的”这句话仅仅从字面上进行解释；他认为“指头”是上帝具有的某种东西；因此，把“神的指头”与“神的山”(《出埃及记》，第 3 章，第 1 节)、“神的杖”(同上书，第 4 章，第 20 节)用同样的方法来解释，即把它当作上帝创造的一种工具，它凭借他的意志把那些字刻在石版上。我不明白昂克劳为什么会作出这种解释。若仿照“诸天借耶和华的命而造”这节诗说“借神的命而写”会更合理一些。难道在石版上创造那些字会比在天空中创造星星更难吗？因为后者是直接由上帝的意志造的，并没有用任何工具，字也同样可以直接由他的意志产生，也无须任何工具。你知道《密西那》中所说的“在礼拜五的黄昏有十种东西被造出来，‘字’就是十种之一”。这表明我们的父辈祖先极其普遍地认为，石版上的字是以与其他的创造物一样的方式被创造出来的，我们在《评密西那》(《先贤篇》，第 5 章，第 6 节)中已作过说明。

第 67 章

因为“说”（say）这个动词是被比喻地用来表述造物主的，而“他说”被反复地用来描述在“最初六天里”所创造的一切东西。“休息”（rest）这种说法也同样是比喻地用于上帝的安息日，在那一天没有创造任何东西；因此说，“在第七日他安息了（*va-yishbot*）”（《创世记》，第 2 章，第 2 节）。因为“停止讲话”在希伯来语中也是由这个词来表示的，如“于是这三个人就不再回答（*va-yishbetu*）他”（《约伯记》，第 32 章，第 1 节）；还用 *nuaḥ*，“他们将这话以及大卫的名都告诉了拿八，就住了口（*va-yanuḥu*）”（《撒母耳记上》，第 25 章，第 9 节）。依我之见，*va-yanuḥu* 就是“他们住口不说”并等待回答的意思；“他们打住”（and they rested）这句话在这个故事中若按其原义，即他们休息，显然是完全不恰当的，因为在前文中看不出他们何以需要休息，尽管这些年轻人在说话时的确是用了一点力气。《圣经》上只是说，在优雅地说完这一番话后，他们就不再作声了，这就是说，他们没有再说别的话或做别的事来判定拿八对它们的反应；整个这一段的目的就在于表明，拿八的行为是该受到极端谴责的。*nuaḥ* 这个动词是在这个意义上［即“打住”（cease）或“停止”（leave off）］被用在“在第七日他安歇了（*va-yanaḥ*）”这句话中的。

先贤们以及其他一些评注家仍然在其本义“休息”这个意义上解释 *nuaḥ*，但是把它当作一个及物动词的形式，他们这样来解释这句话：“第七日他让世界安息”，即在那天没有进行其他创造活动。

va-yanaḥ 这个字很可能来源于 *yanaḥ*（*pe-yod* 这一类的一个动词），或源于 *naḥah*（属于 *lamed-be* 这一类的一个动词），意思是：第七日根据宇宙所具有的特点，“他确立”（established）或“他主宰”（governed）宇宙，这就是说，在前六天中，每一天所创造的与自然律不符的事物现在都在整个宇宙中运行了，第七天，宇宙仅仅是维持原状，在这种状态中继续存在下去。尽管这个动词的变位不同于那两类动词，但这并不影响我们解释的正确性；因为这些动词的变位法则常有例外，特别是弱变化动词；任何这种消除错误根源的解释都不会仅仅因为与［希伯来］语中的某些语法规则相冲突而归于无效。因为我们很清楚，今天我们对这种神圣语言并没有完全掌握，并且在一切语言中，语法规则也只适用于其中的绝大部分情况。我们发现作为动词 *ayin-vav*，在“置”（place）、“放”（set）的意义上有相同的词根，例如，“等房屋齐备，就把她安置（*ve-hunniḥah*）在自己的地方”（《撒迦利亚书》，第 5 章，第 11 节），还有“她不容空中的鸟落在（*la-nuaḥ*）尸身上”（《撒母耳记下》，第 21 章，第 10 节）。依我之见，这个词在《哈巴谷书》第 3 章第 16 节的含义也是如此：“我只可安静等候（*anuaḥ*）灾难之日临到”。

va-yinnafash 这个词，是由 *nefesh*［灵魂］转化而来的一个动词，我们已解释过它的各种同形异义的用法（见第 41 章），即它有打算和意愿的意思；因此 *va-yinnafash* 表示：“他所愿望的已经实现，他所希望的都已变成现实。”

第 68 章

你对哲学家们的这条著名原则并不陌生，即上帝同时是认识（*intellectus*）[①]、认识主体（*ens intelligens*）和认识对象（*ens intelligebile*）。这三者在上帝那里是同一的，决不会形成复多。在我们更大部头的著作《密西那托拉》中，我们已谈到了这一点。在那里我们已说明，这是我们宗教的一个根本原则，即他是绝对的一，没有任何东西能附加在他上面；这就是说，除了他之外没有任何不朽的事物。因此我们说 *ḥai adonay*，“永生的耶和华”（《路得记》，第 3 章，第 13 节），而不是 *ḥe adonay*，“耶和华的生命”，因为他的生命并不是与他的本质相分离的东西，我们在解释不允许用属性来刻画上帝时已作过说明。没有钻研过任何有关精神哲学书籍的人，没有理解心灵本性的人，对其本质一无所知的人，思考它的本性无异于思考黑与白的本性的人，无疑会感到这个问题对他们来说难上加难。我们的原则，即认识、认识主体、认识对象在上帝那里是没有任何分别的，这对于他们而言，会显得混乱不清，就仿佛我们说白、白的东西与被变白的东西是一回事一样。而且，实际上，许多无知的人一进行这样的比较就立刻来反驳我们的原

① 这里指认识活动的结果和内容，又译“理智”。——中译者

则。甚至有些自以为智慧的人也会感到这是个难题，认为把握这一前提的真义对于心灵来说是不可能的，尽管正如神学家们所表明的那样，这是一个显明的真理。现在我来讲讲他们的证明。人在认识一个事物之前，只是可能的认识主体；而当他认识一个事物时，比如，在他从一棵具体的树木中抽象出它的形式，并重新对这一抽象的形式加以构造之后——这是一个由理智来完成的活动——他才能指出树的形式，他才是一个现实的认识主体，而他所实际获得的认识就是人的头脑中这棵树的抽象的形式。因为在这种情况下，认识与所认识的东西并不是相分离的。这样你会明白，所认识的正是树的抽象形式，这个形式同时也就是现实的认识；因此，认识与这棵树的抽象形式并非是不同的东西，因为现实的认识无非就是被认识的事物，而使那棵树的形式成为认识和抽象的对象的，即进行认识的，无疑就是现实的认识本身。因为所有认识都与其认识活动在本质上是同一的；现实的认识并不是与认识活动不同的东西，因为认识的真正实质和本质就是理解，你决不能认为现实的认识本身是与理解相分离的，或认为理解是与之相联系的一个不同的东西；因为认识最本质的东西就是理解。当你假定一个现实的认识，你就是在假定对被理解的事物的理解。对于早已谙熟这条法则所运用的比喻性语言的人来说，这是显而易见的。因此，你可以明确接受这一点，即认识包含在认识活动之中，这正是它的真正实质和本质。因此，那使树的形式得以抽象和明确化的东西，即认识，同时也就是认识主体，因为认识本身就是那个抽象出形式并对它加以理解的东西，即这种活动本身，因为它就被称为认识主体；认识主体本身及其活动是同

一的；而且被称为现实的认识［在上面提及的例子中］不在于别的什么，而只在于树的形式。现在你应该很容易看出，无论何时，只要认识处于活动之中，那么，认识与所理解的东西都是同一的；认识的功能（即理解活动）就是它的本质。因此，无论何时，对于一个现实的认识来说，认识、认识主体和认识对象都是同一的。但是，对于一个可能的认识来说，认识能力与可能的认识对象却是两个东西。例如，萨义德的下界智力（the hylic intellect）是认识能力，而这棵树就是可能的认识对象；无疑，这二者是不同的东西。然而，一旦认识由可能变为现实，一旦树的形式真正被认识了，那么所认识的树的形式就是我们所获得的认识，并且也正是由于这个认识，通过它处于活动之中，树才被转变成一个抽象观念，才被加以理解。因为能进行真实活动的东西必然真实存在着。另一方面，认识能力与可能的认识对象是两个不同的东西，而且一切可能的东西必须和一个有能力的东西相关联，比如人，否则这种可能性本身是不可想象的。因此，有三种东西：具有认识能力的人，他能进行认识；认识能力本身，即理解力；以及作为认识的对象的东西，它可以被认识。在上述例子中，人、下界智力（hylic intellect）、树的抽象形式，是三个不同的东西。当理智处于活动之中时，它们就合而为一，这时你会发现，理智与认识对象没有什么不同，除非是指二者处于可能之中。现在已证明，上帝是一个永远处于活动之中的理智，因此，如前文所述——后面还将证明——在他里面绝没有任何可能性，他不会此一时认识，而彼一时又不认识，而是他永远在进行认识，他与所认识的事物，即他的本质，永远是同一的；而且，因为他在认识，所以认识活动也就是认识本身，它同样也是他的本质。因此，上帝永远同时是认识、认识主体和认识对象。

这样，我们已表明，即认识、认识主体和认识对象是同一的，这不仅仅是指造物主，而是指所有现实的认识。然而，有一点不同，我们的认识时常要经过一个由可能向现实转变的过程，而纯粹理智——即能动理智——的认识有时也会遇到一些障碍，尽管这种障碍并非源于它的本质，而是由它之外的某种原因偶然造成的。眼下我们不打算解释这个问题，我只是要表明，只有上帝——仅仅是他——的理智是处于连续不断的活动之中，没有任何源于自身或来自外界的障碍妨害他的认识。因此，他永远都是认识、认识主体和认识对象，并且同时他的本质就是认识、认识主体和认识对象，一切现实的认识都必然如此。

因为这个观点相当深奥，所以我在这一章里一再加以重复，因为这部著作只是为研究哲学的人而写的，他们已掌握了有关心灵及其功能的知识，因此，我想这些读者不至于把伴随有表象的认识与在想象中出现的可感事物的影像相混淆。

第 69 章

如你所知，哲学家把上帝称为第一因（希伯来语中的 *'illah* 和 *sibbah*）：但是，那些以“伊斯兰神学家”而著称的人们却极力反对这种用法，他们称他为制作者（*Agens*），认为在说上帝是原因（Cause）与说他是制作者之间存在着巨大的差异。他们争论说：如果我们把上帝说成是原因，就必然意味着原因及其结果并存；这就必然导致这样一种信念，即宇宙是永恒的，因此它不是上帝创造的。然而，当我们说上帝是制作者时，并不意味着制作者必然与其作品并存；因为制作者可以先于其作品而存在；除非制作者先于其作品而存在，否则我们根本无法想象一个制作活动是如何进行的。这种说法只能出自那些没有区分可能性与现实性的人之口。然而，你应该知道，在这种情况下，无论你用“原因”或“制作者”，都没有任何差别；因为，如果你把“原因”这个词仅仅理解为一种可能性，那么它就先于其结果；但是，如果你把它当成活动中的原因，那么，其结果就必定与这个活动中的原因共存。制作者也同样如此，把它当成一个现实的制作者，那么其作品就必定与制作者共存。因为，在建造房屋之前，一个建筑师不是一个现实意义上的建筑师，但是却具有建造房屋的能力——同样，在被建造以前，房子的材料也仅仅是处于可能之中——但是当房子建成后，他就成了现实的建筑师，而他的作品也同样真实存在着。因此用“制作者”这个词比用“原因”这个词并没有任何改进。我在这里想表明，这两个词是一样的，正如我们可以把上帝称为制作者，即使他的作品还不存在，因为当他要进行制作时绝没有任何障碍和妨害可以阻止他，同样我们也可以把上帝称为原因，即使结果并不与之并存。

哲学家们之所以把上帝称为原因而不是称他为制作者，并非因为他们认为宇宙是永恒的，而是另有其因。我将就此作简要说明。物理学早已表明，除了初始因，任何事物都有以下四种原因——质料、形式、动力、目的。它们有时是近因，有时是远因；但是每一种都被称为“原因”。他们还认为——我与他们的看法一致——上帝他自身就是动力、形式与目的；因此，他们称上帝为“原因”，意在表示他将这三种原因集于一身，即，他是宇宙的动力、形式以及终极目的。在这一章中，我只希望向你表明在何种意义上可以把上帝称为动力、形式以及宇宙的终极目的。现在，你不必为宇宙是否为上帝所创，或者像哲学家所假设的它是否永恒、是否真正与上帝共存这个问题而煞费苦心。［在这部著作中］你会找到关于这个问题的全面而有教益的信息。我希望在这里表明，上帝是这个世界上发生的每一个事件的“原因”，正如他是现存全部宇宙的创造者一样。物理学早已说明，一个原因又必归为这四种不同的原因。当我们找到与存在物直接相联的这四种原因时，我们发现它们又另有原因，这些原因的原因又另有其因，如此追溯，直到我们到达第一因。例如，一个具体的作品有其动力因，这个动力因又有其动力因，如此下去，直到最后我们达到第

一个动力因，它才是把这个间断的链条贯穿起来的真正动力因。如果 *aleph* 这个字母被 *bet* 推动，*bet* 被 *gimel* 推动，*gimel* 被 *dalet* 推动，*dalet* 被 *hé* 推动——又因为这个系列不可能无休止地延续下去，就让我们到 *hé* 为止吧——毫无疑问 *hé* 推动了字母 *aleph*，*bet*，*gimel* 和 *dalet*，于是我们可以说 *aleph* 是由 *hé* 推动的。在这个意义上，宇宙中发生的每一件事，尽管是由某些近因所直接引起的，但是仍归因于造物主（我们要对此进行解释）。他是动力因，而且他因此是终极因。通过细心的考察，我们还会发现，任何具有生成与毁灭的形式都必有另一个同样的形式作为先导，它使质料适于接受后一个形式；前面的形式又有另一个形式作先导，直到我们达到那个为所有这些中间形式的存在所必需的那个形式，这些中间形式都是当前这个形式的原因。一切存在物的形式所源本的那个形式就是上帝。你决不能认为，当我们说上帝是宇宙存在的一切形式的第一形式时，我们所指的是亚里士多德在《形而上学》这本书中所说的第一形式，他把它描绘成没有开端和终结的，因为他论述的是物理形式，而不是纯粹的理智形式。当我们把上帝称为宇宙的终极形式时，我们并非在与质料相关，即作为质料的形式的意义上使用这个词，仿佛上帝是物质存在的形式似的。我们并不是在这个意义上使用它，而是在下面的意义上来使用：任何存在着并且具有形式的事物都是通过其形式而形成的，并且，一旦形式遭到破坏，它的全部存在就终止了，它就遭到了毁灭。至于上帝与所有存在物的远因的关系也是如此，正是通过上帝的存在，万物才得以存在，正是他通过被称为流溢（希伯来语为 *shepha*）的过程才使它们的存在得以持续，我们将在本书的另一章里对此加以说明。[①] 如果上帝不存在——假定这是可能的——那么宇宙就不会存在，那么远因、最终的结果和中间因就不可能存在。因此，上帝与世界的关系，就像形式与具有形式的事物的关系一样；通过形式，事物成为其所是，这个事物的实质和本质都依赖于这个形式。在这个意义上，我们说，上帝是终极形式，他是一切形式的形式；就是说，一切形式的存在和延续都最终依赖于他，是他使形式得以持续，就如同一切具有形式的事物通过其形式维持其存在一样。正因如此，在神圣的语言中[②]，上帝被称为 *ḥe ha-'olamim*，“宇宙的生命”，我们将对此进行说明（见本篇第 72 章）。所有终极因而也同样如此。如果你将某个目的归于某个事物，你会发现，那个目的另有目的。比如，我们说一把（木头）椅子，它的质料因是木头，木匠是它的动力因，方形是它的形式因，而它的目的就是一个人能坐在它上面。你或许要问，人为什么要坐在它上面呢？答案会是，坐在它上面的人想要高于地面。你又问，他为什么要高于地面呢？你会得到这样的答案，即他希望在别人看来显得高一些。他为什么希望在看他的人的眼里显得略高一些呢？那样人们就能尊重敬畏他。他被人敬畏又有何益处呢？他的命令会受到尊重。为什么他的命令要让人尊重呢？那样人们就会停止彼此伤害。这种防范的目的是什么呢？为了在人民中间维持一种秩序。这样，除了作为上帝意志的实现的终极目的外，每一个目的都必然要求有另一个先于它的目的存在，这样根据某

① 见第二篇，第 12 章。

② 指希伯来语。——中译者

种观点（后面还要进行解释，见第三篇，第 13 章和第 17 章），这一系列问题的最终的答案将是，“那是上帝的意志”；根据另一些观点（后面也要加以解释），终极目的是他的智慧的决断，那么终极答案将是，“那是由他的智慧决定的”。无论根据哪种观点，正如所示，这个连续的目的系列都在上帝的意志或智慧那里终止，这在我们看来是与他的本质完全同一的；并非是什么与他自身相分离或不同于他的本质的东西。因此，上帝是万事万物的终极目的。并且，一切事物的最终目的都是依其所能，模仿上帝的完善；下面这种说法表达了这个意思：“他的意志，是与他的本质完全同一的”，下文将要表明这一点（同上）。在这个意义上，上帝被称为一切目的的目的。

这样，我就已向你解释了在何种意义上说上帝是动力因、形式因和目的因。这正是哲学家们之所以不仅仅把他称为“制作者”（“动力因”）而且称之为“原因”的原因。然而，一些伊斯兰学者（穆罕默德派的神学家们），他们愚蠢、狂妄至极，竟然说，如果假定造物主不存在，并非必然意味着由他创造的东西，即宇宙不存在；因为当一个制作者在做完某件作品后消失时，并不意味着其作品必然消失。如果上帝是宇宙的唯一创造者，而宇宙的永恒存在却不依赖于他，那么，这些说法将是正确的。建筑师死了，他所造的房屋不会消失；因为并不是他赋予建筑物以永恒的存在。然而，正如我们所示，上帝其自身正是宇宙的形式，正是他使它持续与永存。因此，在使某物持续与永存的东西消失以后，说某物可以持续和永存是不正确的，因为除了从那个东西中获得持续性和永存性以外，这个事物不具任何持续性和永恒性。现在，你会明白这种错误的严重性，正是由于把上帝仅仅当成动力因（制作者），而不是目的因或形式因的这种空想使他们犯了这个可悲的错误。

第70章

*rakab*意为“驾驭”，是一个多义字。它的本意是指一个人平平常常地骑在一头牲畜上面，比如，“他骑着（*rokeb*）驴”（《民数记》，第22章，第22节）。后来，这个词又被比喻地用来表示“控制某物”，因为驭者要支配并控制他所骑的牲畜。比如，《圣经》上说：“耶和华使他乘驾（*yarkibehu*）地的高处”（《申命记》，第32章，第13节）；“耶和华要使你乘驾地的高处”（《以赛亚书》，第58章，第14节），这意味着，你将统治地上最高贵的（人民）；“我要使以法莲拉套（*arkib*）”（《何西阿书》，第10章，第11节），即我将统治和管束他。说上帝，“他为帮助你，乘（*rokeb*）在天空”（《申命记》，第33章，第26节），也是这个意思，即他统治天空；同样，“他坐（*1a-rokeb*）车（*arabot*）”（《诗篇》，第68章，第4节），是说他控制*arabot*，即囊括一切的最高天宇。先贤们曾反复提到有七重*rekiim*（苍穹，天空），其中最高的包容一切的天叫作*arabot*。尽管天并不像他们所说的那样只有七重（实际上比这要多），我们也不必因此而苛责他们。因为，有的天虽然含有好几圈（*gilgallim*），却还是被算作是一个，对这个问题有所研究的人不会对此感到困惑。在后面我还要对此进行解释[①]，这里我仅仅指出，先贤们一直

① 见第二篇，第4章。

把 *arabot* 当作是天的最高一层。在下面这句话中指的也是 *arabot*：“他为帮助你，乘在天空。”所以，在巴比伦《塔木德》(《喜庆祭》，12b）中有这样的话：“至高至善者在 *arabot* 之上居住，正如所说，‘至尊的他乘驾在 *arabot*’之上。”(《诗篇》，第68章，第4节）怎么能证明“天空”与“*arabot*”指的是同一个东西呢？因为，在这一段中说是“乘驾在 *arabot* 之上”，在另一段中说是“乘驾在天空之上”，因此，很显然，在所有这些段落中指的都是同一个天空——包容一切的那个天。关于这个天，你在下文中（第二篇，第24章）会获得更多的知识。注意，他们说的是“住在它上面”，而不是“住在它里面”。因为，若是他们说“住在它里面”，这种说法无疑会暗示着上帝在天空中居有一席之地或者说上帝是处于天空中的一种力。萨比教徒们正是因此才把上帝当成是处于天空中的神灵。先贤们通过“住在它上面”这种说法向我们表明，上帝与天空是相分离的，上帝并不是存在于天空中的一种力。还应当明白，“乘驾在天空上”这种说法，是比喻地用于上帝的，因为在这两者之间有着绝妙的相似性。骑手要比他的坐骑高明得多——其实高明得多这种说法也不恰当，因为骑手与他的坐骑不属于同类，二者根本无法相比。另外，骑手随意地驱使他的坐骑；因为它是他的工具，他可以随心所欲地役使它；他与坐骑是相互分离的，不受它的牵制，与它也没有任何牵连，相反，他是外在于它的。同样，上帝是最高层天空（它的旋转又使所有可动的事物都处于运动之中）的推动者。上帝与天空是相互分离的，他并非是处于其中的一种力。在《大创世记中》[1]，有对神所说的“永生的神

① 《大创世记》，LXⅧ。

是你的居所（refuge）”（refuge，书面语，即住处，见《申命记》，第33章，第27节）这句话的解释，先贤们说，他是“他的世界的居所，而并非世界是他的居所”。在这个解释后面有以下说明：“马从属于骑手，而不是骑手屈尊于马；正是在这个意义上说：‘你乘在马上’（《哈巴谷书》，第3章，第8节）。”好好思考并学习他们是如何描述上帝与天之间的关系的，他们强调天是上帝的工具，他通过它来统治宇宙。无论何时，当你发现先贤们说，在这一层天中有这个事物，在那一层天中有那个事物，他们并不是指在这些天空中除了这些天空本身以外又发现了其他什么东西，而是指产生所说的那个事物并维持其秩序的那些力来自于那层天空。先贤们所说的下面这些话为我的说法提供了佐证：“*arabot*，在其中有公正，仁慈，正义，生命的宝藏与和平，充满了神恩和正义之士的灵魂，以及那些将要降生的人的灵魂与精神，还有上帝在将来的某一时刻用来起死回生的甘露等。”[①] 显然，这里所列举的事物都不是物质性的，并不占有一定的空间——因为“甘露”不能只按字面去理解。还要注意，这里用的是“在其中”（指在 *arabot* 中）这个短语，而不是“在其上”，就是说，宇宙中的万事万物都产生于从 *arabot* 中流出的力，而 *arabot* 就是上帝造出来作为这些力的起源和活动场所的。说它们含有“生命的宝藏”；这个说法绝对真实，完全正确！因为所有存在的生命都源于那个生命的宝藏，下文还要谈到这一点（第一篇，第72章和第二篇，第10章）。

① 巴比伦《塔木德》:《喜庆祭》，12b。

再看一看，这里把正义之士的灵魂与那些即将降生的人的灵魂与精神并列在一起。对于明白这一观念的人来说，这是多么令人惊异呀！因为人死后所存留的灵魂并不是他出生时所具有的灵魂；后者仅仅是前者的一个准备，而那在死后拥有独立存在的，与物质相分离的，才是现实的灵魂，它并非是人出生时的灵魂；后者与人出生时的精神是同一个；人在有生之年，他的灵魂与精神是两个不同的东西；因此，对于活着的人，先贤们说他同时具有灵魂和精神，一旦与肉体相分离，就只有一个存在。在本书中，我们已解释了*ruah*（神灵）的各种不同含义[①]，在《知识篇》的末尾（《密西那托拉》*Hil. teshubah*，Ⅶ 3~4节）我们也讲解了这些词的多义性。要知道，这些只能为最伟大的受过哲学训练的头脑所理解的绝妙而真实的观念，是多么零散地分布在《米德拉什》之中。当一个学识有余而审慎不足的人读到这些经文时，他开始会嘲笑它们，因为他看到它们的表面含义与事实相去甚远。正如我们所反复申明的，其原因就在于，先贤们常用隐喻来说话；这对于智力平平的人来说的确是够高深莫测的了。

我得回到我已开始解释的问题上来，以便得出一个结论。先贤们认为上面所列举的事物都包含在*arabot*之中，他们开始从《圣经》中为自己的这种说法寻找根据。对于“公义”和“正义”，他们引用《圣经》中的这句话加以说明：“公义和公平是你宝座的根基。”（《诗篇》，第89章，第14节）他们用同样的方式为有关他们所列举的所有那些事物的说法提供证明，表明在《圣经》中

① 参见本书第一篇，第40章。

它们被说成是与上帝有关的，或处于上帝身边。要明白这一点。[①]说："上帝创造了七个 *rekiim*（天），在它们之中，他选择了 *'araboth* 作他神圣的宝座"；《圣经》上说，"颂扬他乘驾在天空（*arabot*）之上"（《诗篇》，第 68 章，第 4 节）。这些是他（以利泽拉比）的话。同样要把它们牢记在心。

你一定知道，在希伯来语中，表示用来乘驾的动物的集合名词是 *mercabah*，这个词的例子并不罕见。"约瑟套好车"（*merkabto*）（《创世记》，第 46 章，第 29 节）；"在第二辆车里"（*be-mirkebet*）；"法老的车"（*markebot*）（《出埃及记》，第 15 章，第 4 节）。下面这一段尤其能证明希伯来文 *merkabah* 是指集结在一起的动物："从埃及买来的车（*merkabah*），每辆价银六百舍客勒，马每匹一百五十舍客勒。"（《列王纪上》，第 10 章，第 29 节）因此我们可以得知 *mercabah* 在这里是表示四匹马。因此我认为，根据《圣经》上所说的，四个 *hayyot*（动物）驾着光荣的宝座，先贤们是把这称为"车"（*mercabah*），因为它与四匹马组成的车相似。本章所讲的问题就到此为止，当然，我们对这个问题还应当作更深入的说明。但是，在这里，我们的目的以及我们所说的一切都是为了表明"乘在天空上"（《申命记》，第 33 章，第 26 节）这句话的意思是："上帝使包容一切的那个天空运动，并用他的力量和意志推动它。"这首诗的结尾也表达了相同的含义："天空都处于他的卓越之中"，即他以他的卓越推动着天空（*shehakim*）。当指第一天空，即 *'arabot* 时，用动词"乘驾"（ride），指其他天空时，则用名

---

① 见《以利撒篇》，XVIII。

词“卓越”（excellency），因为所有天空都是作为最高天空每日周转的一部分而运动的，都处于这个使一切事物运动的巨大力量之中，因此《圣经》上把它称为“卓越”。在学习后面我所要讲的内容时，要经常记起这个问题；因为我将证明，它——即最高天空的运动——是上帝存在的最有力的证据。请牢记这一点。

第 71 章

许多能为这些问题提供正确解答的科学都曾一度为我们的先辈所精心发展起来，但由于时间久远的缘故，特别是由于野蛮民族强加在我们头上的残暴统治而被忽视了。况且，正如我们所言（绪论与第一篇，第 31 章），这些玄奥的学问不可向所有人传授，只有《圣经》中所教导的问题才允许传授给每一个人。你知道，即使是我们代代相传的《律法书》，起初也并不是成文的，因为我们都知道这样一条法则："我口授予你的，你决不可笔授给他人。"[①]这条法则对于律法来说，真是再合适不过了，因为恪守这条法则就可以避免许多可能的失误，比如，众说纷纭、文字本身所产生的歧义、书写中所造成的笔误、人们各持己见、宗派林立以及对实际问题的混乱认识。正如《律法书》所说[②]，所有这些事情都要移交大法院来办理，在有关《塔木德》的著述中，我们已作过说明。（见《密西那托拉》序言与《评密西那》序言。）

为了避免这些有害的影响，口传律法不应笔录下来，否则人人都能看到，因为"律法的秘密"（即神学问题）的任何一点都不

① 巴比伦《塔木德》:《离婚诉状》，60b。

② 参见《申命记》，第 17 章，第 8~12 节。

允许被书写下来或泄漏出去，从而使随便什么人都可以利用它。相反，正如我们所说过的那样[①]，这些秘密只能由少数出类拔萃的人口头传授给另一些同样出色的人。因此，先师们遵循这样一条原则："《托拉》的秘密只可以传给一位谋士，他是手艺人中的智者，等等。"[②]这样做的实际后果就是使我们的民族丧失了有关那些重要原则的知识。在《塔木德》和《米德拉什》中也仅能找到几处说明和注解，它们就像裹在厚厚的果壳里的一丁点儿果仁，读者通常只顾了果壳，却忘了里面还包着的果仁。

另外，你还会发现在由犹太高昂和卡拉派（Karaties）编纂的屈指可数的几本关于上帝的单一性及其有关问题的著作中，其主要素材都是从穆斯林神学家那里舶来的，并且与穆斯林神学家们有关这一问题的著述相比，他们所写的东西简直是微不足道的。也有这种可能，是穆斯林人首先采用了凯拉姆（Kalām）的这种方法，这种方法源于穆斯林的一个教派，即穆尔太齐赖派（Mu'tazilah），即分裂者（Separatists）。[③]在一些问题上，我们的学者们借鉴了这些穆尔太齐赖的理论和方法。虽然，后来在穆斯林中又兴起了另一个教派，即艾什尔里派（Asha'ariyah）[④]，他们又持有许多不同的看法，但在我们学者的著作中却找不到这些观点的蛛丝马

① 参见第一篇，第34章。

② 巴比伦《塔木德》:《喜庆祭》，13a。

③ 穆尔太齐赖派是创始于公元8世纪的一个穆斯林教派。这一教派最早建立了综合的理性化的穆斯林神学体系。——中译者

④ 艾什尔里派指 Abu'l-Hasan'Alial-Ash'ari 的信徒，他们所提出的教义原则大部分被苏尼特伊斯兰（Sunnite Islam）作为正统神学而接受下来。——中译者

迹；这并非由于学者们对前者情有独钟，而是因为，他们恰好先接受了穆尔太齐赖派的理论，采纳了它，并把它当作已证明了的真理接受下来。另一方面，我们中间的安达鲁西亚学者们[①]遵从了哲学家们的教导，接受他们那些与我们的宗教原则不相冲突的观点。你会看到，他们丝毫没有采纳穆斯林神学家的方法；在许多方面，他们都接近本书所持的观点[②]，在这一学派的著者们晚近所撰写的著作中也能找到同样的看法。同样须知，伊斯兰教徒，即穆尔太齐赖派和艾什尔里派都包括在内，他们关于这些问题所讲的一切，只不过是在从希腊和叙利亚学者们的书中所抽出的那些理论前提的基础上所形成的看法，这些希腊和叙利亚学者们旨在反对哲学家们的体系，驳斥他们的论证。原因在于：当基督教会企图将希腊人和叙利亚人纳入他们的教派，向他们宣扬其著名的教条时，在那些民族中盛行着的是哲学家们的观点；而且当哲学繁荣时，国王们就变成了基督教真理的反叛者。那个时代有学识的希腊和叙利亚基督徒，看到他们的教条无疑已被置于当时哲学体系的猛烈抨击之下，他们中间就兴起了凯拉姆学（the Science of Kalām）；他们开始建立一些理论前提，这些前提能够用来维护他们的信仰并驳斥那些反对基督教基本信条的观点。

当穆斯林把哲学家们的著作译成阿拉伯文，那些对这些著作的批评也被翻译了过去，因此他们得以见到语法学家约翰以及伊

① 安达鲁西亚（Andalusia）是西班牙的一个地名，这里指的是西班牙犹太学者。——中译者

② 即迈蒙尼德在本章开头所说的《塔木德》和《米德拉什》中属于古老传统的段落。

本·阿狄（Ibn Adi）和其他著者们关于这个问题的观点，他们采纳了这些观点，并自以为已解决了这些重要问题。他们还从古代哲学家那里择取了一些观点，只要这些观点在他们看来对他们有利。但是，后来的哲学家证明了他们所选取的这些理论是错误的，比如，原子和虚空理论。但是他们却以为，这些概念是尽人皆知的，这些理论前提是任何信仰某种宗教的人都必须承认的。后来，这些凯拉姆的理论得到了更充分的发展，这种进一步发展了的理论，对于希腊和其他民族的理论家，即哲学家们的直接继承者来说，却又显得陌生了。再往后，当穆斯林接受了某些特殊的神学理论，他们就必然要去维护它们；并且，他们在这些问题上的意见分歧使他们竞相亮相，这样，他们中的每个支派都建立了有利于维护其观点的理论前提。

毫无疑问，他们的争论包含一些我们这三个社会——犹太人、基督徒与穆斯林——所共同拥有的一些原则。例如，肯定上帝从虚无中创造了世界（*creatio ex nihilo*），这是奇迹和其他类似教义合理性的依据。然而，还有另外一些基督徒与穆斯林所极力进行维护的信仰问题，比如，基督教神学著作中的三位一体的观念，穆斯林某些教派著作中的“言”（“the word”）[①]；为了证明他们企图建立的教条，他们不得不借助于某些理论前提。我们的目的并不是为了批评每一派所特有的观念，或是批评那些只为了维护这个或那个社会的特殊利益而撰写的著作。我们仅想指出，早期的神学家，希腊基督徒和穆斯林都包括在内，当他们宣扬他们的主张

① 皮氏译本为 Kalām。——中译者

时，并没研究事物所具有的真正性质，他们首先考虑的是为了用以证明或反对某一教义的该事物所应具有的性质是什么；当这一点明确之后，他们就宣称这个事物一定拥有那些性质；然后他们开始证明，目的是为了确立这种主张的正确性，从中引出某些理论前提，这些前提可以表明他们的教义的正确性，或者至少是不与它们相冲突。他们用它来支持或反驳某一种观点。这种方法的神通广大的始作俑者们最早使用了它，并诉诸文字，声称这是思考本身的结果，而并不是为了捍卫某一教义或维护某种成见。因此，当后世的学者研究这些著作时，他们并没有认识到这些论证的实质；相反，他们以为从这些古代的著作中发现了支持或反驳某些观点的生动的证据和可靠的依据，因此，他们就想当然地认为，没有必要再去证明或驳斥他们关于信仰原则的任何主张，他们因而深信他们的前辈的确驳倒了哲学家们的观点，并使那些在他们看上去确定无疑的证明漏洞百出。持这种看法的人，并没有意识到，也没有认识到，事实远非如他们所想，他们的前人苦心孤诣所建立的真理不过是他们希望能视为真理的东西，他们所竭力反驳的不过是他们希望加以反驳的东西，因为若不如此，他们所希望视为真知的东西中所包含的矛盾就会显露出来——哪怕这种矛盾的显露需要再通过一百个连续的前提加以证明。起初的穆斯林神学家就是这样来对付他们所遇到的难题的。总之，我要对你说，事实正如正义之神特弥斯（Themistius）所言：事物的性质决不会使自身就范于我们纷纭的意见，而只能是我们使自己的意见与事物所具有的性质相符合。

我利用我一切机会研读了穆斯林神学家们的著作（同样，我也尽了自己最大的能力研究了哲学家们的书籍），我发现，所有穆斯林神学家所使用的方法都如出一辙，尽管在细节上略有差异，在他们看来，事物真实存在的形式并不能成为事物本身的依据，因为它仅仅是事物变化过程中的一个阶段，我们的理智可以同样把它看成截然相反的样子。况且，大多数情况下，这些神学家们错把他们的想象力当成了理智。这样，在他们提出那些前提（我在后文将向你介绍这些前提）之后，他们就通过其独特的论证方式来证明宇宙在时间上有一个开端。世界从虚无中创生的理论就这样建立起来了，并且，他们从中自然而然地推出必有一个在时间中创造宇宙的创造者存在。然后他们表明，这个创造者是一，然后他们又从造物主的单一性中推演出他的非形体性。所有的穆斯林神学家在与这个问题有关的论述中都采用了这种方法，这种方法又被信犹太教的人所采纳，他们模仿他们的做法，对他们亦步亦趋。尽管穆斯林神学家们在具体的论证方法上不尽相同，在证明宇宙在时间中创生或反对宇宙的永恒性上运用了不同的前提，但是，他们有一点是相同的，即首先肯定虚无中创世论，然后在此基础上确立上帝的存在。我反复琢磨这种思想方法，发现它漏洞百出，必须加以反对。因为所有这些关于世界在时间中创生的证明都有纰漏，不能令人信服，除非是蒙骗那些连证明和诡辩都分不清的人。明白个中曲直的人会清楚地看到所有这些创世的证明都不足为信，因为他们所运用的前提都没有经过证明。在我看来，信奉启示真理的人所能做的最大贡献就是揭露那些持宇宙永恒论的哲学家们在其证明上的缺陷，要知道，如果一个人真的做到了这一点，那么，他就已成就了一项非凡的业绩！因为凡

是头脑清晰、思维正确不愿自欺的思想家都知道，世界是永恒的还是在时间中创生的问题，是不可能以数学的准确性作出回答的；这是人类的智慧所无法企及的。后面我们将对这个问题进行详细说明，现在，对你来说知道以下这些就足够了，即在过去的三千年中，哲学家们在这个问题上众说不一，从他们的著作以及反映他们观点的史料中，我们就足以看到这一点。这个问题既然如此，我怎么能把世界在时间中创生的信条当作一条公理并以此为基础来确立造物主的存在呢？如果那样的话，上帝的存在就难以令人信服；就不得不说，假如宇宙有一个开端，那么上帝就存在；如果它是永恒的，那么上帝就不存在；这样，上帝是否存在依然有疑问，否则，我们就只能强迫别人相信世界在时间中创生已被证明，然后，再声称我们已证明了上帝的存在。这种方法是绝对不足取的。在我看来，正确的途径——它是建立在符合逻辑和毋庸置疑的证明基础之上的——就在于，通过哲学家们的方法来确证上帝的存在及单一性，并否定他的有形性，哲学家们的这些方法是以世界永恒论为基础的。我提倡使用这些方法，并非因为我相信宇宙永恒论，或在这一点上承认那些哲学家们是正确的，而是因为通过这种方法，不管宇宙是否存在一个开端，这三个原则，即上帝的存在，他的单一性和他的非形体性，都可以得到有效而可靠的证明。一旦这三个伟大而至关重要的原则通过正确无误的证明得以确立，我们再转而探讨世界在时间中创生的问题，并尽可能列出所存在的一切争论。假定你对穆斯林神学家的说法心悦诚服，深信创世已被明白无疑地证明了；或者，你尽管不认为创世说已被证明，但你是从先知那里接受上帝从虚无中创造了世界这一信条，仅仅是出于对他们的权威的信仰，这都没有什么妨害。在没有看到你学习我们有关预言的探讨之前（本书将进行有关的探讨），你不必问，如果宇宙是永恒的，我们怎样才能知道先知们的预言不会错呢？我们现在不打算把笔墨花在这个问题上。但你应该了解一些激进派即穆斯林神学家为了证明世界在时间中创生所提出和论证的前提，这些前提所暗示出的事物存在的顺序，与事物实际存在的顺序截然相反，完全违背了自然规律；我将向你指出这个事实，因为我有必要谈一谈他们的前提及其论证方法。而我的方法是这样的——让我以尽可能通俗的方式来加以解释：宇宙要么是永恒的，要么是在时间中创生的。如果它是在时间中创生的，那就必然有一个在时间中创造了它的创造者存在；因为一个有开端的事物，不可能是自身创造自身，必有另一个事物使它获得存在，这是最起码的常识。这样，在时间中创造世界的就是上帝。相反，如果宇宙是永恒的，由此必然得出并可以用多种方式证明，除了构成宇宙的事物外，还存在一个既非物体又非物体中的力的事物，它是一，是永恒的，不为任何原因所推动，是不变的。这个事物就是上帝。很显然，上帝的存在、单一性及非形体性的证明应该由假定宇宙是永恒的这一前提中推导出来，因为应用这种方法，不管世界是永恒的还是在时间中创生的，我们都可以得到一个无可指责的证明。因此你会发现，在我关于《塔木德》的著作中，只要谈到我们信仰所依据的原则，或是为了证明上帝的存在，我都采用那些暗含宇宙永恒性的论断。这并不是由于我相信宇宙是永恒的，而只是希望通过一个无可辩驳的证明来确立上帝的存在。这样，我们就不会使这个至关重要的原则建

基于一个人人都可动摇或摧毁的基础之上，这一基础甚至在另一些人看来是根本不足以建立任何东西的；尤其是当我看到，哲学家们的证明是以事物的可见性质为基础（只有怀有某种成见的人才可能对这些性质视而不见），而穆斯林神学家们，却把他们的论据建立在与事物的真实面貌相去甚远的前提之上，最后，他们只能说，事物根本就不存在什么本来面目。对于世界在时间中创生这个问题，我将在本书中专辟一章向你证明我的观点。我的目的与所有的穆斯林神学家们的目的是一致的，但我决不会像他们那样无视自然规律的存在，我也决不会与亚里士多德理论中任何已经确证的部分相抵触。由穆斯林神学家所提出的用以证明世界在时间中创生的最有力的证明，也是通过颠倒事物实际存在的顺序，通过反对一切已由哲学家们所充分证实了的东西而获得的。相反，我却能够给出一个同样的证明而不至忽视自然规律的存在，并且也决不会去违背我们的感官所明显感知的事实。我认为，有必要向你介绍一下穆斯林神学家的一般前提，他们借此证明创世活动、上帝的存在、他的单一性和他的非形体性。我将向你表明他们所使用的方法，使你弄清楚由每个前提所得出的推论。然后，我要讲一讲那些与我们的问题密切相关的哲学家们的思想，并对他们的方法加以解释。

在本篇著作中，不要指望我能向你证明哲学家们的前提何以是正确的，我只能对其进行简要的说明，因为对它们的证明构成了物理学和形而上学的绝大部分内容。你也不要指望我会复述穆斯林神学家们那些用以证明其前提是正确的那些论证，他们不过是在那上面白白耗费心血，后来的人们同样也在那上面浪费光阴，他们的著述已不可胜数。他们的前提，几乎毫无例外，都与事物的可见的性质相违背，而且漏洞百出，所以，他们不得不写很多书籍和论战作品来维护他们的理论，驳斥反对意见，调和所有明显的自相矛盾，尽管实际上这是任何诡辩术都无法做到的。而我所要向你简单阐述的哲学家们的前提，它们对于三个原则——上帝的存在性、单一性和非形体性的证明是必不可少的，其中绝大多数的前提，一旦你听到它们，一旦你明白了它们的意义，你就会承认它们；而另一些则必须要参考他们有关物理学和形而上学的著作中进行证明的那些段落，如果你留意这些段落（我将向你指出来），你就会发现所有需要证明的事物都得到了证明。我早已向你表明，除了上帝和这个宇宙之外，无物存在，而且我们只能从这个宇宙整体或其细节中寻找上帝的存在的证据。因此，必须按宇宙原来的样子来思考它；必须从宇宙清晰可见的性质中得出前提。因此，必须了解宇宙的可见形式及其本质。这样你才有可能从中推出其他事物的存在。因此，我认为，有必要在下一章中先用通俗的方式探讨一下存在事物的全体，并且只讲那些已被充分证明且完全正确的东西。以下的几章，我要向你讲一讲穆斯林神学家的那些前提，以及他们用以阐明这四大原则的方法。再后面的几章，我打算向你介绍哲学家们的前提和他们关于这些问题的推理方法。最后，正如我说过的，我将向你表明我本人证明这四大原则的方法。

第 72 章

从整体上看，宇宙是一个单一的存在；这就是说，就个体的存在状态而言，最外层的天体[①]及其内部所包含的一切——无疑与萨义德和奥莫尔（Omar）一样，都是一个单一的存在。其质料——我是指的这个天体及其所有组成部分的质料——的不同正如人的质料的不同一样：好比说，萨义德是一个人，由各种不同的固态质料（诸如肌肉、骨骼、韧带）、各种不同的心境及各种精神因素构成；同样，这个天体作为整体，由天体的四种元素及其组合而构成，其中绝没有虚空，整个空间都被物质所充满。土居于其中心，土被水所环绕，空气包围着水，火包围着空气，火又被第五种质料（quintessence）所包围。这些质料形成无数的天体，一个被另一个包围着，因此中间没有空虚的空间（没有虚空）。一个天体围绕着另一个天体并且与它紧密结合。所有的天体都完全同步地旋转，既不加速也不延缓；这就是说，就速度和运动的特殊性而言，每个天体都保持其各自的特点，它不会此一时运动快些而彼一时慢一些。然而，它们彼此相对来说，有些天体运动速度慢一些，另一些天体则快一些。最外层的那个包裹一切的天体，

① 指“sphere”或译“天球”。——中译者

运动最快，它每天旋转一周，并带动所有事物一起运动，就好像当一个东西的整体在运动时，它的每个粒子也运动一样，因为存在物与那个天体的关系就仿佛事物的部分与整体的关系；这些天体没有一个共同的中心；有些天体的中心与宇宙的中心合一，而其余那些则不相同。有些天体的运动不依赖于整个宇宙的运动，它们不断地自东向西转，而其他的天体则自西向东转。那些天体中所包含的恒星都是这些天体各自轨道的一部分；它们都固定在轨道上，恒星本身不运动，而只是随着它们所属的天体一起运动，它们看起来好像是本身在运动。这旋转的第五种元素的全部质料，与那些由另外四种元素所组成的、被第五种元素所包围的物体的质料不同。

这些环绕着宇宙的天体的数目绝不可能少于十八个，甚至可能还更多一些；这个问题仍有待进一步研究。另外，还有一个有待回答的问题：是否存在这样的天体，它们虽然做圆周运动，但却不围绕宇宙的中心运转。在那个离我们最近的天体中，包含着一种不同于第五种元素的质料；它首先获得四种基本形式，然后在这四种形式中变为四种物质：土、水、气、火。四种元素中的每一种都占有一个自然赋予它的属于它自己的确定的位置；如果除了它自己固有力量之外，没有其他的力作用于它，它就不会处在另一个地方；它是一个死体；它没有生命，不能感知；不能自发地运动，它在其固有位置上保持静止。一旦某些外力使它离开它的位置，当外力停止作用时，它就会返回到它所固有的位置上，因为这些元素具有直线返回其原位的特性，但是，它们不具有使自己停留在当前所在位置或进行非直线运动的特性。这四种元素的直线运动，在返回其初始位置时共有两种：要么是离心的运动，即气和火的运动；要么是向心的运动，即土和水的运动；并且，当元素已返回它们的初始位置以后，它们就保持静止。

相反，天体是有生命的，具有借以自发运动的灵魂；它们不具有可以借之随时进入静止状态的性质；在其永恒的旋转中，它们除了位置的变化以外，不会发生任何改变。至于它们是否拥有理智因而能够进行领悟活动，这个问题不进行深入的研究是找不到答案的。通过第五种元素（及其所包含的一切）的不断旋转，四种元素被迫运动并改变它们各自的位置，这样火和气才嵌入水中，这三种元素又进入土里。这样这些元素就混在了一起；当它们返回各自的位置时，一部分土离开了它们的原位，与水、气、火一起运动。在这整个过程中，元素间发生相互作用与反作用。元素混合起来，结合在一起，首先形成各种气体；然后依据组成成分的相对比例，形成各种各样的矿物，所有种类的植物和许多种动物。有生灭的存在物都由这些元素生成，当它们毁灭时，又都分解为这些元素。元素本身也相互转换，因为它们的质料都是相同的；没有形式的质料是不可能存在的，同样，对这些有生灭的存在物来说，其物理形式没有质料也是不能存在的。生成的元素与毁灭的元素以及由它们所生成的并且毁灭之后又归于它们的事物，像天体运动一样循环往复。这样，有限质料在连续不断的形式之中不停转换，在接受一种形式以后，又继续接受另一种形式，就如同天体在天空中运转，在一点上，它的每个部分都会周期性地重复出现。

人的身体由主导器官和附属器官构成，附属器官依赖于主导

器官，没有主导器官的控制，附属器官就不能存在。宇宙的组成也同样如此，它由其主导部分，即第五种元素，它包围着四种元素以及其他附属的、需要引导的部分，这些部分即四种元素以及由它们所组成的事物。

再者，人体中的主导部分即心脏的不停跳动，是身体里一切运动的源泉；它控制着其他器官，并通过它本身的悸动向它们传送发挥各种功能所需要的力。外层天体通过它自身的运动，以同样的方式主宰着宇宙的其余部分，并且向它们提供着所需的动力。因此，宇宙中的每一个运动都起源于那个天体；每一个动物的灵魂也都来自那个天体。

根据这种解释，由天体向月球以下世界所传送的力一共有四种，它们是：(1) 促使元素混合与结合的力——它无疑足以形成矿物；(2) 赋予每个植物以植物灵魂的力；(3) 赋予动物以动物灵魂的力；(4) 赋予理性动物以理智的力。这些都是通过［地球上的］光明和黑暗形成的，而光明与黑暗是由天体上的光和天体环绕地球的运动而造成的［正是这种运动形成白天与黑夜］。

心脏一旦停止跳动，人就会死亡，他所有的运动和力量也就都消失了。同样，若是所有天体都停滞不动了，那么宇宙就会毁灭，其中的万事万物也就都会随之消亡。

单个动物是通过其心脏的运动而成为一个整体的，尽管它身体的某些部分并不运动，也没有感觉，如骨骼、软骨以及类似的部分。整个宇宙的情形亦是如此；虽然其中包含着许多不运动和无生命的东西，它仍然是一个通过天体（可以比之为动物的心脏）的运动而获得生命的独立的存在，因此你必须把整个天体看作一个具有生命、运动和灵魂的单一的存在。正如将要解释的那样，把宇宙理解为单一的存在对于证明上帝的单一性是必要且极为有用的；这样理解还有助于说明这样一条原则：太一创造了一个存在，即作为一的上帝仅仅创造了宇宙一个存在物。

另外，人体的任何器官都不可能不与身体相联而独立存在，它们只能作为身体的真正组成部分而存在，这就是说，肝脏、心脏或肌肉离开身体而独自存在都是不可能的。同样，宇宙的每一部分，从事物存在的顺序上看，也不可能脱离其他部分而存在，即光离不开地，地离不开天，天也不能没有地而存在。

在人身体当中，存在一种力，它把身体的各个器官结合起来，使它们处于它的控制之下，并满足每个器官维持其正常状态所需的东西，使其免受伤害——这种力就是医生们早已明确讲过并称之为控制动物身体的那种力；他们常常把它叫作“本性”（nature）。同样，宇宙也具有一种使其各个部分相互结合的力，这种力保护各个物种免遭毁灭，也在有限的时间内，尽可能保护每个物种的个体，并使一些个体永恒存在。[①]这种力的作用，是否以天体或别的什么东西为中介，还是一个有待回答的问题。

此外，在人的身体中有些部分是具有一定目的的，如，营养器官是为了维持个体生存，生殖器官是为了维持种的延续，手与眼也是为了某种需要，如获取食物等。还有一些部分，它们本身不是为了任何目的，而仅仅是与身体的其他部分的构造相连结或从属于它们。器官的特殊构造（对于保持其特殊形式及维持其基

① 这些个体有可能指的是诸天体。

本功能都是必不可少的），在其保持自身特殊目的的同时，还要依照质料固有的性质产生一些其他的东西，像毛发及身体的肤色。这些东西仅仅作为一种辅助，它们的形成并不遵循固定的法则；在许多人那里，有些东西他们根本就不具有；而在另一些人那里，则又因人而异。身体的器官则远非如此。你决不会看到，一个人的肝比另一个人的大十倍，但你却可能发现，某人没长胡须，某人身体的某些部位没长体毛，某人的胡子比别人的长十倍。这种现象，即在毛发和肤色上的差别巨大的例子并不罕见。宇宙的结构也存在同样的差异。某些物种是整个系统的完整所必需的部分；它们是依据某一固定法则、有目的、连续不断地产生出来的；尽管它们在其本性所允许的范围内彼此存在着差异，但是这种差异在量和质上都是极其微小的。另一些物种，它们并不是为了任何目的；它们只是一般的生成与毁灭规律的结果，比如，在粪堆中滋生的各种昆虫，在腐果或臭水中生长的动物以及肠子里生长的寄生虫等。总之，一切没有生殖能力的东西都属于这一类。因此，你会发现，这些东西并不遵循一个固定的法则，尽管它们像人类的不同的肤色和不同种的毛发一样，不存在是不可能的。在人体中，有些质料其个体存在是永恒的，而另一些质料只有其种是永恒的而非个体，比如四种体液。宇宙中的情形亦是如此，有些东西在个体上是永恒的，例如第五种元素，它的所有部分都是永恒的，而其他东西则只在种上是永恒的，如四种元素以及由它们所组成的一切。

导致人类出生并在有限的时间内生存的力也导致了他的毁灭和死亡。对于这整个的有生灭的世界而言，这个真理也同样是有

效的。生成的原因同时也是毁灭的原因。可以用下面的例子来说明这一点。假如摄取、维持、消化、分泌，这四种任何由食物来维持其存在的东西都具有的力，能像理智力一样，使自己限定在所必需的限度内，并在一定时间和一定的限度内活动，那么，人就可以免除那些巨大的痛苦以及［他所遭受的］疾病。然而，事实并非如此，因为这些力尽管是人类的出生和维持其有限存在的直接原因，但它们只是在不知不觉地发挥它们的自然功能，对其活动毫无觉察，因此，它们必然要引起危险的疾病和巨大的痛苦。这个事实可以这样来解释：如果摄取力只吸收绝对有益的东西，只摄取所需的量，那么人就会避免许多这样那样的不适。而事实并非所愿；摄取力把所有进入它的活动范围的体液都吸收进来，而这种体液无论在质上和量上都与正常所需的略有差异。因此，其所吸收的体液必然有时过热，有时过冷，有时过稠或过稀，或者是超过了其所需要的量。这样就会造成静脉阻塞，就会形成硬化和腐化，体液就会变质，量就会改变，这样一来就引发了疾病，像败血症、麻风病、脓疮，或者某种危险的疾病，如癌症、脓疮、坏疽，最终使这个或这些器官受到损坏。四种力中，每一种力的情形都是如此，一切存在物莫不如此。使万物生成并使它们在一定时间内存在——即元素在推动它们和充盈于其中的天体力的作用下的相互结合——的力，也同样是促发整个世界的灾难的源泉，如灾害性的雨、霰、暴风雪、雹、霹雳、闪电、疟疾或其他毁灭性的灾难，这些灾难如滑坡、地震、暴雨以及从大海或地球内部涌出来的洪水，使一个或许多地方，甚至是整个国家，都化为废墟。要知道，并不是因为我们把宇宙比作一个人，所以我们才说人就是一个小宇宙；因为在宇宙和人之间所进行的所有这些比较都同样适合于一切处于其正常状态的其他动物个体，但我们却也从未听说过有哪些先人把一头驴或一匹马称为小宇宙，这是专指人而言的。因为只有人才具有思想能力——我指的是理智，即其他任何动物都不具有的下界理智（hylic intellect），这个属性被仅仅赋予了人。对此可以这样来解释。动物的饮食无须计划、酝酿或安排；每个动物都凭本能而运动和活动，发现合适的东西就吃，有合适的地方就睡，在发情高潮期，遇到配偶就与它交配。正是以这种方式，这些动物个体使自己在有限的时间内存活，并使其物种得以维持，而其自身的存活并不需要其子嗣的援助；因为它所要做的事它自己都能做。而人则不同；如果一个人离群索居，并像动物一样无依无靠，他很快就会死掉，甚至连一天都活不下去，除非侥幸，除非他碰巧发现一些可以吃的东西。因为人生存所需的食物需要经过许多加工和准备，这只能通过反复考虑和计划才能实现；必须要用很多器皿，必须用很多人，人人都要各司其职。这样就必然要有一个人来组织这项工作，指导大家采用某种方式，以便彼此进行可能的合作，他们需要互相协助。夏天防暑，冬天防寒，遮风避雨，阻挡风雪，同样需要做许多准备，其中没有一样是可以不经过筹划、不经过思虑就能做成的。所以，人被赋予了理智功能，使他能够思想、筹划和行动，并通过各种劳动来为自己准备和制造食物、住所和衣服，控制其身体的各个器官，使主要和次要器官都发挥它们各自的功能。因此，如果一个人被剥夺了理智功能，仅仅剩下生命力，他不久就会失踪。理智功能是极其高贵的，是所有生物功能中最高级的；它非常神秘，难于

认识，它的真正实质并不像其他功能那样易于了解。

同样，还存在着某种操纵宇宙整体的东西，它推动着宇宙的主要和关键部分，并赋予它们支配其余部分的动力。如果这个东西消失了，那么整个天体连同其主要和次要的部分都将化为乌有。它是宇宙所有部分存在的源泉，这就是上帝；只是在这种意义上，人才被称为小宇宙；人同样拥有一个控制身体中所有力的根本（principal），同样也正出于这种比较，上帝才被称为“宇宙的生命”。所以，《圣经》上说：“指着宇宙的生命起誓。”（《但以理书》，第12章，第7节）

要知道，我们在整个宇宙和个人之间所进行的这种比较，在我们上面所说的所有这些方面都是完全吻合的，只在以下三点上有所不同。

第一，所有具有心脏的动物，其主要器官——心脏——都得益于心脏所控制下的器官，所以，对其他器官有益的，就必然对心脏有益。宇宙构造的情形却并非如此。赋予动力或贡献力量的，并不会从其所控制的事物那里得到任何回报；因为，无论它奉献什么，都是以慷慨的赞助者的方式来奉献的，都不是出于自私的动机，而是出于本能的慷慨和善良，是由于效法至上者（the Most High）的道。

第二，有心脏的动物的心脏，都处于身体之内，并处在身体的中间位置；在那儿，心脏被它所控制的器官包围着。因此，它可以从它们那里获益，它们守卫并保护着它，不让来自外界的伤害触及心脏。宇宙中的情形正与此相反。高级的部分包围着低级的部分，因此前者不受其他东西活动的影响；即使它能受到影响，这种影响也不会来自它以外的什么东西。因此，虽然它影响其内部所包含的一切事物，但它却不受任何物质性东西的力或活动的影响。尽管如此，在这一点上［在宇宙和人之间］仍有一些相似性。在动物身体中，离主要器官远的器官，其重要性要次于离主要器官近的器官。同样，在宇宙中，离中心越近的部分，其混浊性、凝固性、惰性、模糊性和灰暗性就越大，因为它们更加远离那最高级的元素，更加远离光明——它自我推动，其质料是最稀有、最单纯的：来自于最外层的天体。按照同样的比例，离这个天体近一些的天体就会从它获取一些性质，凌驾于低于它的天体之上。

第三，思想能力是人体的一种功能，与身体是分不开的，但是，上帝却不是宇宙体内部的一种功能，上帝与宇宙的所有部分都是分离的。上帝是如何统治宇宙并维持宇宙存在的，还完全是一个谜；人没有能力解开这个谜。一方面，我们可以证明上帝与宇宙是分离的，他的存在与它完全无关；另一方面，我们还可以证明，上帝统治并维持着宇宙的各个部分，甚至是其中最微小的部分。荣耀归于上帝，他的完善超出了我们的理解力。

也许，我们更应该把上帝与宇宙的关系比作绝对的习得理智（acquired intellect）与人的关系；这种理智并不是人体内天生的能力，而是完全与身体分离的，是由外界流向身体的。另一方面，我们还应该把人的理性功能与天体（它是，而且从来就是物体）的理智相比较。但是，天体的理智（纯粹的精神性存在）与人的绝对的习得的理智（同样也是独立的）一样，都是有待深入学习和研究的问题；它们存在的证明尽管是正确的，但却是深奥的，其中仍包含着许多疑问；批评者与攻击者极易从中找到他们批评和攻击的靶子。所以，我们更愿意用一种明确的形式来解释上帝对宇宙的关系，尽管我们只是把这种形式直接表示出来，而没有进行任何证明，但它的任何一点都不会受到反驳。对它的反对只能来自两种人：要么来自无知者，即使真理是极其显然的，他也要加以反驳，就好比一个不懂几何学的人反对早已明确证明过了的基本定理一样；要么来自自欺欺人的、抱残守缺的人。相反，那些希望对这个问题进行研究的人，必须孜孜不倦地研读，直到他们确信我们所说的一切都是真实的，直到他们弄明白，我们对这个宇宙所作的说明，无疑与事物真实存在的秩序是一致的。如果有谁希望，从一个知道怎样去证明可证明的事物的人那里，将这个理论接受过来，那么就让他去接受它好了，并允许他在这个理论之上来建立他的论据和证明。如果有人不愿意盲从权威，拒绝接受这个没有证明的前提，那么就让他自己去钻研吧，最终他会发现，事实与他们所说的毫无二致。“这理我们已经考察，本是如此，你须要听，要知道是与自己有益。”（《约伯记》，第5章，第27节）

在这些初步的说明之后，我要开始介绍这个我曾许诺要作一番介绍和解释的问题。

第 73 章

尽管穆斯林神学家们在观点和使用的方法上不尽相同，但他们有公认的十二个前提；穆斯林神学家企图依据它们来建立他们关于四大原则的理论。我首先列出这些前提，然后分别对它以及可能从中引出的推论加以讨论。

前提一：一切事物都由原子[①]组成。

前提二：存在一个虚空[②]。

前提三：时间由时间原子（time-atoms）组成。

前提四：实体不可能不具有大量的偶性而存在。

前提五：每个原子都充满了偶性（我将对这些偶性进行描述），原子不能离开偶性而存在。

前提六：偶性不能在两个时间原子之间持续存在。

前提七：肯定性质和否定性质都具有现实的存在，它们都是偶性，其存在需要动力因（*causa efficiens*）。

前提八：一切存在物，即所有创造物，都由实体和偶性组成，事物的物理形式同样也是一种偶性。

① 这个词还有“独立实体”（separate substance）的意思。

② 皮氏译本为“instants”（瞬间）。——中译者

前提九：一个偶性不能成为另一个偶性的基础。

前提十：判断想象之物的可能性，并不在于它是否与自然规律相吻合。

前提十一：所有无限的观念都同样是不能接受的，不管它是现实的无限、可能的无限或偶然的无限，即不管这种无限是由固定的同时存在的东西构成，还是由一系列事物组成——其中一部分只有在另一部分消失后才能获得存在——这叫作偶然的无限，二者都没有什么不同。两种情况下的无限，都被穆斯林神学家当作谬误而加以反对。

前提十二：感觉常常出错，使人迷惑，并且在很多情况下无济于事；因此感官所感知的东西，既不能成为规律的基础，也不能成为证明的依据。

第一前提

“宇宙——一切事物都包括在内——是由极小的因而是不可分的部分（原子）构成；这样的原子没有大小；然而，一旦几个原子相互结合，这个结合就有了大小，并因此而形成一个体（body）。”因此，根据穆斯林神学家所持的理论，如果两个原子彼此相结合，每个原子都会成为一个体，于是他们就形成两个体。所有这些原子都一模一样，它们在任何方面都不存在丝毫差异。穆斯林神学家还进一步宣称，任何体都不可能不由这种原子构成，也不可能不由这种同样的原子一个接一个排列而组成。在他们看来，生成（*genesis*）就是组合，毁灭就是分解。他们不用“毁灭”这个词，而是说有以下各种“生成”：组合与分解，运动和静止。他们认为，这些原子并非像伊壁鸠鲁和其他原子论者所认为的那样，在总数上是不变的；在他们看来，只要造物主愿意，它们就会不断被重新创造出来；因此，它们是不可能毁灭的。现在，我要向你解释一下他们有关虚空的观点。

第二前提

关于虚空。早期的穆斯林神学家同样相信存在一个虚空，即一个空间，或几个空间，不包含任何东西，不被任何东西所占据，没有任何实体。这个前提对他们来说是第一个前提的必然延伸。因为，如果宇宙中充斥的都是这种原子，它们又如何能够运动呢？而一个原子进入到另一个原子之中是不可想象的。同样，事物的组合与分解也只能由原子的运动所引起。这样，穆斯林神学家们就不得不假设一个虚空，这样，原子才可能结合、分离，并在那个不包含任何东西或任何原子的虚空中运动。

第三前提

“时间由时间原子组成”，即由许多时间元（units of time）组成，这些时间元由于持续短暂而不可分。这个前提同样是第一前提的逻辑结果。穆斯林神学家无疑看到过亚里士多德是如何证明时间、空间和位移在本质上是相同的，这就是说，它们可以被分割成彼此比例相同的部分：如果其中之一被分割，另外两个也被按照相同的比例进行了分割。因此，他们必然知道，如果时间是持续的并且是无限可分的，那么他们所假设的空间中的原子也必须同样是可分的。同样，如果假定空间是连续的，必然得出，他们认为是不可分的时间元（time-elements）也是可以分割的。亚里士多德在《物理学》（*Acroasis*）这篇论文中已表明了这一点。因此，他们得出结论说，空间不是连续的，而是由不可再分的部分组成；时间也同样被归结为不可分的时间元。例如，一个小时被分为六十分钟，一分钟分成六十秒，一秒钟又被分成六十份，等等；最后经过十次或更多次连续的六十份分割之后，就得到了时间元，它们不能再被继续分割，它们实际上是不可分的，正如空间的情形一样。这样，时间就具有了位置和顺序。

穆斯林神学家们并没有完全弄懂时间的本质。这不足为怪，因为若是连最伟大的哲学家在探讨时间的本质时都感到困窘，若是连他们中的一些人都完全无法理解时间到底是什么，若是连伽林（Galenus）都声称时间是神圣的与不可理解的，那么对于那些不关心事物本质的人，我们又能指望些什么呢？

现在，我们来看一看穆斯林神学家由这三个前提所得出的结论，他们把这些结论当作真理接受下来。他们认为，运动就是一个物体中的所有原子从一点向另一点的转移；因此，两个处于运动中的物体，它们的速度不可能一个比另一个大。然而，当观察到两个物体在同一时间内越过不同的空间时，他们并不把这种差异归因于这样一个事实，即越过较大空间的物体速度较快，而是将它归因于环境，我们平常所说的慢的运动，被他们解释为静止的瞬间多一些，而平常所说的快的运动，则被解释为静止的瞬间少一些。当表明由一个强弩中射出的箭的运动与他们的理论相冲突时，他们声称，在这种情况下运动同样也被静止所打断。他们相信，若是人以为箭是持续运动的，那么是他的感官有误，正如他们在“前提十二”中所说的，有许多事物是感官所无法感知的。然而，我们要问他们：“你观察过完全处于旋转之中的磨盘吗？在同一时刻，石头的最外沿上的每一点画了一个大圆，而离中心较近的点则画了一个较小的圆。你不能说后者的运动被更多的静止瞬间所打断；因为整个运动整体，即磨盘，是一个结合在一起的整体。”他们回答，“在这个圆周运动中，磨盘的各个部分是彼此分离的，离中心近的部分的运动比外面的部分的运动更经常地被静止的瞬间所打断。”我们又问，“这个我们感知为一个整体、不易击碎，甚至用锤子都不容易敲碎的磨盘是如何在它运动时分解为原子，一旦当它静止下来就返回它的初始状态，又变成一个复合的整体，然而却没有人能看见［石头］破碎呢？”他们的回答还是求助于“前提十二”，声称感官感知的结果是不可靠的，只有理性的证明才是可以接受的。从上述这些例子中，你已看到了由这三个前提所得出的极其荒谬的推论，但这还不是最荒谬的，从与虚空的存在有关的前提中得出的结论更荒诞不经、更不着边际。还有比上述关于运动理论更荒谬的说法，他们竟然说正方形的对角线与其边长相等，有的穆斯林神学家甚至认为正方形并不是真实存在的东西。总之，接受第一个前提，就意味着抛弃所有几何学上业已证明的东西。这样一来，几何学中的命题就要被分为两类：一些证明是完全无效的，必须绝对抛弃的，比如，线与面的可通约性与不可通约性、有理和无理的线、欧几里得第十卷书以及与其类似的著作中所包含的一切命题；另一些命题则仅仅是部分正确的，比如，平分一个线段，如果线段是由奇数个原子组成的，那么根据穆斯林神学家的理论，这条线段是不能二等分

的。另外，由沙克尔（Banu Shakir）所写的著名的《天才的设计》（Book of Ingenious Devices）中包含了一百多种天才的设计，所有的设计都经过证明并付诸实施；然而，如果真的有一个虚空，这些证明则一个都不能成立，而且［书中所设计的］许多水利设施都建造不起来。尽管这样的前提根本不值一驳，但是［穆斯林神学家］还是殚精竭虑为它们以及诸如此类的前提的有效性进行辩护。我现在要继续讨论前面提到的其他前提。

第四前提

如果穆斯林神学家是以这种方式说出这个前提："事物的偶性真实存在着，它们是附于其自身质料之上的某种东西，没有任何物质性的东西不具有偶性。"那么，它就会是正确的、简明的、清晰的和毋庸置疑的。然而，他们并没有到此为止，他们进一步声称，不具有生命属性的实体则必然有死亡的属性；因为它必然始终在两个相对的性质中居一。他们认为，颜色、味道、运动或静止、结合或分解等，可以被用来描述所有的实体，并且，如果一个实体具有生命属性，那么，它就一定同时拥有一些其他种类的偶性，比如，聪明或愚蠢，意志自由或正好相反，强大或软弱，颖悟或任何与其相反的偶性，总之，它必然具有有生命的东西所具有的所有这些相互反对的偶性中的这个或那个。

第五前提

"所有上述这些偶性都存在于原子中，若缺少任何一种，原子都不能存在。"这个前提的含义是这样的：穆斯林神学家说，每个由上帝所创造的原子必然具有偶性，如颜色、气味、运动或静止，但量这种偶性不在其列；因为，依照他们的观点，原子没有大小，他们不把量称为偶性，也不把偶性的法则应用于它。按照这个前提，当物体中显现一种偶性时，他们不说这种偶性是这个物体整体所特有的，而是说这种偶性存在于构成物体的所有原子的每个原子之中。比如，拿一堆雪来说，白并不存在于整堆雪之中，而是，雪的每个原子都是白的，因此，这些原子的结合同样也是白的。他们还说，当一个物体运动时，因为它的每个原子都在运动，所以整个物体才处于运动之中。同样，依他们之见，生命也存在于动物的每个原子中。在他们看来感官亦是如此；他们在聚集在一起的每个原子中都发现了感知的功能。在后面对他们的理论的进一步的讲解中将表明，生命、感觉、理智和智慧，就像黑与白一样，都被他们当作偶性。

关于灵魂，他们的观点并不一致。其中得到最广泛认同的观点是这样的：灵魂是存在于构成（比如人）的诸原子中的一个原子之中的一种偶性；因为这个原子具有这种偶性，所以它所存在于其中的整体就被称为一个具有灵魂的存在。另一些人认为，灵魂由极精细的原子构成，这些原子具有某种特殊偶性，凭借着这种偶性，它们才形成了灵魂，这些原子与身体的原子混合。因此，他们主张灵魂是一种偶性。

关于理智，我发现他们的看法是一致的，他们认为，理智是这样一种偶性，它只存在于构成整个理智存在物的所有原子之中的一个原子里面。但是，关于知识，在他们中间则存在着混乱；他们不能肯定，它是每个构成知识整体的原子的一种偶性，还是仅仅属于其中的一个原子。一旦向他们指出下面这样的事实，这两种观点就会被归谬法所证伪。一般来说，金属和石头具有特殊的颜色，这是毋庸置疑的，但是当它们被研成粉末时颜色就消失了。深绿色的矾被研磨后变成白色的粉末；这表明，这种偶性只存在于整体中，而并非在原子之中。下面例子中所讲的这个事实就更有说服力：当动物的一些部分被砍掉时，这些部分就死亡了，这证明［生命的］偶性属于动物这个整体，而并非属于它的每个原子。为了反驳这个批评，他们说，偶性不是持续存在的，而是不断被更新的。在讨论下一个前提时，我将解释他们的这种看法。

第六前提

“偶性不存在于两个时间原子之间。”这个前提的意思是这样的：他们相信上帝在创造一个实体的同时也创造了它的偶性；绝不能说造物主创造了一个没有偶性的实体，因为那是不可能的；偶性的本质特性就在于，它不能在两段时间，即两个时间原子之间持续存在；偶性被创造出来之后，就立即被彻底摧毁，然后，另一个同一种类的偶性又被创造出来；这一个又被摧毁，接着，第三个同一种类的偶性又被创造出来，只要上帝愿意［在那个实体中］保持这种偶性，这种过程就会一直继续下去；但是他能够依据他的意志在这同一个实体中创造出不同种类的偶性，如果他打算中止这个创造，不再创造新的偶性，那个实体就会立刻消灭。这是穆斯林神学家所持有的观点之一；他们中的大多数人都接受了这种观点，这就是所谓的“偶性创造论”。然而，他们中有些人（他们都属于穆尔太齐赖派）则认为，有些偶性能在一段时间内持续存在，而另一些偶性则不能在两个时间原子间持续存在；他们并没有一个固定的可资遵循的原则来判定哪一类偶性具有持续性，哪一类偶性则没有。这个主张的目的在于反对这样一种理论，这种理论认为，存在一种自然力，每个物体均可从中获得其所特有的这样或那样的性质。他们宁愿假设，是上帝自己直接创造了这些性质，而无须借助于自然力或任何其他中介。然而，这么说就必然意味着，任何偶性都不能持续存在；如果说某些偶性在持续一段时间后消失，变成非存在，那么就必然会引出这样的问题，是什么致使它变成非存在的呢？如果说是上帝凭借他的意志使它变成非存在，在他们看来，这个答案是不能令人满意的。因为一个作用者不会通过活动而产生非存在，非存在根本不需要任何作用者；实际上，一旦作用者停止了活动，其产物也就终止了［非存在也就随之而产生］。这在某种程度上是正确的。这样，既已认定了这种理论——即认为不存在事物的存在或非存在所凭借的什么自然力——他们就不得不假定，事物的性质是连续不断地被重新创造出来的。在一些穆斯林神学家看来，如果上帝想取消某物的存在，他就不再创造它的偶性，结果，物体消失了。然而，其他的人却说，若是万能的上帝愿意摧毁这个世界，他会创造毁灭的偶性，这种偶性无须任何基质（substratum）。宇宙的毁灭就是把这种偶性与存在的偶性相连接——根据这个［第六］前提，他们说，我们以为染成红色的布，实际上绝非是我们染成的，而是当布与红色染料接触时，上帝在布之中创造了颜色；我们认为颜色已渗透到布中，但是他们却声称并非如此。他们说，上帝通常都是这样做的，比如，只有在把布与靛青相接触时，他才创造出黑

色；但是这个黑（上帝在布与黑色颜料相接触时所创造的）是不能持续存在的，另一个黑又马上取代它；他们还说，上帝一般在黑色消失后会再创造一个黑色，而不是一个红色或一个绿色，而是又创造了一个黑色。

根据这个原则，今天我们所具有的关于某物的知识与昨天我们所具有的关于它的知识并不是一个；因为那个知识已消失了，另一个与其相似的知识又被创造出来。他们深信事实确实如此，因为知识是一种偶性。同样，在那些相信灵魂是一种偶性的人看来，灵魂在每个动物里面每分钟都得到更新，比方说每分钟十万次；因为，正如你所知，在他们看来，时间是由时间原子组成的。依据这个原则，他们说，当你看到一个人在移动一支钢笔时，实际上并非是他在移动它；钢笔中所产生的运动是上帝已经在钢笔中创造了的一种偶性；表面上看来手移动笔的运动，实际上也是上帝在运动的手中所创造的一种偶性；是上帝使手的运动和钢笔的运动彼此紧紧相随，而不是手使钢笔产生运动，手不是钢笔运动的原因；因为他们认为，偶性不能由一个物体传递给另一个物体。因此一些穆斯林神学家争辩说，放入装满靛青的容器中的白布并不是被靛青所染黑的；因为黑是靛青的一种偶性，它不能由一个物体转移到另一个物体上去。在他们看来，任何事物都不具有活动的能力；真正的作用者就是上帝，并且［在上述例子中］当布与靛青接触时，是他在布的实体中创造了黑，因为这正是他所惯用的方式。总之，大多数的穆斯林神学家认为，决不能说一个事物是另一个事物的原因；他们中假设因果关系的人因此而受到谴责。然而，说到人的行为，他们的意见存在着分歧。他们中

的大多数人，特别是艾什尔里派，认为当钢笔处于运动状态时，上帝创造了四种偶性，其中任何一个都不是另外一个的原因，只有在考虑到其共存的时间时，它们才相互关联，彼此之间除此之外再没有其他关系了。第一个偶性是人想移动钢笔的这个意志，第二个是人这样做的能力，第三个是身体的运动本身，即手的运动，第四个是钢笔的运动。他们认为，当一个人想要做某事，并且，正如他们所想的那样去做了，那么，首先是他的意志被创造出来，然后，他做他想要做的事的能力被创造出来，最后是他的行动本身。人的行动并不是由在他体内所创造的能力来完成的；因为实际上，这种能力对于行为不产生任何影响。穆尔太齐赖派则主张，人的行动凭借在他体内所创造的能力。有一些艾什尔里派成员声称，人所具有的能力参与了行动，并与之相关联，他们这种观点遭到他们之中大多数人的反对。穆斯林神学家普遍认为，人所具有的（被创造的）意志和（被创造的）能力以及——在他们一些人看来——他所具有的（被创造的）行动，都是不能持续性存在的偶性。在钢笔的例子中，只要钢笔在运动，上帝就不停地在一个运动之后创造另一个运动；只有当上帝在其中创造静止这种偶性时，它才停止运动；并且，只要钢笔是静止的，上帝就不停地在它里面创造静止这种偶性。因此，在每一个这样的瞬间，即每一个时间原子，上帝在每个存在着的个体中创造一些偶性，比如，在天使里，在天体或其他事物里面；这种创造不停地进行，没有间断。在他们看来，这就是对上帝是动力因这一教义的解释。然而，我以及一切有理性的人，要这样来回答那些理论："你们要像愚弄凡人一样来愚弄上帝吗？"实际上，他们在说这些

话的时候，不过是把别人都当成了傻瓜。

第七前提

“缺乏某种性质本身就是存在于物体中的一种性质，是某种附加于其实体之上的东西，是一种实在的偶性，它不断地被更新，而一旦毁灭就又被重新制造出来。”他们之所以持这种观点，是因为他们不明白静止就是缺乏运动，死亡就是缺乏生命，盲瞽就是缺乏视力，因此一切否定性质都是相应的肯定性质的缺乏。根据他们的理论，运动与静止之间的关系与热与冷之间的关系是一样的。就是说，正如热与冷是存在于两个具有热与冷的性质的物质之中的两种偶性一样，运动是存在于运动之物中的一种偶性，静止是存在于静止之物中的一种偶性；正如我们在讨论前一个前提时所说过的，在他们看来，这种偶性不能在两个连续的时间原子之间持续存在。因此，当一个物体处于静止时，上帝就在那个物体的每一个原子中创造了静止，只要这个物体保持静止，上帝就连续不断地在一个静止消失后创造另一个静止。他们认为，人的聪明和愚昧也同样如此；愚昧在他们看来是一种实在的偶性，只要某人对某事依然蒙昧无知，那么，愚昧这种偶性就要不断地经受毁灭与创生的变化。死亡和生命也是偶性，正如穆斯林神学家明确宣称的，在生物的整个存在过程中生命被不断地毁灭和更新；当上帝注定它死亡时，他就在它里面继生命的偶性之后创造死亡的偶性，生命这种不能在两个时间原子之间持续的偶性就消失了。这些都是他们所明确宣称的。

这个前提的逻辑结果就是，上帝所创造的死亡偶性即刻就消

失了，被另一个由上帝再次创造的死亡所取代；否则死亡就无法持续下去。这样，死亡在生命每一刻都以相同的方式被不断地创造出来。然而，我想知道，上帝在一人身体里创造死亡要创造多久。他是在形体完整不变时这样做还是只要这些原子中的一个存在着就这样做呢？因为在身体的每个原子中，上帝所创造的死亡偶性都被不停地制造着，而且我们曾发现过几千年以前死亡的人的牙齿；我们看到，那些牙齿还没有被剥夺存在，因此，死亡的偶性在这几千年中一直被不断地更新，因为按照在那些理论家们中间盛行的观点，死亡总是不停地被死亡所取代。有些穆尔太齐赖派成员认为，存在着这样一些情况，在这些情况下，缺乏某种物理性质本身并不是一个真实的性质，软弱是缺乏力量，愚昧是缺乏知识；但是却不是每一种否定性质都可以这么说：不能说黑暗仅仅是缺乏光明，或者静止是缺乏运动。这些否定性质，在他们看来，是真实地存在着的，而其他否定性质则被看作是非存在，这完全是为了迎合他们的信念。与探讨偶性的持续性一样，他们在这里又故伎重演，他们主张，有些偶性存在时间长，而另一些偶性则不在两个时间原子之间持续存在。他们的唯一目的就是使宇宙服从于他们所特有的观点和信念。

第八前提

“除了实体和偶性，什么都不存在，事物的物理形式属于偶性。”这个前提的目的是要表明，所有的物体都是由同样的原子组成的，正如我们在解释第一个前提时所指出的。物体彼此间的差异是由偶性所引起的，别无他因。动物性、人性、感性和语言被看作是同黑与白、辣与甜一样的偶性，两类人中两个人的差异，与一类人中两个人的差异，没有什么不同。同样，天体、天使的体、神座（Divine Throne）的体——假设像他们所想象的那样存在这种体——以及在地上爬行的任何东西的体、任何植物的体，都有一个并且是同样的实体；它们只在偶性的特殊性上有所不同，别无其他；所有事物的实体都是由同样的原子构成的。

第九前提

“任何一个偶性都不能成为另一个偶性的基础；不能说这是基于某个事物的偶性，而这个事物本身又是基于某个实体的一种偶性。所有偶性都直接与实体相联系。”穆斯林神学家否认偶性与实体间接相联系，因为若假定这样一种关系，必然会得出这样的结论：除非前一个偶性正存在于实体中，否则，后一个偶性就不可能存在于这个实体中；他们想表明，这些偶性可以存在于每一个可能的实体中，而这种实体并不需要任何其他偶性事先在其中为它准备某种特质。因为，根据他们的观点，所有偶性都提供这种特质。他们还提出了另一个论据［来支持这个前提］，即作为某些属性的载体的基础，必须是稳固的并且能在一定时间内持续存在；那么，偶性——在他们看来——不能在两个瞬间持续存在的东西，如何能成为其他东西的基础呢？

第十前提

这个前提与穆斯林神学家所说的“可取性”（admissibility）理论相关，并构成了凯拉姆派教义的主要原则。我们来看看它的含义。他们说，只要是能想象出来的东西就同样可以为理智所接受；比如，从理智的角度看，地球变成包容一切的天体（all encompassing sphere），或者这个天体变成地球，这都是可以接受的；或者，火的天体向中心运动，而地球移向外围天体，这也是可以为理智所接受的。为什么一个物体必须在这个地方而不在那个地方，人类理智对此找不出任何原因。同样他们说，存在物大于或小于它实际所是，或者是在形式上或位置上不同于它实际所是，这都是可以为理性所接受的一种可能性；比如，一个人可能有一座山那么重，可能长着几个头，可能会在空中飞，或者，一头象可能像一只昆虫那么小，而一只昆虫则可能像同一头大象那么大。从理智的角度来看，所有这些不同都是可以接受的。他们把这种接受其可能性的方法应用整个宇宙。一旦他们认为某个事物属于可接受其可能性的这一类时，他们就说，它可以具有这种形式，也可能具有另一种形式，因此，一种形式并不比另一种形式有更大的可能性；但是，他们并不看一看事实是否与他们的假设相符。他们说，事物以固定不变的形式、大小和性质而存在着，这只是由于因循习惯的结果，正如国王总是骑在马背上从城市的街道上穿过，从没有看见他违背这一习惯；但是，理性并没有发现他步行穿过城市有什么不可；无疑，他可以这么做，这种可能性是为理智所完全接受的。同样，土向中心运动，火则远离中心而动；根据习性，火生热，水生冷。但是，这个习性反转过来在逻辑上也不是不可能的，即火该生冷，向下运动，并且仍然是火；水该生热，向上运动，并且依然是水。他们的整个大厦都建构在这个假设之上。尽管如此，他们承认，在同一实体里两种相反的性质不

可能同时存在。这是不可能的；理性不能接受这种可能性。他们进一步认为，理性亦不接受这样一种可能性：一个实体可以没有偶性而存在。他们中的一些人还主张，偶性可以没有实体而存在也同样是不能为理性所接受的。实体不可能变成偶性，偶性也不可能变成实体，一个实体也不可能进入另一个实体之中。他们认识到，从理性的角度看，这些是不可能的。的确，对于他们描述为不可能的东西，我们无论如何不可能形成任何观念，而对于那些他们认为是可能的东西则可以。哲学家们反对这种方法，他们说，你们把一个事物称为是“不可能的”，因为它是不可想象的，你们把一个事物称为是“可能的”，因为它是可以想象的；这样，你们就把想象力而不是理智所认可为可能的东西当作是可能的，因此，你借助想象力——而并非运用理智——有时是通过一般的常识，来断定一个事物是必要的、可能的或是在某些方面是不可能的，正如阿尔法拉比在谈到穆斯林神学家所谓的“理智”时所说的。显然，他们把可想象的说成是可能的，而不管事实是否与之相符，并把不可想象的称为是不可能的。这个前提只能建立在前面所提到的九个前提之上，显然，也正是为了支持这个前提，他们才在它之前对那几个前提进行了解释。在我向你表明这一理论的关键之后，你对此就会看得更加清晰，现在，我要假设一场发生在一个穆斯林神学家和一个哲学家之间的争论，以这种方式来向你进行展示和说明。

穆斯林神学家问哲学家：我们发现铁的实体极其坚硬、牢固，颜色灰暗；然而，乳脂这种实体即极其柔软洁白，其原因何在？哲学家是这样回答的：所有物理实体都有两类偶性：一些与其质料相关，比如人的健康与疾病；一些与其形式相关，比如一个人的惊惧和欢笑。复合体的实体在最终形式上相去甚远，是因为构成它的每一个组成部分的质料的形式不同。因此铁的实体在其性质上就变成与乳脂的实体截然不同，这种不同伴随着偶性的差异。因此你会注意到，一个坚硬，另一个柔软：这两种偶性不同的原因在于其实体形式不同；而灰暗与洁白这两种偶性的差别则是由于其主要质料的不同。这个穆斯林神学家用他的前提来反驳这个回答，他就像我这样说：根本没有你所说的那种可以改变实体并由此而使实体彼此不同的形式；这种不同完全是由偶性造成的——根据我们在解释第八前提所提到的凯拉姆的理论。于是他继续说道：在铁的实体和乳脂的实体之间并不存在任何差异；所有事物均由同一种类的原子组成。我们在讨论第一前提时已表明的穆斯林神学家的观点，并且正如我们所示，从这一前提必然推出第二和第三前提。为了确立原子论，他们还需要第十二前提。在穆斯林神学家看来，说有某种偶性可以决定实体的性质，或者使它倾向于接受某些别的偶性，这是不正确的；因为在他们看来，一种偶性不能成为另一种偶性的基础，正如我们在解释第九前提时所表明的；根据第六前提，他们也不承认偶性有任何持续性。当穆斯林神学家希望从这些前提中所推导出的一切业已确立的时候，他们就得出了这样的结论：构成乳脂和铁的原子是相同的。每个原子与其每个偶性的关系是同等的；一个原子不比另一个原子更适于接受某种偶性；因为并非有某个原子更适于运动而不是静止，所以，一个原子不会比其他原子更易于接受生命、理性、感觉这些偶性。从这一点上讲，一个事物所包含的原子或大或小

并不重要，因为在穆斯林神学看来，［事物的］偶性存在于它的每个原子之中，正如我们在讨论第五前提时所说过的。因此，所有这些前提都导向这样一个结论，即一个人并不比一只蝙蝠构造得更好，从而也不比它更智慧，他们还由此得出了这个［第十］前提所讲的可取性理论。他们使尽浑身解数来证明这个前提，因为这个前提对他们来说是再合适不过，他们可以用它来确立任何希望确立的东西，我们将对此加以解释。

附释。读者切记，如果你了解灵魂的本质及其性质，如果你对每个与灵魂相关的事物都拥有一个正确的看法，那么你就会发现，大多数动物都具有想象力。人的独特之处不在于他具有想象力，想象力的活动与理智的活动不是相同，而是相反。因为理智进行分析，并把事物的组成部分分解开来，形成关于它们的抽象观念，用它们的真正形式和它们的因果关系来表示它们，理智从一个对象中引出大量的事实，这些事实在理智看来是彼此截然不同的，就如同对于想象力来说，两个人看起来互不相同一样；理智将类的共性与个体的特性区别开来，——只有建立在前者之上的证明才是正确的；理智进而断定事物的某些性质是本质的还是非本质的。想象力不具有这些功能。想象力只能感知个体以及呈现于感官的复合整体；或者是把分立的事物组合起来，将一个与另一个结合在一起，把这种组合视为一个整体或这个整体中的力。正因如此，一些人才想象人长着马头、生有翅膀等。这叫作虚构、幻想；这样的东西在现实中找不到。无论使想象的形式变得怎样抽象，想象力都不可能获得某一物体的纯粹的非物质的想象。因此，想象力无法判定一个事物是否是现实的。

看吧，数学的法则将会使我们怎样获益匪浅，我们从中所获得的前提又是多么精彩绝伦。要知道，有些事物如果人用想象力去衡量是得不出任何结果的，他只能发现它是不可想象的，就像一个物体中同时具有两种相反的性质一样不可想象；这些不能为想象力所表象的事物，其存在同样也无法通过证明来确立，亦不能通过其自身的现实性得到证实。比如，你可以设想一个大的球体，你想象它多大都可以，即使像包容一切的那个天体那么大也行；再想象从它中心穿过一个轴，两个人分别站在轴的两个极上，他们把双脚与轴放在同一条直线上，这样他们的脚与轴形成一条直线，那么，这条线必在这两者中居一：要么是水平的，要么不是。如果是水平的，二人就会同时掉下来；如果不是水平的，那么就要有一个人掉下来，即站在较低一极的人会掉下来，另一个仍保持站立。这是我们的想象力所能领会的情形。然而，早已证明地球是球形的，在它的直径的两端上都居住着人，这两边的居民都头向着天，他们的脚彼此相对，但是他们却不会掉下来，也不可能想象他们掉下来；因为说一极在上面，一极在下面是不正确的；从它们彼此相对的位置来看，"上面"和"下面"这二者对它们都适用。同样，在关于《锥体截面》[1]一书的第二卷中已证明，最初相隔一定间距的两条线，当它们被延长时，它们会按一定的比例彼此接近，但却永不相交，即使它们被无限延长，尽管它们看上去是在彼此不断地接近。这是一个不易构想的事实，它已超

① 迈蒙尼德指的是希腊数学家阿波罗尼（Apollonius）的《锥体截面》，第二卷，定理八。

出了想象力所及。正如前面提到的那本书中所说，这两条线其中一条是直线，另一条是曲线。因此已清楚证明，想象力无法想象或理解，甚至在它看来是不可能的事物，无疑真实存在着。同样，想象力所认为是必然的东西也可以证明为是根本不可能的，比如，上帝具有形体或把他想象为物体中的力。想象力只能感知形体或形体所具有的性质。

这样就已清楚表明在人体中存在某种完全不同于想象力的功能，通过它，必然性、可能性与不可能性可以被彼此区分开来。这个探讨是相当有益的。对于渴望使自己免于那些被想象力所误导的人们所犯的错误的人来说，他将因此而受益无穷！不要以为穆斯林神学家完全忽视了这一点；相反，他们在某种程度上的确对它作了考虑；他们明白这一点，并把那些不具现实性但可以被想象的东西——比如上帝的形体——称为幻象和想象；他们反复强调，这种幻象是不真实的。正因如此，他们才提出前九个前提，并以此为建立起第十前提的证明，根据这个前提，所有那些想象中的、他们希望把它当作是可能的事物就都成为真正可能的了，因为所有原子都是相似的，一切偶性在其偶然性上都是平等的，我们已对此作过说明。

想想看吧，读者，并且要记住，这还有待更深一步的研究。因为有一些观念在某些人看来是建立在理性的基础之上，而另一些人则把它仅仅当作是幻象。因此，不必寻找可以将理性概念与纯粹幻想区分开来的东西。当哲学家陈说——他实际上也是这么做的——“我以现实为证据，通过它来辨明一个事物是必然的、可能的还是不可能的。”信奉宗教的人（religionist）回答说：“我们之间的分歧正在于此；在我看来，实际存在的东西是由造物主的意志产生出来的，而不是由于必然性；既然它被创造出来带有这种性质；那么，它同样也可以被创造出来带有那种性质，除非通过符合逻辑的证明来证明所假设的是不可接受的。”

关于［想象事物的］这种可取性我还要作进一步讲解，在本书的另外几个部分我还要重新回到这个问题上来；因为这并非是一个迫不及待需要立刻加以反驳的问题。

第十一前提

“从任何角度来看，无限的存在都是不可能的。”以下是对这个前提的解释。物体在量上无限已被明确证明为是不可能的；同样可以说，物体在数目上无限也是不可能的，即使其中每个物体都是有限的，而无限多的物体同时存在是不可能的。同样，也不存在一个无限的原因系列，即某一物是另一物的原因，而这一物又另有其因，因又有其因，如此以至无穷，或者是指处在一个无限系列中的事物（或者是物质的，或者是观念的）都现实地存在着，并且彼此互为因果关系。这种因果关系是自然的本质秩序，正如已充分证明过的那样，在其中，无限是不可能的。但是，对于可能或偶然的无限在某些情况下是成立的；例如，我们已经证明，一个物体被无限分割是可能的，同样时间也可以被无限分割。而在其他情况下，这个问题还有待研究，比如无限连续的存在，我们把这种无限称为偶然的无限，即在一系列事物当中，一个事物消失后另一个事物出现，后者亦是继其前者消失后才出现的，如此以至无穷。这个问题还有待进一步探讨。

那些自吹已证明宇宙的永恒性的人说，时间是无限的；这种说法并不必然是荒谬的；因为只有当一个原子消失时，其他原子才随之而出现。当他们声称实体的偶性在一个无限的系列中彼此相继时，也并不是绝对错误的，因为这些偶性并不是共存的，而是一个接一个相继出现，而在这种情况下，其无限的不可能性并没有得到证明。然而，穆斯林神学家没能区分物体在量上的无限与物体或时间的无限可分割性，没能分清无限多的事物的共时存在（如现在活着的一个又一个人）与无限多事物的连续存在（如雅各的儿子流便，以撒的儿子雅各，亚伯拉罕的儿子以撒等，以至无穷）。在他们看来，后者与前者同样是不可接受的；他们认为无限的这四种形式是完全一样的。有些穆斯林神学家企图建立关于上面所说的无限的最后一种形式的前提，并证明其不可能性，他们所借以证明的方法我将在本文中加以阐释；另一些人说这种不可能性是一个自明的公理，无须任何证明。如果说无限多事物可以连续存在，那么，无疑，尽管其目前存在的环节在数目上是有限的，那么，宇宙永恒性的不可接受性也同样是不证自明的，同样不需要任何其他前提来证明。但是，我们在这里所探讨的并不是这个问题。

第十二前提

“感官并非总是靠得住的。”穆斯林神学家对感官的感觉吹毛求疵有两个原因。第一，许多事物感官无法感知，或者是因为对象太小，如前面所说的原子；或者是由于物体距想要感知它的人太远；例如，相距数里，我们就看不见、听不见也嗅不到；我们同样感觉不到天体的运动。第二，感官对其感觉对象发生错觉：一个大的物体从远处看上去很小；一个浸在水中的小物体看上去比实际要大；当一个弯的东西一部分放在水中，一部分露出水面时，它看起来是直的；黄疸病人所见到的东西都是黄的；舌头溃疡的人把甜的东西尝成是苦的；他们讲了许多诸如此类的事情。所以，他们说，我们不能过分信赖我们的感官，不能凭借它们的感觉来建立任何证明。不要认为穆斯林神学家只是盲目地遵从这一前提。可是，像大多数后来的穆斯林神学家所声称的那样，他们的前辈确立原子的存在并不是出于某种特殊的需要。相反，这里所提到的每一个前提都必不可少；若是其中的一个被驳倒，整个理论就会被颠覆。实际上，这最后一个前提是最为重要的；因为一旦我们感官所感觉到事物与前面所说的任何一个前提相悖，穆斯林神学家就会说，不要管感官的感觉，我们应注重由理智的明证性所支撑的，并且是建立在（像他们认为的那样）证明的基础上的前提。因此他们说，连续的运动为静止的瞬间所打断；磨盘在其运动过程中碎成原子；衣服的白色消失了，又有另一个白取而代之。所有这些论调都与眼睛所见到的事实相反。还有许多从他们所假设的虚空的存在之中引出的推论，也都与感觉相违。但是，穆斯林神学家却可以用这样的说法来进行反驳（他们随时都可以这么做）：这些都是感官所无法感知的；在另一些情况下，他们则说这是由于感觉的欺骗性。你知道，这种理论古已有之，是智者们（Sophists）的拿手好戏，他们自豪地说，是他们发明了这个理论；关于智者，正如伽林（Galen）在他的《论自然力》[①] 一

① 所指的这一段在该书的第 1 卷，第 2 章。原文为（见 A. T. Brock 的译

书中所说，他们指责感官骗人，并把一切事物都联系起来，这你是非常清楚的。

讨论了这些前提之后，现在我要解释穆斯林神学家关于前面所说的四个问题的理论。

本）:“然而，智者们尽管承认面包变成血液后的确在视觉、味觉和触觉上都发生了改变，但他们却不承认这种变化是实际上发生的。因此，他们中的一些人认为，所有这些现象都是我们感官的骗局和幻象；他们说，感官一会儿受这种影响，一会儿又受那种影响，而感官下面的实体却不承认任何这些所谓的变化。”

第 74 章

在这一章里，我将大致勾勒出穆斯林神学家企图借以证明宇宙并非永恒的那些证明的轮廓。当然，你决不会希望我逐字逐句地引述他们冗长的争论；我只想给出每一个证明的大要，以表明这个证明是如何帮助他们建立起上帝从虚无中创造宇宙的理论或如何驳倒宇宙的永恒性的，特别强调了那些他们用以支持其理论的前提。如果你去读一读他们的名篇以及卷帙浩繁的著作，你会发现，凡是在目前这个概述中所提到的他们用来支持其观点的论据，没有任何一个是一带而过，相反，你只会发现，在那里它们被用更丰富的词汇、被更优雅、被更精致地表达出来；或许是为了哗众取宠，震慑那些可能会抨击他们的人，他们常常运用押韵、节奏以及诗词句法，有时用一些隐秘的句子。在他们的著作中，你还会看到，观点被反复申明；问题被提出来，并且像他们自以为的那样，得到了回答；同时，他们还要不断反击那些与他们意见不一的人。

第一种论证

有些穆斯林神学家认为，只要证明一个事物是在时间中创生的，那么他们就证明了整个宇宙是从无中创造的。例如，萨义德这个人，他由一滴精液逐渐演变，发展到他的完备状态，这种变化和发展无疑不是通过他自身的努力而实现的，只能归功于外在的力量。因此，显然需要一种力量来进行这种组织和连续的转变。一棵棕榈树或任何其他的东西，都可以同样被选来说明这个观点。他们说，整个宇宙与这些例子相似。你看到了吧，他们就是这样相信从一个特殊事物中所发现的法则可以同样应用于所有的事物。

第二种论证

这个论证同样是建立在这种信念之上：一个事物在时间中被创生这一事实就能证明整个宇宙是从无中创造的。比如，某个名叫萨义德的人，他在过去的某一时刻并不存在，后来就出现了；如果假定他的父亲阿莫尔是他存在的原因，阿莫尔本身必定同样也经过由不存在到存在的过程；再假设萨义德的父亲毫无疑问源于哈里德，即萨义德的爷爷，就会发现哈里德本身也并非是亘古就有的，这个原因链条会这样回溯到无限。但是，这种存在的无限链条从穆斯林神学家的理论来看来是不可接受的，我们在讨论第十一前提时已说明了这一点。在这个原因的不断推导中，你最后找到了那第一个人，他没有父母，这就是亚当。于是你当然会问，这第一个人又从何而来？比如，我们回答说他是由土造出来的，你就会再问，“土又从哪里来？”“从水中来。”“水又从哪儿来？”这个追问会继续下去，要么是无限地问下去，这是荒唐可笑的，要么直到你找到某个东西，它的存在源于绝对的非存在；在后一种情况下，你将达到实在的真理；这一系列的追问到此结束

了。按照穆斯林神学家的观点，这个问题的结果证明，整个宇宙的存在都是来自于绝对的非存在。

第三种论证

事物的原子，必然要么相互结合，要么相互分离，即使同样的原子，也可以在此一时相结合，而在彼一时又分散开来。因此，很显然，原子的本质并不必然决定它们的结合与分离；因为假如它们是由于其本质才结合在一起的，那么它们就再也不可能被分开。因此，原子为何要结合而不是分离，或者相反，为何处于分离状态而不是结合状态，这并没有任何原因。我们看到，有些原子彼此结合，另一些原子则相互分离，还有一些原子正经历着这种变化，有时被结合起来，有时又被分开，因此，这个事实证明，有一个作用者，是他使原子相互结合或分离。在穆斯林神学家看来，这个论据证明了宇宙是从虚无中被创造的理论。你已知道，进行这种论证的人，运用了穆斯林神学家的第一前提及其全部推论。

第四种论证

整个宇宙由实体和偶性组成；每个实体都必然拥有一个或多个偶性，并且，因为偶性并非是永恒的，所以，实体——偶性的基础——也不可能是永恒的；因为结合于短暂事物中的东西不能离开这些事物而自身是短暂的。所以整个宇宙有一个开端。持相反意见的人说，实体可能会是永恒的，而偶性，尽管从其自身来讲是有限的，但它们在一个无限的系列中彼此相继；他们回答说：这样必然得出有无限多的有限事物存在，在他们看来，这是荒谬的。这个论证被他们认为是最好的、最保险的论证，他们中的许多人都把它当作是一个严密的证明。接受了这个论证，就意味着承认以下三个前提，善于思考的人对此一目了然。(1)一个事物继另一个事物消失后出现，这样一个无限的事物系列是不可能的。(2)所有的偶性都有一个开端。我们的敌手（维护宇宙永恒论的人）只要指出一个具体的偶性，即天体的圆周运动，就可以驳倒这个前提；因为在亚里士多德看来，这种圆周运动是永恒的，所以，根据他的观点，进行这种运动的天体同样也是永恒的。证明所有其他偶性都有一个开端是徒劳无益的；因为我们的敌手并没有否认这一点，他说，偶性可以附着于一个永恒存在的对象之上，可以彼此接替。他这样来自圆其说，他说这种具体的偶性，即圆周运动——天体的运动是永恒的，并且不属于有限的那类偶性。因此，我们有必要研究一下这个圆周运动偶性，并证明它不是永恒的。(3)进行这种论证的人所接受的下一个前提是这样的：每一个物质客体都由实体和偶性组成，这就是说，由原子和偶性（在穆斯林神学家所使用的意义上）组成。然而，如果一个物质客体被认为是质料和形式的结合，正如我们的敌手所证明的那样，那就必须证明原始质料和初始形式都是有限的，只有这样，关于世界从无中创造的证明才是完备的。

第五种论证

这个论证建立在决定论的基础上，深受穆斯林神学家们的青睐。它与我在讨论第十前提中所解释的理论别无二致。也就是说，无论是宇宙整体，还是其中的任何部分，在他们看来，既可以具有与实际相同的性质和大小，可以拥有同实际所见到的相同的偶性，可以处于同实际一样的位置和时间中，但也可比实际大一些或小一些，可以获得另外一些性质和偶性，可以早一些或晚一些出现，可以处在不同的位置。因此，事物的构成、大小、位置、偶性和时间都已被决定这一事实（对所有这些方面而言，变化都是可能的）证明有一个可以自由选择和决定这些关系的存在者存在；宇宙或其中的一部分需要一个能进行这种选择的存在者这一事实，证明宇宙是从虚无中被创造出来的。无论你说决定、制造、创造、产生、创始还是意欲，都没有什么不同；这些动词都表示同一个意思。穆斯林神学家举出大量的例子，既有一般的又有特殊的。他们说，土处于水下并不比处于水上更符合本质；那么是谁决定了它的现实位置呢？或是说，太阳是圆的是否比它该是方的或三角形的更符合本质呢；因为所有性质与拥有它们的物体都有同等的关系。那么是谁决定了它拥有某种特殊性质？在他们看来，每个个体事物也是如此；比如，当他们看到不同颜色的花朵，但又不能解释这种现象时，他们就把这当作是对他们的理论极为有利的一个佐证；他们说："看，土到处都是一样的，水到处是一样的；可是，为什么这朵花是红的，而那朵花是黄的呢？一定有某个存在者决定了每一朵花的颜色，而那个存在物就是上帝。"因此，不管整个宇宙，还是其中的每个个体，都要求有一个存在者来决定其如此存在，这正是第十前提的必然结果。一些假定宇宙永恒的人也接受了决定论，后面我将加以解释。总之，在我看来，这是最好的论证；在另一部分，我将向你详细阐明我对决定论所

持的观点。

第六种论证

有些现代穆斯林神学家认为，他已找到了一种最好的论证，比以前所有的都好得多，即把论证建立在存在胜于非存在这一基础之上。他说，依通常的信念，宇宙的存在仅仅是一种可能；因为，如果宇宙的存在是必然的，那么宇宙就是上帝。但是，他似乎忘记了，我们与那些既相信上帝存在又相信宇宙永恒的人是格格不入的。“一个事物是可能的”，这种说法表示这个事物既可以存在也可以不存在，对于它来说，存在并不比不存在拥有更多的理由。事实是，这个可能存在的事物确实存在着——尽管其存在状态和非存在状态与它的关系是等同的——这一事实证明，有一个存在者，它赋予存在以胜于非存在的优先性。这个论证是极其有力的；它是前面我们刚刚说过的基于决定论基础上的论证的一个转换形式。他只是用“优先”（preference）这个词代替了“决定”（determination），用事物的存在本身代替了事物的存在状态。[①] 要么是他有意迷惑我们，要么是他本身误解了“宇宙的存在是可能的”这一前提。我们假定宇宙永恒的敌手用了“可能的”这个词，并且是在与穆斯林神学家所讲的截然不同的意义上说“宇宙的存在是可能的”，后面我们将加以解释。另外，说宇宙的起源需要一个存在者使它的存在胜于非存在，这种说法是否正确也是令

① 根据第五种论证，有某个存在者决定事物的各种存在状态，而第六种论证则表示事物的存在与非存在本身需要某个存在者赋予其优先性。

人怀疑的。因为，我可以用“优先”和“决定”这些词来描述任何事物，只要这些事物在两种相反或相对的性质中居一；当我们发现这个事物实际上具有某个性质而不具有另一性质时，我们就相信存在一个起决定作用的作用者。比如，你说一片铜既可以打成一把壶，也可以打成一盏灯；当我们发现它是一盏灯或一把壶时，那么，无疑是有一个进行决断和决定的人审慎地在这两种可能的形式中选择了一个；因为显而易见，铜的质料存在过，在作出决定之前，它不具有上述两种可能的形式中的任何一种。然而，一旦我们问某个存在的事物是否是永恒的，或者是否是由非存在变成存在的，那么这个论证就失效了。因为只有在已确认事物已经由非存在变成存在之后，我们才能问是谁使其存在优先于非存在这个问题；而目前这个问题还存在着争议。如果我们只在想象中考虑一个事物的存在与非存在，那么我们就只好运用第十前提，因为这个前提只着重想象和虚构，而不是实际存在的东西或由理智所认识的事物。但是，我们相信宇宙永恒的敌手会说，我们可以像想象其他任何不可能的事情一样来想象宇宙的非存在。我并不是要反驳穆斯林神学家们的世界从无中创造的信条，我只希望表明，这个在他们看来是与前面所说论证并不相同的论证是错误的，因为实际上，这两个论证是完全相同的，都是建立在众所周知的决定论的原则之上。

第七种论证

一个现代穆斯林神学家说，他能够根据哲学家们所提出的关于灵魂不朽的理论来证明宇宙是在时间中创生的。他是这样论证的：如果世界是永恒的，死者的数目就必然会是无限的，那么就会有无限多的灵魂存在，但是早已表明，无限多的东西同时存在是根本不可能的。这实在是一个奇怪的论证！一个难题却被用另一个更难的难题加以解释！这正应了叙利亚人的那句谚语："你的担保人自身难保。"他把他的论证建立在灵魂不朽上，仿佛他早已证明了灵魂不朽，似乎他早已明白了这种不朽是怎么一回事，或者这种不朽的东西到底是什么！如果他只是为了反驳他相信宇宙永恒并且同时相信灵魂不朽的敌手的观点，假若他的敌手承认穆斯林神学家所勾画的哲学家关于灵魂不朽的观点并无差错，那么，他的这种尝试是成功的。一些后来的哲学家是这样解决这种困难的：不朽的灵魂并非是需要占据一个位置或一定空间的物体，因此其存在在数目上无限并不是不可能的。你定要记住，那些既非物体亦非物体中的力的抽象存在，其实只是思想中的东西——它们绝不可能被想成是复多，除非其中一些是另一些存在的原因，它们之间存在着明显的区别，因为一些是起作用的原因，另一些是结果；但是萨义德［在他死后］所剩下来的（灵魂），对于A［死后］所剩下的（灵魂）来说，既非原因亦非结果，因此所有这些死者的灵魂只是一个，正如阿尔塞（Ibn Bekr Ibn Al-zaig[①]）以及其他敢于对这些艰深问题发表意见的人所说的那样。总之，这样一些我们的心灵无法理解的复杂规律（discipline），并不能为解释其他问题提供任何准则。显然，任何想依据这些凯拉姆的论

① 阿尔塞（Abu Bakr Ibn al-Sa'igh Ibn Bajja，卒于1138年），是穆斯林西班牙逍遥派哲学的奠基人。迈蒙尼德似乎对他的著作非常熟悉，其中有一部题为《独身养生法》（*The Regimen of the Solitary*）。

证来证明或证伪宇宙永恒性的人，必然需要运用以下两个前提中的一个，或是两个都需要：要么依据第十前提，根据这个前提，事物的现实形式仅仅是诸多同等可能的形式中的一个，这就意味着，必然有一个能够进行这种特殊选择的存在者存在；或者依据第十一前提，这个前提认为，事物相继出现的一个无限系列是不可能存在的。他们用各种方法来证明后一个前提的正确性，例如他们举出其个体是有生灭的一类事物，又回溯到过去的某一时间。这样，从宇宙永恒论中必然得出，在过去某段时间当中，这一类个体的数目是无限多的；过了一千年后，这一类个体的数目同样是无限多的；由于在那一千年中产生了许多新个体，因此，后一个数目一定大于前一个数目，所以他们认为必然会得出这样的结论，一个无限数目会比另一个无限数目大一些。他们用同样的方法来论证天体的旋转，同样表明，一个无限多次的旋转一定大于另外一个无限多次的旋转，当把一个天体的旋转同另一个运转慢得多的天体的旋转相比较时，也会得到同样的结果；两个天体的旋转［尽管是非同步的］在转数上都是无限的。他们又把它推而广之到所有生灭的偶性之上；把已消失的个别偶性仍计算在内，仿佛它们依然存在似的，仿佛它们真的是一些有确切开端的事物；于是这个想象的数目可以增加，也可以减少。然而，所有这些事物都不是真实存在的，只不过是虚构而已。阿尔法拉比在批判这个前提时已揭露了其全部弱点，只要你认真而冷静地研读他著名的《变化的事物》(*The Changing Beings*)[①] 这本书，你就会明

① 这本书目前还没有发现。

确了解这些。这些就是穆斯林神学家们试图建立世界从无中创造的主要论证。在如此证明了宇宙并非永恒以后，他们必然推断出有一个作用者（Agens），他按照自己的想法、欲望和意志创造了宇宙。于是他们又进一步证明那个作用者的单一性，我将在下一章里解释这个问题。

第 75 章

在这一章里，我将向你讲解穆斯林神学家是怎样证明上帝的单一性的。他们极力主张宇宙的制作者（Maker）和创造者（Creator）——其存在已为全部自然科学所证明——是一（One）。他们用来证明上帝的单一性的前提主要有两个，即：如果有两个或更多个上帝，他们就会彼此妨碍；如果有几个上帝并存，他们就会彼此不同，会通过特殊的差别而相互区分开来。

第一种论证

第一个是相互妨碍的论证，大多数穆斯林神学家都运用了这种方法。它的意思是说：如果宇宙有两个上帝，就必然会推出，必在两种相反的性质中居一的原子——要么两种相反的性质它都不具有，这是不可能的；要么，在同一个原子中同时包含这两种相反的性质，这同样也是不可能的。比如，一个上帝想使一个或更多的原子变热，而另一个上帝却希望它变冷；这样，其结果必然是：要么这些原子既不热也不冷——这种情形是不可能的，因为一切物体必然具有两个相反事物中的一个；要么它们就会同时既热又冷。同样，也有可能当一个上帝想使这个物体运动时，另一个上帝却想要它静止；这个物体于是既不运动也不静止，或者同时既运动又静止。这类证明都是建立在穆斯林神学家的第一前提中所包含的原子论的基础上，建立在有关偶性创生的前提，以及否定属性是真实存在的性质并且其产生需要一个作用者的前提之上。因为，如果有人说，这个在哲学家看来处于不断的生成和毁灭之中的低级世界，其质料不同于上面那个高级世界的质料，即不同于天体的质料——这是一个已证明了的事实——并且正如二元论者（Dualist）所声称的那样，有两个上帝，其中一个上帝主宰这个低级世界，他的活动与天体无关，另一个上帝统治上面那个高级世界，而与下面这个世界无涉——那么，这个理论与两个上帝就不会彼此妨碍。要是有人反驳说，这种观点必然导致两个上帝的存在都是不完善的，因为一个上帝不能涉足另一个上帝的辖域，他可以得到这样的答复：如果这两个上帝不能对与其活动无关的东西施加影响，这不能看作是他们的缺陷，正如一个工匠不能做超出他的能力的事，他不因此就是无能的。所以，我们这些相信上帝单一性的人并不把以下这一点看成是上帝的一个缺陷，即上帝并不把两个相反的东西结合在一个对象之中，上帝的全能也并不会因为这种或其他类似的不能而受到影响。当穆斯林神学家注意到他们这种论证的弱点时，虽然他们明显垂青于它，他们还是转而求助于另一种论证。

第二种论证

如果有两个上帝，那么一定有某种因素是二者所共有的，而另一种因素则只为其中之一所具有；第二种因素标示出两个上帝彼此间的差异。对于能对之加以检验并能明白其诸前提的人来说，这不啻为一个明智而有力的论证，我们在解释哲学家们对这个问题的看法时，将对此作更详细的说明。但是，那些相信神具有属性的人却不接受这种论证。因为在他们看来，初始因包含很多不同的元素。他们认为，他的智慧不同于他的全能，同样，他的全能也不同于他的意志。因此，两个神圣存在中的每一个都拥有几种性质，其中一些是为二者所共有，一些仅仅为他们中的一个所特有，这并不是不可能的。

第三种论证

这个论证同样基于凯拉姆的诸前提之一。因为一些老学派的穆斯林神学家认为，当造物主进行意欲（wills）时，这个意志（will）并不是附加于上帝本质之上的某种东西：这是一个无本质意志。根据我们所说过的那些前提，你将看到，它实际上难以形成一个正确概念，他们说，不能把一个无本质意志赋予两个东西。因为，正如他们所言，同一个原因不能生成本质不同的两种规律。正如我对你说的，这是用另一个难题，甚至更难的难题来解决这一个难题。因为他们所指的这种意志是不可思议的，因此，他们中有些人认为它是不存在的；另一些承认其存在的人，遇到了很多无法克服的困难。尽管如此，穆斯林神学家还是以这种意志存在为基础建立起一个上帝单一性的证明。

第四种论证

一个活动的存在，必然只证明有一个活动者（Agens）存在，而不证明有数个活动者存在。另外，说有一个、两个、三个、二十个上帝或随便多少个上帝都没有任何不同。这是显而易见的。但是，这个论证似乎并没有证明众多上帝存在的不可能性；它只表明其数目是未知的——可能只有一个，也可能有许多。因此，他们提出了下面这个补充论证：可能性不适合于上帝的存在，上帝的存在是绝对的；因此，存在多于一个上帝的可能性必然被否定。这就是这个证明的全部本质，它的荒谬之处自身已暴露无遗；因为尽管可能性这个观念不适用于上帝的存在，但是它适用于我们关于上帝的知识：一个事物在我们的知识中是可能的，并不意味着它在实际存在中也是可能的，也许既没有基督徒信仰的三位一体的上帝，也没有我们所信仰的不可分的单一的上帝。对于那些能由前提推出其必然结论的人来说，这是再清楚不过的。

第五种论证

一个现代穆斯林神学家认为，他从需要（requisiteness）这个观念中找到了上帝单一性的证明。假定有两个上帝存在，如果一个上帝就足以创造宇宙，那么，第二个上帝就是多余的，也就没必要存在。相反，如果除非通过他们两者，整个宇宙就不可能被创造或被统治，那么每一个都将因此而是不完善的，因为他们每一个都需要与另一个合作，因此他们都是不能自足的。事实上，这个论证仅仅是“两个上帝彼此妨碍”的那个论证的一个变种。这种方式的证明会受到这样的批评：不能由于一个人没有做不在其活动范围之内的事而把他称为是不完善的。我们不会因为一个人无法移动一千担而说他是羸弱的，我们也不会因为上帝不能使自己变为有形的，或是不能创造另一个像他自己一样的存在物，或者不能造出一个其对角线与边长相等的正方形，而把上帝说成是不完善的。同理，如果上帝并不是唯一的造物主，我们也不能把这当成上帝的一种不完善，如果是绝对必然，就有可能有两个造物主；并非由于一个上帝需要另一个上帝的辅助，而是因为两者的存在都是同等必然的，因为不如此是不可能的。而且我们也不会因为上帝（Almighty）没有——根据穆斯林神学家的观点——创造一个物体而是创造了原子并用在原子中创造的偶性把它们结合起来而把他说成是不完善的。因为不如此是不可能的，所以我们不会说这是由于需要或无能。同样，二元论者[①]可以说，一个上帝不能独自活动，这并没有对两个上帝中的任何一个上帝构成不完善，因为上帝应是两个，这是他们的必然性使然。一些厌倦这些荒谬论证的穆斯林神学家声明，上帝的单一性是必须作为一个信仰而加以接受的一个信条，但是，大多数的穆斯林神学家都反对这种理论，并且咒骂其始作俑者。然而，在我看来，那些持这种理论的人是神志清醒的，他们羞于接受荒谬的见解；当他们感到这些论证毫无说服力，并且发现那些用来证明这个信条的证明都不能令人信服时，他们就宁愿认为它只能被作为一个信仰来加以接受。穆斯林神学家并不认为宇宙具有任何可以借以建立一个真正的论证的确定性质，也不认为人的理智具有任何可以使他形成正确结论的功能。尽管如此，他们并不是无缘无故捍卫

① 皮氏译本为辅助论者（Cassociafiorust），意为持此观点者认为有两个上帝，二者相互辅助。——中译者

这个理论；他们是希望通过把宇宙假想成这个样子，从而以此来证明不能被证明的东西，因此必然使我们忽略了去证明可以证明的东西。我们只能寄希望于上帝以及那些见谬必纠的明哲之士了。

第 76 章

穆斯林神学家用来证明上帝非形体性的推理和论证软弱得甚至还远不如他们关于上帝单一性的论证。在他们看来，上帝非形体性的信条仿佛是其单一性理论必然的结论。他们说，“一”这个属性不能用于一个有形体的对象。有些人说：上帝是非形体的，是因为一个有形体的对象是由质料和形式组成——人所共知，在神的存在之中复合是不可能的。这些人在我看来并不是穆斯林神学家，这种论证也不是以凯拉姆前提为基础的；相反，它是以质料和形式理论以及对其性质的正确认识为基础而建立起来的一个符合逻辑的证明。它具有哲学论证的特点，我将在讨论哲学家们的论证时对它进行全面解释。在这里，我们的目的只是讨论一下穆斯林神学家根据他们自己的前提和推理方法对上帝的非形体性所作的那些论证。

第一种论证

如果上帝是有形体的，那么，他的真正本质必然是：要么存在于他的全部形体的各个部分，即存在于每个原子之中；要么只存在于形体之内的一个原子当中。如果是后者，其他原子就会是多余的，而这个形体的存在［除那一个原子之外］就会是毫无意义的。相反，如果每个原子都充分代表这个神的存在，那么，整个形体就不只是一个上帝，而是许多上帝的复合体，这就会与凯拉姆所接受的上帝是一的信条相矛盾。有人会反驳说："如果上帝不是由原子组成，[那又会怎样呢？]"这就是说，上帝并不是像你们所说的那样由一定数目的、他自己所创造的元素构成，而是一个连续体（one continuous body），除非是在人的想象之中，否则是不可分的。想象说明不了任何问题，因为在人的想象中，天体也可以被分割，可以被撕成碎片，而在哲学家们看来，这种可分割性不过是想象造成的，是由可见的东西即存在于我们周围的东西来推断不可见的东西的结果。

第二种论证

在他们看来，这个论证是极其重要的。其根本支柱就是相似的不可能性，即相信上帝不可能与他的创造物相似。然而，如果上帝是有形体的，那么他就会与其他有形体对象相似。他们极力强调这个论证。他们是这样说的："如果说上帝是有形体的，又说他的质料与其他有形体性的存在物不同，这未免自相矛盾；因为所有形体在质料上讲都是相同的，使他们彼此不同的是其他的东西，即偶性。"他们还说，如果上帝是有形体的，就必然会得出，上帝创造了另一个与他自己一样的存在。有两种方法反驳这种论证。第一，对方并没有承认相似的不可能性；他要问，你怎样才能证明上帝不与他的创造物相似呢？无疑，为了否定上帝（Almighty）与其创造物之间具有任何相似性，他们不得不引用先知们的话，这样，他们就是借着传统的权威，而并非是凭借理性的威力，把上帝非形体性这个信条接受下来。你若说，如果上帝与他所创造的东西相似，那么上帝就创造了与他本身一样的存在，反对者会这样进行反驳："上帝所创造的事物并不是在所有方面都与上帝相似；我并不否认上帝具有许多使他与众不同的特殊性质。"因为承认上帝有形体的人并没有否认神圣存在具有内在性质。另一个更有力的反驳是：所有钻研过哲学并且完全掌握了哲学理论的人，都会认为这是确定无疑的，即：首先，"质料"这个词，是在完全不同的意义上用于上界的天体和下界的物体对象的，因为这里的质料不同于那里的质料；其次，地球上的事物的形式不同于天体的形式"质料"和"形式"这些词，运用于下界事物和上界天体完全是同音异义的；尽管毫无疑问，天体有［像下界的事物一样的三个］维度，但是，它们之所以是有形体的并不是由于其维度，而是因为它们由质料和形式组成。如果在谈论天体时可以这么说，那么相信上帝是有形体的人会说，上帝是一个具有维度的有形存在，但是他在质料上，真正本质和性质上与所有被创造的物体都有极大的差别，"实体"这个词是在不同的意义上用在上帝和他的创造物身上的，就像那些对神的观念有着正确认识的真正的信仰者在不同意义上把"存在"这个词用于上帝和他的创造物一样。上帝有形论者们并没有承认所有的物体都由同样的原子构成的；他们相信上帝创造了一切事物，它们在其质料及其构成性质上都是彼此相异的；正如牛粪的实体不同于太阳的实体一样。所以，根据这个理论，在他们看来，天体和恒星的实体亦不同于上帝所造的光（the created light），即神圣荣光（Divine Glory[①]，

① 皮氏译本为 indwelling。——中译者

She-chinah）的形体，同样，神圣荣光的或上帝所造的云柱（the pillar of cloud）的实体不同于至上者（the Most High）的实体；因为后者的实体是崇高的、完善的、单纯的、永恒的与不朽的。这样，上帝的绝对的存在必始终如一，他按照他的意志和意愿创造一切事物。[①]我所向你指出的穆斯林神学家的这些古怪的方法怎么能驳倒这个尽管是软弱无力的论证呢?

第三种论证

他们说：如果上帝是有形体的，那么他就会是有限的，这个论证是正确的；如果他是有限的，他就会有一定的维度和一定的形式，这同样是一个正确的结论。然而，他们却如此继续说：这样上帝就可以拥有任何体积和任何形式：他既可以大一些也可以小一些，也可以具有另一个不同的形式。因为，如果他具有特定的体积和特定的形式，就意味有另一个决定者存在。我听说，他们对这个论证引以为荣，但是，它实际上是上面所提到的所有的论证中最不堪一击的一个。它建立在第十前提之上，这一前提的弊病在于无视事物实际所具有的性质，我们在讨论一般存在物时，这一点已讲得很清楚，把它用于造物主，其弊端就更加明显。这个论证与他们前面的那种说法毫无二致，他们说，宇宙的存在被赋予胜于其非存在的优先性这一事实表明有一个作用者存在，当宇宙的存在与非存在在某一时间是同样可能时，这个作用

① 皮氏译本为：这样这个形体的存在就成为永恒必然。通过它的活动，根据它的意志和愿望创造出它以外的一切事物。——中译者

者优先选择了前者。如果问他们为什么这个论证不能用在上帝身上——即上帝的存在本身证明有一个作用者存在，这个作用者确定了上帝的存在而否定了上帝的非存在——显然，他们会这样回答：这样只能引出一系列重复的论证，如此以往，直到找到一个东西，其存在不仅是可能的而且是必然的，并且无须动因（*causea efficiens*）。然而，对于体积和形状也可以作出同样的回答，可以说，那些可能存在的形状和体积——指由不存在变为存在的某种形状和一定的体积——它们可以比实际更大一些或更小一些；或者它们可以拥有与实际所具有的形式不同的另一个形式，因此这需要一个决定者来决定。但是，与一切不完善和形容举止都无关的上帝的形式和他的体积，在上帝有形论者看来，并没有经历一个非存在的状态，并不是在经过了一段时间之后才成为存在，因此他无须任何决定者来决定；相反，其具有体积和形状的体是必然存在的；上帝无须任何作用者来决定他的存在，而否定他的非存在，因为在上帝之中，根本不可能有非存在。同样，无须任何力来决定上帝的体积和形状，它们与他的存在是绝对不可分的。

乐于思索的人，如果你希望寻求真理，不受情感左右，不盲从权威，不屈从于你一贯的好恶，请你想一想吧。你的心灵不应由于被这些耽于玄思的人所包围而误入歧途，不要重蹈他们的覆辙，不要重操他们的谬论。因为它们正像死灰复燃到处蔓延。他们否认事物的本质，打乱天与地原有的位置，以为能凭借他们的那些前提来证明世界的无中创生论。结果，他们不仅没能证明上帝从虚无中创造了宇宙，反而削弱关于上帝存在、单一性和非形体性的证明。所有这些信条的证明，都必须建立在尽人皆知的能被感官和理智所感知和认识的事物不变的本质之上。

这样，在讨论过穆斯林神学家的论证之后，我们现在要继续思考哲学家的前提和他们关于上帝存在、他的单一性和他的非形体性的论证，尽管我们不认为宇宙是永恒的，但为了他们的缘故，我们暂时假定宇宙是永恒的。在这之后，我将向你阐明我们自己的方法，这个方法完全出于深入研究的需要，这种深入钻研使我们得出关于这三大原则的完美的证明。我们将检验一下哲学家们所假定的宇宙永恒论。

在上帝的帮助下
《迷途指津》的
第一篇
终于完成了

第二篇

以耶和华，世界之上帝的名义

第二篇绪论

需要二十五个前提来证明神的存在[①]，论证他既不是物体，又不是物体中的力，以及论证他是一。所有这些前提都是证明了的，没有任何可疑之点。亚里士多德和他以后的逍遥派对其中每个前提都提出了证明，我们将再增加一个前提，即世界的永恒性。我将表明，通过这个前提，我们探讨的对象才会得到证明。

第一个前提：任何无限量的存在都是不可能的。

第二个前提：无限数目的有限量的同时存在是不可能的。

第三个前提：无限数目的原因和结果的存在，即使它们没有量也是不可能的。例如，一个特殊的理智以第二个理智为原因，第二个理智又以第三个理智为原因，而第三个理智又以第四个理智为原因，这样下去，以至无限。这显然是不可能的。

第四个前提：变化存在于以下四个范畴：存在于实体范畴，即一个实体的成与毁的变化；存在于量的范畴，即增大与减小；存在于质的范畴，即转化；存在于场所的范畴，即位置移动。“运

① 迈蒙尼德之前似无人列举出这二十五或二十六个前提。

动”一词运用于场所的变动最为恰当，不过亦在一般意义上用于一切变化。

第五个前提：每一运动都是从潜能到现实的变化和转移。

第六个前提：在诸运动形式中，有的是本质性的，有的是偶然性的，有的剧烈，有的是部分运动（这是偶然运动的一种）。举例如下：一个物体从一个场所到另一个场所的位移是本质性运动。存在于一个特殊物体中的黑色从一处转移到另一处可谓偶然性运动。用力扔一块石头，它的向上运动即是剧烈运动。部分的运动可以拿船上钉子的运动为例。当船处在运动中的时候，我们说钉子也在运动。同样，任何复合物的整体在运动时，其各部分亦可以说处在运动中。

第七个前提：每一可变的事物都是可分的。所以，任何可以运动的东西都是可分的，而且一定是个物体。反之，任何不可分的东西都是不运动的，因此也绝不是一个物体。

第八个前提：由偶性产生的任何运动必然有停止，因为这种运动不是源于其本质。所以，没有永恒的偶性的运动。

第九个前提：一个物体在引起另一个物体运动时，它自己必然处在运动中。

第十个前提：一个物体中存在的东西都可分成两种情况：它或者通过那个物体而存在，像偶性的存在那样；或者那个物体通过它而存在，物体的本质性质就是这样。在两种情况下都可以认为物体中存在一种力。

第十一个前提：通过物体而存在的东西有些是可以根据那个物体的分类而可分的，这就是说，它们在偶性上是可分割的。一个物体的颜色和其他性质就是这样，它们是分布在整个物体中的。与此不同，有些构成物体的东西则无论如何不可分，例如灵魂和理智。

第十二个前提：任何一种存在于整个物体中的力都是有限的，因为那个物体是有限的。

第十三个前提：任何一种运动都不可能连续不断，除非它是位置发生变动的圆周运动。

第十四个前提：在所有运动中，从本质上看，位置变动都是首要的，第一位的。因为事物的产生和毁灭都源于转化，而转化又来源于一个促使被转化物转化的主动力。此外，除非生成与毁灭发生，增长或减少也是不可能的。

第十五个前提：时间是作为运动之结果的偶性，因此必然与运动相联系。二者缺一不可存在。运动不能离开时间而存在。也不可设想没有运动的时间。一切不运动的东西也都与时间无关。

第十六个前提：在所有无形体的事物中，理智只能认识物体中力的多样性，因为个别力的多样性可以借助于物质或实体的多样性而存在，反过来，力存在于这些物质或实体之中。所以，在那既不是物体，又不是物体中的力的纯粹的精神性存在中，理智发现不了任何多样性，除非将其看作原因和结果。

第十七个前提：每一处在运动中的事物必然有一个动者，此动者或者像手推动一块石头那样在这个被动物体之外，或者在此物体之内，如生物体的运动，因为后者是由动者和被动者组合而成的，因此，当一个生物体死掉时，其动者或灵魂离它而去，而被动者或那个有机体就回复到前面提到的第一种情况。如果它不被动者所推动，则另当别论。由于动者隐藏在被动者之内，不呈现于感官，所以，处在运动中的生物体就被认为是没有动者的。任何由于动者存在于自身内而被说成是自我推动的东西，都是根据其本质而运动的，这也就是说，推动物体运动的那力存在于那个物体之中。

第十八个前提：任何从潜能到现实转化的事物，都有一个非自身的东西引起其转化，这个原因必定在这个事物之外。因为，假如那个原因就是那个事物，并且没有障碍阻止这种转化，那么，那个事物就不会有潜能阶段，而早已成为现实了。然而，如果促使由潜能到现实转化的原因存在于那个事物之内，同时其中又有一个阻碍转化的东西，只是后来这种阻碍才被除去了，那么毫无疑问，除去此障碍的因素一定就是那个引起从潜能到现实转化的原因了。注意这一点。

第十九个前提：其存在有赖于其他原因的事物，其本身之中只具有存在的可能性；因为只要这些原因存在，这个事物也就存在。然而，如果原因不存在，或者它们从存在变为不存在了，或者说那个为存在所要求的关系发生了变化，那么，那个事物也就不会存在了。

第二十个前提：一个按其自身的本质而必然存在的东西，其存在在任何情况下都不需要一个原因。

第二十一个前提：任何由两种因素构成的东西必然以这种组成成为现实存在的原因。因此，这种组合物就不是由于自身的本质而必然存在的，它的存在乃有赖于其两个部分和它们之组合的存在。

第二十二个前提：任何物质客体都必然由两种因素组成，因此必然为偶性所伴随，组成它的两种因素是质料或形式，伴随它的偶性是量、形状和位置。

第二十三个前提：任何处在潜能状态的东西，任何其本质中包含可能性的东西，都可能在某一时刻不在现实中存在。

第二十四个前提：任何潜在的东西都是物质性的，因为可能性总是存在于质料中。

第二十五个前提：构成个体复合物的原因是质料和形式，这无疑要求一个存在的动者，即一个引起基质运动、使它去接受某种形式的动者，这是一个直接的动者，它是先于某个体事件的质料而存在的。关于这一点，有必要进一步考察运动、动者和被动者三个概念。然而，这一切都已被充分阐明了。亚里士多德的原文如下：质料自身不运动[①]，这是为考察第一动者存在所要求的首要前提。

在我以引言的形式提出的这二十五个前提中，有的一目了然，无须深思，它们是已被证明了的前提和第一位的概念或原理，这已在前面扼要地按顺序阐述明白。另一些前提则要求许多证明和相关的前提，然而，这一切已毋庸置疑地提供了证明。有些证明存在于亚里士多德的《物理学》及其评著中，有的则由《形而上学》及其评论提供了。我已经说过，本书的目的不是去转述哲学家们的论著，不是去解释那些最为遥远的前提，而是去论述那些为我们的目的所要求的切近的前提。

① 参见亚里士多德《形而上学》，第 7 卷，第 6 章，107b29~30。

在这里，我要把前面提到过的那个前提附上，这附加的前提肯定世界永恒性的必要性。亚里士多德曾认为它是正确的，最可接受的。我们将把它作为一个逻辑前提来接受，以便有利于我们去澄清自己的理论。

第二十六个前提：时间和运动是永恒的、永不停顿的、永远现实的（参见亚里士多德《物理学》，第8卷，第1章，251b20以下；《形而上学》，第12卷，第6章，1071b5以下）。据此，亚里士多德推知现实中必然有一个永久运动的物体，这就是第五种物体[①]。他因此进一步指出，天体是无生无灭的，因为运动是不生不灭的。他还说：每一运动必由另一运动引起，而后者要么是同一种运动，要么是另外一种运动。那种认为生命体的运动不是由另一种运动引起的观点是错误的，因为生命体从静止到运动的原因归根到底是一些要求位置变更的东西。这些东西或者是某种导致趋利避害的欲望的身体状态，或者是某种想象，或者是它产生的意见。三者之一都可导致生命体的运动。同时，三者又都是被另外的运动引起的。亚里士多德还断言：任何在时间中产生的东西，其产生的可能性必先于其产生。由此进一步推知，一个有限的运动着的物体，其运动的轨道是有限的，但它可以沿同一轨道无数次地重复其运动，从而构成圆周运动。而且，正如第二十三个前提所表明的那样，这种情况仅仅发生在圆周运动中。由此还可推出，无限的东西的存在必然是前后相继的，而不可能是同时性的。

亚里士多德曾力图把这一点证明为一个真正的前提，但在我

① 指天体。

看来，他并没有充分肯定他的证明是十分有力的。他只是相信，我们这里所说的这个前提是最可接受的，最为可能的。然而，他的追随者和他的著作的评论家们却坚持认为，这个前提不仅仅是可能的，而且是必然的，是业已被理论证明了的。与此不同，伊斯兰神学家则企图证明这个前提不是真的。照他们的意见，无数的东西在时间中前后相继地存在是不可思议的。他们把这种不可能性的论证当作一个公理。但是在我看来，这个前提是可以接受的，就是说，它既不是亚里士多德论著的评论家们所肯定的那种必然性前提，也不是伊斯兰神学家们所宣称的那种不可能的前提。这里不想去解释亚里士多德提出的论证，也无意对他提出质疑，也不打算就世界在时间中创造的问题发表自己的意见。我只是直截了当地提出这个前提，因为要解决我们的三个问题，这个前提是必要的。

在提出众所接受的前提以后，下面我要进一步阐述一些从这些前提必然推出的结论。

第1章

从第二十五个前提必然推知：有一个动者，是它启动了可生可灭的质料并使它取得了形式。或许有人会问：又是什么东西启动这个切近的动者的呢？答案必然是：必然存在另一个种类相同或相异的动者，因为运动只发生在四种范畴之内，而且，正如我们在介绍第四个前提时提到的那样，这些不同形式的变化有时可以统称为运动。但是，这种运动的系列不会是无限的，这一点已在第三个前提中得到了肯定。因为我们发现，每一种运动最后都可溯源到第五种物体的运动。正是这第五种物体的运动产生和分化出整个下界中的所有动者和启使者的。现在，天体以位移的形式运动着，它的运动先于所有别的运动，这一点见于第十四个前提。同样，每种位置移动充其量回溯到天体的移动。例如，您可说这块运动中的石头是由一根拐杖引起的，而拐杖的运动源于人手，手系于筋，筋系于肉，肉的活动又来自神经，神经的活动由自然热产生，而自然热则根源于人体内固有的形式，这种形式无疑就是第一推动者。有人会就这个动者的动因提出一种意见，说此石头乃是人捡起来的，他用手杖敲击石头，目的是用它把一个洞堵上，防止风吹进来。在这种情况下，风的动因和引起这阵风的动者是天体的运动。同样，你也可发现，任何产生与毁灭的原

因归根结底都是这种运动中的天体。从前面提出的第十七个前提推知：必然存在一个动者。这个动者既不在被推动者之内，又不在它之外，而第三种情况又是不可能的。如果这个动者在被推动的天体之外，它就只能要么是一个物体，要么不是一个物体。若是后者，就不能说它在天体之外，而只能是与天体相分，因为除非在引申的意义上，非物体的东西是不能说存在于物体之外的。然而，如果天体的动者在天体之内，那它必定是以下两种情况：第一，它是一种分布在整个天体中的力，它随着天体的可分性而成为可分的，这就如同火的热量一样。第二，它是一种存在于不可分的天体中的力，如同第十个前提所阐述的灵魂和理智的关系一样。这样，天体的动者就无疑会是以下四种情况之一：是天体之外的另一个物体；是与天体分离的东西；是分布在天体内的力；是个体的力。

第一种情况，即天体的动者是这个天体以外的另一个物体，这是荒谬的。下面将阐明这一点。这是因为，如果它是一个物体，按照第九个前提，当它启动另一个物体时，它自己就一定处在运动状态中。照这种情形，这第六个物体在推动别的物体时也一样必须在运动之中。[①] 照此推论，它也一定会被第七个物体推动，这第七个物体也一定是处在运动中的。这样推下去就会导致下面的结论：存在着无数的物体，而且只有这样天体才会运动。这是荒谬的，它违反前面提到的第二个前提。

第三种可能性，即天体的动者是分布在整个天体中的力，也

① 迈蒙尼德称天体为第五个物体，在它之外的动因被假定为第六个物体。

是不成立的。因为天体是一种物体，因而必然是有限的，如第一个前提所表明的那样。这样一来，根据第十二个前提，天体的力就一定是有限的。还有，根据第十一个前提，如果天体是可分的，这个力也一定是可分的。因此，它不能在无限的时间内推动某个东西，这一点的根据是我们承认的第二十六个前提。

至于第四种情况，即天体的动者就像人的灵魂那样是一种存在于此天体中的不可分的力，也是荒谬的。因为这个动者，尽管是不可分的，不可能自身就可成为这个永久性运动的原因。理由在于，如果动者是天体的第一推动者，它也一定会处于来自偶性的运动中，如第六个前提所言。但是偶然性运动的东西一定有静止的时候（第八个前提），这样，它所推动的东西也会停止运动。[①]

附带说明如下：举例来说，当一个人的灵魂，即他的形式促使他运动，从房子的底层上升到上层，他身体的运动是来自本质的，这里灵魂从本质上看是第一动者。然而，这个灵魂也是处在偶然性运动中的，因为在把身体从低处移到高层的时候，这个在房子内的灵魂也被移动到了高层。如果这一由灵魂引起的活动会停止，那个被移动的东西，即身体也会停止。但是我们不能反过来说，因为物体会静止，所以偶然性运动也为灵魂所拥有。诚然，如第八个前提所说，每一由偶性的运动启动的东西都必然会静止，而且当它停止时，它所启动的东西也会随之停止，由此可见，这里的第一动者必然在它的整体——由一个主动者和一个被动者

① 皮氏译本没有这句话，这里根据弗氏译本译出。——中译者

组成——之外还有一个原因。当这个作为运动之始的原因出现时，那存在于这个整体中的第一动者就去推动某个可被推动的东西。然而，当它不出现时，那个推动的东西就会整个静止不动。正由于此，动物的身体是不能永久在运动状态中的，尽管在每一动物体中会有一不可分的第一推动者。这是因为，它们的推动者并非从本质上永远推动它们，引起运动的因素是它以外的物质的东西：要么是追求如意的东西，要么是躲避不利之物，要么为想象所驱动，要么为一个这种动物所拥有的某种表象力所推动。当这些因素发生作用时，推动者就引发运动，当引起运动时，它本身又是偶然地被推动的。因此，如前所述，它无疑会在某个时刻停止运动。假如天体的推动者也是以这种方式存在于天体中的，那它就不能够处于永恒的运动中。

因此，如果这里讲的运动真像我们的反对派所说的那样是恒久性的（根据第十三个前提，这是可能的），那就必然得出，天体运动的第一因是符合第二种情况的。这就是说，从前面的分类要求来看，它是和天体相分离的。我们已经证明，如果第一天体的运动可以被看作是恒久性的，那么，它的推动者就必然不会是一个物体或者物体中的力。这样一来，这个天体的推动者就既没有来自本质的运动，也没有源于偶性的运动，既不可分，又无变化，如前面第七和第五个前提所说的那样。而这就是神，我是说他乃是引起天体运动的第一因。认为有两个或更多的第一因是荒谬的，这是因为相互分离的非物质的东西，除非像第十六个前提所说的一者为因，另者为果，是不可能有多样性的。现已明确，第一因并不存在于时间中，因为根据第十五个前提，不可能存在一个与之相关的运动。借助于论证，这一思考会导致下列认识：天体不可能自身处于恒久的运动中；引起其运动的不是一个物体或物体中的力；第一因是唯一的、不变化的，因为其存在与时间无关。这就是为杰出的哲学家们所证明了的三条原理。

哲学家们还提出了另一种思想。亚里士多德曾阐述过这样一个命题：假设有一个由两种因素组成的事物，两因素之一存在于这个复合物之外，那么，另一因素，也必然存在于此复合物之外。如果这两种因素的存在要求它们并存在一起，就像质料和自然的形式那样，那么，二者就不能相互脱离而存在。因此说，二者之一可以分别存在这一事实本身就证明它们之间没有必然的相互联系。所以进入这个事物的第二种因素一定是分开存在的。还可以用下面的例子证明：如果醋蜜和蜜可以分别独立存在，那么醋也一定可以独立存在。亚里士多德在解释这一前提后说：我们发现，许多事物是由一个推动者和一个被动者组成的。他的意思是说，一些事物推动别的事物，而在推动时，自身又被别的事物所推动。对于所有那些处于中介状态而引起运动的事物而言，这一点是显而易见的。现在我们看到，存在着一个被推动而又不引发运动的东西，它在被推动的东西中是最后一个。由此得出结论，一定存在一个绝不受动的推动者；这就是第一推动者。由于运动不可能存在于第一推动者内，所以，它亦是不可分的、非物质的、与时间无关的；这些在前面的论证中已经讲明确了。

关于这一主题的第三个哲学思想是从亚里士多德的论证中继承下来的，尽管他提出这一想法是出于别的目的。这个论证是这样的：毫无疑问，现实中存在着许多事物；有些事物是可以为感

官感受的。这就出现了三种（而且只有三种）可能的情况：要么任何存在都不是产生和毁灭的；要么所有的这些存在都有产生和毁灭；要么其中有些有产生和毁灭，有些则没有。第一种情况显然是荒谬的，因为我们感觉到许多东西处于产生和毁灭之中。第二种情况也一样荒唐，理由如下：如果任何存在都在产生和毁灭之列，那么，所有的存在物都有可能经历毁灭，而且毫无疑问，如你所知，在种类上存在的东西必然会产生出来。由此而来的必然结论是，所有存在的事物都必然遭受毁灭。然而，如果所有的存在物都无法逃脱毁灭的命运，那就不可能有任何东西存在，因为没有什么人能让它们存在。由此必然推知：没有任何存在物存在。但是，我们感受到一些事物，它们是存在着的，而且事实上我们自己也是存在着的。如果有些存在物如我们感受到的那样，遭受产生和毁灭，据此我们必然得出：一定有某种不遭受产生和毁灭的存在，在这样的存在者中，根本没有毁灭的可能性。相反，其存在不是可能的，而是必然的。亚里士多德还说，关于这种存在者存在的必然性有两种情况：其存在或者依赖于其本质；或者依赖于一个外在原因。在后一种情况下，其存在与不存在从其本质而言都是可能的；而从其外在原因看则是必然的。这样，其外在原因就像我们提出的第十九个前提那样是必然的存在。然而，我们也已证明，必然存在着一个完全靠自己的本质而存在的存在者。如果它不存在，就没有任何别的东西存在——没有可生可灭的事物的存在，也没有不生不灭的事物的存在（如果有像亚里士多德所说的这样的事物存在的话）。我说有无生无灭的存在物，乃因为它是由一个必然存在的原因造成的结果。这样的论证，除非

是一个对论证方法毫无所知的人，是不容怀疑、不容反驳、不容争议的。我将进一步表明，任何由于其本质而必然存在的东西都没有原因，这一点在第二十个前提中讲过；而且任何必然存在的东西都不具有多样性，如第二十一个前提所言。由此进一步推知（见第二十二个前提），这样的存在既不是物体，也不是物体中的力。由此足见有一个必然存在的存在者，其必然存在乃由于其本质，它没有存在的外在原因，它本身也不是复合物，因此既不是物体，也不是物体中的力。这样的存在者就是神。以同样的方式可以轻而易举地证明，由于本质而来的存在的必然性是不会存在于两个东西之中的。因为如果是这样，那么这种绝对的存在的必然性就会成为可以附属于两个东西之上的一种性质。为此，两者皆不是由于其自身而成为必然存在的，而是借助于某种两者共有的性质，即这个存在的必然性而成为必然存在的。现已从几个方面明确，这里不存在二元性，不会真有从存在的必然性而来的相同或相反的存在。之所以如此，乃由于必然性存在的绝对单纯性和绝对完善性，这个存在是隶属于其种类的唯一成员（既不是两个同等的存在，也不是两个相反的存在）。在其本质之外既无第一因，也没有第二因，因此不可能有任何与其相似的存在。

第四种思想也是哲学上的。众所周知，我们时常看到一些从潜能转化为现实的事物。根据第十八个前提，任何从潜能转化为现实的东西必定有一个外在的引起这种转化的东西。同样明显的是，这个在特定情况下导致潜能转化为现实的东西必先是一个潜在的原因，以后才成为现实的原因。它之所以必须先处在潜在状态，或者是因为它本身固有的障碍，或者是由于一种新产生的关系，即在它和将被它推动而产生由潜能到现实转化的那个事物之间的关系。一旦这种关系得以实现，它就现实地促成了一个从潜能到现实的转化。此两种解释都要求这样一种东西，即它是促成从潜能到现实转化的原因，或者是一种消除障碍的要素。而这第二种东西也一样要求是引起潜能转化为现实的原因或第二个消除障碍的要素。这个原因或要素的系列不能无限地连续下去。毫无疑问，最终将有一个引起潜能转化为现实的东西，它本身的存在状态永远没有改变，在它那里没有潜在性。换言之，在它之内，在它的本质中，没有任何潜在的东西。这是因为，假如在它的本质中有可能性存在，那么，这个东西就必然会在某个时候变为非存在，就像第二十三个前提所表明的那样。进一步讲，这个东西也不能被赋予质料，恰好相反，如第二十四个前提所言，它是完全独立于质料的，而独立于质料是根本不可能的，完全依赖其本质而存在的东西就是神。我们已经阐明，他不是一个物体；按第十六个前提的说法，他是一。

所有这些论证的方法都是在相信世界的永恒性的同时，去证明这个既不是物体，又不是物体中的力的单一神的存在。

另外也有一些方法用以反驳上帝的物体性的信念，进而确立上帝的单一性。如果有两个神，那就必然导致这样的后果：他们必定分别拥有某种独立性因素，借此他们才有资格被称为神；他们还必定分别拥有某种独立性因素，并借此作为两者而独立存在。由这两个东西各自分别拥有某种独立性因素而不是此神存在于彼神之中这一事实推断，他们各自一定是由两个相互独立的因素构成的。因而，根据第十九个前提，这两个神都不可能是第一因或从本质而来的必然存在，而各自定有几个原因。然而，如果那个引起二者分别存在的因素只存在于二者之一之中，那么，另一个拥有两种独立性因素的存在就不是以其本质为根据的存在，即不是必然的存在。

下面是另一种论证神的单一性的方法。我们已经借助于论证确信，一切存在的东西就像一个各部分互相关联的个体，天体的力量充入这个下界的质料并赋予它形式，与此同时，不可能有这样的情形：此神只与存在物的一部分发生关系，而另一神与此物的另一部分发生关系；因此各部分是相互关联在一起的。这一点业已证明为真。根据我们对可能性的划分，我们可以假定一个神在一段确定的时间内起作用，而另一个神在另一时间内起作用；还可假定两者永远一起起作用，而且只有两者一起起作用时，其作用才是完满的。从几个方面看，第一种假定是荒谬的。假如在一个神起作用的那段时间内另一个神也在起作用是可能的，那么，究竟有什么理由让其中的一个神起作用而让另一个神不起作用呢？假如在一个神起作用的那段时间内另一个神起作用是不可能的，这就必然导致另外某个原因的存在，正是这个原因使一个神起作用而不让另一个神起作用的。然而，如我们已经表明的那样，时间作用整体是没有差别性的，神起作用的对象是一个，而且其各部分是联系在一起的。据此进一步推论，每个神的作用都与时间相关，因为他们的作用有赖于时间。还有，每一个神在起作用的时间内，都必须经历从潜能到现实的转化，结果，每一个神又都需要一个原因来促使它从潜能转化成现实。这样，可能性就会存在于他们的本质中。如果我们假定这两个神永远一起制

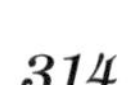

作现存的每一种存在物，两者相互依赖，缺一无法产生作用，我将表明，这同样是荒谬的。这是因为，如果有一个由部分构成的复合体，那么除非通过各部分间的合作，它是不能使得某种活动完满的。在这种情况下，每一部分都不能充当某种活动的本质性动因或第一因。这样，第一因就是此复合体所有部分的结合。而一个被证明了的必然结论是，必然存在的东西是没有原因的。这里复合体各部分的结合代表了某种活动，这种活动要求另一个动因，即引起这个复合体的各部分结合起来的动因。现在的情况是，如果这个促使复合体各部分结合的动因是一，没有这个动因，其作用就不完满，那么它一定是神。假如造成复合体各部分结合的动因是另一个复合体，那么它也必然像第一个复合体一样要求另一个动因。如此下去，最终无疑将达到太一，他是一切存在物存在的原因，是一个整体。不管我们用什么样的方式表明这一点，也不管我们说存在物是在时间中从无到有创造出来的，还是说它是从这个太一产生出来的，事情的性质都是这样。根据同样的方法，现在已经清楚，所有存在的东西是一个整体，这个事实告诉我们，造成其存在的原因也是一个整体。

还可以用另一个方法来反驳上帝有形论。如第二十二个前提所说，任何物体都是一个复合物。而每一个复合体无疑要求一个动因，它就是在质料中存在的其形式的原因。因此，它也一定是某个带有偶性的东西。还有，最清楚不过的是，每一物体都是可分的，并且是有广延的。因此，它也一定是某个带有偶性的东西。所以说，一个物体不能成为一，这既是因为它的可分性，也是因为它是一个复合物；或者就此话的本意而言，因为它是二。只要每一个物体之内包含着某种独立性因素，它就是某种物体，它的物体性是由这种因素给予的。就此而论，每一个物体必然是由两个独立的因素组成的。至此我们已经证明，在必然的存在中，没有任何复合成分存在。在完成上述论证后，现在我们该履行诺言，来阐述我们自己的方法了。

第 2 章

第五种物体，即天体，要么属于可生可灭之物，而在这种情况下，运动也同样可生可灭；要么像我们的反对派所言，是不生不灭的东西。如果天体可生可灭，那就是神使它从非存在进入存在的。这是第一原理，因为每一个从非存在而成为存在的东西必定是由某个东西赋予它存在性的；说它自己使自己存在是不可思议的。倘若此天体从未停止过运动，而且将来也不会停止其恒久的运动，根据我们前面阐述过的前提，那个使它进入这种恒久运动的推动者不会是一个物体，或一个物体中的力，实际上他是神。我们已经表明，神是存在的，他是没有原因的必然性存在，在其源于本质的存在中没有任何可能性，这一点已为强有力的、确定的论证所证明。不管世界在经过非存在后已经进入了时间中的存在，还是尚未进入这样的存在，都不能否认这一点。我们的论证也同样证明，不论世界是在经过非存在后进入了时间中的存在还是永恒的，上帝都是一，不是一个有形的物体。我们借助于第三种哲学方法证明了这一点。在我们用哲学的方法反驳上帝有形论，建立他的单一性的时候，我们亦证明了这一点。

现在我该结束阐述哲学家们的观点，转而去解释他们关于独立理智存在的证明以及它与我们律法的基础的一致性了。律法这

里指的是《律法书》中关于天使存在的学说。我将先完成这一步，继而回过头来，按我们的许诺反证那种认为世界已经进入时间中的存在的观点。我这样做的理由在于，只有在读者明白了独立理智的存在以及关于其存在的证明是怎么提出的以后，我们的最有力的证明才显示出效用，也才能够讲得充分。在这样做之前，我有责任提供一个前言，它犹如一盏明灯去照亮本书中那些隐蔽的面目，对于以前和此后的章节，它都有所帮助。

序　言

本书的目的不是去阐述自然科学，不是根据某些学说去做一个神学概念的摘要，也不是去论证在这些学说中那些业已确立的证明，本书也无意去总结和描述这些领域的分布情况，公布有关它们的数字，因为关于这些问题的书已经写得够多了。假如这些书在某个问题上实际上并不够充分，我就这个问题所发表的意见也不会比别人已经讲述的东西高明。本书的目的，正如我在绪论中所讲的，仅仅在于澄清《律法书》中的一些难点，表明一些隐晦意义的真面目，因为这些问题十分高深，普通人难以理解。所以，在我谈论独立理智的存在及其数目、天体的数目及其运动的原因，考察质料与形式概念的真正实在性、神的流动以及诸如此类的观念时，你千万不要认为我只是企图考察个别哲学概念的真正实在性。这些概念已在许多论著中阐明，而且大多数概念的正确性也已被论证过了。我只想提及一些问题，对于这些问题的理解有助于澄清《律法书》中的难点。事实上，许多疑难之处都会通过了解我这里讲解的概念迎刃而解。你从本书绪论中就已知道，本书将着力阐述“创世论”和“神车论”的内容，弄清与先知书和神的知识相关的难题。因此，不论在哪些章节中，你都会发现我阐述的目的在于去解释某个自然科学已经证明了的主题，或者神学论证过的问题，或者某个已被证明最值得相信的观点，或者一个与已在数学中阐述过的问题相关的论点，那被解释的个别问题一定是理解先知书中某些内容的关键，这些内容我指的是些比喻和秘密。我之所以要提出、解释和阐明个别的问题，乃由于它有助于我们认识“神车论”和“创世论”，有助于说明先知观点的根源，有助于解释人们信仰《律法书》中真观念的根源。

在完成这个序言之后，我现在要回过头来完成我们已经开始的论述。

第3章

亚里士多德阐述过天体运动的原因，并从中推导出独立理智的存在，尽管他的理论只是一些未加证明的论断，然而，正如亚历山大在他的《宇宙原理》中所说，在围绕这个问题所提出的一切观点中，亚里士多德的论断几乎是毋庸置疑的最为系统和条理的。他的这些理论与《律法书》中的好些论述协调一致，尤其是与先贤的被称为《米德拉什》中的内容相一致。对此，我要进一步阐述。因此，我要援引他的观点和证明，进而找出那些与《律法书》相一致、与先贤之言相符合的内容。

第4章

天体是具有灵魂的，这一点只要稍加思考就会明白。但是，初听此说的人可能认为这是难以理解的，甚至是不可能的。这是因为，在我们说“具有灵魂”时，他误认为这里的灵魂是与人的灵魂、驴子和公牛的灵魂一样的东西。然而，灵魂在这句话中并不是这个意思。它不过是说，天体的位置移动证明天体中存在着引起它运动的原理，而这一原理无可争议地就是灵魂。对此，我们可作如下解释：天体的圆周运动根本不同于石头向下，火向上的直线运动，因为后者的运动来自一个自然的原理，而不是灵魂。处于自然运动状态中的东西是被存在其内的原理推动的。被推动物不在某个位置上，它被推动的目的就是要到达这个位置。而它一旦达到这个位置，其运动也就停止了。与此不同，沿圆周运动的天体是在自己的位置上被推动的。然而，这并不是说，由于天体具有灵魂，它才做圆周运动。有灵魂的存在之所以会运动，或者是由于某种自然，或者是由于某个精神现象。这里说的自然，是指一种趋利避害的本能。例如动物常因太阳的热度而躲避它，因为口渴而寻求有水的地方。在这些情况下，引起具有灵魂的存在运动的推动者是在它之外的。而在另外的情况下，如动物在想象一种有利或不利的情况时也会运动，此时的推动者就是内在的

想象力。天体的运动并无趋利避害的目的，因为它的运动使它离开它原先趋向的点，而又趋向已离开的每一点。假如天体的运动也是为了趋利避害，那么，它就必然在达到它要达到的一个点后停顿下来。我们必须看到，这种趋利避害的目的，是绝不能实现的。结果，这种运动就只是徒劳一场。这样一来，圆周运动就只能是由于精神表象而产生的，或者说是某一精神表象决定了天体特有的运动方式。问题是一切精神表象莫不是理智的产物。这样，天体也一定是一个拥有理智的东西。然而，并不是每个拥有理智、能够形成精神表象的人，每个拥有灵魂并借此能够运动的人，每当他产生精神意念时都一定运动。因为精神表象本身并不必然引起运动，这一点亚里士多德在其第一哲学中做过明确的论述。我们可以发现，我们是经常形成某些东西的观念而又不做趋向它们的运动的，尽管我们能够做这样的运动；只有一个趋向某物的欲望必然地产生时，我们才做旨在获得它的运动。同样明显的是，不论是引起运动的灵魂，还是表现对象的理智，如果不和一个趋向某个意念的欲望相关联，它们本身是不足以说明运动的产生的。由此还可进一步推知，天体是有欲望的。它欲望达到一个它表象给自己的东西或一个崇高的对象，这就是神。他（亚里士多德）说：神正是以这种方式引起天体运动的。我的意思是说，天体有一个达到和理想对象相像的欲望，这个理想对象是极为单纯的，它没有变化，没有新状态的产生，从他那里源源不断地流淌出善的东西。然而，天体是一个物体，除非借助于圆周运动，它无法达到与理想对象相像的目的。对于一个物体来说，这是一个物体的最简单的运动形式，因此天体的本质不会变化；它的运动必然导致善的结果，这一点也不会改变。

亚里士多德在表明这一点以后，他又开始进一步思考并且发现，我们可以借助于论证来证明，天体有许多；尽管所有天体的运动都是圆周式的，但个别天体的运动可因速度的快慢和运动方向的区别而各不相同。根据物理学，他不得不相信，某个天体的理想是在一天内完成一周的运动，这不同于另一天体的理想，后者的目标是用三十年实现一次圆周运动。据此亚里士多德绝对相信，宇宙中存在着独立的理智，其数目与天体的数目相等；每一个天体都欲望拥有一个理智，它是此天体的原理，引起它从事适当运动的推动者。因此，实际上，理智是天体的推动者。亚里士多德和其他任何人都没有绝对肯定理智的数目是十个还是一百个，但亚里士多德明确说其数目等于天体的数目。在那个时代，天体被认为有五十个。亚里士多德因此说，如果是这样，也会有五十个独立存在的理智。在他那个时代，人们没有多少数学知识，数学也远没有达到完善的程度。因此人们认为每一个运动都要求一个独立的天体。他们不懂得，许多显而易见的运动可以从一个天体的倾斜而来。一颗恒星由于黄经和赤纬产生的运动，以及在地平线上所看到的它升起和降落的位置，都属这种运动的例证。然而这不是我们的目的所在，现在让我们回到正题吧！

后来的一些哲学家相信有十个独立的理智存在，这种观点的根据是，他们历数了包括恒星和包容一切的天体在内的一切球体，尽管有些天体拥有几个运行轨道。根据他们的数算，天体的数目是九，它们是包容一切的天体、恒星天体以及另外七个星球。

九个理智相应于九个天体[①]；第十个理智是能动的理智（Active Intellect）。它存在的根据在于，我们的理智是从潜能过渡为现实的，而且一切有生有灭的存在者都是从质料中的潜在状态转化为现实的；然而，任何从潜能转化为现实的东西必定有一个外在的原因来引起这种转化。同时，这种原因本身一定属于那种能够引起从潜能到现实过渡的东西。犹如建筑师并不是因为他有建筑库房的能力而成为建筑师的，而是因为他心中有库房的形式。正是存在于他心中的库房的形式，引起库房从潜能变为现实，并通过材料实现的。形式的给予者必定本身是一个独立的形式；同样，造成理智存在的也一定是一个理智，即能动的理智。能动的理智与元素（指构成有生有灭世界的四元素）及其复合物的关系，相似于理智与和它们相应的天体的关系。进一步说，我们的现实理智是从能动理智的流中获得的，通过它我们认识能动的理智。与此相似，每一个天体的理智也是从一个独立的理智的流中得来的，理智使天体能够认识独立的理智，产生出后者的表象，希望变得像后者一样，结果便产生了运动。

亚里士多德由此进一步推断，上帝并不以直接接触的方式活动。当他用火烧毁东西时，此火是靠天体的运动推动的，而天体又借助于独立的理智而运动。理智是一些靠近上帝的天使，是天体借以运动的原因。由于这些理智完全独立于质料，所以其本质中不可能存在任何由差别引起的多样性，因为它们不是物体。因

① 皮氏的译本没有这句话。这里是根据弗氏的译本译出的。从上下文看，这句话是应该有的。——中译者

此，根据他（亚里士多德）的观点，神产生出第一理智，它是用我们讲过的方式引动第一个天体的推动者，那个引起第二个天体运动的理智，其根源亦在第一个理智中。以此类推。这样，那个引起最接近我们的天体运动的理智就是能动理智的原因和根源。能动的理智是众独立理智的最后一个，这个理智的系列就像物体的系列。它也是以最高的天体为始，而以元素及其复合物为结尾的。那个推动最高天体运动的理智并不等于必然性存在，因为它和别的理智共有一种因素，即通过引起物体运动而表现出来的性质。它们还有另一种因素，借此各个理智相互区别。这样一来，这十个理智中的每一个都具有两种因素。因此，它们必然要有个第一因。这就是亚里士多德的推断和观点。对此的一些证明，在很大程度上是在其弟子的著作中提出来的。简言之，一切天体都是有生命的物体，都拥有灵魂和理智，它们既有关于神的表象和认识能力，也有关于自己的第一原理的精神表象。在存在者的行列中，独立的理智是与物体毫不相干的存在。他们都从上帝流出，他是上帝和所有物体之间的中介。

我将在下面的章节中阐述我们的《律法书》与这些观点相同和相异之处。

第5章

至于天体是有生命和有理性的论断，我的意思是说，它是拥有理解力的东西，从《律法书》的观点看，这也是确定无疑的。它们不是像无知的普通人所认为的那种类似于火焰和土地的死物体，而是哲学家们所说的生命体，它们竭诚服从、赞美和抬举耶和华。例如，《圣经》说："诸天述说神的荣耀"，等等（《诗篇》，第19章，第2节[①]）。有些人认为这不过是一个比喻的说法，这是极其错误的。因为在希伯来文中，"述说"二字连用时只适用于有理智的存在。《圣经》是按天体的本质，而不是按人们所认为的，来描述它们的状态的。下面这句话就是一个明证："无言无语，无人听到它们的声音。"（同上章，第3节）显而易见，这句话是在描述天体的本质，说它不用口舌来赞美上帝，宣扬他的奇迹，这样解释才对。当一个人用话语来赞美时，他只能把自己心中的表象告诉别人。这里，表象是真正的赞语，而和它相关的语词只不过是用来告诉别人的，或者用来表明某人具有理解能力。因此，《圣经》又说："在床上的时候，要心里思想，并要肃静。"（同上书，第4篇，第5节）只有无知或顽固的人才会否认这是一个源于《圣

① 中译本为第1节。——中译者

经》的证明。

至于先贤们对此有何看法，我想是无须解释和证明的。我们只略加考虑他们对月亮的赞语，以及他们在祷文和《米德拉什》原文中就下面几句经文反复表明的意思就可以了。“众天体崇拜您”（《尼希米记》，第9章，第6节；参考巴比伦《塔木德》:《法庭篇》，91b）；“当晨星一起歌唱时，上帝的儿孙也欢呼雀跃”（《约伯记》，第38章，第7节；参考巴比伦《塔木德》:《可食动物》，91b）。类似的话语他们也经常说。在讨论创世的《米德拉什》即《大创世记》中，他们是这样评说上帝的话的：“大地没有形状（*tohu*），一片空白（*bohu*）。”“悲哀（*toha*）、哭喊（*boha*）”[1]这些语言的意思是，大地在悲号哭喊她的厄运。还有，“它说：我是和它们一起被创造的（这里指的是地和天），而在上者永生，在下者有死”。他们还明确说过：灵是有生命的物体，不像元素那样是死东西。现已证明，亚里士多德所谓天体有理解能力和精神表象的论断是符合我们先知的意见，与精通《律法书》的先贤们一致的。

所有的哲学家都一致同意，这个下边的世界是由从天体流淌出来的力所统治的，而且，如我们讨论的，天体有理智知道它们所统治的东西。《律法书》中也有这样的观点。例如：“耶和华你的神为天下万民摆列的”（《申命记》，第4章，第19节[2]）意思是说，天体是上帝借以统治被造物的工具，而不是人们崇拜的对象。还

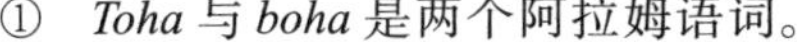

① *Toha*与*boha*是两个阿拉姆语词。

② 这一节是这样的：“又恐怕你举目向天，见耶和华你的神为天下万民摆列的日、月、星，就是天上的万象，自己便被勾引敬拜事奉它。”

有,“管辖昼夜，分别明暗”(《创世记》，第1章，第18节)等[①]。这里的“管辖”指的是天体管理地球的力量，是对光明与黑暗的补充，光明和黑暗是生成与毁灭的直接原因，对于这一点,《圣经》说:“分别明暗”。可见，从这里所使用的管的意思来看，说统治者对被统治者一无所知是荒谬的。我们还要在别的地方对此作详尽的阐述。

① 这一节指的是太阳和月亮。

第6章

谈到天使的存在，似没有必要从《律法书》中寻找证据，因为《圣经》中多次讲述这种事实。*Elohim* 一词是可以用来指审判官的。例如："双方就要将案情禀告审判官（*Elohim*）。"（《出埃及记》，第22章，第8节[①]）出于同样的理由，这个词也用来比喻天使和神，因为神是天使的审判官。《圣经》说："因为耶和华，你们的神。"（《申命记》，第10章，第17节）这句话是对全人类讲的。接着又说："他是万神之神（*elohe ha-Elohim*）"，这里指的是天使中的神；还说"万主之主（*adone ha-adonim*）"，是指众天体和星辰的主人，而前一个"主"是指天体，它们不是自己的主人，但是却是除它们自身以外的其他物体的主人。这两种主人都不属于人类。因为人类太低贱了，不配这样的称呼。"你们的上帝（*Elohim*）"这句话尤其表明了这一点，这里的"你们"指的是包括统治和被统治者在内的所有人。"万主之主"不是说上帝是一切被当作有神性的事物的主人，不是石头之类的主人。因为说神是石、木和一块生铁的主人并没有显出他的尊严和荣耀。这句话的意思仅仅在于，上帝是判官中的判官（the Judge of the Judges），是天使和天体的主

① 中译本为第9节。——中译者

人。本书已有专章论述天使不是物体（参考第一篇，第 49 章）。这也是亚里士多德的意思。我们的差别只在于用词，他使用独立的理智，我说的是天使。因为，在亚里士多德看来，独立理智也是上帝和存在物之间的中介，而且正是通过它们的中介作用，天体才处于运动状态的，而这种运动又是一切可生之物产生的原因。这也是经文中存在的一个观点，因为从《圣经》中可见，上帝除非通过天使是不行使活动的。而“天使”就是“使者”。因此，任何执行命令者都是天使。所以说，动物的运动，甚至无理性存在的活动，如果它符合神的目的，在《圣经》中都被说成是通过天使实施的，这就是说，是神对生命体施加一个力，使它运动起来了。有经文为证：“我的神差遣天使，封住狮子的口，所以这些狮子没有伤害我。”（《但以理书》，第 6 章，第 22 节）巴兰（Balaam）的母驴的运动也是通过天使发生的。有时，元素甚至也被说成是天使。例如：“以风为天使，以火焰为仆役。”（《诗篇》，第 104 章，第 4 节）天使也被用来指从人群中间选出的使者，例如：“雅各派出使者”（《创世记》，第 32 章，第 3 节）。这个词也适用于先知，如：“耶和华的天使从吉甲上到波金”（《士师记》，第 2 章，第 1 节）；“耶和华差遣天使，把我们从埃及领出来”（《民数记》，第 20 章，第 16 节）。此外，它还指先知在异象中看到的独立的理智。下面我们还将进一步指出，它也指人身上的动物力。

现在我们专门论述作为独立理智的天使。我们的《律法书》从未否认上帝是通过天使这一中介来管理世间存在物的。《圣经》说：“我们要照着我们的形象造人”（《创世记》，第 1 章，第 26 节）；

“来！让我们下去”[①]（《创世记》，第11章，第7节）；这里的神是复数形式。对此，先贤曾说：神圣的太一每做一事都必注视上界的众生。我注意到柏拉图也曾用过“注视”（contemplating）一词。他说：上帝注视着理智世界，结果，众存在从他流出。先贤们还在另外段落中说：上帝做每件事都与上界众生商讨。[②]希伯来文 *pamalya*（众生）在希腊文中指一群人。在《大创世记》（指《大创世记》，Ⅻ）和《传道书的米德拉什》中，先贤们在谈到“他们早先所行的”[③]（《传道书》，第2章，第12节）时说：“这句话不是说他早先所行的，而是说他们早先所行的。”就是说，上帝和他的法庭已就你的肢体作了决定，并使它们各就各位。因为《圣经》说过：“他制造了你，确立了你。”（《申命记》，第32章，第6节）先贤们在《大创世记》中又说：凡《圣经》提到“耶和华”的地方，都是指耶和华和他的法庭（参见《大创世记》，LI）。

所有这些原文的意思，都不像无知的人所认为的那样是断定上帝说话、慎思、看视或商讨，以求助于别人的意见。创造主怎么会求助于被他创造的东西呢！这些原文的意思仅仅在于，宇宙中的一切，包括动物肢体的现实状态，都是以天使为中介产生出来的。所有的力都是天使。可见，如果对此无知，其盲目性是多大，而又多么有害呀！如果你对一个自命为以色列的圣者的人说，

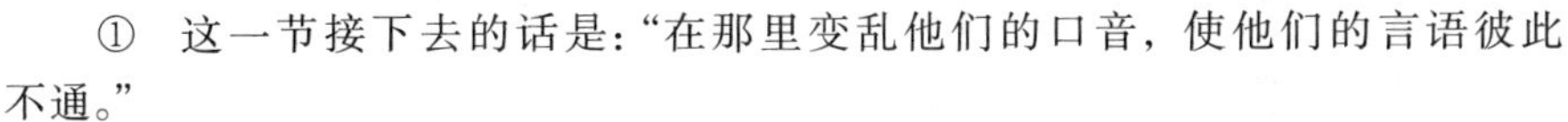

① 这一节接下去的话是：“在那里变乱他们的口音，使他们的言语彼此不通。”

② 巴比伦《塔木德》：《法庭篇》，38b。

③ 这一节是这样的：“我转念观看智慧、狂妄和愚昧，在王以后而来的人还能做什么呢？也不过行早先所行的就是了。”

神把天使发派到一个女人的子宫里，在那里形成胎儿，他会对此感到高兴，他不但相信此说，而且把它看作是神的伟大力量和智慧的明证。他同时也相信，这位天使是由燃烧着的火焰构成的，其形之大等于全世界的三分之一。在他看来，对于上帝，这一切都是可能的。但是，假如你对他说，上帝在精液中注入了一种力，是它形成肢体再让肢体成形的，而这种力就是天使；或者说所有形式都是从能动的理智获得的，而能动的理智就是先贤们所说的天使或世界的王子，他会不予理睬。因为他不懂得，事物中存在着一种引起存在的力量，它是真正伟大和有力的，它是一种不能为感官所把握的力量。先贤们曾对某个明理的人明言：所有物体中的力都是天使；不仅如此，每一分布在世界中的力也都是天使；而且每一种力都只有一种而不是两种恰当的活动方式。对此，《大创世记》这样说："据信，一个天使不能行使两种使命；两个天使也不执行一项任务。"（《大创世记》，L）这就是所有力的特点。我们关于个体所有的自然力和心理力都是天使的观点可以在一些源于《大创世记》的话中找到确证。例如："神圣的太一每天都创造出一批天使，它们在他面前歌唱，然后离去。"（同上书，LXXVIII；参考《哀歌的米德拉什》，Ⅲ 23 以及巴比伦《塔木德》:《喜庆祭》，14a）另有些与此相反的言词称天使是永生不死的（事实上确有几处讲到天使是永远生存的），对此，现有的答案是，有些天使永生，另些则免不了死亡。事情的真相就是这样。个体中的力是连续不断地被产生和消灭的，而这些力所属的那个种类（species）则是恒久存在、永无消亡的。和上面的引述同出一源（同上书，LXXXV）的一段话讲到犹大和他玛的故事。约哈拿拉比说："犹大

企图通过，但神圣的太一却创造出一个掌管性欲的天使。”意思是说，性欲的力量把他缠住了。这种力量也被他称为天使。我们时常发现先贤们讲“分管这分管那的天使”。因为每种力都是上帝分派给某种事物，它在此就叫作掌握那事的天使。《传道书的米德拉什》写道：“人在睡觉时，他的灵魂与天使说话，而这个天使又跟更高的天使（*cherub*）谈话”（见第 2 章第 12 节）。他们借此明白告诉那有理智明事理的人，想象力也一样可以叫作天使，理智则称为更高的天使。这样的话对明白它的人无比美妙，而对无知的人却无聊至极。

我们曾经谈到，天使借以显现的形式存在于预言异象中。有些先知看到了具有人形的天使。例如：“瞧！有三个人。”（《创世记》，第 18 章，第 2 节）另一些先知把天使看成了可惊可怕的人。例如：“这表情就像上帝天使的表情，非常可怕。”（《士师记》，第 13 章，第 6 节）还有先知把天使看成火焰。如：“耶和华的天使在火中心向他露面。”（《出埃及记》，第 3 章，第 2 节）另一个地方（指《大创世记》，L）说：“对力大的亚伯拉罕，他们以人的形象出现；对力小的罗得，他们表现为天使的样子。”这是一个先知论的重要秘密。不过，在后面适当的地方我们才论述先知的预言。那个地方接着说：“在完成使命之前，它们被叫作人；而在完成使命之后，它们就被赋予天使的形态。”这里再明确不过地表明，天使就是某种活动，它总是出现在先知的异象中，其表象是与感知到它的人的能力相联系的。

在这一点上亚里士多德的一切论述都与《律法书》符合一致。他与我们的全部分歧仅在此一点：他认为所有这些存在物都是永

恒的，并且是以他说的那种方式从上帝必然派生而来的；我们则认为，它们都是被创造出来的，上帝创造了理智和天使并让它们拥有统治的力量。在这一点上我们与他确实不同。

在以后的论述中，我们将表明亚里士多德和《律法书》关于世界在时间中产生问题上的意见。

第 7 章

我们已经表明，“天使”是一个多义词，它可以指理智、天体和元素，因为它们都执行神的命令。但不要认为天体或理智和其他物体中的力是一个层次上的东西，因为后者不过是自然的事物，它们缺乏对自己活动的理解。与此不同，天体和理智则可以意识到自己的活动，可自由选择并行使管理。然而，须知它们的选择和管理的方式与我们的不同，因为我们所涉及的只是可生可灭的对象。《律法书》所讲的一些话也可引导我们达到同样的结论。例如：“天使对罗得（Lot）说：我不会做什么”等（《创世记》，第 19 章，第 22 节）；为了救罗得，天使又对他说：“看，这事我也应允你”（同上章，第 21 节）；还有：“他是奉我的名来的，你们要在他面前谨慎，听从他的话，不可惹他，因为他必不赦免你们的过犯。”（《出埃及记》，第 23 章，第 21 节）所有这些都表明，它们能意识到自己的行动，对于自己受托管理的事物有意志，有自由选择能力，就像我们在自身存在的条件和能力范围内有自由意志一样。差别在于：我们的所作所为是有缺陷的，我们在从事管理和活动以前是不活动的；而理智和天体的行为则永远是善的，它们所拥有的一切也都是善的（对此我下面还要进一步阐述），它们一旦存在就永远处于连续不断的现实活动中。

第 8 章

在哲学家和普通群众中广为流行一种古老的说法，即认为天体的运动会产生可怕的、巨大的声音。为证明这一点，他们说：我们周围的小物体在高速运动时，常发出巨大的和令人恐怖的声音，由此可知，太阳、月亮、星体，因其体积和运行速度的缘故，发出的声音一定比这还要大和可怕得多。而毕达戈拉斯派相信，它们发出的声音是巨大然而又悦耳动听的，就像听到乐曲一般。他们还对我们何以听不到这样的巨响作了解释。这种意见在我们的宗教团体中也是众所周知的。我们的圣者们也曾描述过太阳沿其轨道做圆周运动时所发出的巨大声响，而这种描述也适用于所有的天体。

然而，亚里士多德却不承认这种说法。他明确说：天体是不发声的。他的描述见于他的《论天》一书中，从那里的有关文字中我们可了解他的观点。在这一点上，他的意见与我们先贤的意见相左，而又不应受到指责。因为那种认为天体发声的说法是以相信固定的天体和旋转运动的星体为基础的。在这个问题上，我们的先贤放弃了自己的看法而接受了其他民族的圣者的观点。他们明确表示：其他民族的圣者胜利了（参见巴比伦《塔木德》：《逾越节篇》，94b）。他们这样做是对的。因为在思辨问题上每一个人都是以自己思考的结果为根据进行论争的，而只有被证明为正确的结论才是可接受的。

第9章

我们已经阐明，在亚里士多德时代，天体的数目尚未精确，而当今一些人认为天体的数目是九，他们把一个包含数个天体的球体看作是一个天体了，对于这一点，凡学过天文学的人都是清楚的。基于这种理由，对于我们的先贤说的一些话也是不足为怪的。例如他们说："宇宙中有两个苍穹，因为《圣经》说：'看哪！天和天上的天都属于耶和华，你的神。'"（巴比伦《塔木德》：《喜庆祭》，12b；参考《申命记》，第10章，第14节）说这话的是把众恒星整体，即其中存在着恒星的几个天体算作一个天；又把那个不把众恒星数算在内的包容一切的天体（all-encompassing sphere）算作第二个天了。结果，他们就说有两个天。为了帮助理解这一章所论述的问题，我想在这里介绍一些天文学的情况。早期的数学家对金星和水星这两个天体有不同看法。一说它们在太阳之上，另说在太阳之下，因为没有证据证明这两个天体的位置。古人无不认为它们在太阳之上——要特别注意这一点。后来托勒密主张它们在太阳之下。他说：自然的秩序极可能是太阳处于中心，其上和其下各有三个星体。再往后西班牙的一些精通数学的人，根据托勒密的前提，推出金星与水星在太阳之上的结论。事实上，

塞维拉的伊本·阿弗拉（Ibn Aflah of Sevilla）[①]还就这一点写过一本颇有影响的书。这个人的儿子与我相识。而著名哲学家阿布·巴克尔·伊本·阿尔萨（Abu Bakr Ibn al-Sa'igh）——我曾就学于他的一个弟子门下——对这一观点作了深入研究，提出了各种形式的论证——我们已作了引述——认为金星和水星不大可能在太阳之上。值得注意的是，他提出的论证旨在表明这种意见的不确实性，而不是完全否认它。不管怎么样，早期的数学家相信金星和水星在太阳之上。正因如此，他们才把天体数成五个，即与我们最近的月球、必然在其之上的太阳、五星体天体、恒星天体以及不包含星体的星外天体。这些数学家的著作告诉人们，恒星是天体的形式，古人直接称恒星形式。所以，我们知道的有形式的天体的数目是四个，即恒星天体、五星体天体、太阳和月亮。在此四者之上有一个空的，即没有恒星的天体。

这个数目对我来说是非常重要的，因为它是我独有的一个观点的基础。至于这个观点，我还未发现别的哲学家明确提出过，尽管是一些哲学家和先贤的论述把我引到这个问题上的。在下面这一章中，我将提到这些人并阐述我的观点。

① 12世纪天文学家。

第 10 章

众所周知，哲学家们在其论述宇宙秩序的著作中认为，下界这个可生可灭的世界中的现存秩序是依靠从天体涌出的力建立起来的，对此我们已提及数次。同样，我们的先贤也这样说："下界的一草一木都对应着上界的一颗星，是上界的星星找到它们并促使它们生长的。对此，《圣经》说过：你知道天上的秩序吗？你能确定它们在地上的对应物吗？"（《大创世记》，X；参考《约伯记》，第 38 章，第 33 节）他们也称星星为星座（*mazzal*）。《大创世记》开宗明义地说："有一颗星座，三十天转完一周；另有一颗星座，三十年转完一周。"（《大创世记》，X）他们这句话的意思是，即使是可生可灭的个别存在也从相应的星体那里分有了力。尽管天体的力弥漫于所有存在物中间，然而也存在为某一种存在特有的力，例如单个物体的力；这是因为，如前所述，所有存在的整体也是单个的个体。哲学家们还谈到，月亮具有一种特别适用于水元素的力。其根据在于，海水与河水的涨落相应于月亮的圆缺；此外，海水的流向跟随着月亮的进退。凡观察过这一现象的人都明白这些。同样显而易见的是太阳光引起火元素运动的事实。就是说，随着阳光射入存在物，热也进入其中；而当太阳远离地上的某个位置或者变得与这个地方毫无联系时，寒冷也随之袭来。

这一点十分清楚，不必细表。我在明了这些时，心里产生了一个想法：包含恒星的四个天体把从自身中涌出的力作用于可以产生的一切事物，这样天体就成了这些事物的原因；同时，这四个天体亦各自相应于四种元素，每一种元素的力完全是从相应的天体得来的，天体借助自身的运动而把对应的元素带入生成的运动。这样，月球引起水的运动，太阳使火运动，多星球天体造成空气流动。这个天体中诸星体运动的多样性，即进、退、停的差别性，使得空气的状态、收缩与膨胀的快慢也多种多样。恒星天体造成土的运动，或许是因为恒星运动的缓慢使得土元素不易接受活动，不易与其他元素结合。先贤们曾暗示过恒星天体与土元素的相应关系，因为他们说植物的种数与恒星的总数相等。

宇宙的秩序也可能是这样：天体有四个，被天体推动的元素也有四种。而且如前所述，从天体进入到存在物中的力也有四种。同样，每种天体的运动也有四种原因，即天体的形状或球面状态，它的灵魂，它用以获得意念的理智，以及它极力模仿的尊贵的独立理智。这一点需特别注意。我这样认为的理由如下：倘若天体的形状不是那个特定的样子，它就不能沿圆形轨道不停地运动。运动的连续不断只有在圆周运动中才是可能的；物体在直线运动时，即使它来回几次经过同样的轨迹也不会连续不停。因为在两次相反方向运动的中间必定有一个间歇的时刻，这一点将在适当的地方阐述。因此，显而易见的是，按同样的轨迹回到原点的运动必然是圆周运动。此外，只有具有灵魂的物体才可以运动，因此天体必有灵魂。同样毋庸置疑的是，必然存在一种引起运动的东西，这就是我们曾经讲过的那种希望接近某种存在的欲望。这一欲望不可能是那种趋利避害的低级欲望，而一定是理智。因此说，一定有一个产生观念且为欲望所追求的东西存在，这些都在前面阐述过了。

天体的运动有四种原因，从中衍化出四种力。如前所述，它们分别是引起矿物质产生的力、植物灵魂的力、动物灵魂的力、理性灵魂的力。这四种力的活动可分为两类，即引起产生的力和保持已产生物的力。这种保持力包括保持种类永久存在和保持个体暂时存在两种情况。这也是“自然”的意义所在。据说自然有智慧，有管理宇宙的能力，有计划地造成生物的产生、维持和繁衍；自然创造一种形式力（formative forces），它是生物存在的根源，还创造一种营养力，借助这种力，生物保持其暂时的存在和延续。这也就是说，自然是一种神的律令（divine decree），上面提到的两类活动就是通过天体的中介从它派生出来的。

可见，四是一个神奇的耐人寻味的数字。他呼玛（Tanḥuma）拉比在《米德拉什》中说：“那架梯子有多少阶梯？四个。”这是指《他呼玛米德拉什》（*Midrash Tanhama*）中的这句经文：“见一个梯子立在地上。”（《创世记》，第 28 章，第 12 节）《米德拉什》经常说“有四种天使”[①]，然而，我也发现有的原文说：“那架梯子有多少阶梯？七个。”但所有原文和《米德拉什》都一致认为，上帝的天使，即雅各所见到的在梯子上上去下来的天使是四个，而不是别的数，即是说，两个上去，两个下来。这四个天使又都在一个阶梯上排成一行。拉比们甚至从这段话中得出，先知在异象中所见的

① 参考以利萨（Elizzer）拉比的诸章以及《大民数记》，Ⅱ。

梯子等于一又三分之一个世界。因为每个天使的宽度相当于世界的三分之一，其根据在于“他的身体约 *tarshish*（六分之二）”(《但以理书》，第 10 章，第 6 节）。因此，四个天使相当于一个世界再加三分之一。《圣经》中《撒迦利亚书》告诉人们：“有四辆车从两山中出来，那山是铜的山。”(《撒迦利亚书》，第 6 章，第 1 节）对此的解释是：“这是天的四风，是从普天下的主面前出来的。”（同上章，第 5 节）因此说，任何在时间中存在的东西都有原因。至于撒迦利亚提到的“铜”和别处讲的“闪闪发光的铜”(《以西结书》，第 1 章，第 7 节）也应当作多义词来看。对于这一点，以后我们会作些暗示。关于一个天使的大小相当于世界的三分之一的说法，《大创世记》（X）是这样描述的：“天使是世界的第三部分。”这是很清楚的。对此我们在研究《律法书》的论著[①]中也作过说明。一切被造物可分为下列三大部分：第一是独立的理智，即天使；第二是天体部分；第三是第一质料，即天体以下的处于不断变化中的物体。

借助这种方式，凡希望理解先知之谜的人就能理解它们，就能从疏忽大意的梦中醒来，就会从无知的海洋中爬到高处，使自己得救。然而，如果有人愿意沉溺在无知的苦海之中，而且希望越陷越深[②]，他就没有必要去费力劳神了。这种人只要静止不动，他就会自然而然地沉到最低层。这里所讲的内容应认真理解和思考。

① 指迈蒙尼德自己的《密西那托拉》。

② 这里暗指《申命记》，第 28 章，第 43 节。

第 11 章

关于前面提到的天文学问题，在一个只懂数学的人阅读和研究它们的时候，他会相信前面提到的论证是令人信服的，天体的形式和数目也是对的。但事情并非如此。这也不是天文科学的目的所在，尽管天文学中包含一些可以证明的毫无疑问的问题。例如，太阳的运行轨道是与赤道有偏差的。但天文学没有论证太阳是否拥有一个不正圆轨道还是本轮。这位天文学大师对此没有兴趣，因为他认为天文学的目的是提出一种假说，旨在说明星体运动的齐一性以及何以其运动的速度不变。而这些又与我们的观察结果相符。与此同时，这位天文学家还力所能及地避免提及天体的运动和数目。如果我们假定一种对某个星体运动的观察的理论可以通过关于另外三个天体假说而得到说明，而且另一种基于同一观察的理论也可以通过另外四个天体的假说得到说明，那么，我们自然喜欢接受这种很少提及运动的理论。正由于此，在关于太阳的问题上我们才倾向于选用托勒密提出的不正圆轨道论，即所有恒星的运动构成了一种所有恒星的相对位置不变的齐一性运动，我们才确信所有的恒星都存在于一个天体之内。然而，也有可能每颗恒星都有一个属于自己的天体，同时这些恒星的运动方式是一模一样的，因为所有的天体有相同的极点。如果是这

样，理智的数目就会等同于恒星的数目。关于这一点，《圣经》说："上帝的兵马是有数的吗？"（《约伯记》，第25章，第3节）理智、天体和所有的力都可以说是上帝的兵马，然而它们的种类是有数的。

即使根据这个假说，恒星的种类也是有数的，因此我们仍然有理由把拥有许多恒星的天体看作一个天体，就如我们把拥有众星球的五大天体，以及它们所包含的无数个天体，当作一个天体一样。我们的目的仅在于弄清我们可以用一般方式考察到的天体中力的数目，而无意精确描述理智和天体的实在性。我们希望表明的是，造物主以下的存在物可以划分成三部分：第一部分是独立的理智；第二部分是天体的物体，在这样的天体中，物体是负载形式的基质，而其中的形式并不改换基质，因此基质的本质也是持久不变的。第三部分是可生可灭的物体，它们拥有同一种质料。此外，我们还想阐明，管理的力量是神流出的，理智按自己的等级接受到这样的力。善的事物和光从这样的理智流向天体，最后，由于天体从其根源中获益巨大，所以它们再把力和善的事物流向可生可灭的物体。

在一种存在按等级顺序引起某种好的东西从自身内流出的时候，它的存在和目的并不在于把好东西传给接受者，如果这样认为那就大错特错了。因为它的目的是远比为了这种目的而存在的事物高尚的。从前面所说的论断中似乎难免推出，最高级、最完满、最崇高的东西是为了低级的东西而存在的。然而聪明人是不会得出这种结论的。事实上，一个具有某种完满性的东西，有时其完满性仅限于使自己完满，而这种完满性是不会兼济其他存在的。而在另外的情况下，一个事物的完满性是可以传给别的东西的。例如，一个人可以拥有只供自己需要的财富而不把财富留给别人；有的人则有足够的财富让别人受益，甚至可以把别人变富以致他们还可救济另外的人。与此相同，从上帝派生出的流引起第一理智的存在，继而又引起别的理智存在，这样连续下去直到能动的理智。能动的理智是独立理智的最后一个。

此外，另外一种引起存在的活动是从各个独立理智中流出而到达天体；而月球是这一序列的终端。在月球之下则是可生可灭的物体，即第一质料和由它构成的东西。还有，每一天体又派生出力，它们进入到各种元素，而这种力是随产生和消灭过程的终结而终结的。

前面提到，所有这些观点都不和我们的先知及律法专家的学说相矛盾，我们的民族是一个充满智慧的完善的民族，正如上帝通过摩西这位使我们完善的大师而宣称的那样："这大国的人是有智慧、有聪明的。"（《申命记》，第 4 章，第 6 节）然而，当无知的野蛮人败坏了我们的优良品质，销毁了反映我们智慧的文献，杀死我们的学问家的时候，我们也开始变得无知起来。由于我们的罪孽，早就有人提出过下列警告："他们智慧人的智慧必然消灭；聪明人的聪明必然隐藏。"（《以赛亚书》，第 29 章，第 14 节）不仅如此，我们与其他民族杂居在一起，接受了他们的观念，仿效他们的道德和行为。对此，《圣经》也有描述："他们反与外邦人混杂相合，学习他们的行为。"（《诗篇》，第 106 章，第 35 节）对于我们接受无知民族的意见一事，《圣经》也有记述："他们喜悦外邦人的意见。"（《以赛亚书》，第 2 章，第 6 节）约拿单·本·乌茨尔把这句话译成阿拉姆语，意思是“他们根据异教的法律行事”，结果，由于我们已习惯于听从无知之徒的意见，哲学观念对于我们的律法就像对于无知之徒的意见一样，显得格格不入。但是事实不应这样。

我们已经反复阐述过从神和独立的理智涌出的流的观点。现在我们必须进一步表明这种流的真正意义，然后我们再论述世界在时间中产生的理论。

第12章

显而易见，任何在时间中形成的存在都必有一个动因，正是它使某物从非存在成为存在的。这种直接的动因要么是一个物体，要么不是一个物体。如果是一个物体，它并不是因为其物质性而产生作用，而是由于它作为一个特殊的物体即通过它的形式而起作用。下面我将进一步谈论这点。

这种使事物在时间中产生的直接动因本身也是在时间中产生的东西。但我们不能无限追溯下去。这是因为，如果我们承认这种在时间中产生的事物的系列，那就无疑会最终承认一种永恒的、不是在时间中生成的存在，承认它是引起在时间中生成之物的根源。然而问题仍然存在：为什么这一早就存在的原因只是在某一特定的时刻而不是在此以前的某时刻产生一个事物呢？答案有以下两种情况：如果动因是个物体，它之所以不可能在以前某时产生一个事物乃由于它和被作用对象的关系尚未建立起来；如果动因不是一个物体，那就是因为缺乏准备就绪的质料，这里所讲的每一句话都与自然科学的不刊之论相一致。从本章的任务考虑，这里暂不涉及世界的永恒性及其从时间中产生的问题。

我们已清楚地表明，在自然科学中，任何以某种方式作用于另一物体的物体都是通过直接接触发生作用的；或者说，如果有

中介的话，它的作用是通过与此中介物的接触发生的。譬如说，有一个已经变热的物体，它之所以变热或者是因为火直接接触到了它，或者是因为火使那个物体周围的空气变热，又由空气使那物体变热。在后一种情况下，使那个物体变热的直接原因就是热气。再如，磁石对一块相隔一定距离的铁产生吸引作用，是通过由它而来的在空中的力实现的；在此例中，直接与铁相会的是空气。可见，磁石并不能在任何距离中发生吸引作用；同样火也不能把任何距离内的东西变热，它的作用是以它可以把空气变热的那段距离为限度的。假如被火加热的空气在尚未到达某一蜡块前就停止了，那么那蜡块便不会熔化。磁石吸铁的情况也是这样。如果有一个东西从不热变为热了，那就必然有一个在时间中产生的原因，是它把那物变热的。这个原因或者是在时间中产生的火，或者是火与那物之间的距离。在后一种情况下，距离后来发生了变化，结果，在火和受热物体之间原先没有的关系就在时间中建立起来了。与此类似，任何在时间中生成的事物，就其存在而言，其原因都是处于相互作用中的诸种因素的混合。换言之，在时间中产生的存在的原因在于此物体和彼物体之间距离的远近。至于那些与元素的结合无关的时间中的存在，即所有的形式，它们也一定有一个动因，即一个非物质的形式的给予者，而且，这种形式的给予者也是一个形式，而不是质料，关于这一点，我们曾在许多地方阐述过。同时我们也曾在前面的章节中论证过这一点（参考本书第二篇，第 4 章）。对于这一论点，我们还可以这样表述：任何元素的混合物都可增加或减少，因而都是逐渐产生出来的。形式则与此不同，它们不是被逐渐产生的，它们也没有运动。它们的产生和消亡都与时间无关。因此，它们不靠元素的结合活动而存在，元素的结合只是为质料接受形式所做的准备。产生形式的动因是某种不可分的东西，因为它和被它产生的东西同类。很显然，产生形式的动因或形式的给予者也必定是一个形式，一个独立存在的东西。因此，这种非物质的形式的作用决不会依赖于某种关系（指作用与被作用的关系）。形式不是物体，因此它既不能去接近或离开一个物体，也不能使一个物体接近或离开它，因为一个非物体是不可能与一个物体有距离关系的。某种活动之所以没有在以前发生乃由于缺乏适当的质料去接受独立理智的作用。由此可见，就形式方面而言，物体间相互作用的活动使得质料具备了接受一个非物体，即形式活动的条件。现实中存在着从独立理智产生的结果；它存在于任何新产生的事物中，但它决不单是从元素的混合产生的。这一点是确定不移的。既然如此，这种动因的活动就无须借助于直接的接触或一定的距离，因为它不是物体。因此，独立理智的活动一直被称为“流”，它就像一股涌向四面八方的泉水，均匀分散，无偏无厚，由近及远，浇灌着周围的田野。与此相似，独立的理智在接受和传递力量时也不局限于某个特定的方向、距离和时间。它们的活动是连续不断的。只要某物具备了条件，它就可以接受这种被称为“流”的永久不断的活动。造物主的情况也是如此。正如我们已经证明过的，上帝不是物体，宇宙是他的结果，他是其成因。世界来自上帝的流；上帝让他的流涌入每一个在时间中产生的事物，此外上帝还以同样的方式把自己的知识流向先知。这里所说的一切旨在说明，这些活动都不是物体的活动，被称为流的正是上帝的活动。

“流”这个词在希伯来文中有时用于上帝，这是因为它与水的流动相似。我想，用“流”来比喻一种非物质存在的活动就再恰当不过的了。我们找不到一个别的词能够精确表达这种活动的实在性，因为我们很难对一个非物质存在的活动形成一个表象。正如我们难以形成一个非物质存在者的表象一样，我们的想象力只能够表象物体或物体中的力，只能够表象那种借助于动因的直接接触或某一特定方向的距离而发生的活动。有一些群众认为，神不是一个物体，他不接触他的作用对象，他们的意思是，上帝向天使发布命令，让天使们像我们的活动那样去接触一个一个的物体，从而行使相关的活动。他们还把天使看作是有形体的。这些人中有的还相信，上帝可以用与我们的话相似的言词，即字母和声音，来命令某个特定的事物，使它受到影响。这都是想象出来的，而想象则是一种“邪恶的力量”。我们的理性和品格中的每一个缺陷都是由直接或间接的想象活动造成的。

不过，本章的目的不是表明这一点，它旨在理解与上帝和理智相关的这一概念。理智这里指的是天使，因为他们是没有身体的，我们也说天体的力流向存在物；这种天体的流是从物体中产生的。因此，星体的作用局限于特定的距离，就是说，具体取决于星体距离中心的远近和相互关系。这就是星象学的问题了。

我们认为，先知书也把流这个概念比喻地运用到神的活动。这一点有经文为证：“他们离弃我这活水的泉源。”（《耶利米书》，第 2 章，第 13 节）这里指的是生命之流，存在之流，而它本身无疑也是生命。还有一句：“因为你那里有生命的源泉”（《诗篇》，第 36 章，第 10 节），这里指的是存在之流。接此又说：“在你的光中，我必得见光。”这句话与我们的意见完全一样，就是说，借助于从上帝涌出的理智之流，我们才有理智的认识，进而接受正确的指导，进行推理活动，并去认识理智的存在。请注意这一点。

第 13 章

在相信神存在的人中，对世界的永恒性及其在时间中的产生问题有三种意见。

第一种意见。那些信仰我们的伟大导师摩西的律法的人认为，整个世界，即除上帝以外的所有存在，是由上帝从纯粹、绝对的非存在中产生出来的。在创世之前，只有上帝独自存在，没有任何别的东西——既无天体，也无天体中存在的一切。后来，上帝用其意志和意愿从虚无中把所有现存的东西创造出来，时间也因此成为被造物中的一员。时间是运动的结果，而运动本身是被推动物中的偶性。不仅如此，被推动者，即时间所依赖的物体，又是在时间中被创造，从非存在产生而来的。有人说，上帝在创世以前就存在着，而这里的“存在着”是有时间性的。还有人认为，上帝在创世以前存在于无限的持续中。所有这些看法都不过是关于时间的假定或想象，而不是真正的时间。毋庸置疑，时间是一个偶性，是像黑与白一样的被创造的偶性。尽管时间不属于性质范畴，但人们一般都把它看作是运动的必然结果。凡是理解亚里士多德关于时间及其实在性的论述的人都明白这一点。

下面我们要阐述一个观点。这个观点虽不十分切题但对我们的讨论是有益的。许多学者不懂得究竟什么是时间，就连伽林[①]这样的人也在时间是否真正存在的问题上困惑不解。造成他们困惑不定的原因在于时间是存在于偶性中的偶性这样的事实。偶性存在于物体中，例如颜色和滋味。人们很容易理解这样的偶性，并可形成它们的表象。但是，对于那些偶性的本质，例如颜色的光泽和弧线的曲度，人们就难以知其究竟了；尤其是对那种作为基质的变化不居的偶性，就更摸不着头脑了。这两层困难都存在于时间观念中。时间是运动的偶性，而运动又是一个被推动物体的偶性。不仅如此，运动又不像黑和白那样处于不变的状态，相反，它的本质恰好在于即使在一眨眼的瞬间也不停留在同一个状态上。这就是人们不理解时间的本性的根源。

在我们看来，时间是一个被创造的东西，它是和其他偶性及其基质（或实体）一样被产生出来的。正由于时间是一个被造物，所以不能说上帝创造世界有一个时间上的开端。对这一点要真正理解才行。如果不了解这一点，人们就无法反驳那种无知的人所难免的偏见。假如你肯定时间在世界之前的真实存在，那你就必然相信世界的永恒性，因为时间是一个偶性，它必须有一个基质。由此你就会推出，在现存世界之前必定存在着（除上帝以外）某种东西。但是，我们不容许这样的观点。这就是第一种意见。毫无疑问，这种意见是我们的导师摩西的律法的基本原理，它的地位仅次于上帝的单一性原理。谨记此点，不要为别的所迷惑。正是我们的先祖亚伯拉罕在作了深刻的哲学思考后公开宣布这一观

① 他关于时间的观点见各处引文。

点的。他宣告:“以耶和华、世界之上帝的名义”(《创世记》,第21章,第33节);此前他也曾明确说过:“天与地的创造者”(同上书,第14章,第22节)。

第二种意见。这种意见是由一些我们知道的哲学家们提出来的。他们认为,说上帝从虚无中产生出存在是荒唐可笑的。更有甚者,在他们看来,一种事物不可能从无变有。换言之,他们认为一个具有形式和质料的东西不可能从绝对的非存在产生,也不可能从存在转化为纯粹的非存在。在他们心目中,说上帝能够这样做,无异于承认上帝可以在同一时刻把两个矛盾的东西结合起来,无异于说上帝可以创造类似于他的东西,使自己物体化,无异于说上帝可以创造一个对角线与边长相等的正方形,无异于承认类似不可能的东西。他们进而相信,承认上帝不产生不可能的东西并不是说他缺乏力量,而是说不可能存在的东西的本性就是不能被任何动因产生,因而也不会变化;换句话说,不是上帝没有从无变有的能力,而是不可能性的本性使然。因此,他们承认质料是和神一样永恒存在的东西,上帝和质料相互依赖,舍一不能存在。他们不主张质料的等级和上帝一样高,因为上帝是存在的原因,他与质料的关系就如陶工之于泥土,铁匠之于铁一样。上帝是可以随意塑造东西的。所以上帝先是制造出天和地,后又造出别的东西。持这一观点的人也承认天是可生可灭的,但不承认天是从无变有,又从有归于无的。在他们看来,天的生灭恰如动物个体从存在的质料产生又回到原来的质料,就像下界中所有别的存在物的生灭一样。这些哲学家又分成数派,这里不打算介绍各派及其观点。上面所表述的是他们共同主张的理论。柏拉图

主张此论。亚里士多德在《物理学》[①]中也提到过柏拉图，认为天是可生可灭的。柏拉图在其《蒂迈欧篇》中明确阐述过这种学说。但是他的意见和我们的主张不同。只有轻率、肤浅的人才认为他和我们一致。事实上，我们认为，天是从绝对的非存在状态中产生出来的；而这些人的意见是，天的存在是源于另外某种东西。这就是第二种理论。

第三种意见。这是亚里士多德本人及其信徒和评论家的意见。他和他的弟子们共同主张的学说上面已经谈过了，即认为凡有质料的东西不可能从虚无中产生出来。亚里士多德的观点不止于此。他认为天是不生不灭的。在这个问题上，他的见解大致如下：宇宙整体从未停止过存在，将来亦永不会停止存在。永存的东西是不生不灭的。就是说，天体是不灭的；时间和运动也是永恒存在，不生不灭的。不仅如此，即使月亮下面那些有生有灭的事物也不会归于无。意思是说，其原初质料在本质上不生不灭，但其存在的方式则可以相继变换；一种形式消失了，另一种形式出现了。亚里士多德还进一步认为，上界和下界的秩序是决不会被打乱和消亡的。任何更新和变化都不会违反自然规律，不会发生越出自然轨道的事情。从他著作的字里行间还可看出，他认为上帝不可能发生变化，不可能产生一个新的意志。所有存在者都已经由上帝的意愿造成了现在的样子，但它们不是从无中产生的。他认为，正因为神不可能变为非存在，或者说他的本质不会改变，他的意志也不会改变，他不可能产生新的意志。由此必然

① 参见亚里士多德《物理学》第 8 卷，251b17 以下。

得出结论：宇宙整体从未停止过存在，将来亦永远不会停止。

这就是三种不同意见的概况。在这些人看来，神为这个世界而存在是已经证明了的。有些人不相信神的存在，认为事物是通过偶然的元素结合与分解而可生可灭的，没有世界管理者和统治者。按艾弗隆狄修斯的亚历山大的说法，这些人就是伊壁鸠鲁派和与之类似的哲学家。由于神的存在是已被证明了的，所以没有必要去阐述这些和已证明的真理相反的意见。同样，我们也用不着去证明第二种意见，即认为天体亦可生灭的意见是真的；因为他们相信永恒性，在我们看来，这些人认为天体必然生于有，又归于有，亚里士多德则认为天体不生不灭；两者之差别是无关紧要的。这是因为，摩西和亚伯拉罕《律法书》的信徒和主张类似学说的人都旨在表明，不存在像上帝一样永恒的东西；都认为上帝使物从非存在产生不是不可能的，反之，如有的学者所言，它是一条确立了的真理。

在阐述了这些意见以后，我将进一步表明亚里士多德是如何证明其理论以及那促使他采纳这一理论的动机。

第 14 章

本书是基于我对你的成就的了解而专为你写的，这一点无须每章必述。我也不必精确引述哲学家们论述的原话。我想只转述其大概意思也就够了。如前面所介绍伊斯兰神学家的观点时所做的那样，我不打算长篇大论地解释，只想把你的思想引导到这些哲学家们追求的方法上去。我不涉及亚里士多德以外的哲学家，因为只有亚里士多德的论述才值得我们研究。倘若我们有充分的理由反驳他，或就某些观点提出质疑，那么我们的理由一定比所有那些不同意《律法书》基本原理的人的根据更加坚实和充分。

现在我开始阐述这些方法。

第一种方法。在亚里士多德肯定运动是不生不灭的时候，他指的是绝对的运动。他说：如果运动是在时间中产生的，那就意味着，在每一个从时间中产生的东西之前总有一个运动，因为它从潜能到现实，从非存在到被产生都在于运动。这就是说，有一个引起后来的运动的运动存在着。这样一来，第一个运动就必定是永恒的，否则就会导致一个无限追溯。与这一原则相联系，他还进一步肯定时间也是不生不灭的。这是因为时间是运动的结果，或者说时间与运动相关联；同时，没有时间以外的运动，也没有可以离开运动而设想的时间。这一点前面已经阐述过了。亚里士多德借助这个方法推出了世界的永恒性。

第二种方法。亚里士多德断言，四种元素所共有的第一质料是不生不灭的。这是因为，如果第一质料可以生灭，那就必定有一个产生第一质料的质料。而这种质料必有某种形式。因为形式是产生的真正根据。然而，我们这里说的第一质料指的是一种没有形式的质料，它绝不会是从某物中产生出来的。因此，它是永恒不灭的。这也可以导致世界永恒的结论。

第三种方法。亚里士多德肯定，由于圆周运动没有对立面，所以作为整个天体的质料也不包含与之相对的因素。对立面只存在于直线运动中，这一点已经证明过了。他进一步断言：在可灭的事物中，其毁灭的原因在于本身固有的对立面。因此说，天体中没有对立面存在，所以它亦不会消灭。还有，凡不会消灭的事物也同样不是产生出来的。为了表明他的观点，他以绝对肯定的态度提出了以下几个命题：

> 凡可以被产生者必定可以消亡。
> 凡可以消亡者必定是被产生的。
> 凡不是被产生的就不会消亡。
> 凡不消亡的也不是被产生的。

这种方法也必然导致他所希望的世界永恒的结论。

第四种方法。亚里士多德确信，对于任何在时间中产生的东西而言，它被产生的可能性一定在时间上先于它的产生本身。同样，任何可以变化的东西，其变化的可能性一定在时间上先于变化本身。基于这一前提，他推出了圆周运动的永恒性，就是说，它既无终结，也无开端。亚里士多德的后继者也利用这一前提阐明了世界的永恒性。他们说：在世界存在之前，它在时间中的产生或者是可能的，或者是必然的，或者是不可能的。假若是必然的，世界就没有非存在的状态。如果是不可能的，它就永远不会存在。假如是可能的，那么这种可能性的基础又是什么呢？毋庸置疑的是，必定存在一个东西作为这种可能性的基质，它是那种可能的东西赖以存在的基础。这是一个关于世界的永恒性的强有力的论证。不过一位已故的伊斯兰教神学家认为他已解决了这个难题。他宣称："可能性存在于动因中，而不存在于它的作用对象中。"然而，这不成其为一种回答。因为有两种可能存在，就在时间中被产生的存在而言，它之被产生的可能性先于它本身而存在。与此相似，从产生事物的动因来看，它产生被产生者的可能性也一定在它产生的活动之前。因此又有两种可能性：一是质料变成某种东西的可能性，二是动因产生某种东西的可能性。这是亚里士多德遵循的最重要的方法，他在从世界本身开始论证世界的永恒性时，主要采取的就是这一方法。

亚里士多德以后的一些人也提出过一些方法。这些方法是从亚里士多德哲学中派生出来的，他借助这些方法从神开始来证明世界的永恒性。

第五种方法。这些哲学家说，如果上帝是从非存在中产生出世界的，那么在他创世之前，他一定是一个潜在的动因；他在创世以后才变成了一个现实的动因。因此，上帝经过了一个从潜能到现实的转化过程。由此看来，上帝本身具有某种可能性，因而必定有某种东西促使他从潜能转化为现实。这也是一大难题。很值得学问家们去寻求答案，揭示其秘密。

第六种方法。这些哲学家们认为，一个动因时而产生作用，时而不产生作用，这完全取决于他自身的或外来的刺激力或障碍。障碍必然会阻止动因去行施某种活动，而刺激力则必然会使动者产生某种原不曾有的欲望。创造主既没有引起意志改变的刺激力，又没有外来的阻止其存在的障碍，因此他没有理由时而起作用，时而不起作用。反之，他的活动作用就像他的永恒性一样永远是现实的。

第七种方法。这些哲学家们说：上帝的活动是最完满的。这些活动不包含任何缺陷。这些活动中没有一个没有目的，没有一个是多余的。亚里士多德曾一再申明这一观点。他说：自然是有智慧的，它不做任何无目的的事情，它总是把事情做得圆满至极。据此，后来的那些哲学家说：由此可见，世界是最为圆满的存在，它并不需要一个外在的目的。这样一来，世界就必然是永恒存在的，因为上帝的智慧就如其本质一样永恒存在；更准确地讲，上帝的本质就是他的智慧，是它要求世界存在的。

所有关于世界永恒性的论证都是以上述方法为基础的，都可归结为其中的某一种。

为了证明反对意见之不可信，这些哲学家还说：上帝怎么会在无限的过去无所事事，不产生、不创造任何东西呢？上帝怎么会在创世之前的无限长的阶段中不产生任何东西，而直到昨天才开始创造世界呢？假若你说，上帝在造这个世界以前曾创造了许多世界，其数目之多简直犹如遍布那些天体的介子的数目，而且每一个世界都存在了很长的岁月。从上帝的无限存在看，可以说他好像是昨天开始创造世界的。因为我们一旦承认世界是在经历非存在后开始的，说它产生于几千年前或发生在最近并没有多大差别。可见，这也是那些相信世界永恒的哲学家们用以证明相反意见不成立的一种方法。

第八种方法。这些哲学家们还利用过去所有民族公认的原理提出了论证。一般说来，举世公认的信念必然反映一个真正的事实，而不是一个假说。亚里士多德说过：所有的人都肯定天体的永久性。当人们意识到天体是不生不灭的时候，他们就肯定了天体是上帝的住所，是精神存在者即天使的住所，他们把天体贡献给上帝，目的是说明其永恒性。亚里士多德还就这一问题提出了另一些类似的观点，借以支持自己的意见。在他看来，他的哲学思考之正确可以从举世公认的信念中得到证明。

第15章

本章的目的在于表明，亚里士多德自己知道，他并没有为世界的永恒性提供证明，然而这也不是他的过失。我的意思是说，他本人知道自己没有证明这一观点，他提出的论证和证明不过是人们的心灵喜爱思考的东西。亚历山大认为，它们是最不易反驳的。然而这并不能说亚里士多德的论述就是证明，因为正是亚里士多德教给人类证明的方法、规则和条件的。

我之所以提出这个问题，乃由于亚里士多德的后继者认为他已证明了世界的永恒性。他们中多数人自命是严格信从亚里士多德权威的哲学家，认为亚里士多德所说的一切都可以构成一个令人信服的、毋庸置疑的证明。在他们看来，与亚里士多德发生分歧或者认为亚里士多德那里有隐晦不明的观点，都是不正确的。鉴于这种情况，我认为有必要对他们的意见提出挑战，向他们表明，亚里士多德并不自命对这个问题作了证明。亚里士多德在《物理学》中写道：以前的物理学家都相信运动是不生不灭的，只有柏拉图认为运动可以产生和消灭，而且天体也是可以生灭的。[①] 柏拉图就是这样说的。可以肯定的是，如果亚里士多德认为

① 参见亚里士多德《物理学》，第8卷，第1章，251b15以下。本段引文不甚准确。

自己在这个问题上提出了充分的证明，他就没有必要利用以前的哲学家和他一致这一事实来进一步佐证他的观点，也没有必要指出他的论敌之意见的错误之处。因为一个靠证明确立的理论，是不会由于众所公认而增加或减少其正确性和确实性的。类似的情况是，亚里士多德在《论天》中谈及天体不生不灭时也说：现在让我们来考察天体，看看它们是不是从某种东西产生出来的，是不是可以毁灭的。在提出问题以后，亚里士多德开始引述那些认为天体可生的人们的观点，并进一步说：如果我们也这样主张，那么，我们的理论就很可能被那些深刻的思想家们所赞同和接受；而对于那些原先听到过和我们相左的意见的人来说，情形更会如此。这是因为，如果我们只提出我们的观点和论证，而不顾及与我们意见不同的人的观点和论证，那么，我们的观点就显得软弱无力，不易被听众所接受。一个公平的人是不会敌视持不同意见者的，反之，他会友好、平等地待他们，就像对待自己的理论一样欣然承认他们意见中的合理成分。这就是亚里士多德本人的意思。[①]

在上面的引述后，现在我想请问那些从事思辨的人们：难道我们会责备他（指亚里士多德）吗？难道有人在读了前面的引述后还会认为他提出了这个问题的证明吗？难道亚里士多德或任何别人会认为，一个已被证明的理论还非要把论敌的观点彻底驳倒后才会被人接受吗？此外一个值得注意的事实是，亚里士多德把他关于世界永恒的理论说成是意见，而他的“证明”只不过是些论证。

---

① 参考亚里士多德《论天》，第 1 卷，第 10 章，279b4 以下。

难道亚里士多德不懂得论证（argument）和证明（demonstration）之间的区别？不懂得意见这种可以被或多或少地接受的东西和证明的真理之间的差别吗？不仅如此，如果他已提出过充分的证明，难道他还需要用修辞性的语言来借助对论敌的友好公允来加强自己的意见吗？决不会的。亚里士多德的唯一目的，就是表明他的意见比他的论敌的意见更正确些。他的论敌的意见是：哲学思考会使人相信，天体是可生可灭的，但它们还从未不存在过；换言之，天体是被产生的，但将不会毁灭；诸如此类。而这一点无疑是对的。亚里士多德认为他的意见比他的论敌的更正确，乃由于他认为其推论是从存在物的本性来的。但我将表明，我们不以为然。这里情感对哲学家产生了影响；因此他们希望亚里士多德提出了世界永恒性的证明是一个确定的事实。在他们看来，也许亚里士多德提出了这样的证明，而又没有意识到这一点，因此，应该引起后人的注意。然而我确信，亚里士多德在这个问题上的意见，即他关于世界的永恒性、天体运动差别的原因、理智的不同等级的观点，无一是以证明（demonstration）的形式提出来的。亚里士多德也从未自命他所说的相关的话会构成一个证明。恰好相反，照他的说法，在这些问题上，通往推理根据之路的大门在我们面前紧闭，因为我们缺少从事推理所需要的前提。他的原话如下："有些事情是我们无法进行推理的，或者说，它们对我们来说简直太高深了。我们很难回答，事情为何这样？例如，我们很难肯定：世界是不是永恒的？"[①]阿布·那萨尔（即阿尔法拉

① 参见亚里士多德《论题篇》，第1卷，第11章，104b15以下。

比)[①] 对这段话提出过有名的解释。他认为不应说亚里士多德怀疑过世界的永恒性。对此，伽林则不屑一顾。在他看来，这是一个没有证明的、不清楚的问题。按阿布·那萨尔的说法，天体是永恒的，而其中的存在物则可生可灭，这一点是显而易见、经过证明了的。总之，本章提到的方法，无一能够建立、驳倒或怀疑一种意见。我们把自己的意见表达出来，仅仅因为我们知道，大多数对科学一窍不通而又自以为聪明过人的人，简单地认为世界是永恒的；他们这样做是因为接受了那些肯定世界永恒的学界名人的权威；而他们拒不承认先知们的论述，乃因为先知的论述没有使用科学的方法，而是借助于从上帝而来的指导。只有少数理智完善的人从第二种方法中得到过指导。我将在下面的几章中根据《律法书》的教导阐述创世说。

① 阿布·那萨尔（Abu Nasr）又名阿尔法拉比（al-Farabi）是著名的阿拉伯哲学家，其主要贡献是对亚里士多德著作的大量诠释。——中译者

第 16 章

本章将首先阐明我本人就这一问题的看法，然后再进一步去证明它。在这个问题上，伊斯兰神学家曾断言，他们已经证明世界是从无中产生的。对于他们的论证，我是丝毫不赞成的。我不想自欺欺人，把那些错误百出的方法当作证明（demonstration）。如果有人宣称他可以借助诡辩的论争就可以证明一个观点，那么，在我看来，他不仅没有加强其论点，反而是削弱了它，并为别人的攻击留下了把柄。因为一旦那些论据明显失去效用，我们对于原来被“证明”的观点的信念就动摇了。我倒宁可让一个观点未加证明而成为一个问题，或者简单地接受两个相互矛盾的命题中的一个。我曾经表明伊斯兰神学家是借助什么方法论证世界从无中产生的，也曾提请读者注意在哪些观点上他们可能会受到批评。同样，亚里士多德及其追随者就世界的永恒性的一切论证，在我看来，也都是不能令人信服的。我将表明，它们都很值得怀疑。我的看法是：从《律法书》的观点看，世界之在时间中产生并不是不可能的，这一点我曾作过解释；所有和这一观点相左的哲学论证，所有包含和我们对立观点的论辩和推理，都将表明是不正确的。由于我确信我的看法是正确无误的，由于世界的永恒性或世界在时间中产生是一个尚未定论的问题，所以，依我

之见，它应该根据先知的预言被接受下来而无须证明，因为预言可以教导人们一些哲学的思辨无法企及的东西。正如我们将表明的，即使对于那些相信世界永恒的人来说，预言的作用也是不容轻视的。

在阐明我们坚持的意见是可以接受的以后，下面我要借助思辨来证明它比任何其他意见都更可接受。我的意思是说，我们关于世界在时间中产生的创世论比那种世界永恒论更可接受。如果说我们的理论中也包含不足的话，那么，世界永恒论则是错误的。现在我要提出一个方法，用它来驳倒一切关于世界永恒性的论证。

第17章

任何事物都是从非存在中产生出来的。即使我们承认这样的情况：一个事物的质料原来就存在，它在产生的过程中改换了形式，就是说，那一事物本身已经经历了时间中的产生而实现了它的最终的稳定状态，并因此而区别于它在产生的进程中和开始从潜能往现实转化时的状态。同时这个实现了的事物本身也不同于它在运动并从潜能转化成现实以前的状态。举例来说，女人的卵子存在于她的血管中的血液里，其本性不同于它在受精之后，即妊娠时的本性，因为在后一种情况下，它已借助男人的精子开始从潜能向现实转化了。即使在胎儿发育成熟并且降生以后的状态，它的本性亦不同于动物。因此，我们不能从一个已经产生的、已经达到最终状态的、在完成的状态中取得稳定性的事物的本性类推到此事物开始朝产生运动时的状态。同样，我们甚至不能从这个事物开始朝产生运动时的状态类推到它尚未这样运动时的状态。如果你从一个已实现事物的本性类推到它过去潜在状态时的本性，那你就犯了一个严重的错误。你就会把必然存在的东西看作是不可能的，或者反过来，把不可能的看作是必然的。仍以人为例。假如一个胎儿在完全成熟后出世，而其母亲在喂养他几个月后死了。以后这个孩子被父亲带到了一个孤岛上，长大成人后有了理智并获得了知识。这个孩子从未见过女人和任何雌性动物。他因而会对他的父亲提出这样的问题：我们是怎样存在的？以什么方式产生出来的？其父会这样回答：我们中的每个人都是通过和我们种类相同的个人的肚子生出来的，这种人是女的，具有如此这般的样子。我们每个人都曾经是身体中微小的存在，在女人的肚子里被推动、滋养，逐渐长大成活，一直长到这般大小。这时，身体下部的一个裂缝为他张开，他就从中产生出来了。以后，他不停地生长，直到长成像你看到的我们这个样子。这时，这个从小没有母亲的孩子必定又追问：我们这样的人在很小的时候，即在肚子里活动、滋养、成活、成长的时候，他用嘴和鼻子吃、喝、喘气并产生粪便吗？父亲回答说：不！此时，这个孩子会很快地认为父亲的话是谎言，并会证明所有这些话都是不可能的，他自然是从完成的、获得稳定性的事物做类推的。他会说：如果不让我们的任何人喘气，哪怕不长时间，他就会死，他的活动也会停止。怎么可以想象一个人存在于另一个身体内长达数月且被周围厚厚的管子包围着，然而却能够存活并运动呢？假如我们吞下一个麻雀，它一被咽到胃里就会死掉，更不用说进入到下面的肚子里了。如果一个人不用嘴吃饭和喝水，一定会在几天内死亡。一个不吃不喝数月之久的人怎么能够存活呢？还有，我们每一个人，如果只吃饭而不排泄，就一定会在几天内疼痛难忍而死亡。怎么可能想象一个人不排泄而能生存数月呢？如果我们中某人的肚子上有洞，他就一定会在几天内死去。怎么可以设想胎儿的肚脐是张开着的呢？胎儿怎么可能像你所说的那样不睁眼、不伸手、不伸腿，而他的各个部分又是一个整体并完美无缺呢？

要证明人不可能以那种方式产生，这样的类推还可以进行下去。

如果认真思考这个例子，人们就会发现，我们与亚里士多德正处在这样的情况下。我们这些摩西和亚伯拉罕的子孙相信世界是以某种方式被产生，是从某种状态成为另一状态的，是在经过一种状态后从某种状态创造出来的。而亚里士多德则与我们相反，他根据现有存在的本性，即已取得稳定性的、完成了的、获得现实性的本性提出论证来反对我们。而我们也与之针锋相对地宣称，这种本性，由于它已经取得了稳定性和完满性，与那种处于产生过程中的状态，以及从绝对的非存在转入存在的状态毫无共同之处。难道他所提出的论证中还有能够用来反对我们的吗？没有了。因为这些论证只运用于反驳那些承认现存事物的稳定本性并以此来证明它们在时间中被创造的人。然而我已经表明，我们并不这样主张。

现在让我们回到正题，把亚里士多德的方法论原理揭示出来，以此来表明其中的一切皆与我们不相干，因为我们的论点在于：上帝从非存在中产生出世界整体，赋予它形式，直到达到现在所见的这种完满程度。亚里士多德说：第一质料是既不产生也不消灭的。他是从可生可灭的东西中做出有利的类推，并以此表明第一质料是不可能被产生的。说第一质料不是产生的并不错。我们亦不认为第一质料是被产生的，就像人那样从精子生出，继而又在人死后转化为尘土。但是我们坚持认为，上帝是从无中产生出第一质料的；在它被产生以后，不论是过去还是现在，任何东西都是从它而生，而又回归于它。它若没有形式就不会存在。产生和消灭是以它为始终的，它不像由它而来的事物那样产生和消灭。它是从虚无中被创造出来的。如果它的创造者愿意，他完全可以把它化为乌有。这也同样适用于运动。亚里士多德就是从运动的本性推出运动是不生不灭的理论的。这一点也对。因为我们认为，在运动同自然一起进入存在以后，其特征亦随之确定下来。我们不能想象运动的整体也像部分运动那样产生和消灭。这种观点也适合于任何与运动相关的事物。同样，所谓圆周运动没有开端也对。这是因为，在具有圆周运动的天体被产生以后，我们就不能设想它的运动是有开端的。我们还可以就可能性作这样的论断，即可能性必然先于被产生的东西，因为在这个已经确定的世界中，每一被产生之物必然是从另外的东西产生而来的。但是，对于从虚无中产生的东西，不论人的感官还是理智都无法设想它有一个产生以前的潜在状态。关于那种说天体中不存在相反的因素的说法，我们亦可做同样的论断。这个说法是正确的。然而我们同时认为，天体不是像马和棕榈树那样产生出来的。动植物的消亡是因为它们中含有相反的因素；天体不是这样，因此不消亡。

如前所述，这里关键性的一点在于，一个存在的完成状态，并不能说明它在未完成时的状态。某人说天体的产生先于地球，或者反过来说地球先于天体；有人说天体先于星体（star）而存在；有人说某种动物先于另一种动物存在。这些说法都无不妥之处。这是因为，所有这些说法都可用于宇宙形成以后的状态。对于已被产生的动物，我们同样可以说，心脏的存在显然先于睾丸，血管先于骨头，尽管动物在形成后其中的每一部分都是相互联系的，都是此动物的存在必不可少的。

我们在从字面上理解《圣经》时，所有上述论断都是有用的。下面我们还要详细表明，即使不从字面上理解，它们也是不可少的。这一点务必谨记在心。因为我已在《律法书》周围筑起了很高的围墙，以阻止那些蓄意攻击者发来飞弹的袭击。也许亚里士多德或他的追随者会这样驳斥我们：倘若这个现成的世界不能向我们提供证明，那你怎么知道它是被产生的？怎么知道另有一个产生它的存在？我们的回答是：我们并非必须坚持这样的观点不可。现在我们也不想证明世界在时间中产生的真实性。我们真正希望确定的是世界在时间中产生的可能性。对于从现存的世界所做的类推，我们并不争辩；然而这些类推并不能驳倒我们所相信的这种可能性。在这种可能性确立之后，下面我将回过头来表明承认创世论的优越性。

在这个问题上，亚里士多德除了表明世界在时间中产生的不可能性以外别无选择。不过他的论证不应从存在物的本性入手，而应从对神的理智的判断入手。这就是前面论述过的三种方法（指第五、六、七这三种方法，见本篇第 14 章）。亚里士多德派试图借助这些方法，以神为起点证明世界的永恒性。在下一章中，我将表明这些方法是软弱无力的，因此，它们无益于展开任何正确的证明。

第 18 章

在这些哲学家看来，他们的第一种方法可以迫使我们承认，神由于有时活动，有时不活动，所以是从潜能转化为现实的。

消除疑问的办法很简单，因为这种结论只适用于由质料和形式构成的物体，其中的质料是具有可能性的。由于这样的物体是借助于形式从不活动到活动的，所以其中一定包含一种潜在状态的东西，它是在后来才被转化为现实的。因此可以肯定，此潜在物一定是在另一个东西促使下活动起来并开始转化的。我们已经证明，这一前提只适用于拥有质料的物体。至于非物质的没有质料的东西，其本质中是没有任何可能性的。它们永远是现实的。对于这种存在，哲学家们的论点并不适用。这种存在不是不可能一时活动，另时不活动的，而没有质料的东西是不会变化，即不会从潜能转化为现实的。

可以用亚里士多德及其信徒提出的能动理智来证明这一点。按阿布·那萨尔在《论理智》中的解释，能动的理智一方面不包含质料，另一方面又一时活动，一时不活动的。他在那本书中是这样说的：显而易见，能动的理智并不一直活动，事实上，它是在一定的时间内活动，而在另外的时间内不活动的。他这样说是不错的。但这并不能表明能动的理智经历了变化，不能因为它在一定的时刻有过前所未有的活动，就说它在从潜能转化为现实。这是因为，物体与非物体之间是没有关系的，它们不论在活动时还是不活动时，都毫无相似之处。事实上，具有质料的形式和精神存在的活动，只是在“活动”一词的诸多含义中的一种。一种精神存在在一定的时刻不从事另一时刻从事的活动，并不必然导致从潜能到现实的转化。这样的转化只是对有质料的形式才是必然的。然而，也许有人认为，我们的这种说法包含不正确的因素，因为能动的理智一时活动，另时不活动，并不是由于一个存在于其本质中的原因，而是由于缺少必要的质料条件，这也就是说，如果一切质料条件具备，其活动就是永恒的。在这种情况下，如果有某种阻力阻止了活动，那就一定是来自质料方面，而不是来自能动的理智本身。然而，做这种解释的人应该明白，我们的目的并不是去说明何以上帝一时活动，另时不活动的原因，我们也没有从这个例证中得出结论，即我们没有说，由于能动的理智此时活动彼时不活动，所以上帝也是如此。如果我们真的这样说过，那就确实错了。然而我们的结论，而且是正确的结论是，能动的理智既不是物体，也不是物体中的力，它的活动是有间歇的。然而，不论什么原因造成的这种情况，我们都不是说它可以从潜能转化为现实，也不意味着它的本质中包含着可能性，也不是说它还需要某种东西促成它从潜能到现实的变化。这样一来，我们也就避开了那种断定世界永恒的人所提出的批评。我们确信，上帝既不是物体，也不是物体中的力，因此，我们并不能从他原来没有活动，后来从事了创造活动这一事实中得出他本身可以变化的结论。

第二种方法表明永恒性是必然的，因为上帝中不包含刺激力，没有意外的偶性和阻力。这个问题中的难点不易消除，答案也很微妙。如果有意志的动因从事活动是有缘故的，那它就必然在此时活动，而在彼时，即出现阻力和意外事件时不活动。例如：一个人希望有所房子，但又不能建造它，这是因为有障碍，即或者缺乏建筑材料，或者有建筑材料而无使材料获得形式的工具。有时，即使材料和工具两者俱全，而那人也不去建房，因为他不想要一个住所，没有建房的欲望。然而，如果环境发生了改变，天气变冷或变热，迫使他不得不寻找一个住所，此时他就希望建房了。显而易见，意外的事件会改变意志，障碍也会阻止意志，使它不能付诸实践。然而，这种情况只有当活动的原因是外在于意志的本质时才会发生。假如完全取决于意志而无任何别的目的，那个意志也就不需刺激力。对于一个可以行使意志的人来说，即使没有任何障碍，他也不必连续不断地运动，因为不具备他为之活动的外在目的。这个外在的目的在没有阻力的情况下必然会引起人的活动。此时，活动就完全取决于意志了。

有人会反驳说，虽然这样说有道理，但是，难道我们不同样可以说某存在（指上帝）时而有愿望，时而没有愿望本身也包含着变化吗？我们的回答是否定的。这是因为，意志的本质是行使意志和不行使意志。如果这里的意志属于物质性存在，它就会寻求外在的目的，这样，意志就会由于阻力或意外事件而产生改变。但是，对于一个非物质的存在而言，它绝不是为了别的东西而存在的，因此也不会改变。这样的意志现在希望这样，明天又希望别的，这并不构成本质上的改变，并不要求另外的原因，这就有如此时活动彼时不活动并不意味着改变一样。以后我还将指出，"意志"是一个多义词，我们的意志和非物质存在的意志是根本不同的。由此可见，这种反驳也是不成立的，这种方法并没有威胁到我们的理论。这正是我们所希望的结果。

第三种方法旨在论证世界永恒的必然性。其根据在于，凡由上帝的智慧决定产生的东西，必定会在作决定的刹那间产生。这是因为，上帝的智慧和他的本质一样是永恒的，因此，由之产生的东西也同样是永恒的。这是一个软弱无力的论证，很难达到坚实的结论。我们不理解为什么上帝的智慧产生出不多不少恰好九个天体；为什么他使恒星的数目不多也不少，恰好是它们的实际数目；为什么他使恒星既不再大，亦不再小，恰好是它们实际大小。与此相同，我们也不知道为什么上帝的智慧会在较近一个时刻把宇宙从非存在中创造出来。宇宙完全是由上帝的永恒不变的智慧决定的。但是我们却全然不知他的智慧和决定的法则。在我们看来，意志也取决于智慧。上帝没有属性，他的本质就是他的智慧。本书后面在论述神佑时还要讲这一点。由此看来，这种方法也不能驳倒我们的观点。

亚里士多德曾经说过：过去人们一致认为，天使和上帝都是住在天上的——从表面意义上看，《圣经》中也有类似的说法。这并不能像他希望的那样说明天体的永恒性。这样的说法仅仅证明，天体使我们相信独立理智的存在，它们是精神存在或天使；天体还使我们相信神的存在，他是天体的推动者和统治者。我们将表明，在我们看来，天体的存在是证明创造主存在的最充分的证据。此外，如一位哲学家所说，天体也证明天体推动者的存在，证明一个既不是物体，也不是物体中的力的上帝的存在。

由上述可见，我们的理论是可以成立的，它不是那些相信世界永恒的哲学家所说的那种不可能的东西。我在下面几章中将表明，从哲学的观点看，我们的理论大大优于别的理论，相比之下，亚里士多德的意见显然是荒诞不经的。

第19章

亚里士多德和其他主张世界永恒的哲学家清楚地告诉人们：世界是由于某种必然性从造物主产生出来的。上帝是原因，这个世界是结果，而且必然如此。正如人们不能追问唯一的精神的上帝为什么存在、怎样存在的一样，人们也不能问世界整体是为何存在，怎样存在的。因为不论从原因还是结果看，这一切都是必然存在的，它们不可能不存在，同时，它们存在的方式不会改变。从这种意见必然得知任何必然的东西，由于它是依据其本质而存在，所以一定是永恒的；也是由于本质的缘故，必然的东西是不会改变的。根据这种意见，一个事物，就其本质而言，是不可能改变的。因此，这个世界并不是上帝设计、选择和希望的结果。这是因为，假定如此，世界在上帝被设计以前就一定是不存在的。

在这个问题上，我们的意见是明确的，这就是：一切事物都是有意安排的结果，而不是必然之物，设计安排它们的上帝可以改变它们，并可另做别的设计，尽管不是设计什么都行，因为不可能性，如下面将阐述的那样，是稳定不变、不能消灭的。本章的目的是借助于几乎无懈可击的论证表明，现存世界告诉我们它是按神的目的产生出来的。我们这样做不会重犯伊斯兰神学家所犯过的错误，就是说无须取消现存的自然界而采取原子论、主张偶性不断产生论。我将要阐述的他们的所有原理，都是被用来建立个体化方法的。他们所说过的和我将要论述的并不一致，然而，我们的愿望又是相同的。他们在个体化问题上讲过的和遵循的原则就和我将要提到的相同。但是，照他们的意见，在那些被造就成红色而不是白色、甜的而不是苦的个体植物，和那些被造成具有现行形状而不是方形、三角形的个体天体之间，并没有什么差别。众所周知，他们是通过一些前提来建立个体化原则的。① 与他们不同，我将尽量按照从现存事物的本性中得来的哲学前提来建立个体化原则。

在阐述我的方法之前，我先提出这样一个前提：不同的存在物可以有共同的质料，因此，也一定有一个与共同质料不同的外在原因，它使得一些事物具有某个属性，而另一些事物具有不同的属性。另外也可以根据相互区别的事物的数目而有几个原因。不管是相信世界永恒的哲学家，还是主张世界从时间中产生的人们，都一致赞成这个前提。前提既明，下面我将采用问答方式就亚里士多德的观点表明自己的看法。

我们问亚里士多德：您曾经表明，月球以下的任何事物都有共同的质料。既然如此，究竟是什么原因造成了每一物种内各个个体之间的差别呢？

亚里士多德答：差别的原因在于这一质料在混合过程中的变化。因为这一共同质料首先接受了四种形式，而每种形式又带有两种性质。通过四种形式，质料被转化成构成事物的元素。这些

① 参考本书第一篇，第 73 章。

元素首先通过天体运动的作用混合在一起，而后又结合起来。这样看来，复合物体的差别性在于元素的混合，而元素的混合又是通过元素的热、冷、湿、干的不同程度造成的。依靠各种各样的结合，复合物中就产生出了各种各样的接受形式的秩序。还是通过这些形式，复合物中又会变化出可以接受另外形式的秩序。这种方式的变化可以连续不断地进行下去。此外，某一个形式的质料，在质和量方面都有很大的伸缩度，而物种内个体的差别是与这种伸缩度相对应的。这一点已由自然科学阐明了。对于任何善于运用理智、不想自欺的人来说，所有这些都是既正确无误又清楚明白的。

我们又问：元素的混合造成了丰富多彩的质料，并使它们得以接受丰富多彩的形式，那么，究竟什么东西提供了第一质料，并使这种质料在保持自身不变即为所有事物共有的同时，其中的一部分接受火的形式，另一部分接受土的形式，而两者之间的部分接受水和气的形式呢？为什么土质料更适合于土的形式，火质料更适合火的形式呢？

亚里士多德答：这是场所的不同使然。场所的差别致使这种同一的质料产生了不同的情形。例如，靠近包容一切的天体的那部分质料就被赋予飞快的运动，从而接近于这个天体的本性。在这种情况下，它就接受了火的形式。质料离开这个天体越远，越靠近地球中心这个方向，就变得越来越稠密、厚重，越少光泽，最终变成了地球。水和气也是由同样的原因造成的。这种情形是必然的，因为质料不可能在一个固定的地方，不能说包容一切的天体是地球的中心，或者反过来，地球的中心与包容一切的天体同一。总之，这是质料借助形式个体化的必然结果，换言之，是场所的不同使质料适合于接受不同的形式的。

我们又问：包容一切的天体或诸天的质料与元素的质料是同一种东西吗？

亚里士多德答：不是。天体质料不同，其形式亦不同。“体”（body）是一多义词，可用于我们的身体和天体，但含义不同。近来有些思想家论述这一点，这些都已被证明了。

照亚里士多德的解释，形式的差别是由活动（作用）的差别引起的。由于四元素的运动是直线的，而天体则从事圆周运动，因此说它们的质料不同。从自然科学的观点看，这也是正确的。此外，从事直线运动的元素，由于运动的方向有别，如有的向上，有的向下，产生了相互间的区别。同样，即使沿同一方向运动，有的快，有的慢，这就是造成了诸元素形式上的不同。这样的结果就产生了四种元素。用同样的推理还可导致这样的结论：所有天体的质料都是同一的，因为它们都做圆周运动；而天体的形式则各不相同，因为某天体自东向西运动，另一天体的运动却从西向东，而且运动的快慢不同。

因此，我们还可以这样问亚里士多德：既然这里讲的质料是为所有天体所共有，而且每一天体的基质都被个体化，从而只接受某种形式而不是别的形式，那么，是什么东西使这些基质个体化从而使它们适合于接受不同的形式呢？还有，除上帝以外，是否在天体以外还存在适合这种个体化原理的别的东西呢？

值得注意的是，面对这样的质问，亚里士多德表现出深刻的洞察力和非凡的理解能力。尽管如此，由于现存世界的本性对他的观点不利，他只是企图逃避这样的问题而已。不过，即使他没有回答这一质问，他的论述也有助于我们弄清天体的秩序，正如他曾表述过的天体以下物体的秩序一样。在他看来，天体的整体是按必然性而存在的。它不是取决于一个可以随意塑造任何东西的意志的安排。然而他并没有完成这一任务，而且将来也不会有人完成此任。他企图从天体位置的不同所产生的必然性来解释为什么有的天体的运动自东向西，而不是自西向东，以及为什么有的天体运动速度快，有的速度慢。他还试图解释何以七大星球中每一个星球都拥有一些天体，而大批的恒星又存在于一个天体之内。他希望揭示所有这一切的原因，从而向我们表明，一切事物都在自然秩序中各就其位，即都出于必然性。然而，他一项任务也没有完成。事实上，他关于月球以下事物的论述是符合实际存在的，这个存在秩序的原因是清楚可见的。他可以说，月球下事物的秩序来源于天体的力和运动的必然性。然而此人就天体的质料所讲的一切都没有揭示出原因；质料并不像他所说的那样遵循所谓必然性的秩序。因为我们知道，就有些天体而言，运动快者位于运动慢者之上；但另外的天体却不这样，即运动慢的在快的之上；还有这样的情况，尽管一个天体在上，一个在下，然而其运动速度却是相同的。更有甚者，如果我们相信现存事物的状态乃出于必然性，并从这一观点看问题，那就会导致十分严重的后果。我将在本书中设专章讨论这些问题。①

总之，亚里士多德无疑认识到了自己在提出阐述这些事物的

① 参考第二篇，第 24 章。

根据和原因时的弱点，就此，他在引言中说了下面一番话：现在我们要充分考察两个难题。我们有责任根据我们的理智能力，我们的知识和我们的意见，就这两个问题进行考察。人们不应该认为我们这样做是胆大妄为，反之，我们的愿望和哲学热情应该受到称赞。因此，当我们找出这些重大问题，努力思考它们，并在一定程度上找出答案时，每一个听众都会感到莫大的欣喜。由此可见，对于这些论断的弱点，他无疑是知道的。考虑到他那个时代的数学还很不完善，人们对于天体运动的认识还远没有达到我们今天的程度，其弱点就更可想而知了。就我看来，亚里士多德在《形而上学》（第 12 卷，第 8 章，1074a15 以下）中所谓每一个天体都有独立的理智的论断，即认为存在着一种可以凭借一个事物具有的运动而使之个体化的东西的意见，都是值得疑问的。我将表明，在这个问题上，他并没有提出有价值的意见。至于前面引述的“根据我们的理智能力、我们的知识和意见”这句话，我认为它有一层尚未被别的评论家发现的意思。所谓“我们的意见”即世界永恒论主张的必然性观点；而“我们的知识”则是指这样的常识：每一事物都有其产生的原因和根据，没有纯偶然产生的东西；他心目中“我们的理智”则是指我们在寻找事物原因方面的无能为力。他认为我们只能在很有限的程度内找出这样的原因，而他就这样做了。他把宇宙运动的高速和恒星天体的低速归之于一个奇怪的原因。同样，他还说一个天体离第八天体越远，其运动速度就越快，然而，如我前面表明的，事实上并非总是如此。一个更具说服力的反驳是，在第八天体之下存在着一些自东向西运动的天体。它们一定比那些在它们下面的，而且自东向西

运动的天体运动得快，而它们下面的天体的运行速度接近于第九天体，然而，如前所述，他那个时代的天文学尚未达到今天的高度。

根据我们的意见，即根据确信世界在时间中产生的人们的意见，所有这些都是容易解释的，在我们看来，有一个存在，是它按自己的意愿规定了每一个天体的运动和速度。但是，我们不知道为什么那个存在的智慧使事物按这个样子存在。假如亚里士多德能够如他自己认为的那样找出造成运动差别的原因，即作出符合天体相互间位置的秩序的解释，那就再好不过了。在这种情况下，规定个体的原因就会是天体运动间的差别，同样，造成元素间差别的原因是它们在旋转天体和地球中心之间的不同位置。然而，如前所述，事情并非如此。

恒星的存在是一个比前面讲的天体的个体化更为明确的事实，它表明，除了有目的的安排以外，没有人能发现别的使天体个体化的原因。天体总是运动，而恒星总是不动这一事实证明，恒星的质料不同于天体的质料。阿布·那萨尔在其《物理学评论》中曾这样写道：天体与恒星之间有一个差别，因为天体透明，恒星不透明。造成这种差别的原因在于它们的质料和形式之间的差别，尽管这个差别很小。这就是他的原话。然而在我看来，这里的差别“不小”。我这样认为的根据不是它们的透明度，而是运动。我们清楚地知道有三种质料和三种形式存在。它们是：自己永远静止的物体，即恒星体；永远运动的物体，即天体物体；有时运动、有时静止的物体，这就是元素。在我看来，这两种质料（指天体和恒星的质料）的差别是巨大的，而不是像阿布·那萨尔所说的“很小”的差别。可惜我不知道是什么造成了这两种有差别的质料，是谁为它们必然这样结合创造了条件。

总之，如果恒星和天体不是通过一个有目的的安排而产生的，它们的存在，而且一个由于固定不动而不与另一个混淆，前者被安置在后者中的一个特定位置上并和后者相联系，这些就都成为不可思议的了。更为不可思议的是，在第八天体上还存在着许多恒星，而且它们都是球形的，有大有小；而且在肉眼看来，一个在这里，另一个相距一肘尺，还有，在这里十颗恒星聚集在一起，而在另一个地方则有巨大的空间无物存在。究竟是什么原因造就了这一片其中有十颗恒星的空间，而造就了另一片空间，其中没有一颗恒星呢？还有，整个天体是一个单纯的物体，其中不存在差别性。那么，究竟什么原因使得天体的某一部分，而不是另一部分更适合于接受一颗特定的恒星存在其中呢？如果我们像亚里士多德那样认为所有事物都是依照必然性从神产生出来的，那么，要回答诸如此类的问题几乎是不可能的，至少是十分困难的。但是，如果我们相信一切事物都是产生于一个有意的安排，没有奇怪的不可能的东西，那么剩下的唯一问题就是：什么是这种有意安排的原因？对此的回答是：一切事物都是为了一定的目的造出来的，尽管我们对这个目的无知。不存在无缘无故或偶然（by chance）产生的东西。众所周知，狗和驴子的血管和神经不是偶然产生的，它们的大小长短都不是偶然的产物。一根血管粗，另一根则细；一根神经有很多分枝，另一根则没有；一根是直的，另一根却是弯的。所有这些都不是偶然的，而是有目的的。所有这一切都一定是它现在存在的样子。既然如此，一个人怎么

可以用理智把恒星的位置、大小、数目以及诸天体的运行想象成没有目的的或偶然的呢？毫无疑问，所有这些都是根据一个有目的者的安排而成为必然的。那种认为一切都是借助必然性而不是一个目的而形成的看法是不可思议的。在我看来，最充分的目的证明莫过于天体的不同运动和天体中恒星的固定位置这种事实了。正因如此，所有的先知都运用恒星和天体来证明神的必然存在。例如，众所周知的传统故事中有关于亚伯拉罕沉思恒星的情节。还有《以赛亚书》中也有从恒星得来的结论："你们向上举目，看谁创造这万象"等等（《以赛亚书》，第 40 章，第 26 节）。耶利米也说过类似的话："他创造诸天"（参考《耶利米书》，第 32 章，第 17 节；第 10 章，第 12 节；第 51 章，第 15 节）。亚伯拉罕也说："耶和华天上的主。"（《创世记》，第 24 章，第 7 节）先知魁首[①]说："他乘在天空"（《申命记》，第 33 章，第 26 节）。这一句在前面作过解释（第一篇，第 70 章）。这些都是正确的、毋庸置疑的证明。兹说明如下：天体以下事物的差别性，尽管这些事物的质料是同一的，如亚里士多德所说，是通过天体的力，以及天体质料的不同位置而形成的。但是，究竟是谁形成了天体和恒星以内的差别呢？只有上帝。如果有人说是独立理智所为，这也是徒劳无益的。因为独立理智不是物体，因而不可能与天体发生关系。那么，为什么一个天体在趋向于独立理智时向东运动，而另一个天体则向西呢？难道一个独立理智在东，一个在西吗？还有，为什么一个天体运动快，另一个却慢？我们知道，这种运动速度的差别并不

① 指摩西。——中译者

相应于各天体间距离的不同。这样有人必然会说，个别天体的本性和实质要求其运动沿某一方向按一定速度，其趋向于独立理智的欲望只有以这样的方式达到。这正是亚里士多德明确表述过的看法。

我们已经回到了原先讨论的问题上。现在的问题是，如果所有天体的质料是同一的，那么，某一天体凭借什么东西而被规定得只接受一种本性，而不是另一天体的本性呢？还有，那个天体为什么有某种欲望而不是别的天体的欲望，而且此欲望促使天体朝这一方向运动，而不朝另外方向运动呢？可见必然存在某种主动的规定者。这样的质询引导我们考察下面两个问题。第一，我们是否必然肯定世界上形形色色的事物是来源于一个有目的者的安排，而不是来自必然性呢？第二，如果我们肯定一切都来自于有目的者的安排，是他把天体规定成这个样子的，那么，他是从虚无中产生出天体的还是从未停止过作用呢？后者正是那些相信世界永恒的人所肯定的意见。在下一章中，我将考察这两个问题，并作一些必要的解释。

第 20 章

根据亚里士多德的证明，自然界中的一切事物都不是偶然产生的。他是这样论证的：偶然的东西既不会持续不变地再现也不会经常发生；而自然的事物则一直再现，或时常发生。天体及其包含之物是持续不变的，如前所述，它们的本质和位置从来也未变动过。至于月球以下存在的事物，其中有些是持续不变地发生着或经常发生着的。例如火生热、石头下落就是持续发生永远如此的。而物种内某个体的形状和活动则是经常如此大致不变的。这些都是显而易见的。既然世界上的个别事物不是由于偶然性，那么何以世界整体出于偶然性呢？亚里士多德论证说：所有的事物都不是偶然发生的，他反驳了那些认为世界是偶然或无缘无故自发产生的先辈哲学家。他说：另有一些人认为，诸天和所有这些世界都是自发的。他们说，使宇宙万物得以形成并彼此区别开来的、依照一定秩序所进行的旋转和运动也是自发的。然而，有一点却让人惊讶不已：他们说，至于动物和植物，其出现和产生却并非出于偶然，而是由于一个自然、理智或诸如此类的原因——并不是随便从任何一个种子或精子中偶然生出一个东西，而是从这个具体的种子中长出一棵橄榄树，从那个具体的精子中生出一个人——同时他们又认为，诸天以及所有可见物体中

那些神圣的物体，都是自发产生的，它们绝没有动物或植物所具有的那种原因。这就是亚里士多德在书中所说的原话。接下去他开始用相当长的篇幅来讲解这些臆想的荒谬性。[①]显而易见，亚里士多德相信而且证明，所有这些事物都不是偶然产生的。与它们出于偶然性相反，它们是按其本质产生的。就是说，它们中包含一个使之必然按这个样子产生的原因。正是由于这个原因，它们才以现行方式存在。这就是亚里士多德相信和证明的观点。但是，令我不解的是，亚里士多德竟然相信，对事物自发产生的反驳，会导致承认事物是由有目的者的安排而产生的结论。因为在我看来，世界按必然性产生和世界由于一个目的和意志而在时间内被创造是两个相互矛盾的看法，根本无法把它们结合起来。这是因为，照亚里士多德的解释，必然性的意思仅仅在于：每一个非人造的事物必有一个原因，它把某个事物按其应是的样子产生出来，而这原因也有一个原因；这第二个原因又有第三个原因，直到最后一个原因；一切事物最终是这个原因的产物。之所以如此，乃由于不可能有无限的原因系列。然而亚里士多德不认为世界赖以产生的必然性来自一个创造主，即第一因；不认为这种必然性就像别人所理解的影子来自物体，热生于火，阳光来自太阳那样的关系。在亚里士多德看来，这种必然性倒是与理智活动（*intellectum*）必然来自理智（*intelletus*）的那种必然性相似。就前者是一种理智活动而言，后者是它的动因。亚里士多德也认为，第一因是最高级、最完满的理智，甚至说它可以随意支配那些必然从它而

① 见亚里士多德《物理学》，第 2 卷，第 4 章，196a25。

生的事物，并为此感到欢乐，只不过第一因不能产生与现行事物相反的意志。尽管如此，第一因不能称为目的，其中不包含目的的意思。一个人可以有需要两只眼睛、两只手的意志，而且为拥有了它们而感到欢乐，而且他不能有与此相反的意志。但是，此人拥有手眼并不是出于他自身的目的，不是由于他自己的规定和活动。实际上，目的和规定概念仅仅适用于这样一种非存在，它既可能又不可能根据某个目的而转化为存在。我不清楚近来的哲学家是否理解亚里士多德的意见，从而肯定目的和规定的存在，而且认为这样做是与承认世界的永恒性一致的。

下面我将阐述近来的一些哲学家的意见。

第 21 章

在肯定世界永恒的近来的哲学家当中，有人主张上帝是世界的动因，认为上帝选择了应该存在的东西，并把它安排、规定成为现行的样子。然而这些哲学家不相信这样的东西只在某一特定的时间而不在另外的时间产生。照他们的意见，世界过去是、将来也永远是这个样子。他们说：除非一个动因在其活动前就存在，它是不能产生事物的。我们之所以这样看，乃因为我们在产生一个东西时总是如此。原因在于，所有和我们类似的动因本身中都包含缺乏性，因而它先是潜在的动因，当他活动时，才转化为现实的动因。但是，神不缺乏任何东西，没有任何潜在状态，因此也不先于其活动而存在。他永远是一个现实的动因。正如上帝的本质和我们的本质有天壤之别，他与他的活动之间的关系与我们与我们的活动之间的关系也是不可同日而语的。在规定和意志问题上，这些哲学家是做了错误的类比。在这个问题上，说一个动因有意志，有目的，自由选择，或说他是规定者，这都没有差别。他们认为，上帝的活动或他的意志不可能像我们所主张那样发生什么变化。

至此，本书的读者已经清楚，这些人虽然换掉了“必然性”一词，但却没有改换它的意思。他们的动机大概是想选一个更优

美动听的说法，或者取消那个惊人之词。按照亚里士多德的观点，世界是第一因的必然结果，并且像其原因那样永恒，那原因就是神；而按另一种说法，虽然世界产生于神的活动，或者说是由于神的目的、意志、自由选择和规定，但它一直这样存在，而将来也永远如此，就像太阳的升起是白日的原因，但二者又无时间上的先后一样。其实这两种说法并无差别。我们不同意这样的说法，因为目的的意思不是这样的。我们的意思是，世界由上帝产生并不像结果从其原因必然产生而又不能与原因分离，或者说除非原因或样态发生了变化而结果不变。如果这样来理解“必然性”的意思，那我们就不难看出，所谓世界必然从神的存在产生犹如结果产生于原因的观点，是荒谬的。由此还可进一步明白，世界是通过神的活动或通过他的规定而产生的。

这个问题就阐述到此。下面我们将要探讨另一个问题，即天体中的多样性是否必然有一个原因。与这种探讨相联系的另一个问题是：这种原因要么是多样性的根据，即后者必然从此原因的存在得来；要么按我们这些摩西的信徒所认为的那样，相信这个原因是个动因，是它造成了这种多样性，并把它规定成这样的。我将首先充分解释亚里士多德所谓“必然性”的意思，然后再进行我们的探讨，即借助于正确的思辨和哲学的论证，说明我们为什么欣然主张世界在时间中创造的理论。显而易见，当他（亚里士多德派哲学家）说第一理智必然从上帝而来，第二理智来自第一理智，第三理智又产生于第二理智的时候，当他认为天体必然产生于理智的时候，当他在其论著中多次论述它们的秩序时——本书已部分地介绍过他的秩序论（参考第二篇，第4

章）——他并不是说先有一个东西存在，后来，那个必然从第一个东西而来的第二个东西再从时间内产生。实际上，他否认任何东西是在时间内产生的。他所谓“必然性”仅仅是指因果关系。关于第一理智是第二理智存在的原因，第二理智是第三理智存在的原因，以此类推，直到最后的论述，正表明了这种关系。他在论述天体和第一质料的关系时，也是指同一个意思。在他看来，所有这些事物无一是在时间内产生的，无一可以脱离别的事物的存在而存在。这就如同有人说过的那样：圆、滑、硬、软、厚和吸水性，都必然产生于第一性质。毫无疑问，第一性质如热、冷、湿、干可以产生圆、滑、硬、软、厚、吸水性以及诸如此类的性质。因此，即使不可能存在只有四种第一性质而缺少第二性质的东西，圆、滑之类的第二性质也必然产生于四种第一性质。因为这两种性质的关系是因果关系，而不是动者与其产物之间的关系。这也正是亚里士多德的意思。在谈到世界整体时，他说：某一特殊的东西必然在世界中产生，这样下去就会发现一个事物的系列，而系列的终点是第一因；或者说，这个第一因就是第一理智，你怎么称它都行。我们都在追寻同一个原理。差别仅仅在于：按亚里士多德的理论，除了神以外的任何东西都是从神必然产生的；而我们则肯定，所有的存在物都是上帝按照目的和意志创造出来的，每个特殊的东西都是原来不存在而现在借助于上帝的意志变为存在的。在下面的章节中我将提出证明并阐述我们的创世论的优越性所在。

第 22 章

亚里士多德以及所有哲学家都接受一个普遍公认的命题，即单纯的东西只能产生单纯的东西，而一个复合物则可以依据构成它的单纯成分的多寡产生出许多东西。例如，火这个复合物包含热和干两种性质，它借助于热产生热的作用，还可以借助于干产生干的作用。同样，如果一个事物由形式和质料构成而且是一个多重复合物的话，那么有的东西可以从其质料产生，有的则来自其形式。根据这个命题，亚里士多德认为，从上帝直接产生的是一个单纯的理智，别无他物。

第二个命题：任何事物都不是从别的事物中偶然产生的，一定存在着因果关系。即使在偶性问题上，任意一个偶性都不可能是从别的事物中偶然产生的。譬如说，量不会生于质，质也不会产生于量；同样，形式不是从质料产生，质料亦不来自形式。

第三个命题：每一主动者都在有目的、有意志地活动，而不是依照自然本性活动时，产生许多不同的作用。

第四个命题：由一些并列的因素组合而成的整体，只能称为组合物，它不是一个由各因素相互结合（combination）而成的整体。例如：骨头、肌肉、血管、神经就比由神经、肌肉、血管和骨头组成的手、脚单纯。这是很清楚的，无须赘述。

在提出这个命题以后，现在我要说：根据亚里士多德的说法，第一个理智是第二个理智的原因，第二个理智是第三个理智的原因，等等；即使有几千个等级，最后那个理智也必然是单纯的。既然如此，复合体又是如何按照亚里士多德所假想的那样由这个理智依据必然性而产生的呢？我们姑且承认他关于理智的论述，即承认理智离开第一原因愈远，复合体的多样性也愈大，因为为理智所顾及的对象的数目也越大。即便如此，我们仍然不明白，理智是怎样作为原因而产生出天体的呢？质料和那种与质料毫不相干的理智是什么关系？即使我们也认为每个天体的原因是我们所说的那种理智，就是说，它包含两种因素，即既包含自身又包含另一种东西，因此它可以用一种因素产生出另一个理智，而用另一种因素产生出天体，我们仍然要问：天体是如何从一个单纯的理智中产生的？天体是由两种质料和两种形式结合而成的，即天体自身的质料和形式以及固定在天体中的恒星的质料和形式。如果它们的结合有一个发生的过程，那么我们不禁要询问促成其结合的复合原因，即形成天体的原因和形成恒星的原因。即使构成恒星的是同一种质料，我们仍可这样询问。然而，也许发光的恒星具有一种质料，不发光的恒星具有另一种质料。此外，我们还知道，每一物体都是由自身的质料和形式构成的。

由此可见，这些情况并不符合亚里士多德提出的必然性概念。同样，天体运动的多样性也与天体由上而下的秩序不合，因此这里也没有必然性的立足之地。对此我们已有论述（第二篇，第 19 章）。不仅如此，如果我们考察天体的状态，还有一点可以粉碎有关必然性的一切论述。如果天体的质料是同一的，那么为什么一个天体的形式不必然转换到另一个天体的质料中去，以便和月球以下的事物由于质料的天然倾向而发生的情况相一致呢？既然所有事物的质料相同，为什么某一形式总是存在于某一质料中呢？回答似乎只能是，由于上帝的缘故，每个天体的质料与别的天体质料有别。而如果这样，每一天体的特殊运动形式就不能表明其质料的特征了。这样一来，一切原理就都倒塌了。不仅如此，如果每颗恒星的质料都是相同的，那么每颗恒星之不同是由于其形式还是偶性造成的呢？在任何情况下，恒星的形式或偶性必然可以相互转换，否则质料的天然倾向就毫无用途了。由此可以明白，“质料”在这里是一个多义词。在说天体的质料和恒星的质料时，质料的意思是不同的。每一个天体的存在方式是自己特有的，与别的天体没有共同之处。可是，为什么所有天体都做圆周运动而所有恒星都固定不动呢？

然而，如果我们所有这些都是出于一个有目的者的安排和规定，即出于我们无法认识和把握的神的智慧，那么我们就不会为这些难题所困扰。它们困扰的只是那些认为事物都是由于必然性产生而不是有意志者的安排的人们。他们的意见不符合现存世界的秩序，主张这种意见的人没有提供原因的解释和服人的论证；反之，只提出了一些错误的论断。由他们的意见推知，即使神，这种任何有头脑的人都相信是至为完满的存在，也不能产生任何新事物；甚至也不能加长一只苍蝇的翅膀，不能缩短一只小虫的脚。不过，亚里士多德会说，上帝不希望这样做。他不可能想做与现存事物不同的事情。假如他想这样做，那么非但不会增加他的完满性，反而从某种意义上说是一种缺陷。尽管我知道那些沉湎于偏见而不能自拔的人会指责我没有深入理解甚至有意歪曲了他们的观点，然而我还是不能不说出自己粗陋浅薄的理解。因此，我愿总结如下：

毫无疑问，亚里士多德关于月球以下和地球上的存在的一切论述都是正确无误的。任何理解它的人都会承认这一点。只有那种怀有偏见而又固执己见的人才会拒绝这些明确无误的真实论断。然而，亚里士多德就月球或月球以上的存在表现的看法，却大都属于猜测。他关于理智的论述尤其如此。他关于神的看法非但是猜测，而且包含一些严重的矛盾和曲解之处，它们是邪恶的宣传。亚里士多德是无法为之辩解的。

不要指责我对亚里士多德的意见提出了怀疑。但可以这样问：怀疑能否定一个意见并证明其反面是真理吗？当然不能。不过亚里士多德的追随者迫使我们不得不这样做。亚历山大曾经解释说，如果有一个无法证明的问题，那么就应把两种相反的意见作为假说。这两种意见都值得怀疑。在这种情况下，我们应该相信其中较少可疑的那种意见。他还指出，亚里士多德就神所表现的意见就属于这种不可证明的东西。亚里士多德的追随者无不认为，和别人关于神的论证相比，亚里士多德的意见是最不易引起怀疑的，所以是应该接受的。我们正是如法炮制的。在天体是被产生的还是永恒的这个问题上，两种意见都无法得到证明。因此，我们就两种意见分别提出了质疑，而且表明，那种主张永恒的意见更易招致怀疑，更有害于对神的正确信仰。因此，我们应该接受的就是世界在时间中产生的这种意见，而这正是我们的先祖亚伯拉罕和先知摩西的观点。

前面介绍了根据可疑程度考察问题的方法，我将对这一方法作进一步的说明。

第23章

人们在就两种相反意见提出怀疑并通过比较确定二者引起怀疑的多寡时，不应考虑怀疑的数目多少，而应考虑它们在多大程度上与现实存在不协调一致。有时，一个怀疑会比另外一千个怀疑更有说服力。此外，只有把两个矛盾意见放在平等的位置上才可能作出正确的比较，如果有人由于自己的教养和某些有利条件而偏爱其中的一种意见，他就会蔽于真理。一个怀有无根据的偏好的人无论如何是无法驳倒一个可以证明的真理的，但是他可以从自己偏好出发来论证有两个相反意见的问题。有时，人们可以排除偏爱和习惯，完全依靠思辨选择应该选择的意见。然而，做到这一点需要满足几个条件。首先，一个人应有很强的思维能力、健全的天生气质。在数学和逻辑学的学习过程中，这种能力的大小会表现出来。第二,一个人应有自然科学的知识和把握真理的能力，这样他才能了解怀疑的真正意义所在。第三个条件与人的品德相关。如果一个人沉湎于酒色，惯于情绪冲动，喜怒无常，不论这是天生的还是习惯造成的，他都会常犯错误，优先选择那种符合自己自然口味的意见。我提出这一点，免得你也上当受骗。因为也许有朝一日有人会对世界在时间中的产生提出疑问，使你想入非非，很快动摇了你的信念。这种意见（指世界的永恒论）

包含了对《律法书》的诋毁和对神的傲慢无礼的论断。因此你不要在这个问题上轻信别的意见，反之，应接受两个先知（亚伯拉罕和摩西）的权威，正是他们确立了信仰和人伦关系，奠定了人类幸福的基础。只有证明了的理论才能使你放弃创世论，然而从本性上看，这样的证明是不存在的。

此外，本书的读者不应指责我运用了修辞性的言词来表述我对创世论的肯定，这是因为，亚里士多德这位哲学泰斗在其主要著作中也使用了修辞性语言来佐证他关于世界永恒的观点。正所谓"难道我们尽善尽美的《律法书》还比不上他们那些无稽之谈吗？"[①] 如果他可以借用也门人的故事来证明他的观点，难道我们就不能引用摩西和亚伯拉罕所说的无所不包的话来佐证我们的意见吗？

我曾许诺设专章讨论一些颇有分量的质疑。对于那些自命拥有关于天体运动的知识，认为自然的事物是按必然性持续存在，而且其秩序是清楚可见的人们，这些质疑是事关重大的。

---

① 巴比伦《塔木德》：最后一道门，116a。

第24章

你曾在我指导下学习过天文学，对《天文学大成》一书有相当程度的了解。由于时间所限，我们未能超出该书的范围。你已经知道，所谓天体的规则运动和恒星的轨道是与观察相吻合的理论所依赖的是这两条假设：或本轮假设或不正圆轨道运行论；或二者的结合。我想请你注意的是，这两条假设都是不正常、违反自然科学理论的。首先，如果有人断定围绕某个天体旋转的本轮的存在，同时又认为这种旋转运动又不是那个负载本轮的天体进行的，如月球和五大行星就被认为是这种情况，那就一定承认有滚动，即本轮滚动且彻底改变位置。但是天体中任何东西都不可能改变位置，这样的假定是被竭力避免的。基于这一理由，阿布·巴克尔·伊本·阿尔萨（Alan-bekr ibn-Alzaig）[①]在其天文学论著中曾认为不可能存在本轮。他也指出了前面的推论。此外，他还说除了这种不可能以外，本轮存在的假定还必然导致另外一些不可能性。它们是：

本轮的运行不是围绕世界的中心。关于这个世界的一条最基

① 又名伊本·巴哲，11~12世纪著名阿拉伯数学家、天文学家和哲学家。卒于1138年。——中译者

本的原理是三种运动，即从世界中心点开始的运动，趋向于中点的运动和围绕中心点的运动。但是，如果本轮存在，它的运动就既不是始于中心点又不是围绕中心点的。

还有，亚里士多德有一个基本的假定，就是说，在自然科学中，一定有某个不动的东西，圆周运动正是绕它而行的，所以说地球一定是不动的。然而，如果本轮存在，那就会有一个不围绕静止的中心运动的东西。据说阿布·巴克尔曾自称发明了一个天文学体系，其中没有提到本轮，而只论述了天体运行的不正圆轨道。不过我并没听说他的弟子也持类似的见解。即使这真是他的发明创造，也不能说是一大贡献。因为不正圆运行论也是亚里士多德的原理所不允许的，而亚里士多德提出的这几条原理是不容更改的。可以这样看，在不正圆轨道问题上，我们同样可以认为，天体的圆周运动并不围绕世界的中心点进行，而是围绕一个远离世界中心的可以想象的点。同样，这种运动也可以不围绕一个固定不动的东西进行。然而，一个不懂天文学的人可能会认为天体围绕想象点的不正圆运行也相当于围绕静止之物的运动，因为这些想象点看上去正处在月球之内。假如那种运动是发生在有火有气的领域，我就会承认他的看法有道理，尽管在这种情况下，运动是不会围绕静止之物的。然而，我将对他表明，不正圆运行的程度已在《天文学大成》的著作中根据一定的设想证明过。后来的科学家已经精确无疑地证明这些不正圆的偏心度相当于地球的半径，这种证明就像他们对别的距离和大小的证明一样。由此可以明白，太阳运行所围绕的不正圆点必然在月球的凹面以外，在水星的凹面以下。同样，火星所围绕运行的点，或者说其他的不

正圆运动天体的中心，必定在水星的凹面以外，在金星的凹面以下。还有，木星的不正圆运动天体的中心则恰好在水星和金星中间。至于土星，它的不正圆运动天体的中心则是在火星和木星之间。至此可见，所有这些情况都是自然科学的思考所能解释的。对此在考虑到每个天体和恒星的距离和大小并想利用地球和半径来测算它们时，你就会清楚的。有一个放之四海而皆准的尺度。每一天体偏转的程度都不是按自身规模的大小来规定的。

更为荒诞不经的是，有人认为有两个天体，其中一个包容在另一个之内，而且四周密闭。同时，此两个天体的中心各不相同，即使大天体不动，小天体也可以在大天体内运动，而大天体如无小天体的运动则不能沿轴心运转。然而，事实上，每当大天体运动时，它必定利用其运动带动小天体运动，唯有大天体沿两个天体的同心轴的运动是例外情况。从这个前提，从没有真空的定论以及有关不正圆运动的假定还必然推出，处在运动中的较高的天体一定会带动下面的天体沿自己的中心做同样的运动。现在，我们发现事实并非如此。反之，我们发现，这两个包容和被包容的天体既不被另一个天体带动，也不沿另一天体的中心或两极运动，事实上它们各自都有自己独特的运动。这就迫使我们相信在任何两个天体之间一定还存在另外的天体。如果真是如此，那会有多少隐晦不明之处啊！存在于这两个天体之间的那些天体的中心在哪里？而且也是天体，理应也有自己特有的运动，泰贝特[①]在

① 泰贝特（Thabit Ibn Qurra），著名数学家、天文学家、哲学家、翻译家，卒于公元900年。

其论著中就曾提出并论证过在任何两个天体之间必另有天体的观点。考虑到这些问题不仅无助于你的正确理解，反而会使你陷入混乱，所以我当时教你研读天文学时并未作出说明。

关于金星和水星黄纬（latitude）的倾角和偏离，我曾作过口头解释，并且向你表明，这些东西是不可能存在于这些星体内的。托勒密曾指出其中的困难，他说："不要认为这些以及类似的原理是不可能的，如果有人用这样的方法看问题，即认为我们在这里阐明的东西和人的手工制造的作品一样，那么他就会感到是不可能的。但是，须知人事与神的东西是不可同日而语的。"（《天文学大成》第八卷，2）这就是托勒密的原话。我曾向你指出过一些段落，从中可以看出，我们这里所讲的这些内容都是真实可信的。只有一处例外，这就是我关于不正圆运行天体的中心的位置的看法。我从未听说有人注意过这个问题。不过，在你根据阿尔卡贝斯（al-Qabi-si）在《论距离信札》中的论证，知道了天体直径的长度和用地球半径比较了两个不正圆间的距离时，你就会清楚了。如果你考察一下这些距离，我提醒你注意的这些问题就一目了然了。

可见，困难是很大的，如果亚里士多德在自然科学（指物理学）中的论述是真理，那么，就不存在什么本轮和不正圆运行；任何东西都是沿地球中心运动的。然而这样一来，恒星的各种运动又怎样产生的呢？还有，除了用两种假说（本轮和不正圆运动）或二者之一来解释以外，齐一完满的圆周运动有无可能符合我们所观察到的现象呢？如果我们接受托勒密关于月球本轮和它的倾角理论，后者的意见是，它向地球中的和不正圆中的以外的某点倾斜，那就会发现，依据上述两个假说所作的推算就是无可挑剔的。而且这种计算的正确性也被证实，即被依靠这两个假说可以精确算出日食产生的时刻、规模、持续的时间的事实证实了。这样一来，困难就更显著了。此外，如果不承认本轮的存在，我们怎么设想恒星的逆行以及它的其他运动形式呢？还有，怎么设想围绕一个不动点而进行的运动呢？这是真正令人困惑之处。然而，正如我曾口头说过的那样，所有这些困难对于这位天文学家来说都无关紧要，因为他的目的不是论述天体的存在方式，而只是提出一个天文学体系，用以表明可能有类似圆周的、齐一的、符合观察的运动，而不考虑事实是否果真如此。如你所知，阿布·巴克尔·伊本·阿尔萨，在他的物理学论著中，怀疑亚里士多德是否知道或意识到太阳的不正圆运动，因为亚里士多德回避了这个问题，只论述了太阳斜角的必然结果，因为不正圆运动和太阳斜角的结果是一致的。实际上，亚里士多德没有意识到，也从未听说过这个理论，因为数学在他那个时代尚不完善。然而，假定他听说过这一理论，他会持坚决反对的态度。假定他知道这一理论已成定论，他会在这个问题上极为困惑不安。这里我要重复前论。[①]亚里士多德关于月球以下诸事物论述都是符合逻辑推理的；月球以下的事物都有一个已知的原因，因果相连不断；对于这些事物，我们的智慧在哪些问题上可以发挥作用，自然的律令如何产生效果，都是一目了然的。但是，关于天体，人们所知仅局限于可用数学计算的范围内。这一点你是知道的。对此不妨

① 参考第二篇，第22章。

借用这句诗来表达："天，是耶和华的天；地，他却给了亚当的子孙。"(《诗篇》，第 115 章，第 16 节）换言之，对于真正的实在、自然、实体、形式、运动和天体的原因，神无所不知。同时，神又使人能够认识天体以下的事物，因为这是一个人的世界，他居住其上，是其中的一部分。这才是真理。我们不可能达到这样一点，由它推出有关天体的结论，因为天体位置遥远，品位太高，我们力所不及。由于人的理智能力有限，即便对上帝推动诸天并且诸天因他而持续存在的一般性证明也无法理解。人的心智千方百计期望把握那些我们由于缺乏工具而无法把握的东西，然而毫无办法，这是一个先天不足，也可以说是某种诱惑。既然如此，我们还是在我们的能力范围内止步为宜，还是把这些我们无力把握的东西交给一个可以接受强劲的神流的人[①]吧。对于此人，《圣经》说："我与他面对面说话"(《民数记》，第 12 章，第 8 节）。在这个问题上，我的话只能到此为止。或许另有人可以找到一个我所不知但他却一目了然的真理，并借此提出别的证明。我酷爱追求真理，正由于此我才公然承认自己在这些问题上的困惑不解；我没听说，也不知道业已证明了的有关这些问题的理论。

① 指摩西。——中译者

第 25 章

须知，我们不想肯定世界的永恒性并不是由于《律法书》中有些地方说世界是在时间中产生的。因为《圣经》中谈及世界在时间中产生的段落，远不及讲神有形体的地方为多。同时，要为世界在时间中创造的理论找到比喻性的解释也不是不可能的。我们可以把这样的话解释成比喻性的，如我们在否认神有形体时所做的那样。也许采取下列办法更为简易，即对那些段落给以比喻性解释，并且肯定世界的永恒性是真的，这就像我们给出比喻性解释并且否认神是有形体的一样。

我们之所以没有这样做或不相信世界的永恒性乃基于两条理由。第一，神的非物质性是业已证明了的，由此必然得知，凡字面意义与此原理相左的一定是比喻性的解释，因为这样的文字是适合比喻性解释的。但是，世界的永恒性并没有被证明，而一个仅仅倾向于某一观点的论证，在其相反的观点也具有同等的论证时，是不足以驳倒经文，不应该被当作比喻性解释的。

第二，我们认为神不是物体，这并不危及《律法书》的基础，也不意味着先知们的话是谎言。对于我们这一信念的唯一反驳来自一些无知的人。他们认为此信念是与经文相矛盾的。然而，如前所述，它不但不与经文矛盾，而且是经文应有之意。与此不同，亚里士多德所主张的永恒论，即认为世界乃出于必然性，事物的本性不变，事件的进程无论如何也不可改变，这种理论倒是有害于《律法书》的原理，否认奇迹的存在，把从《律法书》而来的希望和恐惧化为乌有；唯一的挽救办法就是对此作比喻性解释，就像伊斯兰教的内涵论者一样，而这样做则容易陷入想入非非。

我们前面提到过第二种意见（第二篇，第 13 章），即柏拉图所谓天体亦可生灭的观点。如果有人以此为根据相信世界的永恒性，那么这就不与《律法书》的基础对立，没有否认奇迹，而是认为它们是可以接受的。此外，也可以从这一观点出发对经文作比喻性解释。《摩西五经》和别的著作中存在不少隐秘难解的段落，可以把它们与柏拉图的意见联系起来看，或者借助这种意见去论证它们。但是，除非这一意见得到了证明，我们没有必要非这样做不可。鉴于这一意见尚未得到证明，我们既不倾向于接受它，也不考虑接受别的意见，而只是从字面意义来理解经文。我们认为，对于我们的理智无法把握的东西，《律法书》为我们提供了知识，奇迹的存在就证明我们的意见是正确无误的。

须知，从世界在时间中产生的信仰出发，一切奇迹、一切律法都成为可能的，对这一问题的一切疑问也随之消失。也许有人会问：为什么上帝把预言性启示赋予这个人而不给那个人？为什么上帝在那个特定的时刻，既不是以前也不是以后立法呢？为什么上帝制定出这许多律令和禁规？为什么他通过先知而不是通过别人来表明某些奇迹呢？上帝这些律法的目的是什么？如果上帝的目的是让我们依据这些律法来生活，那么，为什么他不把这些法令和禁规赋予我们的本性呢？我们对所有这些问题的回答是：

他的意志这样希望过，他的智慧这样要求过，正如他按自己的意志在特定的时间、以特定的形式创造出世界，而我们并不知道他的意志为什么在这个时间以这种形式来创世一样，我们也不了解他的意志和智慧为什么会这样来规定前面所提到的那些事情。然而，如果有人说世界是出于必然性的，那我们就不得不追问这些问题，结果就会陷入穷途末路而只好采取颇不得体的回答，即否认和拒绝《圣经》的表面意思，否认那些有智之人从未怀疑过的东西。鉴于世界永恒论缺乏根据，我们拒不承认这一理论，而且正因如此，高尚的心灵才用于或将用于这一问题的探索。假如创世论得到了证明，即使仅仅是以柏拉图的假定为根据，哲学家们的所有那些反对我们的论证都会化为一纸空文。同样，如果哲学家们成功地证明了亚里士多德所理解的那种永恒性，那么，《圣经》的一切学说也将被推倒，而我们将不得不另作主张。我曾说过，这是至为关键的问题。注意这一点。

第 26 章

就我所知，在摩西律法的信徒中，大师以利泽（Eliezer the Great）拉比的一句话最为惊人。他的这句话是在有名的《以利泽拉比篇》（Chapters of Rabbi Eliezer）中提出的，原文如下（该书第 3 章）：“天是从哪里创造出来的？来自上帝衣裳的光芒。上帝采下部分光，像伸展衣服一样把它伸展开，这样天就连续延伸开来。如《圣经》说：披上亮光，如披外袍，铺张穹苍，如铺幔子（《诗篇》，第 104 章，第 2 节）。大地从哪里创造出来？从上帝宝座底下的雪而来。他抓起一把雪又扔出去。如《圣经》说：他对雪说：‘要降在地上’（《约伯记》，第 37 章，第 6 节）。”难道这就是那位圣者的学说吗？难道他真的不相信能从无生有，而认为一定有产生所需要的质料吗？他果真据此而追寻天地是从哪里创造出来的吗？无论答案是什么，人们都该问他：“上帝衣裳的光是从哪里创造出来的？上帝宝座底下的雪是从哪里来的？宝座本身又从何而来？”假如他想用一个非被创造的东西来表示“上帝衣裳的光”和“宝座”，那就会导致严重的不协调，即主张世界的永恒性，即以柏拉图的意见为根据的永恒性。那位圣者用奇怪但又明确的方式表示，“宝座”属于被创造的东西，它是上帝创世以前被创造的。但是，与此有关的经文和创世无联系，唯有大卫的这句话例

外:“耶和华在天上立定宝座。”(《诗篇》,第103章,第19节)这句话显然是一个比喻性解释。但是关于宝座的永恒性则有明确表述:“耶和华啊,您存到永远,您的宝座存到万代。”(《耶利米哀歌》,第5章,第19节)如果以利泽拉比相信宝座是永恒的,那么“宝座”就是上帝的一个属性,而不是被造之物。但是,一个东西怎么可能从属性中产生出来呢?最为奇怪的是说什么“上帝衣裳的光”。总地来说,这句话很容易使一个坚持律法而且有学问的人的信念产生混乱。对此,我无法作充分的解释。我提及此点的目的是防止你产生误解。不过,这句话的作者倒也提供了颇有价值的东西,即他清楚地表明,天地质料不同,两者是截然不同的东西。其中之一是属于上帝的,从其种类和品位看,这就是“上帝衣裳的光”;另一种质料远离上帝的光辉,这就是地球的质料,按作者的说法,它是从宝座下面的雪衍化而来的。这也启发我们解释《律法书》中的这句话:“在他的脚下有一块用蓝宝石做成的白色的作品。”(《出埃及记》,第24章,第10节)这句话指的是,他们在先知的异象中把握到了那劣等的第一质料的实在性。如前所述,根据昂克劳的说法,“他的脚”指的是“宝座”(第一篇,第28章)。这里也表明,在“宝座”底下的白色,就是地球的质料。以利泽拉比不厌其烦地表示有两种质料存在,它们有优劣之别,构成宇宙的质料不是同一的。这是一个莫大的奥秘,我们不要以为以色列的大圣人作了一个清楚明白的表述。这是一个关于存在的奥秘,是《律法书》内奥秘中的奥秘。

《大创世记》这样记载:“以利泽拉比说:凡天上之物皆产生

于天，地上之物皆产生于地。”[①]这位圣者所言极是，地球上的任何事物，即月球以下的所有存在都有同一的质料；而所有天体和其中存在的一切事物的质料则与地球的质料不同。在《以利泽拉比篇》中，他还清楚地讲过天体质料的优质性，它靠近上帝和地球质料的劣质性以及它所处的位置。请注意这一点。

① 《大创世记》，X，参考巴比伦《塔木德》:《赎罪日》，54b。

第27章

我曾明言，对创世的信仰是整个《律法书》的基础。然而，我们又决不认为世界在产生出来以后有朝一日还会化为乌有。承认世界永远持续存在下去并不妨碍我们的信仰。也许有人会说：我们不是已经证明过凡产生出来的东西也都会消灭吗？如果世界是被产生的，那它也应该消灭。然而，这条原理对我们却不适用。这是因为，我们并没有认为世界之产生也和其他自然界中的事物那样遵照自然的秩序和法则。诚然，凡按照自然的进程产生出来的东西也一定按照自然的进程灭亡。正如按这种事物的本性，它原本并不以这种方式存在，而只是在以后才产生出来一样，它也不要求永远以此方式存在下去，因为无须疑问，这种存在并不永远与其本性相关联。然而，从我们《律法书》的观点看，事物是根据上帝的意志，而不是由于必然性而存在，因此我们不一定认为，上帝从非存在中产生出世界，他也必定让它灭亡。真正说来，事物是完全依赖上帝的意志的。如果上帝愿意，他就让此事物毁灭；他也可以按自己的意志让它存在下去。换句话说，这也是上帝的智慧决定的。因此，他可能让世界永远存在下去，像他自己一样永久存在。

先贤们在说“宝座”是被造之物时从未认为它将变为非存在。

我从未听说有哪位先知或先贤主张"宝座"有朝一日会毁灭或变为非存在。相反《圣经》确实说它将永存下去。在我们看来，高尚的灵魂也是这样。它们是被造之物，但又决不会消亡。有些人认为，根据《米德拉什》的字面意义，高尚人的肉体也可以永享福祉。这个说法很像那种相信天堂存在的人的意见。

总之，通过哲学思考我们确信，世界不一定导致灭亡。我们考察这个问题的唯一根据是先知和先贤的教导。那么，他们讲过世界无疑会灭亡或不灭亡的话吗？多数无知的群众都认为他们曾说世界将会灭亡。然而我认为事实并非如此。反之，有许多原话表明世界将永远存在。我将阐明，所有那些从字面上看，是说世界会灭亡的话，显然都是些比喻。然而，如果这些仅从字面理解文义的人不相信这一点，坚持相信世界灭亡的结论，我们也不视其为鲁莽无知，但我们需要告诉他们，世界在时间中产生并不意味着它必然消灭。他们的信仰乃产生于对作者的信赖，但作者的比喻被他们作字面上的理解了。但是，从《律法书》的观点看，他们的看法也没有什么危害。

第 28 章

许多信仰我们的律法的人认为，所罗门是相信世界永恒的。这很让人惊奇。何以设想一个摩西律法的信徒竟会承认世界永恒论呢？然而，如果有人认为所罗门承认世界永恒而背弃了律法书的原理，那我们怎么可以设想：为什么所有的先知和先贤都接受他的观点而不攻击他，甚至在他死后也不因此而责备他呢？事实上，他确实是因为娶外邦女人为妻和别的事情而受到过指责。人们这样看所罗门是由先贤的这段话引起的："人们希望禁止《传道书》，因为其中的言论近乎异教。"① 确实如此。我的意见是，如果从字面上看，这一篇确实包含许多与《律法书》相异的段落。对它们应给予比喻性解释。然而，这些段落并没有肯定世界的永恒性。此篇中没有任何文字暗示更没有明确主张世界永恒论。不过有的段落确实承认世界产生后的不可毁灭性。在人们看到这样的言词时，就误认为所罗门相信世界永恒了，其实不然。

该篇中这句话表示了世界产生以后的永久存在："地却永远长存。"（《传道书》，第 1 章，第 4 节）那些不知其奥秘的人会说："永远"指的是地球存在的既定时间。对于"地还存留的时候"（《创

① 《大利未记》，XXⅧ；《传道书的米德拉什》，Ⅰ 3。

世记》，第 8 章，第 22 节）这句话，他们作的类似的解释是：大地生存的既定时间长度。不知他们怎样解释大卫所说的这句话：“将地立在根基上，使地永远不动摇。”（《诗篇》，第 104 章，第 5 节）如果这里的“永远”不是指地球产生以后的永恒性，那就是指神在一定的时间内存在。《圣经》也确实有地方讲到神的永久性。例如：“耶和华必作王，直到永永远远（*le'olam va'ed*）。”（《出埃及记》，第 15 章，第 18 节）须知“*'olam*”只有在与 *'ad* 连用时才指时间上的永久性。“*'ad*”可置后，从而构成“*olam va'ed*”；也可置前构成 *'ad'olam*。所罗门说“永远存在”中的“永远”（*le'olam*）不像大卫话中的“永久”富有强调性：“它不应该永远永远（*'olam va'ed*）运动”。此外，大卫还明确表述了天的永久性，其规律和其中一切存在的不变性。他说：“你要从天上赞美耶和华。”又说：“因为他一吩咐便都造成。他将这些立定，直到永远永远。他定法令，不可违背。”（《诗篇》，第 148 章，第 1、5、6 节）大卫用这段话表示，上帝制定的法令是永远不可改变的。“法令”一词这里指“天地之法则”（《耶利米书》，第 33 章，第 25 节），这已在前面讲过了。不过大卫在这里说得很清楚：“他一吩咐，它们便都被造出来了。”可见大地是被制造的。耶利米也说：“他使太阳白日发光；使星月有定例，黑夜发亮，……耶和华说，这些法规若在我面前废掉，以色列的后裔也就在我面前断绝，永远不再成国。”（《耶利米书》，第 31 章，第 35~36 节）这样他也清楚地承认，尽管法规是神创造的，它们也不会消失。

如果继续探寻这个问题，我们就会发现，这种学说不仅存在于所罗门的论述中。另一方面，所罗门本人也确实说过，神的作

品即世界和世界上的一切事物，虽然是被创造的，但又按其本性被永远确定下来了。他说："神所作的一切都必永存，无所增添，无所减少。"（《传道书》，第3章，第14节）这样他就赋予这一节这样的意思：世界是神的作品，它在产生后是永久存在的。用他自己的话说："无所增添，无所减少。"他们也说过，变化的事物之所以变化乃由于其中的不足或者由于某种过分；前者应该补充，后者应该除掉。而神的作品是完善的，不可能有不足或过分，因此，它们必然按现在的样子永远存在下去，它们中不存在变化的可能性。所罗门在这一节的结尾处还谈到了被产生的东西及其变化的理由，他说："神这样行，是要人在他面前存敬畏的心。"（同上章，第14节）这里指的是奇迹在时间中的产生。接着还说："现今的事早先就有了，将来的事早已也有了，并且神使已过的事重新再来。"（同上章，第15节）作者的意思是，上帝愿现存世界继续存在，其中的事物相继不断。至于他提到的上帝作用的完善性以及存在物的不可增减分毫，先师摩西早已明言在先："上帝呀，他的作品完美无瑕。"（《申命记》，第32章，第4节）在他看来，上帝的作品，即被创造物是最完满的，其中既无不足，又无多余，没有任何不需要的东西。同样，上帝对这些事物制定律令和通过被创造物而产生的作用，也都是绝对正当的，是神的智慧的产物。对此，本书将在另外的章节中论述。

第 29 章

在我们听到某人在说一种我们不懂的语言时，我们确信他在讲话，但不知道他在说什么。更有甚者，有时我们会碰巧听到说话人说的几个单词，而在我们的语言中它们的意思恰好与说话人相反。在这种情况下，我们就认为这几个词对我们和说话人来说意思相同。例如，当一个阿拉伯人听到一个希伯来人说 *'abā*（"他要"）时，他会认为这个希伯来人是在说某人不愿意某事或者拒绝（*'abā*）某事。然而事实上，这个希伯来人是在说某人喜欢某事并且要做某事。撇开某些不明白的地方不论，普通人对于先知的话也恰好是这样的。《圣经》说："所有的默示，你们看如封住的书卷"(《以赛亚书》，第 29 章，第 11 节)。另外还有些地方，大众的理解与其真义相反。例如："你们谬用永生神耶和华的言语。"(《耶利米书》，第 23 章，第 36 节) 须知，每个先知都有自己特有的语言，他特有的先知的启示促使他用这种私人的语言去对能理解他的人讲话。

你应通过前面这些话明白，在以赛亚谈到王朝的陷落、宗教团体的灭亡时，他常常使用这样的言词：星辰坠落，天被掀翻了，太阳昏暗，大地荒废、震动，以及诸如此类的比喻。这种情况在《以赛亚书》中司空见惯，而在别的先知书中则较为罕见。阿拉伯人在谈到某人大祸临头时，也使用类似的比喻。如太阳和月亮光照变强，改天换地，如此等等。在描述有关某个人或宗教团体或一个城市的毁灭时一样，他们也说这是上帝震怒的结果；在谈到人民的繁荣时，他们说上帝欢欣满意。先知们在谈到上帝对人和宗教团体发怒时说："上帝走来走去，咆哮如雷，大声喊叫……"他们还说"上帝命令，上帝说话，上帝行动、做事……"这些下面还要谈到。同样，当一个先知谈论某个地区的人民遭到毁灭时，他有时不说那个地方的人民，而说全人类。例如以赛亚就这样说："耶和华将人迁到远方。"(《以赛亚书》，第6章，第12节）他实际是指以色列人。对此西番雅也说："我必将把人类从大地上剪除，我要伸手毁灭犹大国"(《西番雅书》，第1章，第3~4节)。请注意此点。

前面只是泛论语言的解释，下面我要证明我这样的解释是正确的。上帝是用启示告诉以赛亚巴比伦王朝的陷落、西拿基立（Sennacherib）的灭亡和尼布甲尼撒（Nebuchadnezzar）的继之崛起以及他的王国的终结的。先知以赛亚对他们在王朝覆灭时灾难的降临、战场败绩、他们以及他们溃败的兵士的不幸进行了描述，他说："天上的众星群宿都不发光，日头一出就变黑暗，月亮也不放光，"他继续说："耶和华在忿恨中发烈怒的日子，必使天震动，使地摇撼"(《以赛亚书》，第13章，第13节)。我想，任何无知、盲目和坚持从表面上理解比喻和修辞性语言的人也不至于相信，在巴比伦王国灭亡的时候，天上的星星、太阳和月亮的光照会发生变化，大地会改换地方。所有这些不过是在描述一个败将的心态。毫无疑问，对他而言光亮亦是黑暗，甜东西也是苦的。可谓上天无路，入地无门。以色列人在可恶的西拿哈勒统治时代遭受了莫大的羞辱和奴役，当这个统治者攻陷犹大国的城池时，有的人被俘，有的人落荒而逃，他的双手给以色列人带来了数不清的灾难，以色列的全部领土也沦于他手。对此，以赛亚也用比喻说："地上的居民哪，恐惧、陷坑、网罗都临近你。躲避恐惧声音的必坠入陷坑；从陷坑上来的必被网罗缠住。因为天上的窗户开了，地的根基也震动了。地全然破坏，尽都崩裂，大大地震动了。地要东倒西歪，好像醉酒的人；又摇来摇去，好像吊床。"（《以赛亚书》，第 24 章，第 17~20 节）在这些话的结尾，以赛亚描述上帝将会怎样对待西拿基立，要摧毁他强盛的王国，使他蒙羞受辱，他用了这样比喻的说法（同上章，第 23 节）："当万军之耶和华君临时，月亮要蒙羞，日头要惭愧……" 约拿单·本·乌茨尔对这一节有精彩的解释；他说，当西拿基立因为耶路撒冷而一命呜呼时，偶像崇拜者们将明白这是上帝所为；他们会感到惊恐与迷惑。他于是把这一节译成："当上帝的王国显现时，揖拜月亮的人将羞愧，向日头叩首的人要无地自容……" 先贤接着描绘了西拿基立死后以色列子孙的长治久安，他们土地的富庶与丰饶以及其王国在希西家（Hezekiah）统治之下的美好前景。他用太阳与月亮将增其光辉来进行比喻。提到失败者，他就说太阳与月亮对他们变得黯淡无光；同样提到胜利者则说它们增其辉煌。显然，这个比喻是非常恰切的。当一个人大祸临头时，他总是目光黯然，眼前迷蒙，他漫布的忧郁使他的视神经变得迟钝，加之巨大的悲怆及心灵的压抑，亦对之形成危害使之变得晦暗；相反，当心灵处于幸福与安宁状态时，视神经就会变得敏感，人就感到似乎是光

线明亮起来了。因此，“百姓必在锡安在耶路撒冷居住，你不再哭泣”这些好消息是这样结尾的：“当耶和华缠裹他百姓的损处、医治他民鞭伤的日子，月光必像日光，日光必加七倍，像七日的光一样。”（《以赛亚书》，第30章，第19、26节）这就是说，在他们由于邪恶的西拿基立而遭毁灭之后，上帝将使他们再度复兴，“像七天的光一样”。评注家们认为这句话是用来比喻“极强烈的光”，因为在希伯来语中“七”这个数字常用来表示多。我认为他是参照了在所罗门当政时期的“庙堂里七天的贡奉”这句话；因为以色列民族从没有像那个时代那样强大、繁荣、事事顺遂，所以先知说，以色列的伟大与幸福将像七天里的一样。谈到以色列的敌人邪恶的以东，以赛亚说：“被杀戮的要弃尸荒野，尸首臭气上腾，诸山被他们的血融化。天上的万象都要消没，天被卷起，好像书卷。其上的万象要残败，像葡萄树的叶子残败，又像无花果的果子从树上凋零。因我的剑已在天上洗亮；看着吧，我要临到以东和我诅咒的民，去施行审判”（同上书，第34章，第3~5节）。凡是有眼能看的人，想想看吧，这几节中是否真的有晦涩不明的说法，使你误认为诸天真的会如此这般，抑或仅仅是一种比喻性的描述，说的是以东人的覆灭、上帝不再佑护他们，他们的日趋衰落及其贵族顷刻间的垮台？先知的意思是说，那些像诸星一样稳固、高高在上、不可摧毁的人物将迅速陨落，就仿佛叶子离开葡萄藤，像无花果从树上落下。这太显而易见了；若不是因为普通民众——甚至某些被认为是杰出学者的人——［为了支持其诸天将毁灭的观点］而不顾其内涵与目的引用了这一段话的话，那么这一段简直不值一提，更没有作长篇大论的必要。他们认为

《圣经》在这里描述了诸天在将来所要发生的事，同理也向我们暗示诸天是如何形成的。再有，当以赛亚告诉以色列人——他所说的不久就应验了——西拿基立以及与他有关的国家和国王将遭毁灭，而以色列人将独享上帝的佑助时，他运用了比喻性语言，他说："看诸天将怎样衰落，大地将怎样枯萎，地上的一切灭绝殆尽，唯有你幸存"；这就是说，那充塞大地的、被认为是——夸张地说——像诸天一样永恒与稳固的人将顷刻瓦解，灰飞烟灭；他曾像大地一样稳固的盛名将被撕成褴褛。我所指的这一段是这样开头的："耶和华已经安慰锡安和锡安一切的荒场……""听我说啊，我的百姓啊……""我的公义临近，我的救恩发出……"接下来说："你们要向天举目，你们要观看下地；因为天必像烟云消散，地必如衣服愈来愈旧，其上的居民也要如此死亡，唯有我的救恩永远长存，我的公义也不废掉。"(《以赛亚书》，第 51 章，第 3~6 节）以色列王国的复兴，其稳固与长存被描绘为天与地的创生。因为以赛亚常常把一个国王的领土说成是整个宇宙，天和地都归他所有。他于是安慰以色列说："我，唯有我是安慰你的人……"（同上章，第 12 节）"我将我的话传给你，用我的手影遮蔽你，因为我要植诸天，立定地基。又对锡安说：'你是我的百姓。'"（同上章，第 16 节）在下面各节中，以赛亚宣布以色列的王权将得以延续，而那些声名显赫、国力强大的统治者们将身败名裂："大山可以挪开……"（同上书，第 54 章，第 10 节）为了表明弥赛亚王国将永存不灭、以色列王国将不可毁灭，他说："你的日头不再下落……"（同上书，第 60 章，第 20 节）在诸如此类的隐喻中——对于理解经文的人来说其含义是清晰明了的——以赛

亚继续描述了大流亡中的诸般细节，王国的复兴及从一切痛苦中的解脱。他用了这样比喻的说法："我要造新天新地；那第一个将被遗忘，从记忆中抹去。"他继续解释道："我要造"意思是上帝将赐予他们永久的幸福与欢乐以取代从前的悲哀与忧伤，这些悲哀与忧伤将被永远遗忘。现在我来描述一下这个观念系列及包含这些观念的各节的顺序。先知是这样开头的："我要谈到耶和华的慈爱……"（同上书，第63章，第7节）然后他描绘了：（1）上帝过去曾赐予我们慈爱，是以这句话收尾的："他在古时的日子常保抱他们、怀护他们"（同上章，第9节）；（2）接下来说的是我们的背叛："他们竟悖逆，使主的圣灵担忧……"（同上章，第10节）；（3）我们的仇敌对我们的主宰："我们的敌人已经践踏你的圣所；我们好像你未曾治理的人……"（同上章，第18、19节）；（4）先知为我们进行的祈祷："求你不要大发震怒……"（同上书，第64章，第9节）；（5）接下来先知描绘了我们如何罪有应得该受这些惩罚，我们怎样呼唤真理而毫无回应："没有寻找我的，我叫他们看见我……"（同上书，第65章，第1节）；（6）许下仁慈与宽恕："耶和华如此说：葡萄堆中酿新酒……"（同上章，第8节）；（7）对我们敌人的诅咒："我的仆人必得吃，你们却饥饿……"（同上章，第13节）；（8）我们民族的道德进步，使我们足以在地上享神的祝福，从前的苦难将被遗忘："他要另起别名称呼他的仆人：这样，在地上为自己祈福的人，必凭真实的神祈福；在地上起誓的，必指真实的神起誓；因为从前的患难已经忘记，因为它们已从我眼前隐藏了。看哪，我造新天新地；从前的那个不再被记念，也不再追想。你们当因我所造的永远欢喜快乐：因我造耶路撒冷为人所喜，造其中的居民为人所乐。我必因耶路撒冷欢喜，因我的百姓快乐……”（同上书，第 65 章，第 15~19 节）其全部目的现在已一清二楚了，因为紧接着“我造新天新地”这句话后面就解释说：“我造耶路撒冷令人喜，造其中之民为人爱……”先知接着又说以色列的后裔和名字将同其信仰及其中的快乐一样长存，上帝曾允诺创造其后裔和名字，并将它们传播到四面八方：因为对上帝的信仰及其中的快乐是两样财富，人一旦获得这两样财富就决不会再失去，也不会改变。他的话是这样说的：“我所要造的新天新地，怎样在我面前长存，你们的后裔和你们的名字也必照样长存。”（同上书，第 66 章，第 22 节）而其他的民族，有时即使其子嗣得以延续，但是其名却湮没无闻了。比如，许多波斯人与希腊人的后代都不再被称为波斯人和希腊人；他们混入了别的民族，担了他们的名。依我之见，这实际上是一个预言，预示赋予我们特殊名字的信仰将永世长存。

由于这些比喻在《以赛亚书》中频频出现，所以我全都给予了解释。但是在其他先知的作品中我们也能见到这类比喻。耶利米在描述耶路撒冷因我们之罪而遭毁时写道：“我观看地，不料，地是空虚混沌……”（《耶利米书》，第 4 章，第 23 节）以西结是这样来预言埃及王国的毁灭及法老丧命于尼布甲尼撒之手的：“我将你扑灭的时候，要把天遮蔽，使众星昏暗，以密云遮掩太阳，月亮也不放光。我必使天上的亮光都在你头上变为昏暗，使你的地上黑暗。这是主耶和华说的。”（《以西结书》，第 32 章，第 7、8 节）毗士珥的儿子约珥是这样描述在他那个时代成千上万蝗虫的到来的：“地震天动，日月昏暗，星宿无光。”（《约珥书》，第 2 章，

第10节）阿摩司在谈到撒玛利亚的毁灭时是这样说的："我必使日头在午间落下，使地在白昼黑暗。我要变你们的节期……"（《阿摩司书》，第8章，第9~10节）在谈及撒玛利亚的衰落时，弥迦用了下面这个尽人皆知的比喻："看哪！耶和华出了他的居所，他将降临，步行到地的高处，众山必融化"，等等（《弥迦书》，第1章，第3~4节）。哈该在描述美蒂斯王朝及波斯人的毁灭时也是这样说的："我必震动天地、沧海与旱地。我必震动万国……"（《哈该书》，第2章，第6~7节）在约押征战以东人期间，［大卫］在描述国家之卑微、弱小及他如何祈求上帝的帮助时是这样说的："你使地震动；你使它崩裂；求你将裂口医好，因为地在颤抖。"（《诗篇》，第60章，第4节[①]）在另一处他表达了这样的信念：当看到别的民族灭亡、覆灭时，我们不必惊惧，因为我们仰仗的不是我们的刀剑和强力而是上帝的支持，有言为证："耶和华所拯救的百姓，他是助你的盾牌。"（《申命记》，第33章，第29节）他说："所以地虽移动，诸山虽在海中震动，我们也不必害怕。"（《诗篇》，第46章，第2节）

《圣经》用以下这些比喻性的语言来表示埃及人死于红海之中："诸水见你，一见就都惊惶：深渊也都战抖……你的雷声在旋风中：电光照亮世界；大地战抖震动。"（《诗篇》，第77章，第16、18节）"耶和华，岂是不喜悦江河？……"（《哈巴谷书》，第3章，第8节）"他鼻孔冒烟上腾"（《诗篇》，第18章，第9节[②]）。《底波

① 汉、英译《圣经》均为第2节。——中译者

② 汉、英译《圣经》均为第8节。——中译者

拉之歌》中亦是如此："大地震动……"（《士师记》，第 5 章，第 4 节）这样的例子还有很多，我没有引述的那些可以根据我所引的这些来进行解释。

现在让我们来看看约珥所说的这些话："在天上地下，我要显出奇事，有血、有火、有烟柱。日头要变为黑暗，月亮要变为血，这都在耶和华那大而可畏的日子来到以前。到那时候，凡求告耶和华名的就必得救，因为在锡安山和在耶路撒冷将得救……"（《约珥书》，第 3 章，第 3~5 节[①]）我认为它们是指西拿基立在耶路撒冷的失败；尽管在这一段中除了杀戮、毁灭、大火及日月的光线变暗以外再没有谈及别的东西，但是如果可能的话，也可以把它们看成是在弥赛亚时代高哥（Gog）与玛高哥（Magog）在耶路撒冷附近的失败。你或许会反对说：若依我们的解释，那又怎能把西拿基立垮台的日子称为"耶和华那伟大而可畏的日子"呢？你要知道，大慈大悲或大苦大难的日子都叫作"耶和华那伟大而可畏的日子"。因此约珥提到蝗虫铺天盖地而来的日子时说："因为耶和华的日子大而可畏，谁能当得起呢？"（同上书，第 2 章，第 11 节）

我们用以支撑我们所引用的这些段落中的观点显然是成立的，也就是说，从没有任何先知或先贤宣布过宇宙的毁灭，也没有说过其目前状况会发生变化，或者其任何性质的永恒性的改变。要是我们的先贤们说："世界将持续六千年，然后荒芜一千年。"他们并不是指存在的事物的彻底消失，"荒芜一千年"这句

① 汉、英译《圣经》均为第 2 章，第 30~32 节。——中译者

话显然表示时间将继续下去。再者，这只是一位拉比的个人见解，只符合某一特殊理论。相反还有另一种说法："日光之下，并无新事"(《传道书》，第1章，第9节)，意思是不管以何种方式、不管在何种情况下，都没有任何新的造物产生，这表达了我们众先贤的共同思想，它包含了每一个《密西那》和《塔木德》的专家都认可的并引以为据的一个原则。即使那些从字面上理解"新天新地"的人也不例外，他们认为在将来会被重造的诸天目前已被造出来并且存在着，所以用的是现在时"持续着"，而没有用将来时"将持续"。他们引用"太阳底下没有新鲜的东西"这句经文来支持其观点。千万不要认为这与我们的意见相左。他们的意思可能是说以色列将借以实现的其应许未来的那些自然法则从创世的时代就已经存在了，所以这些法则是完全正确的。然而，当我说没有任何先知宣布"其任何性质的永恒性的改变"时，我并没有把奇迹包括在内。因为哪怕是木杖变成蛇，水变成血，白皙高贵的手长满了麻风——没有任何自然原则导致这些或类似的现象——这些变化也不是永久性的，它们并没有成为一种自然属性。相反，正如先贤们所言，世界依旧。[①]这是我个人的见解，这也是我们应该深信不疑的。但是在《大创世记》与《传道书的米德拉什》中你会发现先贤们关于奇迹的非常奇特的说法，在他们眼里，奇迹在某种程度上也是自然的。他们说，上帝在创造具有现存这些自然性质的宇宙时，就已将奇迹寓于这些性质之中了，它们在一定时刻就会产生一定的奇迹，当某事即将发生而上帝要先知去宣告时就

① 见巴比伦《塔木德》:《偶像崇拜》，54b。

有了先知征兆，但是这事情本身仍是依照不变的自然法则而发生的。如果这段话的含义果真如此，那么就足以见出其作者的伟大，足以表明在他看来自然法则是不可能发生变化的，或者上帝的意志［就事物的自然性质而言］一经确立以后就不可能再改变的。于是他假定，比如，上帝赋予水聚合为一、向低处流淌的性质，只在埃及人被淹没的时候例外，那时水分开则是一种特性。我早已向你指出过这一段的实质，它只是用以反对那种有新的造物产生的假说。那一段[①]中写道：约拿单拉比说，上帝与大海达成协议要它在以色列人面前分开；因此《圣经》上说，“到了天一亮，海水仍旧复原。”（《出埃及记》，第 14 章，第 27 节）以拉加（Elazar）的儿子耶利米拉比说：［这个协议］不仅是与大海而且是与太初六天中所有的造物共同达成。有言为证：“我亲手铺张诸天，天上万象也是我所命定的”（《以赛亚书》，第 45 章，第 12 节），也就是说，我命定大海分开；命定火不烧伤哈拿尼亚（Hananiah）、米歇尔（Mishael）和阿加利亚（Azariah）；命定狮子不伤害但以理；命定鱼吐出约拿。其他所有奇迹都可以依此进行解释。

至此我们已清楚地表达并解释了我们的观点——亚里士多德的理论只有一半与我们是一致的。我们相信这个宇宙将永久存在下去，保持其自创世始造物主就寓于其中的那些性质，除非在某些个别情况下以奇迹的方式，否则这些性质中的任何一种都不会发生改变，尽管造物主有能力改变整个宇宙，能将其毁灭殆尽，或者改变它的任何性质。无论如何，宇宙的确存在一个开端和起

① 见《大创世记》，V。

始，在只有上帝，其他别无一物时，上帝的智慧决定在某一时刻宇宙将被创生，除非是在一些特殊情况下，否则其性质将不会毁灭，也不会发生任何改变；这些特例有一些已为我们所知，而另一些是属于未来的，我们尚不知晓。这是我们的观点，也是我们律法的基础。相反，亚里士多德却认为宇宙是永存的且是不可毁灭的，是永恒的且没有开端。我们早已表明，这种理论基于这样一种假说，即宇宙是因果关系的必然结果，这种假说包含了相当多的渎神成分。既然我们话已到此，在下一章中我们将就《创世记》第1章中的各段进行几点说明。本书的首要目的就是尽可能地去解释就《圣经》中的“创世论”及“神车论”所能解释的东西。但是在此之前，先让我们作两个一般性的说明。

首先，《圣经》所提到的一切与创世有关的东西都不能像无知的人所想象的那样从字面上来理解。若真如此，有智慧的人们就无须将对创世的解释视为秘密而严加保守，我们的先贤们也就无须［在谈到创世时］为了掩藏其真实含义而借用比喻性的语言，他们也就不会反对在公众面前讨论创世。这些话的字面意义有可能使我们形成邪恶观念并构成对上帝的不正确的看法，甚至导致我们彻底摈弃或反对我们信仰的诸原则。因此禁止无知的人对这一问题进行肤浅而非科学的考察是势在必行的。我们必须谴责那些对《圣经》无知的布道者与释经人所做的一切，他们认为智慧就在于多知道几个词的含义，多用一些辞藻作长篇大论就会显得更高明。相反，我们应该在拥有了真正的科学知识、获得了预言的秘密之后对《圣经》文本进行理智的考察。然而，正如我在我们的《评密西那》(《喜庆祭》，Ⅱ 7）中反复强调的，任何对这一问题有所认识的人都应该守口如瓶。我们的先贤们曾明言：从书的开头到此——创世的第六天过后——是“将事隐秘，乃神的荣耀”（《箴言》，第 25 章，第 2 节）。

至此我们已表明了我们的观点。尽管如此，每一个业已获得某种完善的人都将其向他人传播，这是神意使然。因此，一个已对这些问题有所认识的学者——不管他是通过自己钻研获得的抑或是从师长那里学得的——都不可能不将这些知识的一部分与他人交流；他不能用清楚明白的语言将其表露无遗，而必须借助于暗示。先贤所说的话中有许多这样的暗示和提示，只是掺杂在其他话语及其他话题之中。因此之故，在谈及这些秘密时，我原则上只谈其大致意思，而把其余的留给那些有资格谈论它们的人。

其次，先知们所用的多义词并不是在其通常意义上来使用的，而仅仅是采用了引申义。比如：“一根杏树（*shaked*）枝”（《耶利米书》，第 1 章，第 11 节），这句话后面紧接着就是“因为我留意保守（*shaked*）”（同上章，第 12 节）——在论预言的那一章我们将对此加以说明。同理，正如我们所说的，以西结在描述神车时用了 *ḥashmal*（《以西结书》，第 1 章，第 4 节）这个词；还有 *regel egel*（同上书，第 5 章，第 7 节），*neḥoshet kalal*（同上书，第 5 章，第 7 节）以及诸如此类的词；《撒迦利亚书》（第 6 章，第 1 节）同样采用了这种方式，他说：“那山是铜（*neḥoshet*）山”，等等。

作过这两点说明之后，我要兑现我前面所允诺的那一章。

第 30 章

“在先”（the first）不同于“起始”（beginning）（或根本，principle）。后者存在于以它为主或与之共存的事物之中，它不必时间上在先。比如，心脏是动物之根本；元素是以之为元素的东西的根本。“在先”有时也在这个意义上来使用；但是，它也用来表示仅仅时间上的在先，在先的事物未必是随后事物之起始（或原因，cause）。比如，我们说先居住在那栋房子里的是 A，而后又是 B。[在这种情况下] 却不能说 A 是 B 之起始。在希伯来语中表示“在先”的词是 *teḥillah*（开始），例如：“上帝开始（*teḥillat*）与何西阿讲话”（《何西阿书》，第 1 章，第 1 节）；而表示“起始”的词是 *reshith*，源于 *rosh*（头），就位置而言头是动物的起始[①]部分。宇宙并非创生于时间上先于它的要素，因为时间也属于被造物。因此之故《圣经》中说“*bereshit*”（在太初）[②]这个词，其中 *beth* 是个介词，表示“在”。《创世记》第一节的正确解释是这样的：“在太初，上帝创造了上界与下界。”这是与世界在时间中创生相吻合的译法。我们发现有些先贤据说是持时间先于创世的观点的。然而这

① 这里意思是开始。——中译者

② 这是《圣经》的第一句话。——中译者

种传闻相当可疑，正如我已向你表明的，认为时间有开端是不可思议的那种理论是出自亚里士多德，是该加以反驳的。他们之所以持这种观点，是因为我们的一位先贤在谈及《圣经》中的“一天”(《创世记》，第 1 章，第 5 节)、“第二天”(同上章，第 8 节)这些词时所说的话所引起的。持如此论断的人按照它们的字面意思把这些词理解为：要是没有旋转的天体，也没有太阳，那么又怎么能算出是第一天呢？又继续说道:《圣经》中用了“一天”这个词；西蒙(Simon)拉比之子拉比犹大说过:“由此我们可知一部分时间早已存在了。”阿巴户(Abahu)拉比说:“由此我们可知上帝造了几个世界又毁了它们。”这后一种解释比前一种更蹩脚。想想这两位拉比在说时间在太阳被创造之前就存在时所面临的困惑吧。这个困惑马上就会为我们所消解，除非两位拉比企图从《圣经》中推出一部分时间必然在创世之前就存在的结论并由此接受世界永恒的论调。然而任何一个忠于《律法书》的人都会反对这种观点。依我之见，上述说法与以利泽拉比所说的毫无二致:“诸天自何处创生呢?”(见第 26 章)总而言之，关于这些问题，你不可轻信任何人的话。我曾对你说过，我们的信仰是以相信上帝从虚无中创世为基础的；时间并非是先在的，而是创造出来的；因为它有赖于天体的运动，而天体是被造出来的。

你一定知道，冠词 *et* 在短语 *et ha-shamayim ve-et ha-areẓ*(“天和地”)中表示“与……一起”；我们的先贤们已在多处在此意义上解释过这个词。于是他们猜想上帝在创造诸天时就同时创造了其中所包含的一切，创造地时也创造了它所有的一切。他们又进一步说,《圣经》中上帝的话已暗示出诸天与地是同时创生的："我一招呼，它们便一齐立住。"(《以赛亚书》，第48章，第13节）因此，一切事物都是一齐被创造出来的，后来才陆陆续续地彼此分开。我们的先贤用下面这个明喻来进行说明：我们同时播下各类种子；尽管都是一起播种的，有些一天以后就发了芽，有些两天以后、有些三天以后才发芽。按照这种无疑是正确的解释，那么使得西蒙拉比之子犹大拉比说出上面那番话的疑难就迎刃而解了。他难以理解第一天、第二天和第三天是如何来划分的。在《大创世记》中先贤们对此做过详细的说明。他们在谈到《创世记》中所说的第一天创造了光时是这样说的：[《创世记》中所说的第四天创造的发光体］的光其实就是第一天所创造的，只是在第四天才将它们各归其位。[①] 于是［第一节的］意思就一目了然了。

除此之外，我们还必须考虑到 *ereẓ*（地）一词的多义性，看它是用于一般含义还是特殊含义。它可以用来泛指月球以下的一切事物，我指的是四大元素。它又可以用来特指一种元素，即［四大元素中的］最后一种元素——土。有经文为证："地是混沌空虚的，黑暗笼罩深渊；神的气在水上面移动……"(《创世记》，第1章，第2节)［这里以及第一节所说的］"地"这个词已把四大元素全部包括在内，但是《圣经》上接着又说："神称旱陆为地。"(同上章，第10节)

注意这种说法也是相当关键的："上帝称某物为某名"，它总

① 在《大创世记》中找不到这一段；它出现在巴比伦《塔本德》的《喜庆祭》，12a 中。

是被用来将一个事物与另一些有共同名称的事物区分开来。因此，我把《创世记》的第一节解释为：在太初，上帝创造了上界与下界。*ereẓ*（地）在这一节中表示“下界”或“四大元素”，而在“上帝称旱陆为地”（*ereẓ*）中则表示土元素。这个问题至此已澄清了。

按照我们的解释，第一次提及四大元素是在第一节，在天之后，用 *ereẓ*（地）这个词来表示的；因为这里提到了 *ereẓ*（地），*mayim*（水），*ruaḥ*（气）和 *ḥoshek*（火）。*ḥoshek*（黑暗）是用来指火元素，不是指别的，例如：“你听见他从火中传出的话。”（《申命记》，第 4 章，第 36 节）还有：“你听见从 *ḥoshek*（黑暗）中传出的话”（同上书，第 5 章，第 20 节[①]）；再有：“他的财富要为 *ḥoshek*（黑暗）掩藏，不是［人所吹动］的火必将他烧毁。”（《约伯记》，第 20 章，第 26 节）火元素被称为 *ḥoshek*，因为火不发光，只是透明而已；要是火发光，那么我们就该看到在夜间满天都充斥着火焰的光。这里依自然位置描述了四大元素的顺序，即：先是土，它上面是水，水挨着气，火在气之上；因为“气在水上面”（《创世记》，第 1 章，第 2 节），所以“笼罩深渊”的 *ḥoshek*（火）依然在气之上（同上）。在这里必须用 *ruaḥ Elohim*（神的气）这个词，因为气在这里被说成是运动着（*merahefet*）的，而一般来说，气的运动常被归之于上帝。例如：“有风从耶和华那里刮起”（《民数记》，第 11 章，第 31 节）；“你叫风一吹”（《出埃及记》，第 15 章，第 10 节）；“耶和华转了极大的西风”（同上书，第 10 章，第 19 节），等

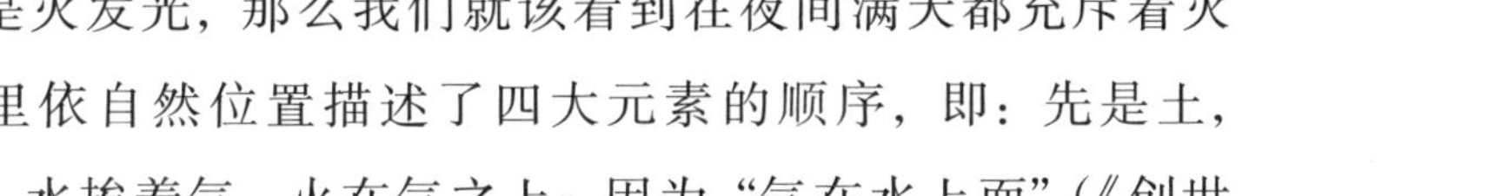

① 汉、英译《圣经》均为第 23 节。——中译者

等。由于第一个表示火元素的 *ḥoshek* 不同于后面所论的“黑暗”意义上的 *ḥoshek*，根据我们的解释，可以用这句话来解释后者并将其与前者分别开来：“他称黑暗为夜。”（《创世记》，第 1 章，第 5 节）这一点现在已清楚了。

另外，“他将水与水分开……”这句话并不是讲空间上的分割，仅仅是一部分水在另一部分水之上，二者的本质仍是一样的，而是指它们在形式与本质上的分别。最初被称为水的东西，有一部分通过接受某些性质而成为一种东西，而另一部分则接受了另一种不同的形式，后者通常也被称为水，《圣经》上说：“称水聚处为海。”（《创世记》，第 1 章，第 10 节）这样你就会明白，《圣经》中“在水上面”（同上章，第 2 节）中第一次提到的 *mayim*（水）不是指海里的水，而是指获得了特殊形式、处于气之上、与获得了水的一般形式的其他的水不同的那部分水元素。因为“神将穹苍以下的水和穹苍以上的水分开”（同上章，第 7 节）这句话与“神把光明与黑暗分开”（同上章，第 4 节）的意思相同，是指以形式的不同来进行区分。穹苍本身是由水形成的，用我们先贤的话来说就是：“空中的水珠凝聚而形成诸天。”（《大创世记》，Ⅳ）

《圣经》上又说：“神称穹苍（firmament）为天（heaven）。”（《创世记》，第 1 章，第 8 节）按照我们上面所说的，这句话意在表明 *shamayim*（天）一词的多义性，表明第一节“天与地”中的 *shamayim* 被称为 *shamayim*（天）的穹苍。这种差别在下面这句话中更明显：“在天开敞的穹苍之中”（同上章，第 20 节）；这表明“穹苍”（*raki'a*）与“天”（*shamayim*）是两回事。由于 *shamayim* 一词的多义性，所以真正的天也被称为 *raki'a*（穹苍），正如真正的穹

苍有时也被称为 *shamayim*（天）。例如："神把它们摆列在天的穹苍之中。"（同上章，第 17 节）

这一节清楚地表明，星星、太阳和月亮并不像人们所认为的那样处在天球的表面，而是混入其中，这一点已得到了可靠的证明。在宇宙中并不存在虚空，因为《圣经》上所说的是："在天的穹苍之中"，而不是"在天的穹苍之上"。

因此显然有一种叫作水的一般元素，它然后被分成三种形式：一部分形成海，另一部分形成穹苍，第三部分处在穹苍之上，完全与地隔开。我们的先贤也曾明确说过，处于穹苍之上的那一部分仅仅是名义上的水，不是现实的，因为他们说："四进了天堂"，等等（巴比伦《塔木德》：《喜庆祭》，14b）。阿卡巴（Akiba）拉比对他们说："当你来到纯净的大理石面前，不要说：'水，水'，因为《圣经》上写着'说谎话的，必不得立在我眼前'。"（《诗篇》，第 101 章，第 7 节）如果你是属于有头脑的人，就想想看吧，对于那些就这个问题苦思冥想的人，这一段将这一问题解释得多么清楚明白啊！你要弄明白亚里士多德在其《气象学》一书中所证明过的一切，留意从事科学的人们有关气象方面的言论。

有必要深入研究一下为什么在谈到创世的第二天时没有用"它是好的"这种表述方法。《密西那》中先贤们对经文的种种见解已尽为人知，其中最好的解释就是在那一天水的创造还没有彻底完成。在我看来，其原因同样是显而易见的，就在于：只要宇宙的任何一部分的创造被描绘成是永恒的、不变的、具有稳定秩序的，就用"它是好的"这个短语。但是穹苍及其以上的被称作"水"的东西，如你所知，却是相当神秘的。因为若仅从字面上理解穹苍，第一反应只能是把它当成一个假想的东西，因为除了处于我们与最低层天球之间的诸元素以外，再没有别的质料，并且在气之上也没有水；如果把穹苍连同它以上的东西被设想为处于诸天之上，那将更会是一个不切实际的、不可思议的神话。若按其喻义及其真实含义来理解它，反而会更神秘难解——为了防止一般民众对其有所知悉，它就必然会被变成最隐蔽的秘密。既然如此，那么如何才能把［第二天所创造的］称为"它是好的"呢？这个短语意味着它所指的东西是宇宙永恒存在的一部分。而对于一个隐藏了其真实性质，其表现出的性质并不真实的东西而言，人们怎么觉得它是好的呢？那么，又怎么能用"它是好的"来称呼它呢？尽管如此，我必须作如下补充性的说明。创世第二天所创造的东西虽然构成了存在物的重要组成部分，但是穹苍并不是构成宇宙的最基本的东西，因此不能被说成"它是好的"；它仅仅是使地裸露的手段。切记这一点。

我们的先贤早已解释过上帝使其在地上生长繁荣的草和树木，是上帝降下雨露使它们生长。这一段是这样开头的："有雾气从地上升腾"（《创世记》，第 2 章，第 6 节），指的是创造之前所发生的事，接下来就是："让地长出青草……"（同上书，第 1 章，第 11 节）所以昂克劳将其译为："曾有雾气从地上升腾。"从经文本身来看也是显而易见的，《圣经》上明确说："地上的草木还在土里没有长出"（同上书，第 2 章，第 5 节），等等[①]。这个问题已说清

① 这一节为："野地还没有草木，田间的菜蔬还没有长起来，因为耶和华神还没有降雨在地上，没有人耕地。"——中译者

楚了。

善于思考的人都知道，除了天体的作用力之外，生长与毁灭的首要原因就是光明与黑暗，因为是它们造成了热与冷。天体的运动使诸元素相混合，而光与暗引起其结构的变化。首先，是两种气体结合的变化；它们是导致各种天气现象的主要原因，比如下雨；它们也是导致矿物、植物、动物以及最终是人形成的原因。同样我们都知道，黑暗是地球上所有事物的本性，光亮是它们的偶性，是由外在原因造成的，因此若没有光，一切事物都永远处于静止状态。《圣经》在描写创世时完全是依这个顺序来写的，没有例外。

还当牢记我们先贤所说的话："当创世之时，所有的一切都是依其完善的形状、智力和美好来创造的，即每个事物的大小和形状都被造得尽善尽美，并被赋予了最适宜的性质，*ẓibyonam*（其美好）这个词用在这里的意思是 *ẓebi*（荣耀）。"（《以西结书》，第 20 章，第 6 节）你要将此铭记于心，因为其中包含着一个已经确立了的重要原则。

另外，我们还要注意以下这一点。《圣经》中提到在创世第六天造人时说："他造了他们，男人与女人。"（《创世记》，第 1 章，第 27 节）于是创世的过程到此结束，《圣经》上是这样说的："天地万物都造齐了"（同上书，第 2 章，第 1 节），接下来《圣经》开始描述从亚当身上创造夏娃，生命之树，智慧之树[①]，蛇的来历及与

① 原文为 the tree of knowledge，直译为知识之树，现遵从习惯译法。——中译者

之相关的那些事，所有这一切都发生在亚当与夏娃进入伊甸园以后。所有的先贤都一致认为这是在第六天发生的，第六天结束后就再也没有新的东西被创造出来。因此上述种种事情没有一件是不可能的，因为自然法则那时还没有稳固下来。然而，关于这个问题，有些先贤的说法［显然与此迥然异趣］。我会把它们从各个地方收集起来拿给你看，我也要像先贤们所做的那样仅凭暗示向你指出某些东西。要知道，我将向你引述的先贤们所说的话是极其完美、极其准确的，其比喻性的解释对于其听众而言是再清楚不过了。我不打算画蛇添足而加上冗长的注解，以免使他们的言词变得平淡无味，那样我就很有可能成为“一个泄密者”，但我会以一定的顺序将它们列出来，附带几处说明，对于像你这样的读者来说，这已足够了。

说法之一：“起初，亚当与夏娃被创造为一个，他们背对背紧紧连在一起；后来他们被分开，其中一半，即夏娃，被领到亚当跟前。” *mi-zal'otav*（“其一肋”）的意思是“其一侧”。这个词的含义可以由以下见出，*zel'a* 用来指幕帐的“一侧”（《出埃及记》，第 26 章，第 20 节），昂克劳把它译为 *setar*（“侧面”），因此他把 *mi-ẓal'atav* 译成“*mi-sitrohi*”（在他的一侧）。再有“我骨中的骨，肉中的肉”（《创世记》，第 2 章，第 23 节）这句话把亚当与夏娃虽二而一的这种意思表达得多么清晰呀！其名字更证明了二者是一体的，她被称为 *ishshah*（女人），因而她取自 *ish*（人），下面这句话也可以为证：“要与妻重新合并，二者合而为一体。”（同上章，第 24 节）那些没有看到［这些话除了其字面意思之外］必然还有［另一］些含义的人是多么愚蠢之至呀！这一点已清楚了。

我们先贤所说的另一句值得注意的《米德拉什》名言是："蛇本有个驭者，这驭者大如骆驼，就是那引诱夏娃的驭者；这驭者就是撒玛艾勒（Samaël）。"我们的先贤通常用撒玛艾勒来称呼撒旦（Satan）。因此他们在几处提到撒旦企图引诱亚伯拉罕犯罪，阻止捆绑以撒，他还企图诱惑以撒不遵从父命。在谈到这个问题，即 *Akedah*（"捆绑以撒"）时，他们又说撒玛艾勒来到亚伯拉罕面前，对他说："什么？难道你老糊涂吗？"等。这表明撒玛艾勒与撒旦是同一个。同 *nahash*（"蛇"）这个名字一样，[撒玛艾勒]这个名字本身也有一个含义。在描写蛇如何来引诱夏娃时，我们的先贤说："撒玛艾勒骑上它，上帝既笑这骆驼又笑其驭者。"特别值得注意的是，蛇并没有接近亚当也没有同他讲过话，其不轨之心都直指夏娃，正是通过她蛇才使亚当受害并使其死去。蛇与夏娃之间有无比的仇恨，他们的后裔之间也存在着这种深仇大恨；当然，她的后裔也就是人的后裔。更值得一提的还是将蛇与夏娃——或他的后代与她的后代——连在一起的方式；一个的头连着另一个的脚跟。[①] 夏娃通过敲碎它的头而战胜蛇，而蛇却因咬伤她的脚跟而击败她。这一点也清楚了。

下面这一段也很有名，大多数人都感到其字面含义很荒谬，但是作为一个比喻，它包含着无与伦比的智慧，能够通盘理解本书各章的人将会发现，它正符合事实的真相。蛇靠近夏娃时，使她染上了它的毒；立于西奈山上的以色列人脱去了这毒液，而那

① 参见《创世记》，第 3 章，第 15 节："我又要叫你和女人彼此为仇；你的后裔和女人的后裔也彼此为仇；女人的后裔要伤你的头，你要伤他的脚跟。"

些没有登上西奈山的偶像崇拜者们则仍未能免除这流毒。这一点也要牢记。他们又说:“生命之树历经五百年的延伸,创世的诸河流都是由它下面涌出的”;他们接着解释说,其延伸之广是依其树身的厚度来说的,而不是指其树枝的绵延所及,因为他们又继续说道:“并非指树枝所及,而是指树干[*korato*,即‘它的主干’,在这里表示‘它的树干’]有生长了五百年那么粗。”这一点现在已一清二楚了。还有:“上帝从未将智慧[善恶]之树指示给人,他也从未打算这么做。”这是正确的,依照宇宙的自然法则必然如此。另一个值得注意的说法是:“耶和华神带着那人,即将他提升,并把他安置在伊甸园中”(《创世记》,第2章,第15节),即“他让他休息”。“他带着他”“他让他”这些话并没有点明空间位置,但是它们却暗示他在有生灭的存在物中所处的等级及其存在的不平凡性。亚当、该隐和亚伯这些名字当中所蕴含的伟大智慧是非凡的、值得记忆的,该隐在田间杀了亚伯,实际上二者都遭到毁灭,只是凶手死得晚一些,人中存留下来的只有塞特一个。《圣经》上说:“因为神另给我立了一个儿子。”(同上书,第4章,第25节)这一点已被证明是正确的。①

有必要理解并深思这句话:“亚当给……起名字”(同上书,第2章,第20节)。这里表明语言都是后天习得的,并非像有些人所想的那样是天生的。

我们必须注意在表述诸天与上帝的关系时所用的四个不同的

① 参见第一篇,第7章。

词：*bore*（创造）、'*oseh*（制作），*knoeh*（拥有）与1（上帝[①]）。例如："神（*Elohim*）创造（*bara'*）天地"（《创世记》，第1章，第1节）；"在神制作（'*assoth*）地与诸天的那一天"（同上书，第2章，第4节）；"永生的神（*el*）"（同上书，第21章，第33节）；"天的神（*elohe*），地的神（*elohe*）"（同上书，第24章，第3节）。至于下面这些段落中的词 *konen*（他立）、*tafaḥ*（他铺张）和 *natah*（他铺展）都包含在 'asah（他制作）一词中："你立的（*konanta*）"（《诗篇》，第8章，第4节），"我右手铺张（*tippḥah*）诸天"（《以赛亚书》，第48章，第13节），"铺展诸天"（《诗篇》，第104章，第2节）；在指诸天时不用动词 *yaẓar*（他塑造）。依我之见，动词 *yaẓar* 表示组构一个形式、一个形状或是任何其他偶性（形式、形状也都是偶性）。因此《圣经》上说：*yozer*，"那塑造光的"（《以赛亚书》，第45章，第7节），光是一种偶性；*yoẓer harim*，"那塑造众山的"（《阿摩司书》，第4章，第13节），即赋予其形状的。这个动词用在下一段中也是这个意思："耶和华神塑造……"（《创世记》，第2章，第7、19节）但是在指包含整个创世在内的宇宙，即诸天与地时，《圣经》中用动词 *bara*，我们把它解释为表示从虚无中创造某物；也用 '*assooh*（他制作），因为事物已被赋予了一般形式和自然性质；还有 *kanah*（他拥有），因为上帝就像一个主人管理他的奴仆一样管理它们。因此之故，上帝也被称作"普天下的主"（《约书亚记》，第3章，第11~13节）；*ha-'adon*，"主"（《出埃及记》，第23章，第17节；第34章，第23节）。然而，尽管无所拥有（*qin-*

① 汉译神版《圣经》均译为神。——中译者

yan）就无所谓主人（*'adon*），但是不能因此而误认为 *materia prima*（第一质料）是永恒存在的，因为在指诸天时也用 *baro'*（他创造）与 *'assoh*（他制作）这些动词。用 *Elohim* 来称呼诸天的上帝与世界的上帝，是指他与它们的关系；他是 *Elohim*，就是说，他统治，它们被统治；*Elohim* 并没有“主人”所具有的“占有者”的含义；它表示在所有存在物中上帝所处的地位与诸天或世界所处的地位之间的关系。他是上帝，而不是它们，即不是诸天。切记。

考虑到本书的目的及读者的能力，关于这个问题，这里以及前面所给出的，还有后面将要给出的解释，我想已绰绰有余了。

第 31 章

你或许明白何以有关安息日的律法会这般严酷，违背这些律法将被判处用石头打死；众先知中最伟大的人就是因为有人破坏了安息日而将他处死的。安息日的戒律仅次于上帝存在和上帝唯一的戒律，处于第三位。因为禁止崇拜任何别的事物的戒律不过是对第一个戒律的解释。从我所说的话中你早已明白，只有那些得以确立的、公诸于众的，并借助一定的行为使大众逐渐接受的观念才能保持其生命力。所以《律法书》告诫我们要以这一天为荣，为的是牢固树立在时间中创世的观念，并且有朝一日通过所有人都在同一天禁止工作这一行为而将这一观念普及全世界。若是有人问为何要如此，答案就是："因为六日之内耶和华已造出了……"（《出埃及记》，第 20 章，第 11 节）[①] 出于两种不同的考虑，对这一戒律有两种不同的解释。在《出埃及记》的摩西"十诫"中突出安息日的理由是这样的："因为六日之内……"但是《申命记》（第 5 章，第 15 节）中所讲的原因却是："你也要记念你在埃及地做过奴仆……因此，耶和华你的神吩咐你……"[②] 很容易解释这种

① 这一节为："因为六日之内，耶和华造天、地、海和其中的万物，第七日便安息，所以耶和华赐福与安息日，定为圣日。"——中译者

② 这一节为："你也要记念你在埃及地做过奴仆，耶和华你神用大能

不同。前者旨在给出颂扬、突出安息日的理由。《圣经》上说："所以耶和华赐福与安息日，使其神圣"（《出埃及记》，第20章，第11节），其中的原因在于："因为在六日内"，等等。但是，上帝之所以把安息日赐给我们并吩咐我们守安息日，是因为我们曾身为人奴；那时我们既不能按自己的意愿工作，也无法自己选择工作的时间；我们根本得不到休息。所以上帝吩咐我们在安息日禁止工作、去休息有两个目的，即：（1）我们能够坚信创世这一真理，由此会直接而明显地导出上帝存在的理论。（2）我们能够铭记上帝使我们从埃及人的奴役中解脱出来的大恩大德——因此安息日就有了两重福分：它既赐予我们正确的观念，同时也促进了我们的身体健康。

的手和伸出的膀臂，将你从那里领出来。因此，耶和华你的神吩咐你守安息日。"——中译者

第 32 章

正如关于宇宙的永恒性或非永恒性一样，关于预言也有许多不同的见解。我们已表明，依据其对宇宙是否是永恒的这一问题所采取的主张，可以将那些认为上帝的存在是毋庸置疑的人划分为三类。同样，关于预言也有三种不同的说法。我决不理会无神论者的看法；他们不相信上帝的存在，就更不用说预言了；我仅将自己限于探讨那些信仰上帝存在的人［关于预言］所持的各种观点。

1. 在相信预言的人们中间，甚至在我们信奉同一宗教的人们之中，有那么一些无知的人是这样想的：上帝随便选择任何他所喜悦的人，赋予他预言灵感，施于他异象。这个人是智是愚、是长是幼都没有关系，只要他在某种程度上品德良好。这些人还没愚顽到相信上帝也可能会以其灵感动恶人的地步。他们承认这是不可能的，除非上帝首先使这个恶人变好。

2. 哲学家们认为，预言是人处在完善状态之下的一种能力，只有通过学习才能获得。虽然这种能力人人都有，但是要么是由于自身的缺陷，要么是由于某些外界原因，这种能力在每个人身上都没有得到充分提高。也就是说某一物类普遍具有某种能力，其中只有某些个体能达到完善状态，而并非全部；但是也绝不可能在这一类中一个达到完善的都没有；如果达到这种完善必须通过中介，那么这个中介就必须存在。所以，一个愚昧的人绝不可能成为一个先知，也不可能有一人在前一天晚上还不是先知，第二天早上却惊奇地发现自己变成了先知，仿佛预言是某种可以不期而遇的东西。相反，如果一个其智力与道德都相当完善，并且其想象力也已完善至极的人以下面所说的方式训练自己，那么他就一定能成为先知；因为预言是人天生的一种能力。一个具有预言潜能的人是不可能经过训练而徒劳无获的，这就像一个体康身健的人是不可能食而不化的。

3. 第三种是《圣经》所教导我们的观点，它构成了我们宗教的一个原则。除了一点之外，它与哲学家们所持的看法完全一致。我们认为，即使一个人有预言的潜能并且充分训练自己，他也有可能不进行预言。这是上帝的意愿［禁止他运用这种能力］。在我看来，这与其他所有奇迹一样，都是例外且同出一辙。因为依自然法则，每一个具有健全体魄、受过良好的教育和充分训练的人都应该成为先知。如果一个这样的人不是先知，那么他的处境恰似耶罗波安（《列王纪上》，第 13 章，第 4 节）的手不听使唤，又恰似亚兰王的军队虽有眼却看不到以利沙（同上书，第 6 章，第 18 节）。至于我所定的那条原则，即道德与理性的训练与完善是 *sine quâ non*（前提），我们的先贤也正是这么说的："预言灵感只停留在睿智、强健与富有的人身上。"我们在《评密西那》和我们的大部头著作[①]中对这些已作过解释。我们说过，先知的后代都继续接受训练，但是那些训练自己的人却可能仍被拒于预言的

① 参见《密西那托拉》：托拉之基础，Ⅶ。

门外。从尼利亚的儿子巴录的故事中就可以看出这一点；他追随耶利米，接受他的训练和教导，但是他与预言无缘，《圣经》上说："我已疲于叹息，却不得安息。"（《耶利米书》，第 45 章，第 3 节）于是借耶利米之口，他被告知："你要这样告诉他，耶和华如此说：你要为自己追寻不凡吗？且莫追寻。"（同上章，第 4~5 节）也可以认为，这里是说预言对于巴录而言实在是"过于不凡"了。同样，"她[①]的先知不得见耶和华的异象"（《耶利米哀歌》，第 2 章，第 9 节）这一事实也可以被当作是其先知遭遗弃的结果，后文将加以解释（见第 36 章）。但是，与先贤著作一样，《圣经》中也有数不清的段落印证了这一原则，即由谁来预言、在何时预言都主要取决于上帝的意愿，但是他只选择最完美与最智慧的人。在我们看来，傻瓜与愚人不在此列——我是指上帝不可能选他们作先知——正如上帝不会选癞蛙和笨驴。要进行预言，不可能不经过学习和训练；在这一切创造了预言的可能性之后，才由上帝的意愿来定夺是否将这种可能性变为现实。我们千万不要误解耶利米所说的话："未将你造人母腹，我已认识你，你未出娘胎，我已使你神圣"（《耶利米书》，第 1 章，第 5 节），因为所有的先知的情形都是如此。我们将会表明，从他们存在之始就必须有一定的生理准备。至于"因为我尚年少"（同上章，第 6 节）这句话，大家都知道，虔诚的约瑟都三十岁了，在希伯来语中还被称作"年少"（*na'ar*）；还有约书亚，都已近花甲了，在讲述金牛犊（《出埃及记》，第 33 章，第 11 节）时说："他的帮手，一个少年人嫩的儿

① 指锡安。——中译者

子约书亚。”摩西那时已八十一岁了，他共活了一百二十岁；比他晚死四十年的约书亚共活了一百一十岁，所以在铸金牛犊时约书亚至少也有五十七岁了，但还是称他为*na'ar*（年少）。我们也千万不要误解诸如此类的诺言：“我要将我的灵灌注到所有人的身上，你们的儿子、你们的女儿都要预言”；这显然是在解释这里所说的“预言”是什么意思，即“你们年老的人会得到梦，你们年轻的人会看到异象”。因为我们把那些通过猜测、推想或正确的推理来揭示某些未知事物的人也都称作先知。例如《圣经》中提到的“巴利的先知”和“阿什拉的先知”。上帝不正是说“你们中间若有先知或是做梦的起来”（《申命记》，第13章，第1节）吗？至于西奈山启示，尽管也是通过奇迹，但是所有人都看见了那大火，听到了那可怖的、令人惊骇异常的巨响，然而只有那些合格的人才各依其潜力接受了预言灵感。因此《圣经》上说：“你[①]和亚伦、拿达、亚比户，并以色列长老中的七十人，都要上到我这里来。”（《出埃及记》，第24章，第1节）摩西达到了预言的最高等级，因为《圣经》上有言：“唯独摩西可以亲近耶和华”（同上章，第2节），亚伦次之，拿达和亚比户又在亚伦之下，而七十长老又低于拿达和亚比户，其余的比他们还要低，这都是依各自的完善程度而定的。先贤们也写道：摩西有摩西的位置，亚伦有亚伦的位置。[②]既然我们已触及了西奈山启示，我们就将另辟一章分别以《圣经》经文——按合理的解释——及先贤所说的话为依据指明由这一事件的本质所可能推导出的东西。

① 指摩西。——中译者

② 参见《评出埃及记》，第19章，第24节。

第33章

摩西在西奈山启示中的经历在我看来显然有别于其他以色列人的经历，因为上帝只对摩西一个人讲话，“十诫”中用的都是第二人称单数。然后摩西下山，把他所听到的告诉了他的人民。《圣经》上说：“我站在耶和华和你们中间，要将耶和华的话传给你们”(《申命记》，第5章，第5节)。《圣经》上又说：“摩西就说话，神有声音答应他。”(《出埃及记》，第19章，第19节)。在拉比们的《评出埃及记》(*Mekhilta*)[①] 中我们的先贤明确地说，摩西听到一条戒律就马上向人们传达一条。《圣经》上还说：“叫百姓在我与你说话的时候可以听见”(同上章，第9节)，这句话表明上帝与摩西说话，而百姓所听到的只是巨大的声音，并没有听见清晰的话语。《圣经》中的这一段所指的正是对这种巨大声音的感知：“你们听到那声音时”(《申命记》，第5章，第20节[②])；另外，《圣经》上说的是：“你们听到说话的声音”(同上书，第4章，第12节)，而不是“你们听见说话”；即使有的地方说听见说话，它也仅仅表示所听到的只是说话的声音。只有摩西听见了那些话，是他将这些

① 参见《评出埃及记》，第20章，第1节。

② 汉、英译《圣经》均为第23节。——中译者

话传达给人们。从《圣经》及先贤们的一般说法来看，这是显而易见的。但是，在《米德拉什》中先贤们常常提到另一种说法，这种说法在《塔木德》中也能见到。他们是这样说的：以色列人从上帝那里听到了第一和第二条戒律，即他们以与摩西相同的方式认识到这两条戒律中所包含的原则的实质，而不是通过摩西才得知的。因为上帝存在与上帝唯一这两条原则可以借助于推理的方法得出，而对于可以通过证明来确立的东西，先知得知它的方式与常人无异；在这一方面，他并无任何优势可言。这两条原则并不是通过先知一人才为众人所知的。《圣经》上说："这是要显给你看，要使你知道"，等等（《申命记》，第4章，第35节）。但是其余的都是伦常和权威性的戒律，不包含可以仅凭理性而获得的［真理］。纵观我们诸先贤关于这个问题所说的一切——既包括《圣经》又包括先贤语录——我们得出：全体以色列人在那时都听到了一个声音，摩西听懂了这个声音并向众人宣布了前两条戒律，当摩西用清晰的声音将它们向众人传达时，其余的以色列人通过摩西而了解了它们。我们的先贤表达过这种看法，有诗节为证："神说了一次，两次，我都听见"（《诗篇》，第62章，第11节）。在《申命记的米德拉什》中他们明确地说，以色列人再没有从上帝那里直接聆听到任何别的戒律；《圣经》上说："一个巨大的声音，以后再没有听到"（《申命记》，第5章，第19节[①]）。《圣经》中描写的正是人们在听到这第一个声音以后深深地陷于惊骇与恐惧之中，他们说："看哪！耶和华我们的神已显示我们……我

① 汉、英译《圣经》均为第22节。——中译者

们何必冒死呢……求你近前去……”（同上章，第21~24节[①]）于是摩西——全人类中最了不起的人——就第二次走上前，继续接受其余的戒律，然后下山来将它们向人们宣布，这时那壮观的景象仍在继续；他们看见那火焰，听到那些声音——我指那些被称为“雷轰和闪电”（《出埃及记》，第19章，第16节）的声音，就像暴风雨中的电闪雷鸣、像号角的巨响。《圣经》上所说的在那时听到的许多声音就是这么多，比如，在这一节中：“众百姓见那些声音……”（同上书，第20章，第15节[②]），指的是号角声、雷声以及诸如此类的声音。但是上帝的声音，也就是为了那个目的而创造的、用以概括各种戒律的声音，正如《律法书》所声称的，它只被听见过一次，在我向你指出的那些地方，我们的先贤也已讲得很明确。人们听到这个声音时灵魂出窍；在这个声音之中他们感知到了前两条戒律。但是必须注意，这些人对这个声音的理解并没有达到摩西所理解的那个程度。我将向你指出这一重要事实，并向你表明，这是我们的先贤们众所周知的、在我们的民族中代代相传的一件事。所以，作为一条准则，昂克劳把“上帝对摩西说”（*va-yedabber*）一律译为“上帝说”（*u-mallel*），《出埃及记》第20章开始的那句话也是如此，而人们向摩西所说的 *ve-al yedabber immanu Elohim*，“不要神和我们说话”（《出埃及记》，第20章，第19节）却被译成 *vela yitmallel immanu min kodam adonai*（“让耶和华什么也别对我们说”）。所以，昂克劳所作的区分与我们是一样的。

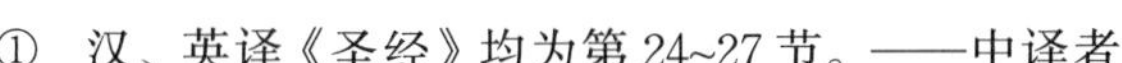

① 汉、英译《圣经》均为第24~27节。——中译者

② 汉、英译《圣经》均为第18节。——中译者

你知道，从《塔木德》来看，昂克劳直接从以色列最智慧的人以利泽拉比和约书亚拉比那里继承了这些精彩的诠释。注意且牢记这一点，因为任何人也不可能把西奈山启示解释得比我们的先贤们更充分了，这是《律法书》的秘密之一。真正理解这件事是相当困难的，它空前绝后，独一无二。切记。

第34章

《圣经》中的这一段："看哪！我差遣使者在你前面……"（《出埃及记》，第23章，第20节）的含义与《申命记》中与之相应的这一段的意思完全相同，在西奈山启示中上帝对摩西说："我必在他们兄弟中间，给他们兴起一位先知……"（《申命记》，第18章，第18节）《圣经》中指天使时所说的："在他面前谨慎，听从他的话……"（《出埃及记》，第23章，第21节）证明这一段所说的是一位先知。毫无疑问，戒律是给一般民众的，天使不会向他们显形并向其传授戒律和劝告，因此没有必要告诉他们切勿不服从他。上面所引的这一段的含义是：上帝晓谕以色列人，他将为他们立一位先知，天使将向这位先知显现以便同他讲话，吩咐他，告诫他；因此上帝警告他们不要与这个天使作对，天使所说的话将由先知传给大家。所以《申命记》中直接就说："你们要听从他"（《申命记》，第18章，第15节）；"谁不听他奉我名所说的话，我必讨谁的罪"（同上章，第19节）。这正是对"他是奉我名"（《出埃及记》，第23章，第21节）这句话的解释。所有这一切的目的就是为了告诉以色列人：西奈山启示，这一你们亲眼目睹的伟大迹象将不会再继续，以后也不会再有。火与云彩不会像现在这样

继续停在帐幕的上面[①]；但是，城镇将归你们掌管，地上的和平将为你们永保，通过我向你们的众先知派出的天使，你们将被告知该做什么；他将告诉你做什么、不做什么。这是我频频加以解释的一个既定的原则，即除摩西之外，所有的先知都是通过天使来获得预言的。切记。

① 参见《出埃及记》，第40章，第38节；《民数记》，第9章，第15、16节。

第 35 章

我们的导师摩西与普通先知有四点不同，我在《评密西那》（《律法篇》，X 1）和《密西那托拉》（《论知识》，Ⅶ 6）中已经就此进行了详细的论述，供大家参阅。考虑到本篇的主题，在此就不重复了。有一点必须声明：这里所说的预言都是指先于或后于摩西的普通先知所作的预言。在我看来，虽然摩西和其他普通先知都可以统称为先知，但含义却不相同，因此，本篇中凡涉及摩西预言的地方，无论直接或间接，都不再做特别说明。还应该把摩西和其他先知所行的奇迹区分开来，二者不可同日而语。摩西预言迥然不同于前人之处可由这段文字见出："我从前向亚伯拉罕……显现……至于我名耶和华，他们未曾知道。"（《出埃及记》，第 6 章，第 3 节）由此可知，他的预言感悟力（prophetic perception）与三始祖的不同，并且大大超过了他们；当然，摩西在这方面超过了他以前所有别的先知。摩西预言也不同于后人，如《圣经》所言："以后以色列中再没有兴起先知像摩西的，他是耶和华面对面所认识的。"（《申命记》，第 34 章，第 10 节）显然，他的预言感悟力也远远超过了后来的那些以色列先知，而以色列乃是"祭司的王国和神圣的民族"，"耶和华就在其间"，因此其他民族的先知就更无法企及了。

一般说来，摩西与其他先知所行奇迹的区别在于：后者只为寥寥数人所目睹，如以利亚和以利沙所行的奇迹；以色列国王为此感到惊奇，要基哈西向他讲述以利沙所行的奇迹："请你将以利沙所行的一切大事告诉我。基哈西就告诉王以利沙如何……基哈西说：'我主我王，这就是那妇人，这是她的儿子，就是以利沙所救活的。'"（《列王纪下》，第 8 章，第 4~5 节）除了我们的导师摩西外，其他先知所行的奇迹与此大体相同。因此，《圣经》上说，再没有先知能像摩西那样可以当着众人的面行奇迹，无论他们是朋友还是敌人，是拥护者或是反对者；所以说："以后以色列再没有兴起先知像摩西的……行各种神迹和奇事……在以色列众人眼前"。这句话有双重含义：第一，再没有先知能具有摩西那样的感悟力，能行他所行；第二，摩西是当着法老、他的仆从、全体埃及人这些摩西的反对者以及所有以色列人即摩西的拥护者的面行奇迹的。如《圣经》所言："在全体以色列人眼前。"摩西以前的先知，谁也无法做到这一点；前文说过，任何其他先知都不具有这种能力。我们不能把日光为约书亚在天空中停留几小时那段话中的"他在以色列人眼前说……"（《约书亚记》，第 10 章，第 12 节）与前者相混淆，这里并不是说"在全体以色列人眼前"，与摩西的情形不同。同样，以利亚在迦密山（Mount Carmel）上的奇迹也只有几个人见到。在上文中说日光停留几个小时，是把"*kayyam tamim*"这几个字解释为"可能的最长的一天"，因为 *tamim* 是"完全"的意思，暗指在基甸向人们展现的一天与夏至一样长。

要知道摩西预言和奇迹不同寻常的地方，他的预言感悟力与他的奇迹创造力一样无与伦比。如果你现在还无法理解其中的奥秘，在看过以下几章我对预言和先知的不同等级所作的说明之后，你就会明白，这里所说的仅仅是那些预言能力远远比不上摩西的先知。这一章中所要讲的就是这些。

第 36 章

预言实际上是由神发出的一种流，经过能动理智这一中介首先传给人的理智，然后到达他的想象力；这是一个人所能达到的最高等级和最大的完满性，是想象力的最充分的发挥。陶冶精神、修炼道德不可能使一个人拥有预言能力，除非他有非凡的想象力，否则，天分再高也无济于事。想象力同其他身体的功能一样，它的充分发挥有赖于它的器官的资质，特别与器官的气质、大小、质料的纯度密切相关。如果这些方面先天有缺陷，则无法通过后天训练来校正或弥补。器官的气质性缺陷可以通过适当的训练在某种程度上得以恢复，但仍无法达到尽善尽美。若这种缺陷与器官的大小、位置、质料有关，就无可救药了。这些道理大家都明白，无须多作解释。

显然，想象力的功能之一就是通过感觉活动获得印象，并把它们结合起来形成形象。只有当感觉活动停止时，想象力才可能有机会按照神性之流预定的方式接受神的灵感，才能发挥它最崇高的功能。这正是那些成真之梦和预言的实质，这两者只有量的差别，而没有质的不同。因此先贤们说，梦占了预言的六十分之一（巴比伦《塔木德》:《祝福式》，57b）；而不同的事物是不能相比的，我们不能说一个人的完善是一所房屋的完善的几倍。在

《大创世记》(XⅦ)中，我们的先贤说："梦是预言的 *nobelet*（未成熟之果）。" 这是一个绝妙的比喻，未成熟之果（*nobelet*）毕竟还是果子，只是还没有成熟就从树上落了下来。同样，想象力的活动在睡眠中与在接受预言时是一样的，只是在前者中它还没有得到充分发挥，还没有达到它的最高水准。事实上，无须引用圣贤们的话，《圣经》上就明白写着："你们中间若有先知，我耶和华必在异象中向他显现，在梦中与他说话。"（《民数记》，第 12 章，第 6 节）这里，上帝告诉了我们预言的实质：预言是在梦或异象（*mar'eh* 最初是由动词 *raah* 演变而来的）中获得的一种完善；这时候，想象力在活动时获得了这样的效果，即好像看到了外来的东西，而且仿佛是通过肉体感官感到的。异象和梦境这两种预言的形态包含了预言的各个等级。很显然，对一个五官健全的人来说，他总是日有所思夜有所梦，从而形成其想象力作用的对象。同样，也只有理智才能在作用的范围内对想象力发生影响。当然，用一个明喻来说明这个道理，未免有添足之嫌，就像一个有正常感官的人不会否认感觉的存在一样，这个道理显而易见，尽人皆知。

因此，一个人在成为先知之前，必须具备以下几个条件：其大脑资质的纯度、组织、大小、位置必须是先天完善的；身体的每个部位都健全无恙；他必须通过学习，获得智慧，以便使他的理性能力由潜能变为现实；他的智力必须完善至极；他的情感纯洁而平和；他必须把全部热情都倾注在对知识的渴求上，寻求宇宙万物的奥秘；他的心血只花费在高尚的事物上；他全神贯注于认识上帝和他的杰作，以及因此而必须信仰的事物。所以，他必须鄙弃低级的趣味和欲望，不沉湎于饮食男女。总之，要远离一切肉体享乐。（正如亚里士多德所说，我们应该为这种快乐感到耻辱，因为这些快感都源于我们的动物本能，在这方面，我们与动物没有任何不同。而其他的感官快乐，如嗅、听、看，虽然同样是物质性的，但有时也包含［理智性］的快乐。依亚里士多德之见，这对普通人是很有吸引力的。这番话虽然有些离题，但对我们还是有帮助的，因为有智之士的思想往往正是受了这种快乐的诱惑才会沉湎其中。我们不是常常惊奇：如果说预言是人发展到一定程度的结果，那么，为什么那些卓越的智者不能成为先知呢？）还须抵御诱惑，远离权力并放弃统治欲，不好胜取宠、不钓誉沽名、不役使百姓。对于众人，要按其各自的本性来看待他们，有的人猪狗不如，有的人恶如禽兽，除了被迫自卫，或者是不得不从他们那里拿到应得的利益，否则，一个完善而绝俗的人是绝不齿于理会他们的。一个具备这些条件的人，一旦他充分发展了的想象力开始运作，能动理智就会把神性的流传递给他那训练有素的心灵，毫无疑问，这样的人所感知的只能是非凡而神圣的事物，他所见到的只能是上帝和他的使者，他的知识必定都是真知，他所思考的必是那些能改善人与人相互关系的一般准则。

这样，我们已讲了三种完善：通过学习建立起来的理智的完善；先天就具有的想象力的完善；通过戒绝肉体享乐、远离愚昧与罪恶野心而培养起来的道德的完善。智者们在不同程度上拥有这些品质，这就造成了他们预言能力大小的不同。我们身体的各种功能经常处于不同的状态，有时疲乏、虚弱，甚至完全丧失，有时则发挥正常。想象力无疑是身体的功能之一。你会发现，当先知们悲恸、愤怒或受类似情绪影响时，他们就丧失了预言能力。因此，先贤们说，灵感不光顾垂头丧气的先知。雅各在他悲悼期间没有得到任何启示，他的想象力已完全被约瑟之死所占据。当摩西被无数烦恼困扰时，他同样无法预言——从由于探子的误报而遭受以色列人的埋怨，到失去那一代猛将。尽管摩西是直接运用理智，而不是像其他先知那样通过想象力这个中介来获得预言灵感，他仍然没能像以往那样收到来自上帝的信息。与其他先知不同，摩西从不用比喻的方式讲话，这一点我们已经多次说明。更详细的解释（见第 45 章）不在本章的范围之内。有些人此时能预言，而彼时则不能，偶然事件使他们丧失了预言能力。在大流亡中，悲哀的阴霾无疑是阻断预言的直接原因；卖身为奴，侍奉残暴无知而又愚蠢奢靡的主子们，却无力反抗，对一个人来说，还有比这更大的不幸吗？“你手中无力拯救。”（《申命记》，第 28 章，第 32 节）这是对我们发出的警告，这种悲惨的境况被预言如下：“他们必往来奔跑寻求耶和华的话，却寻不着”（《阿摩司书》，第 8 章，第 12 节）；“她的君王和首领落在没有律法的列国中，她的先知不得见耶和华的异象”（《耶利米哀歌》，第 2 章，第 9 节）。事实正是如此，个中原因也一目了然，［预言的］先决条件丧失了。正如上帝曾允诺过的那样，在弥赛亚时代（Messianic period）[①]。先知将再次出现在我们中间，但愿这一天早日到来。

① 弥赛亚意为受膏者，又称救世主，原泛指所有具有神圣使命的人，包括君王和祭司。第二圣殿时期的犹太人把这一概念和来世论联系起来，认为世界末日到来之际，弥赛亚将降临耶路撒冷，肩负起结束犹太人的散居状态、重建以色列国家的使命。这位弥赛亚是大卫的后人，他将君临万邦，使和平、正义在全世界得到实现。弥赛亚开创的这个新时代被称为弥赛亚时代。犹太教强调，救世主是人，而不是神；弥赛亚时代是一个完美的现实社会，而不是精神性的天国；弥赛亚将会降临，但尚未来临；耶稣不是救世主，而是一个犹太凡人。迈蒙尼德主张的弥赛亚时代也是一个理想的现实社会。—— 中译者

第37章

有必要探讨一下神性之流的本质，因为正是它促使我们思想，并赋予我们高低不同的智力。有时它的量很小，只够一个人独善其身；有时它的量很大，不仅可以供自我完善之需，而且还可兼济他人。宇宙中的万事万物莫不如此，有些治人，有些治于人，只因为它们自身的完善程度不同。

有时，或是由于［能动］理智的影响不够充分，或是由于想象力的先天匮乏，能动理智只能作用于一个人的推理能力，而无法到达他的想象力，人因此无法接收到它：智者和哲学家们正是这种情形。然而，［正如我们和其他哲学家所解释过的那样］，对于一个先天就具有卓越想象力的人来说，能动理智就可以同时影响他的推理能力和想象力，这样的人就是先知。有时，由于先天推理能力的缺陷，或是后天训练不足，这种影响只能作用于人的想象力，那些政治家、立法者、算命先生、巫师、获真梦的人，凡智者以外的以各式各样的手段和技巧行奇事的奇人都是如此，他们都属于第三类人。这类人中，有的人即使是醒着也能进入超常的想象、梦境或奇迹般的状态，这与先知所见到的异象相似。于是，他们以为自己就是先知；为自己能见到异象而惊奇，自以为是天才，甚至无须任何学习和锻炼。他们在最重要的哲学问题上陷入谬误，把事实与想象混为一谈。这都是他们富于想象而匮于推理的结果，他们的推理能力还没有被充分发掘出来。

这三类人大不相同。前两类人还可以再分为两种，即所接受的神性的流仅限于自身的完善和不仅能完善自身而且可以兼济他人的人。说到第一种人中的智者，有时他们接受的流溢很少，只能使自己受益，他们虽然可以探索、领悟、通晓和辨识某些事物，却从不授之以人，也不著书立说，他们既没这个愿望也没这个能力；有时，他们接受的流溢很多，这时，他们就可以成为教师或著作家。第二种人也是如此。有时先知受到的启示仅能使自身得到完善，对别人却毫无助益；有时，这强大的启示却迫使他向众人宣讲，教导人民，使大家共同受益。显然，没有这第二种完善，就不会有任何著作流传于世，也不会有先知教导我们去认识真理。学者著书立说，当然不是为了教给自己他早已知道的东西。这种流溢（智慧）的特点就在于：它总是由获得它的人流向另一个人，长此以往，直到传给某个人时，他除了维持自身的完善外，再也无法传给别人，本篇已对此作过说明（见第 11 章）。因此，一个大量接受神的流溢的人，就会被迫奋不顾身地向人们宣讲，无论何时何地，也不管是否有人倾听。我们发现，先知们至死都不曾停止对民众宣讲，正是神的流驱使着他们，使他们得不到片刻安宁，纵然赴汤蹈火，也在所不辞。例如，当耶利米像他同时代的学者和教师们一样受到众人的鄙视时，尽管他也想隐瞒他的预言，但却做不到，他无法因为人们反对而停止揭示真理。《圣经》上说：“因为耶和华的话终日成了我的凌辱、讥刺。我若说：‘我不再提耶和华，也不再奉他的名讲论’，我便心里觉得似乎有烧着的

火闭塞在我骨中，我就含忍不住，不能自禁。”（《耶利米书》，第20章，第8、9节）另一位先知说：“主耶和华发命，谁能不说预言呢？”（《拉摩司书》，第3章，第8节）。这些话讲的正是这个意思。切记。

第 38 章

每个人都有一定的勇气，否则就无法自保。在我看来，勇气这种精神力量类似物理上的斥力。与其他品性一样，勇气的大小也因人而异。有人能力敌雄狮，有人却被老鼠吓破了胆。有人能勇抵万军，有人却在妇人的恐吓中瑟缩。身体中同样有某种气质与勇气相对应，越是经常运用它，它就越增长，相反，越是冷落它，它就越衰弱。追忆儿童时代，我们即可发现男孩们拥有勇气的不同程度。

直觉能力也是如此，人人都有直觉，但它的强弱因人而异。越是你所熟悉、越是强烈吸引你的事物，你对它的直觉力就越强。所以，有时你猜测在某时、某地、某人可能会说什么样的话或做什么样的事，而事实果然不出你所料。对于想象力和直觉能力都极强的人来说，他们所认定的事，大都不出其左右。这要考虑到很多很多因素，包括过去、现在和将来环境的种种变迁。但是，有了这强大的直觉能力，理智就能闪电般地越过这重重前提，直达结论。正是这种能力使有些人能对未来发生的事情作出预言。非凡的勇气和强大的预感，是先知必备的两个条件。当能动理智降临时，这两种能力会变得更加强大。此时，他们无所畏惧，比如摩西，仅一杖在手，就敢只身面对法老，向他要求以色列民族的解放，他毫不畏惧，因为他曾听到耶和华对他说："我必与你同在。"（《出埃及记》，第3章，第12节）并不是所有的先知都有这么大的勇气，然而他们绝不可能没有勇气。耶利米被告知："不要惧怕他们"，等等（《耶利米书》，第1章，第8、17、18节），以西结被告诫："不要怕他们，也不要怕他们的话。"（《以西结书》，第2章，第6节）你会发现，所有先知都有极大的勇气，加上他们优越的直觉能力，他们就能对未来迅速作出预言。当然，他们直觉能力的强弱是有所不同的。

毫无疑问，真正的先知能从单凭人类理性无法推知结论的前提中得出结论；他们因此能说出常人无法仅凭理性和一般想象所能说出的事情；先知们充分完善了的想象力使他们能预感到那即将来临的事，就像看到已经发生的事一样，一切都似乎历历在目，作用于想象力的流溢也使理性能力得到完善，使先知们从仿佛是现实的前提中推出可靠的结论。所有信奉真理的人都不会对此表示怀疑。宇宙万物皆处于普遍联系之中，由此可以及彼，窥一斑可知全豹，加上推理能力，就更是如此。不仅由于［所谓的超凡的想象力］必须与强健的推理相结合，而且，事实上真正受能动理智影响的是人的推理能力，它使推理由潜能变为现实。正是经由推理能力，能动理智的影响才到达想象力。如果不是推理能力已得到了巨大的完善，可以不经任何通常的由前提到结论再到推论的方式就能直接得出结论的话，想象力无论如何也不可能知道人从未感知过的事物。

这是先知的真正特点，也是培养先知的过程中所要注意的关键。我这里所指的仅仅是那些真正的先知，是为了把他们同第三

类人区别开来，这类人只能与妄想和虚构为伍。他们所见的可能只是固有偏见与感觉残余等在想象中的荒谬结合；有时当某一情境的大部分印象都模糊消失了，残存的部分看起来就好像是突如其来的。好比在一个房间里，有一个人和一千头动物，后来除了一头外，所有的动物都离开了，当他看见它时却误以为它是刚刚进来的，这与事实正好相反，实际上只有它没有离去。这样就得出许多粗俗的误解，导致了许多危险的错误，很多自以为是的家伙因此而毙命。有些人把梦作为他们所谓真理的依据，自以为梦中所见与醒时所见所想毫不相干。理智还不够完善，还不具有极大预见力的人，绝不可对［梦］进行任意的解释。只有达到这种完善的人才可能通过神的理智的影响获得不寻常的知识。他们才是真正的先知，正如《圣经》所言（《诗篇》，第 90 章，第 12 节）：“真正的先知具有智慧的心。”这一点要牢记在心。

第 39 章

在定义了先知、描述了其真正特点并说明了我们的导师摩西的预言与众先知的不同之处后，现在我们要讲的是，正是由于这些不同，摩西才获得了宣布《律法书》的特权，这是自从亚当以来空前绝后的伟大使命；作为我们的信仰的准则，《律法书》是唯一的。我们坚信，除了我们的导师摩西的《律法书》外，从来没有过，也绝不会再有什么其他神圣的《律法书》。根据《圣经》记载和传说，可以这样解释这一事实：在摩西之前虽然有很多先知，如闪、埃伯、挪亚、玛土撒拉和以诺诸族长，但他们中没有一个人曾说过这样的话：是上帝派我到你们中间来的，是他让我带给你们某个消息，让你们做什么或不要做什么。这在《圣经》和可靠的传说中都不曾提及。神的预言以我们说过的方式传达给他们（参阅第一篇，第 63 章）。像亚伯拉罕那样大量获得神的灵感的人，也只是把众人叫到一起，通过说教让他们知道他所获得的真理。因此亚伯拉罕以理服人，用哲理性的论证向人们表明，上帝是唯一的，他创造了自身以外的万物，所以，恒星及任何生物都不值得崇拜；他以这种信念教育他的人民，用愉快的言词和善意的行为来赢得他们的爱戴。亚伯拉罕从没说过：是上帝派我到你们中间，要我告诉你们做什么或不做什么。甚至当神吩咐他，要他和他的儿子们以及他的仆从行割礼时，他也只是默默遵从，并没有像宣布预言那样把这个消息告诉他们。他教导人民正确行事，说这仅仅是他自己的想法［而没有说是上帝的意愿］。《圣经》中有这样的话："我眷顾他，为要叫他吩咐他的众子和他的眷属遵守我的道，秉公行义"（《创世记》，第 18 章，第 19 节）。同样，以撒、雅各、利未、柯哈和阿玛拉也是这样对待民众的。谈到摩西以前的先知，先贤们是这样来形容的：埃伯的法庭，玛土撒拉的法庭，或在玛土撒拉的学院里（《大创世记》，XLIII）。尽管这些人都是先知，但他们仍以传道师、教师和学者的方式来教导人民，他们从来没有说过："上帝对我说，去告诉那些人如何如何。"这是摩西以前的那些先知的情况。至于摩西，大家都知道上帝对他说过什么，他对人们说过什么，关于他，全以色列的人都说过这样的话："今日我们得见神与人说话，人还存活。"（《申命记》，第 5 章，第 24 节）对于摩西以后的先知，他们的情形我们早已熟知，他们担当了劝说人们遵守摩西《律法书》的职责，震慑那些藐视它的人，祝福那些遵从其指引的人。我们深信将来也是如此。参阅"不是在天上，使你说……"（同上书，第 30 章，第 12 节）；"永远属我们和我们的子孙"（同上书，第 29 章，第 29 节）。事实也理应如此。在同类事物中，与其中最好的相比，其余的总是或多或少要相形见绌，要么过之，要么不及，都不符合最完美的尺度。拿某物的构成来说，有多种可能的比例；与正常标准不符的，不是含某种成分太多就是含某种成分太少。《律法书》也是这样，它是律法中的标准；因为它包含"公义的律例和典章"（《申命记》，第 4 章，第 8 节）；这里"公义"（just）与"公平"（equibalanced）

同义。一方面，《律法书》没有对信仰它的人提出过分苛刻的要求，像对隐士、朝觐者等所要求的那样；另一方面，它又绝非空疏无力，以至于骄纵了贪欲和淫乱，或者是像异教民族的律法那样有碍人们道德和理智的发展。这里，我们有必要讨论一下摩西戒律的因由，以使大家了解它的公正与英明，正因此它们才被说成是："耶和华的训词正直，能快活人心。"（《诗篇》，第19章，第8节）有些人以为《律法书》增加了人们的负担和痛苦，然而，只要稍加思索就能看出这种说法是错误的。稍后我将表明，对于完善的人来说，遵守这些律法是多么容易。有经文写道："耶和华你神向你所要的是什么呢？"等（《申命记》，第10章，第12节）；"我岂向以色列作旷野呢？"（《耶利米书》，第2章，第31节）然而这只是对高贵的人而言的；对于那些邪恶、强暴、好斗的人来说，就该有某种神圣的力量来强制他们，这无疑会使他们感到痛苦。对于愚蠢、无常、暴躁的人来说，遏制他们的贪欲，对他们所犯的错误进行惩罚，也绝不是件令其愉快的事。同样，凡是恶人，无不把改邪归正视若登天，因而顺其天性去行恶事。我们谨记，不要以这些人为标准来决断执行律法之难易，而要以那最完善的人，那根据《律法书》的要求成为全人类表率的正义之士来作判断。只有《律法书》才可以被称为是神圣的；其他律法，如希腊人的政治性法律或萨比教徒的习俗，像我多次说过的那样，它们只是统治者的作品而非先知的杰作。

第40章

人天生是政治动物，按其本性要生活在社会当中，对此我们已作过详细的说明；对于其他动物来说，社会并不是必需的。你知道，人是最高级的创造物，其构成要素的数量也最多，因而其个体间的差异也最大，从内在品质到外在形象，我们找不到两个完全相同的人。原因就在于人的资质的多样性，即取决于人的不同资质的不同种类和以人的形体为基础的偶性的多样性。每一个人的形体都更多地取决于这种偶性的组合，而不是实体的质。其他动物不同于人，其同类之间的差别总是有限的，而人却是个例外；人与人的巨大差异，有时使他们看上去就像两种完全不同的动物。有的人心狠手毒，盛怒之下可以杀死自己的孺子；有的人心肠柔弱，不忍伤害蝼蚁。大多数的偶然性所造成的差异都与此不相上下。

这种巨大的差异和社会生活的必要性是人性中必不可少的成分。这样，一个社会的幸福就需要有一位领袖来规范他们的行为；他要使人们取长补短，并制定人人必须遵守的道德和行为准则，用法律的单一性来统一人本性的多样性，这样，良好的社会才能得以建立。所以我认为，《律法书》虽然不是自然的产物，但不与自然相左。我们的族类得以生存并将永存，这是上帝的意愿，他以他的智慧赋予一些人以统治他人的能力。有些人具有法律天赋，这就是先知和立法者；还有一些人能执行前者的法令，使人们遵从。这就是那些接受了这些立法的国王，他们中有些完全或部分地接受了先知教导，因此便佯称自己就是先知。或是由于把这些课程看得过于简单，或是出于野心和虚荣，为了让众人以为他们生来就具有这种天赋而不是从别人那里学来的，他们喜欢对律法接受一部分而拒绝另一部分。在生活中常有这样一些人，当他们渴望具有某种优点时，就希望别人以为他们原本就有，虽然他们很清楚自己没有。比如，有些人用别人的诗来装点自己的颜面，甚至当成自己的作品发表。在科学家关于各种学科的著作中，也有类似的情形。野心勃勃又懒惰成性的家伙，总是把别人的见解据为己有，还谎说是自己所独创。预言能力也能诱发这种野心。有些人，像玛西雅（Maasiab）的儿子西底家（Zedekiah）(《列王纪上》，第 22 章，第 11、24 节）吹嘘他收到了一条预言，从而宣布从未被预言的事。其他人，像押朔（Azzur）的儿子哈拿尼亚（Hananiah）(《耶利米书》，第 28 章，第 1~5 节）声称具有预言能力，并宣布了上帝说过的事。尽管这确是神的意图，但这些话却不是对他们说的。他们总是谎称自己就是先知，并用其他先知的预言来装扮自己。所有这些都极易识破。我要向你详细讲解这一点，使你不至于被迷惑，并由此可以分辨，谁是人的法律与神的律法的真正向导，谁只是先知们智慧的剽窃者。

对于供认不讳的被告就无须再听取证人的证言；同样，对于声明是依照自己的观点立法的人就无须再进行辨识。我只希望在分辨那些自称是预言性的律法上对你有所帮助；它们中有些是真正预言性的——来源于神的灵感，有些是人为的，有些则完全是剽窃的产物。

如果你发现按照立法者的企图（他们周密考虑过这些律法的用途），某部律法的唯一目的就是使某地建立良好的社会秩序，拥有良好的社会环境，消除那里的压迫与不公正；如果这部律法既与哲学问题毫不相关，又无助于我们理性能力的完善，对于正确或错误的见解也未置可否——相反，从立法者的角度看，它的唯一目的就是调解人们之间的关系，从而保障他们自身的利益——那么你一看便知，这部律法是人为的，是政治的产物，正如前文所言，它们的作者属于第三类人，即只是想象力过于发达的那一类。

但是，像上面所说的那样，如果你发现一部律法的目的不仅在于保障人们的物质利益，而且在于维护人们的精神信仰——向人们灌输上帝至上以及天使的信念，启发人们的智慧，使他们获得关于万物的真知——那么你一定知道，这教导必来自上帝，这律法必是神圣的。

还有必要进一步分清，宣称这种律法的人，究竟是真的从神那里获得了灵感呢，还是仅仅从别的先知那里进行了剽窃。办法就是看他的品行，注意他的行为举止，观察他的生活，最主要的是看他是否鄙弃肉体享乐，这不仅是人之为人的根本，更是成为先知的前提（*a fortiori*）；特别要看他是否蔑视肌肤之乐，在亚里士多德看来，这种快乐对我们来说是一种耻辱，尤其是要看他是否谨防淫欲的侵蚀。因此，上帝会令伪先知丑态百出，却让真正追求真理的人如愿以偿，既不会徒劳无功，也不会误入歧途。

你知道，玛西雅的儿子西底家和哥赖雅（Kolaiah）的儿子亚哈（Ahab）就是这样，他们谎称自己收到了预言，用剽窃来的其他先知的话说服人们跟随他们；但是他们从没有放弃过对低级趣味的追求，甚至与其伙伴及仆人的妻子们行淫。像对待其他伪先知一样，上帝暴露了他们的丑行，巴比伦王烧死了他们，正像耶利米所说的那样："住巴比伦一切被掳的犹大人必藉这二人赌咒说：'愿耶和华使你像巴比伦王在火中烧的西底家和亚哈一样。'这二人是在以色列中行了丑事，与邻舍的妻行淫，又假托我的名说我未曾吩咐他们的话。"（《耶利米书》，第29章，第22、23节）要牢记这些话的深义。

第41章

不必解释什么是梦，但有必要解释“我必在异象中向他显现”（《民数记》，第12章，第6节）这段话中*mar'eh*（异象）这个词的含义。这个词也可以叫作*mareh ba-nebuah*（预言异象）、*yad ha-sbem*（耶和华的灵）[①]和*maḥazeh*（视象）。先知们在清醒时见到异象是件极可怖的事，正如但以理所说的那样：“只剩下我一人，我见了这大异象便浑身无力，面貌失色，毫无气力。”（《但以理书》，第10章，第8节）紧接着他又说：“我就面伏在地沉睡了。”（同上章，第9节）那是一个天使在对他讲话，并“使他以膝支撑微起”。这些都发生在预言异象之中。在这种情况下，感官都不起作用了，神性之流作用着人的理智，并由它传给人的想象力，使想象力变得完善而活跃。有时，预言以预言异象开始，先知感到极度的恐惧，想象力被充分激发而变得活跃异常；随后，预言就来了。亚伯拉罕的情形就是这样。预言是这样开始的：“耶和华在异象中有话对亚伯兰说”（《创世记》，第15章，第1节）；接着，“亚伯兰沉沉地睡了”；最后，“耶和华对亚伯兰说”，等等。

当先知们说收到预言时，有时是说从天使那儿获得的，有时

① “灵”，原文为“手”（hand），中文版多译作灵。——中译者

是说从上帝那儿获得的；其实，后者也是指通过天使才获得的。因此先贤们把“耶和华对他说”这句话解释为上帝通过天使对他说。不管何时，当《圣经》上说耶和华对某人说了什么或天使对他讲了什么，都是指在梦或异象中，这一点你一定得清楚。

先知书以四种不同的方式来描述预言如何传递给先知。(1)先知明确地说是在梦或异象中听到天使的话。(2)先知只是说听到天使说话，但并没有讲明是在梦或异象中，因为他以为，预言只能来自这两条途径是众所周知的："我耶和华必在异象中向他显现，在梦中与他说话"(《民数记》，第12章，第6节)。(3)先知根本没有提到天使；他只是说耶和华对他说了什么，但他声明是在梦或异象中听到的。(4)先知直接就说上帝与他讲话或告诉他：如此行！如此做！如此说！既没有提到天使也没有提到梦或异象，在他看来，只有在梦或异象中并通过天使的传达才能获得预言或启示，这一条准则是不言而喻的。

有关第一种说法如："神的使者在那梦中呼叫我说：'雅各！'"(《创世记》，第31章，第11节)；"夜间，天使在异象中对以色列说"(同上书，第46章，第2节)；"当夜，天使临到巴兰"；"天使对巴兰说"(《民数记》，第22章，第9、12节)。关于第二种的说法如："上帝对雅各说：'起来！上伯特利去'"(《创世记》，第35章，第1节)；"耶和华的使者第二次从天上呼叫亚伯拉罕"(同上书，第22章，第15节)；"上帝就对挪亚说"(同上书，第6章，第13节)。有关第三种的经文如："耶和华在异象中有话对亚伯拉罕说。"(同上书，第15章，第1节)第四种说法如："耶和华对亚伯拉罕说"(同上书，第18章，第13节)；"耶和华对雅各说，回去"，等等（同上书，第 31 章，第 3 节）；“耶和华对约书亚说”（《约书亚记》，第 5 章，第 9 节）；“耶和华对基甸说”（《士师记》，第 7 章，第 2 节）。大多数先知的说法都基本相同：“耶和华对我说”（《申命记》，第 2 章，第 2 节）；“耶和华的话又临到我”（《以西结书》，第 30 章，第 1 节）；“耶和华的话临到”（《撒母耳记下》，第 24 章，第 11 节）；“耶和华的话临到他”（《列王纪上》，第 19 章，第 9 节）；“耶和华的话特临到”（《以西结书》，第 1 章，第 3 节）；“耶和华初次与何西阿说话”（《何西阿书》，第 1 章，第 2 节）；“耶和华的灵降在我身上”（《以西结书》，第 37 章，第 1 节；第 40 章，第 1 节）。这类例子不胜枚举。

《圣经》中所有以这四种方式之一开始的段落都是由先知公布的预言；但是，“上帝在梦中临到某人”这样的话并不表示任何预言，这句话中提到的人也不是先知；它只是告诉我们神提醒了某人，他同样能使人的心灵在睡梦中产生某些观念。毫无疑问，亚兰[①]人拉班是个十足的恶棍，一个偶像崇拜者；基拉尔国王亚比米勒虽然对他的人民来说是善良的，但亚伯拉罕在谈到他的王国［基拉尔］和他的王朝时说，“这地方的人总不惧怕神”（《创世记》，第 20 章，第 11 节）。据说拉班和亚比米勒这二人都曾有［天使在梦中向他们显现］。参阅“夜间，上帝来在梦中，对亚比米勒说”（同上章，第 3 节）；“夜间，上帝到亚兰人拉班那里，在梦中对他说”（同上书，第 31 章，第 24 节）。注意分清这两种不同的表达方式：“上帝来到”与“上帝说”；“夜间在梦中”与“夜间在异

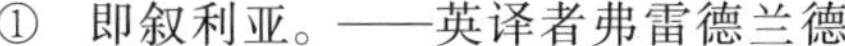

① 即叙利亚。——英译者弗雷德兰德

象里”。关于雅各是这样说的:“夜间，天使在异象中对以色列说”（同上书，第46章，第2节），而提到拉班和亚比米勒则是说“上帝来到……”昂克劳使这种差别更加清晰，他把后两者译为“来自耶和华的话”，而不是“耶和华显现”。即并非使某人成为先知，他也没有收到任何预言，只不过是某位先知对他说了什么，那么同样可以用“耶和华对某人说”这句话。例如，“她就去求问耶和华”（同上书，第25章，第22节）；依先贤之见，这是说她去了埃伯的学院，而后者则给了她答案；原话是这样说的:“耶和华对她说”（同上章，第23节）。也有人这样解释这句话：上帝是通过天使对她讲话，而“天使”在这里正是指埃伯，因为先知有时也被称作“天使”（我们在后面要作说明）；或者认为“天使”就是在异象中向埃伯显现的天使；或者按照《米德拉什》所解释的那样，无论什么时候说“上帝对某个人说”都是指上帝对一个先知所说的话，当然，正如前文（第34章）所言，他是通过天使来对先知讲这番话的。

第 42 章

如前所述,《圣经》中所说的看见一个天使或听见他说话，无论是否明确说明，都是指发生在先知的梦或异象中。且记这一点。不论先知说他开始就看见了一个天使，还是说他开始看见了一个凡人，后来才知道他是天使，这都没有什么不同。即使最后才知道说话的原来是个天使，你仍可以明白，这些话从开始就是在讲一个先知的梦或异象。在这个梦或异象中，先知有时看见上帝对他说话（详见后文），有时看见天使对他说话；有时则只闻其声不见其人，要么只看见一个凡人对他讲话，到后来才知道那就是天使。在后一种预言中，先知说他看见一个人在做什么或说什么，到后来知道他并非凡人。

我们最杰出的先贤之一，伟大的艾雅（Hiyya）拉比（《大创世记》，XLVIII）在解释“耶和华在幔利橡树那里，向亚伯拉罕显现出来”（《创世记》，第 18 章）这段经文时就运用了这一重要原则。先笼统地说上帝向亚伯拉罕显现，然后具体讲显现的方式，即亚伯拉罕首先看见三个人，并跑过去与他们说话。释经权威艾雅拉比认为亚伯拉罕所说的“我主，我若在你眼前蒙恩，求你不要离开仆人往前去”这句话是在预言异象中对这三个人中的一个说的；因为他说，亚伯拉罕向这三个人中的首领说了这番话。注意这一点，这是《律法书》中的奥秘之一。我认为，关于雅各所说的“有一个人来和他摔跤”（《创世记》，第32章，第24节）也同样如此；这一切都发生在预言异象中，因为后文（同上章，第28节）已说明那人是个天使。这种情形与亚伯拉罕的完全相同，首先说“耶和华向他显现……”然后进行详细的说明。关于雅各也是这样，首先说“神的使者遇见他”（同上章，第1节）；然后详细叙述他们是如何相遇的，即雅各派出使者，一切准备就绪后，“只剩下他一个人……”“有一个人来和他摔跤”（同上书，第24章）。“上帝的使者遇见他”这句话表明，“一个人”是指上帝的使者［之一］；摔跤和讲话都是预言异象。巴兰行路的故事和驴子开口说话也都发生在预言异象中，故事结尾表明是上帝的一个天使在对巴兰说话。同样，当约书亚“举目观看，看见一个人对面站立”（《约书亚记》，第5章，第13节）时，他所获得的也是一个先知异象，因为后面说那是“耶和华军队的元帅”（同上书，第14节）。但是，在“耶和华的使者从吉甲上来”（《士师记》，第2章，第1节），“耶和华的使者向以色列众人说这话”（同上书，第4节）这些段落中，依我们先贤之见，“天使”是指菲尼亚（Phineas），因为，当神的荣耀停留在他身上时，他就“像个天使”。我们早已说明（见第6章）“天使”是一个多义词，它也指“先知”，如在下列段落中的：“他差遣使者，把我们从埃及领出来”（《民数记》，第20章，第16节）；“耶和华的使者哈该奉耶和华差遣”（《哈该书》，第1章，第13节）；“他们却嬉笑神的使者”（《历代志下》，第36章，第16节）。还可以参考但以理的话：“先前在异象中所见的那位加百列，奉命迅速飞来，约在献晚祭的时候，按手在我身上。”（《但以理书》，第 9 章，第 21 节）所有这些都是在先知异象中进行的。按照“我耶和华必在异象中向他显现，在梦中与他说话”（《民数记》，第 12 章，第 6 节）的原则，不要指望在预言异象和预言梦境之外看见天使或听见他所说的话。通过这些例子，你可以举一反三，去理解那些我没有加以解释的段落。

根据前面讲过的先知需要经过一定的训练和培养以及“天使”一词的多义性，你可以明白，埃及妇女夏甲（Hagar）并不是一位女先知（《创世记》，第 16 章，第 7 节；第 21 章，第 17 节）；同样，玛挪亚（Manoah）和他的妻子也不是先知（《士师记》，第 13 章，第 3、11 节）。他们所听到或自以为听到的话，就像先知们常说的 *bat-kol*（预言回声），没有受过任何先知训练的人也可以听见。“天使”的多义性是造成这种误解的主要原因，也是解释《圣经》中绝大部分疑难的关键。试比较“耶和华的使者在水泉旁遇见她”（《创世记》，第 16 章，第 7 节）与关于约瑟的那句极为相似的话：“有人遇见他在田野里走迷了路。”（同上书，第 37 章，第 15 节）所有的《米德拉什》都认为这里的人就是指天使。

第 43 章

我们在著作中已说明，先知有时以寓言的形式来预言。在预言异象中，他看到一个含有寓意的事物，并且，就在这同一个异象中解释了这个寓意。就像有时我们在梦中以为自己醒了，还向另一个人讲刚刚做过的梦，他为你解了这个梦，可这一切依然是在梦中。先贤们把这叫作“梦中解梦”（巴比伦《塔木德》:《祝福式》, 55b）。当然，还有一些梦是在醒了以后才知道其中的寓意的。预言性寓言也是这样，有些在预言异象里就得到了解释。比如，《撒迦利亚书》在叙述了预言异象之后是这样说的：“那与我说话的天使又来叫醒我，好像人睡觉被唤醒一样。他问我说，‘你看见了什么？’”等（《撒迦利亚书》, 第 4 章，第 1~2 节）然后，天使就向他解释了那个寓言（同上章，第 6 节以下）。

《但以理书》中也有同样的例子。开始说：“但以理在床上做梦，见了脑中的异象”（《但以理书》, 第 7 章，第 1 节），接着给出了全部寓言，但以理因为不明白其中的寓意而苦恼。他就在异象中恳求一位天使，这位天使在异象中给他作了解释。但以理是这样说的：“我就近一位侍立者，问他这一切的真情。他就告诉我，将那事给我作了说明。”（同上章，第 16 节）虽说这是但以理做的一个梦，但实际上是天使在预言梦境中为他解梦，因此，这整个过程应该叫作 *ḥazon*（异象）。下面这一节说得更明白，“有异象现于我但以理，是在先前所见的异象之后。”（同上书，第 8 章，第 1 节）道理很显然，因为 *ḥazon*（异象）是从 *ḥazoh*（感到）这个词来的，而 *mar'eḥ*（异象）是从 *raah*（看）这个词来的；*ḥaza* 与 *raah* 是同义词。因此不管我们用 *mar'eh*，*maḥazeh* 或 *ḥazon* 都没有什么区别，除了《圣经》中所说的两种启示方法外，再没有其他途径可以获得预言：“我耶和华必在异象中向他显现，在梦中与他说话。”（《民数记》，第 12 章，第 6 节）当然，先知们［熟谙预言的］程度不尽相同，在后面我们还要作详细说明（见第 45 章）。

还有一些预言性寓言并没有在预言异象中得到解释，先知在醒来以后才明白其中的含义。譬如，撒迦利亚在预言异象中所持的手杖（《撒迦利亚书》，第 11 章，第 7 节以下）。

先知所看到的东西都是有寓意的，这一点你更应该清楚。比如，撒迦利亚的烛台、马和山（《撒迦利亚书》，第 4 章，第 2 节；第 6 章，第 1~7 节）；以西结的书卷（《以西结书》，第 2 章，第 9 节）；阿摩司看到的那道按准绳筑造的墙（《阿摩司书》，第 7 章，第 7 节）；但以理的巨兽（《但以理书》，第 7、8 章）；耶利米那烧开的锅（《耶利米书》，第 1 章，第 13 节），等等，都是具有寓意的事物，它们都表示一定的意向。但是，有时向先知们显现的事物并不直接表示预言的目的，而只是借它们的名字，通过它们的词根或词的多义性来提示预言的真正含义。这样，想象力形成了某个事物的形象，而这个事物的名称却有双重内涵，其中之一［与影像］所指的不同。这也是一种寓言。参看《耶利米书》中的“杏树枝”（第 1 章，第 11~12 节）。这里是用 *shaked* 的第二个含义[①] 来

① *shaked*（杏树）与动词 *shakod*（留意）的词根相同。

表示预言，因此《圣经》接着说，*ki shoked'ani*，“因为我留意……”这与杏树枝毫不相干。阿摩司所见到的“一筐夏天的果子”，是用来表示一个时期的终结，“结局（*ha-ḳeẓ*）到了”[①]（《阿摩司书》，第8章，第2节）。还有更奇异的方式向先知暗示某一事物。向他所显现的是一个完全不同的东西，它的名称与所要揭示的既不同形也不同义，二者只是含有相同的字母，但是顺序不同。比如，撒迦利亚的寓言（第11章，第7节以下），在预言异象中，他手持两根杖放牧羊群；他称一根为 *no'am*（grace，荣美），另一根为 *ḥoblim*（ravagers，毁坏）。这个寓言旨在表明，以色列民族先是受到耶和华的宠爱，他指引并且巩固了以色列民族，当上帝对他们感到满意并热爱他们时，他们欣喜于侍奉上帝并因此而感到快乐，正如《圣经》所说的那样，“你认耶和华为你的神……”，“耶和华也认你……”（《申命记》，第26章，第17、18节）他们在摩西与众先知的领导和指引下追随耶和华。但是，后来发生了变故。他们不再爱上帝了，上帝也抛弃了他们，他让耶勒巴姆和玛那西这样的破坏者（*ḥoblim*）来统治他们。这一点可以从词根上看出，因为 *ḥablim* 与 *Meḥabbelim keramim*（毁坏葡萄园）（《雅歌》，第2章，第15节）有相同的词根 *ḥabal*［即毁坏］。然而，先知们在 *Ḥo-belim* 这个词中也发现了人们对上帝的不恭和上帝对人们的轻蔑。虽然没有直接用 *ḥabal* 这个词来表示，但是，通过变换 *Ḥet*，*Bet* 与 *Lamed* 的字母位置，就有了不恭和毁坏的含义。参看“我的心厌烦他们，他们的心也憎嫌［*baḥalah*］我”（《撒迦利亚书》，第11

① *kayiz*（夏天）与 *kez*（结局）的意义相近。

章，第 8 节）。这样，先知通过调换字母顺序，从 *ḥabal*（毁坏）中引申出 *baḥal*（憎嫌）。用这种方法，我们可以发现许多非常奇妙的事，它们就仿佛是一个个隐藏的秘密，就像在关于神车（《以西结书》，第 1 章）的铭言中所提到的“黄铜”（*meḥoshet*）、“发光的”（*kalal*）、“脚”（*regel*）、“小牛”（*'egel*）、“闪电”（*ḥashmal*）以及其他一些段落的词一样，只要你仔细审阅，就可以明白其中的奥妙。

第 44 章

我们已反复强调，只有在异象或梦中才能获得预言，后文就不重复了。当一个先知获得预言时，有时正如前文所说，他明白了一个寓言，有时则在预言异象中感到上帝对他说话，正如《以赛亚书》(第 6 章，第 8 节)中所说："我又听见主的声音，说：'我可以差遣谁呢？谁肯为我们去呢？'"有时他听见一个天使同他讲话，而且看见了他，一般情况下都是如此。比如："神的使者呼叫我……"(《创世记》，第 31 章，第 11 节)；"与我说话的天使回答我说，你不知道这是什么意思吗？"(《撒迦利亚书》，第 4 章，第 5 节)；"我听见有一位圣者说话"(《但以理书》，第 8 章，第 13 节)。这样的例子数不胜数。先知有时看见的只是同他讲话的一个凡人，比如在《以西结书》(第 40 章，第 3、4 节)中，他"见有一人，颜色如铜，那人对我说……"而这一段的开头是这样说的："耶和华的灵降在我身上。"(同上章，第 1 节)有时先知什么也没有看到，只是在预言异象中听到对他所说的话，例如："我又听见乌莱河两岸中有人声呼叫"(《但以理书》，第 8 章，第 16 节)；"我在静默中听见有声音"(这是以利法所说的话，《约伯记》，第 4 章，第 16 节)；"我又听见一位说话的声音"(《以西结书》，第 1 章，第 28 节)。以西结在预言性异象中所见到的人，并不是那个对他说话的人；在详细叙述了他所获得的异象之后，他用“我又听见一位说话的声音”这句话来解释这个预言性异象的目的和方式。

以上我们讲了《圣经》中所提到的各种各样的预言。有时先知在预言性异象中听到的声音震耳欲聋，仿佛一个人在梦中感到电闪雷鸣、狂风暴雨、山崩地裂一样。这样的梦并不稀奇。而有的先知所听到的预言与常人说话的声音无异，不会令他们感到惊奇。如先知撒母耳的故事。当耶和华在预言异象中三次呼唤他时，他都以为是祭司以利（Eli）在叫他（参看《撒母耳记上》，第 3 章，第 4~8 节）。《圣经》是这样解释的，撒母耳之所以认为是以利在叫他，是因为那时他还不知道上帝就是用这种类似常人说话的方式与先知说话的，他还不了解其中的奥秘。《圣经》说，“那时撒母耳还未认识耶和华，也未得耶和华的默示”，即他不知道上帝用这种方式与他交谈，这样的事以前从未有过。“还不认识耶和华”也可以解释为撒母耳还从来没有获得过预言，因为对一个获得神的启示的先知来说，“我耶和华必在异象中向他显现，在梦中与他说话”（《民数记》，第 12 章，第 6 节）。请注意这一点。

第 45 章

在依据推理和《圣经》记载对预言进行了说明之后，现在，同样从这两者出发，我来谈一谈预言的不同等级。并不是每一个能纳入这些等级的人都配被称为先知。前两个等级不过是步入先知的阶梯，这两个等级中的人不能归入先知行列，他们不是前几章所说的那种意义上的先知。有时把他们称为先知，也只是在极广的意义上使用这个词，因为毕竟他们与先知很接近。如果你发现在先知书中，某个先知在以某种形式获得一个预言后，又以另一种方式获得另一个预言，那么，你不必对此感到疑惑。对先知来说，此一时以此一级形式预言而彼一时则以彼一级形式预言是可能的（后面我将列举这些不同的等级）。正如一个先知不可能总是无休止地预言，而总是有时预言，有时不预言一样，他有时以较高级的形式预言，有时以较低级的形式预言。先知们有时终其一生只可能有一次达到那最高级的形式，尔后就再也无法企及，有的则始终以较低级的形式预言，直到他完全丧失了预言能力；无疑，或早或迟，在他们死以前这种能力都要消失。例如："耶和华不再借耶利米的口说出"（《以斯拉记》，第 1 章，第 1 节）；"以下是大卫末了的话"（《撒母耳记下》，第 23 章，第 1 节）。由此可以推知，所有的先知大都如此。做完了这一番介绍，下面我来列

举前面所说的预言的各个等级。

第一级

最初一级的预言实际上是一个人在神的帮助和引导下去做一件好事或是极重要的事。比如，使一些好人逃脱恶人的魔掌；拯救一个高贵的人，或造福于民众；他感到身体内有某种东西在推动着他，促使他去这样做。神的流在这一级上就叫作“耶和华的灵”；处于这种流溢之中的人，我们就说：耶和华的灵大大感动了他，降在他身上，停在他身上，或与他同在，等等。所有的以色列士师都属于这一等级，对他们总的描述是：“耶和华为他们兴起士师，耶和华就与那士师同在，并拯救他们。”（《士师记》，第2章，第18节）以色列所有的受膏者（Messiahs）也都属于这一类。关于一些士师和国王《圣经》是这样说的：“耶和华的灵降在耶弗他身上”（同上书，第11章，第29节）；说到参孙：“耶和华的灵大大感动参孙”（同上书，第14章，第19节）；“扫罗听见这话，就被神的灵大大感动”（《撒母耳记上》，第11章，第6节）。当亚玛撒被圣灵大大感动去辅佐大卫时，“那时神的灵感动那三十个勇士的首领亚玛撒，他就说：‘大卫啊！我们是归于你的……’”（《历代志上》，第12章，第18节）自从摩西成年后，他就一直具有这种能力，正是这种能力使他杀了那个埃及人，制止那两个人争吵，甚至在他逃离埃及到达米甸后，即使是作为一个不相干的路人，仍促使他去打抱不平，他依然忍无可忍。参看“摩西却起来帮助他们”（《出埃及记》，第2章，第17节）。当大卫受膏时，这灵也降在他身上：“从这日起，耶和华的灵就大大地感动大卫。”

(《撒母耳记上》，第 16 章，第 13 节）因此他才能战胜狮子、熊和菲利士人，等等。这种能力并没有让他们说些什么，而只是鼓舞他们行动；也不是让他们无所不为，而只是当有人受难时，激励他们去救助，或是做一些对他们有利的事，而不管这些人是高贵还是贫贱。并非每一个得见真梦（true dream）的人都是先知，同样，并不是所有得神助的人——比如在获得钱财或是取得私人成就上——都可以说是耶和华的灵大大感动了他、耶和华与他同在，或说他是借神的灵行事。我们只用这些话来描述那些成就了伟大的事业或是有助于此举的人，例如约瑟在埃及王室中的成就，没有这件事就不会有后来所发生的一切。

第二级

一个人感到仿佛有什么降临到他身上，他似乎获得了一种前所未有的力量，这力量激励他去宣讲。他谈论智慧，诵读诗歌，劝导民众，探讨政治和神学——这都是在他们头脑清醒、感觉俱全时所做的。这样的人被喻为借神的灵说话。大卫因此作了《诗篇》，所罗门作了《箴言》《传道书》和《雅歌》；同样，《但以理书》《约伯记》《历代志》以及其他圣著都是凭着这神的灵写出来的；所以称它们为 *ketubim*（圣著），就是说它们是人通过从神那里获得灵感才创作出来的。先贤们说《以斯帖记》正是这样凭着神的灵得来的。关于神的灵，大卫说："耶和华的灵借着我说，他的话在我口中"（《撒母耳记下》，第 23 章，第 2 节）；就是说，是神的灵让他说这些话。七十位长老就属于这一类人："灵停在他们身上的时候，他们就受感说话，以后却没有再说"（《民数记》，第 11

章，第25节）；另外就是伊利达和米达（同上章，第26节）；还有每一个通过乌陵（Urim）和土明（Tummim）向上帝询问的高级祭司，正如先贤们所说，神的荣耀停留在他们身上，他们就借着这神灵讲话；撒迦利亚的儿子雅哈悉也属于这样的人，试看："那时，耶和华的灵在会中临到他，他说：'犹大众人，耶路撒冷的居民，你们请听！耶和华对你们如此说……'"（《历代志下》，第20章，第14、15节）；还有祭司耶何耶大的儿子撒迦利亚，例如："他就站在上面对民说：'神如此说'"（同上书，第24章，第20节）；还有俄德的儿子亚撒利亚，经文说："神的灵感动俄德的儿子亚撒利亚，他出来迎接亚撒……"（同上书，第15章，第1、2节）；以及诸如此类的人。当巴兰还没有变坏的时候也属于这一类人，话是这样说的："耶和华的话传给巴兰"（《民数记》，第23章，第5节），即巴兰凭着神的灵讲话；他因此称自己为"得听神的言语的人……"（同上书，第24章，第4节）必须指出，大卫、所罗门和但以理属于这一类人，他们与以赛亚、耶利米、先知拿单、示罗人亚希雅等那一类人不同。因为大卫、所罗门和但以理只是凭着神的灵来写作。当大卫说"以色列的神，以色列的磐石晓谕我说"（《撒母耳记下》，第23章，第3节）时，他是说上帝通过一位先知，即约拿单或其他先知，来许他以幸福。"耶和华对他说"这句话在以下段落中也要作同样的解释："耶和华对她说"（《创世记》，第25章，第23节）；"所以耶和华对所罗门说：'你既行了这事，不遵守我所吩咐你守的约……'"（《列王纪上》，第11章，第11节）后面几段清楚地表明，灾难要降临到所罗门头上的预言是通过示罗人亚希雅或其他某位先知来告诉他的。"在基遍，

夜间梦中，耶和华向所罗门显现，对他说”（同上书，第3章，第5节），这并不是一个预言，真正的预言必是这样来表述的：“耶和华在异象中有话对亚伯兰说”（《创世记》，第15章，第1节），或“夜间有神在异象中对以色列说”（同上书，第46章，第2节），或是像以赛亚和耶利米所说的那些预言；虽然先知们得到预言时同样是在梦中，但那时他们就被告知那个预言，并被告知他们已获得了预言灵感，而所罗门的故事是这样结尾的：“所罗门醒了，不料是个梦。”（《列王纪上》，第3章，第15节）神的第二次显现也是这样：“耶和华就二次向所罗门显现，如先前在基遍向他所显现一样”（同上书，第9章，第2节），显然，这又是一个梦。这类梦低于“我必在梦中与他说话”（《民数记》，第12章，第6节）中所说的那种预言。先知们一旦在梦中获得预言，他们就不再把它称为梦，而是把它叫作预言。我们的先祖雅各就是这样，当他从预言梦境中醒来后，他没有说那是个梦，而是说：“耶和华真在这里……”（《创世记》，第28章，第16节）；“全能的神曾在迦南地的路斯向我显现”（同上书，第48章，第3节），表明这是一个预言。而所罗门的却是：“所罗门醒了，不料是个梦。”同样，但以理也是说他做了个梦，尽管他看见了天使而且还听到了他的话，但他还是把它称为梦；当他知道了那个消息［关于尼布甲尼撒王的梦］时，是这样说的：“这奥秘的事就在夜间异象中给但以理显明。”（《但以理书》，第2章，第19节）有时也说“他记录这梦”；“我夜里见异象……”；“我脑中的异象使我惊惶”（同上书，第7章，第1、2、15节）；“我因这异象惊奇，却无人能明白其中的意思”（同上书，第8章，第27节）。毫无疑问，这些都低于“我必在梦中与他说话”的那一级预言。正因为如此，以色列民族才把《但以理书》归入“圣著”，而没有列为“先知书”，这并没有什么异议。因此必须注意，尽管他们在梦中看见了天使，但是，向但以理和所罗门显现的并非是真正的预言，而只是包含了一些确切消息的梦。他们属于那些通过 *ruaḥ ha-kodesh*（“神的灵”）而说话的人。从《圣经》的篇章布局来看，在《箴言》《传道书》《但以理书》《诗篇》《路得记》和《以斯帖记》之间没有什么不同，它们都是凭神的灵而作。从广义上讲，这些篇章的作者都可以被称为先知。

第三级

这类人是以“耶和华的话降在我身上”或类似的话作为开场白的那些真正的先知中最低的一级。这些先知在梦中得到一个寓言，而且其中的含义就在这同一个预言梦境中得到了解释（在上文谈到真正的预言时我们已说过）。撒迦利亚的绝大部分寓言都是如此。

第四级

在预言梦境中，先知清清楚楚地听见了一些话，却没有看见说话的人。前文所说的撒母耳在第一次收到预言时就是这种情形（见第 44 章）。

第五级

在梦中，有人对先知讲话，比如《以西结书》中的一些预言：“那人对我说：‘人子啊……’”（《以西结书》，第 40 章，第 4 节）

第六级

在梦中，有天使对他讲话。绝大部分先知都是这样。如："夜间，神的使者在那梦中呼叫我"（《创世记》，第31章，第11节）。

第七级

在预言梦境中，先知感到仿佛是上帝在同他讲话。以赛亚因此说："我见主，我又听见主的声音说：'我可以差遣谁呢？谁肯为我们去呢？'"（《以赛亚书》，第6章，第1、8节）音拉的儿子米该亚也曾说过："我看见耶和华……"（《列王纪上》，第22章，第19节）

第八级

在预言异象中，向先知显现一些东西，这些东西都含有寓意。比如亚伯拉罕在异象中所见的"一半对着一半"（《创世记》，第15章，第10节），如前文所述，那是在白天里发生的异象。

第九级

在预言异象中，先知听到一些话。比如亚伯拉罕："他又听见有话对他说：'这人必不成为你的后嗣，'"（同上章，第4节）。

第十级

在预言异象中，先知看到一个凡人与他讲话。如亚伯拉罕在幔利平原（同上书，第 18 章，第 1 节），约书亚在耶利哥[①]平原（《约书亚记》，第 5 章，第 13 节）。

第十一级

在预言异象中，先知看见一个天使与他说话。在亚伯拉罕用以撒献祭时有位天使与他讲话就是这样的情形。在我看来，这就是当一个先知由推理所必需的理性能力得到充分完善后所能达到的最高境界，只有摩西除外。如果有人说，先知可以在预言异象中直接看到上帝，我认为这是不可能的，那是我们贫弱的想象力所无法企及的，因此普通的先知都做不到这一点。《圣经》中明确地说："我必在异象中向他显现，在梦中与他说话"；说话只与"梦"相联，理智的流动与"异象"相关。试看："我必在异象中向他显现"（*ethvadda* 是 *yadda*——"知道"的反身动词），这里并没有说在"异象"中与他说话。

因此，当我在《圣经》中看到某位先知说，他听到对他所说的话，而且是在异象中，在我看来，这情形（上帝向先知显现并且说话）只能说明从《圣经》上来看，梦和异象只有字面上的差别。当然，也可以作这样的解释：先知开始获得的是一个异象，但马上他就沉沉地睡去了，于是异象就变成了梦。这样就可以解释"亚伯拉罕沉沉地睡了"（《创世记》，第 15 章，第 12 节），先圣们认为，"这是一个沉沉的预言性睡眠"。依据这种解释，先知只有在梦中才能听见对他所说的话，不管这些话是怎样说出来的，

① 又译杰里科。——中译者

正如《圣经》所说:“我必在梦中与他说话。”而在预言异象中则只能获得寓言或理智的联合[①],正如我们可以通过推理得到知识一样,它们能引导我们去获得智慧。“我必在异象中向人‘显现’”这句话正是这个含义。根据这后一种解释,预言可以归为八个等级,其中最高一级是预言异象,包括各种各样的异象,即使在这个异象中先知只是看见了一个凡人对他讲话(如上文所述)。你或许会问:在你所列的这些不同等级的预言中,有一类先知听见了上帝亲自对他们所讲的话,比如以赛亚和米该亚(Micaiah),这不是与《圣经》上的原则相冲突吗?据《圣经》记载,上帝对摩西说:“我要与他面对面说话。”(《民数记》,第12章,第8节)除摩西以外,其他的先知所获得的预言不都是通过天使来传达的吗?我认为这并不矛盾,普通先知所说的在梦中听见了上帝说话,是通过了想象力的加工,而我们的导师摩西却不需要想象力这个媒介,他直接“从约柜上的两位基路伯中间”听到了那对他说话的声音。在《密西那托拉》中我们已指出了这种预言的特征,并且解释了“与摩西面对面说话”“就像人与朋友说话一般”(《出埃及记》,第33章,第11节)等的含义。大家可以参阅,在此恕不赘言。

① 能动理智与先知个人理智的结合。

第46章

从个别可以见一般，由个性可以推知共性。因此，通过个别预言就能看出这一类预言的共同特征。有时，人会梦见自己远涉他乡，在那里定居，娶妻生子，还给儿子起了名字，这个儿子又如何如何（其实这一切都不是真的）。同样，先知寓言也是如此，按寓言所需，先知会看见某物，做某事，一会儿干这，一会儿干那，一会儿休息，一会儿奔波，从这儿到那儿，从那儿到这儿；这一切都只是在预言异象中，并非肉体所亲历。有些记述只讲了其中的经过［而没有说明是发生在异象中］，因为大家都知道，它们所讲的都是预言异象，所以没有必要在每一处都加以说明。

因此，先知往往直接就说："耶和华对我说话"，而没讲是在梦里。普通读者以为，先知们的那些活动、奔波、疑问和答案都是确有其事，而不仅仅是发生在预言异象中。现在，我要举一个人人都信服的例子。一会儿还要再多举几个，通过这些例子你就可以明白其他没有引述的段落。下面是《以西结书》中的一段（《以西结书》，第8章，第1、3节），它说得清楚明白，没有人会认为这一切不是发生在异象之中："我坐在家中，犹大的众长老坐在我面前……灵就将我举到天地中间，在神的异象中，带我到耶路撒冷……"另有："于是，我起来往平原去"（同上书，第3章，

第23节)，这里指的是一个预言异象；还有："于是领他走到外边说：'你向天观看，数算众星，能数得过来吗？'"(《创世记》，第15章，第5节)，这些话讲的也是异象。《以西结书》(第37章，第1节)中的"将我放在平原中"亦是如此。我们看到，在讲以西结被带到耶路撒冷时说："我观看，见墙上有个窟窿。他对我说：'人子啊，你要挖墙。'我一挖墙，见有一门……"(第8章，第7~8节)他是在异象中受命挖墙并进去看那些人在那里干什么的，同样也是在异象中，他挖了墙，从洞中进去了，看到了所说的那些事。与此相似，下面所讲的事也都发生在异象中："你要拿一块瓦……""你要向左侧卧……""你要取小麦、大麦……""用这刀剃你的头发和胡须"(第4、5章)。很显然，他所看见的东西和遵命所行的事都是在预言异象中，上帝决不会让他的先知去做一些荒诞不经的事，使他们成为众人的笑柄。要知道，如果以西结果真按上帝吩咐的做了，那么，就意味着违背律法，作为一个祭司，不管他剃了头发还是刮了胡须都会同时触犯两条戒律。他只是在预言异象中这么做罢了。同样，"我仆人以赛亚怎样露身赤脚行走"(《以赛亚书》，第20章，第3节)也是发生在异象中。愚昧的人以为，先知在这里所说的就是要求他去做的，而且他也真的那么做了，尽管他身在巴比伦，却被命令在耶路撒冷圣殿山的墙上挖洞，并且他真的挖了，因为他说"我一挖墙"。然而，他已清楚表明，这一切都不过是发生在异象中。

对亚伯拉罕的异象所作的描述与此相仿，开始讲："耶和华在异象中有话对亚伯兰说"(《创世记》，第15章，第1节)；后面又讲："于是领他走到外边，说：'你向天观看，数算众星'"(同上章，第 5 节）。显然，亚伯拉罕是在异象中看见自己被从住处领到外边，要他向天上看，并让他数算众星的。[无须多说]，这明显 [是在异象中发生的]。给耶利米的吩咐也是如此，他按吩咐把腰带藏在幼发拉底河中，等他过了几天去看时，腰带已腐烂不堪（《耶利米书》，第 13 章，第 4~7 节）。这都是在异象中所显示的寓言，耶利米并没有从巴勒斯坦跑到巴比伦，也没有见过幼发拉底河。还有给何西阿的吩咐（第 1~3 章）：“你去娶淫妇为妻，也收那从淫乱所生的儿女”，一直到孩子出世，到给他取名，这些话都要作同样的解释，这一切都只是在异象中。一旦说明了这些都是寓言，那么毫无疑问，它们所讲的就都不是实际发生的事，而只存在于先知的意识中，正如先知所说的那样：“所有的默示，你们看如封住的书卷”（《以赛亚书》，第 29 章，第 11 节）。在我看来，基甸所要的带有羊毛和其他东西的证据（《士师记》，第 6 章，第 21、37 节）也是一个异象。但还不能把它称为预言异象，因为基甸还不是先知，他没有那种神奇的本领，他只是一个士师，甚至正如我们前面所说，在先贤们看来，他只能算作那无足轻重的一类。《撒迦利亚书》中的“我牧养这将宰的群羊……”（第 11 章，第 7 节），这一段也可以作同样的解释；还有后面所说的为“荣美”索要工价，他收了钱，并把这钱在耶和华的宝殿中丢给了窑户（同上章，第 12~13 节），这些都是异象的一部分。他在预言异象或梦中听到了吩咐，并按所要求的去做了。只有那些分不清什么事可能、什么事不可能的人才会对此感到疑惑。

通过以上所举的例子，你可以弄明白《圣经》中其他类似的段落，它们总是大同小异。所有的一切都发生在预言异象中。不

管异象中提到什么——如，这位先知听到了什么，去了哪里，来自何方，说了什么话，被告知了什么事，他站着、坐着、起来、躺下，往返奔波，他发问，或是受诘，这都是预言异象的一部分；纵使这个故事相当长，而且所涉及的时间，人物，地点以及诸多细节都安排得非常合理，正如前文所说，我们还是要把它当作寓言来看，毫不含糊地把这全过程只看作是一个预言异象。

第 47 章

很显然，绝大多数的预言都是通过形象来获得的，因为想象力是预言的器官，这正是它的特征所在。有必要对《圣经》中所运用的比喻、夸张加以说明。要是只看字面，不注意它的夸张，或是只看本义，不考虑它的比喻意义，就会得出极其荒谬的结论。先贤们以“城邑又广大又坚固，高得顶天”（《申命记》，第1章，第28节）为例指明《圣经》中运用了夸张语言。先贤认为，“因为空中的鸟必传扬这声音”（《传道书》，第10章，第20节）也是夸张的说法；同样，“高大如香柏树”（《阿摩司书》，第2章，第9节）也是如此。这种例子在先知们所说的话中比比皆是，他们常常是夸大其词或言过其实，而并非恰如其分或准确无误。但是《圣经》中所提到的巴珊王噩，说“他的床是铁的，长九肘”等（《申命记》，第3章，第11节），这并不属于夸张的这一类，因为床（*eres*，参看《雅歌》第1章第16节中的 *arsenu*）不像衣服，我们不一定非要“量体裁床”，它总要比人长一些，一般要多出三分之一左右。因此，如果噩的床长九肘，按照这个比例，他的身高一定在六肘左右。“以人肘为度”（《申命记》，第3章，第11节）是指按普通人的身段，不是指噩来说的；因为人的四肢都有一定的比例。这样，《圣经》实际上告诉我们噩的身高是普通人的两

倍，或略少一些。这无疑是个奇高无比的男人，但也绝不是不可能的。至于《圣经》中所说的那个时代的人的寿命，在我看来只有所提到的那些人才活了那么久，其他人则只有普通的寿命。这些人之所以例外，要么是有什么特殊原因——比如他们特别的食物或特有的生活方式，要么就只能说是真正的奇迹。

同样要注意《圣经》中所运用的比喻性语言。有些地方，这种比喻非常明显，人人都看得出来，比如："大山小山必在你们面前发声歌唱，田野的树木也都拍掌"（《以赛亚书》，第55章，第12节），这显然是个比喻。还有下面这一段——"松树因你欢乐"（同上书，第14章，第8节），等等。约拿单·本·乌茨尔把它解释为"统治者因你的富有而欢乐"，他是把这句话当成了一个比喻。同样，"牛的奶油，羊的奶"等（《申命记》，第32章，第14节），这一段中显然也用了比喻。在先知书中，这样的比喻随处可见。对于一般的读者来说，有的极易见出，有的则要费一番气力。无疑，"耶和华必为你开天上的府库"（同上书，第28章，第12节）这句祝福的话也只能是个比喻；因为在上帝盛雨水的地方是不会有什么宝藏的。还有下面这一段："他敞开天上的门，降吗哪像雨给他们吃"（《诗篇》，第78章，第23、24节），没有人会以为天上真的有门，大家都明白这是一个比喻。同样，以下这些段落所用的比喻都很明显："天就开了"（《以西结书》，第1章，第1节）；"不然，求你从你所写的册上涂抹我的名"（《出埃及记》，第32章，第32节）；"我就从我的册上涂抹他的名字"（同上章，第33节）。这几段都运用了比喻。决不能像愚人一样看不出其中的比喻，以为上帝真的有一个可以在上面涂涂画画的小册子。这样的比喻总是很

相似，如出一辙。看过这些例子，你就能够理解那些我没有引用的段落。动动脑筋，你就能分清哪些是寓言，哪些是比喻，哪些是夸张，哪些则只能遵从其原义去理解。这样你就可以弄清楚所有的预言，把握信仰的理性原则，获得上帝的垂怜，因为耶和华只喜爱真理而厌嫌谬误；你就不至于分不清真假，把不可能的事当作真实的。无疑，《律法书》是绝对真实的，关键在于我们如何去理解。因此，《圣经》说："你的法度永远是公义的"（《诗篇》，第 119 章，第 144 节）；"我耶和华所讲的是公义"（《以赛亚书》，第 45 章，第 19 节）。这样你就不会去虚构那些上帝不曾创造的存在，不会被那些导向无神论的谬论所蛊惑，不会把凡人的特征归于你们那全以色列的神，贬损了他的光辉，正如前文所说，你也不会以为先知所说的都是假的。只要你注意我们所作的解释，就不会犯这样的错误。正因如此，《律法书》才看似神秘，其实只要按我们所说的去做，就不会再感到它那么令人费解了。

第 48 章

万事必有因，因又有其因，如此溯往，直到第一因，即上帝意志的自由抉择。因此，先知们有时省略了那些作为中介的原因，把某个事物的产生直接归因于上帝，直接说上帝创造了它。我们对这种说法并不陌生。我们以及其他许多民族中追求真理的人都对此进行过探讨，这也是所有信奉《律法书》的人所拥有的共同信念。

现在让我们来看看本章所要讲的内容，它比前几章所讲的都重要。这里所要讲的是：事物的产生都有其直接原因，不管这原因是本质的、必然的、自由意志的、非本质的、附属的或者是偶然的——自由意志是指人的自由意志——有时甚至也包括其他动物的自由意志。先知们［省略这些原因］把结果直接归因于上帝，他们用这样的话来表达：上帝做了、吩咐了或说了某事；这里都用了动词“说”“讲”“吩咐”“招呼”和“派”。这一章所要阐明的是：按照我们的创世说，上帝赋予了非理性动物以意志，将自由意志赋予了人，使万物是其所是；所谓的偶然存在物不过是必然的残余，正如［亚里士多德］所说，它们大多是必然性、欲望及自由意志综合作用的结果。因此，由这些原因所产生的事物都可以说是上帝令其如此，或者说它理应如此的。我来举一些这样的例子，通过它们你可以举一反三。比如，大地回春则冰雪消融，狂风大作则海啸龙吟，这些都是必然的［我且引以下几段］："他一出令，这些就都消化"（《诗篇》，第147章，第18节）；"他一吩咐，狂风就起来，海中的波浪也扬起"（同上书，第107章，第25节）。关于雨，是这样说的："我必命云不降雨"（《以赛亚书》，第5章，第6节），等等。而民族与民族之间的战争，人与人之间的争斗，虽说是由人的自由意志决定的，［但也要归因于上帝，因为］比如说到尼布甲尼撒大军的统领及其军队[①]，"我吩咐我所挑出来的人，我招呼我的勇士，因为我愤怒"（《以赛亚书》，第13章，第3节）；以及"我要打发他攻击亵渎的国民"（同上书，第10章，第6节）；至于基拉的儿子示每，"是因耶和华吩咐他说，你要咒骂大卫"（《撒母耳记下》，第16章，第10节）；说到将正直的约瑟从监牢里放出来，"他派一个天使把他解开"（《诗篇》，第105章，第20节）；讲到波斯人大胜迦勒底人，"我要打发外邦人来到巴比伦，簸扬她"（《耶利米书》，第51章，第2节）；谈到为以利亚提供食物，"我已吩咐那里的一个寡妇供养你"（《列王纪上》，第17章，第9节）；因此正直的约瑟说："差我到这里来的不是你们。"（《创世记》，第45章，第8节）有些事情是由于动物的意志造成的，如："耶和华吩咐鱼，鱼就把约拿吐出来。"（《约拿书》，第2章，第10节）这件事也要归源于上帝，不是他把鱼变成了先知，并向它显现了预言，而是因为这条鱼的意志也是神所赋予的。

① 这里的引证似乎有误，从引文的出处看，应指惩罚巴比伦的玛代人的军队。——中译者

还有毗土珥的儿子约珥的时代所出现的蝗虫，“成就他命的是强盛者”（《约珥书》，第 2 章，第 11 节）；当以东地在报应之年被鸟兽栖居时，“他也为它们拈阄，又亲手用准绳给它们分地”（《以赛亚书》，第 34 章，第 17 节）。虽然，这里没有用“说”“吩咐”“差”这些词，但意思显然是相同的，要同样来理解它们。通过人的自由意志形成的事也要归因于上帝，比如利百加：“照着耶和华所说的，给你主人的儿子为妻”（《创世记》第 24 章，第 51 节）；还有大卫和约拿单：“你就要去，因为是耶和华打发你去的。”（《撒母耳记上》，第 20 章，第 22 节）约瑟说：“神差我在你们以先来。”（《创世记》，第 45 章，第 7 节）显然，不管这些原因是出于必然、偶然、自由意志或意志，都是由吩咐、说、讲、差、派这五个词中的一个来表述的。记住这一点，并在读经过程中随时加以运用，这样就会消除许多疑惑，使一些看似荒谬的段落变得合情合理。以上是本篇中关于预言所要讲的全部内容。现在，在至尊的神的佑助下，我们将开始探讨另一些问题。

第三篇

以耶和华，世界之上帝的名义

第三篇绪论

我们曾反复申明，本书的宗旨在于，以尽可能有利于读者研习的方式来阐释《圣经》的“创世论”以及“神车论”。

我们也讲过，创世与神车这两者是《律法书》的秘密。你知道我们的先贤是如何谴责那些泄密的人，又是如何赞赏那些守密的人的，尽管这些秘密对于哲学家来说已不再是什么秘密。先贤们正是在此意义上来解释下面这段话的：“她的货财必为住在耶和华面前的人所得，使他们吃饱，穿耐久的衣服。”（《以赛亚书》，第 23 章，第 18 节）这句话的原文是以 *veli-me-kasseh'atik* 结尾的，这就表明，祝福是给这样一些人的，他们对永恒的上帝向他们所昭示的事情，即《律法书》的秘密，守口如瓶。[①] 如果你有悟性，就会明白先贤们的意图所在。他们明确说过，就芸芸众生的智力而言，神车的异象的确深奥难解。《律法书》规定：凭神的佑助而以理性获得这些秘密的人，只能把这些知识口头传授给有资格知道的人，而不能随处张扬——即使对有资格知道的人，也

---

① 参见巴比伦《塔木德》:《逾越节》，119a。

只能授之以纲目要领。有关这些秘密的知识之所以从我们民族中消失殆尽，其原因也正在于此。由于对秘密的解释一直依靠口传，从未诉诸文字，其消失便是不可避免的。果真如此的话，我怎么敢冒昧地把在我看来是可以理解得一清二楚的东西加之于你呢？但是，如果我不把我所具有的这点知识记述下来，在我死的时候，况且我终有一死，它们就会和我一起消亡。这样，我就对你以及所有（为神学问题所困扰）的人造成了莫大的损害，使真理无法传之以当授之人，或不恰当地剥夺了后来者的继承权，这两种不当行为都应受到谴责。无论犯下哪种过失，我都将深感愧疚。

详尽无遗地阐释《圣经》中的奥秘，既有悖于《律法书》的规定又非人的理性能力所及。加之，我对这方面的知识并不是来自神的启示，而是通过猜测与推断得来的，所以，其中的错误在所难免。我对此的信念并非得自某位师长，而是靠学习《圣经》和先贤遗训积累而成的；同时，也得益于我所具备的思辨原理。但正因为如此，我的观点也可能失之偏颇，或对圣书所言理解有误。正确的思想引导与神的帮助为我指出了一种恰当的方法，让我以此来解释先知以西结所说的话。这种方法就是：使那些读到这种解释的人相信我并没有给圣书的内容添枝加叶，而只是忠实地把它从一种语言译成另一种语言，或者只是对其平实的内容作出了扼要的说明。不过，在仔细地领悟、检验本书的每一章的过程中，读者会从在我看来是明白浅显的内容之中获得一种完全明晰的洞见。为使这个论题让读者受益又不至于连篇累牍地阐述，我做到这一步，已是尽了最大的努力。

在这个绪论之后我将请你细心地阅读以下各章，你会从中发现，这一崇高、重要、严肃的主题是所有论述的轴心和支柱。

第 1 章

我们都知道，有些人的脸长得像动物的脸。如，某人的脸像狮子脸，某人的脸像牛脸，诸如此类。我们常借此形容一个人的脸形。也正是用所谓“牛的脸”“狮子的脸”“鹰的脸”（《以西结书》，第 1 章，第 10 节）这些说法，这位先知[①]描绘出了人的种种不同的脸形。之所以这样讲有两点根据：第一，先知在谈到活物时通常说：“他们的形状是这样：有人的形象”（同上章，第 5 节），并且在描绘每一位活物时，都说他们长着人脸、牛脸、狮子脸、鹰脸。第二，在第二次描绘神车时（这次描绘是对第一次的补充），先知说，每个神车都有四张脸：基路伯[②]的脸、人的脸、狮子的脸和鹰的脸（同上书，第 10 章，第 14 节）。他明确表示“牛的脸”与“基路伯的脸”这两种说法是一回事。但基路伯指的是“一位青年”。以此类推，我们可以解释另外两种说法：“狮子的脸”与“鹰的脸”。由于在希伯来语中“*shor*”（牛）一词的词源学缘故，“牛的脸”被略去了，这一点我曾讲过。说第二次描绘涉及对

① 指以西结。——中译者

② 即守护约柜的有翼天使。——中译者

另一种先知异象的感知，这是不可能的，因为在第二次描绘结束时，这位先知说过："这是我在迦巴鲁河边所见的活物。"（同上章，第15节）至此，我们对此就已经解释得很清楚了。

第 2 章

以西结先知说他见过四个活物（*Ḥayyot*），每一活物都有四张脸、四个翅膀、两只手，但从整体上看却是人的形状。《圣经》说："他们有人的形象。"（《以西结书》，第 1 章，第 5 节）他们的手也被描绘成人手。因为，如我们所知道的，手像人手无疑使它们更能从事各种技术性的劳作。他们的腿是直的，即没有关节，这是就"直腿"的字面意思而言。我们的先知就说过："他们的腿是直的。"（同上章，第 7 节）这说明活物不能坐。这一点请你注意。虽然活物的脚掌即其行走的器官与人的不同，但其手却像人手。其脚是圆的。因为先知说过"像雏象的脚掌"（同上）。四活物紧紧连在一起，相互之间没有缝隙。如经文所说："他们彼此相接。"（同上章，第 9 节）"尽管他们彼此相连，上边的脸和翅膀却是分开的"（同上章，第 11 节），这里用"上边"一词，说明他们的身体虽然紧紧连在一起，脸和翅膀却是分开的，并且只有上边的脸和翅膀是分开着。接着先知说他们灿烂夺目，"如光明的铜"（同上章，第 7 节），能发光照明。《圣经》说："至于四活物的形象，就如烧着火炭的形状。"（同上章，第 13 节）关于活物的外形、脸、身材、翅膀及手，要说的就这些。

接着先知又开始描述四活物的运动。先知说活物的运动是一

样的，不拐弯也不偏离。“轮行走的时候，向四方都能直行，并不掉转。”（同上章，第17节）每一活物都直往前行，例如：“他们俱各直往前行。”（同上章，第12节）这里讲得很清楚——每个活物都沿自己脸的方向前行，但每个活物都有几张脸，他们究竟按哪个脸的方向运动呢？不过，四活物肯定没有朝同一方向前行，因为不这样的话，也就不会有各自的特殊运动，也就不会说“他们俱各朝自己脸的方向前行”。接着先知进一步把四活物前行和转身的运动描述为奔走。《圣经》说：“这活物往来奔走，好像电光一闪。”（同上章，第14节）这里的 *raẓo* 是动词 *raẓ* 的不定式，意即“to run”（跑）；*shob* 是 *shab* 的不定式，意即“to return”（回转）。先知没有用“*halokh* 和 *bo*”（来和去）这两个常用词，却用 *raso va-shob* 表示来回奔跑。这可以通过“好像电光一闪”这句话来作进一步的解释［先知用 *bazak* 一词，意思与 *barak*（闪电）的意思相同］：因为闪电迅疾快速，就好像刚从某地跑出，又立刻返回原处，且以同样的速度连续反复。约拿单·本·乌菸尔因此把“*raso va-shob*”翻译成：活物四处前行又立刻转身，迅疾如同闪电。活物自己不能如此快地前行又转身，而须借助外力，也即他们的运动服从“神的旨意”，因为“灵往哪里去，活物就往哪里去”；“往来奔走”正好表达出活物运动方式的快速迅疾。这可以从下面这些话中看出：“灵往哪里去，活物就往那里去”（同上章，第20节），“轮行走的时候，……并不掉转”（同上章，第17节）。“灵”这个词，先知并不是指“风”，而是指“意图”，在讨论同音异义词“*ruaḥ*”（气）时，我们对此已作过说明。[①] 所以这句话的意思就是

① 参见第一篇，第40章。

活物对神的旨意百依百顺，与神如影随形。约拿单·本·乌茨尔对此也作出了类似的解释：神的旨意往哪里去，活物就往哪里去；他们行走时并不转身。这里动词 *yihyeh* 和 *yeleku* 用将来时态，似乎意味着，有时活物要去的方向也就是神的旨意所指，有时他又将按神的旨意朝相反的方向运动。不过，与此相反的还有另一种解释：认为动词的将来时在这里表示的是过去时态。在希伯来语中，这种语法现象颇为常见。因此，又可以说神要活物奔走的方向是早决定了的，活物就是按照神很久以前所决定且从未变更过的方向运动的。因此，先知在结束对活物的描述和解释时说："灵往哪里去，活物就往那里去"（同上书，第20节），注意这句绝妙的解释。这句话是在述说活物的形状后说的，同样是对四活物的运动所作的描述。

接着是另一组描述。先知讲他在活物底下看到了一样东西与其紧贴一起。这样东西附着于地，同样有四个身体、四张脸，但其形状却不分明，既不像人又不像其他生物。它高大可畏，周身布满眼睛，其形状却难以形容。先知称之为"轮"。先知说："我正观看活物的时候，见活物的脸旁，各有一轮在地上。"（同上书，第15节）先知明确地讲到这些轮形成一个身体，它一头挨地，一头贴着活物，并且每个"轮"都有四张脸。但他又继续说："轮的形状和颜色好像水苍玉。四轮都是一个样式。"（同上章，第16节）起初只提到"一轮"，后又提到"四轮"，先知意在表明：说"四个脸"与说"四个轮"是同一的。四轮形状相同。《圣经》说"四个轮都是一个样式"，而先知说四轮之间有所衔接，因为"轮的形状和做法好像轮中套轮"（同上）。在描述活物的形状时，先知却没有用“在……中”这一说法。从“各展开两个翅膀相接”（同上章，第11节）可以看出，活物相互之间有部分连接；而提到轮时，却说它们相互叠合，“好像轮中套轮”。先知说轮周身布满眼睛，他的意思可能是说轮周身真的布满了眼睛，也可能是说轮体五颜六色。因为 *'ayin* 一词既指眼睛，也指颜色。在“吗哪的颜色好像珍珠”中，*ayin* 就指的是“颜色”（《民数记》第11章，第7节）。也可能是说轮的周身布满了形状相同的东西。我们的先贤就是在第三种意义上把“*ayin*”一词用在如下这类句子中的：爱他所偷之物，爱他所抢之物。这里“*ayin*”一词意指各种状态或属性；又如在“或者耶和华见我遭难（*be'enai*）”（《撒母耳记下》，第16章，第12节）中，“*ayin*”指的就是一种状态。有关“轮”的形状，先知所说的就这些。至于轮的运动，先知说其特点是笔直前行，不偏不斜，始终如一。这可以从“轮行走的时候，向四方都能直行，并不掉转”（《以西结书》，第1章，第17节）中看出。像活物一样，轮并不是自己运动，它们的运动必须依赖于外因。这一点先知曾强调过两次。他指出活物就是轮的动因。轮与活物的关系好比无生命之物粘附于有生命之物的手或腿上。生命物往哪里走，黏附其上的木块或石头就往哪里走。从下面这些话中可以看出这一点：“活物行走，轮也在旁边行走；活物从地上升，轮也都上升”（同上章，第19节）；“活物上升，轮也在活物旁边上升”（同上章，第20节）。产生这种现象的原因在于“活物的灵在轮中”（同上）。为进一步强调和解释这种关系，先知继续说道：“那些行走，这些也行走；那些站住，这些也站住。那些从地上升，轮也在旁边上升，因为活物的灵在轮中。”（同上章，第21节）三者的运动次序是这样的：灵往哪里走，活物就自动往哪里走；而活物运动时，轮也必然随之而动，这是因为轮被缚在活物身上，而不是因为轮会自动与活物的运动保持一致。下面这句话表达的正是这种次序："灵往哪里去，活物就往那里去，活物上升，轮也在活物旁边上升，因为活物的灵在轮中。"（同上章，第20节）我曾对你讲过，约拿单·本·乌茨尔就曾把这句话译为"神意所在之处就是活物应去之处，活物正是朝此方向运动的"，等等。

描述完活物的形状、运动以及在活物底下与之相连、随之而动的轮以后，先知又开始描述他所预知到的第三件东西：它在活物上方，是一种崭新的事物。先知也对之作了说明。他说四活物的头以上有穹苍的形象，在穹苍以上，有御座的形象，在御座以上有仿佛人的形状（同上章，第26节）。至此，先知就把他在迦巴鲁（Chebar）河边初次所见的东西全部描述完了。

第3章

当以西结回忆起在《以西结书》开头所描述的神车的形状时，他的眼前又一次浮现出了相同的异象。在此异象中，他被带到了耶路撒冷。在对此异象进行描述时，他首先就原先不明确的事情做了说明。譬如，以“基路伯”一词代替了“活物”，这样就把在第一次异象中所见到的活物说成是天使，即基路伯。他说：“基路伯行走，轮也在旁边行走；基路伯展开翅膀，离地上升，轮也不转离他们旁边。”（第10章，第16节）先知借此表明轮与活物的运动是密切相关的。他接着又说：“这是我在迦巴鲁河边所见以色列神荣耀以下的活物，我就知道他们是基路伯。”（同上章，第20节）就这样，他以同一形状、同一运动描绘活物与基路伯，并把两者视为同一。在第二次描述中所要弄清的第二个特点是轮是球形的，因为先知说：“至于这些轮子，我耳中听见说是‘旋转的’。”（同上章，第13节）从下面这句话中可以看出轮的第三个特点：“头向何方，它们也随向何方，行走的时候并不掉转”（同上章，第11节），即轮的运动是非自愿的，只向“头的方向”运动，并且“灵往哪里去”（同上书，第1章，第20节），它们也往哪里去。轮的第四个特点是：“它们全身，……并轮周围，都满了眼睛”（同上书，第10章，第12节），这一点以前未曾提到，并且在第二次描述中，又进一步提到“它们全身，连背带手和翅膀，……都满了眼睛”（同上），而在第一次描述中，未提及手和翅膀，仅提及身体。在第二次描述中尽管轮有了身体、手和翅膀，但其形状仍暧昧不明。先知说：“这基路伯旁有一个轮子，那基路伯旁有一个轮子”（同上书，第10章，第9节），这样，每个轮子就都归属于一个基路伯。由于四活物彼此相连，先知把他们描绘成了一个：“这是我在迦巴鲁河边所见以色列神荣耀以下的活物。”（同上章，第20节）四个轮子贴在一起且形状相同，同样被说成是“一轮在地”（同上书，第1章，第15节）。以上就是先知在描述第二次异象时对活物和轮的形状所作的进一步说明。

第4章

有必要提醒你注意约拿单·本·乌茨尔所表述过的一种观点。先知在谈到轮子时说“至于这些轮子，我耳中听见说是‘旋转的’”（《以西结书》，第10章，第13节），由此，约拿单提出推测，认为轮子意指苍天。与此相应，他也把轮子译为天球（sphere）。毫无疑问，他这样做的根据在于先知以西结的这句话：“轮子的颜色好像水苍玉。”（同上书，第1章，第16节）我们都知道天空的颜色就是水苍玉色。但当他注意到“我正观看活物的时候，见活物的脸旁，各有一轮在地上”（同上书，第15节）时，他又很难自圆其说，因为这话表明轮子是在地上的。不过，他对“地”这个词又进行了解释，认为“地”在这里是指天空的内表面，与该表面之上的其他东西相对，因此他才说“有一轮在地”。请考虑一下他这样解释的原因。我认为就在于他认为“球状”一词的原初意义是指“天空”，而我自己则认为其原初意义是指“任何滚动的物体”。《圣经》写道：“我必向你伸手，将你从山岩滚下去”（《耶利米书》，第51章，第25节）；“把石头转离”（《创世记》，第29章，第10节）。“如暴风前的旋风土”（《以赛亚书》，第17章，第13节），意思也同样如此。人的头是圆的，因此被称为*gulgoleth*；圆的东西容易滚动，每个球状物就都被称为*gilgal*。天空是球状

的，因此也被称为 *gilgallim*。在此意义上，我们的先贤说："是一个轮子（*gilgal*）在绕着世界旋转。"一个木球，不论大小，也被称为 *gilgal*（轮）。如果我这样理解是对的，那么先贤在说"至于这些轮子，我耳中听见说是旋转的"时，就只是想说明这些轮子的形状，因为关于轮的形状以前从未提过；他并不是说轮与天空一样。在第二次有关轮的描述中，先知对"像水苍玉"作了解释，说："轮子的颜色（原文作'形状'）仿佛水苍玉。"这句话被约拿单·本·乌茨尔译作"仿佛宝石的颜色"，与昂克劳对下句的解释恰好相同，"他的脚下仿佛有平铺的蓝宝石"（《出埃及记》，第 24 章，第 10 节）。请注意这一点。

我一方面提到约拿单·本·乌茨尔的解释，一方面又说出了我个人的看法，想必这对你来说不足为怪。因为你会发现许多先贤和阐释者在解释先知的用词及话语时，都与约拿单的见解相左。在这些寓意深刻又含糊不清的问题上，怎么会没有分歧呢？还有，我并不偏爱自己的见解。这不过是要你把二者即我指出的约拿单的解释与我个人的见解都学到手。至于究竟哪一种解释符合先知的本意，只有上帝才知道。

第5章

在“神的异象”中，“异象”一词用的是复数（*marot*），而不是单数（*mareh*），这一点务须注意。因为先知所见之物不止一个，且种类各异。它们是：轮、活物及活物上面的人。每描述一种异象，先知都要用“*va-ereh*”（观看）一词，说“我观看”（或“我见”）。对活物的描述是以“我观看，见狂风从北方刮来”（《以西结书》，第1章，第4节）开始的；对轮的描述是以“我正观看活物的时候，见活物的脸旁，各有一轮在地上”（同上章，第15节）开始的；对在活物之上地位高于活物的人的描述是以“我见从他腰以上有仿佛光耀的精金”（同上章，第27节）开始的。在对神车的描述中，“观看”及“我观看”就用了三次。《密西那》中的先贤们对此已作过解释，我能重视这一点实应归功于他们。因为他们说只有前两种异象，即活物与轮的异象可以全部传授给他人，而第三种异象，即精金及其相关物的异象则只能把章节标题传授给他人。圣拉比（《密西那》的编者犹大）的看法是：三种异象都是对“神车的描述”，故都只能传授章节标题。其争论的问题在于：直到哪里才能把神车的描述传授给他人？迈厄拉比说直到最后一次“观看”；以撒克拉比则说直到“精金”，即从第一次“观看”到“精金”这段内容可以全部传授于人，以后则只能讲述章节标

题。还有一种看法认为，从第一次“观看”到“精金”这段只能讲述章节标题，以后各段则可以传授给有悟性的人，听任他去理解。至于其他人则爱莫能助。从先贤的话中可以清楚地看出：描述的三种异象各不相同——这可以从“我观看”的反复运用中推知；并且三种异象在程度上也相互有别。其中先知从“我见精金的颜色”开始描述的最后一种异象是最高级的，他把人的可分形象说成“从他腰以上……周围都有火的形状，又见从他腰以下有仿佛火的形状，周围也有光辉”，等等（同上章，第27节）。可否通过暗示以展现第三种异象的细节？可否不去传授各章标题，而把它们留给有悟性的人自己去研究理解？我们的先贤对此各持己见。关于前两种异象，即活物与轮的异象，就它们是被直接地传授，还是通过暗示传授，还是仅只传授章节标题，你会注意到先贤中间也存有分歧。你另外还必须注意这三种异象的描述顺序。先知最先描述的是活物的异象。先知说：“因为活物的灵在轮中”，可见活物的异象在地位和因果性上处于优先地位。当然还有别的理由。接着描述的是轮的异象，最后才是在活物上头出现的那种异象。三种异象的顺序之所以如此，是由于就认识顺序而言，第三种异象须以前两种异象为先导，实际上，它是从前两种异象自然推断而来的。

第6章

在描述神车时，以西结借其预知力所讲述的那种宏伟庄严的场景与以赛亚所讲的完全一样。所不同的是以赛亚对细节不感兴趣，只给我们作了概略的讲述。以赛亚说："我见主坐在高高的宝座上。他的衣裳垂下，遮满圣殿，其上有撒拉弗侍立"，等等（《以赛亚书》，第6章，第1~2节）。我们的先贤对此已作了明确解释并提醒我们要加以注意。他们说以西结与以赛亚两人所见完全一样，并以下面这个寓言作类比：有两人看见国王骑马，其中一个是城里人，一个是乡下人。城里人知道街坊邻居对国王骑马已习以为常，所以只轻描淡写地对他们说他看到了国王。而乡下人急于让他的亲朋好友大开眼界，就详细地追述了国王如何骑马，其侍卫如何，其传令接旨的御官如何，等等。这一比喻颇为有用，并与《喜庆祭》[①]中的说法相吻合："凡以西结见过的以赛亚都见过，以赛亚好比看见国王的城里人，而以西结则像看见国王的乡下人"（巴比伦《塔木德》:《喜庆祭》，13b），对此可以通过我在本章开始所说的那句话来进行解释，即以赛亚这代人对细节不

① 原文为*Ḥagigah*，指的是古代以色列男子在拜觐节日即逾越节、律法节和住棚节时带往耶路撒冷的祭品。见犹太法典《密西那》中的第2卷第12篇。——中译者

感兴趣，他们只需以赛亚说："我见主"之类的话就够了。而处在巴比伦之囚时期的这代人则想要知道全部细节。不过，那位作者在说这些话的时候可能认为以赛亚比以西结见多识广，所以异象对以西结来说更神秘可畏，而以赛亚对异象已司空见惯，所以他认为这不是什么稀罕事，没有必要向别人特别是那些有知识的人详述。

第 7 章

神车的异象和异象发生的年、月、日以及地点之间的关联，也是我们研究的重点之一。其关联的因由一定能找到，并且这种关联在异象中的作用也绝不是无足轻重的。我们必须考虑“天就开了”(《以西结书》，第 1 章，第 1 节）意味着什么，因为这句话是理解所有异象的一把钥匙。在先知的著述中，诸如“开了”或“开门了”之类的隐喻说法经常出现，比如:“敞开城门，使守信的义民得以进入”(《以赛亚书》，第 26 章，第 2 节）;“又敞开天上的门”(《诗篇》，第 78 章，第 23 节）;“众城门哪，你们要抬起头来！”（同上书，第 24 章，第 9 节）;“给我敞开义门，我要进去称谢耶和华！”（同上书，第 118 章，第 19 节）。类似的句子还有很多。先知在说“耶和华的灵[①]降在他身上”(《以西结书》，第 1 章，第 3 节）时，其整体描述无疑是针对一种先知的异象，但你还须注意先知对异象各部分的描述是有很大差别的。在说明“活物”时，先知没有说“四个活物”，而是说“四个活物的形象”（同上章，第 5 节）。类似的例子还有“活物的头以上有穹苍的形象”（同上章，第 22 节）、“有宝座的形象，仿佛蓝宝石”以及“在宝座形

① 原文是“手”。——中译者

象以上有仿佛人的形象”（同上章，第 26 节），其中都用到“形象”（likeness）一词。在对轮的说明中，先知却没有说“四轮的形象”、“轮的形象”，而是直接把轮与其本质属性说成是实然存在的。在“四轮都是一个模式”中虽用到“likeness”一词，但其意义并非“形象”而是“样式”，这一点不可误解。在描述最后一种异象时，先知对此加以证实并作了解释。在详述穹苍时，先知说：“我观看，见基路伯头上的穹苍之中显出蓝宝石的形状，仿佛宝座的形象”（同上书，第 10 章，第 1 节），这里先知说“穹苍”而没有说“穹苍的形象”，与他把活物形象的头顶与“穹苍”连在一起的说法不同（参见《以西结书》，第 1 章，第 22 节）。[①] 在提到宝座时先知说：“穹苍之上仿佛有宝座的形象”，但这只是为了说明他先看到的是穹苍，其次才是穹苍之上的宝座形象。请仔细考虑这一点。

还须提醒你的是，在描述第一种异象时，先知说活物有翅膀有人手，而在描述第二种异象时，他用“基路伯”替代了“活物”，并说先看到翅膀，而后才见到人手。《圣经》说：“在基路伯翅膀之下显出有人手的样式。”（《以西结书》，第 10 章，第 8 节）在这句话中，“样式”代替了“形象”，并且手是长在翅膀下面的，请注意这一点。

考虑一下为什么先知虽未赋予活物形状，但在提到轮时却说：“轮也在他们的旁边。”（同上章，第 19 节）

先知还说：“下雨的日子，云中虹的形状怎样，周围光辉的形

---

① 这一节说：活物的头以上有穹苍的形象，看着像可畏的水晶，铺张在活物的头以上。——中译者

状也是怎样。这就是耶和华荣耀的形象。”（同上书，第1章，第28节）这里所描述的虹的本质及特点是大家所熟悉的，但以虹作比喻的形象却卓尔不凡。毫无疑问，它只有先知才能感觉到。请特别注意这一点。

同样值得注意的是宝座以上人的形状是可分的：腰以上部分仿佛光耀的精金；腰以下部分仿佛火的形状。[①] 先贤们认为 *ḥashmal*（精金）一词由 *ḥash* 和 *mal* 构成，其中 *ḥash* 指“敏捷”，*mal* 指“中止”。把这两个单独的词连在一起是为了暗示人的形状由两部分组成——腰以上部分和腰以下部分。对此，我们曾给过不同的解释，即，*ḥashmal* 兼含 *hashoth*（沉默）和 *memalleloth*（讲话）之意，因为先贤说过“他们有时缄口不言，有时又侃侃而谈”，并认为 *ḥash* 由 *hehesheth* 而来：“我许久闭口不言，静默不语。”（《以赛亚书》，第42章，第14节）由此看来，由两个词组成的 *ḥashmal* 一词意即“不出声的话语”。毫无疑问，“他们有时闭口不言，有时又侃侃而谈”是针对一种被造物说的。宝座以上人的可分形象并不代表处于整个神车以上的上帝形象，而只是上帝的一种造物。让我们来看看先知是如何表明这一点的。先知说：“这就是耶和华荣耀的形象。”我们一再强调，“耶和华的荣耀”不同于“耶和华”。所以异象中的一切都是针对耶和华的荣耀，针对神车的，而与神车之上的主耶和华无关。大象无形——神是不可比拟、不可描述的。这一点要切记。

至此，我们在本章里已向你详述了各种解释——它们对你很

① 参见《以西结书》，第1章，第27节及第8章，第2节。

有裨益。你如果将它们联系起来，就能充分了解圣书的各节内容。如果把本书第三部分截至目前所讲的内容加以全盘考虑，你会发现，除了少数几处含义不明外，圣书里对世界起源和神车所作的描述都已一清二楚了。也许更进一步的研究会揭示这少数几处疑问，这样的话，一切就都一览无余了。

接下去，无论明确也好，含糊也好，就这一主题我都将不再赘言。经历过一番艰苦的跋涉之后，我们已把能说的都说了，下面我将论述另一个主题。

第8章

物体之所以容易变质腐烂是由于其质料的缘故；物体的形式以及形式的本质是不会腐烂的，就此而言，物体是不朽的。我们知道，各种特殊的形式全都是不朽的、永恒的。形式只是由于它与质料的结合才容易被意外地毁灭。由于质料就其本性和现实性而言总是在不断地丧失，所以它才没有一种恒定的形式——质料的形式总是在不断地变化着。所罗门国王就此曾有一个精彩的比喻。他说，质料就像“淫妇”[①]，因为质料离不开形式，就像淫妇离不开男人一样；而且，淫妇即使已嫁了人，也仍会不断地追求别的男人，千方百计地勾引他，直到他能像她丈夫那样委身于她为止。质料也是如此；因为无论具有怎样的形式，质料仍倾向于向另一种形式转化——它不停地变化，以新形式更换其固有的形式；而新形式产生后，同样也要遭到被抛弃的命运。由此可见，所有的腐烂、毁坏、变质都产生于质料。就人而言，他肢体的残疾、行为的变态、神情呆滞以及精神的错乱，无论先天与否，都根源于其短暂的质料，而不是形式。其他动物的生老病死同样也是由于其质料，而不是形式。人的缺陷与罪孽全都根源于其肉体

① 参见《箴言》，第6章，第26节。

质料而不是形式；而人的所有优点与美德无疑都来自其形式。因此我们说，人有关上帝的知识观念的形成、人对自己的欲望和激情的控制、人对可接受之物与应拒绝之物所作的区分——所有这些都因之于人的形式；而人的吃喝玩乐、淫荡邪恶则可以在其肉体质料中找到根源。按照上帝的智慧，不可能存在没有形式的质料，也不可能存在没有质料的物体形式；所以很显然，就人非常高尚的形式而言，它必然要与充满灰尘与污垢、产生缺陷与损毁的质料相结合。我们说过，人的高尚形式是上帝的摹本。由于这些原因，造物主赋予人的形式以控制、主宰、支配质料的力，即形式会以一种恰当的方式尽可能地去征服质料，拒斥其欲望的满足，降低其欲望的强度。因对这种权力的运用不同，人的境界也各有高低。一些人听从他们那高尚形式的召唤，不断努力去选择崇高，追求不朽；他们思考观念的形成，思考如何去获得关于万事万物的真知识，思考如何与沐浴他们、作为他们形式源泉的神的智慧保持一致，并且乐此不疲。每当他们受肉体需要的支配，干出低级下流的事情，他们就会对此痛心疾首。他们竭尽全力千方百计地去消除这种耻辱，提防它再次发生。他们觉得自己就像国王一怒之下为了羞辱他而让他搬运垃圾的那个人。那个人在这种耻辱中为了尽可能地使自己不丢人现眼，他也许会在不弄脏手和衣服的前提下，把少量的垃圾搬运到不远的地方，而他自己则不会受到同伴的注目。一个自由人也许会这么做，而一个奴隶则不会。他不认为搬运垃圾是沉重的负担，反而乐在其中——大模大样地笑着，根本不在乎自己的脸有多黑，手有多脏。这正是在各种不同人行为中存在的差别。正如我们刚说过的，有些人认

为所有的肉体需要都是人的耻辱与堕落，人只是迫不得已才为之。在人的肉体需要中，最主要的就是肌肤之乐。按照亚里士多德的说法，这对我们来说是可耻的，它是声色饮食之欲的根源。有才智的人们必须尽可能地去减少这些肉体需要，警觉它们的产生，并为自己满足欲望的行为而感到痛心；与他人在一起时，也必须对之讳莫如深。人必须控制所有这些欲望，尽可能地去减少它们，仅仅保留那些必不可少的，因为人的目的不是别的，必须是人之为人的目的，即观念的形成。在这些观念中，最美好而又最伟大的是人根据自己的能力形成的关于上帝、天使以及其他创造物的观念。形成这些观念的人才会与上帝同在。关于他们，正如《圣经》所言："你们是神（王子），都是至高者的儿子"（《诗篇》，第82章，第6节）——这正是人的使命与目的。而那些远离上帝的人则是一群傻瓜，其行为正好相反。他们不顾及所有的思想，也不对观念进行反思，只把寻求最令人羞耻的肉欲之乐当作人生的目的，他们所思所想的仅仅是食色二字。关于这些沉湎于酒肉声色之中的邪恶之徒，《圣经》里写道："就是这地人，也因酒摇摇晃晃，因浓酒东倒西歪"，等等（《以赛亚书》，第28章，第7节）；"因为各席上满了呕吐的污秽，无一处干净"（同上章，第8节）。《圣经》中又说："妇女辖管他们。"（同上书，第3章，第12节）在创世之初，对于这些人情况却正好相反，"你必恋慕你丈夫，你丈夫必管辖你"。后来他们的淫荡程度被作了这样的描绘："他们像喂饱的马到处乱跑，各向他邻舍的妻发嘶声"，等等（《耶利米书》，第5章，第8节）；"因他们都是行奸淫的，是行诡诈的一党"（同上书，第9章，第2节）。所罗门箴言所涉及的全是同一主题，劝诫人们不要纵欲享乐，不要饮食无度。正是这两种恶习毁掉了那些憎恨上帝，远离上帝的人。下面这些话对他们颇为适用：“他们不属耶和华”（同上书，第 5 章，第 10 节）；“你将他们从我眼前赶出，叫他们去吧！”（同上书，第 15 章，第 1 节）至于所罗门以“谁能找到一个品行端正的女人？”（《箴言》，第 31 章，第 10 节）开始的这段话，很显然是以“品行端正的女人”来作比。一个拥有健全体魄的人，也就拥有神的恩惠。这种体魄既不过于律己，又不被邪恶所左右。总之，良好的体质有助于灵魂对肉体的控制，而通过训练以克服肉体的不足，并不是不可能的。正是由于这一原因，所罗门国王和其他一些人才写下道德箴言；《摩西五经》中所有的圣诫与劝诫的目的也都在于使人克服肉体的欲望。一些人想成为真正的人，不愿成为披着人皮的禽兽。他们必须不断地努力，去克服肉体需要，诸如饮、食、声、色、恼怒以及所有根源于色欲与激情的邪恶，他们必须对这些欲望怀有羞耻之心，并为自身着想而严加防范。至于饮、食，就其是人的绝对必需而言，他们只能吃人体所必需且有益于健康的食物，并不是出于享受的目的。他亦不能为了同样的目的去谈论肉体的需要，甚至在众人面前大谈特谈。我们知道，我们的先贤从不参加非宗教性的宴会；虔诚的人都以耶尔（Jair）之子皮那斯（Phinehas）为楷模——他从不去他人家与别人共餐，甚至拒不接受至圣犹大拉比的邀请。酒可以被视作食物，即使如此，专为在一起饮酒而大宴宾朋，比起那些公然在同一屋内赤身裸体的人的放荡行为，要更不得体得多。因为对于人来说，消化器官的自然作用是必不可少的，没有它人就不能生存，但酗酒则是出于人的邪恶意志。当众

裸体是不规矩的行为——这仅仅是根据公众的看法，而不是根据理智的指引；而酗酒则由于它摧残人的身心健康而被理智判为邪恶。因此，如果你真想把自己当人看待，就必须禁酒，甚至不去谈论它。关于性爱，这里无须多言。因为在关于《先贤篇》(*Abot*)的评论（Ⅰ，17）中，我已指出我们的律法是如何看待性爱的。它是一种纯智慧的教训——没有任何理由可以诱使我们去谈论性爱。因此我们的先贤说，先知以利沙之所以被称为至圣，是由于他从不思淫，也因此从未遗过精。同样，他们也说过雅各直到令妻子怀上流便（Reuben）时才初次射精。所有这些传统故事，其目的都在于教化人们。我们的先贤有句名言："犯罪的念头比犯罪本身更可怕。"对此我可以提供一个合理的解释：人之所以不守规矩，仅仅是由于人的某些属性与其质料有关，即与人的兽欲有关，而思想是与人的形式相关的一种能力——因此人是通过他自己高尚的理智部分而预谋犯罪；一个人不公正地支使一个奴隶去劳动，其罪过与他出于恶念而支使一个高尚而自由的人去劳动并不相同。因为人所特有的理智及理智的特性，只应加以合理的运用——努力去靠近高等存在物，而不是努力向下去接近低等生物。你知道我们是怎样谴责内容低级庸俗的谈话的，并且极有原因这样做，因为说话能力同样是人所特有的，是上帝赋予人的使他有别于其他生灵的恩惠。上帝说："谁造人的口呢？"（《出埃及记》，第4章，第11节）先知也说："主耶和华赐我受教育的舌头。"（《以赛亚书》，第50章，第4节）上帝赐予我们这份礼物的目的在于使我们能自我完善，去受教、育人。因此，我们不可以用它去做极其低级下流的事；也不能像那些无知、淫荡的人们那样去纵歌、口无遮拦。他们这样做还说得过去，但受过训导的人则不能这般行事，“你们要归我作祭司的国度，为圣洁的国民。”（《出埃及记》，第19章，第6节）那些用这种思想和说话的能力去干不光彩之事的人，那些过分向往饮食声色，甚至歌之颂之的人，他们是在用神的恩典来与神作对，根本不顾忌神的戒律。下面这句话可能适合于他们：“我加增她的金银，她却以此供奉巴力神。”（《何西阿书》，第2章，第8节）我也有理由把我们的语言称为圣洁的语言——我并不认为这是一种夸张或谬论，相反这种说法是极其正确的，因为在希伯来语中，对男女生殖器官并没有专门的名称，对生殖行为本身、精液以及经血也都没有专门的名称。希伯来语原初就没有表述这些东西的语词，只是以比喻或暗示的方式描述它们，如同以此来表明这些事情不应谈论一样，因此也便没有名称。关于它们，我们应保持沉默，如果非说不可，也必须设法寻找一些恰当的言词，尽管这些言词通常是在别种意义上使用。男性生殖器在希伯来语中叫作 *gid*（腱），这是一种暗喻的说法，曾在这句话中出现：“你的颈项是铁般的腱”（《以赛亚书》，第48章，第4节），又称作 *shupka*（流管），是因其功能而得名的（《申命记》，第23章，第2节）。女性生殖器被称作 *qebatha*（腹）（《民数记》，第25章，第8节），是从指称“脾胃”的“*qeba*”一词转化而来；*reḥem* 表示“子宫”，是胚胎在其中发育的体内器官 *ẓoah*（《以赛亚书》，第28章，第8节），“秽物”源于动词“*yaẓa*”（他出来）；“*meme raglayim*”（洗脚水）（《列王纪下》，第18章，第17节）表示“尿”，*shikbat zera*（一层种子）表示“精液”。由于在希伯来语中，没有任何言词能直接表达性行为，只好借助于这些词来描绘：

ba'ab（他是主人），*shakab*（他躺着），*laķah*（他带走），*gillah'ervah*（他暴露赤裸之物）。*yishgalennah*（《申命记》，第28章，第30节）不要被误解为"同房"；因为*shegal*一词是指春情荡漾的女人。《圣经》上说："女奴……站在你右边。"（《诗篇》，第45章，第9节）因此，*yishgalennah*就表示"你必带着女奴同房"。

本章的大部分讨论都离开了本书的主题，并涉及了一些道德与宗教方面的内容。尽管它们不全与主题有关，但我们在进行深入讨论时，却必然要涉及它们。

第9章

人身上的物质成分如同一扇屏风或一堵墙，妨碍人去完满地把握真相；即使这种物质成分如天体的质料一样纯粹、卓越，也不例外，更何况我们的肉体又晦暗、又愚顽。不管我们的理智怎样努力地去理解神的存在或任何独立理智，在神与我们之间总存在着障碍，好像有一扇屏风或一堵墙。因此先知常常暗示说在上帝与我们之间隔有一堵墙。先知说上帝在水汽、黑暗、雾霭、密云之中将自己隐藏；他们或者以类似的比喻来暗示由于肉体的缘故，我们难以理解上帝的本质。“密云和幽暗在他的周围”（《诗篇》，第97章，第2节）说的正是这层意思。先知告诉我们说，要理解上帝的本质难就难在我们的质料太粗俗太低劣；他们并没有通过这些话的字面意思来暗示说上帝是物质的，而只是说他之所以不可见是因为他的周围布满了密云、水汽、黑暗和浓雾。“他以黑暗为藏身之处”（同上书，第18章，第11节）这句话用的也是比喻。上帝在浓云、密雾、水汽、幽暗中显现的目的在于提供教训；因为每个先知的异象都是蕴含着某种教训的寓言；因此上帝在密云中显现——那种强而有力的异象尽管卓尔不群、难以媲美，却没有任何目的，只是表明由于肉体的晦暗，我们不可能理解他。上帝并没有晦暗之躯，因为他是无形体的。在民间早就有一种流

行的看法，说上帝在西奈山上显灵的那天烟雾蒙蒙，乌云滚滚，细雨霏霏。《圣经》上说："耶和华啊，你从西珥出来，由以东地行走。那时地震天漏，云也落雨。"（《士师记》，第 5 章，第 4 节）"昏黑、密云、幽暗"（《申命记》，第 4 章，第 11 节）这几个词表达的是同样的意思。这句话并不表示上帝周围充满黑暗，因为布满上帝周围的，不是黑暗，而是一种自他流射出的伟大而强烈的永恒之光，正如先知的比喻所说的，正是它驱散了黑暗，"地就因他的荣耀而发光"（《以西结书》，第 43 章，第 2 节）。

第 10 章

我已告诉过你，伊斯兰神学家的非存在概念仅指绝对的非存在，而不是指属性的缺乏。因为他们认为属性与属性的缺乏，比如眼瞎与目明、死与生，如同热与冷一样，是相互对立的。所以他们直接断言，非存在决不需要任何动者，动者只在某物生成时才起作用。从某种意义上讲，这种观点是对的。不过，他们虽然认为非存在不需要动者，但根据自己的原理，他们又把眼瞎与耳聋、运动物体的静止说成是上帝造成的，因为他们把事物的这些相反状态都看作事物的肯定属性。现在我们必须根据我们经过哲学思考所得出的结论，来阐明我们自己的观点。你知道，一个把运动障碍去除的人，在某种意义上就是运动的原因。例如，一个人如果移去横梁的支柱，使横梁在重力的作用下倒塌下来，我们就把这种运动归因于他，这一点亚里士多德在他的《物理学》（第 8 卷，第 4 章）中已作过说明。同样，我们可以说除去事物的某种属性的人正是事物丧失这种属性的原因，尽管属性的丧失并非任何实存之物。正如我们可以说在晚上把灯熄灭的人制造了黑暗一样，我们也可以说损坏视力的人制造了目盲，尽管黑暗与目盲都是丧失，并且不需要动者。照此解释，以赛亚说的“我造光，又造暗；我施平安，又降灾祸”（《以赛亚书》，第 45 章，第 7

节）——就不难理解，因为暗与灾祸都是丧失。这里先知并没有说，“I make darkness”，“I make evil”（我制造黑暗，我制造灾祸），因为黑暗与灾祸并非动词“to make”所适用的那类肯定的存在物；“He created darkness”中之所以用动词“create（*bara*）”是因为在希伯来语中该动词适用于非存在之物。因此，圣经里说：“起初，神创造天地”（《创世记》，第1章，第1节），意即上帝从非存在中创造天地。只有在此意义上，我们才可以说非存在由某一动者的作用产生。对下面这段话，你也可以作同样的理解：“谁造人的口呢？谁使人口哑、耳聋、目明、眼瞎？”（《出埃及记》，第4章，第11节）不过，对这段话也可以做如下解释：谁使人会说话？或谁使人天生就是哑巴？其意即谁创造了丧失某种属性的物质实体。因为谁创造了丧失某种属性的物质实体，谁就可以被说成是那种缺失的创造者。所以我们说，人若有能力救人但却见死不救，他就是在行凶杀人。很显然，上述每一种解释都认为，动者的作用不可能与缺失直接相关；只是在间接的意义上，缺失才被说成是动者作用的结果；动者只能直接左右那些真实确定的存在物。由此可知，无论谁作为动者，他都只能作用于实存之物。

读完上述解释之后，请你再想一想我们前面已作过的证明，即灾祸（evils）仅仅是相对于某物而言的；与某种存在物相关的灾祸要么意味着此物的非存在，要么意味着此物的某些完美状态的非存在。由此我们可以得出一个普遍命题：“灾祸即否定。”对人而言，死亡是灾祸，因为死亡是他生命的否定；病疼、贫困、无知是灾祸，因为这些是他完美状态的否定。如果你能拿出所有事实来检验这一命题，就会发现，没有一例事实能否证它。当然按照某些人的见解就并非如此，因为他们在否定属性与肯定属性或两个对立物之间根本就不加区分，也对其本性缺乏了解；例如，他们就不知道健康只是一个相对概念，意指身体的某种平衡。一般来讲，动物身体平衡的丧失就意味着疾病，其生命的丧失就意味着死亡。其他事物的毁灭也无非是其形式的丧失。

在讨论了这些命题之后，我们还必须明确一点，即不能说是上帝直接创造了灾祸，或是他有意制造灾祸。这种见解之所以错误，是因为上帝的作品是至善的。他仅创造存在，而所有的存在都是绝对好的；上帝并不创造否定性的灾祸，我们只能在前面所讲的那种意义上把灾祸的产生归因于上帝，即说上帝制造灾祸只是就他把物质元素制造成它实际所是的样子而言的；由于物质元素总是与否定性关联在一起的，所以它才是一切毁灭与灾祸的根源。那些不含物质元素的存在物则不会遭受毁灭或灾祸。由此可见，上帝真正的作品是绝对好的，因为它即是存在。《圣经》这本照亮了黑暗世界的书就说："神看着一切所造的都甚好。"(《创世记》，第 1 章，第 31 节）物质元素的存在就其现实性而言是低级的，因为它是毁灭与灾祸的根源，但就宇宙的持久及事物之间的连续而言，它却是好的，因为只有这样整个宇宙才能方兴未艾，生生不息。因此迈厄拉比把“看，一切都是好的”这句话解释为："看，甚至死也是好的"，这与我们在本章中的考察是一致的。

请记住我在本章中所讲的内容，并要深入领会；然后你就会理解我们的先知和先贤对上帝所有直接作品的完美性所作的评论。在《大创世记》(I ）中有着同样的见解："灾祸并非自天而降。"

第 11 章

所有的大灾大祸都是由于人的某些意图、欲望、意见或宗教信条的相互冲突而导致的。它们同样可以归因于非存在，因为它们都是由人的无知和智慧的缺乏造成的。譬如，一个没有人引领的盲人行路时就会不停地跌跌绊绊，以至于摔伤自己，也撞伤别人。同样，各种群体中的成员，由于不同程度的无知，既为他们自己造成不幸，也给其他人造成不幸。智慧之于人的形式，犹如视力之于眼睛；人们拥有了它，就不会对自己和别人造成伤害；因为真正的知识能消除怨恨与争吵，防止相互伤害。先知曾给我们预言过这样一种社会状态："豺狼必与绵羊羔同居""牛必与熊同食""吃奶的孩子必玩耍在虺蛇的洞口"，等等（《以赛亚书》，第 11 章，第 6~8 节）。先知也指出了导致这种变化的原因所在。他说怨恨、争吵和仇杀必将结束，因为到那时人们已拥有了认识上帝的真正知识："在我圣山的遍处，这一切都不伤人、不害物，因为认识耶和华的知识要充满遍地，好像水充满洋海一般。"（同上章，第 9 节）请注意这一点。

第 12 章

人们常认为世界上恶的东西远远多于善的东西，不同民族用各种不同的谚语与歌谣表达了这种观点。照此观点，恶的东西为数众多且持存长久，而善的东西则异常罕见。不但普通人，甚至许多自以为聪明的人都持有这种错误看法。拉茨[①]曾写过一本很有名的书，叫《神圣事物》。这本书除了内容荒诞、离奇外，还包含他自己所发现的一种思想，即恶的存在物比善的存在物要多。在他看来，如果把社会繁荣时期人所拥有的幸福与降临其身上的不幸，诸如悲伤、痛苦、残缺、肢体瘫痪、恐惧、焦虑、烦恼相比，对人来说活着简直就是一种惩罚和恶事。这位作者为证实自己的看法，把恶的东西逐一列出，并以此来批驳那些持有正确观点的人。后者认为上帝及其仁慈惠泽万方，也就是说上帝是最高的善；他所创造的一切也都是善的。这位无知之徒连同其平庸的支持者以个人为尺度去衡量整个宇宙，从而埋下了错误的种子。因为愚昧的人相信，整个宇宙都是为他而存在的；除此之外，宇宙的存在似乎再无其他目的。因此一旦发生的事情出乎预料，他

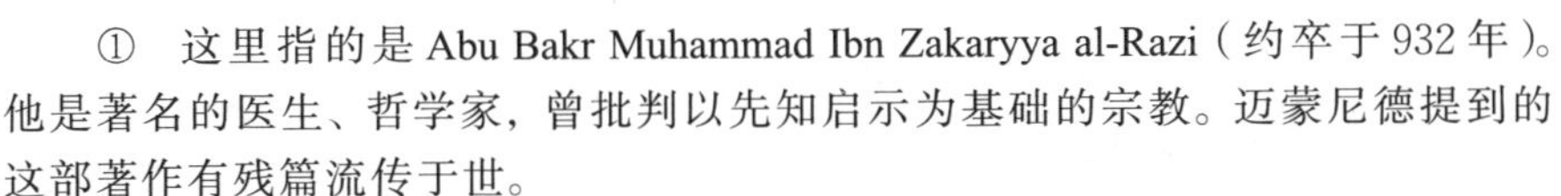

① 这里指的是 Abu Bakr Muhammad Ibn Zakaryya al-Razi（约卒于 932 年）。他是著名的医生、哲学家，曾批判以先知启示为基础的宗教。迈蒙尼德提到的这部著作有残篇流传于世。

就立即断定整个宇宙都充满了恶。相反，如果人能高屋建瓴地对宇宙形成整体的观念，并领悟到自己只不过是沧海之一粟，他就会发现真理之所在。因为很显然，那些同时得出这种谬论（认为尘世充满邪恶）的人，在天使、天体、星辰、元素以及由它们构成的矿石、植物或各种生物群体中是找不到这些邪恶的，邪恶仅存在于人类的某些个体身上。他们不了解，为什么一个因吃变质食物而患麻风病的人就该遭此病魔摧残，就该承受这样的不幸；为什么一个纵欲过度以至视力衰退的人就该经受失明的危险，等等。我们所要得出的真正结论是：生活于现世中的人和其他各种动物与整个宇宙中的存在相比是微不足道的。《圣经》里说："人好像一口气"（《诗篇》，第 144 章，第 4 节）；"何况如虫的人，如蛆的世人呢！"（《约伯记》，第 25 章，第 6 节）；"何况那住在土房、根基在尘土里被蠹虫所毁坏的人呢？"（同上书，第 4 章，第 19 节）；"看哪，万民都像水桶的一滴，又算如天平上的微尘"（《以赛亚书》，第 40 章，第 15 节）。在先知的书中还有好多话表达了这种看法。更切合实际地讲，人应认清自己的位置，不要错误地去幻想整个宇宙只为他而生、为他而死。我们认为宇宙之所以如此存在是由于创世主的意志；与宇宙中的天体、星辰这些高级事物相比，人类是低级的；尽管在地上，人是由元素所构成的万物之灵长，但人与天使是无法比拟的。尽管如此，生命仍是上帝给予人的恩惠，人的优越与完美仍是上帝给予人的馈赠。人类个体所遭受的许多不幸只是由于其自身的缺陷所致。我们满腹牢骚，想为我们自身的过失开脱罪责；我们遭受着自身的自由意志所造成的不幸，却把责任推给与此毫不相干的上帝！《圣经》里说："这乖僻弯曲的世代，向他行事邪僻，有这弊病，就不是他的儿女。”（《申命记》，第 32 章，第 5 节）所罗门对此解释道：“人的愚昧倾败他的道，他的心也抱怨耶和华。”（《箴言》，第 19 章，第 3 节）

我将以如下方式对此理论进行解释。人所遭遇的不幸有三类：

（1）第一类不幸是由人易生易死、拥有肉体这类生理状况造成的。由于有了肉体，一些人就患有畸形症或麻痹症。这种不幸要么是由于人的先天不足造成的，要么是由于他的身体病变引起的，比如，由于呼吸感染、伤风受寒，或跌打损伤而引起。我们已经表明过，根据神的智慧，没有毁灭就没有创造，没有物种个体的死亡，物种自身就不会永存。由此可见，上帝是多么的仁慈、高尚、善良。一个认为自己能够有骨有肉而不受任何外界因素、偶然事故影响的人，潜意识里梦想着把两种对立面加以调和，也即在同一瞬间把变与不变加以调和。但人如果不生老病死，也就不会繁衍生息；虽有个体存在，却无种族可言。伽林在他的《肢体的功能》一书第三部分中讲得非常正确。他说，想见到一种能受精怀孕却又长生不老、无忧无虑、运动不息、光芒四射的生物，这只能是痴心妄想。伽林的观点包含在下面这样一个更普遍的命题中：不管什么质料构成的东西，它都具有那种质料所可能具有的最完美的形式；个体的缺陷是与个体的质料相一致的。由经血或精液构成的最好最完美的存在是人种，因为就我们所知的人之本性而言，人不但活着，有理性，而且会死亡。因此，人不可能会免遭这种不幸。虽然如此，你会发现上面所说的那些人间不幸实在是极少；因为在一个未遭受洪灾或火灾的千年古国里，成千

上万人的身体都非常健全，而畸形人却十分罕见——如果你不喜欢“罕见”这个词，可以换个说法，用“数量极少”——与那些正常人相比，畸形人占不到百分之一，甚至连千分之一也不到。

（2）第二类不幸是由人与人之间的争斗造成的，例如一些人暴虐地统治另一些人。这类不幸与第一类相比，数量尤甚。争斗的原因很多且广为人知。尽管遭受不幸的人自己也难以扭转这种厄运，但其根源仍在我们自身。这类不幸并非在全世界的每个国家都很普遍。夜里闯入邻居家图财害命这种事就很少发生。不过，很多人都饱经战患。但是，如果把世界各地都考虑在内，战患也不是经常发生的。

（3）第三类不幸就是由个人自身造成的某些灾祸。这类不幸数量最大，远远超过了第二类。特别遭人抱怨的不幸也正是这类。很少有人不干这种自食其果、自作自受的傻事。因此，先知谴责那些得到报应的人也是理所当然：“这妄献的事既由你们经手”（《玛拉基书》，第1章，第9节）；下面这句话的意思也是这样：“行这事的，必丧掉生命。”（《箴言》，第6章，第32节）关于这类不幸，所罗门曾讲道：“人的愚昧倾败他的道。”（同上书，第19章，第3节）在下面这段话里，他同样把这类不幸归因于人的自作自受：“我所找到的只有一件，就是神造人原正直，但他们寻出许多巧计”（《传道书》，第7章，第29节）——正是这些巧计给人带来了不幸。《约伯记》第5章第6节里也有这样的思想：“祸患，原不是从土中出来的；患难，也不是从地里发生。”紧接着约伯就指出人自己是祸首：“人生在世必遇患难”。这类不幸的产生在于人有各种坏毛病，诸如贪吃、贪喝、贪色或暴饮暴食，纵欲过度，身中流毒等。这种生活方式给人的身心都会带来疾病和痛苦。给身体造成的痛苦已广为人知。至于灵魂的痛苦，有两方面：一是由于灵魂居于身体之内，身体的变异必然导致灵魂的不幸，因此可以说人的身体状况决定其灵魂状况。二是贪爱奢侈之物的灵魂会感染上一种恶习，总渴望得到那对个体或种的保存都无必要的东西。这种欲望没有止境而必需之物数量极少，对它们的渴望也有限度；奢侈之物是无穷无尽的。比如，你想得到一种银器皿，但金器皿比它更好，而别人甚至还拥有蓝宝石器皿，或由绿宝石、红宝石做成的器皿或拥有其他任何可以想到的东西。无知而又刚愎自用的人常会陷入烦恼与痛苦之中，因为他们总也不可能拥有与别人一样多的奢侈品。为获取奢侈品，他们通常会不辞劳苦，甚至铤而走险，比如远涉重洋或充当幕僚。当他们由此而遭报应时，就抱怨上帝的法令与判决不公，并变得愤世嫉俗，惊诧时代变革的不公，即没有让他们腰缠万贯；有了钱，他们本来可以散尽千金，一醉方休；本来可以妻妾成群，一个个都佩戴金银珠宝，穿着绫罗绸缎，享尽肉欲之乐。在他们眼里，好像整个宇宙都是为了让他们这些低劣之人寻欢作乐。这些无知之人甚至荒谬到这种地步，说什么上帝的权力还不充分，因为上帝赋予宇宙的某些属性在他们看来，正是这些邪恶的根源，而这些属性既无助于所有心怀邪念的人们得到他们的所求之物，也无助于让这些邪恶的灵魂得到欲望的满足，尽管我们已指出，欲望根本就没有止境。然而，有智有德之人却能体悟并理解布满宇宙中的上帝智慧。大卫就说过：“凡遵守他的约和他的法度的人，耶和华都以慈爱诚实待他。”（《诗篇》，第 25 章，第 10 节）因为凡是顺应宇宙本性遵守

律法戒律并了解其目的的人，都会很清楚地知道上帝的慈爱遍及万物；因此，他们追求那创世主有意为人设置的目标——理解。受肉体需要所驱，他们也寻求保存肉体的所需之物："吃的面包与穿的衣"（这些数量极少），但却不寻求奢侈之物，人只要满足于基本需要，获得衣食对他来说就不算什么难事。

在这方面，我们遇到的所有困难与麻烦都可归因于对奢侈之物的欲望。人如果一味贪婪多余之物，他获得必需之物甚至都会遇到困难。因为贪欲越多，困难就越多；把人力财力都耗费在不必要的东西上，想获得必需之物时就会缺少人力财力。自然现象可以对这种论断的正确性作出证明；越是维护生命所必需的，越是廉价而易于得到。越是不必要的，越是稀少而昂贵。比如，空气、水、食物对人来说是必不可少的：其中空气最重要，因为人窒息片刻就会死亡，而一两天不饮水却没事。毫无疑问，空气比水也更容易得到，也更廉价。水比食物重要，因为一些人只要有水喝，四五天不吃饭也没事，与食物相比，每个国家的水资源也都更为丰富，更为便宜。在不同种类的食物中间也可发现同样的比例：越是不可缺的食物，其产量就越多，价钱就越廉。我想，有知识的人是不会把麝香、琥珀、红宝石、绿宝石当作人的必需之物，除非作药用；即使为了治病之用，这些东西以及与之类似的东西，也可以用药材和矿物来代替。这不正表明了上帝对其生灵，甚至我们这些残弱生灵的眷顾与仁爱吗？我们都知道，上帝对所有动物都是一视同仁的，因为在这倏忽流转的世界里，有着各种各样的动物，但却没有一个动物因拥有特殊性质或额外器官而与其他同种属的动物相区别；相反地，凡是一个动物所具有的

生理、心理的生命力或器官，其他的动物也都有。如果有一个动物有点与众不同，那也是由于偶然事故或某种例外，而不是出于自然属性，何况这种情况也很少发生。照自然的顺序，同一种属的个体之间其生长发育的轨迹是没有什么区别的，区别只在于它们的实体各自具有不同的禀性。这是该种属实体本性的必然结果；而种属的本性对任何个体都是同样有益的。一个人拥有许多香袋和镶有金丝边的衣服，而另一个人没有（这些东西对维持生命来说是不必要的），这并非错误与不公；拥有这类东西的人并没获得一种控制权，去支配就他的本性而言是必不可少的添加之物，相反，他所得到的仅是虚幻不实之物。另外一个人虽不拥有这些对其生存并非必需的东西，但他却没有将最重要的东西错过："多收的也没有余，少收的也没有缺，各人按着自己的饭量收取。"（《出埃及记》，第16章，第18节）这种做法在任何时代任何地方都是一样的，正如我们所解释的，不会发现有任何例外情况。

通过以下这两种方式，你就会发现上帝对其创造物的仁慈：他是如何按适当的比例为创造物提供所需之物的，又是如何绝对公平地对待同一种属的所有个体的。依据这种正确的反思，智者中最智慧的人（即摩西）说道："他所行的无不公平。"（《申命记》，第32章，第4节）大卫同样说过："耶和华都以慈爱诚实待他。"（《诗篇》，第25章，第10节）他也明确说过："耶和华善待万民，他的慈悲覆庇他一切所造的"（同上书，第145章，第9节）；因为上帝赋予我们存在本身就是一件伟大完美的善举，正如我们已表明过的，赋予动物以控制能力亦是上帝善待它们的明证。

第13章

理智之人在探询存在物的目的时往往会陷入迷惑之中。现在我将根据上面提及的各种理论，来表明追问终极目的是何等荒谬。一位动者在其有意的活动中一定抱有某种隐秘的目的。这是很显然的，无须作任何哲学上的论证。被有意制造出来的东西经历了从非存在到存在的变化，这同样是很显然的。更进一步讲，拥有绝对存在的存在物，也就是从来不会也永远不会丧失其存在的存在物是不需要一位动者的，人们就此也已达成了共识。前面我们对此已作了解释。关于非创造之物，不能去追问“其目的是什么”的，因此，我们不能去追问上帝存在的目的。他是非创造的。照此前提，无疑会得出下面这种结论，即我们可以探寻被一种理智的原因所有意制造的事物的目的，也就是说，其存在可归因于一个理智存在的万事万物必定有其最终的原因。但是对于非创造物，正如我们所讲，却无须寻求其最终的原因。读完这种解释，你就会明白，不论是按照我们关于宇宙的理论还是按照亚里士多德的宇宙永恒论，都不可能找到整个宇宙的最终原因。因为亚里士多德认为宇宙没有开端，甚至连宇宙的各个部分，我们也不可能找到其最终原因。因此根据他的观点，我们不可能去追问：天体存在的最终原因是什么？它们为什么具有这样那样的维

度和数目？为什么物质是如此这般的？动物或植物的某一种属存在的目的是什么？亚里士多德把这一切都当作事物永恒秩序的安排。自然哲学探讨了每一自然事物的目的，但却未曾涉及本章所说的这种终极因。自然哲学已认识到这一事实，即每一自然事物都有自己的目的，或在四因中最为重要的是目的因——尽管在大多数事物的种类中，很难发现这种目的因。亚里士多德反复强调，自然不会平白无故地产生万物，因为每种自然活动都有确定的目的。他由此认为植物为动物而存在[①]，与此相似，他还列举了宇宙中其他事物的存在目的。这种目的因在动物的肢体上表现得特别明显。自然的事物都具有自己的目的因，这使哲学家不得不假设必然有一种与自然不同的最初原因存在；亚里士多德称之为理智因或神因，其作用在于把某一物造化为另一物的目的。承认这一真理的人将把如下事实作为神创世界的最好证明，即：自然中的任何事物都有其目的，即为它物存在、使它物受惠。为此，我们可以举出无数事例。这同时也表明，自然是设计的结果，但要承认这一点，就必须假定自然是被创造的。

下面我要言归正传，继续讨论目的因。自然物的动力因、形式因及目的因是一致的，也就是说，它们从种类上讲，都指同一个东西，这一点亚里士多德已作过解释。比如，萨义德的形式是产生他儿子乌莫尔的形式的动力因；他所做的事就是把属于其种的形式赋予乌莫尔的质料。而乌莫尔存在的目的就在于拥有人的

① 参考亚里士多德《政治学》，第 1 卷，第 8 章，1256b16;《植物》，第 1 卷，第 2 章，817b25。

形式。在亚里士多德看来，凡需要繁衍的自然物种的所有个体都是如此。因为在所有这些情况下，三个原因都属于同一个种。不过，它们都只与其最终目的有关。就每一物种都有最终目的而言，所有探索自然的人都认为这一点是毫无疑问的，只不过连认识这种目的都很困难，更不用说去认识整个宇宙的目的了。从亚里士多德的论述中似乎可以得出这样的结论，即在他看来，物种的最终目的就在于周而复始地生成与毁灭；这一过程对于物体的不断生成来说是绝对必需的，因为由低级的质料组成的个体是不可能永存的。并且，那能被生成的目的——我意指可能存在的最完善之物，就是从质料中产生的。因为被生成物的最终目的就在于达到完善。很显然，从质料中可能生成的最完善之物就是人；人在地上的存在物中是最后形成的，但也是最完善的。就此而言，说地上的一切都为人而生并不算错；我的意思是说地上万物所经历的一切变化都是为了生成可能生成的最完善之物。由此可见，按照亚里士多德的宇宙永恒论，就不会提出人存在的最终目的是什么这种问题，因为按他的理解，某一物种中每一个体的直接目的是此物种形式的完善，而每一个体在获得了所属物种的形式后就实现了最终的目的。还有，物种的最终目的在于通过连续不断的生成与毁灭使自身的形式永久化，这样一来，就总会有一个存在使物种尽可能完善的新的生成过程，由此显而易见，根据永恒论，不存在什么作为整体存在的最终目的问题。

按照我们的见解，整个世界是从无中创造的，所以在时间上是有开端的。于是接受我们这种见解的人有时就会认为追问创世的目的是非常必要的。他们说上帝为了让人服侍他、崇拜他而专门为人创造了整个世界；上帝只是为人才创造了万物，甚至天体也是为了人或生成人所必需的东西才运转的。在先知书中，有一些话若从其字面意思理解，对这种见解也会是一个有力的支持。比如："创造诸天的耶和华，制造成全大地的神，他创造坚定大地，并非使地荒凉，是要给人居住"（《以赛亚书》，第 45 章，第 18 节）；"若是我立白日黑夜的约不能存住"（《耶利米书》，第 33 章，第 25 节）；"他铺张穹苍如幔子，展开诸天如可住的帐棚"（《以赛亚书》，第 40 章，第 22 节）。如果连天体都是为人而存在，那就更不用说所有的动植物了。不过，如果对这种见解进行深入思考，就像理智之人针对各种不同观点所常做的那样，我们就会发现其中所包含的错误是显而易见的。为发现其错误，我们可以对相信这种见解的人提出如下质问：在创造其他存在物之前，上帝是不是能创造人？或者是不是人只能在上帝创造了其他存在物之后才能存在？如果回答是肯定的，比如说即使没有天空，上帝也能创造出人，那么，我们还可以进一步提出质问：既然人没有这些不为自身而为人的存在物也能存在，那么这些存在物对人还有什么用处？即使像前面所讲的那样，世界是为人而存在，人是为崇拜上帝而存在，我们还可以追问：人崇拜上帝的目的是什么？因为我们至高无上的主既不会因其创造物对他的崇拜和真正理解而更完善，也不会因为除了他无物存在而有缺陷。如果有人回答说，人崇拜上帝并不是为了促成上帝的完善，而是为了促成人自身的完善，即崇拜上帝可以使人完善，对人最有益，那么必然又会出现下面的问题：人完善的目的是什么？如此这般，关于创造物的目的可以一直追问下去，直至得出正确结论：这是上帝的意志所

为，是上帝的智慧使然。因此，以色列人的先贤会在其祷文中说出下面这段话：“你在太初造人，选他立你面前，谁能问你这是为什么？即使他是正直的，又能对你怎样？”[①]由此可见，他们也认为万物的存在并没有什么最终的目的，而是上帝的旨意使然。如此的话，相信创世说的我们就得承认，上帝本可以用另一种方式创造世界，使其中的因果联系完全不同于我们现在这个世界中的因果联系；而这将导致一种荒谬的看法，即由于唯一有目的的创造物——人可以在万物之先被创造，所以，除人之外，其他万物的存在都没有目的。

因此之故，我认为，不论是按照律法的教导，还是哲学沉思所得出的结论，最正确的看法都应当是：万物并不为人而存在；它们之被创造是为了它们自身的缘故，而不是为了其他东西。由此可见，即使按照我们的创世说，追问所有物种的最终目的也是毫无意义的。因为我们说世界的所有部分都是上帝的意志所为，其中有些是为了自身而存在，有些则是为别的为自身而存在的东西而存在。正如上帝说人应该存在于是就有了人一样，苍穹及其中的星辰，还有天使，也都是上帝意志的产物。每一存在物其自身的存在本身就是目的；如果说有某种物必须在另一物存在后方能存在，这也是上帝安排的结果，就如同感觉必在理智之先一样。

先知书里也表达过这种观点：“耶和华所造的，各适其用。”（《箴言》，第16章，第4节）在这句话中，代词“其”可能指涉客体，但也可能指涉主体；如果指涉后者的话，对这句话的解释就

① 这是犹太人在赎罪日念的祷文。

应当是：耶和华所造的，都是为了他的本质或意志。上帝的本质就是他的意志，这一点我们在本书中已阐明过。我们同样说过上帝的本质也可称作上帝的荣耀，根据在于下面这句话："求你显出你的荣耀给我看。"(《出埃及记》，第 33 章，第 18 节）由此可见，说"耶和华所造的，各适其用"，就类似于说："凡称为我名下的人，是我为自己的荣耀创造的，是我所做成、所造作的"(《以赛亚书》，第 43 章，第 7 节）；也就是说，归在我名下的万物之所以被我如此做成，只是由于我意愿如此，此外别无目的。"我所做成，所造作的"指的正是我前面向你解释过的事实，即有些存在物只能在其他存在物存在后方能存在。就此而言，上帝也许会说：我首先造出一物，使它必先于其他事物而存在，比如说，使质料必先于它所构成的万物而存在；然后我再从中或随其后造出我想造的东西——这样做只是出于我的意愿，并无别的目的。

《摩西五经》为那些想走上正途的人指明了方向，因此被称为"托拉"[①]。如果你从头至尾仔细阅读了其中关于创世的描述，我们所持的观点对你来说就不难理解。因为它里面并没有说有些物是为另一些物而存在；相反，却说万物都是上帝意志的产物，上帝只是为满足自己的目的才创造万物。下面这句话的含义即是如此："神看着是好的。"(《创世记》，第 1 章）先贤说："《托拉》用人的语言说话"，我们对这句话的解释你是知道的。我们用"好的"一词称谓符合我们目的的东西；因此，当圣经里在讲到万物时说："神看着一切所造的都甚好"（同上书，第 31 节），其意即上帝所

① "*Torah*"（托拉）由动词"*horoth*"转化而来，后者意即"指路"。

造的一切都符合其目的，且永不会偏离其目的。“甚”一词正是要强调这一点，因为有时一物只是暂时好的，能满足我们的目的，随后就不再适用于我们；但就所有的创造而言，它们却都符合上帝的意愿和目的，且永远如此。关于众星，《圣经》里说：“就把这些光摆列在天空，普照在地上，管理昼夜，分别明暗。”（同上章，第 17~18 节）你不要误认为这句话是说，上帝为让众星普照大地、管理昼夜才创造了它们。它只是说众星普照大地、管理昼夜完全是上帝的意志所为。同样，说人“要管理海里的鱼、空中的鸟和地上各样行动的活物”（同上章，第 28 节）并不意味着上帝为此目的才创造了人，而是要表明人之所以能天性如此也是上帝的意志所为。但是，当《圣经》里说上帝把植物赐给人和动物食用时，这与亚里士多德和其他哲学家的见解是一样的。认为植物仅是为了有惠于动物才存在是有道理的，因为没有植物，动物就无法生存。不过，对于众星来讲却并非如此，我的意思是说众星并不是为人而存在以便让人从它们那里受益的。因为，正如我们所阐明的那样，说众星“普照大地”“管理昼夜”只是描述了地上生物从它们那里得到的好处。对于从一物不断向另一物流溢的好处，其性质我已向你作过解释。而在那些不断得到这种向他们流溢的好处的人看来，似乎这对他们仁慈、慷慨的存在物只是为他们而存在。由此，一个平民也许会以为统治者存在的目的就是要保护他的财产不在夜里被盗。从某种意义上讲，他这样说是对的。因为既然是由于统治者的存在，他的财产才免遭偷盗，他本人才由之受惠，说统治者存在的目的就是为保护他的财产，这似乎也是合情合理的。当我们发现《圣经》里有些话表明崇高事物是为低级事物而存在时，同样也必须认为这只是它们的字面含义；真正来讲，高级事物以某种方式施惠于低级事物，只是它们的本性使然。

因此，我们应该坚信：一切存在物都是至高无上的主按他的意志创造出来的；我们不应在此之外再去探求它们存在的理由或目的。正如我们不能追问上帝存在的目的是什么一样，我们也不能追问上帝的意志的目的是什么。一切在时间中已存在和将存在之物都是上帝按照他的意志把它们造成了那个样子。你不要使你的灵魂陷入迷误，以为诸天和天使都是上帝为我们创造的。我们的地位《圣经》里已讲得很清楚："看哪，万民都像水桶的一滴，又算如天平上的微尘。"(《以赛亚书》，第 40 章，第 15 节）你只要把自己的本质与诸天体、众星及天使的本质比较一下，就会发现这一真理，并明白人只是与地上由质料构成的万物相比才最完善、最高尚，舍此再无其他。如果把人的存在与诸天的存在相比，人的存在就是非常非常低贱的了，更不说与天使的存在相比。《圣经》里也说："主不信靠他的臣仆，并且指他的使者为愚昧；何况那住在土房、根基在尘土里被蠹虫所毁坏的人呢？"(《约伯记》，第 4 章，第 18~19 节）要知道这里所说的"臣仆"根本不是指人，因为紧接着它才提到人，说"何况那住在土房、根基在尘土里被蠹虫所毁坏的人呢？"这里的"臣仆"是指天使，而"使者"则无疑是指诸天体。以利法（Eliphaz）本人曾换了个说法重复并阐明了他上面这段话的思想："神不信靠他的众圣者，在他眼前诸天也不洁净；何况那污秽可憎、喝罪孽如水的世人呢？"（同上书，第 15 章，第 15~16 节）很显然，"他的臣仆"是指他的众圣者——它们根本不属于人类；"他的使者"是指"诸天"。同样，"愚昧"一

词也与“不洁净”同义，都是说诸天存在是由质料构成的。尽管它们的质料最纯洁、最光亮，但与独立的、纯粹形式的天使相比，则显得又黑又脏、又污浊。至于说“主不信靠他的臣仆”，这表明天使的存在不是永恒的。因为，根据我们的见解，他们是被创造的。就是按照宇宙永恒论者的见解，他们也是被引起的。所以说与我们至高无上的主——上帝绝对必然的存在相比，天使的存在就低贱多了。“何况那住在土房根基在尘土里被蠹虫所毁坏的人”与“何况那污秽可憎、喝罪孽如水的世人”相应，其意即：更不用说那污秽可憎、不义粗俗到极点的世人，也就是说人生来就有所欠缺。“罪孽”（*avlah*）一词意指“不义”可从下面这句话里看出：“在正直的地上，他必行事不义。”（《以赛亚书》，第26章，第10节）在这里，“人”（man）一词与“亚当”即一般意义上的人同义，因为圣经里有时就用“*ish*”（人）表示一般意义上的人：“打人以致打死的，必要把他治死。”（《出埃及记》，第21章，第12节）

你应该相信我在上面所讲的这些，因为当人对自己的灵魂有了正确的认识，也能如其所是地理解每一存在物时，他就会得到满足，而不再自寻烦恼去探寻万物的目的。万物的存在没有目的，或者说它们自身的存在即是目的，这一切都是上帝的意志使然——如果你愿意，也可以说是神的智慧使然。

第 14 章

为了正确地评价自己的灵魂，我们有必要对有关诸天和众星的大小及其与我们相隔的距离的研究结果加以反思。我们是先知道地球的半径和周长，再以地球的半径为单位测出了这些距离。我们已测出地心与土星天最高点之间的距离大约是八千七百年（一年三百六十五天）的行程。如果一天的距离是四十标准里，每一标准里相当于我们平常所说的二千肘尺，试想一下这距离是多么地骇人！用《圣经》里的话说，就是："神岂不是在高天吗？你看星宿何其高呢？"（《约伯记》，第 22 章，第 12 节）其意即：你难道不能从天的高度想象出理解上帝是多么困难吗？因为如果连这种物质存在都如此遥远以至于其本质和大多数活动我们都无从知晓，那就更不用说去理解它的创造者，非物质的上帝了！事实上，我们所测出的距离是最保守的。固定的星宿所在的天离地心比我们所知的距离还要远，甚至是它的许多倍。因为诸天本身的厚度还没有测出，我们只能按其最小值来计算，这一点在《论距离》的诸篇中讲得很清楚。同样，在塔比特（Thabit）看来，虽然逻辑推理迫使我们承认天与天之间也存在着物质，但这些物质的厚度我们却无法精确地测出。因为其中没有任何星体可以作为我们测定的凭据。至于恒星所在的天，其厚度的最小值是四年的行程。

这可以从对其中所包含的众星大小的测定中推断出来。每一颗星的大小是地球的九十多倍，有可能比这还要大。至于带动诸天整日运转的第九重天，我们还无法知道其大小。由于我们从它里面还未发现一颗星，要测定其大小就根本无从着手。请想一想这些物质性的存在物有多么巨大、多么繁多！如果地球与星宿所在的诸天相比连沧海之一粟都谈不上，人之渺小就更可想而知了；我们还有什么理由说它们是为我们、因我们而在或说它们是我们生存的工具呢？物质的存在尚且如此，理智（众天使）的存在就更不用说了。

有时，人们会对哲学家就此问题所发表的见解提出怀疑，说：从哲学的角度讲，诸天存在的目的不可能是，比如说，为了支配个人或群体，而是为了保证人种的延绵不息，那么，说这些伟大的单独的物体存在的目的是不断生成各物种的个体——在哲学家看来，种的个体是永远不会灭绝的——就不会有错了。这就像铁匠用一百斤重的铁具打制一粒谷重的细针一样。如果造出铁具只是为了打制一根针，即使针打成了，也不能认为这是很聪明的办法。但如果他用笨重的铁具一根接一根地打制，使生产出的针多到好几百斤重，那么，无论怎么讲，他用铁具造针都是很聪明的办法。同样也可以说，诸天存在的目的在于不断地生成与毁灭，而生成与毁灭的目的，正如我们所说，又在于保证人种的永存。我们可以从圣经和先贤所说的话中为这种观点找到支持。

不过，为消除这种怀疑，哲学家也许会说：如果诸天与种的易生易灭的个体相比，只是各自的大小不同，这种怀疑还可以成立；但如果它们的差别是本质上的，即高尚与鄙俗之分，那么，让高尚之物充当鄙俗之物的工具就很不得体了。

总而言之，这种怀疑会促使我们更加坚信创世说，而达到这一点也正是本章的主要目的所在。我常听那懂点天文学的人说，我们的先贤所说的距离太夸张了，因为先贤曾明确地说：每一重天的厚度是五百年的行程，天与天之间的距离也是五百年。照此计算，从地心到第七重天凸面的距离是七千年的行程。凡听说过他们这种看法的人对此都不以为然，认为根本不会有这么远。不过，有科学数据表明地心与土星天——也就是第七重天的凹面的距离大约是七千零二十四年的行程。如果你知道这一数据，对先贤的看法就会确信不疑了。至于我们所说的八千七百年的行程，指的是从地心到第八重天凹面的距离。当先贤谈到天与天的距离时，他实际上是指在天与天之间存在的物质的厚度，而不是说那里是真空，什么东西也没有。

不过不要指望我们的先贤在天文方面所讲的每一句话都符合事实，因为当时数学还没有充分发展起来；加之，他们的论断并不是根据先知所言，而是根据当时他们自己对这一领域所掌握的知识或其他人研究的结果得出的。但是，我不能因此就把他们与事实相符的论断说成是假的或是凑巧成真的。一个人的话只要有可能被解释为与事实相符，那么，受过教育、有良知的人就都应该尽量如此去解释。

第 15 章

那“不可能之物”拥有永久的稳定性；它既非某个制作者所造，也决不发生任何变化。因此，认为上帝能够创造“不可能之物”是不成立的。凡有思想的人都会承认这一点，除了对逻辑一窍不通的人，也没有谁能忽略这一点。不过，关于某种可想象之物，爱玄思的人则众说纷纭。有人说它们属于不可能之物，所以上帝绝没有能力去改变它们；有人则说它们属于可能之物，上帝只要愿意，就能把它们创造出来。例如，一物同时拥有两种相反的属性、物体的基本组成部分实体与偶性的相互转变——实体变成偶性和偶性变成实体、脱离偶性而存在的物质实体——所有这些，爱玄思的人都认为是不可能的。同样，上帝再造出一个上帝，或上帝毁灭自己、改变自己，把自己变成物体，也都是不可能的。上帝并不具备一种能力去做这些不可能之事。但关于上帝能否造出脱离实体而存在的偶性问题，爱玄思的人则有不同的回答：有些人，即穆尔太齐赖派，认为这是可能的，有些人则认为这是不可能的。必须指出的是那些断言偶性可以脱离实体而存在的人，并不仅仅是通过玄思才得出这一结论的；他们之提出这种理论，主要还是想抵制各种玄思对律法信条的猛烈抨击。与此相似，我们认为事物从无中而生是可能的，哲学家则认为这是不可

能的。他们还说对角线与边相等的正方形、由四个直角构成的立方体的角以及诸如此类的东西都是不可能的；而那些对数学一窍不通，仅认识这些词却不知道其所表达的观念的人则认为它们都是可能的。

由此，我想知道，是否有一扇门开着，任何人都可以自由进入，以至于凡可想象之物，你有权说它是可能的，而我也有权说它在本性上是不可能的？或者这扇门有某种规则把守，使人们能一致断定某种事物在本性上是不可能的？我还想知道：要证明一物是可能的或是不可能的，我们是通过想象还是运用理智？我们如何把想象之物与理智之物区分开来？因为人有时会在他所认为的可能之物上与别人或他本人发生分歧：当他断言，一物就其本性而言是可能之物时，别人或他自己又会反对说：这种可能性只是想象出来的，并没有经过理智的深入思索。那么，有什么东西能把想象与理智区分开来呢？是理智与想象之外的第三者还是理智自身即能把理智之物与想象之物区分开来？所有这些问题都需要我们进行深入探讨，但这已超出了本章的论述范围。

至此，我们已表明，各种不同的理论都认为：有不可能之物，但不能承认其存在；上帝并不具备创造不可能之物的能力；上帝不能改变不可能之物并不意味着上帝不完善或其能力有限。因此，不可能之物就是不可能之物，它们并不依赖于任何一个动者的作用。很显然，人们只是在对一物究竟是属于不可能之物还是属于可能之物的认识上存在分歧，请注意这一点。

第16章

哲学家们曾就上帝关于万物的知识提出了一种极其邪恶的见解。无论是他们，还是听信他们谬论的人，在这一问题上都执迷不悟到了不可救药的地步。下面我将解释一下导致他们产生谬误的原因，同时也要阐明我们的律法就此问题所持的看法，以及我们的见解与他们的那种邪恶见解的差别。

哲学家们之所以提出那种见解，其首要原因在于：从表面上看，人的处境似乎变幻莫测，没有公理可言；因为有些虔敬的人常处于痛苦与不幸之中，而有些邪恶的人却活得安逸自在。基于这种理由，哲学家们提出了如下划分。他们说：上帝对个人的处境要么一无所知，要么了如指掌，两者中必有一真。这种划分无疑是正确的。他们接着又说：如果上帝对个人的处境了如指掌，下面这三种情况就必有一真，即要么他会使人的处境公平合理，要么他由于自己的无能而对人的处境无可奈何，要么他虽有能力，但却出于不屑或嫉妒而对人的处境坐视不管——这就像我们当中常发生的那种情况一样，一个人明知别人需要他的帮助，而他也有能力去帮助别人，但却出于对他人的恶意或嫉妒而拒绝伸出援助之手。这种划分无疑也是正确的。因为人在对待他所熟悉之物时就必有三种可能情况出现：要么关心备至且管理有方；要么虽有能力却懒得去管——譬如，人对自己所养的猫或其他更卑贱的东西就是如此；要么心有余而力不足。在作出上述划分之后，他们明确指出，就管理他所熟悉之物而言，虽然三种情况中总有一种对人类说是可能的，但其中有两种对上帝而言却是绝对不可能的，这就是无力和无心。因为如果这样的话，将意味着上帝无能和充满邪恶，但这恰恰与上帝的本性不符。因此，就只剩下两种可能：要么上帝对人的处境一无所知；要么上帝深知人的处境并能使其变得公平合理。但是，在人的处境中，除了命运的反复无常外，我们根本就找不到它所应有的公道，甚至连类似公道的东西也没有。由此可见，上帝对人的处境根本就不了解。以上就是哲学家们陷入其谬论的第一个根源。你会发现，我这里对他们的划分所作的概括以及我所指出的其谬误的根源，艾弗隆狄修斯的亚历山大在其《论神治》一书中已讲得非常清楚。

你一定会惊奇地发现，这些哲学家所陷入的邪恶比他们力图避免的邪恶要大得多；他们一再向我们解释、提醒我们注意的事，他们自己对其却一无所知。之所以说他们所陷入的邪恶比他们力图避免的邪恶大，是因为他们一方面否认上帝是无知的或是对万物漠不关心的，一方面又坚持上帝对尘世上的一切一无所知、一无所察；之所以说他们对自己一再提醒我们注意的事自己却一无所知，是由于他们一方面不停地说人的邪恶根源于其自身，或由他的物质本性所决定，一方面又根据人类个体的处境来推断整个宇宙的情形。对于这一点，我们已进行了充分的讨论。[①] 正是在此

① 参见第三篇，第12章。

基础上，他们诋毁善的原理，败坏真知的威严；但为了消除由此带来的耻辱，他们又寻找各种理由以证明上帝不可能认识尘世上的事物。其理由之一就是：物种的个体是通过感觉而非理智进行认识的，而上帝却决不会通过感觉进行认识。此外，他们还提出一个理由，即个体是无限多的，而知识的本质却是把握和限定，但无限的个体根本就不可能被把握或限定；更何况个体事物在时间中不停地生成变化，关于它们的知识也就随之不停地变化；若上帝拥有这种知识，上帝自身也就必然会随之发生变化。由于我们坚持律法的教导，认为上帝在万物存在之前就已认识它们，他们就提出两种可耻的见解来对我们加以反驳，说：第一，这将意味着可以认识纯粹的非存在；第二，由此可以推出关于可能事物的知识与关于现实事物的知识是同一的。他们自己的见解有时也自相矛盾：有的说上帝只认识物种而不认识个体；有的却说上帝只认识他自己，因为在这些人看来上帝的知识是单一不二的。在亚里士多德之前，曾有一些伟大的哲学家，他们的见解与我们相同，也认为上帝无所不知，无物可以对他隐藏。亚历山大在其著作中曾提到他们；不过，他不同意他们的见解，其主要理由也在于我们所见到的这一事实：好人遭难，恶人享福。

总之，有一点很清楚，即如果这些哲学家能注意到，人的命运按常人的标准来衡量都是很公平的，他们就不会陷入迷误之中并妄下断言。他们之所以陷入这种迷误是因为他们只关心善人和恶人的命运，并把他们的命运置于常人之上。我们当中的无知之徒就曾说过："主的道不公平。"(《以西结书》，第 33 章，第 17 节)

我已解释过，我们必须把上帝的知识与神佑联系在一起加以讨论。下一章我将先对思想家们就上帝保佑所持的见解进行解释，然后再消除他们对上帝关于个体事物的知识所产生的各种疑问。

第 17 章

关于神佑（Divine Providence），有五种不同的理论，这些理论源远流长，最早可追溯到先知时代。那时，真正的律法已给黑暗的世界带来了曙光。

第一种理论认为，根本没有上帝在保佑宇宙中的万物。宇宙中的一切，天空及其中的日月星辰都出自偶然和随机，并没有什么东西在主宰和支配它们。这是伊壁鸠鲁的理论。他认为宇宙由原子构成，原子的彼此结合无规律可循，由原子构成的一切都出自偶然。以色列的无神论者也持有同样的观点，《圣经》上说："他们不认耶和华，说：'这并不是他。'"（《耶利米书》，第 5 章，第 12 节）亚里士多德已指出了认为宇宙诞生于偶然这种理论的荒谬性，并提出与之相反的观点，认为有一个存在在统治和支配着宇宙。我们已在前面涉及过这一论题。

第二种理论认为，宇宙中有些事物的存在受上帝保佑，并处于上帝的统治、支配之下；而有些事物则遭遗弃，听凭偶然性的摆布。这是亚里士多德关于神佑的观点，现在我就向你加以解释。他认为上帝保佑着天体及其上的具体事物，因此，天体上的具体事物才能如此永久地存在。亚历山大在其著作中也表达过这种观点，但认为上帝保佑的范围只到月亮为止。这种观点可以从亚里士多德的宇宙永恒论中推出。他坚信受上帝保佑乃是宇宙的本性，正是由于神佑的缘故，天体及其上永存的具体事物才能永久地存在。依赖于天体的存在而存在的一些事物，其个体有生有灭，物种则延续不绝。据说上帝以同样的方式保佑物种的永恒与持续，却让其个体死死生生。但这并不意味着每一物种的个体被上帝所完全抛弃；个体质料中较纯洁和精致的部分被上帝赋予了生长的机能，从而能趋利避害，吐故纳新，在一定时间内持续存在。其质料中易于进化并且有感觉的部分则被赋予了别的机能，以维持和保护自身的生存。这部分具有的新机能是自由移动以趋利避害。除此之外，每一个体还具有繁衍机能，以保证其物种的延续。质料中更精致且有智力的部分则具有一种特殊机能，根据各自不同的有机程度，每一个体借此去支配、衡量并寻找维持其物种与个体存在的所需之物。除此之外，每一物种的个体所做的其他运动都被归于偶然。在亚里士多德看来，这些运动不是上帝统治和支配的结果。举例来说，狂风大作时的枝叶断落、乱石滚动、尘土飞扬、草木萧瑟、海浪滔天、船只倾覆入海就属于这类情况。亚里士多德认为，树叶飘零、石头滚落与善良、高尚的人在海难中的死是一样的；一群蚂蚁被牛拉下的粪便压死与圣徒被由于基础不稳而倒塌的房屋压死是一样的；老鼠碰巧成为猫的牺牲品、飞虫扑向蛛网自取灭亡与先知撞上愤怒的狮子被它咬死也是一样的。概括起来，其观点可总结如下：万物都受一种持久的支配力左右，它既无终结也不改变万物的任何性质。天体连同受法则支配的事物像自然客体一样，只在很例外、很稀有的情况下才逃出这种支配。它们都是被支配的结果，都与神佑密切相关。而那些

无规则的暂时现象，比如发生在生物个体身上的种种意外则只能归于随机性与偶然性，而不是受支配的结果，且与上帝的保佑无关。这种观点与他的宇宙永恒论密切相关，也与他不可能存在着不遵守自然的存在秩序的事物的观点一脉相承。对此持赞同态度的人违背了我们的律法，他们说："耶和华已离弃这地。"（《以西结书》，第9章，第9节）

第三种理论与第二种理论正好相反，认为宇宙中不论物种还是个体，没有任何东西的存在会出于偶然。它们全受制于上帝的意志、愿望以及法则。统治万物者理应对万物了如指掌。伊斯兰教的艾什尔里派就坚持这种见解，而不顾其中包含着明显的谬误。树叶飘落与人在海里淹死都是由风造成的。在这一点上，他们承认亚里士多德所说的是正确的，但又认为刮风不是一种偶然，而是上帝一手造成的，因此，树叶飘落的原因不在风，而是上帝的意志使然，正是上帝使一片叶子在此时此地而非彼时彼地下落，一切都是神意预先安排好的。以此类推，艾什尔里派就得承认运动及其他生物的存在都是神预先安排的，人做或不做一件事也由不得自己。从中必然推出事物绝无以其他任何方式存在的可能性；事物要么是必然的，要么就不存在。这种理论的支持者也承认这一点。他们认为，诸如萨义德站着，乌莫尔会来，这些事实之所以可能只是针对我们而言，就其与上帝的关系来讲则并非如此，他们要么是必然的，要么不可能。从这种理论中还可推出戒律乃无用之物的结论。因为被要求遵守律法的人对任何事都无能为力，他们既不能做要求他们做的，也不能不做禁止他们做的。但是，这种理论的支持者仍坚持说尽管我们身不由己，但派

遣先知、制定律令、进行许诺、威吓都体现了上帝的意志。上帝既可强行让我们做不可能之事，也可让我们在从其命时受罚，违其命时受赏。这些情况都有可能。由此得出的结论必然是：上帝反复无常，其作为无最终目的。为自圆其说，艾什尔里派在其理论中不得不承认这些无稽之谈。对一个先天失明的人或麻风病人，我们说，他本不该因前生的过失受如此惩罚，但他们说，这是上帝的旨意；一个虔诚的教徒被拷打或谋杀，他们说，这也是上帝的旨意。但不能因此就说上帝行不义之事。因为，在他们看来，无论上帝摧残无辜还是助纣为虐，都无过失可言。他们的这种观点流传甚广。

第四种理论认为，人拥有自由意志，因此，律法制定戒律、禁忌并赏罚分明就不足为奇。上帝的所作所为都因其智慧，他不行不义之事，也不暴虐善良的人。穆尔太齐赖派对人绝对自由持怀疑态度，但仍接受了这种理论。他们宣称叶落蚁死都是上帝关照的结果，上帝的宰制无所不在。但这种理论同样有其矛盾与荒谬之处。其荒谬性在于：一些生前无罪的人患有先天残疾，其残疾却被归因于上帝的智慧，说对这些人来讲，残疾比健全的身体更好，而我们看不出好在哪里；照此说法，残疾并非惩罚，相反倒体现了上帝的仁爱之心；一位圣徒遇害，倒会因之在来世得到加倍报偿。再讲下去，其荒谬性就更甚了。当我们质问他们为什么上帝仅公正待人而轻贱其他事物呢？野兽如何犯罪，是因有罪才遭屠宰吗？他们回答说，遭屠宰对动物来讲是好运，它们因此会在来世得到报偿。同样，跳蚤和虱子也会因其意外地一命呜呼而得到报偿；老鼠丧生于猫或鹰的爪下，他们说这也是天意的安

排，老鼠遭此不幸，死后必有洪福。

我无意于责备（后）三种神佑理论的追随者，他们也是经过深思熟虑才接受了它们。亚里士多德表面上为作为存在物本性的东西所驱使，艾什尔里派则尽量避免把上帝说成是对事物茫然无知的，也不肯承认上帝对某一个体或宇宙的一部分了如指掌，而对另一部分则一无所知。他们倒宁愿接受上面提到的诸种荒谬。穆尔太齐赖派一方面拒绝接受上帝会犯错误和行不义之举之说，一方面又不愿违背常识说使无辜者蒙冤受苦是理所应当的，或先知的使命与律法的制定都是可有可无的。他们也宁愿抱守上述的种种荒唐之说。他们甚至还自相矛盾地一方面相信上帝洞悉万物，另一方面又说人有自由意志。这种悖论，无须深究，一眼就可以见出。

第五种理论是我们自己的，亦即我们律法的见解。首先我将向你介绍在先知的著作中表述过的，亦为我们的先贤所普遍接受的观点；其次我将给出最近我们当中几位作者的意见；最后我再阐明我个人的看法。我们的先师摩西的《律法书》的基本原理之一是人拥有完全的意志自由，那些遵守律法的人也信奉这一原理。根据这一原理，人在天性中就有选择的自由、意志的自由，他是自己行动的主宰。不能把人的行为归因于任何为此目的而造的感官。野兽也同样按照自己的意志自己奔驰。这都是上帝的旨意使然，也即各种生物的自由奔跑，人在其能力限度内有权按照自己的意志去自由行动或做出选择都是永恒的神意安排的。感谢上帝，在我们的宗教团体中还没有人对此提出异议。从摩西的律法中，我们学到的另一基本原理是：无论如何，上帝决不会行不义之举。所有邪恶与痛苦像人的诸种福乐一样，不论对个人还是团体，都是公平分配的结果；它们都是永无过失的公断所致。甚至一个人因手被刺而感到疼痛，即使刺被立即拔出，这也是让他因罪而受的处罚；他行善举哪怕享受的只是最低限度的欢乐，对他来说也是报偿。所有这些赏罚都是严格按照正义来衡量和分配的。正如《圣经》里说的："他的作为完全，他所行的无不公平，是诚实无伪的神，又公义，又正直。"（《申命记》，第 32 章，第 4 节）只是我们对此茫然无知。

至此，我把各种理论都已向你作了介绍。人所遭遇的一切，根据亚里士多德的看法应归于偶然性。根据艾什尔里派的看法是上帝的旨意使然；根据穆尔太齐赖派的看法，则应是上帝智慧的杰作；而根据我们的看法，却是人的自由意志造成的。根据艾什尔里派的看法，上帝让善良虔诚的人在今生饱尝煎熬在来世永受烈火焚烧也是有可能的，据说烈火是天堂里的愤怒。他们只是说这是天意。而在穆尔太齐赖派看来，这完全是不义之举，并断言任何存在物，凡是在尘世受苦的，都会得到报偿，甚至蚂蚁也不例外。存在物受苦受难并因此而得报偿，是上帝的智慧所为。我们相信，人的一切遭遇都是公平的，谁背弃上帝去作孽必然要受到应有的惩罚。律法里明确讲道，上帝的一切行为都合乎正义，我们的先贤也都持有这种见解，他们说得很清楚："无罪无过则无死，越轨犯禁则受苦"（巴比伦《塔木德》:《安息日》，55a），又说"你如何糟弃上帝，上帝就如何糟弃你"（《密西那》:《奸妇嫌疑》，I，7）。这些都是《密西那》讲过的。我们的先贤一有机会就讲上帝必行公正；没有亲受先知教诲的虔敬之人将因其纯洁、正直的

行为而得到上帝的报偿；上帝也会惩罚那些作恶之人，尽管他们未受先知教导，但靠常识就应懂得什么是不义、什么是暴力。因此，我们的先贤说："上帝不剥夺行善者应得的报偿"（巴比伦《塔木德》:《逾越节》，118a），又说："说上帝会包庇纵容的人将被严惩，他将长期受苦，但却罪有应得"（巴比伦《塔木德》:《第一道门》，50a），还说："信守上帝戒律的人不同于虽不知上帝戒律其行为却不违背戒律的人"（巴比伦《塔木德》:《订婚》，31a）。但须明确说明的是，后者仍会得到上帝的报偿。从先贤的全部箴言中都可发现这一原则，不过其中附加的一条教义，在《律法书》中却没有，正如一些先贤所讲，这条教义就是"爱的代价"。依此教义，即从未犯罪的人为在来世得到加倍报偿而在今生遭受痛苦折磨，这种事是有可能的。穆尔太齐赖派就持有这种观点，但在《圣经》中却找不到任何依据。虽则"神要试验亚伯拉罕"（《创世记》，第22章，第1节），"他苦炼你，任你饥饿"（《申命记》，第8章，第3节），但这不足为凭，你不要被这些话所迷惑。有关于此，在后面（第24章），我们将会向你详细谈论。律法中规定的一切，都仅与人有关。在我们的宗教团体中，还从未听说过动物应受报偿这一说法。只是后来一些高昂从穆尔太齐赖派教派那里听到这种论调，就对之欣然接受，并加以吸收。

现在我将向你阐明我个人对上帝保佑的看法。我的看法不是通过推理论证，而是通过对律法书及先知著作精神的领会得出的。与上述观点相比，我赞同的这种观点更确切、更合理。这就是：在宇宙的低层即月亮以下的世界里，除人类以外，上帝不保佑其他物种的个体，上帝只保佑个人；人的遭遇以及命运的好坏都是公正的，正如《圣经》里所说的："他所行的无不公平。"（《申命记》，第 32 章，第 4 节）至于上帝如何对待其他生命，我的看法与亚里士多德一致。我也不相信树叶飘落是神意的结果，飞虫落入蜘蛛网的刹那是上帝的旨意使然，蚋碰巧被行人的一口痰淹死是上帝的意欲所为。水面上的虫子被鱼吃掉也并非上帝的安排。依我之见，所有这些，就像亚里士多德认为的那样，都纯粹出于偶然。上帝的保佑与其智力的影响有关，受上帝智慧影响的存在物会拥有智力，并能认识只有理性物才能认识的事物，因此，它们也受上帝保佑。上帝监视其所作所为并赏罚分明，绝不纵容包庇。在上述例子中，船倾舱下沉或屋顶倒塌使里面的一切损毁可能都仅仅出于偶然，但根据我们的看法，在这两个例子中，人乘船或待在屋里却绝非偶然，而是上帝的旨意使然，是上帝按照正义的决断作下的安排。至于上帝如何做到这一点，则非我们的知性所能理解。无论翻开哪一本先知书，都找不到对上帝保佑动物的描述，而只能看到对上帝保佑人的描述，这迫使我接受上述观点。人是如此渺小、如此卑微，根本不足上帝挂齿，但上帝却恰恰把人类作为他保佑的对象，对此，先知们甚至也惊叹不已。因为其他生命本更应受上帝保佑呀！《圣经》里说："耶和华啊，人算什么，你竟认识他？世人算什么，你竟顾念他？"（《诗篇》，第 144 章，第 3 节）"人算什么？你竟顾念他？世人算什么，你竟眷顾他？"（同上书，第 8 章，第 4 节）在《圣经》的好多地方，都明确写着上帝保佑芸芸众生，并监视其一举一动。例如，"他是那造成他们众人心的，留意他们一切作为的"（同上书，第 33 篇，第 15 节）；"注目观看世人的一切的举动，为要照各人所行的和他做事

的结果报应他”(《耶利米书》，第32章，第19节)。又比如：“上帝注目观看人的道路，看明人的脚步。”(《约伯记》，第34章，第21节)《律法书》中人受上帝支配和监视的例子举不胜举，诸如：“只是到我追讨的日子，我必追讨他们的罪”(《出埃及记》，第32章，第34节)；“我必命定惊惶，叫眼目干瘪、精神消耗的痨病、热病辖制你们”(《利未记》，第26章，第16节)；“谁得罪我，我就从我的册上涂抹谁的名”(《出埃及记》，第32章，第33节)；“凡这日做什么工的，我必将他从民中除灭”(《利未记》，第23章，第30节)；“我要向那人变脸，把他从民中剪除”(同上书，第20章，第6节)，等等。《圣经》中亚伯兰、以撒、雅各一生中的种种遭遇就足以证明上帝对的人保佑。至于别的生物个体，其处境与亚里士多德所讲的没有什么两样，这一点毫无疑问。因此之故，猎杀动物或按我们的意愿任意支使它们都是被允许的，甚至受到鼓励。神意支配其他动物的方式就是亚里士多德所讲的那种。之所以这样讲，有先知哈巴谷的话为证。当他亲见巴比伦国王尼布甲尼撒战无不胜，许多人惨遭杀戮时，他说：“主啊，人像水中的鱼，地上的虫一样受到遗弃，遭践踏，无任何依托！”从中可以看出，鱼与虫在他眼里都属被抛弃的一类。又如“你为何使人如海中的鱼，又如没有管辖的爬行动物呢？他用钩钓住，用网捕获，用拉网聚集他们”，等等(《哈巴谷书》，第1章，第14、15节)。先知接着又解释说，事实上人与它们并不相同，人有此遭遇不是因为被抛弃，不受保佑，这是他们应得的报应。所以他说：“耶和华啊，你派定他为要刑罚人；磐石啊，你设立他为要惩治人。”(同上章，第12节)我们的看法与《圣经》里的一些话并不矛盾，诸如“他赐食给走兽”，等等（《诗篇》，第 147 章，第 9 节）；“少壮狮子吼叫，要抓食，向神寻求食物”（同上书，第 104 章，第 21 节）；“你张手，使有生气的都随愿饱足”（同上书，第 145 章，第 16 节）。我们的先贤也说过：“耶和华哺育万物，从长角的兽到产卵的虫，无所不包。”[①]在先贤的遗著中，还可发现很多诸如此类的句子，但它们并不与我们的看法相背。因为上帝的所有这些保佑都是针对物种的，而不是针对它们的个体。上帝的所为正如我们看到的那样，他为动物提供食物，创造生存手段都是出于保存物种的考虑，这一点是显而易见的。亚里士多德认为必须有这种保佑，事实上也确实如此。亚里士多德也使亚历山大注意到这一事实：每一物种都要为其个体准备食物，否则该物种就会灭绝。这种道理谁都知道。我们的先贤制定过 条戒律，也就是《律法书》中所讲的严禁对动物造成直接伤害，比如：“你为何这三次打你的驴呢”，等等（《民数记》，第 22 章，第 32 节），但其目的却在于使我们自身趋向完善，防止我们残忍成性或恣意伤人，并促使我们对所有生命怀抱仁爱恻隐之心。除非必需——“你心里想要吃肉”，等等（《申命记》，第 12 章，第 20 节），我们不应为了满足嗜欲或寻开心而杀戮生灵。上帝为何把人类而不是其他生命作为其特殊保佑的对象呢？提出这一问题并不足以反驳我们的上述观点。因为提出此问题的人必须进一步追问，在所有动物中，为什么唯独人被赋予理智呢？根据前述的三种理论，答案一定是：上帝的旨意使然、上帝的智慧使然或自然的法则使然。对第一个问题，同样

① 巴比伦《塔木德》：《安息日》，107b；《偶像崇拜》，3b。

可如此回答。请对我的观点深入剖析——我并没有把存在的种种缺陷或对万物的无知归于上帝；我认为上天的保佑与拥有智力密切相关。因为只有有智慧的存在物才能受到保佑，而该存在物自身必是最完满的，因此，那些分享上帝智慧的存在物会以同样的比例分享到上帝的保佑。作出这种结论既合乎推理，又与《圣经》中的教义相一致。而前面提到的其他理论把上帝的保佑要么加以夸大，要么加以贬低。前者引起混乱，造成谬见，致使我们否定理智，得出与感觉事实相悖的结论；而后者把人与动物不加区分，认为人也不受上帝保佑，从而有损于上帝的威严。这种理论既对所有的社会秩序造成干扰，又把人在德性和智性上的优越一扫而空。

第 18 章

在上一章里，我们曾表明，在所有生物中，只有人类直接受到上帝的保佑。现在我还要补充一点，即在人的意识之外，并没有什么物种存在。这一点确定无疑。物种及其他的类只是在我们思想中形成的概念，而真正存在的每一事物要么是单一个体，要么是单一个体的组合物。除此而外，我们还应承认，上帝通过人的理智而对人施予影响，人受其影响的程度是与每个人的智力高低相适应的。比如说，萨义德、阿莫尔、凯利德、贝克尔所受神流的影响就属此种情况。因此，从上章所讲内容必然推出：神流对每个人的影响，因每个人身体的天生素质及后天锻炼的不同而各不相同。受神流影响愈深的人，神流对他的保佑也愈多。因为上帝的保佑是与他赋予人的智力成正比的，这一点我们已在前面讲过。因此说，上帝保佑每个人的方式各不相同。越是智高德重，人从上帝的保佑中享到的福分就越多。由此必然推出先知是上帝赐福最多的人。但就是在先知中，由于各自的预言力不同，其享受到的福分也有差异。这正如虔诚、善良的民众由于其虔诚、善良的程度不同，从上帝的保佑中得到的恩惠也不同一样。给先知以灵感、为行善者指津、使虔诚者智高德满，都正是受神智影响强烈的体现。同理，越是无知而背信弃义的人，上帝对他的保佑

就越少。他们的境况恶劣，地位与兽类无异：“人在尊贵中不醒悟，就如死亡的畜类一样”（《诗篇》，第49章，第20节），他们的生命轻如鸿毛，死不足惜，为人类着想，也应将他们铲除。作为《律法书》基础的根本教义之一就是上帝对每个人的保佑不多也不少，恰是他所应得的那么多。

想一想《圣经》里是如何描述上帝对犹太先祖们的保佑的——在其一生中，上帝不但保护他们的财产，使他们免受灾难，甚至还满足他们的渴望与激情。上帝承诺时时刻刻都会关注他们，因此上帝对亚伯拉罕说，“我是你的盾牌”（《创世记》，第15章，第1节）；对以撒说，“我必与你同在，赐福给你”（同上书，第26章，第3节）；对雅各说，“我也与你同在，你无论往哪里去，我必保佑你”（同上书，第28章，第15节）；对先知的首领摩西说，“我必与你同在”（《出埃及记》，第3章，第12节）；对约书亚说，“我怎样与摩西同在，也必照样与你同在”（《约书亚记》，第1章，第5节）。很显然，在上述例子中，上帝对每个人的保佑与其完美程度是成正比的。下面这句话讲的是上帝对圣民的保护及对恶人的弃绝：“他必保护圣民的脚步，使恶人在黑暗中寂然不动，人都不能靠力量取胜。”（《撒母耳记上》，第2章，第9节）当我们目睹一些人免遭瘟疫和灾祸，另一些人却因之丧生时，不能把原因归于他们各自体质的不同，因为，“人都不能靠力量取胜”，而必须把原因归于他们各自的完美程度的不同，比如，亲近上帝的人就比远离上帝的人完美。那亲近上帝的会得到更多的保护，因“他必保护圣民的脚步”；而那远离上帝的必遭受种种厄运，其厄运是命里注定的，谁也无法改变。他们如同在暗夜里行路的人，

必然会磕磕绊绊，步履维艰。从下面这些话里可看出上帝对圣民的保护："耶和华保全他一身的骨头，连一根也不折断"（《诗篇》，第 34 章，第 21 节）；"耶和华的眼看顾义人"（同上章，第 15 节）；"他若求告我，我就应允他"（同上书，第 91 章，第 15 节）。由于人的虔敬与完美程度不同，他们从上帝那里得到的保佑也各不相同。《圣经》里表示这种含义的话举不胜举。哲学家们就此也作过讨论。阿尔法拉比在其《亚里士多德〈尼各马可伦理学〉评注》一书的导言中就曾讲过："柏拉图认为，那些能使自己的灵魂逐渐达于完美的人，会得到上帝愈来愈多的保佑。"[①]

现在就来考虑一下，我们是怎样通过推理抵达先知所教导的真理——上帝的保佑与人的完美程度成正比。只要我们假设，上帝的保佑在任何情况下都与个人智力的发展成正比，正如前面所讲的那样，通过哲学探讨我们就会得出这一结论。一些哲学家说上帝只保佑物种，而不保佑个体，这是一种谬论，因为只有个体才真实存在，才具有智力；上帝的保佑因此也才能对其发生作用。

对本章进行深入研究，你就会从中发现《律法书》的所有基本原理，明白这些原理与哲学思考并不相悖，从而茅塞顿开，对"上帝保佑"产生清楚的认识。

前面我们介绍了各种有关上帝保佑及其支配世界方式的哲学观点，在此之后，我将扼要介绍我们教派内对神的知识的看法，并就此加以评论。

---

① 此评论似已失传。

第19章

上帝十全十美，没有任何缺陷，这一点毋庸置疑，因为它是先验自明的。对事物无知是一种缺陷，由此推断上帝不可能对事物无知，这几乎也是先验自明的。但有些思想家，如前所述，却自以为是，宣称上帝只知某些事物，对其他事物则一无所知。他们之所以这样讲的理由在于，他们自以为在人的活动中发现了秩序的欠缺——即人的大部分活动不仅出于本能，也由他作为存在物所拥有的自由意志与理性决定。先知们曾讲过，当无知之人看见恶人生活得幸福、舒适、安逸时，就把这种事实作为上帝不知人之所为的依据。这种事实也使得正直、虔诚的民众觉得他们为追求善而历尽磨难全是徒然。先知说，他们自己也曾为此困惑而陷入苦思冥想，最后思索的结果是：看人要看他的结局，而不要看他的开头。下面这段话就描述了先知对此所作的反思："他们说：'神怎能晓得？至高者岂有知识呢？'看哪，这就是恶人，他们既是常享安逸，财宝便加增。我实在徒然洁净了我的心，徒然洗手表明无辜。"（《诗篇》，第73章，第11~13节）但先知接着又说："我思索怎能明白这事，眼看实系为难，等我进了神的圣所，思想他们的结局。你实在把他们安在滑地，使他们掉在沉沦之中。他们转眼之间成了何等的荒凉！他们被惊恐灭尽了。"（同上章，第

16~19 节）先知玛拉基的看法与此相同，他说："你们用话顶撞我。你们还说：'我们用什么话顶撞了你呢？' 你们说：'侍奉神是徒然的，遵守神所吩咐的，在万军之耶和华面前苦苦斋戒，有什么益处呢？如今我们称狂傲的人为有福，并且行恶的人得建立。他们虽试探神，却得脱离灾难。' 那时，敬畏耶和华的彼此谈论，耶和华侧耳而听……那时，你们必归回，将善人和恶人，侍奉神的和不侍奉神的分别出来。"（《玛基拉书》，第 3 章，第 13~18 节）大卫也说过，由于上帝不知人之所作所为这种观点在其时代十分流行，致使人们恣意放纵，人与人之间多有不义与伤害。他对此观点提出反驳，并表明上帝无所不知，无所不晓。他说："他们杀害寡妇和寄居的，又杀害孤儿。他们说：'耶和华必看不见，雅各的神必不思念。' 你们民间的畜类人当思想，你们愚顽人几时才有智慧呢？造耳朵的，难道自己不听见吗？造眼睛的，难道自己不看见吗？管教列邦的，就是叫人懂得是非的，难道自己不惩治人吗？' "（《诗篇》，第 94 章，第 6~10 节）

在说明这些争论的意义前，我得先指出一点，即那些对先知的话提出反对的人并不理解其真正的含义所在。几年前，我们教内的一些智者——他们是些医生——告诉我说他们对大卫的话感到吃惊，因为照大卫的说法必推出造口的上帝要进食，造肺的上帝要呼吸，如此这般，可依次推及身体的其他器官。阅读本书的诸位只要想一想，就知道他们的这种理解是多么粗俗虚妄。那段话的真正含义在于：造工具者如果在思想中对一个工具的用途预先没有认识，就不可能造出它来。例如，如果一工匠对缝衣纳被既缺少概念又没有感性认识，他就不会为缝衣纳被造出形状细长的针。造其他工具也是如此。一些哲学家认为上帝通过纯粹理智进行感知，而具体事物只有通过感官才能被感知，所以，上帝对它们一无所知。大卫正是从感官的存在中找出论据并对此加以反驳——如果上帝对视觉没有一点认识，他如何能造出眼睛呢？你认为晶莹的泪珠一滴滴淌、视网膜下长有眼球及瞳孔会是一种偶然吗？言而总之，如果泪腺、视网膜以及视觉神经被安排得恰到好处，能各司其职，以达到看的目的，那么还有哪个智者会把这看成是偶然的呢？当然不会有了。正如医生和哲学家所讲的，我们在这里所见到的是自然的必然设计。哲学家们普遍承认自然本身不具有智力，也不可能去主宰万物，因此，依他们之见，宇宙的合目的性设计必出自一个类似能工巧匠的理智因。而依我们之见，这一切正是理智存在物作用的结果，是他赋予万物以各种自然属性。如果他没有能力去感知或认识地上万物的作为，他怎么能创造呢？或按照其他理论，他怎么能从自身流出种种属性，以使他所不知的东西活动呢？大卫对这些人嗤之以鼻，称他们为野兽或傻瓜，并非毫无道理。接着他又解释说产生这种谬见的根源在于我们的理解力还很欠缺。上帝赐予我们智力让我们去理解，但由于我们的智力有限，还不足以形成上帝的真观念，于是就无端地滋生出各种怀疑。上帝了解人的缺陷所在，也知道人根据感觉推理得出的怀疑毫无道理，因此，大卫说："管教列邦的，就是叫人懂知识的，难道自己不惩治人吗？耶和华知道人的意念是虚妄的。"（同上章，第 10~11 节）

本章的目的是要表明，无知者那种认为上帝因人的事务杂乱无章而对之从不过问的看法古已有之。《圣经》里说："以色列人暗中行不正的事，违背耶和华他们的神。”(《列王纪下》，第 17 章，第 9 节)《米德拉什》也说过类似的话：“他们究竟说些什么？上帝不看、不听也不说”，也就是说，他们凭臆想就断定：上帝对尘世漠不关心，并且对先知既无所吩咐也无所禁止。他们之所以这样讲，原因很简单，即人的事务并不能使每个人遂心如意。每当事与愿违时，他们就说：“耶和华看不见我们。”(《以西结书》，第 8 章，第 12 节)西番雅也曾描绘过这些无知之人，说“他们心里说：‘耶和华必不降福，也不降祸。’”(《西番雅书》，第 1 章，第 12 节)我对上帝认识地上万物的理论也有自己的见解，在阐述我的见解之前，得先向你介绍人们对此理论的一般看法。只要是有智力的人，都不会对其正确性抱有任何怀疑。

第20章

上帝不可能突然间获取他不曾具备的新知识。对此人们已达成共识。一些承认上帝有各种属性的人认为，在上帝的知识中甚至不存在复多性。这一点也得到确证。所以，我们这些坚持律法教导的人有理由相信：上帝的认识对象虽多，其知识却单一不杂；与我们的知识不同，他的知识并不随认识对象的变化而变化。我们甚至可以说，在一切事物产生之前他已对它们了如指掌，他无时无刻不在认识它们；因此，对他来讲，并无什么新知识可言。举例来说，一个人现在还未出世、将在何时出世、寿命多长、何时死亡，上帝都知道得一清二楚。上帝的知识并不因这个人按他的意料降临人世而增加。他以前不知的，现在仍不知；但他以前准确预见到的，必按他的预见发生。由此必然推出在上帝的认识对象中还含有非存在之物及无限之物。对此，我们确信不疑。因为我们认为上帝不仅能认识非存在之物的即将存在，而且还能使非存在之物的即将存在变为现实。不过，那些绝对的非存在却不可能成为上帝的知识对象，这正像我们认为是非存在的，也不可能成为我们的知识对象一样。至于上帝的知识对象如何包括无限之物，还需要仔细思考。一些思想家认为，因对象不同，知识也各归其类；某一类的知识必适用于同属该类的所有个体。这就是

所有那些信守任何一种启示宗教的人依据理智判断所得出的结论。不过，哲学家们却明确断言，上帝的知识对象不可能包含非存在及无限物。既然上帝的知识从不增长，他也就无从认识变易之物，他所能认识的只是那恒定、不变的东西。另有一些哲学家对此提出反驳，认为上帝甚至连恒定之物也难以认识，因为这些事物种类繁多，他的知识会因此杂而不纯。而特殊事物须由专门的知识来认识，所以上帝所能认识的只是他自身的本质。

我认为，上述种种说法都犯了一个通病，就是把上帝的知识与我们的知识相提并论，认为我们认识不了的事物，上帝也不可能认识；我们难以解释的事情，对上帝也晦涩不明。在这方面应受谴责的首先是哲学家而不是其他人。他们论证说，上帝的本质中不会含复多性，上帝的属性与其本质是同一的，上帝的知识就是上帝的本质。如前所示，他们还论证说，人有限的智力与知识不足以理解上帝本质的真正实在。如果理解不了上帝的本质致使我们也理解不了上帝认识事物的方式，那他们何以凭空断言上帝的知识与其本质同一呢？我们说，上帝的知识不是人所具有的那种知识，甚至与人的知识完全不同，没有任何相似之处。这些哲学家认为，一种独立存在的本质是万物存在的原因；我们则认为，这种独立存在的本质正是创造他自身以外的万物的上帝。所以我们确信这种本质无所不知，凡是存在的，都必向他显明。他的知识与我们的知识截然不同，犹如他的本质与我们的本质截然不同一样。之所以产生误解，是由于“知识”一词的多义性。人们只知道用于上帝和人的“知识”一词音形相同，却忘了其所指却迥然有别。正因如此，他们才得出了荒谬的结论，把我们知识的外

延等同于上帝知识的外延。

此外，从《圣经》的许多地方我还发现：上帝对事物由可能转化为实在的知识决不会改变该事物的这种可能性，相反，其可能性会保持不变。同样，上帝对在几种可能性中有一种会成为现实的知识也决不影响这种可能性的实现。这是摩西《律法书》中无可争辩的基本原则之一。否则，《律法书》中就不会写道："你若建造房屋，要在房屋的四围安栏杆"，等等（《申命记》，第 22 章，第 8 节）或"谁聘定了妻，尚未迎娶，他可以回家去；恐怕他阵亡，别人去娶"（同上书，第 20 章，第 7 节）。律法中所规定的圣训和禁律也是建立在上帝对事物可能性的知识不改变其可能性的原则上的。不过，由于我们的智力有限，要理解这一点还有很大困难。

在那些信守任何启示宗教的人看来，上帝的知识与我们的截然不同，现在想想看，依他们之见，不同之处有几点？第一，上帝的知识是一，其知识对象却多种多样；第二，上帝的知识对象中包括非存在之物；第三，也包括无限之物；第四，上帝认识的对象虽千变万化，其知识却确定如一。而且在我们看来，上帝对事物"将在"的认识似乎不同于上帝对事物"已在"的认识，因为在后一种认识中，还附有上帝对已在事物之潜能向现实转化的认识；第五，从律法的角度看，尽管上帝完全知道事物的两种可能性中有一种会发生，但他对此可能性的知识却不决定其成为现实。现在我想知道，那些把上帝的知识当作一种属性的人，他们所说的上帝的知识与我们的知识究竟有什么共同之处。除了称谓相同外，还有别的吗？我们认为，上帝的知识与其本质同一，因此，上帝的知识与我们的知识之不同简直就是天壤之别。先知就曾明确地表示过这一点，说："我的意念非同你们的意念，我的道路非同你们的道路。天怎样高过地，照样，我的道路高过你们的道路，我的意念高过你们的意念。"（《以赛亚书》，第 55 章，第 8~9 节）总而言之，正因为我们对上帝的本质不能准确把握，只知道上帝的存在完满无缺，绝无变化、被动的一面，所以我们对上帝的知识形不成正确的概念——因为他的知识正是他的本质所在，但我们确实知道上帝不会突然间获得新知识。也就是说，上帝不需要新知识，他的知识并不增长，他的知识已经包罗万象，所有存在物都尽在他的知识之网里面，但存在物的本性并不因此而有所改变，可能之物仍是可能的。所有与此相反的看法都是由于把我们的知识与上帝的知识相提并论的结果，而其实是，上帝的知识仅与我们的知识同名而已。"目的"一词当意指我们的意欲和上帝的意欲时是同音异义的。同样，在说我们支配与上帝支配时，"支配"（保佑）一词也是同音异义的。实际上，我们的支配、知识、目的与上帝的支配、知识、目的完全是两回事。如果在两种情况下，我们把这三个词均按一种意思来理解时，就会产生难以克服的困难；但只要注意到上帝预言的事物与我们预言的事物截然不同，一切就会迎刃而解了。上帝所有的与我们所有的并不相同，这一点从前面提及的话中也可看出："我的道路非同你们的道路。"

第21章

生产者对其产品所具有的知识不同于非生产者对该产品所具有的知识。如果一件工艺品是根据工匠的知识而制成的，那么，在制作过程中，工匠所做的一切就受他的知识指引。而那些通过研究工艺品而获得知识的人，为获取知识，就只能依赖于对工艺品本身的研究。例如，一位匠人造了一个盒子，然后给里面盛上水，再给水中放些小球——这些小球可随着水位的变化而上下浮动，以此来计算日头的位置、昼夜的长短。盒子里需要装多少水，水位如何变化，刻度如何设置，小球如何浮动，对此这位匠人知道得一清二楚。这一切他并不是通过经验认识的，相反，是他根据自己掌握的知识而设计出来的。而另一个人对该钟进行观察并从钟的变化中获取新知识；他观察的时间愈长，获得的知识就愈多。在他充分认识该钟之前，他的知识将不断增长。假设这个钟可以有无数次变化，那么这个人将永远得不到完整的知识。此外，每一变化发生前，他对该变化也无从认识，因为他只能从其实际发生中取得知识。与我们的知识和上帝的知识相关的存在物就属这种情况。我们所知道的一切都只是通过对存在物的观察得来的，因此，我们不能认识未来、把握无限。

我们通过观察事物而获取知识，随着认识对象的不断增多，

我们的知识也在不断增长。但上帝的知识却与我们的不同。他的知识不来自事物本身。否则，其知识中就会掺杂有变化及多样性。相反，他的知识永恒如一，实存的事物及其属性都是根据他的知识而创造的。纯精神的存在、个体永恒的物质存在以及个体不断变化的物质存在都服从他那永恒不变的知识法则。因此，上帝的知识不可能是多样的、变化的、增长的。他充分认识自己的永恒本质，并因此而对他所创造的万事万物了如指掌。除非我们自己是上帝，我们的知识与他的知识完全合一，我们就根本不可能理解其究竟。因此，凡是探求真理的人都应该相信上帝无所不知、无所不晓，他与自己本质同一的知识可揭示一切。他的知识非我们所能理解，因为如果我们认识了其方法，就会拥有获得这种知识的智力，但这种智力无人能有，非上帝莫属，它就是上帝的本质所在。这一点请多加注意。因为对我来说，这种观点不同寻常且千真万确，其中既无错误，也无悖谬之处。依据这种观点，既不会推出荒谬的结论，也不会把一切缺陷归于上帝。无论是我们这些信奉《圣经》的人，还是那些争论纷纭、派别林立的哲学家们，对这一神圣、深远的论题所持的见解，都不可能得到任何证明。要解决所有不可证实的问题，我们就必须采用一种方法，即我们在解决有关上帝全知问题中所用的这种方法。请注意这一点。

第 22 章

《约伯记》是一本奇妙无比而又引人入胜的书，其内容正是我们目前所要讨论的问题。这本书原本是一部寓言，专用以解释人们在上帝保佑问题上的不同见解。你知道，我们先贤中有一部分人曾明确断定，历史上并无约伯其人，说他只是一个诗意的虚构；另一部分人虽相信历史上确有约伯其人，说《约伯记》就是一部史传，但他们却难以断定约伯生活的年代和地点。有的说他生在以色列先祖时代，有的说他生在摩西时代，有的说他生在大卫时代，还有些人相信他是那被放逐后又重返故里的巴比伦人之一。如此众说纷纭，正好证明了历史上并无约伯其人这种说法。但是，不论他曾经存在与否，像他那样的遭遇为什么不断发生却使一切思想家陷入了困惑之中，并因此而引出前面提到的那些关于上帝全知与保佑的各种争论。一个纯朴善良、行为正直、一心渴望救赎的人从无过失，一生却要不断遭受破财、丧子、生病之类不幸的打击。这正是人们陷入困惑的缘由。约伯存在或不存在这两种理论，无论哪一种都认为，《约伯记》的序诗是虚构的寓言。这首序诗的内容包括撒旦的言谈、上帝对撒旦的谈话以及对上帝把约伯交给撒旦的过程的描述。与其他寓言不同，这首序诗不但含有深刻的思想与无穷的奥秘，还可使人消除疑虑，发现至高的真理。

我将尽可能充分地讨论这一点，还要把先知那些提醒我注意这篇巨作并对之作出解释的话说给你听。

首先，让我们来看一下这句话："乌斯地有一个人，名叫约伯。"（《约伯记》，第 1 章，第 1 节）这里的"乌斯"一词有几种不同的含义。它既指人的姓名，"长子是乌斯"（《创世记》，第 22 章，第 21 节）；也当祈使动词用，意即"反省"或"听从忠告"（《以赛亚书》，第 8 章，第 10 节）。因此，"乌斯地"的"乌斯"含有劝诫之意，即让你仔细体会，深入研究这则寓言的寓意，挖掘出它的内涵，从而获得真知灼见。说"有一天，神的众子来侍立在耶和华面前，撒旦也来在其中"（《约伯记》，第 1 章，第 6 节；第 2 章，第 1 节），而不是说"神的众子和撒旦一起来侍立在耶和华面前"，因为说后一句话会暗示众子与撒旦地位相等。而从前一句话中可以看出，撒旦不在上帝的邀请与期待之列。撒旦只是来到那些上帝所盼的人中间。正因为如此，撒旦被描绘成在地上来回走动，到处漫游。撒旦与天界一无瓜葛，并没有一条通天的路向他敞开。他说："我从地上走来走去，往返而来"（同上章，第 7 节；第 2 章，第 2 节），由此可见他的所作所为都发生在地上。完全正直的约伯一落入撒旦之手，一切厄运与不幸如破财、丧子、病魔缠身就随之而来。撒旦无疑是罪魁祸首。在作出这一推断之后，书中紧接着就列举了习于沉思的人们对此事的看法。这些看法有约伯自己的，也有约伯友人的，讨论的焦点集中在如何解释撒旦给约伯造成的不幸这一问题上。对于这些意见，随后我将详细解释。约伯，包括他的朋友在内，都认为上帝是这一切的直接原因，而撒旦只是间接原因。值得注意的是这一点，即约伯并不具有智慧。书中

并没有说约伯聪明、智慧、有悟性，只讲他品德高尚，行为正直。如果他很聪明，就不会对自己的遭遇感到困惑不解。这一点后面还要讲到。

接着序诗中一一列举了约伯的不幸，其顺序与人的遭遇之轻重相同。有些人财产受到损失，却并不沮丧，认为这是小事一桩，不足挂齿。但当他们失去爱子时，心里却恐惧异常并焦虑而死。还有些人，甚至失去爱子时也坦然自若，无动于衷。但凡是有感觉的人，没有人能无视肉体的痛苦。当我们诸事顺遂，万事如愿；当我们所遭受的不幸并不严重时，我们都会赞美上帝，颂扬他的仁慈宽厚。一旦约伯所遭受的那些不幸降临到我们头上，我们马上就会改变态度。一些人只是因为破了点财就否认上帝的存在，断言宇宙中无公道可言；一些人在财产受损时仍坚信正义与公道的存在，一旦他们失去爱子，也马上就失去耐心并改变信仰；还有一些人即使在丧子时仍保持耐心，对信仰坚定不移。但没有人会有耐性去承受肉体的痛苦，一旦这种不幸发生，他们都会满腹牢骚，抱怨命运的不公。

现在来看一下这句话：“神的众子侍立在耶和华面前。”（同上书，第1章，第6节；第2章，第1节）这句话在书中重复用了两次都是针对神的众子而言的，撒旦虽两次都来到他们众人当中，但下面这句话只在他第二次出现时用到：“撒旦也来到他们当中，侍立在耶和华面前”。仔细想想，这一点非同寻常。也许是灵感的激发，使我思如泉涌，冒出以下想法：“来侍立在耶和华面前”，从中可以看出，这些人是听从上帝吩咐帮上帝做事的仆人。这也可从前面先知撒迦利亚提到四神车时的话中看出，他说：“天使回答我说：这是天的四风，是从普天下的主面前出来的。”（《撒迦利亚书》，第 6 章，第 5 节）很显然，神之众子与撒旦的地位并不相同，神之众子与宇宙的联系要更持久一些。撒旦虽处在宇宙中，但地位要比他们低贱得多。

更值得惊奇的是书中说，撒旦在地上漫游，并有所作为；同时也讲明他对灵魂缺乏控制力。他有权支配地上的事物，但他和灵魂却被隔开。《圣经》上说：“他在你手中，只要存留他的性命。”（《约伯记》，第 2 章，第 6 节）在第一篇第 41 章中，我已向你指出“灵魂”一词也是同音异义的。人身上有一种在人死后仍存活的元素被叫作“灵魂”。撒旦正是对人身上的这部分缺乏控制力。

接下来，就让我们听听先贤的教导吧！这对我们不无裨益，因为他们是真正称得上“智者”的人。他们的教导可以消除我们的疑虑，并能澄清迷误，并解开律法中的许多奥秘。在《塔木德》中，他们是这样说的：拉克什之子西蒙拉比说：“撒旦、恶欲与死亡天使本是一物。”（巴比伦《塔木德》：《最后一道门》，16a）从这里可发现我们前面所讲的一切。我们的表述清楚明白，没有一个智者会对之产生怀疑。我们已经向你讲明，这三个形式各异的词所指相同，说三个东西在为所欲为，其实是说一个东西在为所欲为。在《塔木德》中，古代的先知们就持有这种见解，他们说：“撒旦四处游荡，迷失路途，就上去谴责，被准许带走了灵魂。”（同上）我们曾讲过，瘟疫发生时，大卫看见天使“手持剑柄伸向耶路撒冷”［“愿你的手攻击我和我的父家”］（《历代志上》，第 21 章，第 17 节）；让他获得某种观念是这一异象向他显示的用意所在。描述大祭司约书亚的众子背弃上帝之异象的话，表达的也是这层意思："撒旦也站在约书亚的右边，与他作对。"(《撒迦利亚书》，第3章，第1节）从中可见撒旦远离上帝。接下去是："撒旦哪，耶和华责备你，就是拣选耶路撒冷的耶和华责备你。"（同上书，第2节）巴兰在旅途中凭预感也看到了同样的异象："我出来抵挡你"(《民数记》，第22章，第32节)。希伯来文的"撒旦"一词，与"*satah*"一词的词根相同，意即"转向、背离"，"要躲避，不可经过，要转身而去"(《箴言》，第4章，第15节)。它暗示我们要背离某物，或离某物远去。因为正是撒旦让我们偏离了真理的大道，在错误的泥潭里愈陷愈深。下面这段话讲的也是这层意思："人从小时心里怀着恶念"(《创世记》，第8章，第21节)。在我们的教义中，经常可见善念与恶欲之说。我们的先贤讲："用你的善念与恶欲服侍上帝。"（巴比伦《塔木德》:《祝福式》，57a）他们认为，人天生就有恶欲，因为"罪就伏在门前"(《创世记》，第4章，第7节)。《律法书》中就明确讲道："人从小时心里怀着恶念"（同上书，第8章，第21节），而善念是人在理智完善时才有的。在解释一则有关人的肉体及其感官的寓言时，先知说"恶被称作王，而贫穷智慧的善则是孩子"（巴比伦《塔木德》:《誓约》，32b;《传道书》，第9章，第14节)。先贤的这些言谈均保存在他们的著作中，且流传甚广。依据先贤的看法，恶念、撒旦及死亡天使本是同一种东西。撒旦之被称为"天使"，是因为他在神的众子当中；而善念才是真正的天使。他们说过一段很有名的话，其中提到善念与恶欲，"每个人都为两个天使伴随。一个在其右，一个在其左"，在巴比伦的《革玛拉》(《安息日》，119b）中，他们明确表示，两个天使，一个代表恶，一个代表善。看看在这一段里我们揭示了怎样独特的思想，又消除了多少谬见。

我相信，我已充分解释了《约伯记》中的观点。接下去，我将揭示约伯及其友人各自观点的不同，并从他们双方的观点中搜寻论据以证明我的观点。我在本书开头已向你讲过，不要注意那些出于行文需要而多写的段落。

第23章

如果约伯最初的遭遇在历史上确有其事，那么最初的事情就是，这五个人——我意指约伯和他的朋友——一致认为上帝知晓约伯的不幸，是他造成了约伯的苦难。对上帝从不犯错、所有不义之事均非他所为的见解，他们也不会持有异议。你可从约伯的言谈中不时发现这些见解。如果检查一下讨论中五个人各自的论点，就会很容易发现他们的见解是一致的。就是在这不断重复、交织着同一见解的讨论中，不时穿插着约伯对自身痛苦与不幸的描述，说他纯洁正直，却要遭受不幸，说他公正无私、纯洁高尚、乐善好施，却要承担苦难。同样，在朋友们对约伯的话作出应答时，也会有人不时插嘴，规劝约伯要有耐性，要心宽，要学会忘掉悲痛。他们劝他要尽量保持沉默，别喋喋不休地怨天怨地，好像在和谁吵架似的；应劝他默默服从上帝的决断。约伯反驳说如此巨大的痛苦已使他忍无可忍，他无法再坚如磐石，忠于职守。他的朋友们则认为善有善报，恶有恶报；邪恶与叛逆之人现在虽享安逸，结局却肯定会凄惨无比：他或将暴死，或将与他的子孙一起受灾遭祸；而上帝的圣民虽遭受不幸，但上帝必愈合他的伤口。约伯的三个朋友——以利法、比勒达及琐法都持这种观点，并在其言谈中反复加以强调。不过，本章的目的不在于寻求他们

观点的共同之处，而是要找出他们观点的差异所在，并阐明在完全正直之人却要经磨难这个问题上他们是如何各抒己见的。约伯发现上帝视万民为雏狗，善、恶之人在上帝面前并无分别，所以他说："善恶无分，都是一样，所以我说：'完全人和恶人他都灭绝，若忽然遭杀害之祸，他必嬉笑无辜的人遇难。'"（《约伯记》，第9章，第22~23节）由此可见约伯认为突然而至的灾祸所向披靡，其所到之处，民众必遭灭绝，而无辜人的死，只不过是上帝对人开的玩笑而已。约伯还说出下面这段话以进一步证实自己的观点："有人至死身体强壮，尽得平靖安逸。他的奶桶充满，他的骨髓滋润。有人至死心中痛苦，终身未尝福乐的滋味。他们一样躺卧在尘土中，都被虫子遮盖着。"（同上书，第21章，第23~26节）他以同样的方式甚至更为明确地强调恶人处境的优越与奢华。他说："我每逢思想，心就惊惶，浑身战兢。恶人为何存活，享大寿数、势力强盛呢？他们眼见儿孙和他们一同竖立。"（同上章，第6~8节）讲完恶人的奢逸，他又责问其争论对手：倘若如你所想，这些奢逸的渎神者死后子孙必遭灭绝，其记忆将化为废墟一片，但他既已死，他家人所遭罪孽又如何能加诸他呢？他说："他的岁月既尽，他还顾他本家吗？"（同上章，第21节）接着约伯又说别把希望寄托在来世，正直人所遭不幸别无他因，全是上帝疏忽的结果。所以他对上帝不一视同仁感到震惊，对上帝造人后又对人弃置不顾感到震惊。他仰天长叹："你不是倒出我来好像奶，使我凝结如同奶饼吗"，等等（同上书，第10章，第10节）。约伯的观点也是诸思想家在神佑问题上的见解之一，但却遭到我们先贤（巴比伦《塔木德》：《最后一道门》，16a）的指责，说他的

观点害人不浅。他们说:“尘土应堵住约伯的口”,“约伯梦想着把盘子打翻”,“约伯拒绝让死者苏醒”,“他开始亵渎神明”。但上帝对以利法及其同伴却说:“你们议论我不如我的仆人约伯说的是。”(《约伯记》,第42章,第7节)我们的先贤对此提出解释,说“人不会因他痛苦时的满腹牢骚而受惩罚”,同时他们还认为,由于约伯的痛苦深重,上帝就宽恕了约伯唠叨的罪责。这种解释与整个寓言的寓意相去甚远。下面你会看到,上帝之所以如此说是由于约伯放弃了他最初的错误见解,并能悔过自新。约伯的观点,特别是让那些身遭不幸而自以为清白无辜的人初次想来,也觉合情合理。无人能否认这一点,所以约伯的见解就很有代表性。也有人说约伯持此见解是因为他缺少智慧,对上帝的认识仍拘泥于流俗的见解,仍停留在一般教徒那种泛泛的认识水平上。一旦获得了上帝所具有的那种真知识,他就会承认其中必然包含有真正的幸福;这种幸福凡是能获得真知识的人都会拥有,并且拥有它的人不会为尘世中的一切烦恼所侵扰。只要约伯对上帝的认识仍基于传说与市井之言,而非理智探究的结果,他就准会相信,像健康、财富、子孙这类臆想中的善就是人所能得到的最大幸福。这就是他陷入迷惑、持有错见的原因所在,也是下面这句话所要表达的真正含义:“我从前风闻有你,现在亲眼看见你。因此我厌恶自己,在尘土和炉灰中懊悔”(同上章,第5~6节),也就是说他厌恶自己从前的一切欲望,并为自己落入尘土与灰烬中而懊悔。《圣经》说:“约伯就坐在炉灰中,拿瓦片刮身体。”(同上书,第2章,第8节)由于约伯最后的肺腑之言道出了内心的真实感受[并力图悔过自新],所以在后来提到他时上帝说:“因为你们议论我不如我的仆人约伯说的是。”

以利法对约伯不幸的解释也是关于上帝保佑的通俗见解之一。他认为命运对约伯是极其公正的；约伯为罪忏悔，他的厄运是他罪有应得。所以以利法对约伯讲道：“你的罪恶岂不是大吗？你的罪孽也没有穷尽”（同上书，第22章，第5节），然后他又向约伯指出，约伯以之立身行命的义举善行在上帝眼里未必是完美无缺的，故难免遭受惩罚。“主不信靠他的臣仆，并且指他的使者为愚昧；何况那住在土房，根基在尘土里被蠹虫所毁坏的人呢？”（同上书，第4章，第18~19节）以利法相信人的命运都是正义的结果，我们对我们因之受罚的过失一无所知，更不知这些过失何以使我们蒙受惩罚。他对自己的这种见解坚信不疑，从未有过一丝一毫的动摇。

书亚人比勒达在辩论中支持报偿、补偿理论，并为之进行了辩护。所以他对约伯讲，如果你因清白无辜而遭不幸，以后必得最高的报偿与最好的补偿；你的不幸就是上帝的恩惠，就是你来世福乐的源泉。比勒达说：“你若清洁正直，他必定为你起来，使你公义的居所兴旺。你起初虽然微小，终久必甚发达。”（同上书，第8章，第6~7节）这种关于上帝保佑的见解流传甚广。这我们在前面已作过解释。

拿玛人琐法则认为，上帝的意志就是一切的根源，上帝的作为再也无因由可寻。问上帝为何这样做而不那样做是徒劳的，所以上帝的一切作为不可能被解释为是公正和智慧的结果。上帝的真正本质要求他为所欲为。他的智慧玄妙莫测。无论他何欲何为都出自他的意志，此外别无因由。这也正是上帝智慧的规律与法则。所以琐法对约伯说："唯愿神说话，愿他开口攻击你，并将智慧的奥秘指示你；他有诸般的智识。所以当知道，神追讨你，比你罪孽该得的还少。你考察，就能测透神吗？你岂能尽情测透全能者吗？"（同上书，第11章，第5~7节）

正是这一问题使许多人都陷入了迷惑之中。他们在神佑问题上各执一端，可谓是仁者见仁，智者见智。其理论我在上面已作了解释，对此问题的各种可能的解释也都已包含其中。现在我们就以此方式来探究一下《约伯记》中是如何讨论这一问题的：他们要么是凭借想象，要么是依据真正的事实。人们说这一问题在以美德和智慧而知名的人身上已自行显示过自身。约伯的见解与亚里士多德的理论相同，以利法的见解是依据《圣经》的教诲，比勒达的见解与穆尔太齐赖派一致，而琐法则是艾什尔里理论的拥护者。以上四人的见解就是古人在上帝保佑问题上的见解。

只是到了以利户，新的见解才被提了出来。因此之故，以利户被置于众人之上。人们说他年纪虽小，却满脑智慧。他责备约伯太愚蠢，过于自我标榜，对降临到善人身上的不幸大惊小怪，津津乐道自己的善行义举。他也告知约伯的三位友人，说他们因年事过高，已心力衰竭。随后就是一段精妙绝伦、颇有意味的对话。他的话初听起来，会让我们吃惊；因为他的见解与以利法、比勒达及琐法的见解并无二致，似乎他只是换了一种说法，以更加明确的方式重复着他们的见解。他同样对约伯有所责难，也把公正归于上帝，宣扬上帝本性中的种种奇迹，并坚持认为上帝不受信徒或异端的左右。所有这些其他三人都曾讲过，但只要仔细考虑，我们就会清楚地发现以利户所阐明的新思想——他演说的根本用意即在于阐明这种前无古人的新思想。除此之外，他还像约伯及其三个友人那样，反复提说前面的发言者阐述过的观点，并不断引用别人的言论。他这样做的目的在于掩盖每个人观点的独到之处，使初次接触这些观点的读者相信所有的讨论者都已达成共识；但事实上却并非如此。我们从以利户所作的天使代为求情的隐喻中可以发现他前无古人的独到见解。他说，人因病危而遭邻人抛弃的事屡见不鲜；这时只要有一个天使为他求情或祈祷，上帝就会开恩，让他摆脱病魔的纠缠，使其生命得以挽救并恢复健康。但如愿以偿的情形很少，仅发生过两三次，因为祈祷与救赎并不总是形影相随。所以以利户说："一千天使中，若有一个作传话的与神同在，揭示人所当行的事，神就给他开恩"，等等（《约伯记》，第 33 章，第 23~24 节）。接着他又描述了人何时才能康复的条件及人康复后的喜悦之情，并继续说："神两次、三次向人行这一切的事。"（同上章，第 29 节）这种见解只有在以利户的言谈中才可以发现。前面他对预言方式的描述也同样有其独到之处。他说："神说一次、两次，世人却不理会。人躺在床上沉睡的时候，神就用梦和夜间的异象，开通他们的耳朵，将当受的教训印在他们心上，好叫人不从自己谋算，不行骄傲的事。"（同上章，第 14~17 节）随后他利用许多自然现象诸如响雷、闪电、刮风、下雨来论证自己的见解，同时还描述了生活中的各种意外。关于瘟疫，他说："在转眼之间他们就死亡。百姓被震动而去世，有权力的被夺去非借人手。"（同上书，第 34 章，第 20 节）关于残酷的战争，他说："他用难测之法打破有能力的人，设立别人代替他们。"（同上章，第 24 节）类似的例子还有很多。

昭示给约伯并揭明他全部信仰之错的启示（参考《约伯记》第 38~41 章）也以同样的方式不断描述自然物体，即诸种元素、天气现象及各种生物的特性，此外再无其他。而天空、苍穹、星宿、众昴星只在涉及它们对大气的影响时才被提及，这样就使约伯在预言中仅注意到月球以下的事物。以利户同样是从各种动物的本性中得到启示的，所以他说："教训我们胜于地上的走兽，使我们有聪明胜于空中的飞鸟。"（《约伯记》，第 35 章，第 11 节）他曾花了很多篇幅论述利维坦的本性，这种海兽集飞禽、走兽、游鱼等各种不同生物的特性于一身。他关注动物的目的在于强调这一事实，即我们不可能理解也难以想象动物及其自然本性是如何存在的。他们与人工产品并不相同。我们很难将上帝统治、管辖其创造物的方式与我们自己统治、管辖存在物的方式加以比较。对此我们应该知足，同时要坚信在上帝眼里，一切事物都无处隐藏自身。这正如以利户所说："神注目观看人的道路、看明人的脚步。没有黑暗、阴翳能给作孽的藏身。"（同上书，第 34 章，第 21~22 节）"管辖"（management）一词，用于上帝与用于我们，意义并不相同。说上帝统治其创造物并不意味着上帝像我们一样统治存在物；"统治"一词对上帝和人而言含义也不相同，它标识着完全不同的两个概念。这两个概念仅仅称谓相同而已。正如自然事物与人工产品不同，上帝那涉及各种自然力的统治、保佑、欲求也与我们对事物的统治、保佑、欲求存有很大区别。《约伯记》全篇的根本目的就是要向我们表明这一点。它制定出一条信仰的原则，说我们不应陷入到这种错误中去，即凭空臆想上帝的知识、统治、保佑及欲求与我们的相似，并建议我们从自然中搜寻证据。

明白了这一点，就会发现落在我们身上的一切不幸都是可以承受的。无论上帝关注尘世还是漠视尘世，无论上帝保佑我们还是弃绝我们，我们都不会因自己遭受不幸而对之发生怀疑。相反，命运更能使我们对上帝充满热爱，正如《约伯记》结尾所讲："因此我厌恶自己（自己或作我的言语），在尘土和炉灰中懊悔。"我们的先贤也讲："圣徒的一切作为都出于爱心，他们在自己的苦难里陶醉。"（巴比伦《塔木德》:《安息日》，88b）如果你对本章所述能给予应有的注意，并仔细品味了《约伯记》中的每一句话，那么其含义自然会昭示给你；同时你将发现，我已总结归纳了《约伯记》里的所有思想。除了因对话布局和寓言连贯的需要而加进的那部分谈话没有涉及外，再无其他遗漏之处。我已在本书的各章中多次解释过这一方法。

第 24 章

《圣经》里关于“试验”的教义常招致各种非议；事实上，与其他教义相比，它甚至更易遭人反对。从本章中你会了解到，《圣经》里有六处都讲到了“试验”教义。人们普遍认为，上帝“试验”人，将苦难和不幸施加于人，不是要惩罚人过去的罪孽，而是要给人获得奖酬的机会，但这一点《圣经》里并没有明确谈到。有关审判的文字中只有一处从字面上看有这层意思——那段文字的真正含义随后我会向你解释；但《圣经》所讲的真正教理却并非如此，因《圣经》里说：“是诚实无伪的上帝，又公义，又正直。”（《申命记》，第 32 章，第 4 节）我们的先贤中，除了少数人赞成人们对审判的这种普遍看法外，大多数都对此提出了反对。他们说：“无罪则无死，背信弃义则受苦。”（参见巴比伦《塔木德》:《安息日》，55a）凡有智识的圣徒都应抱守先贤的这种见解，不要把一切错误都归咎于上帝，也不要说清白正直之人受苦受难就不应该。不过，《圣经》里提到试验的那六段文字从字面上看似乎是讲上帝借助试验来检验个人或国家服从律法的决心或献身信仰的热诚究竟有多大。这么说如果成立的话，试验的目的就会颇令人费解。但亚伯拉罕用以撒祭奉上帝似乎属于这种情况。当时除了上帝，亚伯拉罕及以撒外，无人在场，所以上帝对亚伯拉

罕说："现在我知道你是敬畏神的了。"(《创世记》，第 22 章，第 12 节)《圣经》里讲道："因为这是耶和华你们的神试验你们，要知道你们是尽心尽性爱耶和华你们的神不是"(《申命记》，第 13 章，第 4 节[①])；又说："耶和华要知道你心内如何，肯守他的诫命不肯。"(同上书，第 8 章，第 2 节) 下面就让我试着来克服这些困难。

《圣经》中所讲的一切试验，其神圣目的都在于教导人们该做什么、该信什么。所以，实际的试验本身还不是最终目的。它只仅仅为我们提供示范和导向。因此，"要知道你们是尽心尽性爱耶和华你们的神不是"并不意味着上帝想了解他们是否爱上帝，因为上帝本已知道。在这里，"要知道"(to know) 与"使你们知道我是叫你们成圣的耶和华"中的"使……知道"(to know) 是同义的(《出埃及记》，第 31 章，第 13 节)，即所有民族都应该知道我是叫你们成圣的耶和华。与此相类似，《圣经》里还讲：如果一个人出现在你面前自称为先知，并显示种种奇迹以使你对他的话信以为真，你要知道，这是上帝故意作的安排，目的是要向各民族证明：你对上帝所说的一切是如何坚信不疑，你又是如何抓住了上帝的真正本质；你决不会被任何人所惑而放弃对上帝的信仰。这时所有真理的追寻者都会以你为榜样，选择这种根基稳固、任何奇迹的出现都不会使人发生动摇的信仰。因为奇迹不能确证不可能之事，只能确证可能之事。这一点我们在《密西那托拉》(托拉之基础，Ⅶ及下页，Ⅷ 3) 中已作过解释。

上面讲过"to know"意指"使所有人知道"，现在我们就以此

① 中译本为第 3 节。——中译者

来解释有关吗哪的这段话："耶和华你的神在旷野引导你这四十年，是要苦炼你、试验你，要知道你心内如何，肯守他的诫命不肯。"（《申命记》，第8章，第2节）也就是说，要让所有民族及全世界都知道，上帝在神秘地赐食保佑这些虔诚服侍他的信徒。与此类似，吗哪从天而降时，上帝说："我好试验他们遵不遵我的法度。"（《出埃及记》，第16章，第4节）也就是说，让每个人都思虑一下，看看自己服侍上帝是否有用，是否已至真至诚。不过，第三次提及吗哪时上帝却说："又在旷野将你列祖所不认识的吗哪赐给你吃，是要苦炼你、试验你，叫你终久享福。"（《申命记》第8章，第16节）人们会以为这句话正好指明，上帝有时叫人受苦是为增加人所受的报酬，但其真正含义却并非如此。我们可以从下面的两种解释中选择其一：一是说这段话的含义与第一、第二次的话意思相同，即让所有人都知道，信仰上帝是否足以使人衣食无忧，并从各种烦恼与焦虑中解脱出来；二是说这句话中的希伯来词（*le-nassoteka*）意指"使你习惯"，该词用在"你们中间脚不惯于（*nisseta*）触地的妇人，是不肯把脚踏地的"（同上书，第28章，第56节）中，也是这种意思。这似乎是说上帝先让你习惯沙漠中的苦难艰辛，好让你日后进入迦南地时身心更加坚强、成熟。事实上也的确如此，历经沧桑才享安逸的人比一生安逸的人心中会更加充满喜悦。从中也可以得知，如果没有从前在旷野中的煎熬和磨炼，以色列人就不可能征服迦南人，占领迦南地。《圣经》中就曾讲过："因为神说：'恐怕百姓遇见打仗后悔，就回埃及去。'所以神领百姓绕道而行，走红海旷野的路。以色列人出埃及地，都带着兵器上去。"（《出埃及记》，第13章，第17~18节）安逸的生活会使人丧失锐气，为生存而操劳则会使人变得无畏无惧。以色列人在旷野中历经艰辛，最终得到的就是这种勇气。

“因为神降临是要试验你们，叫你们时常敬畏他，不致犯罪”（同上书，第 20 章，第 20 节），这段话与《申命记》中一个借偶像的名义预言的人所讲的话是同样的意思：“因为这是耶和华你们的神试验你们，要知道你们是否尽心尽性地爱耶和华你们的神。”（《申命记》第 13 章，第 3 节）对后一句话的含义我们已作过解释，正是在这种含义上，摩西对站在西奈山四周的以色列人说：不要惧慌，让你们参加这场盛会的目的只是让你们亲眼目睹真相。当耶和华你们的神以假先知考验你的忠诚时，无论这位先知以怎样的假话蛊惑你，你都要坚定不移，决不发生什么闪失。如果我正是你们所期待的信使，在这里向你们讲述我所听见而你们未曾耳闻的圣言，假如你们不到场来亲耳聆听，你们对假先知所言就会信以为真。现在不会有此担忧了，因你们在这场盛会中已亲耳听明真言。

我们的先祖亚伯拉罕捆绑其子这则故事蕴含着我们律法的两条根本法理。首先，它向我们表明了对上帝的敬畏与爱究竟能达到何种程度。亚伯拉罕服从诫命以子献祭与人放弃财产或牺牲自己性命这类事是不能相提并论的。真正来讲，在世间所发生的一切事中，前者最不寻常，因为诸如此类的事据说是违反人性的，谁也想不到有人会这么做。亚伯拉罕过去无子，所以他总是梦寐以求；他虽万贯家财且德高望重，但却一直希望能子繁孙茂，独成一族。当他对生儿育女已感绝望时，儿子以撒却来到了人世，可想而知，他是多么喜出望外！他对他的孩子是多么疼爱怜惜！

但由于他敬畏上帝，甘愿做上帝吩咐之事，他就只好克制自己，把自己的一切梦想都置之度外，答应上帝在三天的跋涉之后把儿子献为燔祭。如果接到诫命就立刻杀子作祭以表达心愿，亚伯拉罕之举就会显得轻率荒唐，而绝非出于深思熟虑。受诫命三天后他才实践诺言，这证明亚伯拉罕决非草率行事，而是在充分考虑到诫命的真义及他对上帝的爱与敬畏后才做出此事的。对此无须再找出其他左右其情感的事情或理由。亚伯拉罕一方面害怕草草地杀死以撒后上帝会处死他或使他一贫如洗，另一方面又认为以子作祭是神圣之举，因为爱上帝、敬上帝，人责无旁贷，即使心中没有任何对报偿的渴望或对惩罚的恐惧也不例外。这一点我们已反复解释过。所以天使对他说："因现在我知你敬畏神"（《创世记》，第22章，第12节），也就是说亚伯拉罕之举真正配得上敬畏上帝。因此，人们也将以之为榜样学会怎样去敬畏上帝。这一点可以从《圣经》中找到根据，因为《圣经》里明确讲到敬畏上帝是神圣之举，全部律法的肯定性与否定性戒律、承诺以及历史事例的目的都在于叫人敬畏上帝。《圣经》里说："这书上所写律法的一切话，是叫你敬畏耶和华你神可荣可畏的名。"（《申命记》，第28章，第58节）把以撒献为燔祭的目的之一即在于此。

其次，它还表明，先知们是如何对他们借助灵感而从上帝那里得到的启示深信不疑的。正如我们所讲的那样，先知预感到的一切都是上帝通过梦、异象或想象力而启示给他的，因此，我们没有理由认为先知在寓言中的所见所闻包含错误或值得怀疑。《圣经》里就讲，在异象中，无论先知感到了什么，他都相信其千真万确而不会对之有丝毫怀疑。在先知眼里，异象中的一切就像我们通过感官或理智而认识到的其他事物一样真实可靠。亚伯拉罕服从诫命把爱子献为燔祭就证明了这一点。他就是通过梦或异象而得知诫命的。如果先知们对梦或异象所预示的一切都抱有怀疑和猜测，他们就不会答应上帝去做违反人性的事，他在心中就不会鼓足勇气去践行诺言。

真正来讲，把亚伯拉罕与像以撒那样的人树为榜样而传授燔祭的故事是再合适不过了。因为宣讲上帝的唯一性，确立对上帝的信仰，并使这一信仰在后世传承，使其教义深得人心，亚伯拉罕我们的先祖乃是第一人。这正如《圣经》里所讲："我眷顾他，为要叫他吩咐他的众子和他的眷属遵守我的道，秉公行义，使我应许亚伯拉罕的话都成就了。"（《创世记》，第 18 章，第 19 节）人们可以因他的真知灼见而追随他，同样，人们也可以因他的作为而接受其中的教义，特别是当他证实了其预言并表明我们对上帝的爱与敬畏究竟能达到何种程度时。

通过以上方法，我们方能理解试验的真正意义。我们不能认为上帝是为了知他以前所不知才来试验和磨炼我们。因这绝非上帝的本意。那些无知与愚蠢之人心怀恶念，在对上帝的认识上自以为是，而事实上他们对上帝的那种理解，根本就不着边际。这一点应引起注意。

第 25 章

人的行为按目的可分成四类：漫无目的的行为，无足轻重的行为，劳而无功的行为以及善的行为。所谓劳而无功的行为是指因困难重重而目的难以实现的行为。人们就常用“白费心血”来形容一个人历尽千辛万苦找人却没有结果，或一个人在商海里苦苦挣扎却一无所获。医生想尽千方百计却未能治愈病人同样属于徒劳之举。凡是付出代价却未能实现目的的行为都可称之为劳而无功。漫无目的是说行为根本就没有目的。一些做事时心不在焉、漫不经心的人以及白痴与疯子的行为即属此类。无足轻重是说行为的目的过于琐屑，既无必要也无多大用处。跳舞不是为了锻炼身体，或做事只是为了引人发笑，就属此类行为。这类行为自然是娱乐性的。衡量一种行为是否属于该类的标准在于人行为的目的及人自身的完善程度。因为事情总是因人而异的，对一些人是必要的，对另一些人却显得多余；对一些人有用的，另一些人却不屑为之。例如，在医生眼里，以各种方法进行锻炼对保持人体的健康是很有必要的；在学者眼里，写作是非常有用的。但在无知者眼里，人们为锻炼身体而打球、角力、做操、屏息，或为写作而准备稿纸、削铅笔，都只不过是无足轻重的事。所谓善的行为就是目的可以实现且非常必要或非常有益的行为。我相信，人

们不会对上述分类提出反对。因为人的行为要么是盲目的，要么是目的明确的；如果目的明确，这一目的也可以是重要的，也可以是不重要的；有时能实现，有时却不能实现。所以说，我们的分类已将人的行为概括无遗。

看过上述分类后，我想，没有一个有知识的人会认为上帝的行为也能被划分为劳而无功的、漫无目的的或无足轻重的。在我们所有这些追随摩西律法的人看来，上帝的一切作为都是“至善的”。《圣经》里讲：“神看着一切所造的都甚好。”（《创世记》，第 1 章，第 31 节）并且上帝为某物所造的东西对其存在来讲亦是必要的，或有益的。比如，对于生物的生存来讲，营养是必需的，眼睛是有用的，尽管食物只能延长生物的生存而不能使之永恒，而眼睛也仅在于让生物熟悉环境，以便于生物活动。哲学家们的见解与此相同，他们也认为自然中没有无用之物，无论我们知道与否，上帝所造的自然万物都有它们自己的目的。

有些思想家则认为，上帝不会为一物而造另一物，万物都是他的意志的直接产物，并不服务于任何目的。依此见解，追问上帝为什么这样而不那样造物只能是徒劳的。因为上帝的一切作为都是随兴所至，并无整体的安排。支持这种见解的人一定相信上帝的所为漫无目的，甚至连漫无目的的行为也不如。因为人盲目做事时，总是心不在焉，并不知他之所为；而在这些人看来，上帝对他的作为及其盲目性与无用性却一清二楚。说上帝所为全是鸡毛蒜皮的小事，同样十分荒唐，人们一望便知。说猴子生来就是让人耍的，对此无聊见解，我们也无须理睬。上述见解根源于人对短暂之物的无知，也根源于人对律法基本教理的疏忽。按此教理，使能存在之物具有现有形式正是上帝的目的所在，上帝的智慧不容许一物有别种形式，所以它不可能以另一形式存在，因为万物的存在都服从于神智的要求。有些人相信上帝的作为漫无目的，他们说，只要对存在物整体加以反思，必然会得出这种结论。他们追问，全宇宙的目的何在？像所有相信上帝创世的人一样，他们必会答道：没有别的目的，上帝的旨意使然。至于宇宙的各组成部分，他们亦会如此解释。他们甚至不承认瞳孔及视网膜的目的在于接受物像以感知物体，从而使生物拥有视力，说什么瞳孔及其上的视网膜并非为视力所设，只是上帝的旨意使然，如果上帝愿意，眼睛本可以是另一构造。《圣经》中有些话初看起来似乎也在支持这种见解，比如："耶和华在天上，在地下，在海中，在一切的深处，都随自己的意旨而行"（《诗篇》，第135章，第6节）；"他心里所愿的，就行出来"（《约伯记》，第23章，第13节）；"王的话本有权力，谁敢问他说：你做什么呢？"（《传道书》，第8章，第4节）《圣经》里还有许多类似的段落。这些话的共同含义在于：上帝愿做什么，就一定会做成什么，没有任何东西能阻止上帝实现自己的意愿。他所造的只是部分可能之物，而非所有可能之物，即他只造仅仅符合他智慧要求的可能之物。上帝要造出一件杰作，也不成问题。不论是教徒还是哲人，都持有这种见解，我们也不例外。我们相信宇宙是上帝从无中创造的，我们当中大多数睿智而又好学的人还相信上帝不仅按他的意志，还按他不可思议的智慧造物。正是后者才使宇宙中的一切实然存在成为必然。上帝这永恒的智慧还使非存在在宇宙存在之前成为必然。我们的先贤在解释下面这段话时，曾反复强调过这一观点：

"神造万物，各按其时成为美好。"(《传道书》，第 3 章，第 11 节）先贤之所以这样做，只是为了避免导致上帝一切作为都是盲目的这一易遭反对的思想。大多数神学家都持有先贤的见解。我们的先知也曾明确讲过：自然界里的一切都是井然有序，密切相关，因果相联的，没有一物是盲目的，无足轻重的或无益的，它们全是上帝非凡智慧的产物。《圣经》里说："耶和华啊，你所造的何其多，都是你用智慧造成的，遍地满了你的丰富"(《诗篇》，第 104 章，第 24 节)；"凡他所做的，尽都诚实"(同上书，第 33 章，第 4 节)；"耶和华以智慧立地，以聪明定天，以知识使深渊裂开，使天空滴下甘露"(《箴言》，第 3 章，第 19~20 节)。表达这种思想的句子在《圣经》里比比皆是，没有必要再去相信其他说法。通过哲学反思得出的也是这种结论，即在整个自然界中，无一物是盲目的、无足轻重的，或无益的，对因质料高级而最秩序井然的星辰来说，就更是如此。

要知道，人们之所以难以了解宇宙及其各部分的目的，并产生认识上的混乱主要有两个原因：其一是人对自身抱有谬见，以为宇宙中的一切都是为他而存在的；其二是人对由低级质料构成的事物的本性一无所知，对上帝——因存在无疑是好的而让一切可能存在的事物存在——的意图一无所知。正是由于这些谬见与无知，才使很多人陷入怀疑与混乱之中，误以为上帝的某些造物是可有可无的，某些是盲目的，某些是无益的。一些人坚信上帝的作为全无目的，并拒绝承认一切都是上帝智慧的产物。他们之所以抱守这种谬见是怯于接受宇宙永恒的观点，以之为矛攻击后者并为自己提供保护伞。《圣经》里就此问题所阐述的令人信服的观点我已经讲过，这就是：假定上帝的造物、造物的存在及在先的非存在都是其智慧的产物并非毫无道理。但我们不能明白的是：上帝的智慧如何以各种方式体现在他的造物中。全部摩西律法的基础即在于此。它以“神看着一切所造的都甚好”(《创世记》，第1章，第31节）开始，以“他是磐石，他的作为完全”(《申命记》，第32章，第4节）结束。对这一点需加以重视。当你把此观点与哲学家们的见解加以比照，并把前面与此论题有关的所有章节都加以考虑，你就会发现，在宇宙观上，除了哲学家坚持宇宙永恒论，而我们相信创世说外，我们之间就再没有别的分歧了。请注意这一点。

第 26 章

上帝是按智慧行事，还是依其意志为所欲为，神学家们在这一问题上可谓众说纷纭。关于上帝为我们规定的诫命是否有目的的问题，他们同样也没有达成共识。他们中有些人认为律法中的戒律无任何企图，只不过是上帝的意志高兴如此。另一些人则相信律法中的所有戒律与禁忌都出自上帝的智慧，且其目的明确，所以每一条圣诫都不是无缘无故制定的，而是有所针对、有所企图的。我们，包括学者及所有的普通人，相信每条圣诫都有其缘由，尽管我们对这些缘由一无所知，对其中体现出的上帝的智慧也不能了解。《圣经》中就明确地表达过这一见解，说："公义的律例、典章"（《申命记》，第 4 章，第 8 节）；"耶和华的典章真实、全然公义"（《诗篇》，第 19 章，第 9 节）。

有些戒律被称为"*huqqim*"[①]（条例），如不可穿羊毛与细麻两样混织的布料所做的衣服、不可用母山羊的奶煮其羊羔、在赎罪日须把山羊送到旷野上去，等等。[②]就此我们的先贤曾讲过："有些事是我全权令你做的，而你不敢评判它们"，"你的邪念会反对

---

① 希伯来语，有时指用人的理性也难以解释的宗教律法。参考本章。

② 参见《申命记》，第 22 章，第 11 节；《出埃及记》，第 23 章，第 19 节；《利未记》，第 16 章，第 10、21 节。

它们”以及“对犹太人来讲，这些事并非陌生”。但一般来讲，我们的先贤并不认为这类戒律的制定是全无缘由的、全无目的的，因为这样会使我们以为上帝所行全是任意妄为。相反，他们认为甚至这些典章的制定也有其缘由，有其目的。但由于我们知识的有限或智力的先天不足，服从这些戒律的好处并不为我们所知。因此，每条戒律的制定都有其缘由；任何肯定或否定的圣诫都有其用处。在有些情况下，遵守戒律给我们带来的好处显而易见，如勿杀人、偷盗；在有些情况下，其好处则不那么明显，如禁食果树头三年所结的果实（《利未记》，第 19 章，第 23 节）或不可把两样种子种在同一个葡萄园里（《申命记》，第 22 章，第 9 节）。目的明确的戒律通常被称为“典章”（judgments），而目的不清的戒律通常被称为“律例”（statutes）。所以在提及摩西的话时他们说：“因为这不是虚空与你们无关的事，乃是你们的生命”（《申命记》，第 32 章，第 47 节）；“这并非虚空，如虚空，只能是由你造成”，也就是说戒律的制定并非可有可无，无的放矢的，如果哪条戒律在你看来与此相反，那只能归因于你理解力的欠缺。除了“红牝牛”外，所罗门知晓所有戒律的缘由——这则典故，你当然知道。我们的先贤也说过，上帝隐去戒律的缘由是怕人们像所罗门无视那三条理由显然的戒律（参考《申命记》，第 17 章，第 16~17 节）一样，无视这些戒律。

他们总是强调这一点，并且这一点从经文中也能找出依据。不过，我从《大创世记》一书中发现，先贤有一段话初看起来似乎暗含着某些戒律是无的放矢之意，即，这些戒律只是上帝的意愿如此，此外别无缘由，别无用处。请看：“从前颈还是后背屠杀野兽对上帝有什么分别吗？所以说，这些戒律只是上帝纯化人的一种手段，《圣经》里就说：‘耶和华的话是炼净的’（《诗篇》，第18章，第30节）。”[①] 这段话让人不可思议，在先贤的其他著作中也找不到相似的见解。尽管如此，你不久就会看到，我还是要以其本义来进行解释，同时，不违背我们已认可的原理，即戒律的制定都是出于某种善的目的；“因这对你是徒劳的”（《申命记》，第32章，第47节）；“我没有对雅各的后裔说：你们寻求我是徒然的。我耶和华所讲的是公义，所说的是正直。”（《以赛亚书》，第45章，第19节）

下面我将给你阐释的，也就是每个有智识的人所应相信的，即：一般而言，戒律的制定都必有其缘由和用处；至于其细则，则没有什么隐藏的目的。比如，为了美味而杀生自然是有益的（这一点我们将在后面讲到，见第48章）。不过，屠宰牲灵时，不应用斧砍其身，而应用刀断其喉，或从某处把它的食道与气管割开。上帝规定诸如此类的细则不为别的目的，只是要试验人是否从命。杀动物时是割其前颈还是砍其后背，从先贤所举的例子看是没有区别的。我之所以举出这一例子是因为它出现在先贤的著作中；但真正讲来，制定这些具体的戒律还是有其缘由的。因为当食动物的鲜肉成为人的必需时，为使动物在死亡时少些痛苦，就必须规定屠宰动物的适当方式。另外，杀头需用剑或类似的利器，而割喉则不需什么特别的东西。为了让动物在死亡时少受些痛苦，我们先贤认为刀子应该磨得锋利无比。

① 参见《大创世记》，XLIV，ab init。

从对燔祭的具体限制中还可找出一个更恰当的例子。如我们将要表明的那样，律法中关于燔祭的戒律无疑是很有用的，但我们不能追问：为什么一个人的供品是羊羔而另一个人的则是公羊以及为什么应献这么多而不献那么多。一些人为此找寻答案却百思不得其解。在我看来，他们这样做毫无意义，只能使问题增多，而无助于问题的解决。相信这些细则必有其因由的人像那些坚信全部律法无用的人一样，也偏离了真理的大道。你务须知道，这些细则要么是出自上帝的智慧；要么是环境使然，如果你愿意这么认为——上帝的一切不能都有确定的目的。至于律法，也不例外。从下面的追问中你会发现出现这种情况是不可避免的。如果你问为什么必须以羊羔而不以公羊代替羊羔作祭品？我可以回敬你说，只要羊羔能满足要求，为什么要以公羊代羊羔作祭品？同样，当你问为什么用七只羊羔而不是八只作祭品时，如果有八只、十只或二十只，这样的追问可以类推无穷，只要作为祭品的羊羔有一个确定的数目。从本性上讲，一物本可以接受多种形式，实际上只接受了其中的一种，这种情况与上面所讲的几乎相似。所以我们不能问一物为什么拥有这种形式而不拥有同样可能的那种形式，因为物体如果拥有后一种形式，我们仍会提出同样的问题。这一点需引起重视，并要对之多加考虑。不论是我们的先贤在不断重申戒律都有其缘由时，还是在所罗门知晓戒律缘由的典故中，都指出了戒律的一般目的，而对其细则的目的则没有说明。果真如此的话，就有必要把613条戒律加以分类，这样就会便利得多。在每一类中，这些戒律要么相同，要么具有共同的特征。我将首先解释每类戒律的缘由，并表明其毋庸置疑的目的，然后再解释该类中每一条戒律的缘由。其中有少数戒律是难以解释的，因为迄今为止我还未发现其缘由。在某些情况下，我甚至还要阐明可能发现的很多具体的律例和典章的目的。这些解释随后你就会看到。但为了充分解释这些缘由，我得先费几章笔墨，解释一下作为我理论基础的一般原理是什么。下面我就将着手进行这项工作。

第 27 章

律法的根本目的包含两个方面：一是使人灵魂完善；二是使人肉体完善。灵魂的完善是依人们各自的接受力而向他们传达正确的见解达成的。所以，有些见解是直接表明的，有些见解则是借助寓言传达。因为就公众的接受力而言，直接表明某些见解反倒过于突兀而使之难以接受。肉体的完善是通过改善人们在一起生活的方式而达成的。具体方法有二：一是在人们中间消除暴力。也就是说，使每个人都不能随心所欲，而必须顾及公众的利益。二是培养人们的高尚品德，形成良好的社会风尚。在上述目的中，灵魂的完善或传达正确的见解，无疑要更高一级，但从本性和时间上讲，肉体的完善、对国家的治理以及良好社会风气的形成却要在先。人们最先达到的是肉体的完善，律法中对它的阐述也要更谨慎、更详细些，因为灵魂的完善只能建立在肉体完善的基础上；并且人有双重完善——肉体完善是人的初步完善，灵魂完善是人的终极完善，这一点已得到证实。肉体的完善在于人身体的各方面都最健康、最协调，而这一点只有在人们所产生的各种需要都被满足时才能达到。这些需要包括食物以及其他维持肉体所需的东西，诸如住所、浴室等。一个单独的个体绝不可能使他的所有需要得到满足。人只有在社会中才能获取这一切。众所周知，人生来就是社会动物。

灵魂的完善在于人能成为真正的理智存在。也就是说，一个已达终极完善的人能掌握关于存在物的一切知识。这种完善自然不涉及任何行为或品质，而仅包括通过沉思或研究而得来的真知。

很显然，第二种高级的完善只有在人获得第一种完善后才能实现。因为一个食不果腹、衣不蔽体的人既不可能通过别人，也不可能靠他自己的推理获得真知。但一个人如果已获得肉体的完善，那么他就有可能获得第二种无疑是更高一级的完善，只有后者才是永生的根源。我们已经表明，真正的律法是唯一的，它就是我们先师摩西的律法。摩西律法的目的即在于促使我们肉体和灵魂的完善。首先，它要消除不义，培养人最高尚的情感，以在人与人之间建立良好的关系。借此，使每一方土地上的人们都能安居乐业，和睦生息，同时，使每个人都获得其肉体的完善。其次，它要不断磨砺我们的信仰，在我们的智力臻于成熟时向我们传达真知灼见。《圣经》中明确提到这两种完善，并告诉我们实现这两种完善就是所有圣诫的目的。《圣经》里说："耶和华又吩咐我们遵行这一切律例，要敬畏耶和华我们的神，使我们常得好处，蒙他保全我们的生命，像今日一样。"（《申命记》，第 6 章，第 24 节）这里首次提到第二种完善是因为它极其重要，是人生存的最终目的，这一点我们已讲过。从"使我们常得好处"中就可以看出这种完善。我们的先贤对"这样你就可以享福，日子得以长久"（同上书，第 22 章，第 7 节）的解释你是知道的。他们说："'这样你就可以享福'，意即在一个完满的世界里享福；'日子得以长

久’，意即在一个永恒的世界里长久。”在此意义上，我把“使我们常得好处”解释为让我们进入一个永恒、完满的世界里永生；把“蒙他保全我们的生命，像今日一样”解释为保全我们最先具有的短暂存在，即我们的肉体存在。没有社会的协作，我们的肉体存在就不可能处在一种健康完善的状态中，这一点我们已经表明。

第 28 章

关于那些引导人们趋向完善的真正教理，《圣经》中仅讲了其要义并要求人们对其保持泛泛的信仰，也就是说，要相信上帝的存在、单一性、全知全能、意志和永恒。这一点须牢记在心。所有这些都是直接给出的结论，如果你没有掌握各种知识的话，就不可能准确无误地领会它们。《圣经》中还要求人们信仰那些增进社会福祉所不可缺少的真理。上帝必施怒于叛逆之人就属这种真理，因为它将使我们敬畏上帝，不敢违背他的旨意。还有一些真理涉及宇宙全体。各种各样的学说就是由此形成的，这些学说的目的都在于论证上面那些直接给出的基本教理。但《圣经》里并没有像在第一种情形下那样，明确要求人们相信它们，而只是在戒律中加以暗示："爱耶和华你们的上帝"（《申命记》，第 11 章，第 13 节）；还有："你要尽心、尽性、尽力爱耶和华你们的上帝。"（同上书，第 6 章，第 5 节）它所强调的就是要人信爱上帝。在《密西那托拉》一书中，我们已经表明，这种爱只有在我们理解了万物的真正本性、认识到其中所体现的上帝智慧后才有可能；同时，我们也提到了先贤对此所作的评论。

从我们所作的初步评论中可得出如下结论：任何一条戒律，不论是肯定还是否定的，只要它的直接目的是消除不义，或叫人

行善以促进社会健全，或为了传达真知灼见，那么就可以说这条戒律的理由是清楚的，目的是自明的。它所传达的真知灼见要么从实质上讲是值得信赖的，要么有利于消除不义，要么对培养高尚的道德是必不可少的。对这样的戒律不能再去追问它的目的，因为，举个例子来讲，没有人能对我们必须相信上帝是唯一的理由发生怀疑，也没有人能对我们不可谋杀、偷盗、复仇而要彼此相爱的理由产生怀疑。但对有些戒律人们仍然会产生怀疑，并因此而意见不一。有些人认为它们全是无的放矢，还有些人则相信它们是有的放矢，只不过其目的人所不知罢了。这些戒律从表面上看似乎并不能达到上述三种目的：传达真理、培育公德或消除不义。说其目的是传达真理，但它们对灵魂的完善似乎并未产生任何作用；说其目的是制定规范和准则以有利于社会和家庭的稳定，但它们对肉体的完善似乎也未产生任何作用。诸如此类的戒律有："不可穿羊毛、细麻混纺的布料做的衣服"（《申命记》，第22章，第11节），"不可用两样掺杂的种子种你的地"（《利未记》，第19章，第19节），"不可用母羊的奶煮它的羊羔"（《出埃及记》，第23章，第19节），"不可吃血"（《利未记》，第17章，第12节），"打折母牛犊颈项"（参考《申命记》，第21章，第4节），"凡头生的驴，你要用羊羔代赎"（《出埃及记》，第13章，第13节），等等。我准备把我对所有这些戒律的解释讲述给你，同时我要使自己所说的言之成理。当然，一些具体的准则及极少数的戒律除外，这一点我在前面已讲过。我将表明所有与此类似的律法都必须具有下述三种目的之一，即：引导我们的认识；改进我们的社会关系，后者可分为两个方面：一是消除不义，二是培育善德。

我们关于律法所讲的可以总结如下：在有些情况下，律法讲述真理，讲述真理本身就是律法的唯一目的，比如，关于上帝的单一性、永恒性、非物质性的律法。在另一些情况下，这些律法讲述的真理只是消除暴力、培育善德的手段。比如，上帝必施怒于叛逆之人这一信仰："并要发烈怒，用刀杀你们，使你们的妻子为寡妇，儿女为孤儿。"（《出埃及记》，第 22 章，第 24 节）或者是上帝听见受压迫者和不幸者的哭泣，就把他们从暴君手里拯救出来这一信仰："他哀求我，我就应允，因为我是仁慈的。"（同上章，第 27 节）

第 29 章

众所周知，我们的先祖亚伯拉罕是在萨比教徒的社区中长大的。后者坚信除日月星辰外无神存在。本章向你介绍的就是他们的著作。目前我们手里除了有这些著作的阿拉伯语译本外，还有一些有关萨比教徒生活的第一手资料。我将以此为依据阐述他们的思想及风俗习惯。不久你就会明白，对他们来说星星就是诸神、太阳就是主神。他们确信天上的七颗星都是神，但只有太阳和月亮是至尊无比的。他们明申，不论天上还是人间，都受太阳主宰。这的确是他们的见解。在这些译本和各种记载中，他们讲到了我们的先祖亚伯拉罕的历史，说亚伯拉罕是在库萨（Kutha）长大的；他曾与众不同，宣称除太阳外还有造物主存在，结果遭到他们的一致反驳。在辩论中，他们一一列举太阳对存在物的作用，认为这些都是一目了然的。“你们是对的，”亚伯拉罕说，“但太阳就像木匠手中的一把斧。”接着书中还列举了他反驳对手的一些论据。书最后说，国王把他关进了监狱，但在狱中他仍不停地与他们辩论；国王害怕这样下去会使他的国家衰落、民众叛离，就剥夺了亚伯拉罕的一切财产，把他流放到了叙利亚。

你会发现，在《拿巴迪的农业》（*Nabatean Agriculture*）一书中，上述的一切都讲得一清二楚，唯独对有关我们真正传统的一切只字未提。由于亚伯拉罕对他们的邪恶信条大加鞭挞，他们对他所讲的一概置之不理，所以从中你找不到对亚伯拉罕借神启而预知的一切的叙述。他攻击人们的谬见并因此而遭到他们的诅咒、蔑视与挖苦。对此，我毫不怀疑。由于他是为上帝而忍受人们的冷嘲热讽的［为了上帝的荣耀，这也是应做之事］，所以上帝对他说："为你祝福的，我必赐福与他；那咒诅你的，我必咒诅他。"（《创世记》，第 12 章，第 3 节）正如我们现在所知，亚伯拉罕这样坚持真理最终得到了人们的广泛承认，好多人都称颂他，为他而感到自豪，甚至连那些不是他子孙的人也自称是他的子孙。再也没有人反对他、贬低他的美德，只有极少数居住在地球偏僻角落的蒙昧民族除外，如最北端野蛮的土耳其人，最南端的印度人。这些人全是盛极一时的萨比教徒的后裔。那时，一些善于思考的哲学家们认为上帝是日月星辰的精神存在，而日月星辰本身则是物质存在。但当时他们还不敢公开自己的观点。这一点阿尔萨在他对一本物理学著作的评论中提到过。

由此看来，所有的萨比教徒都持有宇宙永恒的见解，照他们看来，苍天即是上帝。在他们的信仰里，亚当与一般人无异，也是由男人与女人的结合而生出的。他与其同胞的唯一区别在于他是月神派来的先知。因此之故，他号召人们要敬拜月神，并撰写了几部有关农业的著作。萨比教徒们还谈到挪亚，说他耕田种地，对敬拜偶像一点不感兴趣，他们为此群起而攻之，谴责他不敬拜任何神像的行径。他们在书中还提到挪亚敬拜上帝而被打入监狱以及其他有关他的种种说法。萨比教徒们认为在敬拜月神上，塞特与他的父亲亚当的见解相左，他们为此杜撰了许多笑话，以表明两人在智力上的缺陷，声言他俩决非什么哲人，而是无知之徒。他们说，亚当在离开印度不远的热带地区后进入了巴比伦地，随身还携带着神奇的物品，如能长出枝叶的黄金树、石头树以及能灭火的树叶；据亚当讲，树尽管只有一人高，但其下可藏十万人；并且他随身携带了两片树叶，每片都可遮盖两人。诸如此类的精彩故事在萨比教徒那里还有不少，其中的神奇之处俯首皆是。他们这些坚信宇宙永恒的人竟也相信这些子虚乌有的事情，对此，凡是掌握自然科学的人，都会像我一样感到吃惊。他们讲述的有关亚当的一切，目的只是为了论证自己的宇宙永恒说，并想从中推出日月星辰即是诸神的结论。

“世界之柱”亚伯拉罕长大后转而相信精神性的上帝存在，认为上帝既非物体，也非物体中的力，而是日月星辰的创造者；同时他还发现，他自小所听到的种种传说全都是无稽之谈。由此他开始攻击萨比教徒的信仰，揭露其观点的荒谬之处，并公开提出与他们决裂，而去“求告耶和华永生神的名”(《创世记》，第21章，第33节)。这句话既断言了上帝的存在，又断言宇宙为上帝所造。

依据萨比教徒的理论，所有的塑像都是为诸星而设，其中金像是为敬奉太阳，银像是为敬奉月亮，并且诸星还有各自管辖矿产与气候的区域。他们说一颗星就是一方土的上帝。他们高筑庙宇，在其中摆置偶像，相信这些偶像会因诸星神的影响而能说会悟，给人预感及真知。同样，在谈到树时，他们说树也各有其主；就是说，一棵树代表哪颗星就以哪颗星命名，敬奉星神之事都可对着这棵树做。这样，星星那左右树的精神力就会给人预感，在梦中向人发话。我提醒你们注意，这一切在他们的著作中都有记载。《圣经》中所讲的巴力的先知们或阿什拉的先知们就属这种人。萨比教理论在他们心中根深蒂固，他们因此弃绝上帝，并发出呼喊："巴力啊，请你应允我们！"(《列王纪上》，第18章，第26节）之所以出现这种情况，是由于当时萨比教理论已深入人心，使世界各地的人都变得愚昧无知，他们痴迷于这些虚幻之事几近发疯。当以色列人接受了萨比教理论后，他们中间就出现了观兆的、用法术的、行邪术的、弄妖的、交鬼的、施巫术的、过阴的等形形色色的人（参见《申命记》，第18章，第10~11节）。

在《密西那托拉》这本巨著中，我们已讲过，亚伯拉罕是第一位通过辩论和引人入胜的演说去反驳萨比教理论的人。他通过昭示上帝的仁慈来引导人们皈依上帝。此后摩西的出现使他的夙愿得以实现。摩西听从上帝的吩咐，灭绝异端，除去他们的名，把他们从居所连根铲除。《圣经》里说："却要拆毁他们的祭坛，打碎他们的柱像，砍下他们的木偶。"(《出埃及记》，第34章，第13节）摩西严禁我们去追随他们的路，他说："我在你们面前所逐出的国民，你们不可随从他们的风俗。"(《利未记》，第20章，第23节）在律法中这一点被不断申明，由此可知，其根本目的就是要摧毁偶像崇拜，彻底清除与之相关的一切，甚至是它的名，还有各种使人堕入歧途的事，如，又是装扮成一位交鬼或行邪术的，又是让儿童经受火灾，又是求神观兆，又是行邪施巫，又是探访死人。律法严禁我们模仿萨比教徒的任何行为，更不用说把它们全盘接受下来。《摩西五经》中就明确讲到，凡是与祭他们的神或接近他们相关的一切作为都为上帝所厌恶、憎恨和轻蔑。《圣经》

里说："因为他们向他们的神行耶和华所憎嫌、所恨恶的一切事。"(《申命记》，第12章，第31节）随后我还要给你讲到一些书，在这些书里，你将看到他们曾向自己最伟大的神——太阳供奉了七只木槌、七只老鼠和七只蝙蝠。这就足以表明他们的风俗多么地不合人性，叫人恶心。由此可知，所有戒律在提防偶像崇拜，防止一切与之相关的、易使人陷入歧途的事的发生上，都无疑是有用的。服从这些戒律会把我们从邪恶的信条中解救出来。这些邪恶的信条铸成了荒谬的习俗——我们的先辈就是在这种习俗的熏陶中长大的，并由此剥夺了我们为达到人的双重完善所需要的一切。《圣经》里说："约书亚对民众说：'耶和华以色列的神如此说：古时你们的列祖，就是亚伯拉罕和拿鹤的父亲他拉，住在大河那边侍奉别的神。'"(《约书亚记》，第24章，第2节）针对这些崇拜偶像的思想，我们真正的先知说道："顺从那不能救人的虚神是无益的。"圣诫的用处多么巨大，它使我们迷途知返，义无反顾地走向真正的信仰，即：创造万物的上帝主宰着宇宙；应受侍奉、爱与敬畏的是他，而不是别的虚神。依此信仰，我们才能接近真正的上帝，才能不费周折地从他那里获得恩惠。因为侍奉上帝就是要你爱他、敬畏他，此外别无目的，别无所求，这一点我们在前面已经表明。《圣经》里说："以色列啊，现在耶和华你神向你所要的是什么呢？只要你敬畏耶和华你的神，遵行他的道、爱他、尽心尽性侍奉他。"(《申命记》，第10章，第12节）随后我将就此加以阐述，现在还是让我们言归正传。

我认为，关于萨比教徒的信仰、习俗及其崇拜的知识使我受益匪浅，看出了很多圣诫的意义并找出了其缘由。只要我给那些看似随意的戒律找出缘由，你就会对此确信不疑。下面我向你提到一些书，从中你将像我一样学到有关萨比教徒的宗教和见解的知识。借此，你也会像我一样得到关于圣诫目的的真知。

瓦什亚翻译的《拿巴迪的农业》一书就这方面谈得很精彩。在下一章里，我将解释为什么萨比教徒要让人把他们的宗教信条写入一本有关农业的书里。在这本书中偶像崇拜者的荒唐言行，随处可见，大多数人都会很容易地受其蛊惑而对之陷入狂热之中。其中讲到了辟邪物、占星术、巫术、鬼怪、精灵以及漂泊于旷野中的恶魔，还讲到了一些在有智识的人看来纯属无稽之谈的事。书中之所以对这些内容大肆宣扬，其目的是想诋毁和攻击那些真正的奇迹。从后者那里，人们会认识到上帝的存在及他对所有人都一律公平。《圣经》里说："叫你知道全地都属耶和华。"（《出埃及记》，第 9 章，第 29 节）

这本书中讲到了亚当，即最初的人。作者在其著作中也谈到，说在印度有棵树奇异无比，它的树枝伸到地面会像魔鬼一般匍匐前行。书中还讲道：一棵树，其根与人酷似，且能发声说话；一种植物也神奇无比，只要将它的叶子放在人脖子上，人就成了隐形人，可以在某地自由出入而不为人所知；如果在户外烧掉这种植物的任何一部分，冒烟时它就会发出一种可怕而又刺耳的声音。书中所讲的农事及植物方面的奇迹还有很多，像这类传说真是不胜枚举。作者想以此否认奇迹的存在，说它们只不过是人为的把戏。

书中还讲到其他一些传说，说有一株圣树——我讲过这些都是他们凭空杜撰的——在尼尼微（Nineveh）生长了一万二千年。

这棵树因曼陀罗华[①]要抢占它的位置而与之发生争执。一个已得该树启示的人便停下手里的活计等待灵感降临。不长时间，他获得预知力，听那圣树说它正与曼陀罗华吵得不可开交。接着他又被吩咐去告知魔术师让他们在那圣树与曼陀罗华之间作出仲裁：究竟谁更好，谁施展魔法更有效力。这个故事很长，读过它你就能了解到那时人们的智慧和见识。《圣经》里所提到的巴别塔的智者就属这一黑暗时代的人，他们所抱守的信仰与故事里所讲的一模一样。如果当今人们还没有普遍接受上帝存在的信仰，即使我们在其他方面有所进步，与其相比，我们的时代仍会黑暗得多。下面就让我们言归正传吧。

那本书里还讲到一则故事，说有位崇拜偶像的先知，名叫塔穆兹，他曾规劝一位国王敬奉七颗行星和黄道上的十二个星座，结果却惨遭国王的杀害。他死的当晚，各地的偶像闻讯都纷纷赶到巴比伦寺庙里。巴比伦寺庙供奉的是至尊无比的金像，即太阳神的偶像。太阳神云游于天地之间，这晚也来到了寺庙里。当时他被其他偶像围成一团。接着，他就开始哀悼塔穆兹，追念他的不幸。别的偶像整个晚上也无不抽泣呜咽为死者哀伤。黎明时分，他们开始消散，重返它们自己在世界各处的寺庙里。在塔穆兹月的头一天，妇女要为塔穆兹哭泣或致哀。这一风俗即由此而来。

那时人们的见解颇值一思。塔穆兹的故事在萨比教徒当中流传甚久。从此书中你能了解到他们的绝大部分观念、风俗及节宴。但你必须保持头脑清醒，不可误以为他们所讲的亚当、魔鬼有善

① 也是一种植物。——中译者

恶知识之树的故事及亚当不习惯穿衣的典故都确有其事。因为他们的故事纯属编造。稍微想一下，你就会发现他们所讲的都十分荒谬，充其量也只是《摩西五经》的拙劣模仿。当《摩西五经》在各民族中传开时，他们对创世说也有所耳闻，但仅仅吸收了其字面含义。他们把创世说改头换面，并向无知之人宣讲，以欺骗他们去相信，宇宙是永恒的，《圣经》中所讲的一切都只是按照他们所讲的方式发生。对像你这样的人当然不必费这么多口舌，因为你所具有的学识会使你对卡什德人（Kasdim）和查尔丁人（Chaldeans）及萨比教徒所讲的一切置若罔闻——他们根本就没有什么真学问。但我仍希望你以此劝诫他人，因一般人太易人云亦云了。

在这些书中，有一本叫做《阿尔乌斯突马库斯》（*al-Ustumakhus*）的书——据说是亚里士多德所著，但他不可能是该书的作者。还有一些关于辟邪物的书，如《论鼓》《巫术与符咒》（*al-Sharp*）及论述天体的等级和每一等级上出现的星座的书，有一本有关辟邪物的书据说是亚里士多德所著，另有一本据说是黑梅斯（Hermes）所著。另外还有一本书是萨比·伊萨克（Sabean Ishak）为给萨比教徒的信仰辩护而作的，他还写过一本关于萨比教风俗的巨著，其中详细记载了萨比教徒的宗教、礼仪、庆典、子孙、信徒及与之相关的所有其他事情。

上面所提的这些书其内容都涉及偶像崇拜，且已被译成阿拉伯文。但与没有翻译过来或早已失传的书相比，这只是其中极少的一部分。这一点毫无疑问。但目前现存的书已记载了萨比教徒的绝大部分见解与习俗，其中有一部分见解和习俗至今仍流传于世。这些习俗包括寺庙的建造、里面金像和石像的放置、祭坛的

建造、动物及其他各种祭品的摆设、节日的庆祝及为信徒和其他各种礼拜所举行的集会的组织；也包括他们如何造一些神圣之地并称其为理智偶像的庙宇，他们如何“在高山上”(《申命记》，第12章，第2节）制偶像、育圣树，竖支柱以及从我们上面所提的书中可以了解到的许多其他事情。要解释圣诫的缘由，就必须了解萨比教徒的见解和习俗，因为从人们心中去除谬见、杜绝偶像崇拜正是律法的根本目的之所在，其全部内容就是以此为轴心展开的。关于前者，《圣经》里说：“你们要谨慎，免得心中受迷惑，就偏离正路，去侍奉敬拜别神”（同上书，第11章，第16节）；“今日心里偏离耶和华我们的神”（同上书，第29章，第18节）。从下面这些话中可看出对偶像崇拜的彻底摧毁：“砍下他们的木偶，用火焚烧他们雕塑的偶像”（同上书，第7章，第5节）；“并将其名从那地方除灭”（同上书，第12章，第3节），等等。律法中反复强调这两点，它们是全部律法最基本也是最首要的目的。我们的先贤按传统方式解释“就是耶和华借摩西所吩咐你们的一切”这句话时，就明确地向我们这样讲过。他们说：“因此我们得知那些崇拜别神的人拒绝遵守他们所应拥护的律法，而那些反对偶像崇拜的则紧紧追随全部律法。”（巴比伦《塔木德》:《订婚》，40a）请注意这一点。

第30章

在检查萨比教徒陈旧而又愚蠢的信条时，我们发现那时人们普遍相信崇拜诸星可使地上人丁兴旺、土肥田沃。他们当中那些聪明、虔敬而又惧怕罪孽的人训导说，只要敬拜太阳和诸星，他们赖以为生的农业就会风调雨顺，尽遂人愿。如果人由于不敬而惹怒这些存在物，村镇就将变得荒无人烟，成为废墟一片。从上一章所提到的书中可知，木星对地发怒，地就因此缺水少树，变成沙漠和荒野，任凭恶魔出没。书中还赞美农民和耕种者，说他们按众星的意愿从事稼穑劳作。因牛能耕田种地，偶像崇拜者对之也大加颂扬。他们甚至还说，牛帮人出力干活，因此不可屠宰；牛虽力大无比，却须受人役使，不停地做这干那——让牛终生劳碌于阡陌之上，这正是神的旨意。当这些见解为人所普遍接受时，人们就说偶像崇拜与农业有关，因农业对人和大多数牲畜来讲，都是生死攸关的事。随后崇拜偶像的牧师们就在庙堂里向前来拜神的民众布道，教导他们说，只要你们奉行教规教习，向神祈祷，雨就会从天而降，田里的树就会硕果累累，地上就会物产丰富，人丁兴旺。考虑一下《拿巴迪的农业》一书有关葡萄园的那章中所讲的内容，其中有一段萨比教徒的话是这么讲的："古代的先贤们都曾劝告过，先知们也曾吩咐过，节庆之日要在偶像

面前奏乐。他们还说——他们认为他们所讲的千真万确——众神将因此而感到愉悦并会奖赏那些奏乐之人；他们的确许诺要给这些人以巨赏，如，使他们的人长命百岁、无病无残，使他们的地物产丰富，硕果满园。”这些话出自萨比教徒之口。当他们的观点被传开而人们又对之信以为真时，对我们充满仁慈的上帝就决意要从人们心中去除这种谬见，以使我们的肉体免遭不幸，同时告诫我们不要再做这些徒劳之事。他借我们的先师摩西之口，向我们讲授他的律法。我们的先师以上帝的名义劝诫我们，说崇拜诸星及其他物质存在将导致种种恶果：天会久旱不雨；地会荒芜而成不毛之地；树上的果实会腐烂凋零；人会多灾多难，体残身疾，寿命减损。这些就是“耶和华你神的诫命”(《申命记》，第28章，第9节)。《圣经》里到处都讲，崇拜诸星会导致天旱地荒，会使人多病多灾，寿命短暂。相反，放弃偶像崇拜，转而皈依上帝，则可使雨水充足、土地肥沃，人也因此健康长寿，幸福平安。因此之故，《圣经》里所讲与崇拜偶像的“牧师”向民众宣讲的完全相反，其目的是叫人弃绝偶像崇拜。前已表明，律法的根本目的就是要消除谬见，摧毁陋习。

第 31 章

一些人发现，无论要给哪条戒律找出缘由，都很困难；于是他们就对戒律和禁忌并无任何理性基础这一假说深信不疑。他们之所以接受这种理论全在于其灵魂的不健全。对灵魂的残缺，他们能够体会，却无力去辨识或描述。因为他们臆想着，这些圣诫如果有点用处并且是因有用才被制定的话，似乎就应由某一理智存在物的思想和理性而出。但正如那些不是理性对象也不服从于任何目的的事物一样，这些戒律无疑也应归因于上帝，因为从人的思想中根本不可能产生出它们。按照那些心智不足者的见解，人比其创造主更完美。因为人之所言所行都有明确的目的，而上帝的作为则不同；他吩咐我们去做无益之事，又禁止我们去行无害之为。这种论调何其荒谬！与之相反，律法的神圣目的就在于有惠于人。如前所述，这一点可以从下面两段话中看出："要敬畏耶和华我们的神，使我们常得好处，蒙他保全我们的生命，像今日一样"（《申命记》，第 6 章，第 24 节）；"他们听见这一切律例，必说：'这大国的人真是有智慧、有聪明。'"（同上书，第 4 章，第 6 节）所以他说，甚至每一条律例都能使众国之民确信其中藏有聪明与智慧。但是如果这些律例既无因可寻，也不能除恶安良，怎么能说那相信它们遵从它们的人是又聪明、又智慧、又卓越，

值得万民敬仰的呢?但如前所述,613条戒律中的每一条都要么是为了传播真知,要么是为了去除谬见,要么是为了谋求社会的公正合理,或为了断绝恶因、培养善果、破除陋习。这一点千真万确。所有这些目的可归纳为三点:意见、道德及社会行为。我们之所以不逐条分类,是因为无论是肯定还是否定的圣诫一旦诉诸语言都要么属于规范社会行为一类,要么属于传授真知一类,要么属于教化道德一类。所以说这三大类就足以为每一条圣诫给出缘由。

第 32 章

只要考虑一下神的作为——我意指自然的运作过程，如动物的生成，其四肢运动的逐渐发展及四肢相对位置的改变等，体现于其中的上帝之谋虑与智慧就会一目了然。同样，从每一个体生理状况的生成发展中，我们也能领悟到上帝的智慧与筹划。动物的运动及其四肢相对位置的演变可通过脑来加以说明。脑的前部很柔软，后部则比较坚硬，脊髓甚至更硬些，它的硬度随其延展程度而增加。神经属于感觉和运动组织。一些神经由脑发出，仅传导感觉、控制轻微的运动，如眼皮与爪的运动。而控制四肢运动的神经则由脊髓发出。所有这些神经都过于柔软，难以使关节运动。因此之故，上帝作出如下安排：把神经分丝分缕，变成纤维，再让纤维与肉交织而成肌肉；神经由于穿过肌肉各端而变硬，它们与各韧带的坚硬部分相连，形成肌腱，而肌腱则与骨头相连。神经正是通过这种逐渐发展才得以控制四肢的运动。我引述此例是因为在论四肢用途的书中，这被描述成最明显的奇迹，而四肢的用途对那些目光敏锐而又善于探究的人来说是再明显不过了。以同样方式，上帝也为哺乳类动物作了安排。它们刚出生时还极其稚嫩，不能以干食喂养。所以上帝让母兽产奶，以流食喂其幼崽。奶水有利于幼兽身体的吸收，直到其四肢逐渐变得坚硬为止。

从统治万物的上帝——我们至高无上而又荣耀无比的主这方面讲，律法中还有很多事可归于与此相似的安排。因为突然间从一端跳向对立的一端是不可能的。所以，从天性上讲，人不可能一瞬间就改变他的所有习惯。因此，上帝才派我们的先祖摩西来用神的知识把我们建成一个祭司的王国与圣洁的民族（见《出埃及记》，第19章，第6节），例如："这是显给你看，要使你知道，唯有耶和华他是神，除他以外，再无别神"（《申命记》，第4章，第35节）；"所以今日你要知道，也要记在心上，天上地下唯有耶和华他是神，除他以外，再无别神"（同上章，第39节）。并吩咐我们应全心全意地敬奉他，例如："尽心尽性侍奉他"（同上书，第11章，第13节）；"你们要侍奉耶和华你们的神"（《出埃及记》，第23章，第25节）；"你们要顺从耶和华你们的神，敬畏他，谨守他的诫命，听从他的话，侍奉他，专靠他"（《申命记》，第13章，第4节）。但那时人们所普遍遵从的习俗，及我们以色列人从小即受其熏陶的祭祀方式却都是这样的：在设有偶像的寺庙里以各种动物献祭偶像，并在他面前揖拜烧香。正如我们前面所讲，那时所谓的信徒与苦行者就是那些尽心尽性在寺庙里侍奉星神偶像的人。上帝，我们至高无上的主，他那体现在一切创造物中的智慧与智谋并不要求他为我们制定一种拒斥、弃绝和废止所有这些祭祀方式的律法。因为，这样的律法与人固守旧习的天性相违背。那时，如果这样做，就会像现在有一位先知号召人们侍奉上帝，却又以神的名义不让人们祈祷、斋戒或在不幸之中向上帝求救，而让人们无所事事，只在心里沉思默想上帝一样。因此之故，我们至高无上的主，允许这些祭祀方式留存，但却是以他的名而不再是从前以他的所造物和虚幻之物的名。他吩咐我们要向他做这一切祭祀。为他建造圣殿:“又当为我造圣所,使我可以住在他们中间”(《出埃及记》,第 25 章,第 8 节),给他高筑圣坛:“你要为我筑土坛”(同上书,第 20 章,第 24 节);向他献祭供品:“你们间若有人献供物给耶和华”(《利未记》,第 1 章,第 2 节),并在他面前揖拜烧香。他禁止以这一切方式祭祀别神:“祭祀别神,不单单祭祀耶和华的,那人必要灭绝”(《出埃及记》,第 22 章,第 20 节);“不可敬拜别神,因为耶和华是忌邪的神,名为忌邪者。”(同上书,第 34 章,第 14 节)他还选出祭司管理寺庙,说:“将他们分别为圣,好给我供祭司的职分。”(同上书,第 28 章,第 41 节)由于祭司管理圣所及里面的供物,分给他们一些钱物以维持生计便无可非议。这种钱物可称之为给利未家族与祭司的赠品。上帝通过这种谋略,使偶像崇拜的习俗得以去除,也使神的存在及单一性——我们信仰中真正伟大的信条被牢固地树立起来。与此同时,却不会由于废止了人们对之缺乏认识却又习以为常的偶像崇拜而给其心灵造成不适和混乱。

我知道你不会一下子就接受这种观点,甚至还会为此感到痛心。你口上不说,但心里仍会责问我:我们怎么能知道你所充分解释并给出缘由的圣诫、禁忌及重要的作为不是由于其本身的缘故,而是为了别的目的才被制定的,就好像它们只是上帝为实现其第一意愿而采取的一种手段似的?有什么能阻止上帝按其第一意愿给我们制定律法并赋予我们以接受它的能力呢?果真如此的话,这些只是手段而不是目的的戒律就没有制定的必要。那么就听听我的回答吧:它将治愈你的病根,并向你揭明我曾要你加以注意的事情的真相。律法中有一段话正好可以证明我的见解，请看：“非利士地的道路虽近，神却不领他们从那里走，因为神说：‘恐怕百姓遇见打仗后悔，就回埃及去。’所以，神领百姓绕道而行，走红海旷野的路。”（《出埃及记》，第13章，第17~18节）这里，上帝不按他的初衷让人们去走捷径，是因为他害怕人们因体力不支而难以承受路上的千辛万苦，于是他为实现自己的原初目的而引他们走上另外的路。同样，上帝并不直接给出人的禀性难以接受的律法，而是把上述戒律作为手段以实现他的原初目的，即在人们中间传播关于他的真知，并使他们放弃偶像崇拜。人们所普遍认可并信以为真的各种祭祀活动与习俗是他们自小即耳濡目染的，要让他们马上就放弃这一切是与其天性相违的；这就像让一个从小即与砖泥瓦石打交道的奴隶放下他手头的活计，洗净手，立即与真正的巨人搏斗一样。引以色列人走旷野的路直到他们心中充满勇气，这正是上帝智慧的结果。众所周知，温室里长不出大树，在旷野中跋涉，虽享受不到安逸、舒适，却可使人勇气倍增。此外，在颠沛流离中生出的后代，也决不会甘于受屈辱和被奴役。我们的先祖摩西是按神的吩咐引导人们在旷野里跋涉的。《圣经》里说：“他们遵耶和华的吩咐安营，也遵耶和华的吩咐起行。他们守耶和华所吩咐的，都是凭耶和华吩咐摩西的。”（《民数记》，第9章，第23节）本章所述的这些律法同样是上帝智慧的结果。依据这些律法，人们可以继续进行他们早已习惯的各种祭祀活动，但目的却在于引导他们走上真正的信仰之路，而这正是圣诫的主旨所在。

你问：有什么妨碍了上帝按其第一意愿给我们制定律法并赋

予我们以接受它的能力呢？这一问题必牵扯到第二个问题。因为人们也会反问你：有什么妨碍了上帝领百姓走非利士地的路并赋予他们骁勇作战的能力从而不必绕道走日间云柱、夜间火柱（《出埃及记》，第 13 章，第 22 节）的红海旷野的路呢？你的问题还涉及第三个问题，这一问题与全部律法中出现的各种承诺与恐吓的原因有关，即：既然让我们信仰律法，并按其规定行事是上帝的根本意愿及目的，那他为什么不给予我们一种对律法坚信不疑并严格按其规定行事的能力，相反却一再吩咐我们从者受赏，违者受罚，并将这一切赏罚付诸实施呢？很显然，承诺与恐吓只不过是上帝为实现其根本目的所采用的手段。有什么妨碍了上帝给予我们一种天性，用意志去为其所欲，弃其所恶呢？

对所有与此类似的问题都可给出同样的回答，即尽管《圣经》中的各种奇迹可以改变某一个体的性质，但上帝根本不借助奇迹改变人的天性。这一点可以从上帝的话，也即律法的重要教义中得到证明：“唯愿他们存这样的心敬畏我，常遵守我的一切诫命，使他们和他们的子孙永远得福。”（《申命记》，第 5 章，第 29 节）上帝之所以制定律例和禁忌并赏罚分明，原因正在于此。在我们的论著中，我们经常通过提出论据来对有关奇迹的基本教义作出解释。我们这样说并不是因为我们相信上帝要改变人的天性难乎其难，相反，从《圣经》的教导中可知，这不仅是可能的，而且全在他的掌握之中；但他从来也不愿去改变人的天性。因为上帝若意欲改变人的天性，派遣先知与制定律法就会显得一无用处。

现在让我言归正传。律法在两种侍奉行为之间作了明确区分，即在祭祀活动与诸如祈求、祷告之类的敬拜活动之间作了区分。前者并非有关祭祀的戒律的根本目的，后者才接近根本目的并对实现这一目的来说必不可少。因为祭祀活动尽管是以上帝的名义进行的，但对我们来讲它并不像从前那样何时何地都能进行。同样，建造寺庙也不能任选一地，设立祭司也不能任选一人。“凡愿意的，他都分别为圣。”[①]（《列王纪上》，第13章，第33节）与之相反，上帝则禁止任意妄为，并吩咐我们只能在指定的地方建造圣所：“要奉到耶和华所选择的地方去”（《申命记》，第12章，第26节）；除此之外，不能在别的地方献燔祭：“你要谨慎，不可在你所看中的各处献燔祭”（同上章，第13节）；并且祭司一职也只能由特殊家族的后代担任。所有这些的目的都在于限制祭祀活动，使它局限在上帝认为没有必要废除祭祀活动的范围以内。但祈求和祷告则无论何人何地都可进行。繸子（《民数记》，第15章，第38节）、门闩[②]、记号[③]及与此类似的敬拜仪式也是如此。因此之故，在先知的书中常可看到他们责备人们对祭祀活动的过分狂热，以及他们向人们解释说祭祀本身并非上帝意欲的目的，上帝并不苛意要求人们祭祀。所以，撒母耳说：“耶和华喜悦燔祭和平安祭，岂如喜悦人听从他的话呢？听命胜于献祭，顺从胜于公羊的脂油。”（《撒母耳记上》，第15章，第22节）以赛亚说：“耶和华说：‘你们所献的许多祭物与我何益呢？’”（《以赛亚书》，第1章，第11节）耶利米说：“因为我（上帝）将你们列祖从埃及地领出来

① “他”指耶罗波安，《圣经》中认为这是他的邪恶之举。——中译者

② 参见《出埃及记》，第13章，第9~16节；《申命记》，第6章，第8节和第11章，第18节。

③ 参见《申命记》，第6章，第9节和第11章，第20节。

的那日，燔祭平安祭的事我并没有提说，也没有吩咐他们。我只吩咐他们这一件说：‘你们当听从我的话，我就作你们的神，你们也作我的子民。’”（《耶利米书》，第 7 章，第 22~23 节）就我所知，人们在谈到最后这段话时都认为它难以理解。他们说：既然有许多涉及祭祀的戒律，耶利米怎么能说上帝并没有吩咐我们做燔祭和平安祭呢？事实上，这段话的含义正如我前面所作的解释那样：因为耶利米以神的名义说，祭祀的戒律的根本目的只在于让人们认识我（上帝），并且也决不敬拜别的神：“我要作你们的神，你们要作我的子民。”（《利未记》，第 26 章，第 12 节）由此可见，让人们献燔祭、朝拜圣所的戒律只是为了使这一基本教义深入人心才制定的。正是为此缘故，我才给各种敬拜活动换上我（上帝）的名，以此来摧毁偶像崇拜，并使我为唯一的信条在人们心中扎下根。但你们却无视这一目的，偏偏要抓住实现这一目的的手段不放。你们怀疑我的存在：“他们不认耶和华，说‘这并不是他’”（《耶利米书》，第 5 章，第 12 节）；侍奉别的偶像：“你们偷盗、杀害、奸淫、起假誓、向巴力烧香，并随从素不认识的别神；且来到这称为我名下的殿，在我面前敬拜”（同上书，第 7 章，第 9~10 节）；但还要不停地朝拜圣所，供奉祭品，做这并非我根本意欲之事。

我还掌握一种方法，以此来解释这段话可得出同样的结论。因为不论是按《圣经》所说，还是根据我们的习俗，有一点很清楚，就是首批戒律不涉及燔祭与平安祭。你不应以埃及人过逾越节[①]来对此提出反对，因为其缘由如我们将要阐明的那样（参见第

① 参见《出埃及记》，第 12 章，第 21 节及第 26~27 节，从中可知，那时埃及人已被吩咐杀羊羔作祭了。

三篇，第46章），是不言而喻的。何况逾越节发生在埃及地，而这段话所涉及的律法是在我们出埃及后才为上帝所立。因此之故，耶利米对首批律法作了如下界定："我领他们出埃及地之日。"首批律法是在摩西领百姓出埃及地到达玛拉时由上帝所立的，《圣经》里说："你若留意听耶和华你神的话，又行我眼中看为正的事，留心听我的诫命，守我一切的律例"（《出埃及记》，第15章，第26节）；"耶和华在那里为他们定了律例、典章，在那里试验他们"（同上章，第25节）。按照传统，正确的说法是：安息日与平民律法都是在玛拉制定的。因此律例暗指安息日，而消除不义的典章则指平民律法。我们已经表明，律法的主要目的在于传授真理，如创世说即属此类真理。如我们（所知），律法中规定安息日，目的就在于证实和确立创世说，这一点我们在本书中已作过解释。[①]除了传授真理，律法还有一个目的就是要在人类中间消除不义。由此即可证明为什么首次立法不涉及燔祭与平安祭。因为，如我们所讲，它们从属于次要的目的。《诗篇》中也表达了与耶利米相同的见解。因为在那里，人们也由于主次不分、无视主要目的而受到谴责。《诗篇》中写道："我的民哪，你们当听我的话；以色列啊，我要劝诫你。我是神，是你的神。我并不因你的祭物责备你，你的燔祭常在我面前。我不从你家中取公牛，也不从你圈内取山羊。"（《诗篇》，第50章，第7~9节）无论在哪提到这种目的，其含义都是如此。请仔细体会这一点并多加思考。

① 参见第二篇，第31章。

第33章

使人在力所能及的情况下尽量去压抑、贬低、削弱自己的欲望，这也是完备的《律法书》之目的。按照《律法书》的要求，人只应在绝对必要时使自己的欲望得以满足。众所周知，人之暴饮暴食、纵欲无度是缺乏节制的结果。同时也阻碍了人肉体完善的发展，并且通常情况下还干扰社会秩序及家庭节俭。正是这类放纵行为导致人的心灵难以完善，因为完全受欲望支配的人，会像傻瓜一样，耗其心志，伤其身体，结果是早生华发、未老先死，并且他还会忧重烦多。为夺人之美，其嫉、恨、斗之心也会日益膨胀。究其根源，完全是这种环境使然，即无知之徒把肉欲之乐本身当作目的而加以追求。因此之故，上帝凭其智慧给我们制定出戒律，以阻止我们追求肉欲之乐，使我们免受其诱惑，并杜绝一切导致纵欲之事在我们身上发生。这是律法目的中很重要的一点。想一想律法要除掉一个人的性命，很显然，那人的行为是过分纵情于吃喝玩乐之中了。这里我指的是“顽梗悖逆的儿子”；他被说成是“贪食好酒的人”（《申命记》，第21章，第20节）。律法吩咐将他用石头打死以从社会中除掉，免得有此性情的人会滥杀无辜，并使好人也受他永无厌足的欲望污染。

律法倡导的另一种美德是谦恭知礼，即人要听其邻居所言；

人不应刚愎自用，而要善解人意，体恤他情，欲朋友之所欲，乐朋友之所乐。所以律法要求：“你们要将心里的污秽除掉，不可再硬着颈项”（《申命记》，第10章，第16节）；“以色列啊，要默默静听”（同上书，第27章，第9节）；“你们若甘心听从，必吃地上的美物”（《以赛亚书》，第1章，第19节）。关于那些听从正见的人，《律法书》中是这么说的：“今日我们得见”（《申命记》，第5章，第24节）；关于他们，还有一种隐喻的说法：“愿你吸引我，我们就快跑跟随你。”（《雅歌》，第1章，第4节）

律法还有一个目的就是使追随它的人变得圣洁，它教他们抑制和提防肉欲，并把其控制在最低限度之内。这一点随后我们将予以解释。上帝曾吩咐摩西，要让人接受律法先得使人圣洁，“叫他们今天明天自洁”（《出埃及记》，第19章，第10节），因此遵从诫命的摩西向人们讲道：“不可亲近女人”（同上章，第15节），很显然，人要圣洁必得远离肉欲。不过，戒酒也称得上圣洁之举，所以在谈到拿细耳人[①]时《圣经》里说：“他要圣洁。”（《民数记》，第6章，第5节）依西弗拉（Siphra）之见，“你们要自洁成圣”（《利未记》，第20章，第7节）中所讲的圣洁实际上指人完全服从神的诫命。律法把遵从上帝戒律的行为称为圣洁的，那么，悖逆这些戒律及种种有失体面的行为就是不洁的。随后我将对此加以阐述。

通过洗涤来除污去垢以洁衣净身也是律法的各种目的之一，但它必须以行为的端正、心灵之脱离各种低级趣味为前提。一个

① 意即“皈依上帝的人”。——中译者

人仅满足于衣着整洁而在食色方面仍放纵无度那是最可憎的。以赛亚说:“那些分别为圣、洁净自己的;进入园内,跟在其中一个人的后头吃猪肉和仓鼠,并可憎之物,他们必一同灭绝。”(《以赛亚书》,第 66 章,第 17 节)也就是说,这些人在表面上尽量使自己显得神圣、洁净以给别人看,一旦在自己的卧室或屋里独处,便又会变成老样子——把戒律弃置脑后,津津地品味猪肉、虫肉、鼠肉等律法所禁忌的食物。也许先知用“躲在当中的一棵树后”这话来暗指背地里沉溺于色欲之乐这种行为。由此看来,这话的含义即:他们表面上干净纯洁,但心里仍屈从于各种肉欲之乐的诱惑。这与律法的精神正好背道而驰。因为律法的主要目的就是教人断绝各种欲念,外表的纯洁要与心灵的纯洁一致。一些人表面上干干净净,内心里却满是污秽肮脏的东西,所以所罗门说他们是:“有一宗人,自以为清洁,却没有洗去自己的污秽。有一宗人,眼目何其高傲,眼皮也是高举。”(《箴言》,第 30 章,第 12~13 节)

本章我们列举了律法的几种目的,如果你能深思这些目的,许多戒律的缘由就会一目了然;否则,如我们将要进一步阐述的那样,戒律的缘由仍将对你晦暗不明。

第34章

还有一点也很重要，就是律法并没有把各种例外情况考虑在内。那些罕见的情况不属律法的指涉范围。律法所教的，无论是见解、道德方面的，还是实践方面的，都是以一般情形为基础的；至于例外情况、某条教理或圣诫有可能对某个人造成伤害，则不在律法的考虑范围之内。因为律法为神所制定，一些普遍有用的东西也仍然给少数人带来伤害，不论是从我们自己还是别人的言谈中都可看出这一点。因此，我们无须因发现律法的目的并非在每个人身上都能充分实现而大惊小怪，肯定会有一些人难以通过律法的教诲而趋向完善。这正像有一些存在物难以通过接受它们本性所需的特殊形式而实存一样。所有这些，都根源于某个神或动因："都是一个牧者所赐的"（《传道书》，第12章，第11节），想作别种设想是不可能的。不可能之物永不更改其不可能性，这一点我们在第15章中已作过解释。由这种考虑出发，可以推出各种戒律不可能像药物一样因人和时代的特点而异。每一处方都是根据特殊病人的特殊病情而开的，而律法中所包含的神的指导则必须是确定的和普遍的，尽管它只在某些情况下有效，而在其他情况下无效。如果律法因人而异，它从总体上讲就不可能完备，其每条戒律也会变化不定。因此之故，让律法的根本原理依从时间、地点而改变就会很不恰当；相反，依神之所言，各种律例和典章必须是确定的、无条件的和普遍的："至于会众，你们和同居的外人都同归一例。"（《民数记》，第 15 章，第 15 节）如上所述，条例和典章不论在何时对何人都是一律的。

在这些导言性的话之后，下面我将以此为前提，继续揭示我所要解释的一切。

第 35 章

从前述目的出发，我把所有戒律分成十四类。

第一类戒律是表述基本见解的，就是我们在《托拉基本律法》篇[①]中所列举的那些。我把忏悔与斋戒的戒律也划入这一类。随后我将说明这样做的理由。《圣经》以这些正确而有用的见解对我们进行谆谆教诲为的是让我们信仰律法，对此，人们不应再问，它们有什么用处？这一点我们已作过解释。

第二类戒律是禁止偶像崇拜的，就是我们在《禁止偶像崇拜的律法》篇中所列举的那些。禁止穿亚麻布与羊毛混制的衣服，禁止吃果树头三年结的果实，禁止在同一葡萄园中撒两样种子——我把这些戒律也划入第二类，理由随后再作解释。这类戒律的目的众所周知，就是让真正的见解深入人心并由此在世间永远流传，亘古不变。

第三类戒律是促进道德完善的，就是我们在《有关见解的律法》篇中所列举的那些。我们都知道，社会秩序与人际关系的完善是人类健全的必要条件，而这一点，只有通过培养人优秀的道德品质才能达到。

---

① 这里和本章提到的书名皆为迈蒙尼德《密西那托拉》中的篇名。

第四类戒律涉及人的施舍、借贷和赠礼行为，也包括像涉及“估定”和“永献之物”的那类准则以及与借贷和奴隶有关的一些律例。此外，我们在《种子》篇中所列举的戒律，除禁止穿亚麻布和羊毛混制的衣服、禁食果树头三年的果实这两条外，其余的也都属这一类。这类戒律的缘由很显然，因为其中的每一条都对人有用。从中可知，现在富贵的人，或者他本人或者他的子孙要在将来受苦受穷；而现在贫穷的人，或者他本人或者他的子孙却要在将来大富大贵。

第五类戒律是禁止作恶与打斗的，就是我们在《损害》篇中所列举的那些。这类戒律的目的是显而易见的。

第六类戒律是关于处罚的，诸如对窃贼、强盗或作伪证者处罚的律例就属此类。事实上，我们在《论法官》篇中所列举的大部分律例都属此类。这类戒律的作用一目了然。因为不惩治犯罪，侵害行为就根本不可能被杜绝；那些喜欢斗殴的人，就会得寸进尺。一些人认为废除惩罚乃仁慈之举。没有人比他们更优柔寡断了。如果那样的话，不仅会毁掉城邦，而且会殃及他们自身。与此相反，仁慈只在他——至高无上的主——的吩咐里才有：“你要在耶和华你神所赐的各城里，按着各支派，设立审判官和官长。”（《申命记》，第 16 章，第 18 节）

第七类戒律是关于财产的，涉及人们的利益往来，如借贷、租赁、存储、买卖之类的事情。财产继承的戒律也属此类。这类戒律我们在《添置与公义》篇中已列举过。其用处也显而易见，因为不论在哪个城邦，人与人之间都会发生利益关系，为维持这种关系，保证交往过程中的平等互利，制定出一些公义的准则就必不可少。

第八类戒律是关于禁工日的——我是指安息日和各种节日。《圣经》中已阐明了设置每个节日的理由，也谈到了每个节日的用意所在——或是为了教诲真知，或是为了让身体得以休息，或是二者兼而有之。随后我们再作详细解释。

第九类戒律是关于人人①都得遵从的宗教习俗的。例如，与祈祷文和经训有关的戒律；除割礼之外，我们在《论爱》篇中所列举的所有戒律。这类戒律的意图很明显——制定种种规矩，以确保我们心中对上帝的爱万世不移，也使我们对上帝及他的一切抱有正确的信仰。

第十类戒律与圣所以及其中的器皿和侍从有关。我们在《崇拜上帝》篇中所列举的戒律之中已包括了这一类。关于它们的用处，我们已预先作了解释。②

第十一类戒律是关于祭祀的，此类戒律的绝大部分我们在《论崇拜上帝》及《祭祀》篇中已经提及。前面我们已阐述了为祭祀立法的一般目的及其在那一时代的必要性。

第十二类戒律是关于洁净和不洁净之物的。这类戒律的一般目的，如我将要解释的那样，是叫人不要随随便便就进入圣所，而要视之为神圣之地，并在心中对之充满敬畏与崇拜之情。

第十三类戒律是关于禁忌食物及诸如此类的事情的。这类戒律我们已在《禁忌食物律法》篇中如数列出。与誓约及禁酒有关

① 即不仅仅是祭司和利未家族的人。

② 见第三篇，第32章。

的戒律也可划入这一类。这类戒律的目的我们在《先贤篇》的导言《评密西那》中已解释过，就是要抑制人们的欲望、使人不过分地寻欢作乐，不以“吃喝”二字为人生的追求。

第十四类律戒是关于性禁忌的，就是我们在《妇女》及《性禁忌律法》篇中所列举的那些。涉及兽交的律法也属此类。这类戒律同样是为了减少性交次数，尽量抑制性欲，以教导人们不要像蠢人那样，把追求肉体之乐当作人生的最终目的。有关割礼的律法亦属此类。

众所周知，所有的戒律也可分成两大类：一类涉及人与上帝的关系；一类涉及人与人的关系。在我们所分类并列举的戒律中，第五、六、七类及第三类的一部分涉及人与人的关系，其余的则涉及人与上帝的关系。因为每条戒律，不论是吩咐还是禁止，其目的都不外乎三个：或是为了促进道德，或是为了教授真知灼见，或是为了指导正确的行为。它们都只与个人自身及他的不断完善有关。在此意义上，《塔木德》的先贤们说每条戒律都涉及人与上帝的关系，尽管在现实中它有时会起到规范人与人关系的作用。但是戒律的规范作用必须经过许多中间环节和反思之后才能实现，因为律法本身并不直接阻止一个人去伤害他的同伴。请深入理解这一点。

对戒律进行分类之后，现在我将按类考察每条戒律，给那些在人们看来是无用而费解的戒律找出缘由和目的。当然有少数戒律除外，因为我至今也未搞清它们的目的。

第36章

在《托拉基本律法》中，我们列举了第一类戒律。作为种种见解的表达，所有这些戒律的目的都是不言而喻的。只要逐一考察这些戒律，你就会发现每条戒律所包含的见解都是千真万确而且有根有据的。那些劝诫和吩咐我们去学习、去教授的戒律也无疑是有用的，因为没有智慧，人就不可能有善行或真知。一些戒律规定人要敬仰《律法》的传授者，它们同样是有用的；因为如不把他们视作神圣与可敬仰之人，其所言所行就不会成为人们追寻的楷模。律法也要求我们应具备谦虚的美德[①]，“在白发的人面前，你要站起来”（《利未记》，第19章，第32节）。

这一类中还有一些戒律让我们以上帝的名义起誓，同时严禁我们不守誓约或违背诺言。所有这些戒律的缘由都是显而易见的，都是为了荣耀他——我们至高无上的主。因此，遵守这些戒律而生活，我们就必会对伟大的主心怀敬仰。

这一类中同样还包括在危难时向上帝，我们至高无上的主，求救的戒律，即“要用号吹出大声”（《民数记》，第10章，第9节）。由此，可使我们对真正的见解坚信不疑，即上帝一直在关

---

① 参见巴比伦《塔木德》:《订婚》，32b。它把这一戒律解释为，人应在老人甚至是异教徒面前保持谦虚和尊重。

注着我们的处境：如服从诫命，则可摆脱苦境；若违背诫命，则会在劫难逃；无论哪种结局都绝非偶然。由此可见，“你们行事若与我反对，不肯听从我，我就要按你们的罪加七倍，降灾于你们”（《利未记》，第26章，第21节）的含义即是：如果我为惩罚而降灾于你们，你们偏把这灾当作意外，我就要让你们所说的意外之灾再度上演，且比以前更凄更惨。“你们因这一切的事若不听从我，却行事与我反对，我就要发烈怒，行事与你们反对。又因你们的罪惩罚你们七次。”（同上章，第27~28节）这句话的含义同样如此。因为人若把不幸视作偶然，就会执迷不悟，继续坚持错误观点并做出错误行为。《圣经》里说：“你击打他们，他们却不伤恸。”（《耶利米书》，第5章，第3节）因此之故，上帝吩咐我们在身遭不幸时要向他祈求，皈依并叫喊。

很显然，有关悔过的戒律亦属此类，我的意思是说，它也是律法的随众所必须坚守的信条之一。因为人不可能十全十美，一点罪过和错误也没有。人要么是出于无知，要么是受欲望和情绪支配，都或多或少会接受谬见，干出错事。这时，如果一个人仍认为一切都无法弥补，他就会一错再错，永不悔改；既然一切都无可挽回，他甚至会比以前更加桀骜不驯，作恶多端。但他若相信悔过能补救一切，他就会悔过自新，走上正途，变得比从前有罪的自己更加完善。因此之故，律法中做出了许多规定以贯彻这一正确而有用的信条。例如，无论人是无意还是有意犯下罪孽，为赎罪都应去忏悔、祭祀和斋戒。悔过的标志在于人下定决心，不再作恶。这也正是悔过的目的。所以，所有这些戒律的用处都是不言而喻的。

第 37 章

第二类戒律就是我们在《禁止偶像崇拜的律法》中所列举的那些。很显然，这类戒律的目的在于把人从偶像崇拜的错误中解救出来，并杜绝一切与之有关的邪恶习俗，诸如占卜、观兆、用法术、行邪术等，以及与此类似的事。① 如果把我所推荐的书全部阅读一遍，你就会发现，你所听闻的那些巫术就是萨比教徒和查尔丁人过去惯于施展的伎俩。他们绝大多数都是埃及人或迦南人。他们不但使别人，而且他们自己也相信这些魔法能在人身上产生奇妙而非凡的效果：或是在单个的人身上，或是在城邦的民众身上。但巫师施展的魔法是否真能产生预期的效果，凭理智或推理都不能作出断言。例如，当他们小心翼翼地在特定时刻把某些植物收集起来或取走一定数目的物体时就是如此。巫术涉及的范围很广，不过为了便利起见，我把它们分成三类：第一类与自然物如植物、动物或矿物有关；第二类与时间有关，即这类巫术必须在特定的时间里施展；第三类与动作有关，即这类巫术的施展依赖于人的特定动作，如跳舞、拍手、大笑、单脚跳、仰面朝天躺倒在地、点燃东西、用某种材料消毒、谈吐清楚或胡言乱语

① 参见《申命记》，第 18 章，第 10~11 节。

等。巫术的种类就是这些。

还有些魔法是借助上面这三类巫术一起完成的。比如，他们说：在月处黄道带上的东边某点，或其他特定位置时从某种植物摘下一定数量的叶子；在日当中午或处在其他确定位置时，拿取某种动物一定数量的角、粪便、毛发及血；在日月交接、一方占优势且众星都处在特定位置时，再把一种或几种矿物熔化；然后你发话，如此这般地说着，并用树叶或类似的东西给已成形的金属消毒。做完这一切，预期的东西就会产生。他们认为，在另外一些魔法中，只需要上面的一种巫术就够了。他们还规定其中大多数巫术必须由女人来履行。因此之故，他们说，在祈雨时，必须有十位佩戴饰物，穿着红衣的处女，向着太阳手舞足蹈，前簇后拥，来回摆动，如此这般一直进行，直到他们认为雨将倾注时为止。他们还说只要四个女人仰面躺在地上，两腿分开并抬起，同时以手比画，并且口中念念有词，由于这些不体面的姿势，那地方的冰雹就会停止。这种类似痴人说梦的事他们还讲了很多。所有这些巫术无一例外地都要有女人才能进行。并且所有的巫术都与星象密切相关。我的意思是说，依他们之见，无论是任何植物、任何动物还是任何金属，都应固定地分派给某颗星。他们还认为巫师所施展的各种各样的魔法就是对某个星神敬拜的不同形式。星神如为人的这些言行或香火所愉悦，就会满足人的心愿。

如果你读过我们手头现有的以及我给你提过的那些书，这些评论对你来说就不难理解。现在请你再听听我的讲解。全部律法的目的及中心在于，将偶像崇拜连根铲除，并推翻众星可造福于人也可降祸于人的观点——正是这种谬见，才导致人们敬拜星神。由此可见，灭掉巫师已成必然，因为所有的巫师都无一例外地是偶像崇拜者，尽管他们的敬拜方式不同寻常，有些稀奇古怪。要施展所有的巫术，女人都必须在其中起主要作用，所以《圣经》中写道："行邪术的女人，不可容她存活。"（《出埃及记》，第22章，第18节）[①] 由于人天性即对受死的女人怀抱同情，所以在涉及偶像崇拜的律法中要特别强调"或男或女"（《申命记》，第17章，第2节），并重申"这男人或女人"（同上章，第5节），而在涉及安息日休息的律法与别的律法中，则绝不会出现这种情况，因为在这里向女人表示同情是自然而然的。巫师们相信他们的法术魔力无边，不但可以把伤人的动物如狮子，恶魔之类从村庄里驱走，而且可使地上的出产免受损失。因此之故，他们自以为借助法术能阻止天降冰雹，能消灭葡萄园里的虫害，以使其完好无损。（《拿巴迪的农业》一书中提到，借助巫术可消灭葡萄园里的虫害，后来萨比教徒对此作了详细解释。）他们还自以为是，说他们知道，如果时候不到，如何使树上的叶子和果实不掉落。这些见解在当时已广为人知，因此律法在承诺的话中作出如下断言：谁相信偶像崇拜和妖邪法术可使他免遭不幸，谁就要正好遭受这些不幸。圣经里说："我也要打发野地的走兽到你们中间，饱吃你们的儿女"（《利未记》，第26章，第22节）；"我要打发野兽用牙齿咬他们，并土中腹行的，用毒气害他们"（《申命记》，第32章，第24节）；"你所有的树木和你地里的出产必被蝗虫所吃"（同上书，第28章，第42节）；"你栽种修理葡萄园，却不得收葡萄，也不得喝

① 中译本为第22章，第18节，英译本为第22章，第17节。——中译者

葡萄酒，因为被虫子吃了”（同上章，第39节）；以及“你全境有橄榄树，却不得其油抹身，因为树上的橄榄不熟自落了”（同上章，第40节）。总之，偶像崇拜者想以这些伎俩支持和确立他们的教义，并使人们相信崇拜偶像可使人免祸得福，但正如《圣经》中那些承诺的话所讲，敬拜偶像带来的后果却正好相反，人们不但不能得福，反而会惹祸招灾。现在你就会明白为什么在所有的诅咒与祝福中，律法偏要挑出在承诺的话中所提的那些，并特别加以强调。同样，你还要知道它们的巨大用处。

为了使人们远离所有的妖邪法术，律法禁止观看巫师的法术表演，即使这些法术与农业、畜牧业或人的其他这类活动有关也不例外。凡偶像崇拜者依其教义，置人的理性于不顾而认作有用且是借神秘之力发生的事都为律法所禁止。例如：“那里人的行为，也不可效法，也不可照他们的恶俗行”（《利未记》，第18章，第3节）；“我在你们面前所逐出的国民，你们不可随从他们的风俗”（同上书，第20章，第23节）。我们的先贤把他们的风俗称为“异教徒的做法”，并归入巫术一类；因为这些风俗让人难以捉摸，也像巫术那样与星象的影响密切关联，并因此而使人称颂、敬拜并赞美众星。我们的先贤明确讲道：凡能作药用的都不能归入异教徒的做法一类。[①]因为他们认为只能以理智推荐的方法治病，除此以外的都是歪门邪道。因此，对“要给果实落地的树木压上石头并染上红色”可提出如下质疑：如果说给树木压上石头是为了耗其精气，那为何还要给它染上红色呢？这一问题表明给树木染

① 巴比伦《塔木德》:《安息日》，67a。

上红色之类的事无法从自然中找出合理的解释，因此当像“异教徒的做法”一样遭到禁止。我们的先贤同样讲道：“向圣所献祭的兽胎必须埋掉，而不可挂在树上或埋在十字路口，因这也是‘异教徒的做法之一’”[①]。凡类似的情况可以此类推。但你对他们所许可的有些事却不能抱有疑虑，比如用被绞死的人的指甲或狐狸的牙治病[②]，因为在那时这些方法都是经过实践证明有效的，就像用芍药治癫痫病、用狗粪治咽喉肿，用蜡和白铁矿治扭伤一样。所用这些东西都属药类，因为律法规定，凡作药用的都必须经过实践证明有效，即使对此不能作出合理的解释。上面这些药物功能多样，还停痢止泻。我所做的这些精妙观察请读者务必充分领会并牢记在心，“因为这要作你头上的华冠，你项上的金链”（《箴言》，第1章，第9节）。

在我们的巨著中[③]，我们已解释过为什么头的周围不可剃，胡须的周围也不可损坏，因为这些都是崇拜偶像的祭司所固有的习性。基于同样的原因，律法也禁止穿两种原料织成的衣服。[④]这些祭司就是以果蔬和毛皮来点缀他们的衣服，同时手里还拿着矿物质做成的图章。这一切你都可以从他们的书中看到。除此之外，律法中还规定：“妇女不可穿戴男子所穿的；男子也不可穿妇女的衣服”。（《申命记》，第22章，第5节）在那本关于鼓的书中你会看到，男人站在金星的偶像前应穿染色的女人衣服，而女人站

① 巴比伦《塔木德》：《宰杀供食用的动物》，77a。
② 巴比伦《塔木德》：《安息日》，67a。
③ 指《密西那托拉》。
④ 参见《申命记》，第22章，第11节。

在火星的偶像前应佩戴甲胄和武器。依我看来，制定这条戒律还另有原因，这就是男女混穿衣服会诱发色欲并使人干出伤风败俗的事。

为什么要禁止从偶像崇拜中获得好处，其原因也显而易见。因为有时人买回一个偶像本意是要砸碎它，但却把它保留下来，由此便埋下了祸根。即使他把偶像砸碎，重新铸造，再卖给异教徒，所得的钱也不能用。原因在于大多数人都错误地认为人的一切都是靠运气的。所以他们逢人便说他们之所以如此富有、如此幸运，是因为他们住了一幢特别的房子，养了一种特别的动物，或买了一件特别的器皿，是这些东西给他们带来了好运。同样，人用卖偶像赚来的钱做生意也可能马到成功，获得巨利；由此他也许会认为偶像是他的成功之母，卖偶像所赚的钱能使他财运亨通、福星高照，并因此而崇拜偶像；但他的信仰与律法在字里行间所清楚表明的主要目的却截然相反，正由于此，律法禁止我们用与偶像有关的一切饰物、供品及器皿，并以此来杜绝我们把自己的成功归因于偶像的念头。那时对星宿的信仰是非常错误的，人们普遍认为生与死、善与恶都受星宿的控制。因此之故，律法决意要借助承诺、誓约以及上面所提的诅咒与祝福等手段来根除这种谬见，并吩咐我们不可拿任何与偶像相关的东西，更不可以之赢利。上帝，我们至高无上的主曾警告我们：如把卖偶像得来的钱与你的家产相混，你将因此而丢失或损失那份家产。这一警告包含在如下话中："可憎的物，你不可带进家去，不然，你就成了当毁灭的，与那物一样。"（《申命记》，第 7 章，第 26 节）如果相信它们会带来好运，那更是大错特错。你只要检查所有与偶像

崇拜有关的戒律，就会发现它们的原因都是明摆的，其目的就在于使我们弃绝这种邪恶信仰，尽可能远地离开它。

还需要指出一点，就是荒唐而无用的见解是偶像崇拜者凭空臆造的。他们为巩固其偶像崇拜，就在人们中间散布流言，说谁不守使其信仰永久之习俗，谁就将大祸临头；这种灾祸总有一天会突然降临。得此教训，悖逆者就会墨守习俗，崇拜偶像。众所周知，人天性就对家破人亡怀有极大的恐惧与担心。所以在那时，敬拜火之人就说，不让儿女从火上经过[①]者，其儿女必死。毫无疑问人们之所以立即屈从于这种恫吓是出于对儿女的强烈爱心，特别是由于经火这件事本身也简单易行。还有一点也须考虑，就是照料幼儿是妇女的天职，但如我们所知，她们大都生性怯懦且易盲听盲从。律法对此提出强烈反对，其语气比反对任何其他偶像崇拜的习俗都更为严厉："[把自己的儿女献给摩洛的，总要治死他。……因为他把儿女献给摩洛，]玷污我的圣所，亵渎我的圣名。"（《利未记》，第20章，第3节）真正的先知以我们至高无上的主——上帝之名断言：谁为保全儿女性命而行经火之举，谁就正好以此自取灭亡，并殃及子孙。上帝说："我就要向这人和他的家变脸，把他和一切随他与摩洛行邪淫的人都从民中剪除。"（同上章，第5节）要知道，这种习俗在当时很普遍，所以至今仍未绝迹。现在仍可看到，在接生时，接生婆先把新生儿裹在襁褓里抱起，然后把气味难闻的香投入火炉，再把孩子在火上冒出的烟中熏一番。这当然是经火的习俗，且为我们的律法所禁止。想一

① 参见《申命记》，第18章，第10节。

想发明这种教义的人是多么地邪恶狡诈，也想一想为什么人们一直固守这种教义，为什么律法明文禁止数千年，仍不能除去它的名，它仍在世上残存。

关于财产，偶像崇拜者也有类似的习俗。他们制定出一条律例，说应当敬拜名为阿什拉（asherah）的树，树上的果实一部分当作供品，其余的则必须在没有偶像的寺庙里吃掉；在涉及阿什拉的律法中，他们对此已作过解释。他们规定，凡果实可食的树头年所结果实同样要一部分做供品，其余的则在供奉偶像的寺庙里吃掉。他们还使人们普遍相信，如果树的头年果实不按上述要求处理，树就将干枯、减产或生病，果实也会不熟自落，这正像他们散布流言说不经火的孩子必死一样。由于人们惧怕财产损失，同样也就毫不犹豫地按这条戒律所说的去做。为反对这种教义，律法就吩咐我们把果实可食的树头三年所结果实烧掉，因为有的树头年栽下即结果，有的树两年结果，还有的树三年才结果。在多数情况下，这正好与人们所普遍采用的三种植树方法相应，即：栽树、插树、接树。律法中未考虑用坚果或种子植树的方法，是因为律法的律例所指涉的是普遍情况，而一般来讲，在以色列地，树的幼苗栽培后最迟不超过三年即结果实。因此之故，我们至高无上的主给我们立下承诺，说毁掉头年的果实，树木会因此而产量倍增。他说："好叫树给你们结果子更多。"（《利未记》，第 19 章，第 25 节）上帝还吩咐我们要在耶和华面前吃掉果树第四年所结的果子，并以此取代萨比教徒在供奉偶像的寺庙里吃掉果树头年所结果子的习俗。后者我们已作过描述。

《拿巴迪的农业》一书还提到古代的偶像崇拜者，说他们让书

中所列的那些东西腐烂，并等到太阳处于黄道带上的某一点时，才开始施展各种法术。他们认为这种事人人都应学会，并且要在栽果树时把准备好的腐殖质堆在树的周围或埋入其下，这样树就会比通常生长得更快，而且会结更多的果实。他们说这种方法神奇无比，其作用可以和辟邪物相媲美，并且比任何其他使果树增产的法术都更为有效。我已向你表明并解释了律法是如何反对各种法术的。律法禁止我们食用果树栽下后头三年所结的果实。因此，按他们所说的那样去增产增收就没有必要。不过，三年后，大部分叙利亚的果树都会自然而然地结出更多的果实，根本就不需要施展那时所盛行的各种法术。这一事实不同寻常，需加以重视。

还有一种见解在那时也很普遍，且一直在萨比教徒当中流传。这就是他们在谈到嫁接树时所表述的见解。他们说，如果在某颗星升起的时候，一边给树嫁接、消毒，一边在口里念着咒语，嫁接成的树就会非常有用。关于这些事，表述最清楚的是在《拿巴迪的农业》一书的开头对把橄榄树嫁接到柑橘树的过程所作的描述。依我之见，被希西家所查禁的药书无疑应划入这一类。他们还说，不同种类的树嫁接时，嫁接的树枝必须让一位美丽的少女拿着，并且一位男子还要和她发生不体面非自然的性关系；这位不再是处女的少女是在他们做爱的过程中把树枝嫁接到另一棵树上的。毫无疑问，这种习俗在当时很普遍，也没有人不愿这样做，特别是由于它把对嫁接效果的期望与性爱的乐趣联系在一起。因此之故，律法禁止我们把不同种类的东西掺杂在一起，即把一种树嫁接到另一种树上，以使我们远离各种导致偶像崇拜的根源及那令人生厌而又不自然的做爱方式。为了防止嫁接，律法禁止我们把两样种子种在一起或挨着种。如果检查一下对此戒律所作的传统解释，你就会发现，根据《摩西五经》，无论在哪里嫁接树都要受到鞭打的惩罚，因为禁止嫁接是这条律法最基本的要求；而把不同种子混种，我的意思是说把它们挨着种，则仅在以色列受到禁止。

《拿巴迪的农业》一书还明确讲到那时他们把大麦与葡萄混种的习俗。在他们看来，只有通过这种方法才能使葡萄园枝茂果繁。因此，律法禁止我们把不同种子种在葡萄园里，还要我们把以此方法出产的大麦与葡萄全部烧掉。萨比教徒认为他们的这种习俗能起到法术和辟邪物的作用，因此，即使其中不包含任何偶像崇拜的因素，也应该被禁止，这正如我们在前面谈到先贤的话时所讲的那样："我们不可把祭祀用的兽胎挂在树上。"凡萨比教徒的习俗，就是我们的先贤称作"异教徒的做法"的，律法都一律禁止，因为它们都与偶像崇拜有关。只要考虑一下异教徒的敬拜习俗，就会发现他们有时是崇拜众星、有时是崇拜日月；为播种和消毒，他们经常要选择黄道吉日，即某颗星升起的时候；那些亲自栽种的人还要绕场跑圈，那敬拜五颗星的人说他应跑五圈，那敬拜五颗星及日月的人说他应跑七圈。他们为了使人们崇拜众星，还宣称所有这一切，都带有秘术的性质，对农业生产极为有用。正由于此，律法禁止他国的所有习俗，《圣经》里说："我在你们面前所逐出的国民，你们不可随从他们的风俗。"（《利未记》，第 20 章，第 23 节）在他们的习俗中，律法特别禁止那些很普遍、很一般或与偶像崇拜明确有关的习俗，例如，吃果树头三

年所结的果实，把不同种的树混接，以及在葡萄园里混种。对约西亚（Josiah）拉比的意见我感到很吃惊，因为在他看来，在葡萄园里种两样不相同的种子并不为过，只有把小麦、大麦及葡萄同时撒种时才违背律法。毫无疑问，他一定知道这种风俗与异教徒的习俗有关。

现在你该知道禁穿羊毛与亚麻布混做的衣服、禁食果树头三年所结的果实以及禁止混种那些戒律的缘由了，心中也不再会藏有任何疑虑。如我们已经表明，它们的目的就在于反对偶像崇拜。同样，不让随从异教徒的习俗，其目的也在于消除导致偶像崇拜的一切根源。

第38章

第三类戒律就是我们在《有关见解的律法》中所列举的那些。它们的用处显而易见，因为它们全是用来调节社会交往中人际关系的道德行为规范。既然这一点如此明确，也就无须我再费口舌。要知道，还有些戒律也同样规范人的行为，具有促进人的道德完善使之有益于社会的目的，尽管在有些人看来，它们只是上帝随意制定的，并无别的目的可言。我们将在适当的时候对它们逐一作出解释。至于我们在《有关见解的律法》中所列举的这第三类戒律，其目的书中已讲得很清楚，就是培养人高尚的道德品质。

第39章

第四类戒律包括我们在《论种子》中所列举的，即除了与混种有关的戒律外的所有戒律，也包括有关估价和捐赠之物、债务以及奴隶的戒律。只要检查一下这些戒律，就会清楚它们各自的用途：即教导我们要同情弱者和残疾人，要通过各种方式救济穷人，不要伤害生活窘迫者的感情，更不要去烦扰无助无望者（即寡妇、孤儿之类的人）的心。

要人救济穷人的戒律，其意义显而易见；要人献供品[①]、缴什一税的戒律同样如此。《圣经》里说："在你城里无份无业的利未人，[和你城里寄居的，并孤儿寡妇，都可以来，吃得饱足]。"[②]（《申命记》，第14章，第29节）你当然知道利未人无份无业，因为他们每个部落的人都忙于侍奉上帝和研究律法。他们不事稼穑，专为上帝做着一切："他们要将你的典章教训雅各，将你的律法教训以色列。"（同上书，第33章，第10节）你会发现《律法书》好多处在谈到利未人时，都把他们和"异乡人，寡妇、孤儿"列在一起，原因在于利未人一无所有，总是被当作穷人。

① 给祭司用的东西。

② 原著只引括号外的文字。——中译者

律法规定要在耶路撒冷吃掉充当什一税的农产品。这样，就必然会使人把其中的一部分施舍出去。因为由于他只能把他所缴的农产品吃掉、喝掉，他吃的同时就会很乐意地把食物一点一点地分给别人。人们因此而聚集一地，他们之间的兄弟情与姐妹爱也就会不断得到加强。

正如前面所述[①]，有关果树第四年所结果实的律法与偶像崇拜的习俗有着某种关系，也与涉及果树头三年所结果实的律法相关。但除此之外，它与涉及献祭品（《申命记》，第 18 章，第 4 节）、初熟的麦子面（《民数记》，第 15 章，第 20 节）、初熟的果实（《出埃及记》，第 23 章，第 19 节；第 34 章，第 26 节；《申命记》，第 26 章，第 2 节）以及初剪的羊毛（《申命记》，第 18 章，第 4 节）的律法也有着同样的目的。因为把初熟的东西都献给耶和华，就会使人变得慷慨大度，不贪食也不贪财。把动物的前腿、两腮和脾胃献给祭司的原因同样如此（同上章，第 3 节），因为腮是动物身体的第一个部分，右腿是动物身体的第一个端点，而脾胃在所有内脏中也处于前端。

把初熟的果实带向寺庙时口里要背诵经文，这样就使人变得谦卑。因为人这时肩上扛着篮子，口中还歌颂着主的仁爱与善德。借此，人们就会知道，日子舒适时不忘过去的不幸与困苦也属敬拜上帝之举，甚至更为根本。《律法书》中有好几处就强调过这种责任："你也要记念你在埃及地做过奴仆。"（《申命记》，第 5 章，第 15 节）之所以这样规定，是害怕那些变得富有并过上安逸日子

① 见本篇第 37 章。

的人会像通常那样，沾染上目空一切、傲慢无礼的恶习，从而不再遵从善的准则。《圣经》里说：“恐怕你吃得饱足，建造美好的房屋居住，你的牛羊加多，你的金银增添，并你所有的全都加增，你就心高气傲，忘记耶和华你的神”（同上书，第8章，第12~14节）；“耶书仑渐渐肥胖、粗壮……”（同上书，第32章，第15节）。正是出于这种考虑，律法吩咐我们每年在献初熟的果实时，都要在至高无上的主——耶和华面前，为着他的荣耀，诵读一段经文。你知道律法也一再要求我们永远记住那些降临在埃及人身上的灾祸：“要叫你一生一世记念你从埃及地出来的日子”（同上书，第16章，第3节）；“并要叫你将我向埃及人所做的事，和在他们中间所行的神迹，传于你儿子和你孙子的耳中”（《出埃及记》，第10章，第2节）。为让人们对出埃及的记忆永存，制定这样一条律法是十分必要的，因为他们出埃及时所遭遇的一切都证明了预言的真理与神之赏罚的存在。既然在此情况下，每条戒律的目的都在于使人们记住神迹并对上帝永存信仰，其用处也就不言而喻。关于赎回人所头生的以及献祭动物头生的，《律法书》明确讲道：“那时法老几乎不容我们去，耶和华就把埃及地所有头生的，无论是人是牲畜，都杀了，因此我把一切头生的公牲畜献给耶和华为祭，但将头生的儿子都赎出来。”（同上书，第13章，第15节）为什么偏是牛、羊、驴作祭品，其原因显而易见，因为这些都是家畜，在很多地方，特别是叙利亚、以色列很容易找到。我们的列祖列宗包括我们也都是牧羊人：“你仆人是牧羊的，连我们的祖宗也是牧羊的。”（《创世记》，第47章，第3节）不过，在牧羊的地方很难发现马和骆驼，其他地方也是如此。所以在米甸人的战利品中，除了牛、羊、驴外，再没有别的牲畜（参见《民数记》第 31 章）。其中只有驴，对所有人，特别是那些从事农业生产的人来讲，是不可或缺的。所以雅各说："我有牛、驴"（《创世记》，第 32 章，第 5 节），而骆驼和马常常是只有少数人和少数地方才有。

关于头生的驴，律法规定，若不赎回，就应打断它的颈项。对此，人们宁愿选择前者。所以说把驴赎回的戒律优先于把驴颈打断的戒律。[①]

我们在《有关安息年与五十年节的律法》中所列举的那些戒律，其中有些叫人普施同情与恩惠，圣经里说："使你民中的穷人有吃的。他们所剩下的，野兽可以吃"（《出埃及记》，第 23 章，第 11 节），此外，还叫人让地歇息以使地更肥沃富饶。有些戒律叫人对奴隶和穷人要仁慈，即要免去穷人的债务或让奴隶得到休息。为保证人有永久的生活来源，还有些戒律规定土地属永久性财产，不可绝对卖掉："地不可永卖。"（《利未记》，第 25 章，第 23 节）这样，只就土地本身来说，人的财产无论对人还是其子孙都将完好无损，且他只能享用地上的产出。至此，除了有关兽类杂交的戒律将在后面解释外，我们在《种子》中所列举的所有其他戒律我都已给出了缘由。

我们在《关于估价与捐献之物的律法》中所列举的戒律同样与慈善的捐赠有关。这些捐赠的财物一部分要分给祭司，一部分要用于寺庙维修。通过捐赠，人就会变得慷慨大方，就会为了上帝的荣耀，决不吝惜钱财。因为在各个城邦的人当中所产生的多

---

① 《密西那》:《祝福式》，Ⅰ 7。

数邪恶都是由于人占有和聚敛财富的欲壑难填，由此也导致人过分地吝啬贪财。

同样，只要把我们在《关于借贷的律法》中所列举的戒律逐一加以考虑，你就会发现，它们也全都是叫人对贫困者宽厚大度、友善仁慈；凡他们维持生计的所需之物，都不可剥夺。“不可拿人的全盘磨石，或是上磨石作当头，因为这是拿人的命作当头。”（《申命记》，第 24 章，第 6 节）

同样，我们在《关于奴隶的律法》中所列举的戒律也全都是叫人对穷人要怜悯、体恤、仁慈。给断肢的迦南奴仆以自由，使他在身体残疾后不再遭受奴役，这种行为就体现了人的宽厚仁慈。[①] 即使一个奴隶被打掉了一颗牙，这条律法同样适用，更何况身体的其他部分受到伤害。在《密西那托拉》中我们已解释过，除了用鞭、棍之类的东西外，律法是禁止抽打奴隶的。人若用鞭、棍打得太猛，而将他的奴仆打死，他将像一般的杀人犯一样被处死。

“若有奴仆脱了主人的手，逃到你那里，你不可将他交付他的主人。”（《申命记》，第 23 章，第 15 节）这条戒律除了显示出同情外，还具有极大的用处，就是要培养我们仗义执言的高尚品德，即为寻求保护者提供保护，决不把他重新带入虎口。但仅仅为他提供保护还是不够的，因为你还须承担一种义务，即要从他处着想，对他要友善、仁慈，决不说伤害他的话。所以律法中讲道：“他必在你那里与你同住，在你的城邑中，要由他选择一个所喜悦

① 参见《出埃及记》，第 21 章，第 26~27 节。——英译者弗雷德兰德

的地方居住，你不可欺负他。”（同上章，第 16 节）按照律法，如果连奴隶都须如此对待，可想而知，我们对要求帮助的自由人又该尽多大的责任与爱心。

但是，另一方面，如果是罪犯和不义之人向你求救，则绝不能心慈手软，姑息养奸；即使他到最伟大、最显赫的人那里寻求庇护，其该受的刑罚也绝不能免除，因为“人若任意用诡计杀了他的邻居，就是逃到我的坛那里，也当捉去把他治死”（《出埃及记》，第 21 章，第 14 节）。可见，向上帝求救的恶人即使信誓旦旦地向他献忠，上帝也不会保护他，反而吩咐人们将他捉拿归案，绳之以法。连上帝都如此，我们普通人更不应向他表示怜悯或提供保护，因为同情罪犯无异于残害忠良。毫无疑问，“公义的律例、典章”（《申命记》，第 4 章，第 8 节）可通过人正当的道德品质体现出来。与此相反，萨比教徒则以帮助和保护其同伴为美德，而不管其同伴是害人者还是受害者。这一点可从他们的传说和诗歌中看出，且已广为人知。由此可见，这一类中的每一条戒律其缘由和用处都是显而易见的。

第40章

第五类戒律就是我们在《论损害》篇中所列举的那些。这些戒律的目的都在于消除不义、防止各种伤害发生。按照这类戒律，只要人有能力小心谨慎，不给他人造成伤害或损失，他就必须为他的牲畜及他本人给别人造成的伤害或损失负责。这样，人就会更加小心谨慎地去防止造成各种伤害或损失。因此之故，如我们的家畜给人造成了损失或伤害了别人，我们就得负责赔偿或治疗——我们必须看好我们的家畜；人若因点火[①]或挖坑[②]给别人造成了损失，他也得为此负责，因为他本来可以小心谨慎，避免这一切的发生。下面我还要指出，律法在这方面所做的各种规定是很公正的。譬如，人的牲畜若在公共场所用蹄子或嘴给人造成了损失，他就不必赔偿；因为这种事情防不胜防，造成的损失也很小；何况人自己的所有物在公共场所对他也不利，在此环境中，他的所有物也极易被伤害。因此，人只需对他的家畜用蹄子或嘴在私人的地盘上造成的损失负责。

但牲畜若用角或类似于角的东西伤了人，情况则与此不同。

① 参见《出埃及记》，第22章，第6节。
② 参见《出埃及记》，第21章，第33节。

因为这类牲畜不论在什么场合，只要拴好，抵人之事就能避免发生；而人在公共场所都不可能随时留意以防遭此意外。所以，牲畜不论在私人场合或是公共场合抵人，在律法看来，其性质是一样的。不过，主人是否因其牲畜抵人被警告，律法对此也作了区分。如果牲畜只是偶尔用角抵人，其主人只需赔偿一半损失；若牲畜抵人已出了名而主人仍看管不严，则他必须赔偿全部损失。[①]

奴隶的价格通常是所估定的自由民价格的一半，因为你会发现，对自由民的估价最高可达六十舍客勒[②]，而付给奴隶的钱只有三十舍客勒。[③]把抵死人的牲畜打死不能被看作是对牲畜的惩罚——萨比教徒就持这种看法并以此耻笑我们荒唐——而是对其主人的惩罚。因此之故，律法规定不可吃被打死的牲畜的肉，这样它的主人就会极其小心地看管它；并意识到，不论大人小孩，不论自由民还是奴隶，若被他的牲畜抵死，他都将因此而损失掉牲畜所值的钱数。若他曾因其牲畜抵人而被警告却仍看管不严，他将为此付出更大的代价。把与人淫合的牲畜杀死[④]其理由也在于此，就是使其主人像照料自己的家人一样精心看好自己的牲畜，以免失掉它。因为人爱财如命，有的人甚至把财看得比命还重。不过，大多数时候，人都把两者看得同等重要："强取我们为奴仆，抢夺我们的驴。"（《创世记》，第 43 章，第 18 节）

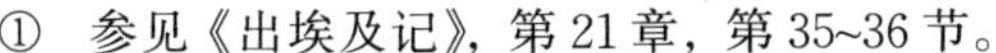

① 参见《出埃及记》，第 21 章，第 35~36 节。

② 参见《利未记》，第 27 章，第 3 节。原文中的数额是五十。——中译者

③ 参见《出埃及记》，第 21 章，第 32 节。

④ 参见《利未记》，第 20 章，第 15~16 节。

这类戒律也包括处死追赶者的规定。这条律法——我意指处死那想做出某种越轨行为却还没有做出的人的规定，只适用于两种行为：一是追赶自己的同伴并想把他置于死地；二是追赶一个人想脱光他的衣服，使他赤身裸体。因为人一旦犯下这类罪，根本就无法弥补。根据律法，还有一些违规之举应受到死罪的处罚，比如崇拜偶像，或在安息日渎神。这类罪并不危害他人，而只与思想有关，因此，违规者若只有想法而没有实际去做则不会被处死。

人们都知道，垂涎别人的东西会使人产生占有的欲望，而人若想占有他人之物就会抢劫行盗。因此之故，律法才要人们清心寡欲，正如我们的先贤所解释的那样。

至于人应把拾到的东西归还原主这条律法，其目的也很显然。因为这种行为不但从良好的人际关系上讲能体现出个人高尚的道德品质，而且从人互利互惠的角度讲也是极为有用的。因为你若不归还别人丢失的东西，你的东西丢了若别人拾到也不会归还；这正如你不尊重你的父亲，你的儿子也不会尊重你一样。这样的例子还有很多。

无心杀了人的人要被放逐[①]；因为仇人不在眼前，报血仇[②]的人的怒火就会逐渐熄灭。流放者要重返故里必须等到全以色列人的朋友——最受人敬重的大祭司去世，因为这时受害者的亲属已平息了心头的怨恨。虽然人若遭受不幸，他也要让别人遭受同样

① 参见《出埃及记》，第 21 章，第 13 节；《民数记》，第 35 章，第 11~28 节；《申命记》，第 4 章，第 41~42 节；《约书亚记》，第 20 章。

② 《民数记》，第 35 章，第 19 节。——英译者弗雷德兰德

的甚至更大的不幸，这样他心里才能得到安慰；但是，在所有因亲友死去而遭受的不幸中，再没有比大祭司的去世更令人悲痛的了。

有关“打折母牛犊的颈项”[①]的戒律，其用处也显而易见。因为通常情况下，杀人者都住在离被杀的人最近的城中；所以该城的长老有责任从他们的牛群中取出一只母牛犊来。按照我们先贤的解释，城中的长老会祈求上帝作证，说他们一直都在精心地养路护路，给问路者指津，那人被杀并不是由于他们对普遍的利益漠不关心，何况他们并不知道谁杀死了他。由于通过召集长老，丈量距离，取出一只母牛犊等对事情进行调查，通常情况下，人们必然会对此事议论纷纷。当这起杀人案广为人知时，杀人者就有可能被找到。因为那认识他、听说过他或知道其下落的人就会说出：某某人是杀人者。如果有人，哪怕只是妇女或女奴，挺身而出，说出杀人者是谁，母牛犊的颈项就不会被打折。因为如果一方面他们当中有人知情不报，一方面他们又祈求上帝作证说他们不知道杀人者是谁，这样做就肯定是愚蠢之至并会犯下弥天大罪。因此，甚至女人若知情也会供出杀人者。一旦找到杀人者，这条戒律的目的也就算达到了。因为即使审判官不判他死罪，城主也会处死他。城主有权在证据确凿的情况下判人死罪。再退一步讲，城主如果不处死他，报血仇的人也会杀死他；因为报血仇的人会使用计谋，出其不意地把他捉住并杀掉。因此，我们说有关“打折母牛犊的颈项”的戒律，其用处是显而易见的，就是以

① 参见《申命记》，第21章，第1~8节。

此方式使杀人者昭示于众。从以下事实中这一点也可以得到证实：由于律法规定打折母牛犊颈项的土地将永远不得耕种，土地的主人就会千方百计地去寻找杀人者以免母牛犊的颈项被打折而使他永远也不能耕种那块土地。

第 41 章

第六类戒律规定了对罪犯进行惩罚的各种方式。一般来说，它们的用处我们大家都很熟悉，并且我在前文中已经提及。在此，我将对它们逐一进行讨论，并举例加以说明。

通常来讲，对侵害他人的人的惩罚是以其人之道还治其人之身：如果他伤了别人，别人就以同样的手段报复他；若他毁坏了别人的财产，他就必须遭受同样的损失。但是财产受损的人要随时准备全部或部分取消他的财产要求。因为只有对十恶不赦的杀人犯我们才决不宽容，决不接受他的赎金。“若有在地上流人血的、非流那杀人者的血，那他就不得洁净。”（《民数记》，第 35 章，第 33 节）所以，即使受害者在事发后仍能存活一些时候，仍能讲话且头脑清醒，即便他说，“宽恕杀我的人吧！我已原谅了他”，我们也一定不能听他的话，而必须以命偿命。无论老人还是儿童，奴隶还是自由人，聪明人还是傻瓜，我们对他们的命都当一视同仁，因为再没有比杀人更严重的罪。

谁砍掉邻人的胳膊，谁必也失去自己的胳膊，“他怎样叫人的身体有残疾，也要照样向他行”（《利未记》，第 24 章，第 20 节）。在此情况下，我们对害人者课以罚金，你也一定不要反对，因为我们在这里的任务只局限在对《律法书》中提及的戒律给出缘由，

而不是对《塔木德》中的论述进行解释。虽然我对《塔木德》中的阐述已有所解疑，但也只是口头上说说。以牙还牙事实上不可能完全办到，所以要以罚金来补偿："但要将他耽误的功夫，用钱赔补，并要将他全然医好。"（《出埃及记》，第21章，第19节）

谁毁坏了别人的财产，他的财产也要遭受同样的毁坏："审判官定谁有罪，谁就要加倍赔还"（同上书，第22章，第8节），也就是说，他不但要赔偿别人的损失，另外还要遭受同样的损失。

要知道，越常见的罪，人们越容易犯，所以对这种罪的处罚就应该越严厉。这样，才能达到阻止人们犯罪的目的。另一方面，对不常见的罪则要从轻发落。因此，偷羊要比偷其他东西的罚金多两倍，即是原物价值的四倍。但其前提是偷羊人把羊卖了或屠宰了（参见《出埃及记》，第22章，第1节）。一般来讲，羊总是在田野里，因此，不像村子里的其他东西那样被人小心看管。偷羊贼唯恐人们发现，所以他会把羊赶快卖掉，或者把羊宰了以使人们难以辨认。由于此类犯罪经常发生，所以惩罚也就十分严厉。偷牛的罚金要比偷羊的多四分之一，即是原物价值的五倍，因为偷牛比偷羊还容易。由于羊吃草比较集中，牧羊人看管它们就相对容易，所以偷羊事件常常在夜间发生。而牛吃草十分分散，如《拿巴迪的农业》书中所说的那样，牧牛人要看护它们就比较困难，因此偷牛事件更经常发生。

有关作伪证的律法[①]同样规定：企图嫁祸于人的人必遭受同样的灾祸。如果他们企图陷害某人致死，他们就要被处死；如果

① 参见《申命记》，第19章，第19节。

他们蓄意让某人被处鞭刑，他们就要遭鞭笞；如果他们通过谎言想使某人受罚，对他们就要课以等量的罚金。所有这些律法的目的就在于使罪与罚相当。“公正”一词[①]的含义也正在于此。

强盗之所以不必付额外的罚金，是因为抢劫事件很少发生。他们所付的罚金只有其所掠夺财物价值的五分之一，并且也只是因为他起了假誓。相比之下，偷窃事件则更为频繁。因为小偷很可能到处都有，而要在村子里行抢却不是一件容易的事。另外，无论藏在明处还是暗处的东西小偷都可以偷，而抢劫则仅指对藏在明处的东西的抢劫。对付强盗，我们可以自卫、反抗；对付小偷，我们却无能为力。再者，强盗常暴露自己，使我们能看清他的模样，搜捕他就比较容易，我们可以迫使他归还所劫之物；而小偷则有点像鬼差神使，对他的踪迹我们一无所知。基于此，律法对小偷课以罚金而对强盗则不然。

简要说明——惩罚的大小轻重可以从四个方面来衡量：一是罪行的大小。人犯罪造成的伤害大惩罚就重，反之则轻。二是犯罪的频率。常犯的罪必施以重罚，而罕犯的罪只需从轻发落就可防止它再度发生。三是受诱惑的程度。因为只有让人对严厉的惩罚充满恐惧，他才会放弃那或者是强烈的欲望，或者是顽固的习惯驱使他做的、他不为之则不快的事情。四是隐蔽犯罪的容易程度。要防止这类犯罪，必须让人们对严厉的惩罚感到畏惧。

在此说明之后，你还应知道，依据《律法书》，对违规破戒行为的惩罚可分为四等：一是法庭依法所判的死刑。二是断肢刑，

① 参见《申命记》，第4章，第8节。

遭此刑的罪也就是要遭鞭笞的一种大罪。三是鞭刑——遭此刑的罪不称大罪，只是由于违背了一条戒律；或是“死于上天”刑。四是因人违背一条禁令而对之采取的刑罚，这种刑罚甚至不用鞭刑；因为它是针对那没有实际行动的悖逆。当然，起假誓除外，因为这样做的人忘记了人的责任，即要在心中常念上帝的伟大。还有擅自调换以上帝之名所献的祭牲（《利未记》，第27章，第10节），因为这样做玷污了以上帝之名所献的祭品；以上帝之名诅咒他人（同上书，第19章，第14节），因为在多数人看来，诅咒所造成的诸多恶果远甚于对人肉体的伤害。除了以上这三种悖逆外，其他没有实际行动的悖逆不会造成什么危害。加之，它们只是口头犯禁，所以也不可能完全避免。如果人每次口头犯禁都要被鞭打，他的背就要常年挨鞭子了。何况也不可能通过事先警告阻止人口头犯禁。

对于鞭打的次数，律法中也有明智的考虑。它规定了鞭打的最多次数，但具体到每个人该打多少下却没有规定。因为每个人被鞭打的次数只能以他的承受力为限，但最多也不能超过四十下（《申命记》，第25章，第3节），即使他能承受一百下。

你会发现，法院所判的死罪不涉及食用违禁食物的行为。因为这种行为并无大害，并且人们受违禁食物的诱惑远小于受性交快感的诱惑。人若食用某些违禁食物，如血[①]，就会受断肢的处罚。因为当时人们是出于偶像崇拜才渴望吃血。《论鼓》一书就作过如

① 参见《利未记》，第7章，第26~27节。

此解释。因此之故，对食血的处罚就格外严厉。吃油脂[①]的人也要被断肢，因为人们不但用它以饱口福，还用它作为祭品以使之超凡成圣。同样，人若在逾越节吃有酵的饼或在斋日吃东西也要受到断肢的处罚。[②]这是因为第一，在此情况下，遵守律法体现着我们信仰的诸种愿望。在这两个节日，切实践行律法的要求就会使作为律法基础的诸种见解在我们心中得到强化。这些见解包括以色列人出埃及，他们所遭遇的奇迹及其对悔悟的信仰："因为在这一天，他将宽恕你。"（《利未记》，第16章，第30节）同吃油脂的情形一样，人若吃了（超过时限的）剩余的祭品，或已被玷污的祭品或在自己不洁净时吃祭品，也要受到断肢的处罚，这样做的目的在于使祭品成为圣洁。这一点，以后还要进一步阐述。

只有在罪行十分严重时，法院才判处人死刑。例如，当人失去信仰，不再敬神时；当人犯了崇拜偶像、通奸、乱伦、杀人或导致这些罪孽的大罪时。不守安息日要被处死[③]，因为只有守安息日，人们对创世说的信仰才会更加坚定；伪先知和叛逆的长老要被处死，因为他们的行为造成了灾患；殴打、辱骂父母的人要被处死，因为他胆大妄为，破坏了作为社会细胞的家庭的良好秩序；屡教不改的逆子要被处死，因为从长远看，他极可以成为杀人犯[④]；拐卖人口的人要被处死[⑤]，因为他使被拐卖者随时都有生命

① 更确切地说，是某些油脂，参见《利未记》，第7章，第23~25节。

② 参见《出埃及记》，第12章，第15节；《利未记》，第23章，第29节。

③ 参见《出埃及记》，第31章，第13~15节。

④ 参见《申命记》，第21章，第18~21节。

⑤ 参见《出埃及记》，第21章，第16节；《申命记》，第24章，第7节。

危险；擅闯民宅的人要被处死[①]，因为他仍蓄意杀人，正如我们的先知所言。这三种人，即屡教不改的逆子、拐卖人口的人及擅闯民宅的人，终有一天会成为杀人犯。除了以上这些大罪，你会发现，法院一般不判人死罪。并不是所有的乱伦和通奸行为都构成死罪；只有那最容易办到且最下流最诱人的乱伦和通奸行为才构成死罪。除此之外，人若乱伦和通奸，就要被断肢。同样，并不是所有的崇拜偶像行为都构成死罪；只有那根本性的偶像崇拜行为，如煽动人们去崇拜偶像、以偶像的名进行预言，让儿童经火，求助于熟知的人的鬼魂以及做神汉、当巫婆，才构成死罪。

毋庸置疑，惩罚和审判必不可少，因此，每个村镇里都必须有法官。法官审判时，必须听取证人的证词。令人敬畏的统治者要运用各种威慑手段来维护法官的权威；反过来，自己也从法官身上汲取力量。至此，对在《论法官》中所列举的所有戒律，其缘由我们都已作了解释。考虑到本书的宗旨，现在我们应把注意力放在某些律法上，在其当中也包括有关叛逆长老的律法。我要说的是：由于上帝料到《律法书》中的戒律——就其中的一部分而言——随时随地会因时过境迁而被增添或删减，因此他严禁人们对它们做任何的增添或删减。他说："不可加添，也不可删减"（《申命记》，第 12 章，第 32 节），因为这样做会破坏《律法书》的基本原则，致使人们怀疑其神圣起源。但与此同时，上帝却允许每个时代的有识之士，即大法院，为维护《律法书》中的各种典章，通过判定补充性律法来设立护栏以查漏补缺。这些护栏一旦

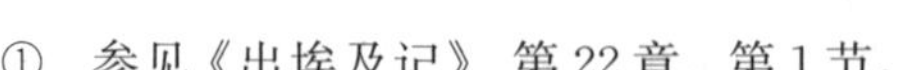

① 参见《出埃及记》，第 22 章，第 1 节。

建立就永远有效，因为我们的先贤曾说："为律法营造护栏。"[①]同样，上帝也允许他们在特殊环境下或非常时期，废止律法所规定的某些活动或允许人们做律法所禁止的事情；但这些决策只能暂时有效，正如我们在《评密西那》全书的导言中谈及临时性决策时所解释的那样。借此，律法才能永久地保持同一，但又随时可以因环境的改变而接受必须的暂时性变更。不过，如果每个有识之士都有权进行这种变更，那么，他们之间的众说纷纭和意见分歧就将贻害无穷。因此，上帝规定，有识之士中只有大法官才有权对律法做出变更；谁若反对他们的决定就要被处死。因为假如任何人都可以对大法官的决定指手画脚的话，它们将会因目的的难以实现而形同虚设。

要知道，越轨行为有四类：一是被迫越轨；二是无意越轨；三是故意越轨；四是蓄意越轨。

律法明文规定：被迫越轨者可免于处罚，也不承担任何罪名。因为上帝有言："但不可办女子，他本没有该死的罪。"（《申命记》，第22章，第26节）

无意越轨者要受到谴责，因为他本可以小心行事而不越轨；他尽管不受任何处罚，但也必须悔罪并献上赎罪祭。就此，律法还在平民、官长、祭司长及哈拉哈教师之间做了区分。由之可知，即使是为了践行和阐释律法，但却因坚持个人思索得来的原则而做错了事、布错了道的人——大法官及祭司长除外，他的越轨就属于故意越轨而不属于无意越轨。因此，悖逆的长老要被处死，

① 《密西那》:《先贤篇》，Ⅰ1。

即使他坚持己见的所作所为都是为了践行和阐释律法。由于大法官有权坚持自己经过深思熟虑得出的原则，所以，即使他做错了，也只能被看作是无意越轨。因为上帝说：“若以色列全体会众误犯了罪”，等等（《利未记》，第 4 章，第 13 节），其意思是说，在学问上一知半解的人若仅凭他的一知半解就擅自阐释和践行律法，其行为也要被看作是故意越轨。因为错把腰子上的油脂当成臀部的肥肉食用的人与明知自己食用的是腰子上的油脂但却不知这为律法所禁止的人不同。后者尽管要献上赎罪祭，但其行为已接近于故意越轨，之所以这么说，是因为他仅仅按自己的所知行事。但是，毋庸置疑，人若出于无知而就律法妄作决定，他就肯定是个故意越轨者。因为只有大法官就律法所做出的错误决定才为《律法书》所谅解。

故意越轨者必须受到律法的制裁，即或者被处死，或者被鞭笞，或者被体罚（适用于不足以处以鞭笞的越轨行为），或者付罚金。有一些无意和故意的越轨行为被等量齐观，这是因为它们屡屡发生，犯起来容易且不过说说而已，并不诉诸行动，如证人或委托人发的假誓。[①] 同样，与已许配给人的婢女行淫[②] 也算不上什么大事，因为这种事司空见惯；加之，按照这条戒律的传统解释，这种女人既不完全是奴隶，也不完全是自由人，也不完全属于一个丈夫。

至于蓄意越轨者，他的行为也属于故意越轨，因为他不但厚

① 参见《利未记》，第 5 章，第 1 节；《利未记》，第 6 章，第 5 节。

② 参见《利未记》，第 19 章，第 20~21 节。

颜，还把其越轨行为昭之于众。因此，这种人越轨不仅仅是满足一己私欲，也不仅仅是由于他品行恶劣，而是要与律法作对。《律法书》中说："他亵渎了耶和华。"（《民数记》，第15章，第30节）毫无疑问，他必被处死。凡这样做的人都持有与《律法书》完全相反的见解。因此，按照传统的解释，我们刚引用过的那句话中的"他"指的是其见解与《律法书》的基本原理相冲突的偶像崇拜者。因为，正像我们的著作中多次讲过的那样，除非一个人坚持与《圣经》相反的见解，相信星体是永恒的，他就不会去崇拜星体。我认为，凡蓄意与律法对抗，明目张胆地要毁掉律法的越轨行为，都应当判处同样的罪刑（即死刑）。甚至一个以色列人吃了在牛奶里煮熟的肉、穿了棉麻混纺的衣服，或是为了声明他不信仰律法真理而滋事挑衅，与律法作对，我也要说，"他亵渎了神"。依我之见，这种人应当被处死，不是为了惩罚他的越轨行为，而是因为他已无异于萨比教徒。那些误入歧途、崇拜偶像的村民被剪除，就是因为他们不信神，而不是因为他们犯了罪。他们像其他被判死罪的人一样，财产要被火烧掉，而不得留给子孙。以色列社区的全体成员若胆敢与任何一条律法作对，在我看来，他们所有的人也都应被处死。这一点可从"流便人和迦得人"（《约书亚记》，第22章）的故事中得知。关于他们，《圣经》里说："全会众一听见，就聚集在卡罗，要上去攻打他们[①]。"（同上章，第12节）很显然，向他们发出警告，是由于他们已犯下离经叛教之罪。因为他们一致违反某条戒律，无异于向全部律法宣战。他

① 指以色列人。

们[1]对他们说："你们今日转去不跟从耶和华"（同上章，第16节），其含义即是如此；而他们回答说："我们若有悖逆的意思或是干犯耶和华"，等等。请把这些原则与惩罚结合起来加以领会。

《论法官》中也包括将亚玛力人的名号从天下涂灭的戒律（《申命记》，第25章，第17~19节）。这是因为一个部落或社区的全体成员受罚就像一个人受罚一样，对其他部落或社区的全体成员可以起到威慑作用，以免他们相互勾结去为非作歹。他们会说，我们合家那些人要遭受到同样的惩罚；而且他们当中若有人恶贯满盈，既不在乎其所作所为给自己带来的罪孽，也不在乎其所作所为给别人造成的不幸，他就会发现自己成了孤家寡人，因为他的部落中没人愿意帮助他图谋不轨。因此，律法规定，用刀去杀以色列人的亚玛力人也要被刀所灭[2]；而用卑鄙的手段陷害以色列人并给他们造成不幸的亚扪人和摩押人则要受到不许与以色列人通婚，永世得不到他们友谊的惩罚。上帝对这些事所定的处罚恰如其分，正如《圣经》里所清楚表明的，只是"按着他的罪"（《申命记》，第25章，第2节）。

《论法官》中还包括准备一个便所和一把锹的戒律。[3]因为这条戒律的目的之一——正如我所讲过的那样，就是使以色列人洁净并免于肮脏污秽，使他们不要像畜生一样生活。它的另一个目的是借助这种规定使士兵坚定上帝就在他们中间的信仰。关于这条戒律的缘由，《圣经》里就说："因为耶和华你的神常在你营中

① 指以色列人。

② 参见《出埃及记》，第17章，第8~16节。——英译者弗雷德兰德

③ 参见《申命记》，第23章，第13~14节。

行走。”(《申命记》，第 23 章，第 14 节）此外，它还包含另一条训诫，即:“他见你那里有污秽，就离开你。”(同上）众所周知，这条训诫的目的就在于防止那些多年离家在外的士兵常有的淫乱行为。因此，上帝吩咐我们去做那些能使我们牢记他就在我们中间的事，以便我们远离罪恶，正如《圣经》里所说:“所以你的营里当圣洁，他看到你们中间没有不洁的东西”，等等（同上)。上帝甚至命令那夜间偶然梦遗从而不洁净的人出到营外直到傍晚，此后“才可以入营”[①]。因此，每个人都应牢记这一点，即我们的营地要像圣所，而决不能像萨比教徒的营地那样，充斥着堕落与罪恶，伤害与掠夺。我们的目的是要引导人类皈依上帝，并建立良好的社会秩序。我已向你讲过，我在这里给出的缘由都只是就经文显而易见的含义而言。

《论法官》中也涉及有关被俘女子的律法。[②]我们的先贤有句名言，说:“这条律法只与性欲有关。”尽管如此，这条律法也意在提供一种高尚的道德品质，优秀的人必须以我随后将讲到的方式获得它。因为，人即使被性欲折磨得忍无可忍，他也必须把她带到隐蔽的地方去，正如《圣经》里所说:“领她到你家里去”(同上书，第 21 章，第 12 节)，而决不允许在营地上随意强暴她。我们的先贤对此就作过这样的解释。并且，在她的悲痛平息之前，不可与她再次同房。也决不要阻止她悲伤地恸哭、嫌弃她蓬头垢面，正如《圣经》所言:“她要住在你家里哀哭父母一个月。”(同上章，

① 参见《申命记》，第 23 章，第 11~12 节。

② 参见《申命记》，第 21 章，第 10~14 节。

第 13 节）因为悲哀的人只有在忧愤和恸哭中才能得到慰藉，直到她精疲力尽，再也承受不起任何情感波澜为止；这正如一个快乐的人只有在各种游戏中才能宣泄自己的兴奋一样。由此可见，上帝之所以允许被俘女子悲伤哭泣直到精疲力竭，是出于对她的仁慈和怜惜。你知道，即使她仍是萨比教徒，他也能与她同房；她可以在三天内公开保持自己的信仰，甚至继续崇拜她的偶像；在此期间，不可因信仰而给她分派活干。此后，如果她仍不能回心转意、信奉律法，他也不可把她卖掉或当作婢女。因为以色列人既已与她同房，律法就要维护她的尊严，即使这样做在某种意义上已违背律法——就她是一个萨比教徒而言。《圣经》里说："也不可当婢女待她，因为你玷污了她。"（同上章，第 14 节）这样，我们已表明了这条律法所要倡导的高尚品质，而且对《论法官》中的所有戒律都给出了缘由。

第 42 章

第七类戒律与财产有关，也就是我们在《论公义》及《论财产》中所列举的那些民法。这类戒律的目的显而易见，因为它们都是为了保证人们之间所必然发生的交易公平进行，即规定交易双方必须互帮互助，设身处地地为对方着想，而不能一味地贪图私利，谋取所有利润。

首先，也是最重要的一点，做买卖时不许行骗，并且所要获取的利润必须合乎常情常规。[①]律法还制定了一些条款。违反这些条款的合同将一律无效。如我们所知，律法禁止行骗，即使只是口头行骗也不许。

接着是针对四种受托人的律法[②]，其公正性也显而易见。因为人若出于善心，为邻居看管财物，且不从中捞取任何好处，他就无须承担任何责任。邻居的财物即使受损，其全部损失也只能由邻居自己承担。人若为自己借别人的东西，别人也只是出于善心才借给他，他就得承担全部责任；别人的财物若受损失，他就必须全部赔偿。人若为谋取报酬才给别人看管财物或有偿使用了别

① 参见《利未记》，第 25 章，第 14~17 节。

② 参见《出埃及记》，第 22 章，第 6~14 节。

人的东西，这时，他与财物的主人一样都从中受益。因此，财物的损失当由他们同时承担。人若因粗心而使别人的财物被盗或丢失，他就必须负责赔偿；因为发生这种事全怪他不采取足够的预防措施。另一方面，对于不可避免的损失，财物的主人则必须承担。例如，当家畜偶尔摔倒骨折、被一群带有凶器的歹徒抢走或自然死亡。

律法还进一步规定，雇主必须对穷困的雇工充满善心，要按时付给他们工钱，决不能侵犯他们应有的权利，我的意见是指他们按劳取酬的权利。[①]依照这条律法的律例，必须允许雇工，甚至牲畜为劳作而进食；雇主能这样做，也算是慈善之举。[②]

有关遗产继承的律法也属于有关财产的律法。其中体现出这样一条道德训导，即人若有行善的力量，不可推辞，当向那应得的人施行。因此，人之将死，不可因忌恨继承人而把财产任意挥霍。相反，他应把财产留给最有权继承的，即他最近的亲戚，“就要把他的产业给他族中最近的亲属”（《民数记》，第27章，第11节）。我们知道，律法中关于继承权问题讲得很清。最有权继承遗产的是儿女，接下去依次是兄弟及叔父。人不可随心所欲，而要把继承权留给他初爱的长子：“不可将所爱之妻生的儿子立为长子，在所恶之妻生的儿子以上。”（《申命记》，第21章，第16节）这条特别公义的律法使尊敬和善待亲属的优良传统得以持续和发扬。你知道先知所言：“残忍的人扰害亲属”（《箴言》，第11章，第

① 参见《利未记》，第19章，第13节；《申命记》，第24章，第14~15节。

② 参见《申命记》，第23章，第25节。

17 节），以及律法在谈及救济时所讲："总要向你地上困苦穷乏的弟兄松开手。"（《申命记》，第 15 章，第 11 节）我们的先贤就十分赞赏那善待其亲属并娶其外甥女为妻的人。[①]

律法教导我们，要尽可能地培养自己的这种道德品质，即人应体恤其亲属，善待凡与其有亲属关系的每个人，不论他曾冒犯过自己或对自己干过错事。即使他品德恶劣，人也必须体贴他、呵护他。上帝说："不可憎恶以东人，因为他是你的弟兄。"（《申命记》，第 23 章，第 7 节）同样，凡是向你伸出过援助之手的人，曾对你有用的人以及在你沮丧失意时安慰过你的人，即使他后来伤害了你，你也必须看在过去的份儿上对他充满友善仁慈。上帝说："不可憎恶埃及人，因为你在他的地上做过寄居。"（同上章，第 8 节）而此后埃及人曾如何恶待我们，大家都是知道的。

想一下，我们已从这些戒律中学到了多少道德训导。最后提及的两条戒律虽不属于第七类，但由于在讨论遗产继承时涉及人对亲属的体恤与袒护，所以我们就顺带地提到了埃及人和以东人。

① 参见巴比伦《塔木德》:《姑嫂篇》，62b。

第 43 章

第八类戒律就是我们在《论节期》中所列举的那些。除了少数几条外，律法几乎给出了所有这些戒律的缘由。

为什么要判定安息日，其原因众所周知，这里无须多言，因为其目的就是让人休息。正是因为有了安息日，每个人才能在生命里摆脱困顿与疲惫，享受到舒适和安宁。这一点，无论对老人还是青年，都不例外。与此同时，它还使创世说这一极其珍贵的思想在人们心中长久不衰，永世相传。

赎罪日斋戒的目的也显而易见。因为斋戒使人产生悔悟感。正是在这一天，众先知的首领（摩西）携带复造的法版从西奈山下来，向他们宣布各人的罪孽已被宽恕的好消息。由此，这一日便永远成为悔悟与真心侍奉上帝的日子；一切物质享受、满足肉体需要的劳作都被禁止，即人们不可工作，必须一心一意进行忏悔——坦白自己的罪孽，并改过自新。

其他的节日全是为了庆祝或是欢乐的集会。一般来说，这些节日对人是不可缺少的。人们生活在政治社会中，相互之间需要友谊，这些节日就能促进人们之间形成友谊。这些节日中的每一个都有其独特的缘由。

我们大家都知道逾越节的缘由。它持续七天，因为七天是自然日与闰月之间的过渡单位。你知道这段时间在自然中起着十分重要的作用，它在律法中的作用亦是如此。律法总是顺应自然，并且在某些方面还使自然趋于完善；因为自然不会设计、不会思想，而律法却是上帝智慧与教导的结果。正是上帝，给予一切理性存在物以理智。不过，这不属本章探讨的范围，我们还是言归正传。

七七节是为纪念上帝在西奈山上晓谕摩西律法的那日。为使这天荣光成圣，我们要从上一个节日就掐指算起，就像我们数日计时，盼望最爱的人到来一般。因此，我们要在纪念出埃及到立法日期间，从献禾捆为摇祭的那日算起。[①]授予律法正是出埃及的目的与动机；因此，上帝说："我如鹰将你们背在翅膀上，带来归我。"(《出埃及记》，第 19 章，第 4 节）由于上帝晓谕摩西律法仅在那日，因此，我们一年只能守那日为节。但如果在逾越节仅仅只有一天时间吃无酵饼，它就不会引人注意，其意义也难以彰显。因为人常常是在两三天内吃同一种食物。但如果我们能连续七天吃它，其意义就会清楚明白。

新年同样持续一天。因为这一天人们要反省自己的疏忽并进行悔悟。因此，这天要吹羊角号，正如我们在《第二律法书》中所解释的那样。这一天似乎是斋戒日的准备和前奏。因此，在我们民族的传统里，一般人都认为从新年到赎罪日需要十天。

住棚节是为了庆祝和欢欣。它持续七天，以使其意义广为人知。住棚节为什么设在秋天，律法中讲得很清楚："又要守收割

① 参见《利未记》，第 23 章，第 15 节。

节，所收的是你田间所种、劳碌得来的初熟之物”（《出埃及记》，第23章，16节），也就是说这时已是秋忙过后的闲暇时节。在其《伦理学》第九卷中，亚里士多德认为这是当时各个民族的风俗习惯。他写道：“在古时，人们常在收获之后举行祭祀和集会，似乎是因为空闲才有了时间献祭品。”另一个原因是，在秋天，居住在帐篷里，很可能既不会太热也不会太潮。这两个节日，即逾越节和住棚节，也都体现着某种见解和道德训导。逾越节要使我们想起上帝在埃及所创下的奇迹，并将之铭记在心。住棚节则提醒我们要牢记在旷野所遭遇的奇迹。由这些节日可得出的道德训导如下：人应当在幸运时牢记昨日的苦难，这样，他才能对上帝充满感激并变得谦卑、恭顺。因此，在逾越节吃无酵饼和苦艾草是为了让我们回忆自己曾遭遇的一切；离开自己的房屋居住在帐篷里也是为了让我们重新体验旷野中那缺少舒适的生活。这样我们就会牢记过去曾发生的事，即“我曾使以色列人住在棚里”（《利未记》，第23章，第43节）。此后，幸亏有了上帝的仁慈及他对我们的祖先——在知识和品行上都达到完善的亚伯兰、以扫和雅各许下的诺言，我们才得以住在舒适的房屋里及最肥沃的土地上。我们律法中的这种思想也十分重要，即我们已经或将要从上帝那里得到的恩惠全都归因于我们祖先的功德，因为他们“遵守上帝的道、秉公行义”（《创世记》，第18章，第19节）。

我们之所以把住棚节与第八日节连起来过，是为了完成庆典，因为只在住棚里是不可能完成庆典的，还必须有宽敞而坚固的住所。

至于这四种东西（即棕榈树枝、香木、桃金娘、河柳），我们的先贤是按照《米德拉什》的解释对其用处给出缘由的。凡熟知我们先贤文风的人都十分了解《米德拉什》的方法。依他们之见，经文仅是诗一般的语言，他们并不试图用之对含义不清的经文做出解释。因此，对《米德拉什》就有两种不同的评价。一些人认为《米德拉什》中包含有对经文的真正解释，而另一些人则认为这种解释与所引经文不符并因此而拒斥并嘲笑它。前者从他们自己的观点出发竭力为这些解释作辩护、证明，把它们当作经文的真正含义，并认为它们与传统的律法具有同等的效力。事实上，这两种人都不明白，我们的先贤仅仅把经文当作诗意的表达加以引用，而其含义，对富有通大理的读者来说都是很清楚的。那时，这种方法很流行，用它来写作的人都像诗人作诗一般。因此，我们的先贤在解释“在你器械之中当预备一把锹”(《申命记》，第23章，第13节[1])时说：不要理解为器械，而要理解为你的耳朵。也就是让你知道，如果有人满口秽语，你当用双手捂住耳朵。现在，我想知道，那些仅从字面上理解《米德拉什》解释的无知之人是否相信这段话的作者对所引经文给出了真正的解释，是否把它作为这条戒律的含义，即真正来说，“锹”指的是“手”，而“器械”指的是“耳朵”。我认为，凡是理智健全的人都不可能接受这种解释。作者只是在进行道德训诫时才把这段经文当作优美而充满诗意的语句加以引用。其道德训导是：听脏话无异于说脏话。而这条道德训诫从诗意上讲才与以上经文相关。与此相似，凡《米德拉什》中所说的“不要如此理解，而要如此理解”都具有这种含

① 英译《圣经》为第14节。——中译者

义。我的讨论已偏离了主题，但作出这些评论将有益于拉比中富有理智的成员。现在就让我言归正传。我相信这四种东西象征性地表达了以色列人离开旷野——那“不好撒种也没有无花果树、葡萄树、石榴树，又没有水喝”的地方（《民数记》，第20章，第5节）——前往果繁叶茂、河水清清之地时的兴奋与喜悦。正是为了纪念这些日子，人们才带上那地方最甜的果实，最香的枝条，最美的叶子，最好的干草，即河柳。它们有三个共同点：第一，在当时的巴勒斯坦，这些东西都很丰足，一般人很容易找到它们。第二，它们都呈绿颜色且形状好看；有的，比如香橼木、桃金娘还散发清香。至于棕榈树枝、柳树，形状虽不好看，但气味也不难闻。第三，它们可以连续七天保鲜保色。而桃树、石榴树、石刁柏、坚果等则不行。

第 44 章

第九类戒律就是我们在《论爱》篇中所列举的那些。这类戒律的目的显而易见，即都是叫人在心中永记上帝、敬畏他、爱他并听从他的一切吩咐。此外，也叫人像教徒所做的那样对上帝的一切深信不疑。这类戒律涉及祈祷、诵读经训①、称颂上帝赐予食物与美地②、赞美祭司③、戴上经匣④、把神的话写在房屋的门框与城门上⑤、佩戴穗子、找一卷《圣经》定时诵读等很多方面。严格按这些戒律和要求去做，我们就会受益匪浅，获得正见。这一点不言而喻，无须作过多解释。再说下去只能是赘言连篇。

① 参见《申命记》，第 6 章，第 4 节。

② 参见《申命记》，第 8 章，第 10 节。

③ 参见《民数记》，第 6 章，第 23~24 节。

④ 参见《出埃及记》，第 13 章，第 9 和第 16 节；《申命记》，第 6 章，第 8 节和第 11 章，第 18 节。

⑤ 《申命记》，第 6 章，第 9 节；第 11 章，第 20 节。

第 45 章

第十类戒律就是我们在《关于圣殿的律法》《关于圣殿内器皿与神职人员的律法》以及《关于进入圣所的律法》中所列举的那些。我们已阐述过这类戒律的一般用处。

众所周知，偶像崇拜者是在他们所能找到的高地上建造寺庙、设置偶像的："在高山、在小山。"(《申命记》，第 12 章，第 2 节）因此之故，我们的先父亚伯拉罕把该国最高的山——摩利亚山选为宣讲上帝唯一的场所。他在山上祈祷时面朝西边。因为（在他看来）上帝的寓所就在西边。我们的先贤曾经说过："荣耀无比的主住在西边。"[①]《塔木德》赎罪日篇中也明确讲到，我们的先父之所以面朝西祈祷是因为圣所就筑在那边。我认为，我们的先父这样做的原因在于：那时人们普遍把太阳当神敬拜，所以毫无疑问，他们在祈祷时都面朝东方；为反对之，我们的先父，亚伯拉罕在摩利亚山——我意指圣所——祈祷时就面朝西，以背对太阳。难道你没见过以色列人背信弃义、重操旧习时是怎么做的吗？"他们背向耶和华的殿，面向东方看日头。"(《以西结书》，第 8 章，第 16 节）请注意这种奇怪的现象。依我之见，亚伯拉罕凭

① 巴比伦《塔木德》:《最后一道门》，25a。

借先知的灵感所选择的地方，我们的先师摩西及其他很多人都无疑是知道的。因为亚伯拉罕曾吩咐他们要在那地建造神庙，以供祭祀之用。所以那位译者[①]明确地讲："亚伯拉罕在那地敬拜和祈祷，并在主面前说：'我的子孙后代都将在此敬拜你'"，等等。但律法中并未明确提及这地的名，我们仅能从"耶和华你神所选择要立为他名的居所"（《申命记》，第16章，第6节等）中看出端倪。我认为，律法这样做是出于三种智慧的考虑。第一，假使各国都知晓这地是最高宗教的真理中心，他们就会抢夺这地，并陷入无休无止的战争中。第二，当时拥有这地的人就会极尽毁坏之能事，使它毁于一旦。第三，也是最主要的一点，就是十二部落都想把这地纳入自己的版图，使其处于自己的统治之下。这样，就会像人们争夺祭司之职一样，导致冲突与纷争。因此之故，律法规定只能在新任国王已登基之后建造圣所。因他是唯一有资格下达命令的人，借此就可以避免纷争。这一点，我们在《论公义》中已作过解释。

我们都知道，过去偶像崇拜者常为众星建造寺庙，并在寺庙里竖起他们所共同敬奉的偶像，我意指象征一颗星或苍穹某部分的偶像。所以，律法要求我们以上帝的名建造圣殿，圣殿里还须放置带有两条石版的约柜。石版上写有"我是你们的主"和"除我之外，你们不可敬拜别神"字样。

我们也知道，对预言的信仰更根本，先于对律法的信仰，因为没有先知，就无律法可言。但先知只能通过天使获得神的启示。

---

① 即昂克劳。

《圣经》里讲:“耶和华的使者第二次从天上呼叫亚伯拉罕”(《创世记》,第22章,第15节),“耶和华的使者对她说”(同上书,第16章,第9~10及第11节),诸如此类的例子举不胜举。即便是我们的先师摩西也是通过天使获得他的第一次预言的:“耶和华的使者从荆棘里的火焰中向摩西显现。”(《出埃及记》,第3章,第2节)由此可见,对天使存在的信仰先于对预言的信仰,而对预言的信仰又先于对律法的信仰。

萨比教徒们愚昧无知,不相信至高无上而又荣耀无比的主——上帝的存在,他们以为苍穹及星辰是无始无终而又亘古如一的,它们能向偶像及树木发力——我意指阿什拉树——这些偶像和树木就是借助这种力给先知以灵感,并在异象中向他们发话,让他们辨明利害,分别善恶。我们在谈及巴力神的先知及阿什拉的先知[①]时已向你解释过他们的教义。但有学识的人通过论证发现:有一种存在物既不是物质的,也不是寄居于物体中的力,他就是我们真正而又唯一的上帝;此外,还有一些纯精神的存在物,上帝赋予他们以善和光;这些存在物就是天使,他们与苍穹和星辰根本不同。由此可见,使真正的先知异象显现给先知的是天使而不是偶像和阿什拉树,这一点确凿无疑。从前面所讲的可以看出,对天使存在的信仰建立在对上帝存在的信仰之上;在此基础上,才能确立对先知和律法的信仰。为牢固地树立起这种信条,上帝吩咐以色列人在约柜以上造成两个天使的像。这样对天使存在的信仰就会深入人心,其重要性也仅次于对上帝存在的信

① 参见第三篇,第29章。

仰，并由此使我们信奉先知和律法、弃绝偶像崇拜。如果只刻一个基路伯，即天使的像，人们就会产生误解，把它误当作上帝的形象加以敬拜，而这样做无异于萨比教徒之崇拜偶像；他们或者会以为形象所代表的天使也是神，并由此接受二神论的思想。通过刻出两个基路伯像并明确宣布“耶和华我们的神是独一的主”（《申命记》，第 6 章，第 4 节），摩西明申，天使不但存在而且还为数众多。他指明上帝是唯一的，上帝所创造的天使为数众多，这样就可防患于未然，使人们不会误把这些天使当作神来敬拜。

在约柜前摆置烛台更显出圣殿的荣耀与不凡。因为圣殿内烛光闪烁，纱幔掩映，这种氛围更能触动人的心灵。律法就特别强调，我们应感受圣殿内的庄严伟大，要对它心怀敬畏。这样，每当我们看到它，就会变得谦卑、仁慈，心中充满崇敬之情。《圣经》里就讲：“你们要守我的安息日，敬我的圣所。”（《利未记》，第 19 章，第 30 节）这里之所以把守安息日与敬畏圣所联系在一起，是为了增加此话的分量。

很显然，祭坛的用处就是为了烧香、摆放供品及器皿。但我还不知道为何要在桌子上常摆设饼[①]，时至今日我也未搞清这条戒律的缘由。

在石头上不可动铁器，要用没有凿过的石头筑祭坛（《申命记》，第 27 章，第 5 节）。关于这一戒律，我们的先贤作了如下解释：铁器可以杀人，用来凿石头以筑保佑人长命的祭坛就显得很不合适。我们前面讲过，按《米德拉什》的方式，这样的解释顺

① 参见《出埃及记》，第 25 章，第 23~30 节。

理成章。不过，真正的原因在于：萨比教徒常用凿过的石头筑他们的祭坛，因此这条戒律的目的在于阻止我们去模仿萨比教徒的做法。律法还要求我们用土筑祭坛，《圣经》里说："你要为我筑土坛。"（《出埃及记》，第 20 章，第 24 节）如果实在非石头不可，所用的石头也必须是浑然天成，不事雕凿的。因此之故，律法也禁止我们安置雕刻的石像或在祭坛旁边栽种树木。[①] 总而言之，这些戒律的目的只有一个，就是禁止我们在敬拜上帝时用萨比教徒为敬拜他们的偶像所用的任何东西。一般来讲，这就是《圣经》里要说的："那时就要谨慎，不可在他们除灭之后，随从他们的恶俗，陷入网罗，也不可访问他们的神，说：'这些国民怎样侍奉他们的神，我也要照样行。'"（《申命记》，第 12 章，第 30 节）禁止以色列人按萨比教徒的做法去敬拜上帝，原因在于："他们向他们的神行了耶和华所憎嫌所恨恶的一切事。"（同上章，第 31 节）

你也知道那时敬拜玻尔（Peor）在异教中非常盛行。敬拜玻尔时人们全都赤身裸体，所以律法要求祭司在侍奉上帝时要身着短裤，以遮住他们的下体。[②] 并且也不可用台阶走上祭坛，"免得露出你的下体来"（《出埃及记》，第 20 章，第 26 节）。

为维护圣所的荣耀与威严，律法要求利未人要不停地巡视并守护好圣所，以免那些无知之人，不洁之人以及邋遢之人进入圣所。随后，我们将对此作出解释。不让醉酒之人、肮脏之人、邋遢之人——我意指头发蓬乱、衣衫褴褛者——进入圣所，是体现

① 参见《利未记》，第 26 章，第 1 节；《申命记》，第 16 章，第 21 节。

② 参见《出埃及记》，第 28 章，第 42 节。

圣所的庄严与神圣，使我们对它心怀敬畏的戒律之一。与之相关的戒律还有一条，就是凡神职人员都要洁净他们的手、脚。

凡在圣所里司职的人员其地位都很尊贵，这样才能体现出圣所的崇高至圣。因此之故，祭司与利未人的地位要高于其他人。律法中就说祭司应身着精美与华贵的衣服：“你要给你哥哥亚伦作圣衣为荣耀、为华美。”(《出埃及记》，第 28 章，第 2 节)《律法书》还规定，凡有缺陷的人都不能担任祭司之职。按犹太法典中的解释，不仅是那些意志薄弱的人，还有那些身态异常的人都不能成为祭司；因为多数人在评判别人时都不是根据他的真正形式即理性灵魂，而是根据他的仪表是否完美，穿着是否华贵得出结论的。律法的目的就是要让圣所及其仆人在各方面都完美无缺，受人崇敬。

利未人不献祭，也不帮人赎罪，因为律法只规定祭司：“要为他赎了(罪)”(《利未记》，第 4 章，26 节)；“要为她赎罪”(同上书，第 12 章，第 8 节)。利未人的职责只是诵唱，因此，当他嗓音变坏时，就失去了侍奉圣所的资格。唱诵的目的是要以歌中所唱的内容打动人心，而这种目的只有借助于圆润的嗓音和优美的乐器伴奏才能达到。这种唱诵形式在圣所里就常可见到。即便是那些有资格侍奉上帝且在圣所里实际任职的祭司也不是随随便便地想坐就坐，想进就进。在赎罪日，也只有大祭司才有四次机会进入至圣所，其他时候则一概不许。所有这些规定都是为了抬高圣所在人们心中的地位，保持它的威严。

由于每天都有很多牲畜在圣地被屠宰——它们的肉被割成块，腹脏和腿要经过水洗和火烧；毫无疑问，如不采取措施，那里的气味就必与屠宰场的气味无异。因此，律法规定每天要在那里烧两次香——早上和下午各一次，这样就可使那地和神职人员的衣服散发出悦人的香味。众所周知，我们的先贤就说过：“即使在耶利哥，他们也能闻到香味。”[①]这一措施同样是为了维护圣所的尊严。如果建筑圣所之地没有悦人的香味，而到处都充满着恶臭，人们就会对它产生厌恶之感。因为香味一般使人身爽心怡，恶臭则使人恶心厌烦，唯恐避之不及。

膏油有两种功用：一是使抹上它的东西能散发出诱人的香味；二是使人相信，不管是人、衣服还是器具，只要用它抹过都会成为圣洁，从而与未抹过它的同类东西截然不同。这一切都会增加人们对圣所的敬畏，进而增加人们对上帝的敬畏。当人进入圣所，灵魂因之震颤，再硬的心肠也会被软化和感动。因为神有远见卓识，所以他能想出这种策略以使人们在进入圣所后变得温顺、谦卑，并因此而接受神的指引、听从神的吩咐，对他心怀敬畏。律法明确讲道：“又要把你的五谷、新酒和油的十分之一，并牛群羊群中头生的，吃在耶和华你神面前，就是他所选择要立为他名的居所。这样，你可以学习时常敬畏耶和华你的神。”（《申命记》，第14章，第23节）现在，所有这些条规的目的对你就都一清二楚了。

为什么不允许我们仿制膏油和香料，以作家常之用？原因很简单。因为当只在圣所才能闻到膏油和香料的气味时，这种气味使人产生的感受就会特别强烈。相反，如果人人都可调制膏油，

① 《密西那》:《日常套祭》，Ⅲ 8。

他们就会在自己身上胡涂乱抹并自以为圣洁，由此就会导致混乱与纷争。

很显然，约柜只能用肩抬，而不能用车运，一方面是由于对它的敬重，另一方面也是怕它受到损坏。甚至不能把桶板从环套中取出的原因也是如此。同样，为防止胸牌和以弗得受到损坏，它们的环子也要系到一起，不得离缝。[①]律法还规定，为祭司做的衣服要织成一体，不得裁剪和缝制，这样衣服就不会裂缝、变形。

律法规定，在圣所里任职办事的人相互之间不得越俎代庖。[②]因为在公共事务中，人们如果不能各司其职，就会变得懒惰粗心，玩忽职守。律法还规定，不同地方，诸如圣所山、两墙之间的空地、妇女厅、大厅以及至圣所等，其圣洁程度也不同。不言而喻，这样规定的目的也是为了使来到圣所的人对它油然而生敬畏与崇敬之情。

至此，我们对这类戒律的缘由已全部作了说明。

① 参见《出埃及记》，第28章，第28节。

② 参见《民数记》，第4章，第19、49节。

第 46 章

第十一类戒律就是我们在《崇拜上帝》的残篇及《论祭祀》篇中所列举的那些。我们对它们的用处已作过大概的说明。现在我要分丝析缕，给出每条戒律各自的缘由。

据昂克劳所译的《摩西五经》记载，埃及人过去常敬拜白羊星座，所以他们禁止屠宰羊，也憎恶牧羊人。《圣经》里说："我们要把埃及人所厌恶的祭祀耶和华我们的神"（《出埃及记》，第8章，第26节）；"凡牧羊的，都被埃及人所厌恶"（《创世记》，第46章，第34节）。萨比教徒中的某些教派敬拜鬼魔，他就把鬼魔想成山羊的样子，并称鬼魔为"公山羊"。在我们的先师摩西时代，这种习俗非常盛行："他们不可再献祭给他们行邪淫所随从的鬼魔。"（《利未记》，第17章，第7节）因此之故，这些教派禁食山羊肉。多数偶像崇拜者都反对宰牛，他们把这种牲畜看得尊贵无比。所以你会看到印度人至今都不宰牛。就是在其他一些国家，也是只宰别的牲畜，不宰牛。为根除这种谬见，律法要求我们只能把三种牲畜献为燔祭："要从牛群羊群中，献牲畜为供物。"（同上书，第1章，第2节）由此可见，萨比教徒眼里的罪恶之举正是我们接近上帝、乞求他宽恕我们罪孽的手段。正是由于《律法书》从另一个极端建信立说，这些邪恶的教条——人心中之痼疾，才被彻底治愈。

出于同样的目的，律法吩咐我们要在逾越节屠宰羔羊，并把其血从外面洒在门上。以此表明，我们已抛弃偶像崇拜者的教条，所信奉的与之完全相反，即坚信，凡他们认作可导致灾难的行为恰是我们获得拯救的原因。《圣经》里说："耶和华要巡行击杀埃及人，他看见血在门楣上和左右的门框上，就必越过那门，不容灭命的进你们的房屋，击杀你们。"（《出埃及记》，第 12 章，第 23 节）上帝这样做，恰是给公然弃绝偶像崇拜并严守诫命之人的报偿。因此之故，只有三种牲畜能献为燔祭，这不仅因为它们是家畜，唾手可得，还因为这样做与偶像崇拜者的习俗正好相反。据《论鼓》一书记载，偶像崇拜者祭祀时是以狮子、熊及别的野兽作供物的。

由于献牲畜为燔祭多数人都负担不起，所以律法规定也可以鸟代之。但只有在巴勒斯坦数量很多且很常见的鸟才适合作祭，这就是斑鸠和雏鸽。那些穷得连鸟也献不出的人，则可以把那时人们会做的随便什么饼献为供品：在烤炉里烘的、在平底锅上烙的或在煎锅里焙的都行。如果对有些人来说，烘烤都成问题，他也可以供上面粉。以上所有这些都是针对那些甘心献祭的人而言，因为律法中明确讲到，不献祭也并不为过："你若不许愿，倒无罪。"（《申命记》，第 23 章，第 22 节）从前面我向你提到的书中可以发现，偶像崇拜者献为供品的只是发酵的饼或加蜜的甜食，其中根本没有用盐作调料的；因此，律法禁止我们的素祭中有酵或蜜，并吩咐我们一切的供物都要配盐而献："凡献为素祭的供物都要用盐调和。"（《利未记》，第 2 章，第 13 节）

律法规定，所有的供物都必须是新鲜的、上好的，这样就没有人敢轻蔑供物或看轻那以上帝的名所献的东西：“你献给你的省长，他岂喜悦你，岂能看你的情面吗？”（《玛拉基书》，第1章，第8节）

由于上述原因，律法也禁止把出生不满七天的幼兽献为燔祭，因为这时它像流产的胚胎一样，发育还不成熟，并且令人生厌。

同样，由于娼妓与娈童[①]令人憎恶，律法也禁止把娼妓所得的钱，或娈童所得的价带进圣所还愿。

要用老斑鸠和雏鸽献祭的原因也是如此。因为它们这时候发育最好，相反，老鸽子则使人提不起兴致。

同理，献素祭为供物给耶和华，要用细面浇上油（《利未记》，第2章，第1节）；因为这样做成的供品质量上乘，味美可口。要加乳香[②]是因为在充满烤肉味的地方，它的气味馨香诱人。

为使祭物受人敬重，不被藐视和厌恶，律法规定献为火祭的牲畜要剥皮[③]，它的腑脏和腿要用水洗[④]，即使全烧全烤也要如此。你会发现这一目的一直很明确且常为圣书所教诲：“你们却亵渎我的名，说‘耶和华的桌子是污秽的，其上的食物是可藐视的’。”（《玛拉基书》，第1章，第12节）。

出于同样的原因，律法规定：未施割礼或不洁净的人不可吃

① 《申命记》，第23章，第18节。
② 参见《利未记》，第2章，第1节。
③ 参见《利未记》，第1章，第6节。
④ 参见《利未记》，第1章，第9节。

祭品；如果祭品不干净，过了期或被滥用，也不可吃[①]；并且可吃的都要在特定的处所吃。凡全部献给上帝的火祭品一点也不能吃。献为赎罪祭和赎愆祭的肉，要在圣处吃，并且只能在屠宰的当天和第二日晚吃。由于献为平安祭的供品其受敬重程度和圣洁程度要低一级，所以吃的地点可扩至耶路撒冷，但也仅限于耶路撒冷，并且要在献祭的次日吃，不能延期，因为第二日后供品会腐烂或变质。为使我们对祭物和以上帝之名为圣的一切特别敬重，律法还规定，随便动用圣物的人有罪，他必须行赎愆祭才能为自己赎罪，且要外加五分之一偿还，即使他误犯了罪也不例外。

同样，律法也禁止把为圣的牲畜用来耕地或剪毛（《申命记》，第 15 章，第 19 节）。凡此种种，都是要人对祭物特别敬重。以一种牲畜代替另一种牲畜献祭，对此，律法也作了预防性规定；因为如果允许以好的换坏的，人们就会以坏的换好的，并称它比原来的更好，所以律法规定，若以牲畜换牲畜，“所更换的与本来的牲畜都要成为圣”（《利未记》，第 27 章，第 10、33 节）。

人若要赎回他所献之物，就要在所估定的价值外再加五分之一的赎金。这条戒律的缘由很明显。因为人一般都很自私，守财保财是其天性。所以，他不愿多为圣所的利益着想，不愿忍痛割爱将其财产的真实价值报出。所以物主须外加五分之一，而陌生人只须付所估定的价值。制定这一条例的目的就是要人不敢藐视以上帝之名成圣的、由之可以靠近上帝的一切。

凡祭司所献的都要用火烧掉（同上书，第 6 章，第 23 节），因

① 参见《利未记》，第 7 章，第 16~21 节。

为祭司是自己亲手献祭，若他献上祭品，又自己把它吃掉，这无异于他什么东西都没有献。加之，祭司献在坛上的祭品只是从一般人所献的祭物中取出的乳香和一把细面；本来数量就很少，如果他再吃掉，他所行的献祭就根本看不出来。所以要全部烧在坛上（同上章，第22节）。

有关逾越节的羊羔，律法也有专门规定。这就是羊羔的肉只能在一间屋子里用火烤着吃，并且不能弄断其一根骨头。[①]它的缘由很明显。正如要赶紧吃掉无酵饼一样，烤羊肉的目的也是为了把肉赶紧吃掉。因为没有时间把它做成各式各样的菜肴及食物。为弄断骨头、吃里面的好肉而引起延误，也为律法所禁止。以上这些规定，其要旨只有一个，就是“你们当……赶紧吃”（《出埃及记》，第12章，第11节）。因为刻不容缓，所以不能把骨头弄断，把一份肉从房子里带到外面或等信使回来才吃——这些事都会引起疏忽和延误。为防止有人赶不上趟，掉了队，不能随众人一起出埃及，并因此遭受敌人的伤害与攻击，上帝才吩咐人们要赶紧地吃。为使我们永记那时所发生之事，这些一时的律例便被永久化，正如《圣经》里所说：“你每年要按着日期守这例。”（同上书，第13章，第10节）逾越节的羊羔只能让预先算在内的人吃，这样，人们就不会依赖亲友或运气，而是从一开始就积极备羊，为逾越节做准备。未受割礼的不可吃羊羔（同上书，第12章，第48节）。我们的先贤对此律例的解释是这样的：以色列人长期生活在埃及，他们疏于受割礼，是想把自己混同于埃及人。当上帝为他

① 《出埃及记》，第12章，第8、46节。

们定下逾越节之礼，并规定只有他本人，他的儿子及他屋里所有受割礼的男子才有资格宰羊羔。“然后才容他前来遵守”（《出埃及记》，第 12 章，第 48 节），他们就都受了割礼，由于受割礼的人很多，割礼的血就与宰羊的血流在了一起。先知以西结在谈到这件事时说：“我从你旁边经过，见你滚在血中，就对你说‘你虽在血中，仍可存活’”（《以西结书》，第 16 章，第 6 节），这里的血即是两种血的混合。

要知道，在萨比教徒眼里，血是极不干净的东西；尽管如此，他们还是习于吃血。因为鬼魔在他们多数人的想象中是以血为食的，并且他们还以为，不论谁吃了血，都是与鬼魔为善，这样鬼魔就会亲近他，向他讲述来生来世。不过，也有少数人反对吃血，认为人天性即对此感到憎恶；所以，他们在宰了野兽之后，要把血盛在罐子或壶里，然后才坐在旁边吃肉。他们以为这样鬼魔就可在他们吃肉的同时，分享到自己的食物——血。由此，在他们和鬼魔之间就建立了友善、亲密的关系，因为妖魔和他们是在同一张桌子上一起进餐的；鬼魔也就会出现在他们的梦中，告知他们以后的事情，使他们从中受惠。那时的人们都乐于接受这些观念；一般人谁也不怀疑其正确性。在通晓律法之人看来，很完备的律法为去除人心中这种痼疾，就规定不许吃血，其郑重程度不亚于反对偶像崇拜：“若吃什么血，我必向那吃血的人变脸。”（《利未记》，第 17 章，第 10 节）这话也同样对那“把儿女献给摩洛”[①]的人说过：“我就要向这人和他的家变脸。”（同上书，第 20 章，第

① 参见《利未记》，第 20 章，第 4~6 节。

5节）这些话只出现在禁止偶像崇拜和吃血的戒律中，是因为吃血可导致一种偶像崇拜，即对鬼魔的敬拜。律法还明确宣布血为纯洁之物，凡沾上血的人和物都可从此纯洁成圣："你要取点膏油和坛上的血，弹在亚伦和他的衣服上，并他儿子和他儿子的衣服上，他们和他们的衣服就一同成圣。"（《出埃及记》，第29章，第21节）律法规定：要把血洒在坛上，这样，整个敬拜仪式就是在倒血而不是盛血，例如："我把这血赐给你们，可以在坛上为你们的生命赎罪"（《利未记》，第17章，第11节）；"把所有的血倒在会幕门口，燔祭坛的脚那里"（同上书，第4章，第18节）；"平安祭的血要倒在耶和华你神的坛上"（《申命记》，第12章，第27节）。为家用而不是为祭祀所宰的牲畜其血也要倒掉："不可吃血，要倒在地上，如同倒水一样。"（同上章，第24节）律法还禁止食用带血的东西："你们不可吃带血的物。"（《利未记》，第19章，第26节）然而，以色列人恶习难改，仍抱守那时使他们深受其害的观念不放，即仍吃带血的东西以与鬼魔为善；为此，上帝禁止以色列人在旷野跋涉时吃一般的肉，而只能吃献为平安祭的肉。很显然，制定这条戒律的原因是要人们把血倒在坛上，不要积存。《圣经》里就讲："这是为要使以色列人把他们在田野里所献的祭，带到会幕门口、耶和华面前，交给祭司，献与耶和华为平安祭。祭司要把血洒在会幕门口上、耶和华的坛上……他们不可再献祭给他们行邪淫所随从的鬼魔。"（同上书，第17章，第5~7节）但鸟和野兽的肉还是可以吃的，因为献祭根本不用野兽的肉，而鸟肉又不能献为平安祭，[①]为防止人们把血盛起来吃掉，律法还规定，凡可吃的野兽或鸟，只要被宰，其血就必须用土掩盖。由此，才能真正达到破坏这些傻瓜与鬼魔之间“弟兄情谊”[②]的目的。要知道，这种信仰直到我们的先师摩西时代还有影响，很多人都受其蛊惑而陷入迷途。在“摩西作歌”（《申命记》，第32章）中你会发现：“他们所祭祀的鬼魔并非真神，乃是素不认识的神。”（《申命记》，第32章，第17节）依据我们先贤的解释，“并非真神”意指：他们不仅敬拜实存之物，甚至还敬拜虚幻之物，也就是西弗利（Siphre）所说的：“他们不仅敬拜太阳、月亮、星座，甚至还敬拜*babua*。”*babua*一词意指阴影。下面还是让我言归正传。

要知道，在旷野中专为吃肉而宰羊杀牛是为律法所禁止的。因为那时人人都相信鬼魔栖息于荒野中，他们常在那里交谈和出没，而在村镇里是找不到鬼魔的踪迹的。因此，城里人要想按那些愚蠢的习俗去做，就必须离开城镇到秃野荒岭中去，而以色列人进入迦南地后就又可以宰羊杀牛以作食用。此外，也是因为那时这种恶习几近绝迹，随从邪见的人也愈益减少，并且想吃畜肉的人都很难进入耶路撒冷。由于这些原因，以色列人只在旷野中才被禁止吃肉。

人犯的罪越重，为赎罪祭所献的牲畜就越不完善。因此，庶民因误崇拜偶像只能献母山羊，而为赎其他罪不论献羊羔还是母山羊都可。因为在每种动物中，其公的都要比母的完善；而在所

① 参见《利未记》，第3章，第1~17节。

② 参见《撒迦利亚书》，第11章，第14节：“我又折断称为联索的那根杖，表明我废弃犹大与以色列弟兄的情谊。”

有罪中，崇拜偶像是最严重的，在所有牲畜中，母山羊是最不完善的。误犯了罪的官长由于其衔高位尊要献一只公山羊。[①]至于祭司长和会众，他们误犯的罪不仅包括行为上的错误，也包括决策上的错误。因此，他们为赎罪祭所要献的是公牛[②]或公山羊，后者只在他们的决策导向偶像崇拜时才适用。[③]

要献赎愆祭的罪比要献赎罪祭的罪轻。因此，为赎愆祭所献的是公羊或公羊羔。因为是公绵羊，它们无论在种类还是性别上都比为赎罪祭所献的牲畜要高出一等。同理，我们发现全部焚在坛上献为燔祭的牲畜从性别上讲也要高出一等，因为律法只允许献公牲畜为燔祭。[④]犯了罪的人及不忠的妻子（即有通奸嫌疑的妻子），其供物中不允许有添剂和香料，也是由于这样的原因。律法禁止他们在供物中加油和乳香，是由于这些献素祭的人品行不端。借此就可以提醒他们应悔过自新，就好像说："由于你品行不端，你献的供物也要最不完善。"由于妻子的不忠比所有误犯的罪都更可憎，所以他的祭物也是最不完善的，即大麦面[⑤]。以上我们对每条戒律都作出了一致的解释，可见它们的意义至深，令人惊异。

我们的先贤说，以色列人在奉献的第八日献"一只公牛犊作赎罪祭"（《利未记》，第9章，第2节），是为了赎造金牛犊所犯的

① 参见《利未记》，第4章，第22~26节。
② 参见《利未记》，第4章，第4、14节。
③ 参见《民数记》，第15章，第24节。
④ 参见《利未记》，第1章，第3、10节。
⑤ 参见《民数记》，第5章，第15节。

罪。同样，他们在赎罪日献一只公牛犊为赎罪祭也是为了赎造金牛犊所犯的罪（同上书，第16章，第3节）。由此可以推出，在诸节日、月朔及赎罪日，个人和会众总是献公山羊为赎罪祭，其目的是要赎回崇拜偶像的罪孽，因为以色列人的多数罪孽都是向鬼魔献祭。《圣经》里明确讲道："他们不可再献祭（公山羊）给他们行邪淫所随从的鬼魔。"（同上书，第17章，第7节）不过，我们的先贤认为会众总是献公山羊为赎罪祭的原因在于以色列全会众的初罪是利用公山羊犯下的。先贤在讲到犹大把正直的约瑟卖给以实玛利人时说："他们宰了一只公山羊，把约瑟的那件彩衣染了血。"（《创世记》，第37章，第31节）不要以为他们的解释缺乏说服力，因为全部这些祭祀活动的目的就是让每个犯罪的人都深切地意识到他们必须牢记自己的罪孽并要告之于人，正如《圣经》里所说："我是在罪孽里生的，在我母亲怀胎的时候就有了罪。"（《诗篇》，第51章，第5节）上述的赎罪祭还进一步表明，如果我们犯了罪，我们连同子孙都要以相应的方式行赎罪祭。我的意思是说，如果人的罪与财产有关，他就必须用自己的财产去侍奉上帝；如果人沉溺于感官之乐，他就必须借斋戒和凌晨早起来整治身体；如果人品行不端，他就必须堂堂正正重新做人，这一点我们在《有关见解的律法》及别的地方已作过解释；如果人的罪与其智力有关——即如果人由于低能或不事调查研究而对假的东西信以为真，他就必须放弃对世上万物的思考，借集中的智力训练和对真正信仰的深入研究来弥补缺陷。《圣经》里说："'心就暗暗被引诱，口便亲手'，这也是审判官当罚的罪孽。"（《约伯记》，第31章，第27~28节）正如我们在本书开头所解释的那样，这句话

只是通过比喻来表明我们应对可疑之物悬置不理。你会看到，亚伦也属此例，因为当他因造金牛犊而违背律法时，他和后继的子孙要献一只公牛犊为赎罪祭。同样，与小山羊有关的罪也要献小山羊为赎罪祭。当这种思想深入人心，人们就必然会视悖逆为耻辱，并小心谨慎不去犯罪以免献冗长烦人的赎罪祭。有时候即使献赎罪祭也难赎罪，这样，人从一开始就会遵守诫命，依法而行。上述律法的目的很明确，对此也要加以重视。

这里有一件很奇怪的事需要引起你注意，尽管初看起来它与我们的主题似乎无关。这件事就是：在《圣经》里，唯一可在月朔献为赎罪祭的山羊被说成是“献给耶和华”的（《民数记》，第28章，第15节），而在任何节日或其他赎罪祭中所献的公山羊都没有被这样说过。在我看来，《圣经》里这样讲无疑是因为：公众有时额外所献的供物全是作为燔祭用的，而与它们同时献的山羊则要作为赎罪祭被吃掉。由于献为燔祭的供物要全部焚烧，所以律法中明确讲它们是“用火献给耶和华”的（同上书，第28章，第19节；第29章，第13、36节）；而献为赎罪祭或平安祭的供物，律法中从未说过是献给耶和华的，因为它们被吃掉了。但即就是作为赎罪祭的供物[①]被烧掉也不能称之为是“用火献给耶和华”的——其原因我还要在本章作出解释。所以说，不能把被祭司吃掉一部分故没有全部被焚烧的公山羊说成是“献给耶和华的赎罪祭”。但由于埃及人在月朔要献祭公山羊给月亮，人们在月朔献祭的公山羊也就被误当作是献给月亮的。因此之故，律法才申

① 参见《利未记》，第4章，第12、21节。

明公山羊是献给耶和华而不是献给月亮的。在节日或别的日子献为赎罪的公山羊之所以不会引起误解，是因为这些日子不是一月之始，也没有突出的自然标志，而是按律法的要求选定的。但月朔则不然，律法并没有对之作出规定。萨比教徒过去在月朔祭祀月亮，就像他们按太阳在天空位置的不同而分别在黎明和傍晚祭祀太阳一样，这一点已在萨比教徒的著作中得到普遍承认。因此之故，有关公山羊，《律法书》中才出现了上述那种奇怪的说法。说月朔献为赎罪祭的公山羊是“献给耶和华”的，目的在于消除已成为人心中之痼疾的谬见。对于这种例外，同样需加以注意。

要知道，人们相信能赎回一种或数种大罪的赎罪祭，其供物要全部焚在营外，而不是坛上。例如，为误犯的罪或其他与此同等的罪所献的赎罪祭，其供物就要如此；因为只有献为燔祭及与之类似的供物才可以焚在坛上。因此，《圣经》里把坛称为“燔祭坛”（《出埃及记》，第 30 章，第 28 节）。燔祭的肉能发出馨香，所有的祭品也是如此，这一点毋庸置疑。因为燔祭的目的，正如我们解释的那样，是要消除人心中偶像崇拜者的各种谬见。至于把献为赎罪祭的供物焚烧，其目的是以此象征所犯的罪被洗涤一空，恰似火化的肉体消失殆尽，也如成灰的祭品不留余孽。由此散发的烟味不再是“献与耶和华的馨香”，而是恰好相反，即令人恶心生厌。所以，要把这些祭品全部烧在营外。难道你没注意到《圣经》里关于不忠妻子的祭品所讲的话吗？“这是疑恨的素祭，是思念的素祭，使人思念罪孽。”（《民数记》，第 5 章，第 15 节）可见对上帝而言，这决不是件愉快的事。

把公山羊送到旷野上[①]目的是要赎回一切罪孽，可见会众献为赎罪祭的供物中就再也没有比公山羊的作用更大的了。由于它要担当一切罪孽，所以不像一般的祭牲那样被屠宰、焚烧或带到圣所附近，而是要尽可能远地送到无人之地。诚然，人的罪孽不像担子可以让另一个人去挑，但借助这些象征性的祭祀仪式，可以使人悔悟并认识到：他们已洗心革面，并把以前的罪孽抛在了九霄云外。

至于以酒献祭，我至今仍对之大惑不解：既然偶像崇拜者就用酒献祭，律法为何还要吩咐我们如此去做？尽管我找不出原因，别人却给出了答案，即：肉滋肝，最能使人增进食欲；酒养心，最能使人保持活力；音乐调节大脑，最能使人产生灵气。为靠近上帝，要把对人的各种器官最好的东西献给他，所以要以肉、酒和音乐献祭。

选定各种节日的目的显而易见。因为节日的集会既可不断激起人们对律法的信仰，又可在人们中间培养手足之情。这一点在召集人们的戒律中体现得特别明显："使他们听，使他们学习，好敬畏耶和华你们的神。"（《申命记》，第 31 章，第 12 节）让人们把换成的银子全花在耶路撒冷是出于同样的目的（同上书，第 14 章，第 25~26 节），这一点我们已作过解释。[②]果树第四年所结的果实[③]及用作赋税的牲畜，也都要带到耶路撒冷吃掉。由此可见，在耶路撒冷不仅有所献的肉、果树第四年果实所酿的酒，还有以

① 参见《利未记》，第 16 章，第 20~22 节。

② 参见第三篇，第 39 章。

③ 参见第三篇，第 37 章。

物换成的银子。由于律法不允许把它们卖掉或拖到来年再吃，所以那里的食物丰足；又由于律法要求人们“每年”[①]都要献祭，所以他们不得不把其中的一部分施舍出去。这样，心发慈善在守节的时候就成为惯例。《圣经》里说：“守节的时候，你和你儿女、仆婢，并住在你城里的利未人，以及寄居的与孤儿寡妇，都要欢乐。”（《申命记》，第 16 章，第 14 节）

至此，我们对这类中的每一条戒律都作了解释，就连其中很多细节也都没有放过。

① 《申命记》，第 14 章，第 22 节。

第 47 章

第十二类戒律就是我们在《论洁净》篇中所列举的那些。前面已讲过它们的一般用处。本章我们要更进一步，充分讨论其一般目的，然后再尽我们所能，给出每条戒律的缘由。我认为上帝要我们的先师摩西遵行且以其名命名的律法，其目的是要促使人们侍奉上帝并为人们减轻负担。如果有人抱怨某些戒律给他造成痛苦或带来麻烦，那只能是由于他对当时的习俗和成见一无所知。试比较一下人把自己的儿女用火焚烧献给他的神与我们把鸽子用火焚烧献给耶和华有什么不同。《圣经》里说："他们向他们的神行了耶和华所憎嫌、所恨恶的一切事，甚至将自己的儿女用火焚烧，献与他们的神。"（《申命记》，第 12 章，第 31 节）萨比教徒就是以此方式敬拜他们的神，而我们献给耶和华为燔祭的只不过是雏鸽和一把细面。根据这一事实，上帝向以色列人发出质问："我的百姓啊，我向你做了什么呢？我在什么事上使你厌烦？你可以对我证明"（《弥迦书》，第 6 章，第 3 节）；还有："我岂向以色列作旷野呢？或作幽暗之地呢？我的百姓为何说：'我们脱离约束，再不归向你了'"（《耶利米书》，第 2 章，第 31 节）。也就是说，律法中哪条戒律使你们不胜负担以至于要背弃它呢？以同样的方式，上帝也责问过"你们的列祖见我有什么不义，竟远离我"

（同上章，第 5 节），等等。所有这些话讲的都是一个意思。

这一前提极为重要，你千万不能忽视。接下来，依据戒律“你们要守我的安息日，敬我的圣所”（《利未记》，第 19 章，第 30 节），我还要重申：圣所的目的就是要让进入它里面的人产生敬畏。但是，如果人对神圣之物习以为常，它给人的印象就会淡漠，人对它的敬畏就会减弱。我们的先贤注意到了这一点，于是强调人不应随随便便进入圣所。他们说：“你的脚要少进邻舍的家，恐怕他厌烦你，恨恶你。”（《箴言》，第 25 章，第 17 节）因此之故，律法规定，凡不洁净的一律不准进入圣所。不洁净的种类繁多，致使洁净之人少之又少。因为人即使没摸走兽的死尸[①]他也会碰上八种爬行动物之一；[②]它们的死尸常会掉在屋里、饭里、水里，我们走路时也经常踩到。如果人没有碰到爬物，他也会与行经的女人、身患漏症的男女、麻风病人及他（她）们的床有染。如果连这种情况都不曾有，他也会因梦遗或与妻子发生关系而不洁净。即使人洁净了，他也只能在日落后而不是夜里进入圣所，这一点在《密西那》中的《标准》（*Middoth*）和《日常套祭》（*Tamid*）中讲得很清。因为通常人都是在夜里与妻子做爱或行不洁之事，这样第二天早晨他又与头天一样不洁净。以上这些规定，目的只有一个，就是要人与圣所保持距离，不要随随便便地踏进踏出。你知道我们的先贤也说过：“即使洁净的人为履行神职，也得先洗了澡才能进入圣所。”只要履行这些规定，人就会如其所愿在圣所面

① 《利未记》，第 11 章，第 27 节。

② 参见《利未记》，第 11 章，第 29~30 节。

前变得谦卑恭顺，并且常对它心怀敬畏。

人越是经常沾染某种不洁净，人之洁净就越是困难且越要推迟。人最常见的不洁净就是摸家人，特别是亲戚和邻居的死尸。因此，人只能通过焚红母牛为灰在七天后洁净自己，尽管红母牛非常稀少（《民数记》，第19章，第22节）。与不洁之物相比，患有漏症或行经的女人造成的不洁净更频繁，因此，他们的洁净需要七天时间[①]；而与他们接触的人，其洁净只需要一天时间。[②]因患漏症而不洁净的男女与因生小孩而不洁净的妇女还须献祭才能洁净，因为这类不洁净发生的频率比行经妇女的要低。由于这些东西都令人恶心——我意指月经来潮、漏症、麻风病、人或兽的尸体、爬行动物及遗精，因此，上述戒律的用处很多：一是使我们远离肮脏污秽之物；二是保卫圣所；三是维护既定习俗。因为如你将知，萨比教徒就是因不洁净而受到了各种极烦人的限制。四是减轻人的负担，因为律法区分洁净与不洁净并由此制定的戒律并不妨碍人的日常事务，洁净与不洁净只涉及圣所与圣物，而与其他东西无关："她洁净的日子未满，不可摸圣物，也不可进入圣所。"（《利未记》，第12章，第4节）那些既不想进入圣所也不愿触摸圣物的人，只要他们乐意不洁净或吃一般的肮脏食物，这也并不为过。众所周知，在东方诸国，至今仍保持着拜火教徒所传下来的一种异教徒的习俗，这就是把行经的女人关在她自己的屋里，凡她踩过的东西都要用火烧掉；谁与她说话就会变得不洁；

① 参见《利未记》，第15章，第13、19、18节。

② 见《利未记》，第15章，第5~11、21~23、27节。

一阵风如果同时吹到她和洁净的人，后者也会变得不洁。而我们的原则是："凡妻子在通常情况下可为丈夫做的一切，在她来月经时也都可以做"，只有同房在她不洁的日子被禁止。由此可见，两者的差别多么巨大！还有一种萨比教徒的习俗至今也很盛行，这就是他们把从人身上掉下的东西，如头发、指甲、血等都视为不洁之物。因此，在他们看来，理发师是不洁的，因为他摸了头发和血。另外，人若剃须刮脸也必须在流水中冲洗。萨比教徒这种使人不胜负担的习俗还有很多，而我们区分洁净与不洁净的戒律只与圣物和圣所有关。

至于我们至高无上的主上帝所言："你们要成为圣洁，因为我是圣洁的"（《利未记》，第 11 章，第 44 节），它并不意指人的洁净与不洁净。据西弗利讲，这里的成为圣洁意指要遵行上帝的诫命。他对"你们要圣洁"（同上书，第 19 章，第 2 节）的解释也是如此。因此之故，对戒律的悖逆也被称为不洁。"不洁"一词是与最主要、最根本的戒律（即涉及偶像崇拜、通奸以及谋杀的戒律）关联着运用的。关于偶像崇拜，《圣经》里说："他把儿女献给摩洛，玷污我的圣所，亵渎我的圣名。"（同上书，第 20 章，第 3 节）关于通奸，《圣经》里说："在这一切的事上，你们都不可玷污自己。"（同上书，第 18 章，第 24 节）关于谋杀，《圣经》里说："你们不可玷污所住之地。"（《民数记》，第 35 章，第 34 节）由此看来，"不洁"一词有三种不同的含义：一是指人的行为或观念与戒律相悖；二是指污秽、肮脏："她的污秽是在衣襟上"（《耶利米哀歌》，第 1 章，第 9 节）；三是指上述各种想象中的玷污，如触摸、搬运某些东西或与它们同室相处。谈及第三种含义，我们的先贤说，

律法中所讲的话都不会变为不洁。与此相应,“圣洁”一词也就有了三种不同的含义。

摸死尸所造成的不洁只能通过焚红母牛为灰在七天后消除,而祭司为了主持祭祀又须不断地进入圣所。为此,律法特别规定,除非万不得已,任何祭司都不可因死人而玷污自己。他们只能触摸自己的父母、儿女或弟兄的尸体,因为不这样做,会有悖于人性。依据神的吩咐:“这牌要常在他的额上”(《出埃及记》,第28章,第38节),大祭司务必一直待在圣所里;因此律法禁止他接触一切尸体,即使他亲戚的尸体也不例外。[①]妇女不担任祭司之职,所以上述戒律对她们并不适用;《圣经》里讲“亚伦之子作祭司”[②],而没有讲“亚伦之女作祭司”。

有时人难免会由于疏忽而在不洁净时进入圣所或吃圣物,更有甚者还故意如此——因为多数行邪的人都有意与律法作对。因此之故,律法要求这些人献祭品,以赎玷污圣所和圣物的罪。祭品的种类很多,有些是为疏忽造成的玷污赎罪,有些是为故意造成的玷污赎罪。其中包括圣日所献的公山羊,月朔所献的公山羊以及送到旷野去的公山羊[③],对此,我们已在适当的地方作了解释。献祭的目的是要那有意玷污圣所的人知道:他的罪孽极大,但如果他献上公山羊,就会洗去罪名。这正如《圣经》里所讲:“免得他们玷污我的帐幕,就因自己的污秽死亡”(《利未记》,第15章,第31节);“亚伦要担当干犯圣物条例的罪孽”(《出埃及

① 参见《利未记》,第21章,第10~12节。

② 参见《利未记》,第21章,第1节。

③ 参见《利未记》,第16章,第21节。

记》，第 28 章，第 38 节）。在《圣经》里，这一点被一再重复。

我们已解释过麻风病所造成的不洁。对其含义，我们的先贤也作过解释。从他们那里可知，人们普遍认为麻风病是对诽谤的惩罚，并且首先是从房子的墙上发散出来的。[①] 如果这时人能悔悟，病就会停止传染，因为其目的就是让人悔悟；如果人仍不悔悟，病就会沾染他的床及家具。再下去，还会沾染他的衣服，侵入他的躯体。我们的民族过去一直对这种奇迹深信不疑，就像相信水能检验有通奸嫌疑的女人是否贞洁一样。[②] 信奉这种奇迹的好处显而易见。此外，麻风病是传染病，人几乎天生就对它感到嫌恶。得了麻风病的人只有借助香柏木、牛膝草、朱红色线以及两只鸟才能洁净，其原因在《米德拉什》中曾有说明，但很难令人满意。时至今日，我都不明白为何要用这些东西洁净麻风病人，为何献祭红母牛时离不开香柏木、牛膝草与朱红色线（《民数记》，第 19 章，第 6 节），为何要用一把牛膝草蘸逾越节羊羔的血（《出埃及记》，第 12 章，第 22 节）。我找不出借以说明选用这些东西的理由。

称红母牛为赎罪祭牲是因为借助它可使因摸死人而不洁的人洁净，此后这人就可以进入圣所。这表明：被死人玷污的人除非献祭红母牛，让它担当自己的罪孽，否则他就永远不能进入圣所或吃圣物。大祭司为洁净而在额上挂的牌、被焚烧的山羊，其意义也同样如此。因此之故，那献红母牛或山羊为赎罪祭的人在焚

① 参见《利未记》，第 14 章，第 34~38 节。

② 参见《民数记》，第 5 章，第 11~31 节。

烧它们时就会弄脏自己的衣服。同样，谁摸了送到旷野去的公山羊，他也会变为不洁，因为人们相信公山羊身上担当着人的很多罪孽。

至此，我们已依据自己的看法并就我们所知说明了这类戒律的缘由。

第 48 章

第十三类戒律就是我们在《有关禁忌食物的律法》《有关屠宰的律法》以及《有关誓约和拿细耳主义的律法》中所列举的那些。在本书及对《先贤篇》的评论中，我们已详尽地阐明了这类戒律的用处。这里附加数言，以便进一步考察那里提过的唯一的戒律。

我个人认为，吃律法所禁忌的食物应遭到谴责。人们以为，在被禁忌的食物当中，除了猪肉与脂油外，其他的都不益于健康。但事实并非如此，因为即便是猪肉，里面的水气和多余成分也太多。律法禁食猪肉的主要原因在于猪和喂猪的饲料都是污秽之物。你知道律法十分强调要把污秽之物从人的眼里消除，田野和营地里不允许有，城镇里就不用说。[①] 如果允许吃猪肉，街道村舍就会变得比污水池还脏——目前在法兰克人的国[②]中就能看到这种景象。我们的先贤有言："猪嘴脏如粪便。"（巴比伦《塔木德》:《祝福式》, 25a）

肠子里的脂油使人腹胀，消化不良，生出凉性而又黏稠的血，所以它更适合做燃料。血（《利未记》, 第 17 章, 第 12 节）和自死

① 参见《申命记》, 第 23 章, 第 13~15 节。

② 指西欧。

的兽的肉（《申命记》，第14章，第21节）都难以消化且有损健康。众所周知，伤病的兽和自死的兽，其肉没有什么差别。

律法规定，反刍分蹄的走兽和有翅有鳞的鱼可以食用。但这些特性本身既非可食用的原因，也非不可食用的原因，而仅仅是把可食动物与禁食动物区分开来的标志。

不许吃收缩的筋。这条戒律的理由《律法书》中已讲得很清楚（《创世记》，第32章，第32节）。

律法禁止活吃动物[①]的原因是因为这样做会使人残忍成性。此外，也因为那时的异教国王以及偶像崇拜者就有这样的习性。

至于禁吃在牛奶中煮熟的肉，依我之见，除了因为它肯定难吃且使人腹胀外，还有一点，就是这种吃法与偶像崇拜有某种联系。也许在祭祀时或在自己的节日里偶像崇拜者就吃这种肉。之所以这样讲，有以下事实为根据，这就是：律法头两次提出这种禁忌是在给出有关圣日的戒律——“你们所有男丁，要一年三次朝见耶和华以色列的神”（《出埃及记》，第23章，第17节；第34章，第23节）——之后。这就等于说：你们在圣日里朝见我时，不要在那里像他们那样煮食。我认为这条戒律的最好理由即在于此。但据我所知，在萨比教徒的著作中，却根本没有对这种风俗的记载。

制定有关屠宰动物的戒律是十分必要的。因为地上的动植物是人唯一天然的食品来源。律法允许我们吃的动物的肉，必定是最好的，没有一个医生会怀疑这一点。因此，人为了吃上可口的食物必定要屠宰动物。律法制定这些戒律的目的就是要人在屠宰

① 参见《创世记》，第9章，第4节；《申命记》，第12章，第23节。

动物时应尽量使其免遭痛苦，绝不允许用割喉、砍躯、断肢等野蛮的方法使活生生的动物备受折磨。

律法还禁止在同一天内连杀母兽及幼兽，为的是防止母兽亲见自己的孩子被屠宰的情景。因为在此情景中，动物的痛苦异常巨大，与人的痛苦没有两样。母亲对孩子的爱与关怀不是推理的结果，而是出自想象力；而在这一点上，大多数动物与人都是一样的。这条戒律仅仅适用于牛羊，因为仅有牛羊是律法允许人们日常食用的家畜，而它们常能辨认出自己的幼崽。

基于同样的理由，律法规定：我们在捕获幼鸟时，应把母鸟从巢中放走[①]；正孵化的鸟蛋及母鸟喂养的雏鸟一般也不宜食用。由于鸟飞走后看不见自己的孩子被逮住，所以它就不会感到痛苦。又由于允许人带走的雏鸟和蛋通常不宜食用，所以在多数情况下，人就会打消摸鸟巢的念头。连鸟兽律法都不允许给其造成痛苦，足见我们应何等谨慎小心，以免给我们的同胞造成痛苦！虽然那在祈祷中说出"你的仁慈惠及幼鸟"[②]的人受到我们的先贤的谴责，但这不足以成为反驳我的理由，因为他们认为律法的制定只是上帝随意所为，并无别的理由，而这只是我们所提过的两种见解之一。与之相反，我们坚持的是另一种见解。

屠宰动物后为何要掩埋其血，《律法书》对此已作了解释；同时，我们也注意到，这条戒律仅适用于洁净的野兽和鸟。[③]除了要遵守有关禁忌食物的律例外，我们还应遵守我们为约束自己所起

① 参见《申命记》，第 22 章，第 6~7 节。

② 《密西那》:《祝福式》，Ⅲ。

③ 参见本篇第 46 章。

的誓言。[①]如果我们发誓不吃这块面包或那块肉，就要绝对禁止自己去享用它。这条戒律的目的在于锻炼人的意志，使人能够控制自己的口腹之欲。我们的先贤也说过："誓言是一道有助于禁食的篱笆。"由于女人爱发脾气——因为她们易受感染且比较脆弱，如果让其支配誓言，就将导致家庭的不幸与纷争。她们会起誓说，一种食物丈夫可以吃，妻子不可吃或女儿不能吃，母亲可以吃。因此，律法规定，只有作为一家之长的父亲才有权支配家庭中其他成员誓言的权力。但独立而不受家长约束的女人则可像男人一样履行有关誓言的律法。这里，我指的是没有丈夫、没有父亲且已年满十二岁零六个月的成年女子。

拿细耳主义（《民数记》，第6章）的用意很明显，就是要人戒酒，因为不论过去还是现在，都有人被酒毁掉："被它伤害仆倒的不少，被它杀戮的而且甚多"（《箴言》，第7章，第26节）；"就是这地的人，也因酒摇摇晃晃……他们错解默示，谬行审判"（《以赛亚书》，第28章，第7节）。在有关拿细耳人的律法中，我们还能看到这样的戒律："凡葡萄树上结的，自核至皮所做的物，都不可吃。"（《民数记》，第6章，第4节）这是一条附带的禁酒措施，目的是要人把酒量控制在绝对必要的限度以内。凡戒酒的人都被称为"圣者"，且其圣洁程度可与大祭司相媲美。所以也像后者一样，律法禁止他因接近尸体而使自己不洁净，即使他父母的尸体也不例外。[②]正是由于戒酒他才获此殊荣。

① 参见《民数记》，第30章，第2~16节。

② 参见《民数记》，第6章，第7节。

第49章

第十四类戒律就是我们在《论妇女》以及《有关性禁忌的律法》中所列举的那些。牲畜不能杂交及人应施割礼的戒律亦属此类。这类戒律的一般目的我们已作过论述，现在就让我来对它们逐一进行解释。

众所周知，人一生离不开朋友。关于这一点，亚里士多德在其《尼各马可伦理学》第九卷中已作过说明。人在健康幸福时，他与朋友共享友谊之乐；人在穷困潦倒时，他需要朋友伸出援助之手；人在年老体衰时，他更需要朋友的扶持与安慰。人与孩子或亲属的关系最能体现出这种友爱。因为兄弟情谊、彼此的关怀与帮助，只有当人们之间具有血缘关系时才能体现得淋漓尽致。所以，部落的成员之间会因拥有共同的祖先——即使他们的祖先距现在已非常久远——而互相关怀、互相帮助、互相体恤。这正是律法所要达到的最大目的。为此，律法禁止卖淫[①]，因为妓女使人与人之间一脉相承的关系遭到破坏；他们的孩子犹如弃儿，无人知道孩子属于哪个家庭，更没有人把他们当亲戚认领。不论对孩子还是父亲，最大的不幸都莫过于此。禁止卖淫的另一个重要

① 参见《申命记》，第23章，第18节。

目的就是防止人们过度纵欲或整日沉湎于性幻想中。因为人的性欲会因性对象的变换而增加。人若是经常只与一个人做爱，就缺少激情；人的性对象若不断变换，一颦一笑都新鲜夺目，人就会浮想联翩，亢奋不已。禁止卖淫还有一个重要作用就是防止争端。因为如果允许卖淫，当几个男人同时看上一个妓女时，就势必要发生争吵。通常情况下，他们会相互残杀，甚至连妓女本人也不放过。众所周知，这类事在过去是屡见不鲜："他们就行奸淫，成群地聚集在娼妓家里。"（《耶利米书》，第 5 章，第 7 节）为了防止这类不幸发生，并使所有人都知道自己的血缘关系，律法禁止卖淫，并且规定男人只能向他选择为妻并与之结了婚的女人求欢做爱。因为若只与女人同居而不结婚，多数男人都会节外生枝，把与他情投意合的妓女带回家里，并称她是自己的妻子。所以律法规定男人应与女人签订婚约以确定两人的关系，然后再公开举行婚礼："波阿斯又从本城的长老中拣选了十人"（《路得记》，第 4 章，第 2 节），等等。有时夫妻双方由于意见不合，导致家庭关系破裂，这时可以允许他们离婚。但离婚不能只是口头说说或让妻子从家里搬走就算了事；因为如此的话，妻子就会趁丈夫不注意而离家出走，却向人说是丈夫要与她离婚；或者是妻子与人通奸，却与奸夫一起申辩说她已与丈夫离婚。所以，律法规定离婚必须有休书为凭才算有效："人若娶妻以后，见她有什么不合理的事，不喜悦她，就可以写休书交在她手中，打发她离开夫家。"（《申命记》，第 24 章，第 1 节）

由于女人常常会被人怀疑通奸或因通奸受到谴责，因此，关于有通奸嫌疑的女人，律法还制定有专门的条例。[①] 这些条例的制定，使得已婚妇女对自己的行为都十分检点，并小心谨慎以免因自己的不贞而激怒丈夫。因为条例规定，凡有通奸嫌疑的女人都必须经受“苦水”的检验，而这使她们感到异常恐惧。如果妻子是清白无辜的，并能捍卫自己的尊严，大多数男人都宁愿放弃所有的家产也不愿让她去受这种罪；他们宁愿去死，也不愿蒙受这种耻辱——妻子蓬头散发，袒胸露乳，在众目睽睽之下，当着男人、女人及伟大的裁判者耶和华的面，在圣所里绕场示众。由于对这种审判感到恐惧（女人们就会安分守己），一些导致家庭关系破裂的诱因也就由此而被消除。

失身的少女若要出嫁，只能让其诱奸者娶她。成为她的丈夫，诱奸者是最合适的人选，因为与别的男人相比，他能更好地愈合她的创伤并保全她的名誉。若她本人或她父亲不愿让诱奸者娶她，他还得为她准备陪嫁之物。对强奸者的处罚则更甚：“因他玷污了这女子，就要娶她为妻，终身不可休她。”（《申命记》，第 22 章，第 29 节）

《圣经》里说，娶兄弟的遗孀为妻这种风俗早在律法制定以前就有，而律法的规定使这种风俗得以永久化。《圣经》中讲述了 *halizah*，即“脱鞋”仪式[②]，因为被别人脱鞋在过去是很耻辱的事；为了避免这种耻辱，人就不得不娶他兄弟的遗孀为妻。律法中就此讲得非常清楚：“他哥哥的妻就要当着长老到那人的眼前，脱了

① 参见《民数记》，第 5 章，第 11~31 节。

② 参见《申命记》，第 25 章，第 7~10 节。

他的鞋，吐唾沫在他脸上，说：‘凡不为哥哥建家立室的，都要这样待他。’在以色列中，他的名必称为脱鞋之家。”（《申命记》，第25章，第9~10节）

犹大品德高尚，为人正直，给我们树立了榜样；这一点可从他说的话中看出：“我把这山羊羔送去了，你竟找不着她，任凭她拿去吧，免得我们被羞辱。”（《创世记》，第38章，第23节）对这句话可作如下解释：在律法制定以前，嫖娼就像现在的夫妻同居一样自然，我的意思是说当时嫖娼完全被允许，决不会使人丢人现眼。妓女要求男人为此付给她的钱物就如同现在丈夫要与妻子离婚时分给她的陪嫁一样。当男人须承担责任时，女人便有权这样要求。从犹大所说“免得我们被羞辱”（同上）中可看出，谈论任何与性爱有关的事——即使这种性爱被允许——也会使我们蒙羞；对之保持沉默或使其隐秘才是合适的方式，即使为此损失钱财也应在所不惜。正是在此意义上，犹大说，最好是我们损失点钱财，把她应得的给她，免得事情暴露后，使我们蒙羞。他的这种高尚品德，值得我们学习。至于公义的戒律，也使我们受益匪浅。他的仗义可从下面这句话中看出：“我把这山羊羔送去了，人竟找不到她”——这是他为自己没有强奸她，也没有自食其言、少给她两人预先说好的价钱而作的辩解。很显然那是一只极好的羊羔，因此他才说：“这山羊羔。”人不可自食其言、背信弃义，而要敢做敢当、勇担责任；欠钱还钱、借物还物如同必须把欠别人的工钱或其他东西给人一样——这种为人的堂堂正正，是他从亚伯拉罕，以扫及雅各那里继承来的。妻子的陪嫁与雇仆的工钱也可以相提并论。主人不给雇仆工钱与他剥夺妻子的财产没有两样；

他为达到不付工钱的目的而虐待雇仆、对其进行百般刁难与他为休掉妻子却不让她分得家产而对其进行虐待也没有两样。律法就此所判定的“典章和律例”[①]其公正性可从它对丑名加到妻子头上的人的处置中看出。[②]毫无疑问，把丑名加在妻子头上的恶人肯定嫌她不合口味或长相难看。这种人如果按通常方式休掉妻子也无可非议，但他一定要把妻所应得的家产给她。如果他因想休掉妻子却又不想分给她家产而信口开河或为不损失律法规定应给处女的五十舍客勒陪嫁而诽谤她，将莫须有的罪名加在她身上，他就得受到付给她一百舍客勒银子的处罚，因为“审判官定谁有罪，谁就要加倍赔还”（《出埃及记》，第22章，第9节）。如前所述，这条律法与有关作伪的律法是一致的。因为与之类似，把丑名加在妻子头上的人也是想把她所应得的五十舍客勒占为已有，结果却付给她了一百舍客勒。这是对他企图把她所应得的占为已有的行为所做的处罚。假如他诽谤她与人通奸，他也要遭受鞭打从而名声扫地，“要拿住那人惩治他”（《申命记》，第22章，第18节）。他若贪欢好色，将受到永不可休妻的惩罚：“终身不可休她”（同上章，第19节），因为他嫌她丑陋是造成这一切的根源。若按神的吩咐，对这些人进行处治，各种恶习就会被根除。律法绝对公正——只要你仔细检查律法中的每一条戒律，就会发现这是显而易见的。想一想律法为什么要将把丑名加在妻子头上以剥夺其所应得的人视为偷盗别人东西的贼进行惩罚，为什么要将心怀叵测

① 《申命记》，第4章，第8节。

② 参见《申命记》，第22章，第13~19节。

但却作伪证不成的人当成已造成实际恶果的窃贼或诽谤者进行惩罚。对这三种罪进行审判依据的是："一样的条例，一样的典章。"（《民数记》，第15章，第16节）想一想圣诫中所含的智慧多么令人惊异，正如上帝的作为中所含的智慧令人惊异一般。《圣经》里说："他是磐石，他的作为完全，他所行的无不公平。"（《申命记》，第32章，第4节）也就是说，由于神的作为完全，他的戒律也最公正。不过，我们由于智力有限，对上帝作为的完全与戒律的公正也就缺少认识。我们只能明白其部分戒律的公正，正如我们只能理解其部分作为的完全一样——后者体现在动物的身体构造与天体的运行中。就这两者而言，我们所知的都实在太少太少。下面就让我们言归正传。

至于与性交禁忌有关的戒律，其目的全在于限制性交，让人们以之为恶从而很少想它。反对鸡奸和兽交的原因也显而易见。因为除非必需，连正常的性行为也被视为下流而遭禁止，更何况这类只为贪欲求乐的反常性行为。男人不可与之结合的女人有一个共同特点，即：一般而言，她们都与他长期生活在一起，对他言听计从，盲目轻信；男人要占有她们会不费吹灰之力。如有这类事情发生，"法官"是不能怪罪于他的。如果适用于别的未婚女子的律法——男人可娶她们但不能与之在婚前发生性关系——也适用于这些人，则多数人都会受不了诱惑而与她们私通。但只要完全禁止与她们性交，并以最严厉的惩罚——处以死罪或阉割来惩治违禁的人，并且毫不留情，则男人就会规规矩矩，对她们不抱任何非分之想。

很显然，性交禁忌所涉及的女人都是男人所经常遇到的。因为一般而言，男人一旦有了妻室，妻子的母亲、祖母、姐妹及自己的女儿、孙女都会经常在他的家里，这样他不论出门、进门或干活时就会经常遇见他们；而妻子也会经常与丈夫的父亲、兄弟及自己的儿子在一起。另外，男人通常也生活在他的姐妹、姑姨及婶母当中并逐渐长大成人。由于他与她们有族亲关系，与其中任何人发生性关系都被禁止。想一想就会明白，禁止近亲通婚的原因之一，即在于此。

但依我之见，这条戒律还有另外的目的，即要使我们懂得羞耻。因为乱伦——我意指母子或父女之间发生性关系——是最可耻的事。由于是根与枝的关系，两人中任何一人与对方性交都为律法所禁止。无论是根与枝、枝与根性交，还是根与枝同时与第三者性交——我意指父子或母女同时与一个人同居，其性质都是一样的。因此之故，律法禁止男人与母女俩或与自己的母亲或自己的儿媳发生性行为，因为所有这些都是根与枝同时与第三者性交。兄弟姐妹的关系类似于根与枝的关系。因此律法禁止男人与自己的姐妹性交，也禁止男人与妻子的姐妹或兄弟的妻子性交。因为后一种情况会造成具有类似于根与枝关系的两个人同时与第三者性交。

由于律法严禁弟兄与姐妹乱伦，加之他们之间的关系如同根与枝的关系，甚至被视若一人，所以，律法禁止男人与其姨母发生性关系，因为她与他的母亲处于同等地位。由于姑母与他的父亲处于同等地位，所以也不例外。律法允许人与其表姐表妹或堂姐堂妹发生性关系。以此类推，人也可以与其侄女或外甥女发生性关系。叔父可以与其侄媳发生性关系，侄子却不能与其婶母发生性关系——这种情况可以用第一种原因来解释。因为侄子常到叔父家里，见婶母的机会就像见自己的嫂子或弟媳的机会一样多；而叔父却很少到他侄子的屋里，与其侄媳也就不常接触。由于父亲见儿媳的机会与儿子见母亲的机会一样多，所以你会发现父亲与儿媳或儿子与母亲发生性关系是被严格禁止的，违者将被处以死罪。

禁止与行经的女人或别人的妻子淫合，其理由很明显，这里就不必再作解释了。你知道，我们不论以什么方式与被禁忌的女人寻欢作乐都为律法所禁止，即使色眯眯地看她一眼也不行。这一点，我们在《有关性禁忌的律法》中已作过解释。在那里，我们曾说，凡使人思淫或产生性冲动的任何事情都为律法所禁止。如果人下意识地产生了性冲动，他就必须把自己的注意力转向别处，不断地去想其他事情以使性冲动消退。我们的先贤为使我们道德完善，曾告诫说：我的孩子，如果那个可恶的怪物骚扰你，就把他拖进书房，他就是铁也会熔化，就是石头也会粉碎，因为《圣经》里说："我的话岂不像火，又像能打碎磐石的大锤吗？"（《耶利米书》，第23章，第29节）先贤说这番话的目的是给他的孩子制定出一个行为规则：如你因性欲冲动而骚动不安，那么，就到书房里去读书、讨论、提问、回答，因为这样你的痛苦就自然会消除。"可恶的怪物"这种说法十分恰当，因为性骚动的确像个可恶的怪物。先贤的这一告诫不仅仅有律法上的依据，哲学家们也是这么认为的。我曾向你引用过亚里士多德的原话，他说："令人耻辱的触觉使我们沉溺于食色之中。"在其著作中，他对贪食好色之人大加谴责和嘲笑，视他们为低贱下流之辈。从其伦理

学与修辞学的著作中，你会看到这一点。为使人孜孜以求，养成这种良好的道德习惯，我们的先贤告诫我们不要观看鸟或兽的交配过程。依我之见，这也正是禁止牲畜杂交的原因。因为，众所周知，通常情况下，除非靠人的不断撮合，不同种的牲畜是不会在一起交配的。正如你所见，有些放荡之人就是专门干让驴与马杂交生骡子这种行当的。律法不希望以色列人作践自己去干这种行当，一方面因为它粗俗下流，另一方面也因为除非必要，律法认为提到这种事都令人感到恶心，更不用说观看或实际去做了。事实上，让牲畜杂交根本就没有必要。在我看来，禁止让两种牲畜在一起干活的原因似乎就是为了防止给两者造成杂交的机会。我的意思是说，《圣经》里之所以制定“不可并用牛、驴耕地”（《申命记》，第 22 章，第 10 节）这条戒律，原因就在于：若它们在一起干活，就会有杂交的可能。这一点，可从如下事实中找到证据，即这条戒律不只是针对牛和驴，而是普遍适用的：“不论是牛和驴还是其他任何两种牲畜杂交，其性质都是一样的，不过，《圣经》中只谈到了一般情况。”①

与此相反，施行割礼的目的之一，在我看来，是为了降低性交快感，削弱阴茎功能，从而使人减少性交次数，并尽可能处于无欲无念的状态。有些人一直认为施行割礼可以弥补阴茎的先天缺陷。若按照这种说法解释，人们就有可能提出质问：自然之物怎么会是有缺陷的以至于需要人为地加以完善，更何况我们都知道包皮对阴茎来说极为有用？事实上，制定这条戒律的目的

① 《密西那》:《第一道门》，V 7。

并不是说阴茎有先天缺陷需要弥补，而是想借此弥补人道德上的缺陷。施行割礼的真正目的在于让［阴茎］遭受皮肉之苦。它既不会危害人的身体健康，也不会使人的生殖能力丧失，但却能把人超过生殖所需的旺盛的性欲降低。割礼会使人性欲减退，有时还可能降低性交快感，这一点毋庸置疑。因为，若人一生下来阴茎包皮就被割去，他的性能力就肯定会受损。我们的先贤曾明确说过："对于女人来说，要让她离开自己未施割礼的男人真是难乎其难。"依我之见，割礼最主要的目的即在于此。最先接受割礼的人，除了是因贞洁而受人称颂的亚伯拉罕外，还会是谁呢？——这一点先贤们在谈及下面这句话时曾讲过："看，现在我知道你是容貌俊美的妇人。"（《创世记》，第 12 章，第 11 节）

我个人认为割礼还有一个极其重要的目的，就是给凡信奉上帝为唯一的人身上都打上统一的标记，这样，与他们不同类的陌生人就不能擅自声称是他们当中的一员。因为为了欺骗他们或从他们当中渔利，那些陌生人常会干出这种勾当。若不是甘为真信仰献身，没有人愿意让自己或他的儿子受割礼。因为割礼并不像在腿上割一刀或在胳膊上烙一下那么容易。

我们也都知道，具有同一标记并以此标记作为盟约的人们更能互帮互爱。割礼就是我们的先父亚伯拉罕与上帝所订的约。按此约，亚伯拉罕要永远信奉上帝为唯一的神。因此，凡受过割礼的人都要守此约，即必须信奉上帝为唯一的神："我要与你并你世世代代的后裔坚立我的约，作永远的约，是要作你和你后裔的神。"（《创世记》，第 17 章，第 7 节）以此理由来解释割礼，也像第一种解释一样会令人信服，甚至比第一种解释更有说服力。

要使这条律法得以完善和永恒，人就必须从小就接受割礼。之所以这样讲，有三条充分的理由：第一，若在孩子长大后才给他施行割礼，可能他会不愿意接受。第二，人小的时候包皮柔嫩，想象力又差，施行割礼时不会像成年人那样感到特别痛苦，因为成年人想象力丰富，他会在事情发生前就预感到它的可怕从而内心充满恐惧。第三，孩子刚生下来时，父母对他还不是特别疼爱，因为那时孩子招人疼爱的模样还没有给父母留下很深的印象。只有通过与孩子长期接触，父母对孩子的印象才会不断加深，对孩子的爱才会与日俱增；随着时间的推移，孩子在父母心中的印象又会逐渐消失。孩子从婴儿到一岁再到六岁，在这个过程中，父母对孩子的爱是不断加深的。因此，如果允许孩子在两三岁时才施割礼，父亲就会由于对孩子的过分疼爱而无视律法。而在孩子刚生下来时，父母就不太受这种感情的影响。父亲负责给孩子施割礼，所以这一点对他来说更为重要。

要在第八天给婴儿施割礼[①]的原因在于，所有的生命刚出生时都仍像子宫里的胎儿一样十分脆弱。只有在七天以后，它们才能称作这个世界的真正成员——自由地享受阳光、呼吸空气。从《圣经》里可以看出，牲畜也是这种情况："你牛羊头生的，也要这样，七天当跟着母，第八天要归给我。"（《出埃及记》，第 22 章，第 30 节）这就好像说献不满七天的牲畜与献流产的胎儿一样无用。与此相似，给婴儿施行割礼也是在七天以后。割礼的时间就是以此方式固定下来的，无人能对之提出更改。

① 参见《利未记》，第 12 章，第 3 节。

这类戒律也包括禁止阉割雄性动物的律法。[①]这条律法是基于“公义的律例、典章”(《申命记》,第4章,第8节)的原则而制定的,即做任何事都要保持中庸。正如我们所说,人既不应纵欲过度,也不应完全禁欲,因为《圣经》中就说:“要滋生繁多。”(《创世记》,第1章,第22节)因此,我们只能通过割礼使生殖器的能力受损,却不能通过阉割而将其连根铲除。割礼的目的只是为了防止人纵欲过度,人的生殖能力却完全不受影响。律法规定“凡外肾[②]受伤的,或被阉割的”(《申命记》,第23章,第1节)男人不可娶以色列女子为妻,因为在此情况下夫妻同房已失去了其本来的目的与意义。这种婚姻不论对女人,还是对甘愿娶她为妻的男人而言,都是不幸的开始。这一点显而易见。

律法规定,私生子不可娶以色列人的女儿为妻。[③]其目的是防止男女之间发生不正当的性关系,并以此警告人们,若敢行奸淫,其罪孽将使后代蒙受永远也洗刷不掉的耻辱。另外,不论在哪个民族中,私生子在各个方面都受人蔑视;而在律法看来,以色列人高尚无比,所以不容许他们与私生子通婚。

由于祭司品行高尚,律法严禁他们娶妓女、被休的女人或被污的女人为妻。而大祭司是他们当中的最高尚者,所以连寡妇和不是处女的女人也被排除在外。[④]律法这样规定的原因显而易

① 参见《利未记》,第22章,第24节:“或是骟了的,不可献给耶和华。”

② 外肾即男性生殖器。——中译者

③ 参见《申命记》,第23章,第2节。

④ 参见《利未记》,第21章,第13~14节。

见。如果连私生子都不允许加入耶和华的会，[①] 就更不用说男女奴仆了。

以色列人不可与外族人通婚的原因《律法书》中讲得很清楚：“又为你的儿子娶他们的女儿为妻，他们的女儿随从他们的神，就行邪淫，使你的儿子也随从他们的神行邪淫。”（《出埃及记》，第 34 章，第 16 节）

虽然大多数律例的原因还不为我们所知，但它们的根本目的却都是一样的，即为了杜绝偶像崇拜。我之所以不能发现其具体原因和用处所在，是由于百闻不如一见。我就是从萨比教徒的书中学到关于偶像崇拜的知识再多，也无法与亲眼目睹其习俗之人的知识相比，更何况萨比教徒的习俗在两千年前或更早以前就已灭绝。如果我们能知道其习俗的方方面面，对其教义的详细内容也了如指掌，我们就能很容易发现，律法在祭祀方面、不洁之物方面以及其他事情上所作的具体规定中所包含的智慧。而目前对我来说，要了解其缘由，真是难乎其难。不过，毫无疑问，所有这些规定的目的都在于消除人心中的谬见，杜绝一切使人“徒然劳碌”[②] 的无用习俗。那些谬见使人误入歧途，不再进行理智的探索和有益的实践。正如我们的先知所言：“若偏离耶和华去顺从那不能救人的虚神是无益的。”（《撒母耳记上》，第 12 章，第 21 节）耶利米也说：“我们列祖所承受的，不过是虚假，是虚空无益之物。”（《耶利米书》，第 16 章，第 19 节）可见，偶像崇拜造成了极

① 参见《申命记》，第 23 章，第 3 节。

② 参见《以赛亚书》，第 49 章，第 4 节。

其严重的恶果，必须竭尽全力将它连根铲除。正如我们所阐明的那样，大多数戒律的目的正是要消除谬见，将人们从他们在祭拜偶像时被迫承受的负重以及痛苦与劳碌中解放出来。因此，可以这么说，律法中其缘由还不为我们所知的每一条戒律和禁忌都是一剂良药，能治愈人心中的痼疾——至于哪些痼疾，今天我们已不得而知——感谢上帝！对此，凡了解下面这句话的真正含义的完善之人都应深信不疑——我们至高无上的主，耶和华说过："我没有对雅各的后裔说，你们寻求我是徒然的。"（《以赛亚书》，第45章，第19节）

至此，除了极少数我不能给出缘由和一些不太重要的戒律外，我已对十四类戒律逐类逐条进行了考察，并解释了它们的缘由。但就是这些少数的戒律，我们也已含蓄地指出了其缘由，想必聪明的读者都不难发现这一点。

至此，解释所有戒律的缘由的工作就算完成了。

第 50 章

《律法书》中还有一些深奥之处让人感到费解，因此，有必要在这里加以解释。很多人都认为律法中的一些记述是多余的，比如对挪亚的后裔连同其名字及居所的记述，对何利人西珥之后裔的记述以及对以东地诸王的记述，等等。据我们的先贤讲，邪恶的国王马拿什过去就常召开各种卑鄙的会议专门抨击《圣经》中的这些段落。他们说："他高居台上对《圣经》极尽谩骂之能事，说摩西记述'罗坍的妹子是亭纳'之类的事真是闲得没味。"（《创世记》，第 36 章，第 22 节）与我解释戒律的缘由时一样，这里我先要阐明一般原理，然后再给出详细的解释。

要知道，律法中每记述一个故事都自有其必然的目的在里面：要么是为了让人对律法的根本原理有个正确的认识，要么是为了规范人的行为，在社会中消除罪恶和不义。随后我将在具体的事例中阐明这一点。创世说及上帝造人是律法的根本原理之一。上帝最先只造了一个人，即亚当。由于亚当距摩西时代长达两千五百年左右，那时的人如果仅知道上帝造亚当这一点，就立刻会对上帝造人产生怀疑，因为当时人们已散居在世界各地，并形成了不同的部落和语言。要消除这种怀疑，就必须给出各部落的谱系，追述他们由同一祖先繁衍下来的历史。为此，《律法书》

中才详细列举了各部落历史上的名人，并对他们的年纪、父辈及居住地做了记载，才对长期生活在一起且口音相同的人为何会散居到世界各地、说着不同语言的原因做出说明（《创世记》，第1章），并强调同一个人的后裔出现这种状况是很自然的事。

以同样的方式，《律法书》还讲述了发洪水及所多玛与蛾摩拉被毁灭的故事，目的是证明这种见解的正确性，即“义人诚然有善报，在地上果有施行判断的神”（《诗篇》，第58章，第11节）。对九王之战（《创世记》，第14章）的记述是要我们知道：亚伯拉罕率领无王的众人，以少胜多，击败强大的四王，完全靠的是奇迹。同时，也要我们知道亚伯拉罕为救出与他信仰相同的亲戚，是如何地冒着风险，奋不顾身。从中还可看出亚伯拉罕品行高尚，恬淡知足，非常轻财薄利，他说：“凡是你的东西，就是一根线，一根鞋带，我都不拿。”（《创世记》，第14章，第23节）

上帝曾明令以色列人要将亚玛力的名号除灭（《申命记》，第25章，第17~19节）。由于这一诫命，《律法书》才列举了西珥子孙的名字并给出了他们的家谱（《创世记》，第36章，第20~30节），说亚玛力是以利法和亭纳之子，而亭纳是罗坍的妹妹（同上章，第12、22节）。上帝并未让以色列人杀以扫的其他子孙。但由于以扫之子与西珥人的婚约而使人们把以扫与西珥人连在了一起，这一点《圣经》里讲得很明确（同上章，第20节）；所以西珥的族人与国民就都以有势力的以扫子孙自居，他们最喜欢称自己为亚玛力人，因为亚玛力这一族是以扫子孙中最强大的。所以如不详细记述西珥家族的谱系，他们就会全部被误杀，而这正好与上帝的意愿相违。因此之故，《圣经》里才给西珥人的宗族列出清单，并以此表明你今日在西珥地所见的亚玛力国民并非亚玛力人的子孙，而是另外某个人的后裔。他们只是因为亚玛力的母亲属于他们的部族才被称为亚玛力人。由此可见，在灭除另一部落时，上帝仍主持公义，以免使无辜的人被屠杀。因为上帝的旨意只是针对亚玛力的后裔。至于上帝为何要下这道旨令，我们在前面已作过解释（参见第三篇，第 41 章）。

《圣经》里对以东诸王的记述可归因于“不可立你弟兄外的人为王”（《申命记》，第 17 章，第 15 节）这条戒律。因为在以东诸王中，没有一个人是以东人。为此，就需要指出他们每个人从何而来，其宗族和国名如何。在我看来，以东诸王的行径及他们对以扫后裔的残暴统治很有可能已广为人知。因此，提及他们就无异于说：想想你们的兄弟——以扫的后裔以东人的命运，他们就是在外人的统治下遭受厄运。从中人们就可得到教训：立外人为王必使国家或多或少受到损害。

总之，因年代久远，我们现在不光如前面所讲的那样对萨比教徒的信条知之甚少，而且对那时发生的事件也知之不多。只有对萨比教徒及那时发生的事件有所认识，我们才能明了《摩西五经》中所记载的许多事情的来龙去脉。

要知道百闻不如一见，同样的事情让你亲眼目睹与从书上看来是有很大的差别。因为当你亲眼目睹事情的发生时，就会发现其中的很多细节都很重要；如果你怕烦琐，就根本不可能讲述它。有些读者在看书时常觉得其中的记述冗长而又繁琐，但如果他能亲身经历，就会知道，里面所讲的一切都很重要。因此，你一看到《摩西五经》中与戒律无关的记载就认为这些记述多余无用或冗长拖沓，原因在于你从未亲眼目睹，故而才认识不到这些记述的必要性。

记载以色列人在旷野中所行的站口[①]即属此例。初看起来，这种记载毫无用处。为防止人们产生这种错误的看法，《圣经》里说："摩西遵着耶和华的吩咐，记载他们所行的站口。"（《民数记》，第33章，第2节）这些记载确实很有必要。因为奇迹只能使那些亲眼目睹的人信服，而后人在看到有关奇迹的记载时，则极有可能认为它们一点也不真实。我们都知道，奇事不可能永存以让每一代人都亲眼目睹，即使做这样的设想也不可能。以色列人在旷野里跋涉四十年，每日以吗哪为食，这是律法中所讲的最大的奇迹之一。因为从《圣经》中可以看出，那里"有火蛇、蝎子，是干旱无水之地"（《申命记》，第8章，第15节）；也远离村庄，不宜人居："不好撒种，也没有无花果树、葡萄树、石榴树，又没有水喝"（《民数记》，第20章，第5节）；且"无人经过，无人居住"（《耶利米书》，第2章，第6节）。《圣经》里还说："你们没有吃饼，也没有喝清酒、浓酒。"（《申命记》，第29章，第6节）这些奇事在当时人们都是有目共睹的。但上帝早就预料到：就像不信传说一样，后人也会对这些奇事产生怀疑。他们会说，以色列人逗留的旷野并非远离阡陌，不宜人居，现今的阿拉伯人不就生活在沙漠上；或说他们逗留之地同样可以播种收获，同样有人赖以为食的植物；或说那地降吗哪是一种自然现象；或说那里雨水也很充足。

① 参见《民数记》，第33章。

为消除这些怀疑，确保对奇事记述的准确性，《圣经》中才逐一列出了以色列人所行的站口，这样，就会使后人如身临其境，体会到人在旷野中逗留四十年是多么的不同寻常！基于同样的理由，约书亚诅咒那重修"耶利哥城"的人（《约书亚记》，第 6 章，第 26 节），目的是让奇事的遗迹永远保存。这样，不论谁看到倒塌的城墙，都会明白这绝非人力所为，而是奇迹作用的结果。

"以色列人遵耶和华的吩咐起行，也遵耶和华的吩咐安营。"（《民数记》，第 9 章，第 20 节）同样，只记述这一点也许就足够了，初读《圣经》的人就以为就此所展开的其他记述似乎都属多余——我意指《圣经》里所讲的："云彩在帐幕上停留许多日子，以色列人就按耶和华的吩咐不起行。有时云彩在帐幕上几天，他们就照耶和华的吩咐住营，也照耶和华的吩咐不住营。有时从晚上到早晨，有这云彩在帐幕上，早晨云彩收上去，他们就起行。云彩停留在帐幕上，无论是两天，是一月，是一年，以色列人就住营不起行"，等等（《民数记》，第 9 章，第 19~22 节）。现在就让我来告诉你《圣经》中记述得如此详细的目的。其目的就是要进一步证实以色列人按耶和华的吩咐起行和安营并驳斥从古至今在各民族中所流行的谬见，即以色列人迷了路，不知所往——"以色列人在地中绕迷了；旷野把他们困住了"（《出埃及记》，第 14 章，第 3 节）。直到现在，阿拉伯人都认为以色列人迷了路，不知所往，所以他们把"沙漠"一词当作"迷途"的代用词。为此，《圣经》中详细说明并证实了这一事实，即以色列人的路途虽然迂回曲折，反反复复，在每一站口逗留的时间都各不相同——在有的站口待十八年，在有的站口只待一天或一夜，但这一切都是

上帝的旨意使然；他们不是迷了路，而是听从升起的云柱指引。[①]故此，才要记述得如此详细。《圣经》里明确指出这段路又近又好走，且不会迷途——我意指从何烈山启行前往加低斯巴尼亚的路程。上帝吩咐“你们必在这山上侍奉我”(《出埃及记》，第3章，第12节)，可见他们是有意前往何烈山的。到了加低斯巴尼亚，阡陌就旋即在望了，因为《圣经》里说：“如今我们在你边界上的城加低斯。”(《民数记》，第20章，第16节)走这段路程只需十一天的时间——《圣经》里说：“从何烈山经过西珥山，到加低斯巴尼亚，有十一天的路程。”(《申命记》，第1章，第2节)可见，这样的路程人根本不可能走错以致花四十年的时间。为此，《圣经》里才讲述了延误的原因。

以此类推，凡我们不知其目的的记述都自有其充分的理由。借用我们先贤的话来讲，就是“这不是虚空与你们无关的事”(《申命记》，32章，第47节)，如果说它们虚空无用，错误只能在你。

① 参见《民数记》，第9章，第17节。

第 51 章

这章的内容不超过本书前面各章所讲的范围。所不同的是，本章是结论性的。同时，还要对人们，即那些由于认识了上帝的本质而对上帝独有的真正实在有所领会的人如何敬拜上帝作出解释，并为他们的敬拜指明方向，以帮助他们实现人生这一最高目的。最后要说明，他们获得永生前在现世是如何受到上帝保佑的。

现在我要以一则我所编的寓言开始本章的论述。这则寓言的内容如下：说有位国王住在王宫里，而其臣民则部分住在城里，部分住在城外。城里人当中，有些人是背朝王宫，面向别处；有些人则孜孜以求，试图进入王宫朝见国王，但至今他们连宫墙也未看见。想进宫的人当中，也有些已到了王宫，却因找不到门而在其四周徘徊；有些虽进了王宫，却只能在其前厅来回走动；而那些已进入内厅，与国王同处一室的人，并不能见到国王或向他启奏，因为他们进入内厅后，还须再作努力。之后，他们才能从远处或近处看见国王，听他下旨或向他启奏。

现在就让我来解释一下这则寓言：住在城外的人就是那些没有宗教信仰的人，他们既没有自己玄思的信仰，也不接受世代相传的信仰。在这些人当中，有住在北方离我们最远的土耳其人，有住在南方的黑人，也有与他们相似却与我们住在一起的人。在我看来，这些人与野兽无异，根本不配称人；不过，与猿猴相比，他们还要略高一等，因为他们好歹还有人的身形且其分辨能力也在猿猴之上。

住在城里却背朝王宫的人是那些有信仰、善思想却误入歧途的人。他们要么是因自己的玄思，要么是受传统偏见的影响而滑入错误的泥潭。如果他们就这样坚持谬见，一意孤行，将会离王宫愈来愈远。与城外人相比，他们还要可恶得多，因为他们还会使其他人陷入歧途。因此，在必要时，就须将他们连同其习俗和见解一道连根铲除。

那些一直想进王宫却还从未见过王宫的人就是律法的绝大多数随众。他们严守戒律，却又浅陋无知。

那些见到王宫却在其四周徘徊的人是一些律法学家。他们相信世代相传的正确见解，专门研究与敬拜上帝的习俗有关的律法，但却从不对其基本原理进行反思，也不试图对其信仰进行论证。

沉浸于对宗教基本原理进行反思的人，就已进入了前厅。毫无疑问，就是这样的人也分不同的级别。另有些人则不但对可以论证的都加以论证，而且把能获得的有关上帝的真知都集于一身。他们一旦找到真理的大道，就不懈向前，与真理比邻。最终，他们如愿以偿，进入国王居住的内厅。

要知道，我的孩子，只要你仍钻研数学和逻辑，你就属于那在王宫外徘徊寻求门径的人之列。正如我们的先贤所讲："本·察玛（Ben Zoma）仍在门外"——这句话同样是一种比喻。不过，当你掌握了物理学，你就已经进入了王宫的前厅；如果你再能掌握自然哲学和神学，你就可以进入内厅，与国王同处一室。这种有学问人的不同级别标志着他们各有不同的完善程度。

有些人在神学上已得完善；之后，便排除一切杂念，一门心思侍奉上帝。他们用全部心智研究万物，试图从中找到上帝存在的证据并了解上帝统治万物的可能方式。这些人是朝中的大臣，也就是我们所说的先知。在他们当中，有一个人悟性极高，且对上帝忠心耿耿，以至于得到了如此厚待——可以在圣地向上帝提问作答，或与其交谈，正如《圣经》里所说："他在耶和华那里四十昼夜。"（《出埃及记》，第 34 章，第 28 节）他为得到圣训而欢欣鼓舞，故"不吃饭，也不喝水"（同上）——因为他智能超群以至于没有了肉体上的粗鄙需要，特别是没有了食欲。而一些先知则只能从远处或近处看见上帝，正如一位先知所讲："从远方耶和华向我显现。"（《耶利米书》，第 31 章，第 3 节）至此，我们已讨论了先知的不同级别。现在我们就言归正传，来劝诫那些已认识上帝的人，要一心一意地敬拜上帝。这种敬拜是那些认识了真正实在的人所独有的。他们越是默念上帝，与上帝同在，其崇拜之情就越是强烈。

有些人也思念上帝，经常说起上帝的名，但却没有真正认识上帝，而是凭想象或按别人的说教信仰上帝。在我看来，这些人与处在宫外且离宫很远的人无异。他们所思念、所说起的并不是真正的上帝。因为他们心里想的、口上说的并没有任何存在物与之对应，而完全是他们臆造的结果，这一点我们在讨论神性时已作了说明。[①] 只有领悟了上帝的真观念才能谈得上对上帝的真正

① 参见第一篇，第 50 章。

敬拜。所以，你首先要通过理智的探索去掌握有关上帝及其作为的真知；此后，才应把自己完全奉献给上帝，努力去接近他，并使你与他之间的理智联系变得牢不可破。《圣经》里就讲："这是显给你看，要使你知道，唯有耶和华是神，除他以外，再无别神"（《申命记》，第4章，第35节）；"今日你要知道，也要记在心上，天上地下唯有耶和华是神，除他以外，再无别神"（同上章，第39节）；"你们当晓得耶和华是神"（《诗篇》，第100章，第3节）。律法中明确指出，最好的敬拜（也就是我们本章所讨论的敬拜）必须建立在对上帝的真正认识上——"爱耶和华你们的神，尽心尽性侍奉他"（《申命记》，第11章，第13节）。前面我们就多次讲过[①]：认识愈多，爱就愈深。对于敬拜上帝之前先要爱上帝这一点，我们的先贤也早已注意到了。他们说："这种敬拜是发自内心的。"照我的理解，这句话意即人应致力于第一理智的认识，同时要对它竭尽所能，全心全意。因此，你会发现，大卫劝诫其子所罗门要果敢地去做两件事，即全力去认识上帝，之后再尽心去侍奉上帝。他说："我儿所罗门哪，你当认识耶和华你父的神，诚心乐意地侍奉他；……你若寻求他，他必使你寻见；你若离弃他，他必永远丢弃你。"（《历代志上》，第28章，第9节）其中所讲的认识是通过理智而不是想象完成的，因为想象出来的东西并不能称为"知识"，它只是"你们所起的心意"（《以西结书》，第20章，第32节）。由此可见，人的目的就是：在认识上帝之后，全心全意侍奉他，并将对上帝的永恒渴念与理智认识融为一体。一般而言，人

① 参见第一篇，第39章及第三篇，第28章。

只有在隐居和独处的条件下才能实现这一点。所以，虔敬的人常要与世隔绝，万不得已时才与人交往。

附释。我们与上帝建立联系的纽带是从上帝那里流溢而出并涌向我们的理智，这一点我已向你讲得很清楚。[①]你是想加强还是削弱乃至割断这种联系，由你自作决定，并且都能如愿以偿。正如我们所解释的那样，你只有在爱上帝和寻觅这种爱的过程中运用该理智，它才会变得更强。如果你心有别想，它就会衰弱乃至消失。要知道，即使你在神学方面很有造诣，一旦你把心思全用在人所必需的衣食住行及其他事务上，你和上帝之间的纽带就会被割断。你不与上帝同在，上帝也不与你同在。因为这时上帝与你的联系实际上已经中断。因此之故。虔敬之人很反感因别的事情而中断自己对上帝的沉思，并提出警告说："你要一刻不停地想着上帝。"大卫也讲过："我将耶和华常摆在我面前，因他在我右边，我便不至摇动"（《诗篇》，第16章，第8节），其意即：我无时无刻不想着上帝，他就像我的右手，即使不动时我也不会忘记，这样我才不至于摇晃、跌倒。

要知道，所有的敬拜仪式，诸如诵经、祈祷以及其他一些教规等，目的只有一个，就是让人凝神聆听上帝的训导，并摆脱一切尘世的烦扰。因为由此你才会与上帝沟通，且不为俗事所扰。但如果你在面壁祈祷时用心不专，装模作样，视履行教规如在地上挖坑或在林中伐木一般，一点也不去想敬拜的含义、目的以及制定教规的上帝，就不能说你已达到了目的。相反，你与《圣经》

① 参见第二篇，第12章及第37章。

里所讲的这些人无异:"他们的口是与你相近,心却与你远离。"(《耶利米书》,第12章,第2节)

接下来我要向你谈谈通过什么方法训练自己才能实现这一目的。你务必做的第一件事是:在背诵《经训》和祷文时要全神贯注,并且应善始善终——不能凭借一时的喜好去背诵《经训》第一行或第一段祷文。在你坚持数载,已能成功地做到这一点时,再在读经或听经的过程中把全部心思都尽量放在对其内容的理解上。如此坚持训练上一段时间,再专心致志地去读先知的其他著作,乃至全部祷文,也要把精力放在对其内容及意义的理解上。不过,如果你在敬拜活动中已能一心不二,抛开一切日常事务的干扰,之后,就要训练自己在吃饭,喝水,洗澡,与妻子、孩子或别人交谈时去想生活中必做的或闲杂的事情,即一切世俗的事情。我想,人在一天中时间很多,已足够你去考虑钱财、家务或健康方面的事。但当你参加律法所规定的敬拜仪式时,就必须对你目前所做的专心致志,不得有一丝杂念。如果你独自一人躺在床上闭目养神,你就应该把这段珍贵的时间全用在对理智敬拜的沉思上,即以我已向你表明的那种方式,而不是借助虚幻的感情去接近上帝、服侍上帝。依我之见,通过这种训练,有学识的人就能获得最高完善,使其灵魂的境界提升到应有的高度。

当我们已获得有关上帝的真知并为此而不胜欣喜,以至于与人交谈,或坐卧行走时都一直念着上帝;当我们即使在人群中,心也依然系着上帝。《雅歌》以诗意的语言描述了人与上帝的关系:"我身睡卧,我心却醒。这是我良人的声音。"(《雅歌》,第5章,第2节)当我们处于这种状态时,就不仅超出了一般先知的境界，而且也达到了我们的先师摩西的境界。关于摩西，正如《圣经》里所说：“唯独摩西可以亲近耶和华，他们却不可亲近”（《出埃及记》，第 24 章，第 2 节）；“摩西在耶和华那里”（同上书，第 34 章，第 28 节）；“至于你，可以站在我这里”（《申命记》，第 5 章，第 31 节）。这几段话的含义，我们已作过解释。[①] 我们的三祖先同样也达到了这种境界。正是他们对上帝的亲近，才使上帝的名传遍世界，因此在《圣经》里我们可以看到：“耶和华你们祖宗的神，雅各的神……耶和华是我的名，直到永远。”（《出埃及记》，第 3 章，第 15 节）由于他们的理智在对上帝的认识上是一致的，致使上帝与他们每个人都立了约：“我就要记念我与雅各立的约，与以撒立的约，与亚伯拉罕立的约。”（《利未记》，第 26 章，第 42 节）从《圣经》里可以看出，这四人——三位祖先与摩西，都只念上帝的名，即心中都怀有对上帝的真知及爱，且他们及他们的子孙都受到上帝同等的保佑。他们也管理民众，增加财富，追求荣誉，但在我看来，这正好表明他们只是身有所行，心却始终不离上帝。我认为，这四人在上帝眼里是极其完善的，且终其一生都受到上帝的保佑，即使在他们增加财富——我意指喂养牲畜、耕种田地、管理家务时也不例外，因为他们所做的这一切都只是为了尽可能地靠近上帝。他们一生都在努力创建宗教团体以使人们认识上帝、敬拜上帝：“我眷顾他，为要叫他吩咐他的众子和他的眷属遵守我的道，秉公行义。”（《创世记》，第 18 章，第 19 节）由此可见，他们劳碌一生的目的就是要把上帝是世上唯一的神这条

① 参见第一篇，第 13 章及第二篇，第 32 章和第三篇，第 51 章。

教义昭示天下，并引导人们敬爱我们至高无上的主——上帝。因此他们才如此完善，因为他们就是从事世俗事务也纯粹是为了敬拜上帝。像我这样的人虽达到了一定程度的完善却不能自以为是，认为自己有能力引导人们走向这种完善。但一个人却可以通过我们所讲的训练方法来获得此前提到的那种完善。就让我们向上帝祷告吧！祈求他把我们走向他时所遇到的所有障碍都一扫而空，即使那些人为的障碍也不例外。这一点，我们在本书中已讲过多次，《圣经》里说："你们的罪孽使你们与神隔绝。"（《以赛亚书》，第59章，第2节）

现在我突然有了一种很好的想法，借此，就可消除人们的很多怀疑并揭开上帝的各种奥秘。在有关神佑的章节里我们已解释过，上帝赐予人的保佑是与人的理智程度成比例的。那些拥有对上帝的完善认识且无时不念着上帝的人，总是要受到上帝的保佑。而那些虽拥有对上帝的完善认识，却不时分心分神，脱离上帝的人则只在他们默念上帝时受到保佑；每当他们心有别想，上帝就会收回对他们的保佑。但这种收回不同于将保佑从从来没有理智认识的人那里的收回。在此情况下，上帝的保佑只是在程度上减弱了，因为一个拥有对上帝的完善认识却忙于他事的人并不具备现实的理智，只具备可以转化为现实的潜在理智。这时，他就像一个抄写很熟练却不动笔的文书。对上帝根本没有理智认识的人，打个比方，就是处在黑暗之中，从未见过光明的人——"使恶人在黑暗中寂然不动"（《撒母耳记上》，第2章，第9节）的含义就是如此；对上帝有真正认识也很虔诚的人就是生活里充满阳光的人；而对上帝有真正认识却不时分心分神的人则是日子

里布满阴云的人——他之所以享受不到阳光就是由于阴云的阻隔。因此，在我看来，所有的先知以及那些杰出而又完善的人之所以遭受厄运，就是由于他们在那时分心分神，远离上帝。他们分心的时间越长或所做的事越邪恶，遭受的不幸就越甚。果真如此的话，就可消除哲学家对上帝保佑人类所产生的怀疑，并推翻他们根据虔诚的好人也要遭逢不幸这一点得出的人与兽无异且都无依无靠的断言。由此，就是从哲学家自己的见解出发，我们也可对虔诚的好人却要遭逢不幸这一事实作出完满的解释：他们认为，既然上帝准备把理智流向努力想获得这种理智的人，他就应该一直保佑已获得这种理智的人。不错，如果一个人能摆脱日常琐事，专注于对上帝的正确认识并为获得这种认识而欢欣鼓舞，那么他就不会遭受任何不幸。因为他心中惦记着上帝，上帝也会惦记着他。但若他抛弃了上帝，与上帝脱离，上帝也会脱离他，结果，他就要遭受各种意想不到的灾难。因为人只有通过与上帝的理智联系才能得到上帝的保佑并免除一切灾难。所以，发生这种情况——完善的人有时会遭受不幸，而不完善的人却平安幸福——一点也不足为奇。发生在他们身上的一切都难以预测。我发现律法中对此已讲得很清楚："我掩面不顾他们，以致他们被吞灭，并有许多的祸患灾难临到他们。那日他们必说：'这些祸患临到我们，岂不是因我们的神不在我们中间吗？'"（《申命记》，第31章，第17节）很显然，上帝之所以掩面不顾我们，与我们相离，全是我们自作自受的结果，正如《圣经》里所说："因他们偏向别神所行的一切恶，我必定掩面不顾他们。"（同上章，第18节）无疑，不论是个人还是团体，在这一点上都是一样的。由此

可见，人之被抛入偶然，像禽兽一样被任意吞灭的原因就在于他离弃了上帝。如果他心里装有上帝，一切灾难就不可能发生。因为上帝曾说："你不要害怕，因为我与你同在；不要惊惶，因为我是你的神"（《以赛亚书》，第41章，第10节）；"你从水中经过，我必与你同在；你趟过江河，水必不漫过你；你从火中行过，必不被烧"（同上书，第43章，第2节）。凡诚心诚意致使上帝理智向他流溢的人，就会得到上帝的保佑从而免遭一切不幸。《圣经》里说："有耶和华帮助我，我必不惧怕，人能把我怎么样呢？"（《诗篇》，第118章，第6节）"你要认识神，就得平安，福气也必临到你。"（《约伯记》，第22章，第21节）一句话，就是只要你皈依上帝，就会无灾无难。

想一想《诗篇》中对灾难的描述，你就会发现身体上的不幸、一般人和个别人的不幸以及天灾人祸，通过上帝的保佑都可以免除。《圣经》里说："他必救你脱离捕鸟人的网罗和毒害的瘟疫。他必用自己的翎毛遮蔽你，你要投靠在他的翅膀底下。他的诚实是大小的盾牌。你必不怕黑夜的惊骇，或是白日飞的箭；也不怕黑夜行的瘟疫，或是午间灭人的毒病。"（《诗篇》，第91章，第3~6节）《诗篇》中还描述了上帝如何使人脱离人为的灾祸，说：如果你在途中遇上了乱军，他们手持利剑，相互残杀；虽然你周围已是尸体遍地，血流成河，但你却会安然无恙。上帝保你平安，却使恶人遭杀戮——他的秉公仗义、嫉恶如仇，由此可见一斑。《圣经》里说："虽有千人仆倒在你旁边，万人仆倒在你右边，这灾却不得临近你，你唯亲眼观看，见恶人遭报。"（同上章，第7~8节）此后，《诗篇》中仍继续描述上帝对人的保护，并对上帝保护人的原因做了说明，说人之受到上帝的保佑是“因为他专心爱我，我就要搭救他；因为他知道我的名，我就要把他安置在高处”（同上章，第 14 节）。在前面几章里，我们已解释过，“知道上帝的名”意思就是已认识了上帝。所以，上面引用的话就等于说：我保佑这人是因为他认识我、贞爱我。你知道，在希伯来语中，“爱”与“贞爱”两个词是有区别的。如果用“贞爱”一词就说明一个人对其所爱非常忠诚、专一。

哲学家们解释说，人年轻时体力旺盛，对他的道德发展很不利，在这时要使其思想纯洁尤其困难。人的心智直接导致他对上帝贞爱，而人只有不断完善其心智，思想的纯洁才有可能。人在年轻体壮、血气方刚时，要做到这一点是不可能的。只有当人体力下降、火气消减时，人的悟性才会相应地增强，其理智之光才会变亮。这时，他的知识会愈益纯粹，而他本人也乐在其中。完善之人年事已高、接近死亡时，他不但知识丰富，而且因拥有知识而快乐无比，这时他对上帝的爱也更浓更深。正是在他极度快乐时，他的灵魂才与肉体分离。因此之故，我们的先贤在谈到摩西、亚伦及米利暗之死时，说他们三人都死于上帝之吻。他们说，摩西死于上帝之吻可从下面这句话中看出：“耶和华的仆人摩西死在摩押地，正如耶和华所说的。”（《申命记》，第 34 章，第 5 节）同样，关于亚伦之死，《圣经》里也说：“祭司亚伦遵着耶和华的吩咐上何珥山，就死在那里。”（《民数记》，第 33 章，第 38 节）至于米利暗，他们说她也是死于一吻，但却没有说是“借上帝之吻”（借上帝之口），原因在于米利暗是女人，用这种比喻的说法对她并不合适。他们这样说的目的是要表明这三人都是在极度快乐中

死去的，而其快乐的来源是对上帝的认识和炽热的贞爱。当我们的先贤把在贞爱中对上帝的认识形象地比喻为与上帝接吻，他们是借用了《圣经》里的一种诗意表达：“愿他用口与我亲嘴，因你的爱情比酒更美。”（《雅歌》，第1章，第2节）我们的先贤说这种死亡实质上是一种超生，但也只有摩西、亚伦与米利暗的死是如此。别的先知和虔敬之人虽次一级，但当他们接近死亡时，其对上帝的认识也会更加坚固，正如《圣经》里所说：“你的公义必在你前面行；耶和华的荣光必作你的后盾。”（《以赛亚书》，第58章，第8节）由于不时遮蔽这些人的屏障已被去除，他们的理智达到顶峰后，就会恒定如一。他们将永久地处在一种极度的快乐中。这种快乐绝非肉体的快乐——在这一点上，我们与前人的看法是一致的。

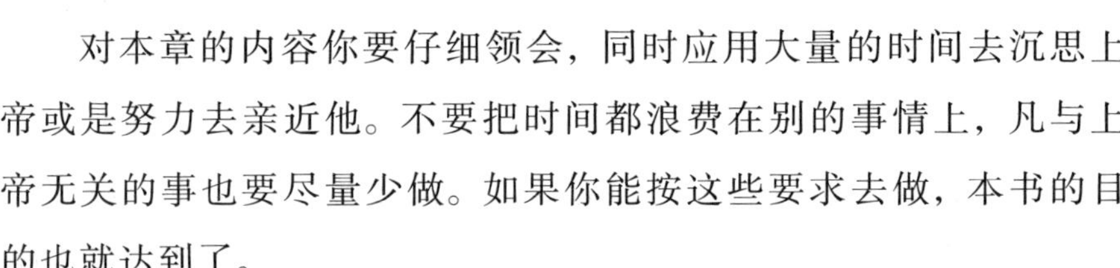

对本章的内容你要仔细领会，同时应用大量的时间去沉思上帝或是努力去亲近他。不要把时间都浪费在别的事情上，凡与上帝无关的事也要尽量少做。如果你能按这些要求去做，本书的目的也就达到了。

第 52 章

人独处时的一举一动、所思所想与他在一位帝王面前的一举一动、所思所想是不一样的；同样，人在亲朋好友面前的言谈举止与他参加皇家会议时的也不一样。所以，人如果想达于至善，成为上帝的真正臣民，就必须清醒地认识到，这位忠实于他、始终与他相伴相随的大帝就是自上帝流向我们的理智，即我们与至高无上的主——上帝之间的纽带。我们是通过上帝向我们发出的光来认识他的："因为在你那里有生命的源头，在你的光中，我们必得见光。"（《诗篇》，第 36 章，第 9 节）上帝也是通过这种光来检验我们的；因了这种光，至高无上的主就会与我们永远同在，并时刻从高处关注着我们："人岂能在隐密处藏身，使我看不见他呢？"（《耶利米书》，第 23 章，第 24 节）对此，你应特别予以重视。要知道，完善之人如能领会到这一点，他就会变得非常谦卑、虔诚，就会从内心里而不是装模作样地敬畏上帝，他在洗澡或与妻子相处时的表现就会与在大庭广众之中的表现相一致。我们绝大多数有名望的先知已做到了这一点，他们就是在与妻子做爱时也表现得非常谦逊："在外什么样，回家也什么样。"（巴比伦《塔木德》:《誓约》，20a~b）他们还说："谦虚的人是谁？就是那昼与夜表现如一的人。"（巴比伦《塔木德》:《祝福式》，62a）你知道，他

们曾警告我们走路时不要太神气，因为："万军之耶和华，他的荣光充满全地。"（《以赛亚书》，第6章，第3节）这样要求的目的就是要在人心中牢固地树立起我前面提到的那种观念，即：我们始终在上帝面前，即使在我们来回走动时他的荣光也不离开我们。我们的先贤当中，有些人很伟大，他们不愿暴露自己的头部，因为有上帝的荣光在上面环绕；由于同样的原因，他们也寡言少语。在对《先贤篇》所作的评论（参见第一篇第17章）中，我们已解释了限制我们说话的原因："因为，神在天上，你在地下，所以你的言语要寡少。"（《传道书》，第5章，第2节）

这里，我要求你予以注意的目的就是律法所规定的一切行为的目的。因为只有严守律法的规定并持之以恒，极少数虔敬之人才会达到人的完善——敬畏上帝、了解上帝的本质，知道上帝与他们同在，并自始至终履行自己的责任。我们至高无上的主明确宣布，全部律法所规定的行为，其目的就是叫人敬畏上帝，听从上帝的吩咐。在本章中，我们已为那些想认清真理的人证明了这一点。《圣经》里说："这书上所写的一切话，是叫你敬畏耶和华你神可荣可畏的名。"（《申命记》，第28章，第58节）这句话讲得多么清楚——"所写律法的一切话"的唯一目的就是叫你敬畏"可荣可畏的名"！从"你若不谨守遵行"（同上）这句话中还可看出，这种目的只有通过行动才能实现。因为里面讲得很明白，人只有按上帝的劝诫和禁令去做，他在心中才会对上帝产生敬畏。律法教给我们明白上帝存在且为唯一的真理，是要我们学会去爱，这我们已讲过多次。律法中对爱的强调程度，你是知道的："要尽心、尽性、尽力。"（《申命记》，第6章，第5节）爱上帝与敬畏上

帝，这两种目的要通过不同的途径实现：人只有通过学习律法所教导的真理，包括上帝存在的真理，他才能学会爱上帝；人只有严格遵从律法的规定，他才能对上帝产生敬畏。请仔细体会这一点。

第 53 章

本章将对我们发现有必要加以解释的三个词语的含义作出解释。这三个词即:“*ḥesed*”(慈爱),“*mishpat*”(明断)和“*ṣedaqah*”(公义)。

在评论《先贤篇》时,我们已解释过“*ḥesed*”一词的含义。该词指的是某一道德品质的过度,尤其用来指极度的慈善。我们知道,善行有两方面的表现:一是向那些无权要求你行善的人行善;二是向那些值得你行善的人行善,但所行的善比他们应受的要多。在先知的著作中,他们常常是在第一种含义上运用“*ḥesed*”一词的。所以,凡上帝所行的善都被称为慈爱:“我要照耶和华一切所赐给我们的,提起他的慈爱和美德。”(《以赛亚书》,第 63 章,第 7 节)因此之故,作为整体的实在——我意指上帝所创造的世界——被说成是上帝的慈爱所致。“你的慈悲必建立世界”(《诗篇》,第 89 章,第 2 节),其意即创造世界是上帝的慈善之举。我们至高无上的主在列举他的品性时,也说他“有丰盛的慈爱”(《出埃及记》,第 34 章,第 6 节)。

“*ṣedaqah*”一词由“*ṣedeq*”转化而来,意即“公义”或“义”,就是把人所应得之物给予人或根据人之所需发慈发悲。不过,在先知的著作中,按该词的第一种含义尽你应尽的责任并不能称为公义，因为给雇工付工资或欠债还债不是义举。只有你出于良知而对别人尽心尽力的行为，例如救死扶伤之类的事，才能称为义举。所以，在谈到归还穷人的当头时，《圣经》里说："日落的时候，总要把当头还他，使他用那件衣服盖着睡觉，他就为你祝福，这在耶和华你神面前就是你的义了。"[①] 当你与人为善，你就对你的理智灵魂行了义事，把它所应得还给了它。由于人的美德都可称为公义，所以，《圣经》里也用该词指信仰上帝的美德："亚伯兰信仰耶和华，耶和华就以此为他的义"（《创世记》，第 15 章，第 6 节）；还有"我们若照耶和华我们神所吩咐的一切诫命，谨守遵行，这就是我们的义了"（《申命记》，第 6 章，第 25 节）。

"*mishpat*"一词意指"审判"，就是依据正义对人的行为作出赏罚分明的裁决。

现在，我们可以总结如下："*ḥesed*"意指纯粹的善行；"*ṣedaqah*"表明人出于良知并为完善自己的灵魂而履行责任；"*mishpat*"从其结果看则有时是施惠，有时是惩罚。

在驳斥有关神性的错误看法时，我们已解释过，《圣经》里所讲的神性都是就上帝的行为而言[②]：说上帝慈爱（*ḥesed*），是因为他创造了世界；说上帝公义（*ṣaddiq*），是因为他同情弱者，使任何生物都适得其所；说上帝明断（*mishpat*），是因为善有善报、恶有恶报是他智慧的必然结果。在《摩西五经》中，这三个词都被用过："审判（judge）全地的主岂不行公义吗？"（《创世记》，第

① 《申命记》，第 24 章，第 13 节。原文只引用了最后一句话，这里全部引出以便于读者理解。——中译者

② 参见第一篇，第 53、54 章。

18 章，第 25 节）“他所行的无不公平，是诚实无伪的神，又公义（righteous），又正直。”（《申命记》，第 32 章，第 4 节）“有丰盛的慈爱（loving-kindness）。”（《出埃及记》，第 34 章，第 6 节）

对这三个词的含义加以剖析，目的是为读者理解下一章作好铺垫。

第 54 章

在希伯来语中，“*ḥokhmah*”（智慧）一词有四种含义：一是指使人能认识上帝的真知。例如：“然而，智慧有何处可寻？”（《约伯记》，第 28 章，第 12 节）“寻找它，如寻找银子。”（《箴言》，第 2 章，第 4 节）这种用法很常见。二是指手艺知识。例如：“你们中间凡心里有智慧的”（《出埃及记》，第 35 章，第 10 节）；“凡心中有智慧的妇女亲手纺线”（同上章，第 25 节）。三是指道德知识。例如：“将智慧教导他的长老”（《诗篇》，第 105 章，第 22 节）；“年老的有智慧”（《约伯记》，第 12 章，第 12 节）——之所以这样讲是因为人在年老时才乐于修身养性。四是指智谋与狡计。例如：“来吧，我们不如用巧计（即智慧）待他们”（《出埃及记》，第 1 章，第 10 节）；“从那里叫了一个聪明的妇人来”（《撒母耳记下》，第 14 章，第 2 节）；“他死，且是无智慧而死”（《耶利米书》，第 4 章，第 21 节）。在希伯来语中，“智慧”一词很可能就指人施展计谋的才能。利用这种才能，人既可以使自己智高德满，也可以使自己技艺娴熟或作恶多端。所以，不但才智出众、道德高尚、心灵手巧的人可以称为是有智慧的，诡计多端、十恶不赦的人也可以称为是有智慧的。按照这种解释，说精通全部律法的人是有智慧的就有双重含义：一是由于律法教授他最高真理；二是由于律

法教授他高尚品德。但由于律法中所包含的真理都是代代相传而为人接受，并没有经过哲学上的证明，所以在先知书和先贤遗训中，掌握律法知识还不等于获得了真正的智慧。真正的智慧还需对传统的律法真理作出证明。当《圣经》里极力颂扬智慧，说它奇异无比，只有少数人才能获得——“尊贵的不都有智慧”（《约伯记》，第32章，第9节），“然而，智慧有何处可寻”（同上书，第28章，第12节）时，它所谈的正是这种能证明律法真理的智慧。在先贤遗训中，也常能见到对律法知识和智慧所作的区分。他们在谈及我们的先师摩西时说：他在智慧、律法知识及预言方面都是开山鼻祖。提及所罗门，《圣经》里说：“他的智慧胜过一切人”（《列王纪上》，第4章，第31节）；我们的先贤又补充说：“但不及摩西”。因为这里的“一切人”指的只是与所罗门同时代的人——“玛曷的儿子希幔、甲各、达大”（同上）。我们的先贤说：人首先要掌握律法知识，其次要获得智慧，最后才应知晓从律法中必然得出的道德教训。同样也可以说：人必须首先继承传统的真理，之后应学会证明它们，最后才应确定什么行为可使我们的生活变得高尚。人应按上述次序对这三件事一一给出说明——先贤的这种见解可从下面这段话中看出：“当人受到审判，首先要回答：‘你是否有固定的时间研习《律法书》？你是否对智慧孜孜以求？你是否能由此及彼进行推理？’”由此可见，律法知识和智慧在先贤那里是不同的，后者是运用正确的推理对律法中的见解进行证明。在作过上述分析后，下面我要陈述一下自己的看法：

古今的哲学家都已表明，人能获得四种完善。第一种是最低级的，即人在财产方面的完善。人终其一生都在为财产操心。人的财产包括：钱、衣服、家具、佣人、土地等。人之成为帝王也属这方面的完善。人的占有物与人本身并无任何关系。当人说这是我的房子、这是我的仆人、这是我的钱财、这是我的士卒时，他会感到无比荣耀并由此而臆想出这种关系。因为人只要反思一下就会明白：所有这些东西对人都是外在的，其性质也不以占有者的意愿为转移。所以，一旦中止这种占有关系，那成为帝王的人就会发现他一夜之间已沦为贱民，而他的占有物却没有丝毫改变。哲学家们解释说若人一生只追求这种完善，他所追求的就只不过是虚幻与短暂之物；即使这些占有物伴他一生，他也决不会因此获得自身的完善。

与第一种完善相比，第二种完善与人身体的关系更为密切。它包括人在身材和体质上的完善。人性情平和、四肢强壮、动作协调即属这种完善。这种完善同样不是我们所应追求的目标，因为作为身体上的完善，它只能体现出人的生物性，而不能体现出人之为人的本质——因为这种完善人能具备，卑贱的动物也能具备；人再强壮，也比不过一头骡子，更不用说狮子与大象了。正如我们所说，这种完善的目的在于搬运重物、折断硬骨以及做与此类似的事。它对身体并无大的用处，对灵魂的用处更无从谈起。

与第二种完善相比，第三种完善更接近人自身的完善。它是人在道德上的完善。人养成良好的道德习惯，具备极优秀的道德品质即属这种完善。多数戒律的目的就是要达到这种完善，但就是这种完善也只是为另一种完善做准备，其本身并不是最终目的。因为所有的道德习惯都和人与人之间发生的事有关。人良好的道德习惯其实只不过是对众人有用的一种东西，因此它是一种为别人服务的工具。因为只要设想一下一个人离群索居、独自生活的情景，你就会发现他所具备的一切优秀的道德品质就都是无用的、不必要的，从而他自身也无任何完善可言。只有在与别人接触时，人优秀的道德品质才是必要的和有用的。

第四种完善是人的真正完善，是人对最高理智能力的拥有——我意指人拥有清楚明白的概念并以此学到有关上帝的真正见解。这种完善才是人所应追求的最终目的。它使人得到真正的完善，即人在独处时也仍具备的完善，它使人不朽，人之为人的本质也正在于此。如果把前三种完善加以考虑，你会发现它们都是属于别人的完善，而非你自身的完善；只不过按流俗的见解，这三种完善才同时属于你和别人。只有最后一种完善为你所独有，其他任何人都不能与你分享，“唯独归你一人，不可与外人同用”(《箴言》，第5章，第17节)。所以，你当努力获取第四种永远属于你的完善，而不要为身外之物劳心费神以至于由于不守护自己的灵魂而使本能占了上风并因之使灵魂受到玷污。这种思想在那些诗的开篇中是以隐喻的形式表达的：“我同母的弟兄向我发怒，他们使我看守葡萄园；我自己的葡萄园却没有看守。”(《雅歌》，第1章，第6节)下面这句话的含义也同样如此：“恐怕将你的尊荣给别人，将你的岁月给残忍的人。”(《箴言》，第5章，第9节)

先知们对此所作的解释与哲学家的解释是一致的。他们明申，不论是财产方面，健康方面还是品德方面的完善都不是人所应追求和引以为荣的事。人所应追求并引以为荣的完善只能是对上帝的认识——这才是真正的学问。谈及这四种完善，耶利米说：“耶和华如此说：‘智慧人不要因他的智慧夸口，勇士不要因他的勇力夸口，财主不要因他的财物夸口。夸口的却因他有聪明，认识我是耶和华，又知道我喜悦在世上施行慈爱、明断和公义，以此夸口。'"(《耶利米书》，第 9 章，第 23~24 节）仔细想一下就会明白耶利米是按多数人承认的次序逐一列举这些完善的：首先是财主因财物所得的完善，其次是勇士因勇力所得的完善，再其次是智慧人因智慧所得的完善。这里的"智慧人"即道德高尚的人，因为在我们现在所讲的多数人眼里，这样的人同样很了不起。因此之故，这三种完善才按上述次序排列。我们的先贤对这段话的理解与我们所讲的一致，他们提出的理论也正是我们本章所说的，即"*ḥolkhmah*"（智慧）一词就其宽泛的含义讲是指人生的最高目的，即对上帝的认识；人所获得并视为珍宝的财物虽被当作他完善的象征，但真正来讲拥有财富并不算什么完善；律法规定的所有行为——我意指各种各样的敬拜活动及使所有人在社会交往中受益匪浅的道德规范——并不构成人的最终目的，也不可与之同日而语；相反，它们都只不过是人为达到最终目的所做的必要准备。现在就来听听我们的先贤就此所发表的见解。下面的引文出自《大创世记》一书："《圣经》里有一处讲道：'一切可喜爱的，都不足与比较'(《箴言》，第 8 章，第 11 节），而在另一处又说：'你一切所喜爱的，都不足与比较'（同上书，第 3 章，第 15 节）。'一切可喜爱的'指的是宝石和珍珠。不论是'一切可喜爱的'还是'你一切所喜爱的'都不能与智慧相提并论，但'要让他认识我，知道我是耶和华，并以此夸口'(《耶利米书》，第 9 章，第 23 节）。"[①] 这

① 参见《大创世记》，XXXV 结尾。

段话言简意赅，其作者的完善程度由此可想而知。我们长篇大论所作的解释、评论以及最后得出的结论，他只需寥寥数语就全然囊括。

在揭示了上面《圣经》里那段话的深远含义并转引了先贤对之所作的解释后，我们现在就来看看从中还能得到什么启示。在那段话中，先知并没有把最高的完善仅仅局限于对上帝的认识。因为如果这样的话，他就会只说"夸口的却因他有聪明，认识我是耶和华"或"认识我是耶和华他唯一的神"或"我无影无形"或"无人与我相似"之类的话；然而，先知却说人应当以认识上帝及其属性——即上帝的行为为荣，正如我们在解释"求你将你的道指示我"（《出埃及记》，第 33 章，第 13 节）时所阐明的那样。[①] 先知在那段话中讲得很清楚，说人应当知道并效仿的行为是上帝的"慈爱、明断和公义"。"在世上"这种说法同样也寓意深远，它暗示出了律法的一条根本原理，同时也驳斥了一些人的理论。这些人草率断言上帝的保佑只到月球为止，地球上的一切都遭上帝遗弃——"耶和华已经离弃这地"（《以西结书》，第 9 章，第 9 节）。我们所有智慧人中最伟大的先师摩西说："全地都是属耶和华的。"（《出埃及记》，第 9 章，第 29 节）其言下之意即上帝也依大地的本性保佑大地，正如他依苍穹的本性保佑苍穹一般。从耶利米转述上帝的话中也可看出这一点："我是在地上施行慈爱、明断和公义的耶和华。"（《耶利米书》，第 9 章，第 24 节）他还进一步讲道："这些事是我所喜悦。这是耶和华说的"（同上），其言下之意即我

① 参见第一篇，第 54 章。

的目的就是要让你们在世上施行慈爱公平和公义。我们以同样的方式也曾表明：列举十三种神性的目的就是要让人们仿效上帝的本性去生活。由此可见，先知讲这段话的目的是要表明：人只有竭尽所能认识上帝，通过上帝创造万物、统治万物的行为认识到上帝对其创造物的保佑，他才能获得完善；也只有这种完善，他才能真正地引以为荣。我们在本书中已多次讲过，人在获得这种知识后，就会不懈地追求慈爱公平和公义，并仿效上帝的本性去生活。

以上就是我认为适合在本书中详加讨论的全部内容，我认为它们对像你这样的人是极为有益的。我希望，你会借助神佑，在审慎地反思后能领会本书中所讲的一切，也愿上帝能兑现他向我们以及所有以色列人许下的诺言："那时瞎子的眼必睁开，聋子的耳必开通。"（《以赛亚书》，第 35 章，第 5 节）"在黑暗中行走的百姓看见了大光；住在死荫之地的人有光照耀他们。"（同上书，第 9 章，第 2 节）

谁若心向上帝，真诚呼唤，
上帝就会来到谁的身边；
谁若寻觅上帝，矢志不移，
上帝就会出现在谁的眼前。
阿门！

图书在版编目(CIP)数据

迷途指津/(埃及)摩西·迈蒙尼德著;傅有德,郭鹏,张志平译.—北京:商务印书馆,2024
(汉译世界学术名著丛书:120年纪念版:珍藏本:增订本)
ISBN 978-7-100-23803-8

Ⅰ.①迷… Ⅱ.①摩… ②傅… ③郭… ④张… Ⅲ.①宗教哲学—研究 Ⅳ.①B920

中国国家版本馆CIP数据核字(2024)第078022号

汉译世界学术名著丛书
(120年纪念版·珍藏本·增订本)
迷途指津
〔埃及〕摩西·迈蒙尼德 著
傅有德 郭鹏 张志平 译

商 务 印 书 馆 出 版
(北京王府井大街36号 邮政编码100710)
商 务 印 书 馆 发 行
北京通州皇家印刷厂印刷
ISBN 978-7-100-23803-8

2024年5月第1版 开本710×1000 1/16
2024年5月北京第1次印刷 印张51
定价:280.00元